돈 되는 투자 시스템 만드는 법

돈 되는 투자 시스템 만드는 법

반 K. 타프 지음 │ 조윤정 옮김

Trade
Your Way to
Financial Freedom

포지션 규모와 청산 전략이 없다면 큰돈은 꿈도 꾸지 마라!

이레미디어

이 책을 아내 칼라반티 타프에게 바친다.
칼라는 내 삶에 매우 특별한 불꽃을 일으켰다.
이런 불꽃과 그녀의 헤아릴 길 없는 사랑이 없었다면,
이 책은 태어나지 못했을 것이다.

| 차 례 |

소개의 글   ◦ **12**

개정판 시문   ◦ **21**

초판 서문   ◦ **26**

감사의 말   ◦ **30**

PART 1

자기 자신이야말로
성공의 가장 중요한 요소이다

1 | 성배의 전설   ◦ **35**

성배의 메타포   ◦ **40**

트레이딩에서 진정으로 중요한 것   ◦ **44**

시장의 천재들 모델링하기   ◦ **47**

2 | 판단적 편향   ◦ **56**
왜 대부분의 사람에게는 시장을 마스터하는 일이 어려울까?

거래 시스템 개발에 영향을 미치는 편향   ◦ **60**

거래 시스템을 테스트할 때 영향을 미치는 편향   ◦ **81**

시스템으로 거래할 때 영향을 미치는 편향   ◦ **85**

3 | 목표 설정 ◦ **95**

시스템의 주요 부분이 되는 목표 설계 ◦ **97**

목표 설정에 관한 톰 바소의 이야기 ◦ **99**

자기 자신의 목표 정하기 ◦ **112**

PART 2

시스템의 개념화

4 | 시스템 개발을 위한 단계들 ◦ **123**

1. 자기 자신을 평가하라 ◦ **124**

2. 열린 마음을 기르고 시장 정보를 수집하라 ◦ **128**

3. 자신의 미션과 목표를 정하라 ◦ **132**

4. 거래에 이용하고 싶은 개념을 정하라 ◦ **133**

5. 큰 그림을 판단하라 ◦ **140**

6. 거래를 위한 시간의 틀을 결정하라 ◦ **141**

7. 거래의 본질과 거래를 객관적으로 평가할 방법을 결정하라 ◦ **145**

8. 초기 리스크 1R을 결정하라 ◦ **147**

9. 이익 실현을 위한 청산 시점을 정하고,
   시스템의 R의 배수와 예측치를 결정하라 ◦ **149**

10. R의 배수의 분포가 얼마나 정확한지 판단하라 ◦ **150**

11. 시스템을 전체적으로 평가하라   ◦ **152**

12. 포지션 규모를 조절하여 목표를 달성하라   ◦ **153**

13. 시스템 개선 방법을 결정하라   ◦ **154**

14. 최악의 시나리오에 대해 정신적 계획을 수립하라   ◦ **155**

5 | 유용한 개념의 선택   ◦ **159**

추세 추종   ◦ **161**

펀더멘털 분석   ◦ **166**

가치 거래   ◦ **173**

밴드 트레이딩   ◦ **177**

시기적 경향   ◦ **185**

스프레드 거래   ◦ **194**

재정거래   ◦ **199**

시장 간 분석   ◦ **208**

우주에는 질서가 있다   ◦ **216**

6 | 큰 그림에 맞는 거래 전략   ◦ **230**

내가 보는 큰 그림   ◦ **234**

요소 1. 미국의 채무 상황   ◦ **235**

요소 2. 장기 약세장   ◦ **244**

요소 3. 경제 요인들의 세계화   ◦ **250**

요소 4. 뮤추얼 펀드의 영향   ◦ **255**

요소 5. 법률과 법규, 세제의 변경   ◦ **260**

요소 6. 경제라는 게임에서 지고 싶어 하는 인간의 본성   ◦ **265**

고려할 만한 다른 영역들   ◦ **268**

큰 그림을 어떻게 관측할 것인가?   ◦ **270**

7 │ **뛰어난 시스템의 여섯 가지 열쇠** ○ **276**

눈싸움의 비유 ○ **279**

확대경으로 들여다본 예측치 ○ **284**

기회와 예측치 ○ **290**

예측: 치명적인 함정 ○ **291**

실제 거래에 대한 적용 ○ **293**

시스템이 어떻게 작동할지 판단하는 법 ○ **301**

PART 3

시스템의
핵심 부분에 관한 이해

8 │ **셋업을 이용하여 시스템에 시동을 걸다** ○ **313**

진입의 다섯 단계 ○ **315**

시장을 추적하기 위한 셋업 ○ **325**

필터와 셋업 ○ **332**

유명한 시스템에서 이용되는 셋업 ○ **339**

9 │ **진입 및 시장의 타이밍** ○ **355**

무작위 진입보다 나은 결과를 얻기 위한 시도 ○ **357**

통상적인 진입 기법 ○ **360**

자기 자신만의 진입 신호를 고안하라 ○ **383**

일부 보통 시스템에서 이용되는 진입 기법에 관한 평가 ○ **388**

10 | 접을 때를 알라 ◦ **399**
자본을 보호하는 법

손실제한주문의 용도 ◦ **401**

합리적이고 타당한 손실제한주문 ◦ **414**

일반적인 시스템에서 사용하는 손절매 방법 ◦ **420**

11 | 이익을 실현하는 법 ◦ **426**

이익 실현을 위한 청산 ◦ **428**

손실제한주문과 이익 목표를 이용하는 법 ◦ **439**

단순함과 다중 청산 ◦ **440**

피해야 할 청산 기법 ◦ **442**

일반적인 시스템에서 사용하는 청산 기법 ◦ **443**

PART 4

종합

12 | 누구나 벌 수 있는 돈 ◦ **453**

7명의 트레이더들이 거래하는 법 ◦ **456**

우리의 트레이더들은 ◦ **465**
5가지 핵심적인 시장 상황을 어떻게 보는가?

6주 뒤의 결과 ◦ **506**

R의 배수로 본 결과 ◦ **519**

13 | 시스템의 평가 · **526**

몇 가지 접근법 · **527**

예측치 : 기회라는 요소 · **531**

거래 기회에 대한 비용 · **533**

최대 자본 감소폭 · **538**

정보지의 추천을 샘플 시스템으로 이용하여 거래하기 · **542**

14 | 포지션 규모 조절 · **553**
목표 달성을 위한 열쇠

기본적인 포지션 규모 조절 전략 · **562**

모델 1 : 고정된 금액당 한 단위 · **566**

모델 2 : 주식 트레이더를 위한 가치 단위 균등화 · **571**

모델 3 : 퍼센트 리스크 모델 · **574**

모델 4 : 퍼센트 변동폭 모델 · **581**

모델 요약 · **583**

다른 시스템에서 이용되는 포지션 규모 조절 기법 · **586**

15 | 결론 · **597**

실수를 피하라 · **600**

이제 해야 할 일 : 반 타프 박사와의 인터뷰 · **603**

용어 설명 · **621**

추천 도서 · **634**

먼저 《돈 되는 투자 시스템 만드는 법》이 우리 회사의 모든 신참 트레이더들에게 필독서라는 사실을 알려주고 싶다. 반 타프 박사의 저서 중 이 책은 특히 그가 제공하는 워크숍과 홈 스터디 코스의 핵심적인 가르침만을 모아놓았다. 참, 나를 소개하자면 인피니움 캐피털 매니지먼트의 CEO인 척 휘트먼이다. 인피니움은 시카고 상품거래소에 회원으로 가입되어 있는 자기자본거래 회사다. 현재 우리 회사의 직원은 90명이고, 15곳의 거래소에서 활동하고 있으며, 모든 자산군의 기초 자산과 옵션을 거래한다. 나는 개인적으로 이 책을 여러 권 구입하기도 했다. 하지만 책에 관해 얘기하기 전에 우선 내가 경험한 반 타프에 관해 얘기해보고 싶다.

나는 1990년에 처음으로 반 타프의 강좌를 알게 되었다. 나의 멘토 중 한 명인 브루스가 반 타프의 홈 스터디 코스 두 강좌를 구입했는데, '트레이더와 투자자를 위한 최대 성과'와 '자신에게 맞는 성공 시스템 개발'이라는 강좌였다. 브루스는 또한 시스템을 주제로 한 반 타프 박사의 세미나를 듣고 와서 세미나에서 다룬 자료와 참석자들의 높은 수준이 얼마나 인상적이었는지 나에게 말해주었다.

당시 나는 내 거래 경력에 있어 가장 힘든 시기를 통과하고 있었다. 사실 1997년에는 트레이더로서 큰 성공을 거두었는데, 1998년이 되자 나는 최선을 다해 최고의 트레이더가 되기로 목표를 세웠다. 하지만 새로운 수익 목표에 도달하기 위해 내가 알고 있는 유일한 방법이라고는 '더 많이' 거래하는 것밖에 없었다. 따라서 말할 필요도 없겠지만 나는 과다 거래에 빠져들었고, 내 계좌는 큰 폭의 이익과 손실 사이를 요동쳤다. 1998년 가을, 나는 어떤 대형 거래에 뛰어들었는데, 그 거래는 이론적으로는 큰 성공을 거두어야 했다. 하지만 나는 거래 관리에 실패했고, 그 결과 내 경력 가운데서 손꼽히는 최악의 손실을 입었다. 되돌아보자면, 나는 실수를 저질렀다. 이것은 반 타프 박사의 정의에 따르자면 '자신의 원칙을 따르지 않은' 실수였다. 거래 전에 계획해두었던 시나리오를 따르지 않았고, 끔찍한 보상위험비율로 포지션을 취했던 것이다. 게다가 손실을 극복하려고 노력하는 과정에서 감정적으로 대응했다. 나는 손실을 막기 위해 허둥지둥 온갖 것을 다 시도했다. 반 타프가 말하는 '손실 함정loss trap'에 걸려들었던 셈이다. 나는 작은 손실을 받아들이지 않고, 어떻게든 그것을 막기 위해 저항하고 싸웠다. 하지만 발버둥 치면 칠수록 손실은 더 커졌다. 그리고 커지면 커질수록 나는 더욱더 손실을 피하려고만 했다. 마침내 손실 규모가 너무나 커져서 거래를 청산할 수밖에 없었다. 그 거래에서 빠져나오면서 내가 겪은 일을 교훈으로 삼아 다시는 그러한 일을 되풀이하지 않겠다고 맹세했다. 이때가 내 거래 경력에 있어 중요한 전환점이 되었다.

나는 더 나은 트레이더가 되려면 무엇을 해야 할지 알기 위해 나 자신을 평가해보았다. 이에 따라 우선 브루스로부터 '트레이더와 투자자를 위한 최대 성과 강좌'의 첫 번째 교재를 빌려 보았고, 거기서 '손실 함정'에 관한 장(章)을 발견했다. 그 이야기에서 나 자신의 모습을 볼 수 있었는데, 그 힘들었던 거래에서 내가 어떤 식으로 대응했는지 알게 되었다.

책에는 그 거래에서 내가 저지른 모든 실수와 내가 일반적으로 트레이딩에 접근했던 방식이 서술되어 있었다. 나는 이에 매료되어 즉시 교재 1부를 주문했다.

1999년 1월, 나는 무릎 수술을 받은 후 의사로부터 10주간 발을 땅에 딛지 말라는 지시를 받았다. 나는 당시 플로어 트레이더로 일하고 있었는데, 시간이 생겼으므로 장외 거래에 관한 몇 가지 아이디어를 테스트해보면서 한편으로는 구매해둔 최대 성과 강좌를 연구해야겠다고 생각했다. 그러다가 이 시간을 가장 잘 활용하려면 머릿속에서 시장을 깨끗이 지워버리고 나의 거래 심리에 관해 집중적으로 알아보는 것이 차라리 낫겠다는 결론에 도달했다. 반 타프 박사는 원치 않는 과제야말로 가장 필요한 과제라고 말하지 않았던가. 그래서 나는 강좌에 있는 과제를 하나하나 다 풀었다. 10주 동안 매일 4~6시간 이 일에 매달렸다. 내 생각에, 나는 이 과정을 통해 아주 다른 심리를 가진 트레이더가 되었던 것 같다. 이때 형성된 심리는 그 뒤 줄곧 나에게 트레이딩의 토대를 제공해주었다.

이와 동시에 나는 반 타프 박사의 워크숍에 참가하기로 결심했다. 반 타프 박사와《부자 아빠 가난한 아빠》로 유명한 로버트 기요사키가 함께 주최한 프로그램이었다. 거기서 들은 세미나는, 최대 성과 강좌가 내 거래 심리를 뒤바꾸어놓은 것만큼 부(富)와 부의 창조에 관한 나의 믿음을 근본적으로 뒤바꾸어놓았다. 나는 반 타프 박사가《돈 되는 투자 시스템 만드는 법》의 개정판을 내며 서문에서 재정적 자유를 정의하고, 그 강좌 교재의 일부를 책 내용에 포함시킨 것을 진심으로 반긴다. 나는 부가 하나의 개념이며 경제학 수업에서 배우는 것 같은 한정된 자원이 아니라는 것을 배웠다. 또 바로 나 자신이 성공의 가장 중요한 요소이며 시간이 돈보다 소중하다는 것을 깨달았다. 그 뒤로 나는 신념에 따라 행동하기 시작했고, 줄곧 생산성과 학습을 염두에 두고 결정을 내렸다. 돈을 써서 생산성을 향상시키고 배울 수 있는 더 많은 시간을 얻을 수 있다면, 나는 언제든 그렇게 할 것이라고 마음먹었다. 그 워크숍이 있고 나서 나는 곧 트레이딩과 부에 관한 새로운 시각에 따라 다시 거래를 시작했다. 그 결과, 그 후 4개월 동안 나는 그전까지의 경력에서 번 모든 돈보다 더 많은 돈을 벌었다.

그 뒤 나는 트레이딩에서 한 걸음 물러나 파트타임으로 거래하면서 오랫동안 꿈꿔왔던 일에 착수했다. 그것은 나 자신의 트레이딩 회사를 만들고 저 높은 자리를 차지하는 투기꾼이 되는 일이었다. 나는 다음 2년간 배우고 연구하며 내가 원하는 거래 방식과 관련된 계획을 짰다. 이런 계획을 짜면서 반 타프 박사의 많은 원칙을 토대로 삼았다. 나는 그때 이 책과 그가 출간한 또 다른 책《전자 데이 트레이딩으로 재정적 자유를 얻는 법Financial Freedom Through Electronic Day Trading》을 읽었다. 반 타프의 워크숍도 몇 차례 더 참가했고, 5가지 핵심 원칙에 따라 회사를 세웠다. 그중 4가지 원칙은 반 타프에게서 배운 것이었다. 나는 이 원칙들을 반 타프가 가르쳐준 대로 일관되게 지켜왔다. 다음을 보라.

1. 심리

여러분은 세계 최고의 기회와 자원을 얻을 수 있지만, 거래 심리에 결함이 있으면 성공할 수 없다. 우리는 스스로 창조한 믿음에 따라 행동하고 우리 자신만의 현실을 만들어낸다. 만약 세계에 문제가 가득하다고 생각하면, 우리는 우리가 보는 것에서 그런 믿음을 드러낼 것이다. 하지만 세계가 풍요롭다고 생각하면 이를 보여주는 많은 증거를 찾아낼 것이다. 이에 따라 우리 회사는 관심의 초점을 새로운 직원을 어떻게 뽑느냐가 아니라 그들을 어떻게 교육하고, 어떻게 성장해나갈 것인가에 두었다. 독자들은 이 책의 곳곳에서 그러한 원칙을 보게 될 것이다. 여러분이 얻는 결과에 책임을 져야 할 사람은 바로 여러분이다. 거래해야 하는 사람은 여러분이라는 뜻이다. 원치 않는 결과를 얻었다면, 그것은 어떤 식으로든 실수를 했다는 것이다. 하지만 여러분은 그 실수를 바로잡을 수 있다.

2. 포지션 규모

여러분은 최상의 거래 계획과 정보, 실행 시스템을 갖출 수 있지만, 너무 큰 규모로 거래하면 모든 걸 망칠 수 있다. 반 타프 박사가 이 책에서 지적했듯이 저위험 거래 아이디어를 이용하면, 최악의 경우를 당하더라도 장기적으로 버텨낼 수 있기 때문에 시스템의 장기 예측치를 달성할 수 있다. 이것은 거래의 성공에서 진정으로 중요한 열쇠 가운데 하나다. 이 점을 이해하기 위해서라도 이 책을 여러 차례 정독해야 한다. 여러분은 앞으로 손실을 보게 될 것인데, 최적 복리 수익optimal compounded returns을 달성하기 위해서는 이때 손실의 규모를 제한하는 게 중요하다. 따라서 포지션 규모를 조절하는 일은 거의 가르치는 사람들이 없지만, 이는 거래의 가장 중요한 측면 가운데 하나다. 거래 시스템에서 이 부분이야말로 여러분이 목표를 달성하도록 도와줄 것이다. 이 책을 읽으면서 독자들은 이를 완벽히 체득해야 한다.

3. 시장 선택

이 원칙은 내가 덧붙인 것이지만, 이 책 4장에 나오는 반 타프 박사의 모델에 그 개념이 제시되어 있다. 여러분이 선택하는 시장은 어떻게 거래하느냐보다 훨씬 중요하다. 나는 나의 거래 경력에서 줄곧 시장 선택의 원칙을 지켜왔다. 1990년대 말과 2000년대 초 스톡옵션으로 엄청나게 큰돈을 번 사람들이 많았지만, 그들은 사실 자신이 뭘 어떻게 했는지도 제대로 몰랐다. 사실 이런 트레이더들 중 일부는 그로부터 몇 년 뒤 우리 회사의 직원으로 써달라고 나에게 접근하기도 했다. 이와 대조적으로, 나는 몇몇 위대한 트레이더들이 상황이 나쁜 시장에서 힘들게 버티는 것을 본 적도 있다. 만약 활기를 띤 시장에 있었다면, 그들은 아마 큰 성공을 거두었을 것이다. 이런 사실은 나의 견해를 확인시켜준다. 가장 활기차고 가장 변동폭이 큰 시장을 찾아 거기에 집중하라. 존 폴 게티John Paul Getty가 말하곤 했듯이, 기름이 나는 곳으로 가라! 반 타프 박사는 이 개정판에 큰 그림을 살펴본 후 그에 맞는 시장과 전략을 찾는 방법에 관한 장을 첨가했는데, 정말 반가운 일이다.

4. 청산 전략

시장에서 빠져나가는 방법에 바로 돈을 버는 열쇠가 있다. 여러분은 손실을 제한해야 하고, 이를 위해서는 언제 틀린 판단을 했고, 언제 손실 거래를 종료해야 할지 알아야 한다. 이 문제는 10장에서 폭넓게 다루어질 것이다. 여러분은 또한 이익 거래를 어떻게 관리하는지, 이를 통해 어떻게 최상의 수익을 올리는지 알아야 한다. 이 문제는 11장에서 광범위하게 논의될 것이다. 내가 알고 있으며 줄곧 지켜보아 왔던 일부 최고의 트레이더들은 스스럼없이 자신의 잘못을 인정하고, 자존심을 내세우는 일 없이 거래를 종료하고, 그렇게 하면서 사람들이 그들이 시장에서 나갔다는 사실조차 모르게 한다.

5. 진입 시점

9장에서 여러분은 무작위로 시장에 들어가도 돈을 벌 수 있다는 것을 알게 될 것이다. 반 타프 박사는 자신의 무작위 진입 시스템에 대하여 말해주면서, 이를 통해 어떻게 돈을 버는지 보여주고 있다. 자존심을 내세우지 않고 거래할 수 있게 해주는 건전한 심리를 갖추고, 손실을 최소한으로 줄이며(반 타프는 '손실을 1R 이하로 만든다'라고 표현한다), 뛰어난 보상위험비율로 거래하고(반 타프는 '이익이 초기 리스크의 높은 배수여야 한다'라고 표현했다), 플러스 예측치의 시스템을 갖추어 목표 달성을 위해 포지션 규모 조절 기법을 구사하면서 최상의 시장에서 거래한다면, 진입 시점은 그다지 중요한 문제가 되지 않는다. 이 원칙들은 이 개정판의 곳곳에서 다루어지고 있다.

이상이 내 사업의 핵심 원칙들이다. 나는 이 원칙들을 우리 회사의 모든 직원에게 가르친다. 이 원칙들은 대부분의 일반 트레이더들이 지니고 있는 다음과 같은 믿음들과 크게 대비된다.

- 올바른 종목을 찾아야 한다. 여러분이 돈을 벌지 못했다면, 틀린 종목을 골랐기 때문이다. 이런 믿음을 위의 원칙 5와 비교해보라.
- 늘 충분한 투자를 해야 하며, 분산 투자는 리스크 제어와 관계된 일이다. 이것을 위의 원칙 2와 비교해보라.
- 시장에서 돈을 잃는다면, 그것은 여러분이 시장이나 중개인 혹은 조언자의 제물이 되었기 때문이다. 이 내용을 위의 원칙 1과 비교해보라.

그 결과, 일반 트레이더들은 주로 적시에 올바른 종목을 찾는 데 집중하면서 성공을 위해 진정으로 중요한 요소는 도외시한다. 이 책이 그렇게 중요한 것은 이 때문이다.

2장에서 독자들은 많은 사람에게 성공하는 것이 그토록 어려운 이유를 알게 될 것이다. 사실 그것은 그들의 의사 결정에 영향을 미치는 편향 때문이다. 반 타프 박사는 이를 '판단적 휴리스틱judgmental heuristics'이라고 불렀다. 아이러니하게도 이에 관해 아는 사람들은 이를 활용하여 시장을 예측하려고 시도하기도 한다. 반면, 우리는 대부분의 사람들이 비효율적인 의사 결정자이기 때문에 돈을 잃는 것이라는 반 타프 박사의 생각을 받아들이고, 우리 자신을 보다 효율적인 의사 결정자로 만들고자 노력할 뿐이다.

이미 언급했듯이 이 책은 우리 회사의 모든 신입 트레이더에게는 필독서다. 이 책은 대단히 가치 있는 반 타프의 다른 모든 작업을 이해할 수 있게 해준다. 이 책을 읽으면, 각자의 소신에 맞고 목표 달성에 도움을 줄 거래 시스템을 어떻게 개발할지 알게 될 것이다. 그리고 여러 차례 반복해서 읽다보면 내가 회사를 운영하는 데 활용하고 있는 5개의 핵심 원리를 훨씬 더 깊이 이해하게 될 것이다.

반 타프 박사가 나에게 가르쳐준 철학이 없었다면 나는 지금과 같은 성공이나 축복을 누리지 못했을 것이며, 이것을 우리 회사에 있는 수많은 사람과 공유할 기회도 없었을 것이다. 나는 반 타프 박사를 만나 그로부터 배울 기회를 얻은 게 신의 뜻이라고 생각한다. 나는 회사를 차리면서 이런 철학이 되풀이해서 시험대에 오르는 것을 지켜보았다. 물론 내가 반 타프 박사에게서 배운 이런 철학은 내 회사가 엄청난 성공을 거둘 수 있었던 가장 큰 이유가 되었다.

여러분도 이 책에서 훌륭한 가르침을 얻어 거래에서 더 많은 수익을 올리고 삶에서 더 큰 목표를 성취하기 바란다.

척 휘트먼

인피니움 캐피털 매니지먼트 CEO

시카고, 일리노이주

이 책을 통해
재정적 자유를 누려라

우선 '재정적 자유'라는 단어가 들어가 있는 원제에 관해 언급하고
싶다. 많은 사람이 '재정적 자유'라는 단어 때문에 제목이 너무 상업적으
로 보인다고 생각한다. 잭 슈웨거는 이 책 초판에 관해 논평하면서 이렇
게 말했다. "나는 비록 여러분에게 재정적 자유를 약속해줄 수는 없지
만, 대신 거래와 관련된 건전한 조언과 수많은 아이디어로 가득하여 여
러분 나름대로 거래 기법을 개발하는 데 도움이 될 책을 알려줄 수는 있
다. 만약 그 정도로는 충분하지 않다고 생각하는 사람이 있다면, 그 사람
에게 정말로 필요한 것이 바로 이 책이다."

그렇다면 재정적 자유란 무엇인가? 내 책《재정적 자유를 위한 안전
한 전략Safe Strategies for Financial Freedom》의 첫 부분은 바로 이 주제를 다루고 있
다. 나는 여기서 같은 논의를 반복하고 싶지 않으며, 대신 그 내용을 요
약해볼까 한다.

재정적 자유는 돈에 관해 사고하는 새로운 방법이다. 많은 사람이 거
대한 규모의 돈이나 무기를 손에 넣으면 머니 게임에서 승리할 수 있다

고 생각하지만, 이런 생각은 다른 사람들이 여러분을 잘못된 길로 이끌기 위해 주입한 것이다. 이런 생각을 따르면, 옆에 있는 다른 누군가가 머니 게임에서 승리하게 될 것이다. 그 이유는 세상에 존재하는 대부분의 돈을 가질 수 있는 것은 단 한 사람밖에 없기 때문이다. 억만장자 정도면 충분하지 않을까 생각할지 모르지만, 그렇더라도 여전히 여러분이 머니 게임에서 승리할 가능성은 매우 낮다.

많은 무기를 손에 넣어 머니 게임에서 승리할 수 있을 거라고 생각한 다면, 아마도 빚에 허덕이게 될 것이다. 사실 선불금과 달마다 내는 돈이 얼마 안 된다면 어떤 무기도 얻을 수 있다. 하지만 그렇게 되면 여러분은 엄청난 소비자 부채의 세계와 재정적 노예의 삶에 빠져들게 될 것이며, 재정적 자유는 점점 더 멀어지게 될 것이다.

나에게 재정적 자유란 머니 게임에서 승리하기 위해 다른 규칙을 받아들이는 것을 의미한다. 이런 규칙을 따르고 목표에 매진하며 실수로부터 배워나간다면, 나는 여러분이 이 책을 통해 재정적 자유를 얻을 것이라고 약속할 수 있다. 재정적 자유는 자산 소득이 월별 비용보다 많을 때를 의미한다. 예컨대 달마다 드는 비용이 5,000달러인데 운용하는 돈이 매달 5,000달러 이상의 수익을 낳으면, 재정적으로 자유인 것이다.

거래와 투자는 수익을 내기 위해 돈을 운용하는 많은 방법 가운데 하나다. 이 책을 통해 수익을 유지하는 데 많은 노고를 필요로 하지 않고(즉, 하루에 몇 시간 이상 걸리지 않고) 달마다 드는 비용을 지불할 만큼 충분한 돈을 벌 수 있는 거래 방법을 개발한다면, 여러분은 재정적인 자유를 누릴 것이다. 예컨대 30만 달러의 계좌가 있고 매해 이 계좌로 거래하여 6만 달러(즉, 20퍼센트의 금액)를 벌면서도 이 일을 위해 매일 몇 시간 밖에 소모하지 않는다면, 재정적으로 자유인 것이다. 물론 그렇다고 해서 재정적 자유의 토대를 닦기 위해 수백 혹은 수천 시간을 들일 필요가 없다는 뜻은 아니다. 또, 스스로 노력하지 않고 계속 수익률을 유지할 수 있다는 뜻도 아니다. 그러나 일단 그 토대를 갖추어 놓는다면 누구에게 나 재정적 자유가 가능한 것은 분명하다.

우리가 거래하는 것은 다름 아니라 우리의 믿음이다

이 책은 원래 1999년에 출판되었다. 그 이후로 많은 사람이 이 책 덕분에 거래, 투자, 시장 접근 방법에 관한 생각이 완전히 바뀌었다고 말한다.

시장을 거래할 수는 없다는 게 늘 나의 생각이었다. 우리가 거래하는 것은 시장에 관한 우리의 믿음이다. 예컨대 시장이 상승하고 있다고(혹은 일반적으로 말해 장기적으로 상승한다고) 믿는 한편 추세 추종 기법을 신뢰하고 있다면, 여러분은 상승하고 있는 주식을 매수할 것이다. 그러나 시장이 과대평가되어 있고 하락할 것 같다고 판단한다면, 상승하고 있는 주식이라도 매수하려고 하지 않을 것이다. 그렇게 하는 것은 여러분의 믿음에 어긋나기 때문이다.

이 책 초판에서 내가 말한 모든 것은 책을 쓸 당시 시장과 거래 성공의 필수 요소에 관한 나의 믿음을 반영하고 있다. 그러나 믿음은 현실이 아니며, 단지 현실의 필터일 뿐이다. 나는 오래전부터 그 사실을 인정해 왔고, 내가 가르치는 것은 시장과 거래의 성공에 관해 현재 내가 갖고 있는 가장 유용한 믿음임을 줄곧 말해왔다. 그동안 나는 이따금 사람들에게 훨씬 더 도움이 될 것 같은 믿음들을 발견하곤 했다. 이 책의 초판이 나온 이후 7년의 세월이 흐르는 동안, 나는 많은 새롭고 더 유용한 믿음들을 받아들였다. 그 결과, 이 개정판은 구판과 비교하여 핵심 개념은 대부분 그대로이지만 많은 것이 바뀌어 사람들에게 훨씬 더 큰 도움을 줄 수 있을 것으로 생각한다.

내 현재의 믿음을 반영하는 중요한 몇 가지 변화를 여기에 소개하겠다.

- 나는 모든 거래 시스템이 전체 그림을 반영해야 한다고 믿는다. 1999년에 우리는 1982년에 시작된 대세 상승이 거의 끝나는 지점에 와 있었다. 그 당시 여러분은 어느 하이테크주든 매수하여 6개월간 보유하면 돈을 두 배로 늘릴 수 있었다. 그러나 이런 상승장이 끝나고 드디어 2000년에 대세 하락이 찾아왔다. 이런 장기 하락은 대개 20년간 지속되므로, 괜찮은 수익을 내기 위해서는 이런 장기 추세를 활용하는 전략이 필요하다. 하락장은 나쁜 소식이 아니다. 단지 돈을 벌기 위해 다른 시각이 필요하다는 것을 알려줄 뿐이다.

- 각자에게 맞는 거래 시스템을 개발하기 위해 내가 제시하는 모델은 지난 6년간 약간 변화했으며, 이 책에 그런 변화를 반영했다.

- 초판에 소개된 개념 대부분은 시간과 상관없이 유효하지만, 그 개념들에 관한 내 시각은 그렇지 않다. 이에 따라 이 개정판에서는 현재 가장 잘 작용한다고 생각되는 개념들을 강조했다.

- 이 책의 초판에서 예측치의 개념에 관해 설명했을 때는 약간 오류가 있었고, 분명 혼란이 있었다. 나는 다른 책인《전자 데이 트레이딩으로 재정적 자유를 얻는 법》과《재정적 자유를 위한 안전한 전략》에서는 이 부분을 바로잡았다. 마찬가지로 이 책에서도 이 문제는 완벽히 해결되었다.

- 나는 시스템을 그것이 생성하는 R 배수의 분포로 생각할 수 있다고 굳게 믿는다. 이 책을 읽으면 독자들은 이 말을 더 잘 이해하게 될 것이고, 그렇게 될 경우 거래 시스템에 관한 시각이 완전히 달라질 것이다.

- 시스템은 R 배수의 분포로 생각할 수 있기 때문에, 이런 분포를 이용하여 미래의 결과를 시험해보는 것도 가능하다. 게다가 더욱 중요한 것은, 이런 시뮬레이션이 목표를 달성하기 위해 포지션 규모를 결정하는 법을 가르쳐준다는 점이다. 본 개정판에서는 이 문제를 특히 집중적으로 다루었다.

이외에도 이 개정판에서 볼 수 있는 작지만 중요한 많은 변화는 여러분이 훨씬 더 나은 트레이더나 투자자가 될 수 있도록 도움을 줄 것이다. 이 책을 통해 재정적 자유로 가는 길을 만나기 바란다.

반 K. 타프 박사

2006년 8월

몇몇 고객들은 나에게 "그건 정말이지 너무 많이 퍼주는 거예요"라고 충고하면서 이 책의 몇몇 부분들을 싣지 말라고 했다. 하지만 트레이더와 투자자들이 최고의 성과를 달성하도록 가르치는 것이 내 일이다. 문헌이나 자료에 잘못된 정보들이 너무 많기 때문에 보통 사람들은 늘 길을 잃고 헤맨다. 따라서 사람들을 가르치려면 모든 가용한 수단을 다 시도해보는 게 중요하다.

잘못된 정보의 대부분은 의도적인 것이 아니다. 사실 사람들은 스스로 길을 잃고 끌려가기 원한다. 그들은 다음과 같이 잘못된 질문들을 계속한다.

- 이제 시장은 어떻게 되는 건가요?
- 지금 뭘 사야 할까요?
- 나는 XYZ 주식을 갖고 있는데, 이게 과연 오를까요? (만약 여러분이 아니라고 대답하면, 그들은 그들의 견해에 동의하는 사람들을 발견할 때까지 계속 다른 사람들에게 물어보고 다닐 것이다)
- 시장에 들어가는 법과 옳게 판단하는 법을 가르쳐줄 수 있나요?

정보를 파는 자들은 그들이 원하는 대답을 해줌으로써 보상을 얻는다.

1997년 4월, 나는 독일에서 2일간 세미나를 개최했다. 세미나가 끝날 무렵 나는 참가자들에게 자기 파괴 행위에 대처하는 연습을 할 것인지 (모든 참가자들에게 필요한), 아니면 나에게 질문을 할 것인지 택하라고 했다. 나는 뭐든 스스로 해보는 것이 가장 중요하다고 생각했으나, 그들은 투표 끝에 나에게 질문을 하기로 결정했다. 나한테 한 첫 번째 질문이 무엇이었는지 상상해보기 바란다. "타프 박사님, 1997년의 나머지 기간 동안 미국 주식 시장이 어떻게 될 것인지 말씀해주시겠습니까?" 지난 이틀간 이런 질문이 왜 중요하지 않은지 설명하기 위해 그렇게 노력했음에도 불구하고, 그들은 그렇게 물었다. 제발 바라건대, 여러분은 이 책을 마칠 무렵 그 이유를 깨달았으면 한다.

언제쯤이나 사람들은 무엇을 살 것인가라는 질문에서 '어떻게' 살 것인가라는 질문으로 넘어가게 될까? 그들은 여전히 틀린 질문을 하고 있으며, 이제 다음과 같은 질문이 되어야 한다.

"대체적으로 옳은 판단을 하기 위해서는 어떤 기준을 근거로 시장에 들어가야 하는 걸까?"

이런 질문에 대답을 제공하기 위해 거대한 하나의 산업이 존재할 정도다. 잘 나가는 투자 서적들은 시장 진입 전략들로 가득 채워져 있다. 이러한 책의 저자들은 그런 전략이 80퍼센트가량 신뢰할 만하다거나 큰 수익을 보장한다고 주장한다. 큰 그림은 대개 1,000단어로 요약되고, 각 전략에 대한 설명에는 이제 막 상승세를 보이는 그래프가 동반되곤 한다. 이런 '최상의 사례'를 보여주는 그림은 많은 사람의 마음을 사로잡을 뿐 아니라 책을 많이 팔 수 있게 해준다. 또, 이런 사람들은 많은 정보지와 거래 시스템을 판매하지만, 불행히도 이런 것들은 많은 사람에게 도움이 되지 못한다.

1995년에 열린 한 투자 컨퍼런스에서 선물 시장의 전문가로 유명한 한 강연자가 적중률 높은 자신의 진입 신호에 관해 강연했다. 그가 무엇을 해야 하는지 자세히 설명할 때 컨퍼런스 룸은 입추의 여지도 없었다. 그의 얘기가 끝나자, 한 사람이 손을 들어 이렇게 질문했다. "그러면 시장에서 나올 때는 어떻게 해야 하죠?" 그는 익살맞은 말투로 이렇게 대답했다. "당신은 내 모든 비밀을 캐내 가겠다는 건가요?"

약 1년 뒤 또 다른 컨퍼런스에서 기조 강연자는 600명의 참가자 앞에서 1시간 동안 적중률 높은 진입 기법에 관해 강연했다. 모든 사람이 그의 말 한 마디에 열심히 귀를 기울였다. 그러나 손실제한주문을 바짝 붙여놓고 자금 관리에 주의를 기울여야 한다는 것 외에 청산 전략에 관해서는 아무 말도 없었다. 강연이 끝난 후 그 강연자는 약 30분 동안 1만 달러 상당의 책을 팔았다. 사람들이 너도나도 적중률이 높은 진입 기법이야말로 해법이라고 굳게 믿었기 때문이다.

이 컨퍼런스에서 나는 수익 결정의 핵심 요소로 포지션 규모 조절에 관해 강연했다. 30명의 사람들이 강연을 들었고, 4명 정도가 이 주제와 관련된 책을 구입했다. 사람들은 별로 신통치 않은 것에 오히려 마음이 끌리는 법이다. 그것이 인간의 본성이다.

컨퍼런스에서 일어나는 이런 일이라면 끝도 없이 말할 수 있다. 사람들은 모두 적중률 높은 진입 신호나 매수 적기를 알려준다고 하는 소프트웨어에 관한 강연에 몰려든다. 하지만 거기서 뭔가 중요한 것을 배워가는 사람은 단 1퍼센트도 안 된다. 정작 돈을 버는 데 있어 가장 중요한 열쇠, 즉 포지션 규모 조절이나 개인 심리에 관한 강연은 참석률이 저조하다.

시장을 다루는 소프트웨어 프로그램이라고 해도 거기에는 똑같은 편향이 내재되어 있다. 이런 제품들은 과거 시장의 움직임을 완벽히 이해할 수 있게 해주는 지표들로 채워져 있다. 왜 그렇지 않겠는가? 이런 지표들은 과거의 자료들로부터 만들어졌으며, 과거의 가격을 예측하고 있는 것이다. 만약 미래의 가격에 대해서도 그럴 수 있다면, 그 소프트웨어는 정말 멋진 물건이 될 것이다. 하지만 현실에서는 이런 식으로 가격을 예측할 수가 없다. 물론 그래도 소프트웨어는 아주 잘 팔린다. 그리고 소프트웨어는 대부분의 사람이 품고 있는 질문에 해답을 제공한다. "지금은 뭘 사야 하죠?"

이 책을 마치기 전까지 아마도 나는 많은 고정관념을 공격하게 될 것이다. 그 이유는 실제로 효과가 있는 것에 주의를 기울일 때만 시장의 진정한 비결을 배울 수 있기 때문이다. 다른 곳에 집중한다면, 이런 비결을 찾기는 어렵다. 이 책은 나의 믿음과 견해들로 이루어져 있으나, 모두 트레이더나 투자자로서 여러분의 능력을 향상시켜줄 정보들이다. 이 책을 탐독하면 일관된 수익을 올리기 위한 당신의 능력에 큰 발전이 있을 거라 자신한다.

반 K. 타프 박사
1998년 6월

감사의 말

이 책은 내가 지난 25년간 시장에 관해 생각하고, 수백 명의 위대한 트레이더와 투자자를 연구한 노력의 산물이다. 또, 이 책의 몇몇 원칙을 적용하도록 수많은 이들을 도움으로써, 그들이 더 나은 트레이더와 투자자가 되도록 가르친 결과물이기도 하다. 이 책의 초판은 수천 명의 트레이더에게 영감을 주었다. 비록 내가 만나본 적이 없다고 해도 이번 개정판을 통해 또 다른 수천 명의 트레이더에게 도움을 줄 수 있다면 보람을 느낄 것이다.

내가 이 분야에서 25년을 보내는 동안, 수많은 이들이 이 책에 소개된 내 생각들을 형성하는 데 도움을 주었다. 그중 이름을 들어 감사를 표시할 수 있는 사람은 일부가 될 것이나, 어떤 식으로든 나에게 도움을 주었던 모든 사람에게 심심한 감사의 마음을 전하고 싶다.

이 책을 마치는 데 지원을 아끼지 않은 반 타프 연구소의 직원들에게도 감사한다. 캐시 헤이스티는 책 원래의 형태에 그림을 배치하는 데 큰 도움을 주었으며, 베키 맥케이는 이 책의 개정판을 교정하고 편집해주어 정말로 엄청난 힘이 되었다. 사실 나에게는 이 개정판을 끝내는 데 몇 개월의 시간밖에 없었다. 또, 안나 월과 타미카 윌리엄스는 이 책을 만드는 데 다양한 방식으로 나를 돕고 지원해주었다. 이 책의 개정판을 쓰도록 권한 멜리타 헌트에게는 특히 고마움을 표현하고 싶다. 멜리타는 이 프로젝트를 이끌었고 이 개정판의 출간을 가능케 해준 맥그로힐 출판사와 세부 사항을 조율하고 처리하는 데 결정적인 역할을 했다.

이 개정판을 세상에 태어나게 해준 맥그로힐 출판사의 편집자들에게도 고마움을 전한다. 기획 편집자 잔 글래서와 편집장 제인 팔미에리, 이외에도 늘 원고에 숨어 있는 많은 오류를 잡아준 마시 뉴전트에게도 감사를 전한다.

내가 아는 한, 이 책의 초판 이전에 '포지션 규모 조절'이 거래 용어로 사용된 적은 없었다. 하지만 이 책의 초판이 발간된 이후, 거래 시스템에서 가장 중요한 측면, 즉 '얼마나'라는 문제를 가장 잘 표현하는 단어로서 이 용어는 사실상 '자금 관리'라는 말을 대체해버렸다. 이 책 덕분으로 생각하든 않든 상관없이 어쨌든 이 용어를 받아들인 여러분 모두에게 나는 축하와 감사를 전하고 싶다. 그렇게 함으로써 여러분은 거래의 가장 중요한 측면에 존재했던 상당한 혼란을 제거한 셈이기 때문이다.

나는 또한 지난 오랜 세월 동안 함께 일하는 영광을 누리게 해준 모든 훌륭한 트레이더들에게도 고마움을 표현해야 하겠다. 그 가운데 많은 사람은 이 책에 소개된 개념으로 거래하여 수백만 달러의 돈을 번 사람들이다. 내가 개념들을 더 잘 이해할 수 있도록 도와준 사람이든, 이런 개념들의 효력을 입증하는 데 도움을 준 사람이든, 어쨌든 그들 모두에게 깊은 감사를 전한다.

마지막으로 가장 사랑하는 세 명의 사람에게 감사를 전하고 싶다. 아내 칼라반티와 아들 로버트, 질녀 난티니다. 그들이야말로 내 모든 영감의 원천이다. 늘 그 자리에 있어 주어 고마울 뿐이다.

이 책의 목적은 두 가지다.

1. 여러분이 성배_{聖杯}의 비밀을 찾도록 도와주는 동시에,

2. 자신에게 맞는 성공적 거래 시스템을 찾는 데 도움을 주는 것이다.

———

이 두 가지 목적에는 중요한 가정 하나가 전제된다. 여러분의 성취에서 가장 중요한 요소는 여러분 자신이라는 것이다. 잭 슈웨거는 세계 최고의 트레이더들과의 인터뷰를 토대로 두 권의 책을 쓰고 나서, 그들의 성공에서 가장 중요한 요인은 각자에게 맞는 거래 시스템을 구축해 놓았다는 점이라고 결론을 지었다. 나는 이런 가정에서 한걸음 더 나아가 이렇게 말하겠다. 여러분이 자기 자신에 대해 알지 못하면 자신에게 적합한 시스템을 고안할 수 없다.

따라서 이 책의 1부는 자기 발견의 문제를 다룬다. 여기서 독자들은 스스로 시장 조사를 할 수 있는 위치에 도달하게 될 것이다. 성공적인 거래의 심리적 본질(진정으로 성배의 모든 것이나 다름없다)에 대한 내용, 판단적 휴리스틱을 설명하는 부분, 개인적 목표 설정에 관한 설명도 1부에 포함된다.

PART 1

자기 자신이야말로
성공의 가장 중요한 요소이다

성배의 전설

The Legend of the Holy Grail

우리는 영웅의 길만을 따라가야 한다. 그러면 혐오스런 것을 찾으리라 생각했던 곳에서 신을 발견할 것이다. 그리고 타인을 살해하리라 생각했던 곳에서 우리 자신을 죽이게 될 것이며, 외부로 나아가리라 생각했던 곳에서 우리 자신의 실존에 대한 핵심에 도달하게 될 것이다. 그리고 끝나리라 생각했던 곳에서 모든 세계와 만나게 될 것이다.

– 조셉 캠벨, 《신화의 힘》(51쪽) –

독자들에게 시장에 관한 비밀을 한 가지 알려주겠다. 평균적인 일일 가격 변동 범위에서 돌파가 일어날 때 매수하면 큰돈을 벌 수 있다. 우리는 이를 '변동폭 돌파'라고 부른다. 한 트레이더는 변동폭 돌파로 수백만 달러를 번 것으로 유명하다. 여러분도 큰돈을 벌 수 있다! 이제 내가 그 방법을 설명하겠다.

먼저, 어제의 가격 범위를 조사한다. 어제와 그제 사이에 갭이 있다면, 가격 범위에 그 갭만큼을 더한다. 이를 '실제 범위'라고 부른다. 이제 어제의 실제 가격 범위에서 40퍼센트를 취하고 오늘의 시가에 그만큼을 더하고 빼준다. 그중 큰 가격은 매수 신호고, 낮은 가격은 매도(공매도) 신호다. 가격이 이 두 값 중 하나에 도달하면, 매매에 참여하라. 그러면 돈을 벌 확률이 80퍼센트이며, 장기적으로 볼 때 큰돈을 벌 것이다.

여러분은 이런 이야기에 흥미를 느끼는가? 사실 수천 명의 투기자들과 투자자들이 이 이야기에 매혹되었으며, 그 속에는 얼마간 진실이 담겨져 있다. 시장에서 큰돈을 벌 수 있는 토대가 되기 때문이다. 하지만 분명 성공을 위한 마법과 같은 비밀이 되지는 못한다. 이런 충고를 따르다가는 많은 사람이 빈털터리가 될 수 있다. 이것은 완전한 거래 방법의 일부에 불과하기 때문이다. 예컨대 다음과 같은 사항들을 알려주지는 않는다.

- 시장이 예측에서 벗어났을 때 어떻게 자본을 보호하는가?
- 언제 또는 어떻게 이익 실현을 하는가?
- 신호가 나타났을 때 얼마나 매수하거나 매도해야 하는가?
- 해당 기법은 어떤 시장을 위해 고안되었는가? 모든 시장에서 효과가 있는 것인가?
- 해당 기법은 언제 효과가 있으며, 언제 효력을 상실하는가?

무엇보다 중요한 것은 여러분 스스로 다음과 같은 질문들을 해보아야 한다는 것이다. 모든 것을 고려해볼 때 그 기법이 나에게 잘 맞을까? 정말 거래에 이용할 만할까? 투자 목적에 맞을까? 내 성격에 맞을까? 그 때문에 발생할 수 있는 수익 감소나 연속 손실을 견딜 수 있을까? 이런 시스템으로 거래하면서 편안하게 느낄 수 있을까? 그러기 위해서는 시스템이 어떤 조건을 만족시켜야 할까?

나는 트레이더와 투자자들이 더 많은 돈을 벌 수 있도록 도와주려는 목적에서 이 책을 썼다. 하지만 이를 위해 사람들은 자기 자신에 관해 더 많은 사실을 알고 자기 자신의 성격과 목표에 맞는 기법을 스스로 고안해야 한다. 내가 트레이더와 투자자 모두를 염두에 둔 것은 시장에서 돈을 벌려고 한다는 점에서 둘 다 마찬가지기 때문이다. 트레이더는 보다 중립적인 접근법을 취하는 경향이 있다. 그들은 매수도 하고 공매도도 한다. 반면, 투자자는 매수하여 장기간 보유할 수 있는 투자 대상을 찾는다. 이 둘은 의사 결정을 인도해줄 시스템, 즉 성배를 찾고 있다.

시장에서 수익을 찾는 여행은 보통 다른 식으로 시작된다. 사실 전형적인 투자자나 트레이더는 거래를 준비하면서 진화 과정을 거친다. 그들은 처음에는 큰돈을 번다는 생각에 사로잡혀 있다. 아마도 주식 중개인이 어떠어떠한 시장에서 거래하면 얼마나 많은 돈을 벌 수 있는지 입에 거품을 물고 선전했을 것이다. 나는 노스캐롤라이나에서 라디오 광고를 들은 적이 있는데, 그 내용은 이랬다.

해마다 진짜 돈이 벌리는 곳이 어딘지 아십니까? 농업 부문입니다. 사람들은 누구나 먹어야 사니까요. 최근 날씨를 생각해보면 농산물 부족이 일어날 가능성이 큽니다. 그건 가격이 올라간다는 뜻이죠. 5,000달러의 소액 투자로 많은 곡물을 거래할 수 있습니다. 곡물 가격이 단 몇 푼만 유리한 쪽으로 움직여도 꽤 돈을 벌 수 있습니다. 물론 이런 식의 조언에는 위험이 있죠. 사람들은 돈을 잃을 수 있고 또 실제로도 잃습니다. 그러나 내 말이 맞는다면, 얼마나 많은 돈을 벌 수 있을지 한번 생각해보시기 바랍니다![1]

만약 트레이더가 최초의 5,000달러를 쏟아부었다면, 그는 이미 낚인 것이다. 그는 그 모든 돈을 잃는다 해도—대부분의 경우 그렇게 되는데—

시장에서 거래를 통해 큰돈을 벌 수 있다는 신념만은 여전히 잃지 않을 것이다. "힐러리 클린턴도 1,000달러를 10만 달러로 불리지 않았는가? 그녀가 할 수 있다면, 나도 틀림없이 할 수 있는 거다."[2] 이런 사고방식에 따라 우리의 투자자는 엄청난 시간을 들여 유망한 투자 대상을 고르려 애쓰고, 그 과정에서 자신에게 무엇을 사고팔지 알려줄 누군가를 찾아나선다.

나는 다른 사람의 조언을 좇아 줄곧 돈을 벌었다는 사람들을 많이 알지 못한다. 예외는 있지만, 그런 사람은 매우 드물다. 때가 되면, 다른 사람들의 조언을 따랐다가 결국 자본을 다 날린 사람들은 낙담하고 시장에서 나오기 마련이다.

정말로 사람들의 마음을 사로잡는 또 다른 선전은 바로 정보지에 실린 것들이다. 거기에는 흔히 이런 얘기들을 볼 수 있다. "우리 전문가가 조언한 대로 하면, XYZ에서 320퍼센트의 수익을 올릴 것이고, GEF에서는 220퍼센트, DEC에서는 93퍼센트의 수익을 올릴 수 있습니다. 지금도 늦지 않았습니다. 다음 1년간 달마다 1,000달러만 내면 전문가의 선택 종목에 관한 정보를 제공받을 수 있습니다." 앞으로 나올 예측에 관한 장과 포지션 규모 조절에 관한 장에서 알게 될 테지만, 이런 전문가의 조언을 듣다가는 쪽박을 차기 십상이다. 이 전문가의 약점이나 심지어 그가 사용하는 시스템의 예측치에 관해서도 우리는 아는 바가 전혀 없기 때문이다.

나는 전에 옵션거래의 전문가로부터 이런 선전을 들은 적이 있다. "지난해 모든 거래에서 내 조언을 따랐다면, 당신은 1만 달러를 4만 달러로 불릴 수 있었을 것입니다." 이 말이 인상적으로 들리는가? 사실 대부분의 사람에게는 그럴 것이다. 그러나 그 말의 참뜻은 그가 추천한 모든 거래에 1만 달러의 리스크를 부담하면, 연말에 4만 달러까지 돈이 늘어날 것이라는 것이다. 다른 말로 하자면, 거래당 리스크가 1R이면(R은 Risk의 약자) 연말에는 4R이 된다는 것이다. 단언컨대, 여러분이 앞으로 개발할 거래 시스템의 99퍼센트는 이보다 더 나은 결과를 낳을 테니 내 말을 믿기 바란다. 하지만 사람들은 어쨌든 이 전문가의 조언을 듣기 위해 1,000달러를 내놓고야 만다. 4R의 수익 대신 400퍼센트의 수익을 선전하기 때문이다. 사람들은 더 나은 대답을 찾아야겠다고 생각하기 전까지 계속 그런 식으로 돈을 낭비한다.

몇몇 사람들은 놀랍게도 다음 단계로 넘어가 "어떻게 하는 것인지 알려달라"고 요구하고 나선다. 갑자기 그들은 큰돈을 벌어다 줄 마술 기법을 찾기 위해 혈안이 된다. 어떤 사람들은 이를 '성배 찾기'라고 부른다. 이 성배 찾기 과정에서 우리의 트레이더는 밝혀지지 않은 부자들의 세계에 들어가게 해줄 비밀을 알기 위해 어떤 단서라도 찾아내려 애쓴다. 보통 이 단계의 사람들은 많은 세미나에 참석하여 다양한 방법들에 관해 배운다. 다음의 예를 보자.

이것이 나의 의자형 패턴입니다. 적어도 6개의 바_{bar}로 이루어진 밀집 구간이 있고, 그다음 7번째 바에서 밀집 구간 돌파가 일어나는 형태를 띱니다. 왼쪽을 향한 의자처럼 보이는 것에 주목하기 바랍니다. 의자형 패턴이 만들어지고 나서 이 차트에 무슨 일이 일어났는지 보십시오. 시장이 급등했습니다. 여기 또 다른 사례가 있죠. 이렇게 쉽습니다. 그리고 여기 제가 지난 10년간 의자형 패턴을 이용하여 얼마나 많은 수익을 냈는지 보여주는 차트가 있습니다. 보세요. 겨우 1만 달러를 투자하여 해마다 9만 2,000달러를 벌어들였습니다.

세미나에 참석했던 투자자들은 어떻게든 이 의자형 패턴을 실제로 이용하려고 하고, 그래서 1만 달러의 투자금에 큰 손실이 발생한다(이런 손실이 나는 이유는 이 책의 뒷부분에서 배우게 될 것이다). 실패에도 불구하고, 이런 투자자들은 또 다른 시스템을 찾아 나선다. 그리고 이와 같은 손실의 순환을 반복하다가 마침내 빈털터리가 되거나 아니면 성배라는 메타포 배후에 감추어진 진정한 의미를 깨닫게 된다.

성배의 메타포

거래의 세계에서 사람들은 종종 이렇게 말한다. "그 사람 성배를 찾고 있군." 보통 이 말은 그 사람이 자신을 부자로 만들어줄 시장에 관한 마술 같은 비밀—모든 시장에서 통하는 비밀의 법칙—을 찾고 있다는 뜻이다. 그런데 이런 법칙이 실제로 있을까? 물론 있다! 그리고 정말로 성배의 메타포를 이해한다면, 시장에서 돈을 벌어들이는 비밀을 깨닫게 될 것이다.

말콤 굿윈의 《성배Holy Grail》와 같은 몇 권의 책은 성배의 메타포 문제를 다루고 있다.[3] 성배의 메타포는 신화를 넘어 역사를 통해 광범위하게 퍼졌고, 대부분의 서구인은 '성배 찾기'로 묘사되는 어떤 것이면 즉시 그것이 매우 중요한 것이라고 인식한다. 학자들은 이 단어로 철천지한徹天之恨에서부터 영원한 젊음까지 온갖 것들을 표현했다. 어떤 학자들은 성배 찾기를 완벽주의, 계몽, 통일, 혹은 심지어 신과의 직접적인 교감에 대한 추구로 생각하기도 했다. 투자자들의 '성배 찾기'는 그러한 다른 추구의 문맥 가운데서 이해되어 왔다.

대부분의 투자자들은 시장에 어떤 신비로운 질서가 있다고 믿는다. 그들은 소수의 사람들은 이에 관해 알고 있으며, 이들 소수가 시장에서 엄청난 액수의 돈을 벌고 있다고 믿는다. 그들 역시 부자가 되기 위해 이런 비밀을 발견하려고 끊임없이 노력한다. 그와 같은 비밀은 존재하지만, 이것이 어디 있는지 아는 사람은 극히 드물다. 전혀 예상하지 못할 만한 곳에 비밀이 존재하기 때문이다.

이 책의 끝부분에 가까워질수록 시장에서 돈을 버는 비밀을 점점 더 확실히 깨닫게 될 것이다. 그리고 이런 비밀이 눈앞에 나타나면, 여러분은 '성배 찾기'의 진정한 의미를 알게 될 것이다.

한 가지 흥미로운 성배 이야기에 따르면, 천상에서는 아직도 하나님과 사탄의 전쟁이 진행 중인데, 중립적인 천사들이 성배를 이런 전장의 한가운데로 갖다 놓았다고 한다. 따라서 성배는 반대되는 양측(예컨대 수익과 손실) 사이의 영적인 길 가운데에 존재하는 것이다. 그러나 오랜 세월이 지나 그 지역은 이미 황무지가 되어버렸다. 조셉 캠벨은 황무지가 우리 대부분이 영위하는 가짜 삶을 상징한다고 말한다.[4] 우리 대부분은 보통 다른 사람들이 하는 것을 하고, 군중을 따르며, 들은 대로 행동한다. 따라서 황무지는 우리 자신의 삶을 살아가는 용기의 부재不在를 나타낸다. 성배를 찾는 것은 황무지에서 빠져나갈 수단을 찾는 것을 의미한다. 나아가 우리 자신의 삶을 살고 이로써 인간 정신의 궁극적인 가능성에 도달함을 뜻한다.

군중을 따르는 투자자들은 상승 추세에서 돈을 벌지는 모르지만, 전반적으로 돈을 잃게 된다. 반면, 독립적으로 생각하고 행동하는 투자자들은 보통 돈을 번다. 군중 추종자들에게는 도대체 어떤 문제가 있는 것일까? 그들은 스스로 생각하여 자기 자신에게 맞는 거래 기법을 고안하지 않고 남들에게 조언을 구한다. 대부분의 투자자는 매 거래에서 옳게 판단하고 행동하려는 욕심이 강하다. 그래서 그들은 시장에 대한 지배력을 맛볼 수 있는 한창 잘나가는 진입 기법을 찾아 나선다. 예컨대 여러분은 시장에 들어가기도 전에 시장이 완전히 자신의 뜻대로 움직여야 한다고 요구하기도 한다. 하지만 진짜로 돈을 벌게 해주는 것은 청산 전략이다. 현명한 청산 전략이야말로 트레이더들이 손절매를 하고 수익을 극대화할 수 있게 해주기 때문이다. 현명한 청산 전략은 트레이더들에게 완전히 시장의 움직임에 따르라고 요구한다. **요컨대, 시장에서 돈을 벌려면 자기 자신을 발견하고, 잠재력을 얻고, 시장과 조화를 이루어야 한다.**

효과가 있는 거래 시스템은 아마 수십만 개일 것이다. 그러나 대부분의 사람들은 이런 시스템이 제공된다 하더라도 그대로 따르지 않는다. 왜 그런가? 시스템이 그들에게 맞지 않기 때문이다. 성공적인 거래의 비밀한 가지는 자신에게 맞는 거래 시스템을 찾는 데 있다. 사실 잭 슈웨거는 많은 '시장의 마법사들'과 인터뷰를 하고 나서 두 권의 책을 쓴 뒤, 그들의 성공에서 가장 중요한 특징은 그들이 각자에게 딱 들어맞는 시스템이나 기법을 구축해놓고 있다는 점이라고 결론 내렸다.[5] 따라서 성배 찾기의 비밀 중 한 가지는 바로 자기 자신만의 고유한 방식을 따라야 한다는 것이다. 자신에게 정말로 잘 맞는 뭔가를 찾아야 한다. 그러나 성배의 메타포와 관련해서는 이외에도 아직 알아야 할 것들이 많다.

삶은 수익과 손실 사이의 중립적인 위치에서 시작된다. 여기서는 손실을 두려워하지도 않고 수익을 바라지도 않는다. 삶은 그저 존재할 뿐인데, 성배가 상징하는 것은 이것이다. 그러나 인간의 자의식이 발달하면서 공포와 탐욕이 생긴다. 하지만 탐욕(그리고 결핍에서 비롯되는 공포)을 없애면 만물과의 특별한 조화에 도달하게 된다. 위대한 트레이더와 투자자가 출현하는 것은 이 지점에서다.

위대한 학자이자 신화에 관한 일류 전문가였던 조셉 캠벨은 다음과 같이 말했다.

풀이 이렇게 말한다고 상상해보세요. "오, 이런, 이렇게 계속 깎아낸 다고 해서 무슨 소용이에요?" 대신 풀이 계속 자란다고 합시다. 그게 바로 중심의 에너지가 의미하는 것이에요. 성배의 이미지, 다함이 없는 샘, 근원이 의미하는 것이죠. 근원은 일단 존재로 바뀐 뒤에는 어떤 일이 일 어나든 상관하지 않아요.[6]

성배의 전설 한 가지는 '모든 행위에는 선과 악의 결과가 동시에 존재 한다'라는 짧은 시구와 함께 시작된다. 이에 따르면, 삶의 모든 행위에는 긍정적인 결과와 부정적인 결과 두 가지가 동시에 존재한다. 그리고 이 둘은 수익과 손실에 비교할 수 있다. 우리가 할 수 있는 최선은 빛을 향 해 나아갈 동안 이 둘 모두를 받아들이는 것이다.

투자자로서 혹은 트레이더로서 그것이 여러분에게 무엇을 의미하는 지 한번 생각해보라. 여러분은 지금 인생이라는 게임을 하고 있다. 여러 분은 때로는 이기고 때로는 질 것이다. 따라서 여러분의 삶에서 긍정적 인 결과와 부정적인 결과가 동시에 일어나고 있는 것이다. **이 둘 모두를 받 아들이려면, 단순히 여러분 자신일 수 있는 특별한 공간이 여러분 안에 있어 야 한다. 이곳에서 보자면, 수익과 손실은 똑같이 거래의 일부다.** 나에게는 이 메타포야말로 성배의 진정한 비밀이다.

자신의 내면에서 이런 공간을 찾지 못하면 손실을 받아들이기가 매 우 힘들어진다. 그리고 이런 부정적인 결과를 받아들일 수 없다면, 트레이더로서 결코 성공할 수 없다. 좋은 트레이더는 보통 절반에 못 미치는 거래에서 돈을 번다. 손실을 받아들일 수 없다면, 틀린 것을 알았으면서도 포지션을 처분하려고 하지 않을 것이다. 그러면 작은 손실은 엄청난 손실이 되어 버린다. 더 중요한 것은 손실의 발생함을 인정하지 못하면, 장기적으로는 큰 수익을 낳지만 거래의 60퍼센트에서 손실이 발생하는 바람직한 거래 시스템을 받아들이지 못한다.

트레이딩에서
진정으로 중요한 것

내가 만나본 성공한 투자자는 거의 모두 성배의 메타포가 주는 가르침을 알고 있었다. 시장에서의 성공은 내적 통제에서 나온다는 게 그 가르침이다. 그러나 많은 사람이 그것이 얼마나 중요한지 깨닫는 것은 어려운 일이다. 예컨대 대부분의 투자자는 시장이 희생자를 만드는 어떤 살아 있는 실체라고 여긴다. 이런 얘기를 믿으면, 이것은 진실이 된다. 그러나 시장은 희생자를 만들지 않는다. 다만 투자자들이 스스로 희생자가 될 뿐이다. 트레이더 각각은 스스로 운명을 결정한다. 적어도 무의식적으로라도 이 중요한 사실을 깨닫지 못하면 어떤 트레이더도 성공할 수 없다.

몇 가지 사실을 보도록 하자.

• 대부분의 성공한 시장 전문가는 리스크 관리를 통해 성공에 도달했다. 리스크 관리는 우리의 자연적 성향에 어긋난다. 따라서 엄청난 내적 통제를 요구한다.

- 대부분의 성공한 투기꾼은 성공률이 35~50퍼센트다. 그들은 가격을 잘 예측해서 성공한 것이 아니다. 그들은 손실 거래의 규모를 훨씬 초과하는 이익 거래의 규모 덕분에 성공한 것이다. 이를 위해서는 내적 통제가 요구된다.
- 대부분의 성공한 보수적 투자자는 역발상가들이다. 그들은 다른 이들이 모두 두려워하는 일을 한다. 그들은 다른 모든 사람이 공포에 사로잡혀 있을 때 매수하고, 탐욕을 부릴 때 매도한다. 그들은 인내할 줄 알며 기꺼이 적기를 기다린다. 이 역시 내적 통제가 필요한 일이다.

투자 성공은 다른 어떤 요소보다 내적 통제를 필요로 한다. 이것이 거래 성공의 첫걸음이다. 통제력을 기르기 위해 온힘을 쏟는 사람들은 궁극적으로 성공할 수밖에 없다.

거래 성공의 열쇠라 할 내적 통제를 다른 시각에서 살펴보도록 하자. 나는 거래에서 중요한 요소를 논할 때면, 다음의 세 가지를 든다. 심리, 자금 관리(즉, 포지션 규모 관리), 그리고 시스템 개발이다. 대부분의 사람은 시스템 개발을 강조하고, 다른 두 가지 요소는 덜 중요하게 생각한다. 그러나 더 노련한 사람들은 이 세 가지 요소가 모두 중요하지만 심리가 가장 중요하며(약 60퍼센트), 그 다음은 포지션 규모 조절이고(약 30퍼센트), 시스템 개발은 가장 덜 중요하다(약 10퍼센트)고 말한다. 그림 1.1은 이 내용을 도표로 표현한 것이다. 이런 사람들에 따르면, 내적 통제는 심리적 요소에 속한다.

한 뛰어난 트레이더가 언젠가 내게 자신의 개인적인 심리는 거래와는 무관하다고 말했다. 그가 거래에서 하는 모든 것이 자동화되어 있기 때문이라고 했다. 나는 대답했다. "흥미로운 얘기군요. 하지만 신호를 따르지 않기로 결정할 때는 어떻게 되나요?" 그가 대답했다. "그런 일은 결코 일어나지 않지요!" 약 6년 뒤 이 사람은 전문 트레이더의 일을 그만두었다. 그의 파트너가 거래하려고 하지 않았기 때문인데, 만약 그 거래를 했더라면 그들은 그해 큰 수익을 올렸을 것이다. 그러나 이 영역에서 그동안 너무 큰 손실이 났던 탓에 그 파트너는 거래하지 않기로 결정했던 것이다.

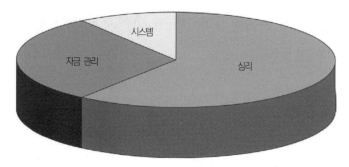

그림 1.1 거래의 구성요소

한 위대한 트레이더는 내게 1970년대 말에 10주간 대학 강좌를 맡아 거래를 가르친 적이 있다고 했다. 그는 첫 주 수업에서 거래에 관한 기본 정보를 가르쳤다. 또 다른 한 주는 돈키언의 10-20 이동평균 교차 시스템을 가르쳤다. 그러나 사람들에게 그가 가르치는 시스템을 이용하도록 설득하는 데 나머지 8주의 수업이 모두 소요되었다. 말하자면 그는 이 긴 시간 동안에 그들이 그 시스템(혹은 다른 어떤 훌륭한 거래 시스템)으로부터 발생할 손실을 받아들이도록 설득해야 했던 것이다.

나는 오래전부터 거래가 100퍼센트 심리 게임이며, 심리에는 포지션 규모 조절과 시스템 개발이 포함된다고 생각해왔다. 이유는 간단하다. 우리는 인간이며 로봇이 아니기 때문이다. 우리가 어떤 행위를 하기 위해서는 뇌를 통해 정보를 처리해야 한다. 거래 시스템을 고안하고 운용하는 데는 행위가 필요하다. 그리고 어떤 행위를 반복하기 위해서는 그 행위의 구성요소를 익혀야 한다. 모델링이라는 과학 이론이 등장하는 것은 이 부분에서다.

시장의 천재들
모델링하기

아마도 여러분은 워크숍에 참석하여 성공의 비밀에 관해 설명하는 투자 전문가의 얘기를 들어본 경험이 있을 것이다. 예를 들어, 나는 방금 1970년대 초 학생들에게 거래를 가르쳤던 유명한 트레이더의 강좌에 관해 언급했다. 그는 처음 두 주 동안 수업 중에 누구든 부자로 만들어줄 거래 기법을 가르쳤고, 그 뒤 8주 동안 학생들이 그 기법을 받아들일 수 있도록 해주었다.

그 수업에 참여한 학생들처럼, 여러분은 워크숍에 참석하여 전문가의 풍모와 능력, 식견에 강한 인상을 받았을지도 모른다. 그리고 워크숍을 마치면서 그 전문가의 기법을 활용하면 자신도 엄청난 돈을 벌 수 있다고 확신했을지 모른다. 하지만 불행히도 그의 비법을 실행에 옮기려는 순간 자신이 워크숍에 참가하기 전보다 그다지 똑똑해지지 않았다는 것을 발견하게 될 것이다. 뭔가가 제대로 되지 않거나 아니면 여러분이 배운 것을 제대로 적용할 수 없다는 것을 깨닫게 된다.

왜 이런 일이 생길까? 그 전문가와 같은 식으로 사고가 구조화되지 않았기 때문이다. 그 전문가가 가진 성공의 열쇠는 사실 그의 정신 구조,

즉 생각하는 방식이다.

　다른 사람들이 여러분에게 그들이 시장에 접근하는 방식을 가르칠 때, 그들은 여러분에게 그들이 실제로 무엇을 하는지 피상적으로만 가르칠 가능성이 크다. 그들이 여러분을 속이려고 하는 것은 아니다. 다만, 그들 자신이 어떤 일을 하고 있는 것인지 본질적으로 이해하지 못하고 있는 것일 뿐이다. 만약 그렇지 않다고 해도 그들은 그런 정보를 다른 이들에게 제대로 전달하는 데 어려움을 겪을 것이다. 이에 따라 사람들은 시장에서 성공하기 위해서는 특별한 능력이나 재능이 있어야 한다고 생각하게 된다. 결국 많은 사람은 스스로 재능이 없다고 믿고 낙담한 채 시장을 떠나고 만다. 하지만 재능은 배울 수 있는 것이다!

　나는 적어도 두 명이 잘할 수 있는 것이라면 그런 능력이나 기술은 다른 대부분의 사람에게 가르칠 수 있다고 생각한다. 그런 능력이나 기술을 가르치기 위한 열쇠는 먼저 모델링이다. 지난 20년간 모델링 과학은 거의 언더그라운드 운동으로 존재해왔다. 이 운동은 리처드 밴들러와 존 그라인더에 의해 개발된 신경언어프로그래밍NLP, neuro-linguistic programming이라는 기술에서 비롯되었다.

　NLP 세미나는 보통 모델링 과정을 통해 얻은 기법들을 다룬다. 예를 들자면, 나는 세미나에서 보통 최고의 트레이더와 투자자를 모델링하여 개발한 모델들을 가르친다. 그러나 NLP 강좌를 충분히 들으면, 여러분도 결국 모델링 과정 자체를 이해하게 될 것이다.

　나는 거래의 세 가지 주요 측면 외에도 부의 증식 과정을 모델링했다. 내가 개발한 첫 번째 모델은 위대한 트레이더이자 시장의 대가가 되는 법에 관한 것이다. 본질적으로, 이런 모델을 개발하기 위해서는 많은 위대한 트레이더, 투자자와 함께 작업하여 그들이 공통적으로 어떤 일을 하는지 판단하는 단계가 필요하다. 한 사람을 모델링하면, 그 모델에는 그 사람에게 고유한 특이성이 많이 발견될 것이다. 그러나 많은 뛰어난 트레이더와 투자자들의 공통 요소를 모델링하면, 그들 모두의 성공에 진정으로 중요한 요소가 무엇인지 발견할 수 있다.

내가 처음으로 모델링 대상 트레이더들에게 그들이 하는 일에 관해 물어보았을 때, 그들은 각자 자신의 거래 방법에 관해 얘기해주었다. 약 50명의 트레이더를 인터뷰하고 나서, 나는 거래 방법이 천차만별임을 발견했다. 나는 그들 모두가 '낮은 리스크'를 염두에 두고 있다는 것만 빼면 그들의 거래 방법이 성공 비법이 아니라고 결론내릴 수 있었다. 따라서 이 모든 트레이더에게 공통된 요소 한 가지를 찾으라면, 그것은 낮은 리스크의 거래 아이디어를 찾는 능력이었다. 나는 다음 장에서 이런 낮은 위험성을 가진 거래 아이디어에 관해 정의를 내릴 것이다.

그들이 하는 일 가운데서 공통 요소를 발견했다면, 이제 우리는 이런 각각의 공통된 일들 가운데서 진정으로 중요한 요소들을 찾아보아야 한다. 그들은 어떤 믿음 덕분에 시장을 마스터할 수 있는 것인가? 그들은 어떻게 이런 일들을 효과적으로 성취할 수 있는가? 이런 일을 하는 데 필요한 정신적 전략(즉, 순서화된 사고의 체계)은 무엇인가? 일을 하는 데 필요한 정신적 상태(헌신, 개방성 등)는 무엇인가? 이런 요소는 모두 심리적인 것이다. 이것이 내가 거래가 100퍼센트 심리 게임이라고 믿는 또 다른 이유다.

여러분이 제대로 된 모델을 만드는 데 성공했는지 판단하는 마지막 단계는 그 모델을 다른 사람에게 가르쳐주고 그들 역시 똑같은 결과를 얻는지 알아보는 것이다. 내가 개발한 거래 모델은 내 최대 성과 홈 스터디 강좌[7]의 일부를 이루고 있으며, 또한 최대 성과 워크숍에서도 이 모델을 가르치고 있다. 우리에게는 놀랄 만큼 큰 성공을 거둔 몇몇 트레이더들이 있는데, 그들의 존재가 이 모델의 유효성을 입증해준다고 하겠다.

내가 개발한 두 번째 모델은 위대한 트레이더와 투자자들의 기량 개발과 연구 방식에 관한 것이다. 이것은 이 책의 주제이기도 하다. 대부분의 사람은 이를 거래의 비심리적 측면으로 여긴다. 하지만 놀라운 일은 자신에게 맞는 시스템을 발견하고 개발하는 일은 순전히 심리적인 작업이라는 것이다. 여러분은 시장에 관한 자신의 믿음을 발견하여 시스템이 이런 믿음에 부합하도록 해야 한다. 개인적 목표를 세우고 이런 목표에 꼭 들어맞는 시스템을 개발하기 위해서는 자신을 잘 알아야 한다. 거래하는 것이 편해질 때까지 계속 자신이 만든 시스템을 이용해야 한다. 편안함에 대한 자신만의 기준이 있어야만 한다. 사람들은 잘하는 것에 대해 오히려 많은 반감을 품고 있다. 이런 반감을 극복하기 위해서는 개인적 성장의 과정에서 어떤 조치가 요구된다. 나는 일반적으로 개인에게 더 많은 치료가 이루어질 때, 그가 성공적으로 거래할 수 있는 시스템을 개발하는 것이 더 쉬워진다는 것을 발견했다.

적절한 거래 시스템을 찾기 위해 맨 먼저 해야 할 가장 중요한 일은 자기 자신에 관해 충분히 아는 것이다. 그래야 자기 자신에게 맞는 시스템을 고안할 수 있기 때문이다. 그러나 자신에 관해 알기 위해서는 어떻게 해야 하며, 그렇게 된 뒤 자기 자신에게 맞는 시스템을 찾기 위해서는 어떻게 해야 하는가?

내가 개발한 세 번째 모델은 위대한 트레이더들이 거래에서 포지션 규모를 결정하는 법에 관한 것이다. 자금 관리 문제는 모든 위대한 트레이더들이 말하는 주제이다. 그러나 그들 대부분이 그 문제 자체보다는 자금 관리(즉, 리스크 제어 혹은 최적 수익 획득)의 결과에 대해 한두 가지 얘기하는데 그친다. 자금 관리는 본질적으로 거래에서 포지션의 규모를 결정하는—즉, '얼마나'의 문제에 대해 해답을 제공하는—시스템의 일부다. 나는 이 책에서 혹여 생길지 모를 혼란을 피하기 위해 이 문제를 '포지션 규모 조절'이라는 이름으로 부르기로 정했다. 이 책의 초판이 나온 이후 많은 독자들 역시 이 명칭을 쓰기 시작했다.

거래의 다른 영역에서도 마찬가지지만, 대부분의 사람은 그들이 가지고 있는 심리적 편향 때문에 포지션 규모 조절에서 많은 실수를 저지른다. 예를 들어, 나는 1997년 이 책의 초판을 쓸 무렵, 아시아의 8개 도시에서 순회강연을 하고 있었다. 어느 도시나 대부분의 청중들이 포지션 규모의 중요성에 관해 제대로 이해하고 있지 못하는 것이 분명했다. 그들 대다수가 기관 트레이더였고, 거래하는 돈의 규모조차 모르거나, 그들이 얼마나 많은 돈을 잃으면 일자리를 잃게 되는지 역시 모르고 있었다. 따라서, 그들로서는 포지션이 얼마나 크거나 혹은 작아야 하는지 제대로 판단할 수 있는 방법이 없었다.

이 개념의 이해를 돕기 위해 나는 청중에게 포지션 규모의 중요성을 알려주는 한 가지 게임을 해보도록 했다. 하지만, 강연이 끝났을 때 나에게 "타프 박사님, 제 상황에서는 포지션 규모 조절을 어떻게 해야 하죠?"라고 묻는 사람은 한 명도 없었다. 만약 그런 질문을 해서 적절한 대답을 들었다면 그들 거의 모두는 거래에서 큰 발전을 이룰 수 있었을 것이다.

여러분은 이 책에서 포지션 규모 조절의 핵심적인 요소들을 배우게 될 것이다. 포지션 규모 조절이 시스템 개발의 본질적인 부분이기 때문이다. 그러나 포지션 규모 조절 모델의 전체에 관한 설명은, 나의 또 다른 책 《예측과 포지션 규모 조절에 관한 최종 안내서The Definitive Guide to Expectancy and Position Sizing》[8]를 보기 바란다.

내가 개발한 네 번째 모델은 부富에 관한 것이다. 본 장의 서두에서 이미 언급했듯이, 일반적인 사람들은 다른 사람이 제시한 규칙을 따르기 때문에 머니 게임에서 진다. 그들은 가장 큰돈이나 가장 많은 무기를 가진 사람이 게임에서 이긴다고 믿는다. 여러분이 백만장자 혹은 억만장자가 되면 게임에서 이길 수 있을지 모르겠다. 그러나 그렇게 되려면 대부분의 사람은 게임에서 져야 할 것이다.

가장 많은 무기 혹은 최상의 무기를 손에 넣으면 역시 게임에서 이길 수 있을지 모른다. 게임을 제대로 하면, 선불금과 달마다 내는 돈이 충분히 적을 때 무기를 하나하나 구입할 수 있다. 하지만 이런 법칙을 따르면, 재정적 노예의 길에 끌려들어 가 더욱더 많은 소비자 부채에 허덕일 수밖에 없다. 오늘날 평균적인 미국인은 대공황 이후 처음으로 수입보다 지출이 더 많아졌다. 그게 모두 차입을 통해서다. 어쨌거나 그 결과, 우리는 머니 게임에서 지고 있는 것이다.

이에 대한 해법은 새로운 규칙을 받아들이는 것이다. 재정적 자유는 자산소득passive income, 자산에서 얻은 수입이 월별 비용보다 클 때 달성된다. 따라서 생활하는 데 한 달에 5,000달러가 필요할 경우, 자산소득이 월별 5,000달러보다 크면 재정적 자유에 도달할 수 있다. 이건 쉬운 일이며, 충분히 바라고 노력하기만 한다면 누구든 할 수 있다. 나는 내 세 번째 책《재정적 자유를 위한 안전한 전략》[9]에서 이를 위한 과정을 상세히 설명했다.

이 책에서 나는 자산소득의 증대 방법이라는 측면에서 거래에 보다 초점을 맞추고자 했다. 거래 혹은 투자를 통한 수입으로 월별 비용을 충당하고자 할 때, 그리고 그 과정이 하루 몇 시간밖에 들지 않을 때, 나는 이런 수입을 '자산소득'이라고 부를 것이다. 그리고 여러분은 이런 과정을 통해 재정적으로 자유를 누릴 수 있을 것이다.[10] 거래에 관해 배우고 사업 계획을 짜고 그 계획에 맞는 시스템을 개발하는 데 몇 년을 들여야 할지 모르지만, 일단 이런 단계를 마치면 여러분은 내가 정의한 재정적 자유에 도달할 수 있다. 나는 많은 사람이 실제로 그렇게 하는 것을 보았고, 성공의 가장 중요한 요소로서 여러분 자신이 충분히 바라고 노력한다면 역시 그렇게 될거라 믿는다.

나는 이 책을 세 가지 핵심 부분으로 나누었다. 1부에서는 어떻게 자기 자신을 발견하고 스스로 시장을 연구할 수 있는 수준으로까지 나아갈 수 있는지 다룰 것이다. 2장은 판단적 휴리스틱에 관한 것이고, 3장은 개인적 목표 설정의 주제에 대하여 이야기한다. 나는 1부를 일부러 짧게 구성했다. 독자들이 시스템 개발이라는 주제의 '골자'가 어서 시작되기를 기다리다 행여 지쳐버리지 않을까 싶어서다. 그리고 자기 발견의 문제를 맨 앞부분에 놓은 것은 이것이 성공적인 시스템 개발에서 필요 불가결한 것이기 때문이다.

2부는 시스템 개발을 위해 내가 개발한 모델을 다룬다. 여기서는 시장 시스템에 관한 개념들이 이야기될 텐데, 내가 부탁한 다양한 전문가들이 이에 관한 글을 써주었다. 여기서는 또한 '예측치expectancy'를 다루는데, 이는 모두가 이해해야 할 핵심 개념 가운데 하나다. 시장에 적극적으로 참여하는 사람들 가운데서도 예측치가 무엇을 뜻하는지 아는 사람은 드물며, 예측치의 개념을 중심으로 시스템을 고안하면 무엇이 달라지는지 아는 사람은 더욱 드물다. 따라서 이 부분을 주의 깊게 공부하는 것이 얼마나 중요한지 곧 알게 될 것이다. 나는 또한 전체 그림을 이해하는 법에 관해 새로운 장을 추가했다. 전체 그림에 대한 이해가 시스템 개발에 매우 중요하기 때문이다.

3부는 시스템의 다양한 부분을 다룬다. 여기에는 셋업, 진입 전략이나 타이밍 기법, 손실제한주문, 그리고 필수 불가결한 부분 중 하나인 포지션 규모 조절이 포함된다.

4부는 이 모든 것을 종합하는 법에 관해 알려줄 것이다. 시장에 각기 다른 방식으로 접근하는 7명의 투자자에 관한 장도 있다. 정보지를 예로 들어 시스템을 평가하는 법을 다룬 장도 있고, 포지션 규모 조절에 관한 장도 있다. 이 책의 마지막 장에서는 위대한 트레이더가 되기 위해 생각해보아야 할 그 외의 모든 것을 담았다.

1. 광고 내용은 내가 최선을 다해 기억해 낸 것이다. 실제 표현은 약간 다를 수 있다.
2. 전 영부인의 거래에 관한 이야기는 사실 내 생각을 반영하고 있다. 포지션 규모 조절에 관한 장을 읽을 때 여러분은 그녀가 정말로 그렇게 '운이 좋았던' 것인지 여부를 스스로 판단할 수 있을 것이다.
3. Malcolm Goodwin, The Holy Grail: Its Origins, Secrets and Meaning Revealed (New York: Viking Studio Books, 1994). 이 책은 서기 1190∼1220년의 30년간 나타난 9가지 성배 신화를 다루고 있다.
4. 조셉 캠벨, 《신화의 힘》
5. 잭 슈웨거, 《시장의 마법사들》
6. 조셉 캠벨, 《신화의 힘》
7. Van K. Tharp, The Peak Performance Course for Traders and Investors (Cary, N.C.: International Institute of Trading Mastery, 1988-2006). 보다 상세한 정보를 원할 경우, 919-466-0043으로 전화하거나 www.iitm.com에 방문해보기 바란다. 이 홈 스터디 강좌는 여러분 스스로가 모델을 개발하는 데 도움을 줄 수 있도록 거래 과정에 관한 모델을 설명하고 있다.
8. Van K. Tharp, The Definitive Guide to Expectancy and Position Sizing (Cary, N.C.: International Institute of Trading Mastery).
9. Van K. Tharp, Safe Strategies for Financial Freedom (New York: McGraw-Hill, 2004).
10. 자산소득이라고 하기 위해서는 일정한 수입이 지속적으로 유지되어야 한다. 예컨대 이런 수입이 어떤 달은 30퍼센트 이상, 다음 달은 20퍼센트, 그다음 달은 25퍼센트 이하, 그다음 달은 15퍼센트 이하, 그다음 달은 60퍼센트 이상이라면, 이를 제대로 된 자산소득이라고 하기는 어려울 것이다. 수입이 일정하지 않아 여기에 의존할 수 없기 때문이다.

판단적 편향

왜 대부분의 사람에게는 시장을 마스터하는 일이 어려울까?

Judgmental Biases: Why Mastering the Markets Is So Difficult for Most People

우리는 일반적으로 시장에 관한 우리의 믿음을 거래한다. 일단 그러한 믿음에 대하여 결정을
내리면, 우리는 대개 이를 바꾸려 하지 않는다. 그리고 시장에서 거래할 때 모든 가능한 정보를
고려했다고 생각하는 게 보통이다. 하지만 우리의 믿음이 선택적 인식을 통해 가장 유용한 정보를
제거했을지도 모르는 일이다.

― 반 K. 타프 박사 ―

독자 여러분은 이제 성배를 찾는 것이 실상 내적 탐구 과정과 다름없
다는 것을 알게 되었다. 이 장에서는 이런 탐구에서 그 첫 단계를 밟을
수 있도록 도움을 제공할 것이다. 여러분 앞에 놓인 첫 단계는 자신을 억
압하고 있는 것이 무엇인지 깨닫는 것이다. 기적은 이런 자각 후에 인생
을 스스로 책임져야 한다는 점을 받아들일 때 일어나며, 변화할 수 있는
능력 또한 생긴다.

전체적으로 볼 때, 우리 모두에게 발생한 문제는 기본적으로 우리가
정기적으로 처리해야 하는 엄청난 양의 정보에서 비롯된다. 프랑스 경제
학자 조르주 앙데를라_{George Anderla}는 우리 인간이 처리해야 하는 정보량

의 변화를 측정한 바 있다. 그는 정보 흐름이 예수에서부터 레오나르도 다 빈치 시대까지 1,500년의 세월 동안 두 배나 늘어났다고 결론 내렸다. 그리고 1750년에 이르러서는 다시 두 배가 되었다(대략 250년 사이에). 그 다음에 또다시 정보 흐름이 두 배로 증가한 때는 세기의 전환기로, 겨우 150년 정도밖에 안 걸렸다. 컴퓨터 시대가 출현하자, 이런 배증 시간은 약 5년으로 단축되었다. 그리고 전자 게시판을 제공하는 컴퓨터, DVD, 광섬유, 인터넷 등이 자유로이 사용되는 오늘날, 우리가 노출되는 정보의 양은 대략 1년 이내에 두 배가 된다.

연구자들의 추정에 따르면, 현재의 두뇌 활용 능력으로 볼 때 인간은 어떤 한순간 이용 가능한 시각 정보 가운데서 겨우 1~2퍼센트만을 받아 들일 수 있다고 한다. 트레이더와 투자자의 경우에는 상황이 극단적이다. 트레이더든 투자자든 세계의 모든 시장을 동시에 지켜보고 있노라면 매 초 약 100만 비트의 정보가 쏟아져 들어온다. 많은 트레이더들은 2~4대 의 컴퓨터 스크린을 동시에 켜둔다. 세계 전역의 어딘가에서는 항상 시 장이 열려 있으므로, 정보 흐름은 멈추지 않는다. 일부 트레이더들은 실 제로 거래 스크린에 달라붙어 떨어지지 않고 그들의 뇌가 허용하는 한 가능한 많은 정보를 처리하려고 애쓴다.

의식은 정보 처리를 하는 데 매우 제한된 능력만을 갖고 있다. 이상적 인 조건 아래서라고 해도 이런 제한된 능력은 동시에 5~9개의 정보 덩어 리를 처리할 수 있을 뿐이다. 정보 '덩어리'는 1비트일 수도 있고, 수천 비 트일 수도 있다(예컨대 덩어리는 2라는 숫자도 되고, 68만 7,941이라는 숫자가 되 기도 한다). 다음의 숫자들을 읽은 다음, 책을 덮고 그 숫자들을 모두 종 이에 한번 써보라.

6, 38, 57, 19, 121, 212, 83, 41, 917, 64, 817, 24

여러분은 모든 숫자를 기억할 수 있는가? 아마 그렇지 못할 것이다. 인간의 의식은 7±2개의 정보 덩어리만을 처리할 수 있기 때문이다. 그러나 우리에게는 매초 수백만 비트의 정보가 쏟아져 들어오며, 정보량은 현재 매년 두 배로 늘어나고 있다. 우리는 이를 어떻게 감당하는가?

대답하자면, 우리는 들어오는 정보의 대다수를 일반화하고, 삭제하고, 왜곡한다. "아, 나는 주식 시장에는 관심 없어." 이 한마디면 시장에 관한 이용 가능한 정보의 약 90퍼센트를 취해 '주식 시장 정보'로 일반화한 다음, 고려 대상에서 제외할 수 있다.

우리는 또한 선택을 통해 관심 있는 정보를 일반화한다. "나는 이러이러한 기준에 맞는 일간 바 차트만 볼 거야." 그런 다음 우리는 컴퓨터를 돌려 데이터를 분류하는데, 이때 자신의 기준에 의해 엄청난 정보량을 갑자기 컴퓨터 스크린상의 몇 줄로 축소한다. 이런 몇 줄은 우리의 의식에서 충분히 처리할 수 있다.

그 뒤 대부분의 트레이더와 투자자들은 지표로 표현함으로써 이런 일반화된 정보를 왜곡한다. 예를 들자면, 우리는 단순히 마지막 바만을 보지 않는다. 대신 우리는 정보가 10일 지수이동평균, 14일 RSI나 스토캐스틱, 밴드 혹은 추세선 등의 형태로 존재하면 훨씬 더 가치가 있다고 생각한다. 이 모든 지표는 왜곡의 사례다. 그리고 사람들이 시장에서 거래하는 것은 사실 '왜곡에 관한 그들의 믿음'이다. 이것은 유용한 믿음일 수도 있고 아닐 수도 있다.

심리학자들은 이런 많은 삭제와 왜곡을 '판단적 휴리스틱'이라는 이름으로 그룹화했다. '판단적'이라고 하는 것은 이런 것들이 우리의 의사 결정 과정에 영향을 미치기 때문이며, '휴리스틱'이라고 하는 것은 일종의 지름길이기 때문이다. 이 덕분에 우리는 많은 정보를 단시간 내에 처리하고 분류할 수 있다. 우리는 이런 판단적 휴리스틱의 도움 없이는 결코 시장에 대한 결정을 내릴 수 없지만, 이런 것이 존재하는 것을 모르거나 우리가 이런 것을 활용하고 있다는 것을 의식하지 못하는 사람들은 매우 위험한 상황을 맞을 수 있다. 판단적 휴리스틱은 거래 시스템 개발이나 시장에 관한 의사 결정 방식에 영향을 미친다.

대부분의 사람이 판단적 휴리스틱을 이용하는 것은 주로 현재 상황을 유지하기 위함이다. 우리는 보통 시장에 관한 믿음을 거래하고, 일단 이런 믿음을 마음속 깊이 받아들이면 그 뒤에는 이를 좀처럼 바꾸려고 하지 않는다. 그리고 시장에서 거래할 때, 우리는 우리가 모든 가용한 정보를 고려했다고 믿는다. 하지만 실제로는 우리가 선택적 인식을 통해 가장 유용한 정보들을 이미 제거해버렸을지도 모르는 일이다.

흥미롭게도 칼 포퍼Karl Popper는 지식은 이론을 증명하려는 노력보다는 이론의 결점을 찾으려는 노력에서 더 큰 진전을 이루었다고 지적했다.[1] 그의 주장이 옳다면, 우리의 믿음과 가정을 깨닫고 이를 반증할수록 시장에서 돈을 벌 가능성은 높아진다고 할 것이다.

이번 장의 목적은 이런 판단적 휴리스틱 혹은 편향이 거래 혹은 투자 과정에 어떻게 영향을 미치는지 탐구하는 것이다. 우선 시스템 개발 과정을 왜곡하는 편향을 다룰 텐데, 대부분의 편향은 이 범주에 든다. 그러나 그중 일부는 거래의 다른 측면에도 영향을 미친다. 예를 들어, 도박사의 오류는 사람들이 오랫동안 연속해서 손해를 보지 않는 시스템을 원하기 때문에 거래 시스템 개발에 영향을 미치지만, 또한 시스템이 개발된 뒤 이를 통해 거래하는 방식에도 영향을 미친다.

다음으로, 우리는 거래 시스템을 테스트하는 방식에 영향을 미치는 편향에 관해 다룰 것이다. 예컨대 이 책 안의 일부 정보를 접한 어떤 한 신사는 책이 논란거리로 가득하며, 핵심 요소는 빠져 있다고 주장했다. 그러나 이것은 그의 생각일 뿐이며, 이 안에 논쟁은 없다. 여기 있는 것은 단순히 정보다. 따라서 여기서 어떤 논란거리를 감지했다면, 그것은 자신에게서 나온 것이다. 이외에도 대다수 사람들이 시스템 개발에서 밟는 단계들이 빠져 있지만, 그것은 고의로 뺀 것이다. 연구 결과를 토대로 그런 것은 중요하지 않거나 뛰어난 시스템 개발에 오히려 방해가 됨을 알았기 때문이다.

마지막으로 우리는 여러분이 스스로 개발한 시스템으로 거래할 때 영향을 미칠지 모르는 몇 가지 편향을 다룰 것이다. 이 책은 거래 시스템 연구에 관한 책이지만, 여기에서 소개되고 있는 편향들은 중요하다. 실제 거래에 앞서 여러분이 스스로 거래 시스템을 연구할 때 이를 반드시 고려해야 하기 때문이다. 나는 사실 2장에서 이 내용을 최소화하여 다루었다. 이런 편향들은 트레이더와 투자자를 위한 내 홈 스터디 강좌에서 훨씬 더 상세하게 다루어지고 있기 때문이다.

거래 시스템 개발에
영향을 미치는 편향

거래 시스템에 관해 생각하기 전에, 우리의 뇌가 충분히 다룰 수 있을 만한 방식으로 시장 정보를 표현하는 게 중요하다. 그림 2.1을 보자. 이 차트는 대부분의 사람이 시장의 움직임에 관해 생각할 때 보는 전형적인 바 차트다. 그림에서 보는 일간 바 차트는, 말하자면 일간 데이터를 취하여 이를 시각적 형태로 요약해놓은 것이다. 여기에는 기껏해야 4개의 정보가 포함된다. 즉, 시가, 종가, 고가, 그리고 저가다.

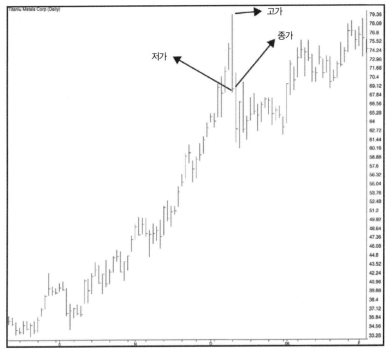

그림 2.1 단순한 바 차트

일본의 캔들차트는 정보를 좀 더 명확하게 만들고, 또 시장의 전반적인 등락에 관한 시각 정보를 제공한다. 그림 2.2를 보면, 바의 두꺼운 부분(몸통)은 시가와 종가의 차이를 나타내고 양끝의 꼬리는 고가와 저가를 나타낸다. 캔들스틱은 보통 시장이 하락하면 몸통에 색깔이 있고 시장이 상승하면 몸통에 색깔이 없다. 이 때문에 시장 상황을 보다 쉽게 파악할 수 있다.

그림 2.2 일본식 캔들차트

표상 편향

그림 2.1과 2.2의 두 일간 차트는 모든 사람이 이용하는 첫 번째 휴리스틱의 좋은 사례다. 우리는 이 휴리스틱을 '표상의 법칙'이라고 한다. 그 의미는 어떤 것이 어떤 것을 나타내도록 정해지면 사람들은 그 둘을 진짜 똑같은 것으로 받아들인다는 것이다. 이에 따라 우리 대부분은 일간 차트를 보고 그것이 하루의 모든 거래를 나타내는 것으로 받아들인다. 하지만 실제로 그것은 단순히 종이 위에 그려진 선들일 뿐이며, 그 이상도 이하도 아니다. 그러나 여러분은 그것을 의미 있는 것으로 받아들인다. 다음과 같은 이유에서다.

• 시장에 대한 공부를 시작했을 때, 그것이 의미 있는 것이라는 얘

기를 들었다.

- 다른 모든 사람이 시장을 나타내는 데 일간 차트를 사용한다.
- 데이터를 구매하거나 무료 데이터를 얻었을 때, 그런 자료들이 대부분 일간 차트 형태로 되어 있다.
- 여러분이 하루의 거래에 관해 생각할 때, 보통 일간 차트를 머릿속에 떠올린다.

그림 2.1의 바 차트와 그림 2.2의 캔들차트는 단순히 우리에게 세 가지만을 보여줄 뿐이다. 첫째, 하루 동안 형성된 가격의 범위를 보여준다. 둘째, 가격의 움직임—가격은 시가에서 종가로 움직인다—에 관해 (이외에 고가와 저가의 변동에 관해서도) 어느 정도 보여준다. 셋째로, 일본식 캔들차트는 음영을 통해 그날의 전체 움직임을 설명한다.

전형적인 일간 차트가 우리에게 보여주지 않는 것은 무엇일까? 일간 차트는 시장에 얼마만 한 활동이 있었는지 보여주지 않는다. 또, 어떤 가격에 얼마만 한 활동이 있었는지 역시 보여주지 않는다. 그날 하루 중 언제 기초 상품이나 주식이 주어진 어느 가격에 도달했는지 보여주지 않는다(시가와 종가를 제외하면). 그러나 이런 정보는 트레이더와 투자자들에게 유용할지도 모른다. 시간 설정을 낮추어 5분 바 차트나 틱 차트를 보면 이런 정보들을 얻을 수 있다. 하지만, 일간 바 차트는 원래 너무 많은 정보 흐름에 압도당하지 않도록 정보량을 줄이는 데 그 목적이 있지 않았던가?

일간 바 차트에는 나타나지 않지만 트레이더들에게 유용할 수 있는 다른 많은 정보도 있다. 선물의 경우, 다음과 같은 정보가 유용하다. 거래가 새로운 계약의 매수와 관련된 것인가, 아니면 기존 계약의 청산과 관련된 것인가? 어떤 부류의 사람들이 거래했는가? 소수의 플로어 트레이더들이 서로 상대방을 이기거나 속이기 위해 하루 종일 거래하지 않았는가? 한 단위(주식 100주 혹은 하나의 상품 계약)의 거래로 얼마나 큰 움직임이 일어났는가? 큰 규모의 거래에서 얼마나 큰 움직임이 일어났는가? 큰 손들이 얼마나 많이 매수 또는 매도했는가? 뮤추얼 펀드의 포트폴리오 매니저나 대형 상품 펀드의 매니저는 얼마나 많은 양을 매수하거나 매도했는가? 헤저_{hedger: 현물의 가격 상승 또는 하락에서 오는 위험을 피하기 위해 선물을 거래하는 사람을 일컬음—옮긴이}나 대형 회사는 얼마나 많은 양을 매수하거나 매도했는가?

일간 바 차트에 드러나지 않는 또 다른 종류의 정보도 있는데, 누가 시장에 있느냐 하는 것이다. 예컨대 얼마나 많은 사람이 지금 롱 포지션 혹은 숏 포지션을 보유하고 있는가? 그들의 포지션 규모는 어느 정도인가? 이런 정보는 입수 가능하지만 쉽게 알 수는 없다. 오늘날 컴퓨터가 갖추어진 다양한 거래소는 날마다 다음과 같은 정보를 축적하여 제공하고 있다.

가격이 83에서 85로 올랐다. 4,718명의 투자자들이 롱 포지션을 보유하고 있고, 평균 포지션 규모는 200단위다. 하루 동안 롱 포지션은 총 5만 600단위 증가했다. 298명의 투자자가 숏 포지션을 보유하고 있고, 평균 포지션 규모는 450단위다. 숏 포지션은 5단위가 늘었다. 최다 포지션 보유자 상위 100명과 해당 보유 포지션 규모는 아래와 같다. (거래소 제공 정보에는 목록이 제시되어 있음)

아마도 여러분은 이렇게 말할 것이다. "네, 나도 누가 뭘 보유하고 있고 그들의 포지션이 얼마나 큰지 알고 싶어요." 그렇다면 여러분은 이런 정보를 얻었을 때 이를 어떻게 활용할지 알고 있는가? 이런 정보가 정말로 여러분에게 조금이라도 더 의미 있는 것인가? 아마 그렇지 않을 것이다. 이런 정보를 통해 거래할 수 있게 해주는 어떤 믿음이 여러분에게 있지 않은 한 그러하다.

일간 바 차트는 또한 통계적 가능성에 관해서도 알려주지 않는다. X가 일어나면 Y가 일어날 확률은 얼마인가? 과거 데이터를 이용하여 Y의 발생 가능성을 판단할 수 있지만, 변수 X와 Y가 데이터에 존재해야 한다. 그러나 X 혹은 Y가 흥미롭지만 데이터에 존재하지 않는 경우는 어떻게 해야 하는가?

마지막으로, 간단한 일간 바 차트에는 드러나지 않는 또 다른 결정적인 정보가 있다. 바로 심리적 정보다. 심리적 정보는 롱 포지션과 숏 포지션 보유에 대한 확신의 강도를 말한다. 많은 트레이더들은 언제 어느 가격에 포지션을 청산할 것인가? 그들은 다양한 뉴스와 가격 움직임에 어떻게 반응할 것인가? 얼마나 많은 사람이 시장이 상승할 것이라는 믿음 혹은 하락할 것이라는 믿음으로 시장을 관망하고 있는가? 그들은 이런 믿음을 바꾸어 시장에 뛰어들 것인가? 어떤 조건에서 그럴 것인가? 만약 그들이 그렇게 한다면 어느 가격에서 얼마나 많은 자금으로 포지션을 매수할 것인가? 그러나 이런 정보가 있다고 해도 이것으로부터 돈을 벌 수 있게 해주는 어떤 믿음을 여러분은 가지고 있는가?

지금까지 아마 여러분은 일간 바 차트가 정말로 시장이라고 생각했을 것이다. 여러분이 보고 있는 것은 컴퓨터나 차트 책 위에 그려진 하나의 선에 지나지 않음을 기억하라. 여러분은 그것이 시장을 나타낸다고 생각한다. 이것을 주어진 어느 하루에 나타난 시장 움직임에 관한 일반화라고 할 수 있겠지만, 그 이상 다른 의미는 없다. **무시무시한 것은 기껏해야**

요약 정보에 불과한 이런 일간 바 차트가 보통 여러분이 결정을 내리기 위해 다루는 원 데이터라는 사실이다.

진심으로 판단적 휴리스틱이 왜 트레이더에게 중요한지 이해하기 바란다. 내가 여러분에게 보여준 것은 한 가지 휴리스틱에 관한 하나의 사례에 불과하다. 바 차트가 정말로 하루의 시장 움직임에 관한 모든 중요한 정보를 준다고 믿는 경향 말이다.

여러분은 단지 바 차트로 거래할 수 있다. 그러나 대부분은 거래하기 전에 데이터로 뭔가를 하려고 하므로 지표를 이용한다. 불행하게도 사람들은 시장 지표를 이용해서 같은 일을 하려고 한다. 그들은 그것이 일어날지 모를 어떤 것을 표시하려는 시도라기보다는 현실이라고 믿는다. RSI, 스토캐스틱, 이동평균, MACD 등 그 모든 것이 현실의 형태를 취하지만, 사람들은 그것이 단순히 어떤 것을 표현하기 위해 원 데이터를 왜곡한 것이라는 사실을 잊는다.

예컨대 차트상에서 표현되는 지지선의 기술적 개념에 관해 생각해보자. 원래 기술적 분석가들은 차트상에서 가격이 어떤 수준으로 떨어지면 다시 반등한다는 것을 관찰했다. 그러자 이 수준은 많은 매수자가 기꺼이 매수에 나서서 주가를 지지해주는 영역으로 여겨지기 시작했다. 불행히도 많은 사람이 '지지선'과 '저항선'이라는 말을 실제 현상으로 다룬다. 사실은 사람들이 과거에 관찰했던 관계를 나타내는 개념에 불과한데도 말이다.

나는 지금까지 사람들이 확률보다는 '보이는' 것에 따라 어떤 것을 판단하는 경향이 있다는 의미에서 '표상 편향'에 관해 말했다. 이것은 특히 거래 시스템 또는 거래 신호를 이용할 때 중요하다. 거래 시스템 개발이나 거래 신호의 유효성 판단에서 확률을 생각해본 적이 있는가? 즉, 여러분이 거래 신호를 보고 예측한 결과가 실제와 맞아떨어지는 경우의 비율을 생각해본 적이 있는가? 아마 그렇지 않을 것이다. 1,000명 중 한 명도 그런 트레이더를 보지 못했다. 내가 사람들에게 끊임없이 이에 관해 말하고 있는데도 말이다. 그것은 대부분의 사람이 그들의 시스템을 테스트조차 해보지 않거나 아니면 시스템의 예측치를 모르고 있다는 뜻이다.

이제 좀 더 많은 편향에 관해 알아보자. 우리는 이 편향들이 시장과 거래 시스템 개발에 관한 여러분의 사고에 어떤 영향을 미치는지 검토할 것이다.

신뢰성 편향

표상 편향에 관련된 한 가지 편향은 우리의 데이터가 신뢰할 만하다고 가정하는 것이다. 즉, 신뢰할 만한 것이 되어야 하는 데이터를 정말 신뢰할 만한 데이터로 받아들인다. 일간 바 차트와 관련하여, 대개 그것이 하루의 진짜 데이터라고 생각한다. 일간 바 차트는 하루의 정확한 데이터처럼 보이며, 그렇기 때문에 마땅히 그런 것이 되어버린다. 그러나 많은 데이터 판매업체는 주간 데이터와 야간 데이터를 합쳐놓는데, 그렇다면 이것이 정말로 하루의 정확한 데이터일까? 이런 데이터의 정확도는 어떠한가?

노련한 트레이더와 투자자들은 데이터의 신뢰도를 가늠하는 것이 가장 어려운 문제 중 하나임을 잘 안다. 대부분의 데이터 판매업체는 일간 바 차트를 꽤 정확하게 기록한다. 하지만 우리가 틱 데이터, 5분 바 차트, 30분 바 차트 등을 이용할라치면 정확도는 엉망이 되어버린다. 따라서 5분 바 차트로 시스템을 테스트해볼 경우, 그 대부분의 결과는 (좋은 것이든 나쁜 것이든) 실제의 예측 결과라기보다는 부정확한 데이터로 인한 결과일 가능성이 매우 크다.

데이터 때문에 생겨날 수 있는 문제와 관련된 박스 안의 이야기를 보라. 우리의 정보지에도 실렸던 척 브랜스컴의 개인적 이야기다.

이 이야기를 읽으면, 어떻게 대부분의 사람이 시장에 관해 실제로 참된 것보다 훨씬 많은 것을 받아들이는지 깨닫게 될 것이다. 모든 것이 예상한 바와 일치하지 않는다. 좋은 거래 시스템을 구축했다고 생각할 때에도, 그것을 좋게 보이게 만드는 형편없는 데이터를 가지고 있을지도 모른다. 반대로 자신의 거래 시스템이 형편없다고 생각하지만, 사실은 조악한 데이터가 훌륭한 시스템을 형편없는 것처럼 보이게 하는 경우일 수도 있다.

그러나 일단 여러분이 일간 바 차트가 정말로 시장을 나타낸다고 믿는다고 하자. 그리고 이런 일반화된 개념을 받아들이고 이에 따라서 거래하려고 한다. 좋다. 하지만 그전에 얼마나 많은 편향들이 여러분의 사고 속으로 숨어들었는지 살펴보자.

척 브랜스컴의 사적인 이야기

나는 나 자신이 고안한 시스템을 이용하여 16개의 선물 시장에서 포트폴리오를 운용했다. 포트폴리오 거래 시스템 소프트웨어로 일간 데이터에 대해 내 시스템 코드를 돌려 매일 밤 거래 주문을 생성했다. 나는 기본적인 진입과 청산 원칙을 실시간 소프트웨어 프로그램에 입력하여 시장에서 포지션을 취할 때는 내가 그 사실을 즉각 알 수 있게 했다.

1995년 7월 10일, 나는 개장 전에 포트폴리오의 모든 진입 및 청산 주문을 정확하게 설정해두었다. 시카고 통화 시장이 열리고 나서 얼마 안 있어

실시간 소프트웨어에서 캐나다 달러의 롱 포지션 진입 신호가 나타났다. 나는 그날 캐나다 달러는 주문조차 생성하지 않았기 때문에 깜짝 놀랐다. 믿기지 않아 그냥 수 초간 스크린을 응시하고 있었다. 예기치 않은 시장 상황의 발생에 대비해 여러 차례 연습한대로, 나는 자동적으로 다음과 같은 단계적 조치들을 취했다. 깊게 숨을 들이마신 다음 숨을 내시면서 머리에서 발끝까지 모든 근육의 긴장을 풀고 나서 높은 확률에서 낮은 확률로 체계적으로 오류를 체크했다. 나는 1~2분 만에 포트폴리오 소프트웨어에서 돌리기 위해 전날의 저가에서 다운로드한 데이터와 실시간 소프트웨어에서 수집한 데이터 사이에 차이가 있는 것을 발견했다.

전날의 틱 데이터를 재빨리 살펴본 뒤 내 의심이 틀리지 않았음을 확인했다. 포트폴리오 시스템에서 사용된 데이터는 잘못된 것이었다. 나는 재빨리 수동으로 데이터베이스를 수정하여 프로그램을 다시 돌렸다. 그러자 비로소 진입 주문이 생성되었다. 나는 스크린에서 내 진입 시점보다 시장이 이미 상당히 상승해 있는 것을 보았다. 가슴속으로 좌절감이 스며드는 것이 느껴졌다. 하지만 나는 차분히 프로그램의 정보를 포트폴리오 매니저 스프레드시트에 입력하여 포지션 규모를 산출했다. 스크린을 보니, 내가 주문을 준비했던 시장이 이제 다시 5틱 상승한 것을 알 수 있었다. 이 시점에서 나는 완전히 정신을 집중한 상태에서 자동으로 반응했다. 거래 데스크에 전화를 걸어, 포지션 매수 주문을 냈던 것이다.

이 전체 과정에 약 10분이 소요되었고, 그 시간 동안 캐나다 달러는 내 원래의 진입 가격에서 벗어나 크게 상승해 있었다. 다행히, 정신적 리허설 덕분에 나는 또 다른 고려에 시간을 낭비하지 않아도 되었다. 나는 거래 진입을 절대 놓치지 않는다는 원칙도 거래 목표로 삼고 있었다. 왜냐하면 언제 폭발적인 랠리가 생겨날지 모르기 때문이다. 상당한 이익 거래를 놓치는 것이 그냥 작은 손실을 받아들이는 것보다 훨씬 뼈아픈 법이다. 이미 시장에 들어가 있어야 한다는 것을 알았을 때, 전화를 건 것은 집중화된 자동반응이었다. 내가 하는 종류의 거래에서는, 그게 옳은 일이었다. 나는 시장이 다시 진입 시점으로 돌아오기를 바라거나, 아니면 진입을 할지 말지 다시 판단해야 할 필요가 없었다.

　이 일로 인해 나는 선물 거래에서는 일간 데이터를 꼼꼼히 체크하는 과정이 꼭 필요하다는 것을 깨달았다. 사실 그때까지 나는 충분히 일간 데이터를 조사하고 있다고 생각했었다. 따라서 그전에도 데이터에서 많은 오류를 발견하기는 했지만, 계획된 비즈니스대로 거래하려면 매일 스스로 더 많은 작업을 해야 한다는 것을 안 것은 그때에서였다.

《시장 지배Market Mastery》 중에서

로또 편향

　로또 편향은 사람들이 데이터를 어떤 특정한 방식으로 처리할 때 자신감이 커진다는 것을 말해준다. 사람들은 어떤 식으로든 데이터를 처리하는 일이 의미 있는 것이라고 생각하면서, 이로써 시장에 대한 지배력이 생긴다고 여긴다. 이제 시장을 나타내는 방식으로 일간 바 차트를 받아들였다고 하면, 일간 바 차트로 거래하거나 아니면 안심하고 거래할 수 있을 정도로 이를 어떤 식으로 처리해야 한다. 물론 데이터 처리는 그 자체로 여러분의 자신감을 향상시켜줄 것이다.

　이 지배력에 관한 환상이 어떻게 작용하는지 보여주는 완벽한 사례는 로또라고 하는 국영 복권 게임이다. 로또를 할 때는 몇 개의 번호를 고른다(대개 6~7개). 그래서 번호를 모두 맞히면, 단번에 백만장자가 된다. 정말로 다들 로또를 하고 싶어 안달이다. 왜 그런가? 상금이 엄청나게 크고 리스크는 매우 작기 때문이다. 확률이 그들에게 매우 불리하다는 것은 중요치 않다. 사실 로또 티켓을 각기 다른 번호로 100만 장 산다고 해도 당첨 가능성은 지극히 낮다. 여러분이 로또를 통해 100만 달러에 당첨될 확률은 약 1,300만 분의 1이다(더 큰돈을 기대한다면, 확률은 훨씬 더 낮아질 것이다).

이런 적은 금액으로 큰 상금을 기대하는 것 역시 휴리스틱이다. 그러나 로또 편향은 아니다. 로또 편향은 사람들이 게임을 할 때 갖는 지배력에 대한 환상이다. 이런 환상이 생기는 것은 사람들이 당첨 확률이 높은 번호를 골랐다고 생각하기 때문이다. 어떤 사람들은 생일이나 어떤 기념일의 숫자를 고르면 당첨 확률이 높아질 것이라고 믿는다. 한 예로, 몇년 전 한 남자가 스페인 국영 복권에서 대박을 터뜨렸다. 그는 자신의 잘못된 해몽 덕분에 복권에 당첨될 수 있었다고 한다. 그는 7일 동안 연속해서 숫자 7에 관한 꿈을 꿨는데, 7×7은 48인 줄로 잘못 알고 4와 8이 있는 복권을 골랐다는 것이다.

다른 사람들은 꿈을 자기 나름대로 해석하기보다는 무당이나 점성술사를 찾아간다. 로또에 당첨되기 위해 돈을 주고 갖가지 조언들을 들을수도 있다. 숫자를 분석하고 자신이 로또 숫자들을 예측할 수 있다고 믿는 어떤 사람들은, 기꺼이 여러분에게 돈을 받고 조언을 제공하려고 할 것이다. 다른 어떤 사람들은 따로 로또 기계를 갖추고서 이 기계로 임의로 일련의 숫자를 생성시키면 그 숫자들이 로또 기계에서 나오는 숫자들과 일치할 것이라고 믿는다. 그들 역시 기꺼이 여러분에게 자신의 정보를 팔려고 할 것이다. 어떤 대단한 인물이나 점성가가 몇 차례 복권에 당첨되어 대박을 터뜨렸다고 하면, 더 많은 사람이 그에게로 몰려들 것이다. 사람들은 마법 숫자를 찾기 위해서라면 무슨 일이든 서슴지 않는다.

이런 이야기가 다소 친숙하게 느껴질 텐데, 당연한 일이다. 투기 시장에서는 정확히 그런 일이 일어나기 때문이다. 사람들은 제대로 된 숫자를 골라 쉽게 돈을 벌 수 있다고 믿는다. 제대로 된 숫자를 고르는 일은,

트레이더나 투자자의 경우 언제 무엇을 사는가 하는 문제다. 보통 사람들이 가장 알고 싶어 하는 가장 중요한 문제는 '지금 당장 뭘 사야지 큰돈을 벌 수 있는 것일까?'이다. 많은 사람이 그들에게 뭘 해야 하는지 지시해줄 사람들을 얻고자 한다.

사람들은 지금 당장 무엇을 해야 할지 알기 위해 무슨 일이든 마다하지 않는다. 그들은 숫자를 골라주는 소프트웨어를 구입하고 경향을 분석한다. 주식 중개인들은 라디오나 TV 쇼에서 진입 시점을 얘기하여 사람들이 이런 숫자를 고르는 데 도움을 주면, 수천 명의 사람들이 그들의 조언을 청하고 나선다는 것을 깨달았다. 여러분이 공개적으로 주식에 대한 조언을 해주는 사람으로 알려져 있으면, 정보가 얼마나 정확하든 아니든 상관없이 사람들은 여러분을 전문가로 간주한다. 이외에도 마케팅에 능하고 기꺼이 뉴스레터를 통해 무엇을 언제 매수할지 사람들에게 알려주는 금융 전문가들도 많다. 물론 점성술사와 예언가들도 이 분야에서 나름의 역할을 하고 있다.

어떤 사람들은 차라리 스스로 해보는 게 낫지 않을까 하는 생각에 도달한다. 그 뒤 그들은 스스로 찾아낸 진입 신호가 완벽한 거래 시스템과 일치하는 것을 보고 몹시 기뻐하게 된다. 이제 진입 신호에 대해 지배감을 가지게 된다. 그들이 시장 진입을 위해 선택한 시점에서 시장이 정확히 그들이 바라는 대로 움직이기 때문이다. 그 결과, 그들은 어떤 지배감을 느낀다. 진입 시점뿐 아니라 시장에 대해서도 말이다. 하지만 불행히도 일단 그들이 시장에 들어가고 나면 시장은 제멋대로 움직이고, 그들은 거래 종료 외에는 어떤 것에 대해서도 지배력을 행사할 수 없게 된다.

나는 사람들이 거래 시스템에 대해 어떻게 생각하는지 알고 무척 놀랐다. 몇 년 전 오스트레일리아에서 온 한 신사가 나를 방문했다. 그는 미국 전역의 다양한 전문가들과 어떤 종류의 거래 시스템이 효과가 있는지 얘기를 나눈 뒤였다. 저녁 식사 자리에서 나에게 자신이 무엇을 배웠는지, 그리고 자신이 발견한 다양한 시스템의 내용에 대해 얘기했다. 나로부터 칭찬을 듣지 않을까 싶어서였을 것이다. 그의 얘기 가운데는 몇 가지 뛰어난 아이디어가 있었다. 그러나 그가 말해준 모든 거래 시스템은 오로지 진입 기법에 관한 것이었다. 나는 그에게 지금까지 옳은 길을 잘 따라왔으며, 이제 적어도 그만한 시간을 청산과 포지션 규모에 관한 공부에 쓰면 정말로 뛰어난 거래 시스템을 만들 수 있을 것이라고 말해주었다.

대부분의 사람은 돈을 벌게 해줄 몇 가지 진입 기법만 있으면 거래 시스템을 갖추었다고 생각한다. 이 책의 뒷부분에서 배우게 될 테지만, 전문적인 거래 시스템에는 많으면 10가지 구성요소가 있고, 사실 진입 기법은 덜 중요한 축에 속한다. 그럼에도 불구하고 사람들은 대부분 진입에 관해서만 알려고 한다.

나는 1995년 말레이시아에서 열린 선물 및 주식의 기술적 분석에 관한 국제회의에 강연자로 참석했다. 미국에서는 대략 15명의 강연자가 왔고, 우리는 강연에 따라 평점을 받았다. 최고 점수를 받은 강연자들은 대개 진입 신호에 관해 강연한 사람들이었다. 한편, 거래 시스템의 다양한 요소를 다루었기에 결국 매우 중요한 강연을 했던 한 강연자는 매우 낮은 평점을 받았다.

나는 평점이 높은 한 강연에 참석했다. 강연자는 1994년에 단 한 차례 10퍼센트 손실을 기록하고 약 76퍼센트의 수익을 거둔 바 있는 뛰어난 트레이더였다. 그러나 그가 설명하는 대부분은 추세 변화의 신호에 관한 것이었다. 그는 강연 중에 6~8개의 이런 신호들을 제시했고, 사람들이 질문을 하자 청산과 자금 관리에 관해 몇 가지를 언급했다. 나중에 나는 그에게 그런 신호가 발생할 때마다 거래에 들어가느냐고 물어보았다. 그는 이렇게 대답했다. "물론 그렇지 않습니다! 나는 추세 추종 신호로 거래를 하죠. 그러나 이게 사람들이 듣고 싶어 하는 얘기고, 그래서 말해주는 겁니다."

내 고객 중 한 명이 로또 편향 부분을 읽고 이렇게 말했다. "나는 늘 이 '로또 편향'이 상황을 지배하고 있지 못하다는 느낌에서 오는 불안에 대처하는 한 가지 방법이라고 생각해왔습니다. 대부분의 사람은 주변 환경을 지배하고 있지 못하다는 데서 불안을 느끼기기보다는 거짓으로나마 상황을 지배하고 있는 척하고 싶어 해요. '나는 내 행동을 지배하고 있어' 하고 생각하는 게 중요해요. 그거면 충분한 거죠!"

로또 편향은 너무나 강력하여 사람들은 종종 시장에서 성공하는 데 필요한 정보를 받아들이려 하지 않는다. 대신 그들은 듣고 싶은 얘기를 듣는다. 따지고 보면, 사람들은 대개 다른 사람들에게 그들이 필요로 하는 것보다는 원하는 것을 제공하여 돈을 벌기 마련이다. 이 책은 이런 법칙에 대한 하나의 예외다. 앞으로는 이런 예외들이 더 많아지기를 바랄 뿐이다.

작은 수의 법칙

그림 2.3의 패턴은 일부 사람들이 갖고 있는 편향을 설명해준다. 여기에는 4일간 시장이 아무런 반응을 보이지 않다가 크게 상승한 구간이 존재한다. 몇몇 차트 책을 읽다 보면, 이런 예를 네댓 가지 발견할 수 있을 것이다. 작은 수의 법칙은 결론에 도달하는 데는 이런 사례가 많이 필요하지 않다는 의미다. 이제 우리는 가격이 4일간 좁은 범위 안에 머물러

있다가 큰 폭으로 상승하면 시장에 뛰어들 것이다.

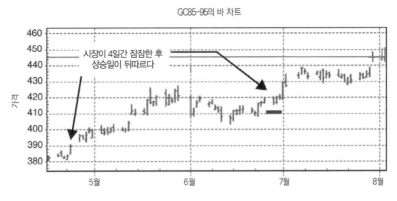

그림 2.3 사람들을 시장으로 끌어당기며 진입 신호로 여겨지는 패턴 사례

사실 내가 관찰한 바로는, 대다수가 엄선된 몇몇 사례에서 접해본 패턴에 따라 거래한다. 그림 2.3에서 보는 것 같은 패턴이 나타난 뒤 시장이 크게 상승하면, 여러분은 이 패턴이 좋은 진입 신호라고 믿게 된다. 하지만 이런 결론에는 지금까지 살펴본 4개의 모든 편향이 내재되어 있다는 사실을 알아야 한다.

다음에 나오는 윌리엄 에크하르트의 인용구는 이런 편향을 정말로 잘 표현하고 있다.

우리는 데이터를 중립적으로 보지 않는다. 즉, 인간의 눈은 차트를 훑어볼 때, 모든 데이터 포인트에 동일한 비중을 두지 않는다는 것이다. 대신 눈은 두드러진 특정한 사례들에 주의를 집중하고, 우리는 이런 특별한 사례들에 기초하여 견해를 형성하는 경향이 있다. 어떤 놀라운 기법의 성공이 눈에 잘 들어오고, 날마다 생기는 손해는 간과하는 것이 인간의 본성이다. 따라서 차트를 꽤 자세히 조사하고 살펴보더라도 시스템을 실제보다 훨씬 좋게 평가하게 되는 것이다.[2]

과학 연구는 이런 종류의 편향에 관해 잘 알고 있다. 대단히 주의 깊은 연구자라도 연구 결과를 자신의 가설에 맞추려는 경향이 있다. 과학자들이 '이중맹검double-blind test'을 하는 것도 이 때문이다. 이중맹검은 시험이 끝날 때까지 어떤 그룹이 시험 집단이고 어떤 그룹이 대조 집단인지 모르는 테스트다.

보수주의 편향

일단 머릿속에 거래에 관한 개념이 세워지면, 보수주의 편향이 생긴다. 우리는 모순되는 증거를 인식하지 못하거나 심지어 보지도 못한다. 인간의 마음은 잘 들어맞는 얼마 안 되는 사례는 쉽게 찾아내면서도 잘 들어맞지 않는 많은 사례는 피하거나 무시한다. 예를 들어, 많은 데이터를 살펴본다면 그림 2.3의 패턴이 형성된 다음 큰 움직임이 나타나는 경우는 20퍼센트에 불과하다는 사실을 알게 될 것이다. 나머지 경우는 그다지 눈에 띌 만한 움직임이 없다.

대부분의 사람은 모순되는 증거를 완전히 무시한다. 그 증거가 압도적이라는 사실도 소용없다. 그러나 연속해서 일고여덟 차례 손실을 보면, 사람들은 연속해서 얼마나 많은 손실이 일어날 수 있는지 그 확률을 판단해보지 않고 갑자기 거래 시스템의 유효성에 대해 걱정하기 시작한다.

20퍼센트의 확률로 일어나는 이런 움직임이 충분히 크다면, 이것은 여전히 거래할 만하다. 그러나 상승 움직임이 일어나지 않는 그 외 80퍼센트의 경우에는 반드시 손절매로 손실을 줄이는 데 신경 써야 한다. 물론 여기서 로또 편향의 중요성이 또다시 언급되어야 할 것이다. 그저 패턴에만 집중한다면 돈을 벌 가능성은 적다.

이런 보수주의 편향의 의미는 사람들이 스스로 보고 싶어 하는 것만을 시장에서 찾고 또 기대한다는 것이다. 그 결과, 대부분의 사람은 시장에 대해 중립적이지 못하고 시장 흐름에 따르지 못한다. 대신 그들은 끊임없이 스스로 보고 싶어 하는 것을 찾는다.

무작위 편향

그다음 편향은 두 측면에서 거래 시스템 개발에 영향을 미친다. 첫째, 경제학자들과 많은 투자자는 시장이 무작위random하다고 가정하는 경향이 있다. 즉, 가격이 무작위로 움직인다고 생각하는 것이다. 둘째, 사람들은 이런 무작위의 의미에 대해 잘못된 믿음을 갖고 있다.

사람들이 천장과 바닥을 찾으려는 한 가지 이유는 시장이 어느 때라도 반전할 수 있고, 또 그럴 거라 생각하기 때문이다. 기본적으로 그들은 시장이 무작위하다고 가정한다. 정말로 많은 이론적 연구자들 역시 여전히 이러한 믿음을 견지하고 있다.[3] 하지만 이 가정이 옳을까? 설령 이 가정이 옳다고 해도 사람들은 그런 시장에서 거래할 수 있을까?

시장에는 무작위의 성질이 있을지 모른다. 하지만 그렇다고 해서 시장이 무작위하다고 단정 지을 수는 없다. 예컨대, 난수발생기random number generator로 일련의 바 차트를 만든다고 해보자. 이런 바 차트를 보면, 그냥 바 차트처럼 보일 것이다. 그러나 이것은 표상 편향 때문이다. '무작위한 것처럼 보이는 것'이 '무작위한 것'은 아니다. 사실 이런 종류의 데이터는 시장 데이터와 같지 않다. 시장에서 가격의 분포는 정상 분포된 임의의 가격에서는 예상할 수 없는 극단적인 꼬리를 갖기 때문이다. 왜 그런가?

시장 데이터를 볼 경우, 데이터를 추가할수록 표본의 변동폭은 점점 더 커진다. 1987년 10월 19일, S&P 선물 계약 시장 개장 10년을 앞두고 S&P 선물이 80포인트 폭락했는데, 이 사건은 무작위의 수 배열로는 예측하기 어려운 것이다. 이것은 1만 년 만에 한 번 일어날까 말까 하는 사건이다. 하지만 우리 생애에 일어난 것이다. 게다가 이런 일은 다시 일어났다. 1997년 10월 27일, S&P는 70포인트가 빠졌고, 다음 날은 일일 거래 범위가 87포인트에 달했다. 이와 비슷하게 나스닥은 2000~2002년까지 몇 차례 걸쳐 엄청난 일일 낙폭을 기록했다.

시장 가격 분포가 거의 무한한 편차를 갖는다는 사실은 우리의 상상보다 훨씬 극단적인 시나리오가 우리의 지척에 도사리고 있다는 뜻이다. 그 결과, 우리가 판단한 리스크는 상당히 저평가된 예측일 수 있다. 그리고 불행히도 대다수가 시장에서 지나치게 큰 리스크를 떠안는다. 톰 바소 같은 시장의 마법사는 하나의 포지션에서 자산의 3퍼센트를 리스크로 삼는 것은 '불나방'이 되는 것이라고 주장한다. 이 말은 사실상 대부분의 사람이 무분별하게 엄청난 리스크를 떠안고 있다는 뜻이다.

정말로 시장이 무작위하다고 하더라도 사람들은 무작위를 제대로 이해하지 못한다. 장기 추세가 무작위로 지속될 때, 사람들은 그것이 무작위가 아니라고 믿는다. 그들은 그것이 무작위한 지속 외의 다른 어떤 것이라는 이론을 만들어냈다. 이런 경향은 모든 것을 예측 가능하고 이해할 수 있다는 생각으로 세계를 다루고 싶어 하는 우리의 본성에서 비롯된다. 그 결과, 사람들은 존재하지 않는 패턴을 찾고 입증되지 않는 인과 관계의 존재를 가정한다.

무작위 편향의 한 가지 결과는 사람들이 천장과 바닥을 찾으려 한다는 것이다. 우리는 '옳은' 판단을 원하고 시장을 지배하고 싶어 한다. 우리는 우리의 사고를 시장에 투사한다. 그 결과, 천장과 바닥을 찾을 수 있다는 믿음에 이르게 된다. 하지만 그런 일은 트레이더 혹은 투자자의 생애에서 거의 일어나지 않는다. 천장과 바닥을 찾으려는 사람들은 수많은 실패를 경험하기 마련이다.

이해해야 한다는 편향

이해해야 한다는 편향은 대부분의 사람이 거래 시스템을 개발하는 방법 속에 스며들어 있다. 그들은 무작위 요소를 완전히 무시하며, 사실상 포지션 규모 조절을 시스템의 일부로 고려조차 하지 않는다.

내 고객 중 한 명인 조는 포지션 진입 후 혼란을 느낄 때 가장 큰 어려움을 겪는다고 했다. 그래서 나는 몇 가지 질문을 했다. "이익 거래의 확률은 얼마나 되죠?" 그는 60퍼센트 정도라고 대답했다. "혼란을 느꼈을 때의 이익 거래 빈도는 어떻게 되죠?" 그는 그럴 때는 거의 이익 거래가 발생하지 않는다고 대답했다. 나는 이렇게 말했다. "당신의 시스템은 운에 맡기는 것보다 크게 나은 게 없으니, 어쨌든 당신은 시장에 대해 그다지 안다고 할 수 없군요. 확실히 혼란스러울 때는 그냥 거래를 종료해야만 해요." 그는 좋은 생각이라며 내 말에 동의했다.

그러나 조의 거래 시스템에 관해 생각해보면, 사실 그에게는 거래 시스템이 없다고 해야 한다. 왜냐하면 그가 강박적으로 시장의 모든 면을 이해해야 한다고 생각하므로 자본을 지키기 위해 시장에서 빠져나와야 할 때와 차익을 실현할 때를 알려주는 청산 신호를 제대로 정의하지 않았기 때문이다.

대다수에게는, 여전히 시장에 일어나는 일에 관해 정교한 이론을 만들어야 할 필요가 있다. 매체 역시 시장에 관해 아무것도 모른다고 해도 늘 시장을 설명하려고 노력한다. 예컨대 다우존스가 100포인트 이상 폭락하면 다음 날 신문은 수많은 기사로 가득하다. 다음은 여러분이 지역 신문에서 볼 수 있을 만한 기사다.

수요일 오후, 연준이 금리 인상을 경고한 것이 다음 날 투자자들을 무기력하게 만들었다. 산업 전반의 수익 하락에 대한 두려움으로 주식, 특히 건설주가 폭락했다. 지금 같은 시장 분위기에서 투자자들은 금리 인상의 가능성이 대두될 때마다 눈에 띄게 신경과민이 되는 것 같다. 투자자들은 또한 중동의 상황이 어떤 영향을 미칠지 염려하고 있다. 문제의 징후만 보이더라도 투자자들은 몹시 초조해한다.

다음 날 다우존스 산업평균지수는 다시 100포인트 넘게 오를 수도 있다. 그러면 신문에서는 다음과 비슷한 기사를 읽을 수 있을 것이다.

금리 인상의 가능성을 염려하던 월스트리트가 소문을 털고 다시 시장에 뛰어들었고, 다우존스 산업평균지수가 100포인트 이상 상승했다. H. P. 모건 증권의 R. P. 지너는 이렇게 말했다. "최근 수익이 상당히 호조였기 때문에 투자자들은 손해를 끼칠 가능성이 있는 소식을 쉽게 무시할 수 있는 것 같다."[4]

이해해야 한다는 편향은 거래 시스템 설계에서 더욱 복잡해진다. 사람들은 수많은 이상한 방법으로 일간 바 차트를 조작하고, 이런 조작에 근거하여 시장을 설명하는 이상한 이론을 만든다. 이렇게 만들어진 이론은 스스로에게 생명을 부여하기는 하나, 현실에서는 거의 근거를 찾기 어렵다. 예를 들어, 엘리어트 파동이론의 합리적 근거는 무엇인가? 왜 시장은 한 방향으로 세 차례 움직이고 다른 한 방향으로 두 차례 움직여야 하는가?

독자 여러분도 거래 시스템을 개발하는 일이 수많은 심리적 편향들로 가득하다는 것을 이제 어느 정도 이해하게 되었을 것이다. 내 경험으로 판단컨대, 대다수의 경우 공포 또는 분노와 같은 개인적인 심리 문제를 깨끗이 해결하기 전까지는 거래 시스템과 관련하여 생겨나는 문제들을 제대로 다루지 못한다. 게다가 일부 사람들은 이런 문제를 해결하고 싶어 하지도 않는다. 사실 어떤 사람들은 이 부분을 건너뛰고 시스템 개발에 관한 실제적인 문제로 넘어가버린다.

거래 시스템을 테스트할 때
영향을 미치는 편향

이제 소개할 여러 편향은 거래 시스템의 테스트에 영향을 미치는 것이다. 대부분의 사람은 이런 편향과 맞닥뜨리지 않는데, 아예 시스템을 테스트하는 데까지 이르지도 못하기 때문이다. 앞에 논의한 보수주의 편향이 시스템을 테스트하는 것을 막는다. 더욱 중요한 것은 대다수가 이러한 테스트 시점에 도달하지도 못한다는 사실이다. 그러나 이런 단계에 이른 사람들에게 이제 소개할 편향들은 함정이 될 수도 있다.

자유도 편향

'자유도(度)'는 표본 자료 중 모집단에 대한 정보를 주는 독립적인 자료의 수를 말한다. 예컨대 10일 이동평균은 24일 이동평균과는 다른 결과를 산출한다. 따라서 이동평균의 기간은 1의 자유도를 나타낸다. 사람들은 시스템에서 가능한 한 많은 자유도를 원하는 경향이 있다. 지표를 더 많이 추가할수록, 과거의 시장 가격을 더 잘 설명할 수 있다. 시스템에서 자유도가 증가할수록, 시스템이 일련의 가격들과 잘 들어맞을 가능성은 커진다. 하지만 불행히도 시스템이 그 시스템의 토대가 된 데이터와 잘 들어맞을수록 미래에 수익을 낳을 가능성은 작아진다.

대부분의 시스템 개발 소프트웨어는 사실 자유도 편향을 조장한다. 시스템을 개발하는 사람에게 충분한 자유를 주면, 그 사람은 시장의 움직임을 완벽하게 예측하며 서류상 수천 달러의 수익을 낳는 시스템을 만들 것이다. 대부분의 소프트웨어는 사람들이 만족할 때까지 시스템을 최적화할 수 있게 해준다. 궁극적으로 사람들은 쓸모없는 시스템을 만들 것이고, 이런 시스템은 시스템의 토대가 되는 데이터에서는 큰돈을 벌지만, 실제 거래에서는 형편없는 성적을 내게 될 것이다.

시스템 개발 소프트웨어의 대부분은 이런 편향을 만들어낼 수 있도록 고안되었다. 사람들은 시장에 관한 완벽한 답을 알고 싶어 하고, 시장을 완벽하게 예측하기를 원한다. 그 결과, 수백 달러만 주면 과거의 시장 데이터에 관한 수많은 연구를 설치하도록 만드는 소프트웨어를 구입할 수 있게 되었다. 이제 여러분은 단 몇 분이면 시장을 완벽하게 예측할 수 있다고 생각한다. 그리고 이런 믿음은 과거의 데이터에 최적화된 시장이 아니라 실제 시장에서 거래해 볼 때까지 여러분 마음속에 그대로 남아 있을 것이다.

이런 편향에 관해 아무리 많이 언급한다고 해도, 대부분은 여전히 이런 편향에 매달려 있을 것이다. 그리고 아직도 가능한 한 시스템을 최적화하고 싶어할 것이다. 그래서 나는 이런 최적화와 관련하여 몇 가지 예방 조치를 알려주고자 한다. 첫째, 여러분이 이용하는 개념을 잘 이해하여 최적화가 필요 없게끔 만들어라. 거래에 활용하는 개념을 더 잘 이해할수록, 과거의 데이터로 테스트할 필요를 적게 느낄 것이다.

둘째, 시장에서 일어날 수 있는 다양한 시나리오를 상상해보라. 전쟁이나 핵 테러 공격, 유로화를 세계 기축 통화로 채택하는 조치, 아시아의 공동 통화 구축, 중국이 일본과 힘을 합쳐 공동 권력이 되는 상황, 실업률이 120퍼센트 상승했다는 보고 등을 떠올려보라. 이런 상상 가운데 일부는 엉뚱하게 보일지 모르지만, 이런 사건들이 실제로 일어났을 때 여러분의 시스템이 사건들을 어떻게 처리할지 이해할 수 있다면, 그 개념을 매우 잘 알고 있는 것이다.

트레이더와 투자자들은 최적화의 위험에 관해 얼마나 많이 알든 상관없이 여전히 최적화를 원한다. 따라서 나는 여러분에게 시스템에 4 혹은 5가 넘는 자유도를 이용하지 않도록 강력히 권한다. 시스템에서 두 개의 지표(각각 1의 자유도)와 두 개의 필터를 이용하는 정도가 아마 허용 가능한 자유도의 전부일 것이다. 여러분이 고려할 만한 필터와 지표는 이 책의 뒷부분에서 광범위하게 논의될 것이다.

사후 정보 오류

테스트에서 어떤 일이 일어나고 난 다음에만 이용 가능한 정보들을 이용할 때 이를 사후 정보 오류라고 한다. 이런 종류의 오류는 시스템 테스트에서 매우 흔하게 나타나며, 우리는 이런 오류를 쉽게 저지른다. 예를 들어, 소프트웨어에서 테스트할 때 주의를 기울이지 않으면 오늘 데이터를 이용할 수 있는데, 이런 경우가 바로 사후 정보 오류다. 금일 종가를 이용하여 금일 가격을 예측하려고 한다면 그것이 무슨 소용이 있겠는가.

때때로 이런 오류는 매우 미묘하다. 예컨대 데이터에서 최고가가 형성된 뒤에는 거의 언제나 가격이 떨어지기 때문에, 최고가에 관한 거래 규칙을 끼워 넣을지 모른다. 하지만 최고가는 대개 사후에나 알 수 있으므로, 이 역시 사후 정보 오류다.

데이터를 테스트할 때, 결과가 믿을 수 없을 만큼 좋다면 정말로 그것은 믿을 수 없는 것일 확률이 높다. 사후 정보 오류를 통해 그런 결과를 얻었을 가능성이 크기 때문이다.

충분한 보호가 필요 없다는 편향

시스템을 설계할 때 여러분의 목표는 저위험 거래 아이디어를 낳는 시스템이 되게 만드는 것이다. 저위험 거래 아이디어에 관한 나의 정의는 다음과 같다.

장기적으로 플러스 예측치와 받아들일 수 있는 위험(자본의 최대 감소폭)에 대한 보상(전체 수익) 비율에 근거한 거래 기법. 거래는 단기에 가능한 최악의 상황으로부터 여러분을 보호해주는 한편, 시스템의 장기 예측치를 실현케 해주는 포지션 규모 조절(보통 자산의 비율에 근거한)을 통해 이루어져야 한다.

대부분의 사람은 단기간에 최악의 시나리오로부터 스스로를 보호할 만큼 낮은 수준의 포지션 규모로 거래해서는 안 된다는 편향을 갖고 있다. 대다수가 시스템에 일어날 수 있는 모든 가능한 사건을 예상하지 않으며, 예상하려고 하지도 않는다. 따라서 훌륭한 거래 혹은 투자 기법이라면, 거래가 뜻하지 않은 방향으로 흘러갈 때 자본을 보호할 모든 종류의 대비책이 있어야 한다.

"정말로 거래가 뜻하지 않은 방향으로 흘러갈 때 어떻게 손실 거래에서 빠져 나오는가?"라고 물어보면, 사람들은 보통 대답하지 못한다. 사실 대다수는 마땅히 있어야 할 보호 대책을 갖고 있지 않은 것이다. 더욱 중요한 사실은 그들이 너무 큰 규모로 거래한다는 데에 있다. 만약 여러분에게 5만 달러가 있는데 5개 이상의 선물 계약을 동시에 거래한다면, 너무 높은 리스크 수준을 안고 있는 것이다. 여러분이 데이 트레이더인데 마진 콜을 받는다면, 그때의 리스크 수준은 너무 높다. 이런 리스크 수준은 여러분에게 높은 수익률을 가져다줄지 모르지만, 궁극적으로 깡통 계좌를 갖게 된다. 이 보호 관련 편향에 관해 생각해보고, 이것에만 주의를 기울여도 현재 계좌에 있는 자산의 상당 부분을 보전할 수 있을 것이다.

시스템으로 거래할 때 영향을 미치는 편향

이제 완벽한 조사와 테스트를 거친 다음 거래에 쓸 만한 어떤 시스템을 결정했다고 하자. 그러나 불행히도 이렇게 만든 시스템을 폐기할 수밖에 없도록 만드는 편향들이 여전히 많이 있다는 것을 기억하자.

여러분은 최대의 성과를 원한다. 따라서 자신의 거래 시스템을 폐기하고 싶은 유혹은 항시 존재한다. 하지만 여러분이 시스템을 바꾸고 성과를 개선하기 위해 하는 일들은 거의 기억에 남지 않는다. 성과가 없는 거래 사례와 날마다 조금씩 빠져나가는 돈(거래 비용을 말하는데 이런 돈은 최종 성과에 영향을 미친다)에 대해서는 쉽게 잊어버리는 경향이 있다.

거래 시스템이 없으면, 수많은 편향이 거래에 영향을 미친다. 그러나 최상의 거래 시스템이 있더라도 몇몇 중요한 편향들이 작용할 수 있다. 사람들로 하여금 거래 시스템을 바꾸도록 하는 이런 편향들을 살펴보도록 하자.

도박사의 오류

도박사의 오류는 무작위 편향이 가져오는 자연스러운 결과다. 이것은 추세가 어떤 무작위적인 연속에서 확립되면 그 추세가 어느 때라도 바뀔 것이라는 믿음을 의미한다. 이에 따라 시장이 4일간 연달아 상승하면 곧바로 하락일을 예상하기 마련이다. 존경받는 시장 연구자라고 해도 이런 편향을 피하지 못한다. 래리 윌리엄스는 다음 인용문에서 이런 편향의 사례를 보여주고 있다. "연속해서 서너 차례 손실 거래를 하면, 다음번 거래에서 수익을, 그것도 엄청난 수익을 낼 확률이 상당히 높다."[5]

전문 도박사들이 그러하듯, 승리의 비결을 안다면 연속해서 수익을 낼 동안에는 더 많은 돈을 걸고, 연속해서 손실을 보는 동안에는 돈을 적게 걸 것이다. 그러나 보통 사람들은 정확히 그 반대로 행동한다. 즉, 일련의 손실이 있은 후에 더 많은 돈을 걸고, 연속적으로 이익이 발생한 후에는 오히려 더 적은 돈을 거는 것이다.

랠프 빈스는 일전에 40명의 박사를 대상으로 실험을 한 적이 있다.[6] 그들은 승률이 60퍼센트인 단순한 컴퓨터 게임을 100차례나 해야 했고,

각각 판돈으로 1,000달러를 받고서 많든 적든 원하는 만큼 각 게임에 돈을 걸라는 지시를 받았다. 그들 가운데 포지션 규모 조절(즉, 이런 게임의 결과에 베팅 규모가 미치는 영향)에 관해 아는 사람은 한 명도 없었다.

그들 가운데 돈을 딴 사람은 몇 명이나 될까? 40명의 참가자 가운데 2명(즉, 5퍼센트)만이 게임이 끝날 때 원래의 판돈 1,000달러보다 많은 돈을 남겼다. 그러나 생각해보면, 베팅 때마다 꾸준히 10달러를 걸었을 경우 누구든 대략 1,200달러를 벌었을 것이다. 그리고 만약 최대 수익을 달성하기 위해 베팅을 최적화했다면(여기서는 매번 새로운 자산의 20퍼센트를 리스크로 삼는 것이었다. 하지만 나는 이 방식을 지지하지 않는다), 나중에 평균 약 7,490달러를 벌어들였을 것이다.

도대체 무슨 일이 일어난 걸까? 참가자들은 대개 게임이 불리한 방향으로 지속될 때 많은 돈을 걸고 게임이 유리한 방향으로 갈 때는 적은 돈을 걸었다. 처음 세 차례의 베팅에서 졌을 때 각각 100달러를 걸었다고 하자. 그렇다면 이제 남은 돈은 700달러이며, 이렇게 생각한다. "연속해서 세 차례 잃었고 승률은 60퍼센트니까 이번에는 이길 게 틀림없어." 이런 생각에 따라 400달러를 건다. 그러나 또다시 게임에서 진다. 이제 돈은 300달러가 되고, 따라서 본전을 찾을 기회는 거의 사라져버린다.

도박사의 오류는 사람들이 거래 시스템을 개발할 때, 포지션 규모를 정할 때, 그리고 거래할 때 영향을 준다. 사람들은 확실성을 좇고, 마치 확실성을 얻은 것처럼 시스템으로 거래하면서 충분한 보호는 해두지 않는다. 따라서 그들은 포지션 규모 조절을 시스템 일부로 고려조차 않는 것이다.

이익에는 보수적이고 손실에는 위험을 감수하는 편향

거래의 제1법칙은 손절매하고 수익을 극대화하는 것이다. 이 간단한 규칙을 따르는 사람은 대개 시장에서 큰돈을 번다. 하지만 대다수가 한 가지 편향 때문에 이 규칙을 따르지 못한다.

다음 예를 보고 둘 중 어느 쪽을 택할지 결정하라. (1) 9,000달러를 잃을 100퍼센트의 확률, (2) 아무런 손실을 보지 않을 5퍼센트의 확률에 1만 달러를 잃을 95퍼센트의 확률. 이 중에서 당신은 어느 쪽을 택하겠는가?

어느 쪽을 고르겠는가? 확실한 손실인가, 위험한 도박인가? 모집단의 약 80퍼센트는 이 경우 위험한 도박을 택한다. 그러나 위험한 도박은 더 큰 손실로 나타난다(즉, $10,000 × 0.95 + 0 × 0.05 = $9,500 손실이다. 이 액수는 9,000달러의 확실한 손실보다 크다). 도박을 받아들이는 것은 손절매라는 핵심 거래 규칙을 어기는 것이다. 하지만 대부분의 사람은 도박을 택한다. 손실이 끝나고 여기서 시장이 방향을 틀 것이라고 생각하는 것이다. 그러나 보통은 그렇지 않다. 그 결과, 손실은 더 커지고 손실을 받아들이기는 더욱 힘들어진다. 그러면 이 과정이 전부 다시 시작된다. 궁극적으로 손실은 도박사가 어쩔 수 없이 받아들여야 할 만큼 커진다. 많은 개미는 손실을 받아들이려 하지 않기 때문에 빈털터리가 된다.

이제 또 다른 예를 살펴보자. 어느 쪽을 택하겠는가? (1) 9,000달러를 얻을 100퍼센트의 확률, (2) 1만 달러를 얻을 95퍼센트의 확률에 아무런 이익도 얻지 못할 5퍼센트의 확률

확실한 이익을 선택하겠는가, 아니면 위험한 도박을 택하겠는가? 모집단의 약 80퍼센트가 확실한 이득을 택한다. 그러나 위험한 도박 쪽이 이익이 더 크다(즉, $10,000 × 0.95 + 0 × 0.05 = $9,500 이익이다. 이 액수는 9,000달러의 확실한 이익보다 크다). 여기서 확실한 이익을 취하는 것은 수익을 극대화한다는 두 번째 핵심 거래 규칙을 어기는 것이다.

일단 수익이 생기면 사람들은 수익이 사라질까봐 노심초사한다. 그래서 반전의 조그마한 기미라도 보이면, 그냥 확실한 수익을 챙기곤 한다. 시스템에서 청산 신호를 보내지 않는 경우조차 수익이 사라지는 것을 피하려는 욕심이 너무 강해, 많은 투자자와 트레이더들은 사소하지만 확실한 수익을 챙긴 다음 두고두고 그들이 놓친 거대한 수익을 한탄한다.

흔히 보는 이 두 가지 편향은 속담에 적절히 표현되어 있다. '기회를 잡아라. 하지만 불운이 닥치면 물러나지 말고 견뎌라.' 뛰어난 트레이더라면 다음과 같은 금언을 가슴에 담아두는 게 좋을 것이다. '차익 실현 기회를 신중하게 살피되, 불운이 닥칠 기미가 보이면 사슴처럼 재빨리 도망쳐라.'

현재의 거래 혹은 투자는 수익을 내야 한다는 편향

이 모든 문제가 수면 위로 떠오르는 것은 현재의 포지션에서 성과를 거두고자 하는 인간의 압도적인 욕망 때문이다. 우리는 대체 어떤 일을 할까? 우선 손실 포지션이 있으면, 우리는 상황이 역전되기를 바라며 이 포지션을 키우기 위해 무슨 짓이든 다한다. 그 결과, 손실 거래는 훨씬 더 커져버린다. 그다음으로, 그러한 수익이 확실해지도록 일찌감치 이익을 취한다.

왜 그런가? 사람들은 올바르려고 하는 매우 강한 욕망을 갖고 있다.

내가 트레이더와 투자자들로부터 수없이 들은 얘기는, 시장을 예측하거나 아니면 더 나쁘지만 시장에 돈을 투자할 때 자신의 판단이 옳은 것이 그들에게는 대단히 중요하다는 것이었다.

예전에 날마다 팩스로 특정한 상품에 대한 가격 예측을 제공하는 사람을 고객으로 둔 적이 있다. 세계 각지의 대형 트레이더들이 그의 팩스를 받아 보았는데, 그의 예측이 대단히 정확했기 때문이다. 그의 정확성은 세계적으로 유명했다. 그러나 그의 예측이 놀랄 만큼 정확하다는 사실에도 불구하고, 이 상품을 거래하는 그의 능력은 상당히 형편없었다. 자신의 판단이 옳아야 한다는 강박관념 때문이었다. 일단 예측을 하게 되면 그의 자아가 관련되고, 그러면 이로 인해 거래 과정에서 자신의 예측과 다른 사실들은 받아들이기 힘들어진다. 그 결과, 다른 사람들에게 가격 예측 서비스를 제공하는 상품이라고 해도 정작 본인은 거래하기가 매우 어려워지는 것이다.

현재 평균적인 개인에게 노출되는 정보의 양은 매년 두 배로 늘어나고 있다. 하지만 우리의 의식은 동시에 대략 7개의 정보 덩어리만을 처리할 수 있다. 그 결과, 우리는 쏟아져 들어오는 엄청난 양의 정보에 대처하기 위해 일종의 지름 길 혹은 휴리스틱을 수없이 만들어냈다. 이런 휴리스틱은 대부분의 상황에서는 유용하지만, 내 생각에 트레이더와 투자자들에게는 이런 휴리스틱이 너무 강력 하게 작용하기 때문에 이에 적절히 대응하지 않는 한 보통 사람들은 시장에서 돈을 벌 가능성이 전혀 없다. 휴리스틱을 세 종류의 편향으로 구분하여 아래에 요약 정리했다.

거래 시스템 개발에 영향을 미치는 편향

· **표상 편향:** 사람들은 A가 B를 나타낼 때 실제로 A를 B라고 여기는 경향이 있다. 이에 따라 우리는 일간 바 차트나 즐겨 사용하는 지표를 시장으로 여긴다. 표상은 단지 많은 정보를 나타내기 위한 일종의 단축키, 혹은 더 나쁘게는 그러한 정보의 왜곡일 뿐임을 명심할 필요가 있다.

· **신뢰성 편향:** 사람들은 어떤 것이 정확하지 않을 때도 정확하다고 믿는다. 예컨대 과거의 테스트에 사용했거나 또는 직접 얻은 시장 데이터는 종종 오류로 가득 차 있다. 이런 데이터에 오류가 있을 수 있다는 점을 간과한다면, 거래와 투자 결정에서 많은 실수를 범하게 될 것이다.

· **로또 편향:** 사람들은 시장을 지배하고 싶어 한다. 그래서 그들은 진입에 관심을 집중시키는 경향이 있다. 진입하기 전에는 시장에 많은 일을 '강요'할 수 있다. 그러나 불행히도 일단 시장에 들어가면, 시장은 스스로 원하는 대로 움직인다. '손절매를 하고 수익을 극대화하라'는 거래의 황금률은 진입과는 아무 상관이 없고, 모든 것은 청산과 관련되어 있다.

· **작은 수의 법칙:** 사람들은 아무것도 존재하지 않는 곳에서 패턴을 본다. 어떤 패턴에 의미가 있다고 확신하는 데는 잘 선택된 몇 가지 사례면 충분하다. 이

런 편향에 더해 보수주의 편향까지 있다면, 매우 위험한 상황을 맞게 될 게 뻔하다.

· **보수주의 편향:** 어떤 패턴을 찾았다고 믿고 잘 선택된 몇 가지 사례를 통해 이것이 효과가 있다고 확신하게 되면, 여러분은 사실은 그렇지 않다는 증거를 피하기 위해 어떤 일이든 다 하려 들 것이다.

· **무작위 편향:** 사람들은 시장이 무작위 하다고 생각하기를 좋아하며, 시장의 천장과 바닥을 쉽게 찾아 거래할 수 있다고 믿는다. 그러나 시장은 무작위 하지 않다. 가격 분포는 시장이 시간이 지나는 동안 종형 곡선bell curve의 끝에서 통계학자들이 말하는 '긴 꼬리' 혹은 무한한 편차를 갖는다는 것을 보여준다. 게다가 사람들은 무작위한 시장조차 오랫동안 경향이 지속될 수 있음을 이해하지 못한다. 그 결과, 천장과 바닥 거래가 가장 어려운 거래 형태로서 존재하게 되었다.

· **이해해야 한다는 편향:** 우리는 시장에서 질서를 발견하고 모든 것에서 이유를 찾으려 한다. 질서를 찾으려는 이런 시도는 시장의 흐름을 쫓아가는 능력을 저해한다. 이는 실제로 일어나고 있는 것이 아니라 보고 싶어 하는 것을 보기 때문이다.

거래 시스템을 테스트할 때 영향을 미치는 편향

· **자유도 편향:** 우리는 우리의 시스템을 최적화하기 원하며, 과거의 상황들과 들어맞을 수 있도록 데이터를 조작하면 할수록 거래에 관해 더 잘 안다고 믿는 경향이 있다. 하지만 거래 혹은 투자를 위해 이용하는 개념이 어떻게 작동하는지 이해하고 과거에 대한 테스트를 최소한으로 줄이면, 실제 거래에서 훨씬 더 나은 결과를 얻을 수 있다.

· **사후 정보 오류:** 시스템을 개발할 때 실제 거래에서 아직 생겨나지 않은 데이터를 무심코 사용할 수 있다. 오늘의 종가를 분석에 활용하면, 특히 여러분이 장 마감 전에 청산하는 거래 경향을 가질 때, 테스트에서 매우 좋은 결과를 얻게 될 것이다.

· **충분한 보호가 필요 없다는 편향:** 사람들은 포지션 규모 조절과 청산 전략이 거래의 핵심 요소라는 것을 생각하지 못한다. 따라서 그들은 주어진 거래에서 자본의 너무 많은 부분을 리스크에 할애한다.

시스템으로 거래할 때 영향을 미치는 편향

· **도박사의 오류:** 사람들은 오랫동안 연속해서 손실 거래를 했을 경우 이익 거래를 할 확률이 높아지고, 오랫동안 연속해서 이익 거래를 했을 경우 손실 거래를 할 확률이 높아진다고 생각한다.

· **이익에는 보수적이고 손실에는 위험을 감수하는 편향:** 사람들은 서둘러 차익을 실현하고 싶어 하는 반면, 손실은 여유를 갖고 지켜보려고 한다. 이로써 자신이 옳다는 환상이 지탱될지 모르지만, 사실 수익은 잘라내고 손실을 최대화하고 있는 것이다.

· **현재의 거래 혹은 투자에서 수익을 내야 한다는 편향:** 이 편향은 다른 모든 편향의 뿌리다. 그러나 자신의 판단이 옳은지 그른지는 돈을 버느냐 못 버느냐와 거의 상관이 없다.

1   Karl Popper, Objective Knowledge: An Evolutionary Approach (Oxford: Clarendon Press, 1972).

2   Jack Schwager, "William Eckhart: The Mathematician," The New Market Wizards: Conversation with America's Top Traders (New York: HarperCollins, 1992), p. 114.

3   예를 들어, Burton G. Malkiel, A Random Walk Down Wall Street, 8th ed. (New York: Norton, 2004).

4   이 기사들은 꾸며낸 것이다. 그러나 시장의 반응에 대한 설명으로 여러분이 흔히 읽게 될 만한 글인 것은 분명하다.

5   Larry Williams, The Definitive Guide to Futures Trading, Vol. II (Brightwaters, N.Y.: Windsor Books, 1989), p. 202.

6   Ralph Vince, "The Ralph Vince Experiment," in Technical Trader's Bulletin, eds. David W. Lucas and Charles LeBeau (March 1992), pp. 1-2.

3

목표 설정

Setting Your Objectives

군중, 세계, 때로는 심지어 무덤조차 자신이 어디로 가고 있는지 아는 사람에게는 길을 비킨다. 그러나 목표 없이 떠도는 사람은 옆으로 밀쳐낸다.

– 고대 로마 속담 –

　　이제 독자 여러분은 성배를 찾는 여행이 내면으로의 여행이라는 것을 이해할거다. 이외에도 무엇이 여러분을 가로막고 있는지 생각해보아야 한다. 이제 무엇을 원하는지 알아야 할 시간이 되었다. 내 강의를 들었던 샘은 나에게 10분간의 상담을 요청했는데, 스스로 만족할 만한 결과를 얻을 수 없었기 때문으로 보였다. 나는 그의 요청을 수락했고, 출장에서 돌아온 후 시카고의 오하라 공항에서 만나기로 했다. 우리 사이에 오간 대화는 대략 다음과 같다.

　　반 타프: 샘, 무엇을 도와드릴까요?

샘: 음, 거래 결과들이 제대로 나오지 않는 것 같아요.

반 타프: '제대로 나오지 않는다'는 게 무슨 뜻이죠?

샘: 거래 결과가 만족스럽지 않다는 거예요.

반 타프: 올해 시장에서 어떤 목표를 갖고 거래했나요?

샘: 솔직히 말하자면 목표 같은 건 없었어요.

반 타프: 올해 시장에서 달성하고 싶은 것은 뭐죠?

샘: (곰곰이 생각한 후에) 좋은 수익을 올려서 아내한테 차를 한 대 사주고 싶어요.

반 타프: 좋아요. 그럼 어떤 차종을 말하는 건가요? 롤스로이스? 벤츠? 렉서스? 픽업트럭? 아내에게 사주고 싶은 차가 어떤 거예요?

샘: 아, 미국 차죠. 한 1만 5,000달러 정도 하는 거요.

반 타프: 그럼 그 차를 언제 사고 싶은 건가요?

샘: 9월이요. 세 달 뒤네요.

반 타프: 좋아요. 지금 거래 계좌에 있는 돈은 얼마나 되죠?

샘: 대략 1만 달러요.

반 타프: 그러니까 약 세 달 만에 계좌에서 150퍼센트 수익을 내고 싶은 거군요?

샘: 네, 그런 거 같아요.

반 타프: 그러면 세 달 만에 150퍼센트 수익을 낸다는 게 연 수익률로 따지면 거의 1,000퍼센트가 된다는 걸 아나요?

샘: 아니요, 몰랐어요.

반 타프: 그 정도 수익을 내기 위해 어느 정도나 기꺼이 손실을 감수할 생각인가요?

샘: 잘 모르겠어요. 사실 그런 건 생각해본 적이 없어요.

반 타프: 5,000달러를 잃어도 괜찮을 거 같아요?

샘: 아니요, 그만한 돈을 잃을 수는 없죠. 액수가 너무 크잖아요.

반 타프: 2,500달러를 잃는 건 어떤가요? 25퍼센트인데.

샘: 그것도 너무 많은데요. 10퍼센트면 모르지만.

반 타프: 그러면 시장에서 세 달 만에 150퍼센트 수익을 내고 싶은데, 오직 10퍼센트 리스크만 받아들일 생각이군요?

샘: 네.

반 타프: 보상위험비율이 꾸준히 15 대 1이 나오는 거래 기법을 알고 있나요?

샘: 아니요.

반 타프: 나 역시 그런 건 모릅니다. 보통 3 대 1이면 매우 괜찮은 보상위험비율이죠.

큰돈을 벌게 해줄 많은 거래 및 투자 기법이 있지만, 위와 같은 요구 조건을 충족시켜줄 만한 기법은 알지 못한다. 그러나 소액의 돈을 가진 대부분의 초짜 트레이더와 투자자들은 늘 비슷한 기대를 한다. 충족되기 어려운 그런 기대 말이다.

시스템의 주요 부분이 되는
목표 설계

일전에 선물투자자문가들에게 자금을 제공하는 직업을 가진 친구와 일한 적이 있었다. 그의 업무 중 한 가지는 이런 선물투자자문가들이 개발한 다양한 시스템을 평가하는 것이었다. 많은 사람이 그를 세계적인 시스템 개발 전문가로 생각했다.

하루는 그에게 물어보았다. "새로운 시스템을 만들려는 트레이더에게 특별히 충고해주고 싶은 게 있다면 무엇이 있죠?" 그는 대답했다. "적어도 시스템 개발 시간의 50퍼센트를 목표 설정에 투자하라는 거예요." 그는 어떤 시스템이든 목표가 가장 핵심이지만, 여기에 애써 시간을 투자하려는 사람이 거의 없다고 했다. 거래 혹은 투자 시스템을 개발하려면, 시작 전에 자신이 무엇을 이루고 싶은 것인지 정확히 알아야 한다.

목표는 시스템의 필수적인 부분이다. 뭘 할지 모른다면, 어떻게 거래 시스템을 개발할 수 있겠는가? 정말로 어디를 가야 할지 모른다면, 어떻게 어딘가로 갈 수 있겠는가? 따라서 우선 자신이 무엇을 이루고자 하는지 알 필요가 있다. 이 일이 끝나면, 그 목표가 현실적인지 판단할 수 있다. 그리고 현실적이라면, 그때에서야 이런 목표를 달성하기 위한 거래 시스템을 개발할 수 있다.

나는 그 친구의 의견을 마음속에 새기고, 우리의 첫 번째 워크숍인 '자기 자신에게 적합한 성공적인 거래 시스템을 개발하는 법'에 임했다. 이 워크숍의 주된 부분은 목표에 관한 것이었다. 그러나 많은 사람이 목표를 워크숍의 일부로 포함시킨 것에 불만을 표시했다. 그럼에도 우리는 현재 워크숍 전에 목표에 관한 사항을 기재해달라고 참가자들에게 요구한다.

대개 이렇게 말한다. "이게 시장에서 거래하는 것과 무슨 상관입니까?" "이건 개인적인 거예요. 나는 내 자산이나 그 비슷한 것에 관해 얘기를 나누면서 강의 시간을 허비하고 싶지는 않아요." 참가자들 가운데 목표 설정에 시간을 투자하지 않으면 정말로 자신에게 적합한 시스템을 개발할 수 없다는 사실을 아는 사람은 아무도 없는 것 같았다. 그들은 시간, 자원, 자본, 기술 등에서 자신의 강점과 약점을 평가해볼 필요가 있었고, 스스로 무엇을 이루고 싶어 하는지 알아야만 했다. 어느 정도의 수익을 원하는가? 이런 수익을 낳기 위해 어느 정도까지 손실을 감수할 수 있는가? 이것은 성배를 찾아 나선 우리의 여행에서 진정 필요한 열쇠 가운데 하나다.

목표 설정에 관한
톰 바소의 이야기

톰 바소Tom Basso는 우리가 개최한 최초 세 차례의 시스템 개발 워크숍에 초청 연사로 나왔다. 워크숍이 진행되는 동안 나는 종종 거래 목표에 관해 그와 인터뷰를 했다. 이 문제에 어떻게 접근해야 하는지 참가자들에게 보여주기 위해서였다. 톰은 친절하게도 이 책을 위해 한 차례 더 인터뷰를 해주겠다고 했다.

톰 바소는 애리조나의 스코츠데일에 위치한 트렌드스탯 사Trendstat, Inc.의 사장이다. 그는 선물투자자문가와 공인투자전문가 자격증이 있는 전문 투자매니저고, 또한 자신의 펀드에 돈을 투자했다는 점에서 개인 투자자이기도 했다.

톰은 내 제안으로 잭 슈웨거의 새 책《새로운 시장의 마법사들The New Market Wizards》을 위해 그와 인터뷰했다. 인터뷰 뒤 슈웨거는 그를 '침착함의 본보기'라고 부르며, 만나 본 모든 시장의 마법사들 가운데서도 특히 그를 최고의 역할 모델로 삼았다. 또한, 바소는 내가 만나본 사람 가운데 가장 논리적이고 체계적인 사람이다. 따라서 여러분이 톰 바소가 거래 시스템 개발에 관해 생각하는 법을 배우기 바란다.

목표 설정 과제의 첫 부분은 자신에게 시간, 돈, 기술, 그리고 다른 자원이 얼마나 있는지 알아보는 것이다. 톰과 나눈 대화를 보자.

반 타프: 톰, 당신은 가진 자본이 얼마입니까?

톰: 우리가 현재 관리하는 자본은 약 9,500만 달러입니다.[1]

반 타프: 매년 당신이 살아가는 데 필요한 돈은 얼마나 되죠?

톰: 약 8,000달러예요.

반 타프: 그중 얼마가 거래 수익으로 나와야 하죠?

톰: 전혀요. 트렌드스탯에서 월급을 받으니까요.

나는 한 사람이 살아가기 위해 거래 자본에서 얼마만 한 돈을 벌어야 하는지 알아보기 위해 이런 질문을 한 것이다. 이런 목표 수익이 합리적인지 아닌지 판단하는 것은 매우 중요하다. 예컨대 생활을 위해 거래 자본의 30퍼센트 이상을 수익으로 올려야 하는 사람은 유지되기 힘든 조건에 스스로를 옭아매는 것이며, 오히려 자본을 늘릴 기회를 거의 얻지 못하게 된다.

나는 10만 달러가량의 거래 혹은 투자 자본을 갖고 있지만 매년 생활을 위해 5만 달러가량을 필요로 하는 사람들을 종종 만난다. 내 생각으로 그들은 매우 어려운 조건에 놓여 있다. 그들은 매년 100퍼센트 수익을 올릴 수 있다고 믿거나, 실제로 그렇게 할 수 있을지도 모른다. 그러나 만약 처음에 30퍼센트의 손실이 발생하면—이런 일은 쉽게 일어난다—목표 달성 가능성은 매우 희박해진다. 이런 이유로 거래에 뛰어들기 전에 이런 상황을 생각해두는 게 최선이다. 그리고 이런 문제가 톰 바소에게는 일어나지 않는다는 사실은 틀림없다.

첫 번째 단계: 자기 평가

반 타프: 톰, 하루 중 얼마나 많은 시간을 거래에 할애하나요? (이 질문은 중요하다. 왜냐하면 가용한 시간의 양이 여러분이 개발해야 할 거래 시스템의 형태의 대부분을 결정하기 때문이다. 하루 종일 일해야 하는 다른 직업이 있고 저녁에나 시장을 들여다볼 시간이 있는 정도라면, 당연히 그 사람은 장기 시스템을 이용해야 한다)

톰: 매일 6시간 정도에요. 그러나 그 시간은 대개 우리의 거래 사업을 관리하는 데 보내죠.

반 타프: 거래할 때, 주의를 분산시키는 일들은 얼마나 많나요?

톰: 무척 많죠.

반 타프: 그렇다면 당연히 당신은 그런 일들을 처리할 수 있도록 거래 시스템을 필요로 하겠군요.

톰: 네.

반 타프: 거래 시스템을 개발하고, 개인적인 심리 문제를 해결하고, 거래 사업의 계획을 세우는 데 얼마나 많은 시간을 사용하나요?

톰: 내 경우를 보자면, 이미 지난 20년간 많은 시간을 쏟아부었죠. 하지만 우리는 늘 계획을 세우고 연구를 합니다. 얼마나 많든 반드시 필요한 시간을 투자하죠.

반 타프: 컴퓨터는 잘 다루나요? 이런 거래 사업을 시작하려면 어떤 기술이 있어야 합니까?

톰: 컴퓨터라면 아주 능숙하죠. 나는 트렌드스탯의 모든 초기 모델을 직접 프로그래밍했어요. 그러나 현재는 완전 자동화된 사무실과 상

근 프로그래머를 직원으로 두고 있죠. 내 일은 단순히 비능률적인 요소를 찾고 직원들이 그런 문제들을 잘 다루는지 지켜보는 것입니다.

반 타프: 통계에 관해서는 무엇을 아나요?

톰: 나는 단순 통계들은 이해하며 사용할 줄도 압니다. 게다가 다변량 통계도 어느 정도 알고 있고요.

반 타프: 시장에 관한 지식과 관련해서는 스스로를 어떻게 평가하고 있습니까? (여기에는 거래의 메커니즘, 시장을 움직이게 하는 원인, 저비용으로 효율적으로 주문을 이행하는 방법, 필요할지 모를 거래 지표 등등에 관한 지식이 포함된다)

톰: 나는 옵션, 선물, 주식, 채권, 뮤추얼 펀드, 현금 통화 부문에서 폭넓은 경험을 했어요. 거래 메커니즘과 저비용 주문 실행에 대해서는 매우 잘 알고 있습니다. 또, 나 나름대로 어떻게 시장이 작동하는지 잘 이해하고 있고요.

반 타프: 당신의 심리적 강점과 약점은 무엇인가요? 특히, 거래 시스템 개발과 관련해서요.

톰: 나는 매우 전략적이고 끈기가 있죠. 나는 이런 특징들이 거래를 위한 장기 전략 개발에 유용하다고 생각해요. 이외에도 내가 가진 자신감은 우리가 개발하는 시스템을 신뢰하는 데 큰 심리적 강점이 되죠. 약점을 들자면, 나는 늘 너무 많은 일을 하려 드는 것 같아요. 이때문에 때때로 트레이더로서 가지고 있는 주된 임무에서 벗어나기도 하죠.

반 타프: 자제심은 강한가요?

톰: 나는 매우 자제심이 강한 편이에요. 시스템을 따르는 데 아무런 문제도 없죠.

반 타프: 강박적인 경향이 있거나(즉, 거래의 흥분에 사로잡히거나), 개인적 갈등의 경험이 있거나(즉, 가족생활이나 직장에서 혹은 과거의 거래 경험에서 갈등을 겪은 적이 있거나), 공포나 분노 같은 끊임없이 뛰어나오는 감정적인 문제가 있지는 않나요?

톰: 나는 분명 강박적이지는 않아요. 거래하면서 흥분해본 적이 없어요. 그건 나한테는 그냥 일이죠. 나는 거래를 흥미로운 두뇌 게임 정도로 생각해요. 내면에 어떤 갈등이 있는 거 같지는 않아요. 가족생활도 꽤 안정적이죠. 그리고 나는 거의 화내거나 낙심하거나 하지 않아요. 간혹 긴장을 하는 버릇은 있었어요. 그러나 나는 당신의 워크숍에서 긴장을 하면 우선 나에게 어떤 일이 일어나는지 알게 되었죠. 내 경우를 보면, 나는 맨 먼저 손가락이 긴장해요. 그런데 이걸 의식하면 금세 자동적으로 긴장이 풀어지고 마음이 편안해지더군요. 이제는 이런 과정이 아주 자동적으로 일어나 언제 그런 게 있었는지 알아차리지도 못할 정도예요.

반 타프: 자신의 개인적 특성들을 보았을 때, 거래하기 전에 무엇을 배우거나 해결해야 할 필요가 있습니까? 이를 위해 어떻게 할 생각입니까?

톰: 나는 예전이나 지금이나 뛰어난 특성들을 갖고 있다고 생각합니다. 나는 거래를 잘 해낼 능력이 있죠.

나는 극복해야 할 점들이 많은 사람들에게 이런 평가 항목들이 큰 깨달음을 얻을 수 있는 계기가 되기를 바란다. 정말로 거래 시스템 개발을 시작하기 전 이런 모든 것들에 관해 생각해볼 필요가 있다. 훌륭한 거래 시스템의 개발에서 본질적인 것은 자기 자신에게 가장 잘 맞는 시스템을 개발하는 것이기 때문이다.

두 번째 단계: 목표 설정

이 부분은 거래 시스템 개발에서 가장 중요한 부분이다. 여러분은 어디로 가고 싶은지 알기 전에는 그곳에 갈 수 없다. 따라서 거래 시스템 개발에 투자하는 시간은 주로 목표 설정에 쓰여야 한다.

다른 사람의 돈을 관리하는 사람보다는 개인 트레이더나 투자자일 경우 거래 목표를 다르게 다루어야 한다. 톰은 두 가지 역할을 모두 하고 있으므로, 나는 이 두 가지 입장에 대해 여러 질문을 해보았다. 우선 개인 트레이더와 투자자들에 관한 질문과 답변을 보도록 하자.

A. 개인 트레이더 및 투자자의 목표

반 타프: 거래에서 당신의 강점은 무엇입니까? 당신이 거래할 때 강점을 제공하는 개념은 무엇이 있습니까? (이 내용을 잘 모른다면, 5장에 상세히 논의된 다양한 개념들을 찾아보라)

톰: 전략적 사고가 우리의 강점이죠. 수없이 많은 사람이 이런 전략적 사고를 실천하지 않습니다. 우리는 또한 인내하고 의연할 수 있는 강점도 갖고 있습니다. 컴퓨터 프로그래밍 또한 마찬가지죠. 대다수가 우리 수준만큼 컴퓨터 프로그래밍을 활용하지 않아요. 장기 자동화 추세 추종 기법이 그 결과물이죠.

반 타프: 개인적으로 가지고 있는 돈은 얼마입니까? 돈을 잃어도 될 만한 여유는 어느 정도인가요? 예를 들어, 대부분의 펀드는 50퍼센트에서 거래를 중단합니다. 당신은 어떤가요? 그리고 주어진 한 거래에서 떠안을 수 있는 리스크는 얼마나 됩니까?

톰: 내가 가진 돈은 수백만 달러입니다. 그 가운데 25퍼센트 정도는 마음 편히 잃을 수 있습니다. 내 돈은 모두 우리의 거래 프로그램에

들어가 있고, 각 거래에서 0.8~1.0퍼센트의 리스크만을 부담합니다. 하지만 만약 내가 직접 거래한다면, 나는 리스크를 1~1.5퍼센트까지 올릴 거예요. 나한테는 2~3퍼센트 리스크가 최대인 것 같아요. 한 번에 최대 20개 시장까지 들어갈 수 있는 게 한 가지 이유죠.

반 타프: 당신은 매년 얼마만큼의 돈을 벌어야 하나요? 그리고 그 수익으로 생활비를 대나요? 돈을 충분히 벌지 못하면 어떻게 됩니까? 생활비로 필요한 돈보다 더 많은 돈을 벌어 거래 자본을 키울 가능성이 있습니까? 월별 비용을 지불하기 위해 거래 자본에서 정기적으로 돈을 꺼내가도 괜찮습니까?

톰: 나 같은 경우 트렌드스탯에서 받는 봉급에서 생활비를 다 충당합니다. 따라서 거래 수익에서 돈을 가져갈 필요는 전혀 없죠. 나한테는 거래 수익은 부수입이라고 볼 수 있죠.

반 타프: 이 질문이 당신한테는 해당되지 않지만, 목표에 관한 내 기본적인 질문 중 하나이기 때문에 어쨌든 물어보겠습니다. 당신은 현실적입니까, 아니면 스스로 세계 최고의 트레이더처럼 거래할 수 있다고 생각합니까? 예컨대 당신에게 매우 뛰어난 시스템이 있다고 합시다. 이 시스템은 성공률이 50퍼센트이며 이익이 손실의 두 배입니다. 하지만 이따금 연속해서 10차례 손실을 볼 수 있습니다. 시스템은 기대대로 잘 작동하지만, 쉽게 연속해서 10차례 손실을 볼 수 있는 겁니다. 그래도 당신은 괜찮을 것 같나요?

톰: 나는 나 자신이 손실과 보상 문제에서 매우 현실적이라고 생각해요. 나는 거래에서 10차례 연속해서 손실이 날 수 있다는 건 알고 있어요. 과거에 직접 경험을 해보았죠. 따라서 그런 건 예상을 해야 하죠.

반 타프: 단기 거래를 할 시간은 있나요?

톰: 내가 거래에 전념할 수 있는 시간은 매일 6시간 정도예요. 나머지 시간은 특정한 사업이나 개인적인 약속에 사용합니다. 단기 거래를 할 생각은 없어요. 이 이야기는 나와는 상관없는 문제군요.

반 타프: 사회적인 접촉은 얼마나 필요로 하나요?

톰: 그다지 필요 없어요. 하지만 그런 걸 즐기는 편이에요.

반 타프: 날마다 홀로 일할 수 있나요? 주위에 한두 사람이 있는 게 좋나요, 아니면 많은 사람이 있는 게 좋나요? 이런 사람들은 당신에게 얼마만 한 영향을 미칩니까?

톰: 트렌드스탯에는 충분한 직원들이 있죠. 하지만 내가 그들을 필요로 하는 건 아니에요. 나는 혼자서도 일을 잘하죠. 거래 모델 개발 초기를 떠올리면, 사람들은 나에게 아무런 영향도 끼치지 못했어요.

반 타프: 요컨대 당신은 매년 거래 자본의 몇 퍼센트를 수익으로 기대하죠?

톰: 20~40퍼센트예요.

반 타프: 이런 목표를 달성하기 위해 당신은 어느 정도의 리스크 수준을 감당합니까?

톰: 잠재 수익의 반 정도죠. 그러니까 최대 손실은 1년에 20퍼센트가 되겠죠.

반 타프: 당신이 받아들일 수 있는 자본의 최대 감소폭은 얼마입니까?

톰: 대략 25퍼센트입니다.

반 타프: 계획이 잘 들어맞고 있는지 혹은 들어맞지 않는지는 어떻게 압니까? 다양한 형태의 시장에서, 예컨대 추세가 있는 시장이나, 밀집 구간에 있는 시장, 또 변동성이 높은 시장에서, 당신의 거래 시스템이 어떻게 작용하리라 예상합니까?

톰: 나는 모든 걸 계획합니다. 최악의 시나리오를 만들어서 연습 삼아 돌려보기도 해요. 나는 각 시나리오와 관련하여 최상, 그리고 최악의 경우에 대한 상세 사항들을 알아두죠. 그래서 어떤 일이 일어나면, 보통 계획을 이미 갖고 있고 예측 범위도 나와 있어요. 결과가 이 범위 안에 들면, 모든 게 계획대로 되고 있다고 아는 거죠. 반대로 결과가 이 범위를 벗어나면, 뭔가를 바꿔야 한다는 걸 알게 되고요. 그런 다음 뭐가 잘못되었는지 연구합니다. 일반적으로 나는 최대 40, 최소 10퍼센트의 수익을 기대해요. 평균 15~25퍼센트죠. 또 최악의 경우 25퍼센트 자본 삭감을 예상해요. 나는 어떤 해에 40퍼센트가 넘는 수익을 올린 적이 있었는데 기분이 참 좋았어요. 그 일은 내가 우리의 조건을 벗어나 있었기 때문이에요. 그 사실이 나에게 말해준 건 우리의 리스크가 너무 크고, 따라서 우리는 자본 감소의 한계 범위를 넘을 수도 있다는 거였어요. 그래서 우리는 최악의 경우가 일어나 큰 자본 감소를 당하지 않도록 리스크를 줄였죠.

B. 거래 자문가의 목표

반 타프: 이제 거래 매니저로서 당신의 목표에 관해 얘기해봅시다. 당신은 어떤 고객을 원합니까? 소매 고객 아니면 소수의 좋은 친구, 아니면 당신에게 돈을 맡길 몇몇 공동 자금 운영자, 아니면 매우 노련한 트레이더?

톰: 우리는 합리적인 목표를 갖고 있는 균형 잡힌 고객을 원해요. 우리 목표는 규모 면에서 상위 100대 기업 중 하나에 드는 거예요. 따라서 우리에게는 회사가 이런 목표를 성취할 수 있게 해주는 고객이 필요하죠. 우리한테는 소매 고객과 기관 고객 둘 다 있어요. 어떤 점

에서 그들은 다르고 어떤 점에서는 같아요. 하지만 두 부류의 고객 모두 괜찮습니다.

반 타프: 고객들은 뭘 좋아하나요? 그들의 목표는 뭐죠? 당신은 그들에게 어떤 종류의 서비스를 제공하죠? 예컨대 그들은 당신에게 돈을 맡기면서 특별한 종류의 분산 투자를 원하나요?

톰: 우리의 고객들은 분명 분산 투자를 원합니다. 우리는 손실을 낮추면서 10~20퍼센트 수익을 목표로 하는 4개의 서로 다른 프로그램을 통해 분산 투자를 합니다. 10퍼센트 손실을 감수하면서 20퍼센트 수익을 노리죠. 고객도 그걸 알고 있고, 그러니까 이게 그들의 목표가 되는 거고요.

반 타프: 당신은 고객의 돈을 거래하고 있는데, 고객들은 어느 정도나 리스크를 감수하려고 하나요? 그들은 언제 돈을 빼가려 합니까?

톰: 고객들은 5~10퍼센트 범위의 리스크를 예상해요. 손실이 15퍼센트가 넘거나 1년 이상 지속되면 치명적이죠. 그러면 많은 고객이 떨어져 나가요.

반 타프: 그래서 말인데, 고객들이 지나치게 흥분 상태가 되는 건 수익이 어느 정도일 때죠?

톰: 수익이 25퍼센트 이상 되면 분명히 주목을 받게 되죠. 우리는 지나치게 높은 수익을 원하지 않아요. 그러면 고객들이 터무니없는 수익률을 바라고 그만한 실적이 계속되기를 기대하게 되니까요.

반 타프: 당신이 받는 보수는 어떻습니까? 그러니까 매분기 혹은 매달 고객의 계좌에서 얼마의 돈을 가져가나요? 또, 그런 보수를 지불하는 고객들을 만족시키려면 어느 정도 수익을 내야 합니까?

톰: 우리는 2퍼센트의 관리 보수와 20퍼센트의 성과 보수를 받죠. 우

리의 고객들은 이런 보수를 지불하고 나서 15~20퍼센트의 수익을 벌 수 있을 경우 이런 보수를 지불하는 것에 상관하지 않아요. 손실에도 크게 불편해하지 않고요.

반 타프: 당신 회사의 최대 거래 능력은 어느 정도인가요? 그 규모에 어떻게 도달하려고 하나요? 또, 거기 도달했을 때 어떻게 할 생각인가요? 그런 일이 당신 회사의 거래를 어떤 식으로 변화시킬까요?

톰: 우리 회사의 거래 능력은 최대 약 10~20억 달러예요. 우리는 은행, 대규모 자금 운영자, 개인 고액 자산가에 대한 현재의 마케팅 정책을 통해 운용 자금 규모를 이런 수준까지 끌어올릴 생각이에요. 이런 목표에 도달하면, 더 이상 새로운 돈은 받지 않을 거예요. 회사가 성장하면, 거래는 계속해서 더 적은 수의 거래 데스크로 통합 정리될 필요가 있어요.

반 타프: 고객과의 관계에서 발생할 수 있는 최악의 상황은 무엇입니까? 그런 일이 일어나지 않게 하려면 어떻게 대비해야 할까요?

톰: 고객에게 일어날 수 있는 최악의 일은 충격이죠. 우리는 고객들을 교육시킴으로써 그런 일이 일어나지 않게 하고 있습니다. 나는 고객들에게 마음의 준비를 시키기 위해 편지까지 쓰죠. 패닉 내성 투자 Panic Proof Investing [2]라는 거죠.

반 타프: 대규모 자금의 유입이나 인출은 어떻게 처리하나요?

톰: 새로운 대규모 자금의 유입은 우리 프로그램에 이미 설계되어 있어요. 대규모 자금 인출은 우리가 개발한 소프트웨어로 쉽게 처리할 수 있고요.

보다시피, 톰 바소는 거래 프로그램의 상세한 사항 하나하나까지 모두 계획했다. 이런 연습과 훈련은 매우 중요하다. 이런 연습이 없었다면 생각해보지 못했을 문제들에 대해 고려할 수 있기 때문이다.

세 번째 단계: 거래 아이디어

이 마지막 부분은 여러분이 원하는 거래 방식에 관해 얘기한다. 이것은 거래, 진입, 청산, 자금 관리, 즉 거래 계획의 세부 사항들에 관한 아이디어와 관련되어 있다.

반 타프: 톰, 당신은 어떤 시장을 원하나요? 그 시장은 전문적으로 거래하기에 적절한가요? 당신은 유동 시장만을 거래하기 원하나요? 아니면 거래하고 싶은 시장 가운데 비유동 시장도 있나요?

톰: 나는 소수의 시장만 고집하지 않고 두루 거래하는 편이에요. 선물 시장이 20개, 현금 통화 시장이 15개, 뮤추얼 펀드가 30개죠. 이 모든 시장이 매우 유동성이 큰데, 내가 유동 시장에만 집중하기 때문이에요. 이런 유동 시장에 집중하지 않았다면, 우리의 최대 거래 능력은 매우 작았을 거예요. 우리가 목표로 하고 있는 수십억 달러는 절대 아니죠.

반 타프: 시장 진입에 관해 당신이 갖고 있는 믿음은 무엇입니까? 당신은 진입이 얼마나 중요하다고 생각하나요?

톰: 진입은 내 거래에서 아마 가장 덜 중요한 요소일 겁니다. 나는 추세 변화가 있을 때 시장에 들어가려고 합니다. 바로 그 순간—추세가 변화할 때—거래의 보상위험비율이 최고가 되기 때문이죠.

반 타프: 수익과 손실 목표가 정해졌을 때 처음에 손실제한주문은 어떤 식으로 하나요? 손실제한주문이 너무 붙어 있을 경우, 시장 움직임

을 놓치지 않기 위해 다시 시장에 들어가기도 하나요?

톰: 내 생각에, 손실제한주문이란 첫 번째 장소에서 거래에 들어가기 원했던 이유에 대한 부정을 뜻하죠. 그리고 나에게는 언제든 다시 시장에 들어갈 수 있는 방법이 있어요. 나에게 손실제한주문은 시장의 작용이고 시장이 하는 일이죠. 그건 단순히 간접적으로만 리스크와 관련되어 있는 거예요. 리스크가 포지션 매수도 힘들 만큼 너무 클 경우가 아니라면 그러하죠. 나는 포지션 규모 조절의 일부로 리스크를 제어하고 있어요. 아마 이 인터뷰 마지막에 당신이 포지션 규모 조절에 관해 물어볼 거라고 생각되지만.

반 타프: 차익 실현에 대해서는 어떤 계획을 갖고 있나요? 손실제한 및 반대 주문reversal stop도 하나요? 추적 손실제한주문trailing stop이나 기술적 손실제한주문은 어떠한가요? 그리고 가격 목표는 활용하나요? 일반적인 견해와 달리 당신은 주로 손실제한주문과 청산을 강조하고 있군요.

톰: 나는 한 거래에서 벌 수 있는 수익을 제한하지 않습니다. 수익 극대화가 내 철학이죠. 어떤 거래가 내가 원했던 방향으로 계속 가서 시장에서 나올 필요가 없다면, 얼마나 멋진 일입니까! 나는 추적 손실제한주문이나 기술적 손실제한주문을 써요. 일단 여기 걸리면, 포지션에서 나오게 되죠.

반 타프: 포지션 규모 조절을 위해 어떻게 합니까?

톰: 포트폴리오 항목들이 자본의 일정 비율로 정해진 리스크와 변동폭 한도에서 거래되도록 해놓았죠. 초기 리스크와 변동폭의 규모를 모니터하고 이걸 정해진 한도 내로 지킵니다. 리스크와 변동폭은 계속 자본의 일정 비율로 유지하죠. 그 결과, 나는 밤새 포트폴리오에서 얼마만 한 변동이 일어날지 알고 있으며, 그게 내가 편히 잠잘 수 있

는 이유입니다.

이제 여러분은 거래 시스템 개발에서 목표를 계획하는 것이 왜 매우 중요한지 알았을 것이다. 그렇다면, 이 장에서 내가 할 일은 끝난 셈이다. 이후의 내용에서 나는 여러분에게 자신을 위해 똑같은 질문에 답할 기회를 제공할 것이다.

몇 분 정도 시간을 들여 질문에 답하는 것은 쉬운 일이다(일부는 그런 일마저 하지 않겠지만). 그러나 이런 질문으로부터 제기된 문제에 관해 시간을 들여 생각해보는 것이 진정 중요한 일이다. 이 부분이 거래 준비 작업의 50퍼센트를 차지하는 것은 그 때문이다.

자기 자신의 목표 정하기

첫 번째 단계: 자기 평가

- 하루 중 얼마나 많은 시간을 거래에 투자하는가? (이 질문은 중요하다. 왜냐하면 가용한 시간의 양이 여러분이 개발해야 할 거래 시스템의 형태를 거의 좌우하기 때문이다. 하루 종일 일해야 하는 다른 직업이 있고 저녁에나 시장을 들여다볼 시간이 있는 정도라면, 당연히 그 사람은 장기 시스템을 이용해야 한다)
- 거래할 때, 주의를 분산시키는 일들은 얼마나 많은가?
- 거래 시스템을 개발하고, 개인적인 심리 문제를 해결하며, 거래를 위한 사업 계획을 수립하는 데 얼마나 많은 시간을 쓰는가?
- 컴퓨터는 잘 다루는가? 이런 거래 사업을 시작하려면 당신에게 어

떤 기술이 필요하다고 생각하는가?

- 통계에 관해 아는 것은 무엇이 있는가?
- 시장에 관한 지식과 관련해서 스스로를 어떻게 평가하고 있나? (여기에는 거래의 메커니즘, 시장을 움직이게 하는 원인, 저비용으로 효율적으로 주문을 이행하는 방법, 필요할지 모를 거래 지표 등등에 관한 지식이 포함된다)
- 당신의 심리적 강점과 약점은 각각 무엇인가? 특히 거래 시스템 개발과 관련한 부분을 말해보자.
- 자제심은 강한가, 약한가?
- 강박적인 경향이 있거나(즉, 거래할 때 흥분에 들뜨거나), 개인적 갈등의 경험이 있거나(즉, 가족생활이나 직장에서 혹은 과거의 거래 경험에서 갈등을 겪은 적이 있거나), 공포나 분노 같은 끊임없이 튀어나오는 감정적인 문제가 있는가?
- 자신의 개인적 특성들을 보았을 때, 거래하기 전에 당신은 무엇을 배우거나 완수하거나 해결해야 할 필요가 있을까? 또, 어떻게 해나갈 생각인가?

거래 시스템을 개발하기에 앞서 이 모든 질문에 대하여 꼭 한번 생각해보아야 한다. 좋은 거래 시스템의 본질은 당신에게 가장 맞는 시스템을 찾는 것에 있음을 기억하기 바란다.

두 번째 단계: 목표 설정

이 부분은 거래 시스템 개발에서 가장 중요한 부분이다. 여러분은 어디로 가고 싶은지 알기 전에는 그곳에 갈 수 없다. 따라서 거래 시스템 개발에 투자하는 시간은 주로 목표 설정에 쓰여야 한다.

- 거래에 있어서 당신의 강점은 무엇인가? 당신이 거래할 때 강점을 제공하는 개념에는 무엇이 있는가? (모른다면, 5장에 상세히 논의된 다양한 개념들을 보라. 문제에 대해 생각해본 다음 질문에 답하기 바란다)

- 개인적으로 가지고 있는 돈은 얼마인가? 돈을 잃을 만한 여유는 어느 정도인가? 예컨대 대부분의 펀드는 50퍼센트에서 거래를 중단한다. 당신은 어떠한가? 어떤 주어진 거래에서 떠안을 수 있는 리스크는 얼마나 되는가?

- 당신은 매년 얼마나 돈을 벌어야 하나? 번 돈으로 생활해야 하는가? 돈을 충분히 벌지 못하면 어떻게 되는가? 생활비로 필요한 돈보다 더 많은 돈을 벌어 거래 자본을 키울 가능성이 있는가? 월별 비용을 지불하기 위해 거래 자본에서 정기적으로 돈을 꺼내가도 괜찮나?

- 당신은 현실적인가 아니면 스스로 세계 최고의 트레이더처럼 거래할 수 있다고 생각하는가? 예컨대 당신에게 매우 뛰어난 시스템이 있다고 하자. 이 시스템은 성공률이 50퍼센트이며 이익이 손실의 두 배이다. 하지만 이따금 연속해서 10차례 손실을 볼 수 있다. 시스템은 기대만큼 잘 작동하지만, 쉽게 연속해서 10차례 손실을 볼 수도 있다. 그래도 당신은 괜찮을 것 같은가?

- 단기 거래를 할 시간은 있는가?

- 사회적인 접촉은 얼마나 필요로 하나?

- 날마다 홀로 일할 수 있는가? 주위에 한두 사람이 있는 게 좋은가, 아니면 많은 사람이 있는 게 좋은가? 이런 사람들은 당신에게 얼마만 한 영향을 미치는가?

- 요컨대 당신은 매년 거래 자본의 몇 퍼센트를 수익으로 거두기를 기대하는가?
- 이런 목표를 달성하기 위해 당신은 어느 정도의 리스크 수준을 감당하는가?
- 당신이 받아들일 수 있는 자본의 최대 자본 감소폭은 얼마인가?
- 계획이 잘 들어맞고 있는지 혹은 들어맞지 않는지는 어떻게 아는가? 다양한 형태의 시장에서, 예컨대 추세가 있는 시장이나, 밀집 구간에 있는 시장, 변동성이 높은 시장에서, 당신의 거래 시스템이 어떻게 작용하리라 예상하는가?

거래 자문가의 목표

이제 거래 매니저로서 당신의 목표에 관해 얘기해보자.

- 당신은 어떤 고객을 원하는가? 소매 고객, 소수의 좋은 친구, 당신에게 돈을 맡길 몇몇의 공동 자금 운영자, 아니면 매우 노련한 트레이더나 기관 고객 중 누구인가?
- 고객들은 뭘 좋아하는가? 그들의 목표는 무엇인가? 당신은 그들에게 어떤 종류의 서비스를 제공하는가? 예컨대 그들은 당신에게 돈을 맡기면서 특별한 종류의 분산 투자를 원하는가?
- 당신은 고객의 돈을 거래하고 있는데, 고객들은 어느 정도나 리스크를 감수하려고 하는가? 그들은 언제 돈을 빼가려 하는가?
- 위 문항과 관련된 문제인데, 고객들이 지나치게 흥분하는 건 수익이 어느 정도 되었을 때인가?
- 당신이 받는 보수는 어떠한가? 즉, 매분기 혹은 매달 고객의 계좌에서 얼마의 돈을 가져가나? 그런 보수를 지불하는 고객들을 만

족시키려면 어느 정도 수익을 내야 하나?

- 당신 회사의 최대 거래 능력은 어느 정도인가? 그 규모에 도달하기 위한 방법은 무엇인가? 또, 도달했을 때는 무엇을 할 생각인가? 그런 일이 당신 회사의 거래를 어떤 식으로 변화시키게 될까?
- 고객과의 관계에서 발생할 수 있는 최악의 상황은 무엇인가? 그런 일이 일어나지 않게 하려면 어떻게 대비해야 할까? 고객이 제기한 문제 혹은 문제 있는 고객들을 어떻게 다루는가?
- 대규모 자금의 유입이나 인출은 어떻게 처리하나?

세 번째 단계: 거래 아이디어

이 마지막 부분은 엄밀히 말하면 여러분이 원하는 거래 방식에 관해 얘기한다. 이것은 거래, 진입, 청산, 자금 관리, 즉 거래 계획의 세부 사항들에 관한 아이디어와 관련되어 있다.

- 당신은 어떤 시장을 원하는가? 그 시장은 전문적으로 거래하기에 적절한가? 당신은 유동 시장만 거래하기 원하는가? 아니면 거래하고 싶은 시장 가운데 비유동 시장도 있는가?
- 시장에 들어가기 전에 어떤 특정한 조건이 형성되기를 바라는가? 만약 그렇다면, 그 조건은 어떤 것인가? (톰은 이 질문에 대답하지 않았다. 그러나 여러분은 이 질문에 스스로 답해보는 것이 유용하다)
- 시장 진입에 관해 당신이 갖고 있는 '믿음'은 무엇인가? 당신은 진입이 얼마나 중요하다고 생각하나?
- 수익과 손실 목표가 정해졌을 때 처음에 손실제한주문은 어떤 식으로 하나? 손실제한주문이 너무 붙어 있을 경우, 시장 움직임을 놓치지 않기 위해 다시 시장에 들어가기도 하는가? (바꾸어 말하자

면, 어떤 종류의 손실제한주문을 이용할 건지 얘기해보라)

- 차익 실현에 대해서는 어떤 계획을 갖고 있는가? 손실제한 및 반대 주문을 이용할 것인가? 추적 손실제한주문, 기술적 손실제한주문, 그리고 가격 목표는 어떻게 할 것인가? 일반적인 견해와 달리 당신은 손실제한주문과 청산을 중시해야 한다.

- 포지션 규모 조절을 위해 당신은 어떻게 하는가? (구체적인 생각이 있다면, 여기에 적어보기 바란다)

이상이 여러분이 생각할 필요가 있는 가장 중요한 문제다.

1   이 인터뷰가 있은 뒤 트렌드스탯의 관리 자산은 5억 달러 이상으로 커졌다. 하지만
    톰은 그 이후 전문 투자 매니저 일을 그만두고 은퇴 생활을 즐기고 있다.

2   Tom Basso, Panic Proof Investing (New York: Wiley, 1994).

2부의 목적은 시스템을 개념화하고 시스템 구성에 필요한 토대를 구축하는 데 도움을 주기 위함이다. 2부는 4개의 장으로 구성된다. 4장에서는 여러분 자신에게 맞는 시스템의 개발에 필요한 필수적인 단계들이 제시된다. 세계 최고의 트레이더와 투자자들이 정확히 어떻게 조사와 연구를 수행하는지 알아내기 위한 수년간의 연구 성과가 소개될 것이다.

5장에서는 거래 시스템에 이용할 수 있는 다양한 개념 중에서 몇 개를 설명할 것이다. 나는 전문 지식을 가진 사람들에게 글을 써달라고 부탁했으며, 나 역시 일부를 담당했다. 여러 개념들을 자세히 읽고 어떤 개념이 가장 마음에 드는지 생각해 보라. 일부 개념은 실제 거래에 이용할 수 있을 것이다.

6장은 내가 큰 그림을 어떻게 이해하고 있는지 보여주려 한다. 나는 여러분이 만든 시스템이 큰 그림을 고려해야 하고, 그것이 변할 때마다 그 변화에 적응해야 한다고 믿는다. 한 예로 여러분이 1998년 하이테크주만을 매수하는 추세 추종 시스템을 개발하여 갑부가 되었다고 하자. 하지만 여러분의 시스템이 변하지 않았다면 2000년에는 큰 낭패를 당하고 말았을 것이다.

7장은 예측치의 개념을 다룬다. 예측치는 1달러의 리스크에 대해 거래 시스템이 여러분에게 얼마만 한 돈을 가져다줄 것인가를 나타낸다. 예측치를 제대로 이해하는 트레이더나 투자자는 거의 없다. 그러나 예측치는 이 책 전체에서 가장 중요한 주제임에 틀림없다.

PART 2

시스템의 개념화

시스템 개발을 위한 단계들

Steps to Developing a System

항해 영역을 보여주거나 최상의 경로를 표시해주는 지도나 데이터의 모델은 분명히 존재한다.

— 데이비드 포스터 박사 —

몇몇 사람들이 뭔가를 잘할 수 있을 때, 그 기술을 모방하고 모델링하고 다른 누군가에게 가르칠 수 있다고 믿는 것은 매우 유용하다. 이런 믿음이 신경언어프로그래밍 NLP 또는 모델링 과학이 의미하는 전부다. 좋은 모델을 개발하기 위해서는 여러분이 모델링하고 있는 것을 잘 해낼 사람들을 찾아야 한다. 그런 다음 그들을 인터뷰하여 그들이 공통적으로 하는 일이 무엇인지 찾아내야 한다. 이런 과정이야말로 모델을 만들기 위한 핵심 작업이다.[1] 이것은 매우 중요한 사항인데, 만약 공통점을 찾지 못하면 그들의 개인적 특이점만을 발견하게 되며, 이런 것들은 그다지 중요하지 않다.

나는 지난 25년간 코칭을 하면서 수백 명의 뛰어난 트레이더와 투자자를 만났다. 이 세월 동안 이런 전문가들로부터 거래에 관한 조사를 어떻게 하는지 배울 수 있었다. 이 작업은 매우 쉽고 수월하다. 4장은 내가 이들과의 만남을 통해 개발한 모델의 개요라고 하겠다. 덧붙이자면, 우리는 이 책의 초판 이후로 모델을 더 개선하였다.

1. 자기 자신을 평가하라

첫 번째 중요한 단계는 강점과 약점 등을 통해 자기 자신을 평가하는 것이다. 시장에서 성공하려면 자신에게 적합한 시스템을 개발해야 하며, 이를 위해서는 먼저 자기 자신을 면밀히 들여다보아야 한다. 능력, 기질, 가용 시간, 자원, 강점, 약점 등. 이렇게 스스로에 관해 잘 알지 못하고는 자신에게 적합한 거래 방식을 개발할 수 없다.

독자 여러분은 다음과 같은 질문들을 고려해보아야 한다.

- 컴퓨터를 잘 다루는가? 잘 다루지 못한다면, 그런 사람을 고용할 자원을 갖고 있는가? 아니면 여러분에게 컴퓨터를 가르쳐줄 사람을 고용할 여력이 있는가?
- 가지고 있는 자본은 어느 정도인가? 그중 얼마가 위험 자본인가? 자신이 개발한 시스템으로 거래하거나 투자할 만한 충분한 돈을 갖고 있어야 한다. 자금 부족은 많은 트레이더와 투자자들에게 커다란 문제다. 충분한 자금이 없으면 포지션 규모 조절 전략을 제대로 구사할 수 없다. 포지션 규모 조절은 대부분의 사람이 무시

하는 성공적인 시스템의 필수 요소다.

- 손실을 얼마나 견딜 수 있는가?
- 수학 실력은 어떤가? 통계와 확률에 대한 이해도는 어느 정도 수준인가?

여러분이 생각해보아야 할 중요한 문제는 매우 많다. 예컨대 여러분에게 주어진 시간적 제한을 생각해보자. 만약 정규 직업이 있다면, 장기 시스템 이용을 고려해보는 것이 좋다. 장기 시스템을 이용하면 밤마다 30분 정도 시간을 들여 종가 데이터만 살펴보고 다음 날의 손실제한주문을 중개인에게 부탁해놓으면 그만이다. 이런 시스템으로 거래하면 시간이 많이 들지 않는다. 따라서 시간이 부족할 때는 장기 시스템을 이용하는 것이 적합하다. 사실 종일 시장을 상대하고 있는 많은 전문가는 아직도 종가 데이터만을 이용하는 장기 시스템에 의존하고 있다.

고려해야 할 또 다른 문제를 살펴보자. 여러분은 자신의 돈을 갖고 시장에 들어갈 것인가, 아니면 다른 사람들의 돈을 갖고 시장에 들어갈 것인가? 다른 사람들을 위해 거래할 때 그들이 당신의 거래에 미치는 심리적 영향에 대처해야 하며, 이런 영향력은 상당히 클 수도 있다. 예를 들어, 뭔가를 끊임없이 불평하는 고객들을 상대해야 한다면 거래는 어떻게 되겠는지 상상해보라.

여러분이 투자 매니저라고 해보자. 두 달 동안 연속으로 손실을 보자, 고객이 돈을 인출해갔다. 그 뒤에 다시 세 달 동안 연속으로 이익을 냈다. 그래서 그 고객은 여러분에게 다시 투자하기로 결정했다. 그런데 또 두 달간 연속 손실이 나자, 그 고객은 다시 돈을 인출했다. 이제 그 고객은 여러분이 정말로 시장에서 뛰어난 성과를 보여줄 때까지 기다리기로 결심했다. 그리고 연속 5개월간 이익을 기록하자, 그 고객은 다시 돈을 가져와 넣었다. 그런데 또다시 두 달 연속 손실을 냈다. 그 결과 고객은 연속해서 손실만 보고, 여러분은 투자 매니저로 많은 돈을 벌었다. 그러나 고객이 입은 손실은 여러분과 여러분의 거래에 영향을 미칠 수 있으며, 특히 그 고객이 많은 불평을 하는 경우에는 더욱 그러하다.

나는 또한 여러분이 자신의 개인적 심리를 철저히 조사해보기를 권한다. 고객 자금 관리와 관련하여 3장의 자기 평가 부분에 나오는 질문과 답변에 관해서 깊이 생각해보아야 한다. 여러분은 신속하게 답했는가, 아니면 믿고 느끼는 바에 관해 면밀하고 정확한 평가를 내렸는가? 또, 단순히 질문에 답했는가 아니면 질문을 종이에 적기 전에 각 질문에 대해 많이 생각했는가? 자신의 답변을 톰 바소의 답변과 비교해보라. 그러면 자기 자신을 최고의 투자 전문가와 비교해보는 기회를 갖게 될 것이다.

3장의 질문 외에 자기 조사의 차원에서 스스로에게 '나는 누구인가?'라는 매우 중요한 질문을 던져보라. 이 질문에 대한 대답은 여러분이 하는 다른 모든 것의 토대가 되므로 진지하게 생각해보아야 한다.

한 예로 나는 대형 트레이딩 회사와 일해 왔는데, 2006년 초 그 회사 사장이 매달 나와 하던 상담 통화를 취소했다. 그는 자신이 하고 있는 일에 변화를 주는 중이며 머릿속의 중요한 생각들을 정리할 필요가 있다고 말했다. 나는 이메일을 읽고 나니 그가 '나는 누구인가?'라는 질문을 스스로에게 다시 제기한 것이 분명하다는 생각이 들었다. 그의 경우를 보자면, 그는 회사의 CEO였으며, 거래 그룹의 수장이었고, 그 그룹 최고의 트레이더 중 한 명이었다. 그가 도달한 대답으로 인해 그는 결국 자신의 거래에 좀 더 집중하기 위해 거래 그룹을 해산했다. 그는 자기 조사 덕분에 두 번째 역할은 자신에게 맞지 않는다는 사실을 깨달을 수 있었던 것이다.

'나는 누구인가?'라는 질문에 제대로 답하기 위해 자기 자신에 관한 믿음을 모두 적어보기를 강력하게 권한다. 종이 몇 장을 갖고 앉아서 펜이 가는 대로 자유롭게 자신에 관한 글을 써보라. 나는 진정으로 누구이며, 무엇을 믿고 있는가? 여러분이 자기 자신에 관한 믿음 100개를 쓴다면, 꽤 명확한 개념을 얻게 될 것이다.

아래는 내 고객들이 쓴 몇 가지 사례다.

- 나는 거래를 주 업무로 삼고 있으며, 최고의 트레이더가 되기 위해 매일 몇 시간을 투자할 여유가 있다.
- 나는 향후 12개월 안에 전업 트레이더가 되기 위해 전력하고 있다.
- 나는 내 개인 계좌로는 단기 거래를 하고, 퇴직 계좌로는 장기 거래를 하고 있다.
- 나는 단기 거래 계좌에서 50퍼센트 이상의 수익을 낼 거라고 믿는다. 반면, 퇴직 계좌로는 단순히 시장보다 앞설 수 있도록 노력하고 있다.

이상은 고객들이 쓴 몇 가지 사례에 불과하지만, 이를 참고로 자기 자신에 관한 다른 많은 믿음을 생각할 수 있기 바란다. 자, 이제 여러분이 직접 써볼 시간이다.

2. 열린 마음을 기르고
시장 정보를 수집하라

우리가 개최하는 3일짜리 워크숍의 제목은 '자기 자신에게 적합한 성공적인 거래 시스템을 개발하는 법'이다. 또한, 워크숍에서 다루어진 내용을 오디오 시리즈로 제작했다. 대부분의 사람은 이 워크숍이나 오디오 시리즈에서 상당히 많은 것을 배운다. 그러나 어떤 사람들의 경우에는 여기서 충분한 것을 배우려면 먼저 심리적 문제를 다루어야 한다. 예컨대 몇몇 사람들은 우리가 가르치려고 하는 것에 완전히 눈을 감아버린다. 그들은 자신이 무엇을 원하는지 따로 생각을 갖고 있으며, 거래 방법의 개선을 위한 일반적인 모델에 마음을 열지 않는다. 거래 방식을 어떻게 변화시켜야 하는지 어떤 구체적인 제안을 하지 않는데도 그렇다. 흥미로운 것은 대개 눈앞에 제시된 여러 개념에 마음을 굳게 닫고 있는 사람들이야말로 그런 개념을 가장 필요로 하는 사람들이라는 사실이다.

따라서 시스템 개발 모델의 2단계 중 첫 번째 부분은 마음을 완전히 열 수 있도록 하는 것이다. 이를 위해 여기서 몇 가지 조언을 제시한다.

첫째, 이 책에서 지금까지 읽은 모든 문장을 포함하여 여러분이 배운 거의 모든 것은 믿음으로 이루어져 있다는 것을 이해해야 한다. '세계는 평평하다'라는 생각 역시 믿음이며, '세계는 둥글다'라는 주장 역시 마찬가지다. 여러분은 어쩌면 "아니요, 두 번째 문장은 사실이에요"라고 말할 것이다. 어쩌면 그럴지도 모른다. 하지만 그것 또한 하나의 믿음이다. 왜냐하면 각 단어는 매우 많은 의미를 내포하고 있기 때문이다. 예컨대 '둥글다'는 것은 무슨 뜻인가? '세계'는 무엇을 뜻하는가?

사실로 보이는 어떤 것이라도 여전히 상대적이며 상황의 의미에 좌우된다. 사실성은 우리가 염두에 두고 있는 가정과 상황에 부여하는 관점에 의존한다. 이 모든 것은 믿음이다. '사실'을 여러분이 갖고 있는 '유용한 믿음'으로 생각하면, 훨씬 덜 완고하고 훨씬 더 유연해져 열린 사고를 할 수 있다.

우리가 아는 현실은 오로지 믿음으로 이루어져 있다. 믿음이 바뀌는 순간, 우리의 현실도 바뀐다. 물론 내가 방금 말한 것 또한 믿음이다. 그러나 스스로 이러한 믿음을 받아들이면, 자신이 현실에 대해 진정으로 알지는 못한다는 사실을 인정할 수 있다. 대신 우리는 단순히 세계에 관한 모델을 갖고 있을 뿐이며, 이에 따라 살고 있는 것이다. 그 결과, '효용'의 개념으로 각각의 새로운 믿음을 평가할 수 있다. 어떤 것이 여러분이 알거나 믿고 있는 것과 충돌할 경우, '이게 보다 유용한 믿음이 될 수 있을까?'라고 자신에게 질문해보자. 우리가 얼마나 쉽게 새로운 개념과 아이디어, 정보에 개방적으로 변할 수 있는지 안다면 아마 깜짝 놀랄 것이다. 나는 다음과 같은 아인슈타인의 글을 이럴 때 자주 인용한다. '사물의 진정한 본질을 우리는 결코 알 수 없을 것이다, 결코.'

명심하라. 여러분은 시장에서 거래를 하거나 투자를 하는 것이 아니다. 시장에 관한 믿음에 따라 거래를 하거나 투자를 하는 것이다. 따라서 시장에 관한 믿음을 정하려면 열린 마음을 갖는 게 필수적이다. 열린 마음을 갖지 못하면, 믿음이 믿음처럼 보이지 않고 실재實在처럼 생각된다. 모든 사람이 똑같지만, '환상'을 거래하는 것은 그것이 환상인 것을 모를 때 특히 위험하다. 여러분은 자신의 믿음에 현혹당할 수 있다.

40년 경험의 베테랑 트레이더 찰스 르보Charles LeBeau는 처음 컴퓨터에 쓸 거래 시스템을 고안할 때 시장에 관한 믿음이 수백 가지였다고 말한다. 그에 따르면, 이런 믿음의 대부분은 엄격한 그의 컴퓨터 테스트에서 살아남지 못했다.

여러분 마음이 열려 있다면, 우선 시장에 관한 책을 읽어보기 바란다.[2] 잭 슈웨거가 쓴 책 거의 모두를 강력하게 추천한다. 하지만, 먼저 《시장의 마법사들》과 《새로운 시장의 마법사들》부터 읽기 바란다. 이 둘은 거래와 투자에 관한 최고의 책이다. 잭 슈웨거의 또 다른 두 권의 책 《펀더멘털 분석Fundamental Analysis》과 《기술적 분석Technical Analysis》 역시 훌륭하다.

찰스 르보와 데이비드 루커스David Lucas의 《선물 시장의 컴퓨터 분석Computer Analysis of the Futures Market》은 거래 시스템 개발의 체계적 과정을 다룬 최고의 책이다. 나는 이 책을 읽으면서 참 많은 것을 배웠고, 척 휘트먼과 함께 워크숍을 하면서도 많은 것을 깨달았다. 페리 코프먼Perry Kaufman의 책 《스마터 트레이딩Smarter Trading》, 신시아 케이스Cynthia Kase의 《확률 거래Trading with the Odds》, 윌리엄 오닐William O'Neil의 《주식에서 돈 버는 법How to Make Money in Stocks》 역시 추천한다. 투샤 찬드Tushar Chande의 책 《기술적 분석을 넘어서Beyond Technical Analysis》[3]는 독자에게 이 책의 범위 바깥에 있는 개념들에 관해 생각하게끔 해준다는 점에서 권하고 싶다.

위에서 추천한 책들은 시장에 관한 유용한 믿음들을 발전시키는 데 필요한 적절한 배경 지식을 제공해줄 것이다. 여러분 앞에 놓인 게임에서 버팀목이 되어줄 것은 바로 이런 유용한 믿음들이다. 이 책들은 머릿속을 뒤죽박죽으로 만들어놓는 거래에 관한 많은 어려운 문제들에 대해 대답을 제시해준다. 이런 책들에 관한 보다 상세한 사항은 이 책의 말미에 있는 추천 도서 목록에서 확인하기 바란다.

이 책들을 모두 읽고 나면, 시장에 관한 자신의 믿음을 목록으로 작성해보라. 이 책의 모든 문장은 내 믿음을 나타내고 있다. 이런 믿음들 가운데서 여러분은 아마 시장과 관련하여 자신도 고개를 끄덕일 만한 믿음들을 발견하고 싶어 할 텐데, 어쨌든 목록 작성은 시장에 관한 자신의 믿음을 발견하는 일에 있어서 좋은 출발점이 될 것이다. 이 단계는 다음 단계의 작업으로 나아갈 수 있도록 여러분을 준비시켜줄 것이다. 다음 단계에서 시장을 조사하고 큰돈을 벌기 위한 자기만의 시스템을 개발해야 한다. 여러분이 해야 할 시장에 관한 연구와 이런 연구에서 비롯될 많은 믿음(적어도 100개 이상 적어야 한다)은 자신에게 맞는 거래 시스템의 토대가 될 것이다. 이 책에 설명되어 있는 거래 시스템의 각 부분을 살펴보고, 각각에 대해 자신의 믿음을 적어 놓았는지 확인해보라.

이 책을 읽으면서 스스로 동의하는 것과 동의하지 못하는 것을 기록해두기 바란다. 옳고 그름이란 없다. 단지 믿음과 의미, 그리고 여기에 쏟는 에너지가 있을 뿐이다. 이 책을 통해 연습하면 자신의 믿음에 관해 많은 것을 알 수 있다. 나는 논평을 부탁하며 이 책의 원고를 10명의 트레이더에게 보냈다. 내가 받은 피드백은 당연히 그들의 믿음을 반영하고 있었다. 아래에 몇 가지 예가 있다.

- 나라면 포지션 규모 조절이 시스템의 일부이며, 별개의 시스템이 아니라고 주장할 것이다.
- 지표는 차트 데이터의 왜곡이라기보다는 파생물이다.
- 예측에는 많은 결함이 있을 수밖에 없다. '커브 피팅curve fitting, 측정 자료와 이론식을 반복 비교함으로써 측정 자료에 가까운 이론식의 계수를 추출함', '데이터 마이닝data mining, 대규모 축적 데이터 안에서 체계적인 패턴이나 규칙을 찾아내는 것', 그리고 장기 데이터 문제 같은 판단적 휴리스틱 때문이다.
- 나는 재앙적 사건들이 예측 가능하다고 믿지 않는다. 그런 사건들이 시장의 변동폭과 가치를 증가시키거나 감소시키는 경우를 제

외하면 말이다. 따라서 변화하는 변동폭에 적응하는 시스템을 개발하는 것이 핵심이다.

- 나쁜 거래는 손실 거래가 아니다. 진입 기준을 충족시키지 않음에도 불구하고 들어가게 된 거래가 나쁜 거래이다.
- 나는 신뢰도(승률)가 진입과 아무 상관도 없다고 믿는다. 사실 그것은 청산과 관련 있다.
- 당신이 장기 약세장이라고 말하면 독자들에게 하나의 심리적 편향을 만들어내는 것이다. 당신은 수정 구슬을 갖고 있지 않다.
- 당신은 시장이 85퍼센트는 횡보장이라고 말했다. 나는 그 정도는 아니라고 생각하는데, 아마 50~75퍼센트일 것이다.

이런 제각각의 믿음을 가진 사람들은 내가 그들의 믿음을 반영하여 책을 고치기를 바랐다. 하지만 나는 그들에게 내가 나의 믿음을 고수하기로 했으며, 그들은 단지 나와 상충하는 믿음을 가지고 있을 뿐임을 알려주었다. 여러분의 믿음이 자신에게 유용한지 확인해야 한다. 진정으로 중요한 것은 자신의 믿음을 인식하는 것이다. 왜냐하면 자기 믿음에 맞는 시스템으로 거래할 것이기 때문이다.

3. 자신의 미션과 목표를 정하라

시장에서 무엇을 성취하고 싶은지 제대로 알지 못하면 시장에서 돈을 벌기 적합한 시스템을 개발할 수 없다. 자신의 목표를 생각해보라. 이런 목표를 머릿속에 분명하게 넣는 것이 시스템 개발의 최우선 과제다.

사실 이 작업은 시스템 고안 시간의 20~50퍼센트를 할애해야 한다. 그러나 불행히도 대부분 이런 작업을 완전히 무시하거나 몇 분 만에 쓱싹 해치운다. 스스로 목표 설정에 제대로 주의를 기울이고 있는지 알려면, 3장의 질문에 대답하면서 얼마나 시간을 썼는지 다시 확인해보라.

3장을 읽는 데 많은 시간과 생각을 투자하라. 3장에는 여러분이 작성할 상세한 질문이 있다. 내가 톰 바소에게 했던 똑같은 질문에 대답하는 데 15~30분만을 썼다면, 여러분은 해야 할 일을 제대로 하고 있지 않은 것이다. 목표 설정은 대부분이 피하고 싶어 하는 작업 가운데 하나이지만, 훌륭한 거래 혹은 투자 시스템을 개발하고 싶다면 반드시 이 작업에 충분한 주의를 기울여야 한다. 열린 마음을 갖는 것이 얼마나 중요한지 기억하는가? 목표 설정 작업을 제대로 하는 것은 어느 정도는 마음을 여는 과정이기도 하다.

4. 거래에 이용하고 싶은
개념을 정하라

내가 트레이딩 코치로서 경험한 바에 따르자면, 오로지 몇 가지 특정한 개념만이 시장에서 효과가 있다. 따라서 다음 단계에서는 시장에서 효과가 있는 다양한 개념들을 익히고 그중 어떤 개념을 집중적으로 연구할지 결정해야 한다. 나는 이런 다양한 개념들을 설명하는 데 한 장 전체를 할애했다. 하지만 여기서 먼저 간략하게나마 이런 개념들을 소개해보도록 하겠다.

추세 추종

이 개념은 시장이 때때로 추세를 이루는 경향이 있다(즉, 꽤 오랫동안 상승하거나 하락한다)고 가정한다. 추세가 언제 시작하는지 알아내 추세 구간의 대부분을 이용하면 트레이더로서 많은 돈을 벌 수 있을 것이다. 그러나 추세 추종자가 되기 위해서는 상승하고 있는 주식을 사고 하락하고 있는 주식을 팔 수 있어야 한다. 어떤 주식의 가격이 한동안 꽤 올랐다면, 그만큼 더 좋은 것이다. 이 개념으로 거래하기를 원한다면, 이런 주식을 살 수 있어야 한다. 그러나 모든 추세 추종자는 스스로 다음과 같은 질문을 던져야 한다.

그림 4.1 파파존스 피자: 상승 추세 주식에 관한 분명한 사례

• 추세는 어떻게 알아볼 것인가? 시장이 추세를 형성하는 것을 어떻

게 알 것인가?

- 상승추세와 하락추세에서 매매할 것인가?
- 시장이 횡보세일 때는 무엇을 할 것인가(많은 평가에 따르면, 시장의 약 85퍼센트는 횡보장이라고 함)?
- 진입 기준은 어떻게 정할 것인가?
- 조정에는 어떻게 대처할 것인가?
- 추세가 끝날 시점을 어떻게 아는가?

그림 4.1은 추세에 관한 훌륭한 예를 보여주고 있다. 이런 추세를 일찍 탈 수 있다면 엄청난 돈을 벌 기회를 잡을 수 있다. 앞으로 톰 바소가 5장에서 이러한 추세 추종에 관해 잘 설명할 것이다.

밴드 트레이딩

성공적으로 거래할 수 있는 두 번째 개념은 밴드 트레이딩이다. 여기서는 우리가 거래하는 시장이 어느 정도 고정된 범위를 갖고 있다고 가정한다. 이런 시장은 이 범위의 정상에 도달할 때까지 일정 기간 상승하며, 그 다음에는 바닥에 이를 때까지 일정 기간 하락한다. 그림 4.2는 밴드 트레이딩에 이용할 수 있는 고정된 범위를 가진 시장의 예를 잘 보여준다.

그림 4.2에서 리니어 테크놀로지사의 주식은 주가가 위쪽 밴드에 도달한 다음 이를 뚫고 나갔을 때 매도하는 것이 좋다. 그리고 주가가 아래쪽 밴드에 도달한 다음 이를 뚫고 나갔을 때는 매수하는 편이 낫다. 그러나 공통의 문제는 늘 등장하는데, 과연 밴드는 어떻게 결정해야 할까? 그림 4.2의 밴드는 내가 사후에 그려 넣은 것인데, 보다 객관적인 밴드를

만드는 데 필요한 수학 공식이 있다. 어떻게 포지션을 처분할 것인가? 가격이 늘 반대쪽 밴드에 도달하지는 않기 때문이다. 우리가 이용하는 밴드가 제 기능을 못할 때는 어떻게 해야 하는가?

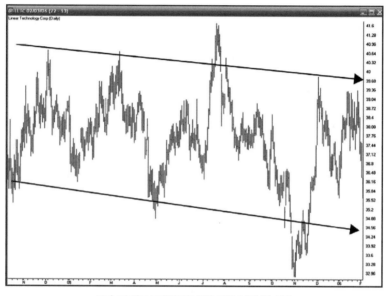

그림 4.2 밴드 트레이딩을 위한 범위가 형성된 시장

이렇게 범위가 형성된 시장을 찾는다면, 이제 우리의 목표는 범위의 정상에서 매도하고 범위의 바닥에서 매수하는 것이 될 것이다. 이런 밴드 트레이딩 개념이 마음에 든다면, 다음과 같은 기본적인 질문을 스스로에게 던져보기 바란다.

- 포지션을 매수할 만한 범위가 형성된 시장은 어떻게 찾는가?
- 내가 선택한 밴드가 추세 시장에서 효과가 있을 것인가?
- 범위는 어떻게 정할 것인가? 예를 들어, 고정된 또는 정적인 밴드를 이용해야만 하나?

- 진입 시점은 어떻게 정할 것인가?
- 밴드가 들어맞지 않을 때는 어떻게 해야 하나? 어떻게 빠져나올까?
- 밴드의 반대쪽 끝에서 청산해야 하나? 그러면 청산 기준은 무엇인가?

D. R. 바턴Barton이 5장에서 밴드 트레이딩에 관한 훌륭한 설명을 제공해줄 것이다.

가치 트레이딩

가치 트레이딩은 가치에 관한 정의에 기초한다. 저평가된 주식이나 상품을 매수하여 이를 고평가된 시점에서 매도한다는 전략이다. 이런 접근법을 택할 경우, 스스로에게 물어보아야 할 핵심적인 질문은 다음과 같다.

- 가치를 어떻게 정의할 것인가?
- 어떤 주식이나 상품은 언제 저평가되는가?
- 어떤 저평가된 주식이나 상품을 매수하는 기준은 무엇인가?
- 어떤 고평가된 주식이나 상품을 매도하는 기준은 무엇인가?

많은 펀더멘털 분석가들과 포트폴리오 매니저들은 일종의 가치 트레이딩을 이용한다.

재정거래

재정거래(혹은 차익거래)는 주식이나 상품을 한 곳에서 낮은 가격에 사서 다른 곳에서 높은 가격에 파는 거래 방법이다. 이런 가격차는 보통

법의 허점이나 시장 작동 방식의 빈틈 때문에 발생한다. 내 고객 중 한 명이 최근에 안 사실은, 시카고 상품거래소 회원권_{CBOT}을 대략 300만 달러에 사서 여기에 포함된 다양한 권리들을 380만 달러에 팔 수 있다는 것이었다. 즉, 한 번의 거래에서 27퍼센트의 수익이 생기는 셈이었다. 그러나 쉬운 거래에는 보통 함정이 있다. 이 경우를 보자면, 시카고 상품거래소 회원권을 구입하려면 반드시 이곳의 주식을 매수해서 6개월 이상 보유하고 있어야만 했다. 따라서 주식 보유 6개월 동안 주가가 27퍼센트 하락한다면, 수익은 모두 물거품이 되고 만다. 거의 모든 재정거래에는 이처럼 리스크가 따른다.

재정거래를 하려고 할 때 스스로에게 다음과 같은 핵심 질문을 던져보아야 한다.

- 허점을 찾으려면 시장의 어떤 영역을 탐색할 필요가 있는가?
- 허점이란 정확히 무엇이며, 어떻게 해야 이런 허점을 최대로 이용할 수 있는가?
- 리스크는 무엇인가?
- 허점은 얼마나 지속되며, 허점이 사라진 것은 어떻게 알 수 있는가?

많은 플로어 트레이더들, 특히 옵션거래를 하는 트레이더들은 다양한 형태의 재정거래를 이용한다. 덧붙이면, 2000년 이후 생존한 소수의 데이 트레이더들은 좋은 재정거래 기회를 찾았던 덕분에 살아남을 수 있었던 것이다. 고_故 레이 켈리_{Ray Kelly}가 5장에서 재정거래에 관해 충분한 설명을 해줄 것이다.

거래 개념으로서의 스프레딩

시장 조성자와 옵션 트레이더들이 이용하는 기법이 바로 스프레딩이다. 스프레딩은 보통 어떤 둘의 관계를 예측하여 하나는 사고 다른 하나는 판다는 점에서 재정거래와 어느 정도 관련이 있다. 예컨대 대부분의 외환 거래는 스프레딩의 형태라고 할 수 있는데, 외환 거래에서는 다른 통화(가격이 내려가야 이익이다)에 대하여 한 통화를 미리 사두는 것(그것을 소유하고 있고, 가격이 올라야 이익이다)이기 때문이다.

스프레드 거래자로서 스스로 해볼 핵심적인 질문은 다음과 같다.

- 어떤 것이 상승할지도 모른다고 생각하는가?
- 리스크를 헤지hedge: 다른 자산에 대한 투자 등을 통해 보유하고 있는 위험자산의 가격변동을 제거하는 것하기 위한 움직임에 대해 숏 포지션을 취할 수 있는 것에는 무엇이 있는가?
- 나의 수익에는 한계가 있는가? (일부 옵션 스프레드의 경우처럼)
- 자신의 판단이 틀리다는 것을 어떻게 아는가?
- 자신의 판단이 옳다고 하면 상승 움직임이 끝났다는 것은 어떻게 아는가?

케빈 토머스Kevin Thomas는 내 슈퍼 트레이더 프로그램에 참여한 최초의 인물로, 5장에서 스프레딩에 관한 글을 써주었다.

이외에도 여러분이 이용할 수 있는 5장의 또 다른 개념들은 주기적인 것(시장이 움직이는 일정 시기 동안 거래해야 한다는 뜻)이며, 우주에 어떤 비밀스런 질서가 있다는 것을 알려줄 것이다. 이것들 외에 다른 거래 개념에 관해서는 모르나, 5장에서 충분히 다양한 개념들을 제공하므로 한두 가지를 선택하기에는 전혀 무리가 없다.

5. 큰 그림을 판단하라

나는 1982년 이후 트레이더들을 코치해 오면서 많은 시장의 주기들을 지켜보았다. 처음 코칭을 시작했을 때, 내가 코치했던 사람들 대부분은 선물 트레이더와 옵션 트레이더였다. 이때가 주식 시장에서 거대한 장기 강세장이 시작될 무렵이었다는 점을 감안하면 꽤 흥미로운 사실이 아닐 수 없다.

1980년대에 내 고객의 대다수는 여전히 선물 트레이더였다. 비록 선물 시장은 거대 선물투자자문사에 지배되는 경향이 있었지만 말이다. 그 뒤 80년대 말이 되면서 선물 시장의 추세가 작아지는 경향을 보였다. 그리고 나는 점차 이런 모든 트레이더가 외환 거래 쪽으로 옮겨가고 있다는 사실을 알아챘다.

1990년대 중반에는 많은 자산 트레이더가 내 고객이 되기 시작했다. 이런 현상은 2000년 3월에 이르러 절정에 달해, 70명 이상이 우리의 '주식 시장 워크숍'에 참석했다. 그 무렵 이런 워크숍을 개최하고 있던 지역 호텔의 한 바텐더가 이렇게 말했다. "우리도 타프 박사의 주식 시장 워크숍에 가봐야 하는 건 아닌가 몰라." 여기에 다른 바텐더가 이렇게 대꾸했다. "아니, 그럴 필요 없어. 저런 건 나도 가르칠 수 있는걸."

이런 일들은 보통 시장이 극단으로 치달았을 때 발생한다. 여러분도 2000년에 무슨 일이 일어났는지 잘 알 것이다. 2006년에 와서는 고객의 절반가량이 다시 선물 트레이더들이 되었다. 따라서 우리의 고객들은 그때그때 활기가 넘치는 시장의 인력에 끌려—아마도 잘못된 때에—주기적으로 시장을 옮겨 다녔던 것 같다. 그 결과, 나는 이제 큰 그림에 대한 판단을 시스템 개발의 일부로 삼는 것이 매우 중요하다고 생각하게 되었다. 큰 그림에 들어맞는 몇 가지 독립된 시스템이 보충되면, 훌륭한 거래 계획이 만들어질 것이다. 이외에도 여러분은 큰 그림이 변하면 몇 가지 시스템을 더 만들어야 할지도 모른다.

나는 이런 과정이 불가결하다고 생각하기 때문에 여기서 한 개의 장을 할애하여 큰 그림을 어떻게 판단하는지 여러분에게 알려줄 것이다. 이외에도 무료 이메일 정보지《타프의 생각Tharp's Thoughts》을 통해 매달 큰 그림에 대한 최신 정보를 제공하고 있다.

6. 거래를 위한
시간의 틀을 결정하라

여섯 번째로 해야 할 일은 얼마나 활발하게 시장에 참여할 것인가 결정하는 것이다. 거래를 위한 시간의 틀이란 무엇일까? 여러분은 매 분기한 번씩만 포트폴리오 구성을 바꾸는 식의 매우 장기적인 관점을 원하는가? 1년 또는 그 이상 포지션을 보유하는 주식 트레이더가 되고 싶은가? 포지션 보유 기간이 1~6개월인 장기 선물 트레이더가 되고 싶은가? 며칠 동안 지속하여 거래하지 않고 날마다 몇 차례씩 거래를 하는 스윙 트레이더가 되고 싶은가? 혹은 날마다 3~10차례 거래하고 장이 끝날 무렵 거래를 모두 종료하여 밤 동안의 리스크를 배제하는 데이 트레이더가 되고 싶지는 않은가?

표 4.1은 장기 거래의 장점과 단점을 요약해서 보여준다. 장기 거래나 투자는 간단해서, 날마다 들여야 하는 시간도 적고 심리적 압박도 매우 적다. 특히 업무 시간이 자유롭거나 취미활동에 시간을 투자하려는 사람들에게 좋다. 매우 간단한 시스템을 이용할 수 있으며, 포지션 규모만 적절히 한다면 많은 돈을 벌 수 있다.

표 4.1 장기 거래의 장점과 단점

장점	단점
• 종일 지장을 지켜볼 필요가 없다. • 이 유형의 스스템에서는 시장의 심리적 압박이 가장 낮다. • 거래 비용이 낮다. • 전체 해를 수익 연도로 만들 수 있는지 여부가 한두 번의 거래만으로 결정된다. • 리스크 1달러당 그 금액이 훌쩍 넘는 예측치(7장을 보라)가 가능하다. • 단순한 방법론을 사용하여 큰돈을 벌 수 있다. • 이론적으로는 각 거래나 투자에 무한한 수익의 기회가 존재한다. • 데이터와 장비에 대한 비용이 아주 적다.	• 하루하루의 장중 움직임에 따라 손해를 볼 수 있다. • 단일한 포지션에서 커다란 자본 변동이 일어날 수 있다. • 인내가 필수적이다. • 보통 신뢰도(이익 거래의 수)가 50퍼센트 이하다. • 거래가 빈번하지 않다. 따라서 많은 시장을 거래하여 기회를 최대화해야 한다. • 거대한 유동 선물 시장에서 거래하려면 많은 돈이 필요하다. • 좋은 거래 기회를 하나 놓치면, 수익 연도가 손실 연도로 바뀔 수 있다.

나는 장기 거래 및 투자의 주된 장점이 시장의 각 포지션으로부터(적어도 원칙적으로는) 무한한 수익이 난다는 데 있다고 생각한다. 투자를 통해 부자가 된 사람들을 연구해보면, 주식을 사서 단순히 오래 가지고 있었기 때문에 부를 축적한 경우가 많다.[4] 주식 중 하나가 노다지가 되어 투자한 수천 달러가 10~20년 만에 수백만 달러가 되는 것이다.

장기 거래 혹은 투자의 주된 단점은 인내심이 필요하다는 것이다. 예컨대 기회가 많지 않을 수 있고, 따라서 기회가 올 때까지 끈기 있게 기다려야 한다. 게다가 일단 포지션을 취하면 꽤 큰 자본 변동이 일어나며 (이를 최소화하는 뭔가를 고안할 수도 있겠지만), 이를 처분하기 전까지 참을성을 갖고 기다려야 한다. 장기 거래의 또 다른 단점은 보통 다른 거래보다 더 많은 돈이 필요하다는 것이다. 충분한 돈이 없으면, 포트폴리오에서 적절한 포지션 규모를 취할 수 없다. 사실 많은 사람이 시장에서 돈을 잃는 것은 그들이 택한 거래나 투자 유형을 제대로 실천할 만큼 돈이 아주 많지는 않기 때문이다.

표 4.2 단기 거래의 장점과 단점

장점	단점
• 대부분의 데이 트레이더가 날마다 기회를 얻는다. • 이 형태의 거래는 매우 활기 넘치고 자극적이다. • 만약 1달러 리스크에 50센트 또는 그 이상의 예측치를 가진 방법론이 있다면, 결코 손실원—손실주조차도—을 기록하지 않을 것이다. • 데이 트레이딩에는 오버나잇 리스크가 없다. 따라서 큰 시장에서조차 증거금이 조금 들거나 아예 필요치 않다. • 대다수가 원하는 확률 높은 진입 시스템이 단기 거래에 잘 맞는다. • 돈을 벌 기회가 항상 존재한다. • 거래 비용이 상당히 낮아져 더 이상 부담이 되지 않는다.	• 거래 비용이 여전히 높고 또 누적될 수 있다. 예컨대 내 계좌 가운데 거래가 활발히 이루어지는 계좌는 지난해 거래 비용이 계좌 최초 가치의 20퍼센트에 달했다. • 신이 난다고 해서 돈을 버는 것은 아니다. 그런 것은 심리적 필요일 뿐이다. • 수익이 시간에 의해 제한된다. 따라서 돈을 벌기 위해서는 신뢰도가 50퍼센트를 충분히 넘을 필요가 있다. 그러나 나는 이런 경험적 법칙과 관련하여 몇몇 두드러진 예외를 목격했다. • 데이터 비용이 많이 든다. 대부분의 단기 트레이더들은 실시간 증권 시세를 필요로 하기 때문이다. • 성공 가능성이 높은 진입이라고 하더라도 많은 경우에 이익보다 더 큰 손실을 볼 수 있다. • 단기 시스템은 무작위적인 시장 노이즈에 영향을 받는다. • 단기 거래는 심리적 압박이 크다.

단기 거래(데이 트레이딩에서부터 1~5일의 스윙 트레이딩까지)에는 다른 장점과 단점이 있다. 표 4.2는 이를 보여주고 있다. 잘 읽어본 다음 표 4.1의

내용과 비교해보고, 어느 것이 자기 자신에게 더 잘 맞는지 판단하라.

일전에 하루에 대략 여섯 차례 거래하는 단기 외환 트레이더를 만난 적이 있다. 그의 경우 어떤 거래도 하루 혹은 이틀 이상 지속되지 않았다. 그러나 놀라운 점은 그의 수익과 손실이 거의 비슷한 데다가 그의 거래 중 75퍼센트는 수익을 냈다는 점이다. 이것은 정밀로 환상적인 거래 방법이 아닐 수 없었다. 그는 거래를 위한 50만 달러가 있었고, 은행으로부터 1,000만 달러의 신용 한도를 확보해놓고 있었다. 뒤에서 논의하겠지만, 포지션 규모 조절에 관해 이해한다면 이 시스템이 지구상의 그 어떤 시스템보다 성배에 가까이 접근해 있음을 깨닫게 될 것이다. 그는 이 시스템과 그가 가진 자본으로 매년 1억 달러를 쉽게 벌 수 있었다.[5]

하지만 대부분의 단기 시스템은 여기에 해당되지 않는다. 단기 시스템은 대부분 신뢰도가 60퍼센트를 넘기기 힘들다. 이익은 보통 손실보다 작으며, 때때로 예측치가 마이너스가 되기도 한다.[6] 이따금 커다란 한 번의 손실이 전체 시스템을 무너뜨리고, 심리적으로 트레이더를 붕괴시킬 수 있다. 게다가 단기 거래의 심리적 압박은 실로 엄청나다. 전화로 내게 다음과 같이 말하는 사람들이 있었다.

거의 매일이다시피 수익이 나고, 약 2년간 손실을 본 주週가 없었어요. 적어도 지금까지는요. 그런데 바로 어제, 지난 2년 동안 벌어들였던 수익을 고스란히 토해낼 수밖에 없었던 거예요.

단기 거래가 자신에게 맞는지 판단하기 전에 이익은 제한되어 있고, 거래 비용은 높다는 사실을 명심하라. 또한 가장 중요한 것은 심리적 압박이 여러분을 무너뜨릴 수 있다는 점이다. 그럼에도 자신의 심리를 잘 제어할 줄 아는 능동적인 단기 트레이더들은 큰 수익을 올릴 수 있다. 나는 매달 50퍼센트 또는 그 이상의 수익을 올리는 단기 트레이더들을 많이 보아왔다(5만 달러 같은 소액의 돈으로). 그들은 시장의 흐름에 맞게 움직이고 자기 자신을 잘 통제할 줄 아는 사람들이었다.

7. 거래의 본질과 거래를 객관적으로 평가할 방법을 결정하라

여러분이 찾은 핵심적인 개념은 무엇인가? 그 개념은 우선 시장의 움직임이 일어나는 조건에 관해 알려주어야 한다. 이런 조건을 어떻게 객관적으로 평가해야 하는가? 일반적으로 이 질문에 답하려면 시스템의 두 가지 요소를 알아야 한다. 즉, 이용하고 싶어 하는 셋업 조건과 타이밍(혹은 진입 신호)이다. 이 주제는 뒷부분에서 폭넓게 논의하려 한다.

셋업과 타이밍 신호는 시스템의 신뢰도—이런 움직임이 일어났을 때 얼마나 자주 수익을 낼 수 있는가—에 중요한 영향을 미친다. 이것은 시스템의 다른 모든 구성요소와 구별하여 독립적으로 테스트해야 한다.

르보와 루카스는 이미 인용한 그들의 책에서 이런 신호를 테스트하는 탁월한 방법을 소개했다. 그들은 다양한 기간별로 신호의 신뢰도를 테스트했다. 그 기간은 1시간, 수 시간, 1일, 2일, 5일, 10일, 20일으로 설정할 수 있다. 무작위 시스템은 평균 신뢰도가 대략 50퍼센트(일반적으로 45~55퍼센트 사이)이고, 여러분이 이용하는 개념이 무작위 진입보다 낫다면 55퍼센트 혹은 그 이상의 신뢰도를 얻을 수 있을 것이다(특히 1~5일의 기간에서). 만약 그렇지 못하다면, 그 개념이 얼마나 적절한지는 모르나 시스템을 무작위에 맡기는 편이 낫다.

진입을 테스트할 때 진입 신뢰도가 그 대상이라면, 여러분은 선택된 일정 기간 후에 얼마나 자주 이익이 났는지에만 주목할 것이다. 손실제한주문은 해놓지 않기 때문에 아예 고려 대상이 아니다. 손실제한주문을 해놓으면 시스템의 신뢰도는 하락하는데, 일부 이익 거래가 손실 상태로 종료되기 때문이다. 진입 신뢰도를 평가할 때는 거래 비용(체결오차와 수수료) 역시 고려되지 않을 것이다. 만약 거래 비용을 포함하면, 그 즉시 신뢰도는 하락할 것이다. 따라서 진입 신뢰도는 이런 요소들을 더하기 전의 확률보다 상당히 높을 수밖에 없다.

일부 개념들은 처음 지켜볼 때는 꽤 멋져 보인다. 커다란 움직임을 100번이나 포착할 수도 있다. 이런 개념이 모든 시장 움직임에 공통적으로 적용될 수 있는 것처럼 보이므로 매우 신이 날 것이다. 하지만 이때 허위 양성률false—positive rate을 고려해보아야 한다. 수익 기회가 아닌 경우에도 얼마나 자주 진입 신호가 나타나는지 살펴보자. 허위 양성률이 높으면 그 개념은 좋은 것이 아니므로 우연에 맡기는 것이 차라리 나을 수 있다.

잊지 말아야 할 것 하나는 이런 테스트를 할 때 신뢰도가 시스템의 유일한 고려 사항은 아니라는 점이다. 매우 큰 시장의 움직임을 포착하게 만드는 진입 개념이라면, 그것은 매우 가치 있다고 할 수 있다.

일부 사람들은 내가 시스템 개발에서 없어서는 안 될 한 가지 단계를 소홀히 했다고 주장할 것이다. 바로 최적화다. 그러나 실제로 최적화는 개념을 과거에 맞추는 작용이다. 최적화하면 할수록 시스템은 미래에 효과를 낼 가능성이 낮아진다. 대신 **나는 가능한 한 개념 이해를 위해 노력해야 한다고 생각한다. 자신이 이용하는 개념의 강점이 정말로 무엇인지 더 깊이 이해하면 할수록 과거 자료에 대한 테스트의 필요성은 더욱더 줄어들 것이다.**

8. 초기 리스크 1R을 결정하라

거래 개념의 중요한 한 부분은 그것이 효과가 없을 때가 언제인지를 아는 것이다. 따라서 우리가 거쳐야 할 다음 단계는 손실제한주문의 필요성에 대한 이해다.[7] **손실제한주문은 시스템의 일부로서 자본을 보호하려면 언제 거래에서 나와야 하는지 알려준다.** 이것은 어느 시스템에서든 핵심적인 부분이다. 손실제한주문지점은 거래 개념이 작용하지 않기에 자본을 보전하기 위해 필히 거래에서 나와야 하는 지점이다. 개념이 무용지물이 되는 시점은 그 개념의 본질에 좌우된다.

예를 들어, 시장에는 '완벽한' 주문이 존재한다는 이론을 믿는다고 가정하자. 그리고 매일 혹은 시간별로 시장의 전환점을 정확히 짚어낼 수 있다고 하자. 이런 경우, 여러분의 개념은 시장이 움직이도록 정해진 시간을 알려주어야 할 것이다. 진입 신호는 변동폭 돌파(9장에서 논의될 것이다)와 같은, 시장이 정말로 움직인다는 가격 확인이 이루어져야 한다. 여기서 거래 개념이 효과가 없을 때 그 사실을 알려줄 손실제한주문이 필요하다. 여러분은 어떤 선택을 할 것인가? 의미 있는 이익이 나지도 않았는데 시장이 시간의 창을 빠져나간다면 어떻게 하겠는가? 이럴 경우 아마 진입의 이유가 되었던 전환점을 예측하지 못했기 때문에 거래를 끝내고자 할 것이다. 아니면 지난 10일간의 일일 가격 범위(예컨대 평균 실제 범위)를 시장의 총 노이즈로 생각해야 할지도 모른다. 가격이 예상과는 반대로 이 정도까지(혹은 그 몇 배로) 움직일 경우, 거래 종료를 원할지도 모른다.

손실제한주문의 사례는 10장에서 자세히 다룰 것이다. 10장의 내용을 잘 읽고 여러분의 개념에 가장 잘 맞는 하나(혹은 그 이상)를 선택하라. 어쩌면 여러분의 개념은 10장에서 논의되지 않은 논리적인 손실제한주문지점을 만들어낼지도 모르겠다. 그럴 때는 그런 지점을 이용하라.

시장 진입으로 인해 무엇을 성취하려고 하는지 생각해보라. 상황에 따라 원하는 것이 다른가? 일단 주요 추세가 시작되어야 한다고 생각하는가? 그렇다면 여러분은 시장에 추세가 발전할 만한 충분한 여지를 주어야 한다. 따라서 간격이 매우 넓은 손실제한주문이 필요할 것이다. 반면 목표가 매우 명확할 수도 있다. 틀린 경우도 많겠지만, 판단이 옳을 경우 거래에서 손실이 날것이라고 생각하지는 않는다. 따라서 이런 경우에는 손실제한주문을 바짝 붙여놓아 큰돈을 잃지 말아야 한다.

손실제한주문에 관한 결정을 내렸다면, 이전 단계에서 했던 계산에 손실제한주문 요소와 거래 비용(체결오차와 수수료)을 포함시킨 다음 다시 계산해보라. 이런 요소들을 추가하면 진입 신호의 신뢰도는 상당히 떨어지게 될 것이다. 예컨대 최초의 신뢰도가 60퍼센트였다면, 각 거래에 손실제한주문 요소와 거래 비용을 더할 경우 아마 50~55퍼센트로 떨어질 것이다.

이 단계에서 여러분은 각 거래를 위한 최초의 리스크 또는 R을 이제 막 결정했다. 이것은 큰 도약의 발판이 되는데, 이제는 이익을 최초의 리스크의 배수(즉, R의 배수)로 생각할 수 있게 되었기 때문이다. 대부분의 뛰어난 트레이더들은 잠재적 보상이 적어도 잠재적 리스크의 3배(3R)가 되지 않으면, 거래하지 말아야 한다고 생각한다. 이 책의 뒷부분에서 정말로 모든 시스템이 이익과 손실에 대한 R의 배수의 분포에 의해 정의될 수 있음을 배울 것이다.

9. 이익 실현을 위한 청산 시점을 정하고, 시스템의 R의 배수와 예측치를 결정하라

시스템의 세 번째 부분은 시장 움직임이 어디서 끝날지 우리에게 알려주어야 한다. 따라서 그다음 단계는 이익 실현 방법을 결정하는 것이다. 청산은 11장에서 광범위하게 논의될 텐데, 그 장에서 여러분은 어떤 청산 시점이 가장 효과적인지 알게 될 것이다. 청산 시점을 선택하기 전에 자신의 개인적인 상황―여러분이 성취하고자 하는 것, 거래를 위한 시간의 틀, 자신의 거래 개념―을 생각해보기 바란다.

일반적으로 주된 추세를 타려고 하거나 장기 펀더멘털 분석에서 보상을 얻으려는 장기 트레이더나 투자자라면 손실제한주문의 간격이 넓어야 한다. 이런 사람들은 할 수만 있다면 자주 시장을 들락날락하지 않기를 원한다. 포지션의 30~50퍼센트에서만이 이익을 낼 수 있기 때문에 평균 리스크의 20배에 달할 만큼 정말 큰 수익을 원하게 된다. 이럴 때는 청산 시점은 큰 수익을 낼 수 있도록 고안되어야 한다.

이와 달리 재빨리 시장에 들어가고 나오는 데이 트레이더 혹은 스캘퍼(초단기 트레이더)라면 상당히 타이트하게 손실제한주문을 해야 한다. 포지션의 50퍼센트 이상에서 올바른 판단을 내려야 한다. 그들은 큰 수익을 낼 정도로 충분히 오랫동안 시장에 머물지 않기 때문에 이는 필수적이다. 대신 대략 1의 보상위험비율로 손실을 최소로 줄여야 한다. 그러면 손실을 최소 수준으로 유지하면서 거래의 50~60퍼센트에서 수익을 내는 것이 가능하다. 그리고 적은 수의 거래에서도 큰 수익을 유지할 수 있다.

전체적으로 청산 시점을 추가로 고려할 때 살펴보아야 할 것은 시스템의 예측치를 가능한 한 높이는 것이다. 예측치는 거래 시스템의 R의 배수를 의미한다. 다른 식으로 말하자면 시스템에서 한 차례 거래할 때 1달러의 리스크당 벌어들이는 평균 금액을 말한다. 예측치를 구하는 정확한 공식, 그리고 이를 구성하는 요소들은 7장에서 다룰 것이다. 하지만 여기서의 목표는 단순히 가능한 한 높은 예측치를 낳는 것이다. 이런 예측치를 실현하기 위해서는 가능한 한 많은 거래 기회를 찾아야 한다.

예측치는 청산에 의해 좌우된다고 생각한다. 따라서 최고의 시스템에는 3~4개의 청산이 존재한다. 이런 청산은 한 번에 하나씩 선택하여 테스트해 볼 필요가 있다. 거래 혹은 투자 개념에 따라 논리적으로 청산 기법을 선택해야 하지만, 이때까지 결정된 모든 것과 함께 테스트하여 예측치가 어떻게 나오는지 알아보아야 한다.

예측치를 결정하면 거래별로 시스템의 결과를 조사하라. 예측치는 어떤 식으로 구성되었는가? 예측치는 많이 등장하는 1 대 1 혹은 2 대 1의 보상위험비율 거래로 결정되는가? 아니면 정말로 엄청난 한두 번의 이익이 예측치의 상당 부분을 결정하는가? 장기 거래를 하는데 대형 거래로부터 충분한 수익이 나지 않는다면, 청산 기법을 수정하여 일부 거래에서 큰 수익을 낼 필요가 있다.[8]

10. R의 배수의 분포가
얼마나 정확한지 판단하라

이 부분에서 우리는 거래 시스템의 본질과 마주치게 되는데, 시스템 R의 배수 분포를 결정할 수 있어야 하기 때문이다. 다시 말해, 과거의 모든 수익과 손실을 조사해보기 바란다. 그 분포는 어떻게 보이는가? 손실이 1R 이하인가, 아니면 대체로 1R보다 큰가? 이익은 최초 리스크의 함수로서 어떤 모습을 취하는가? 때때로 20R에 이르는 거래도 있는가? 30R의 거래는 없는가? 2R 혹은 3R 이익이 많은가? 여러분이 만든 R의 배수의 분포는 어떤 성질을 갖고 있는가?

예측치를 최초로 결정하는 데는 여러 가지 편향이 영향을 미친다. 따라서 실시간으로 소액 거래하여 R의 배수의 분포가 정확한지 여부를 판단해야 한다. 1~10주의 주식 혹은 하나의 상품 계약을 거래해보라. R의 배수의 분포는 어떻게 나타나는가? 이론적으로 또는 과거 데이터 테스트를 통해 만들어지는 것과 비슷한가? 예측치는 괜찮은가?

또한 거래 시스템이 각종 시장에서 생성하는 R의 배수 분포에 대해 알 필요가 있다. 예컨대 시장은 상승, 하락, 또는 횡보를 보일 수도 있다. 매우 천천히 또는 큰 변동을 보이며 진행될 수도 있다. 이런 요소들을 결합하면 모두 여섯 가지 형태의 시장이 나온다.

- 안정 상승장
- 변동 상승장
- 안정 횡보장
- 변동 횡보장
- 안정 하락장
- 변동 하락장

이런 형태의 각 시장에서 시스템으로부터 무엇을 기대할지 알아야 한다. 이 말은 이런 각 시장에서 완료된 거래들이 최소 30R이 되어야 한다는 뜻이다. 이런 데이터가 없다면, 거래 시작 전 적어도 각 시장에서 시스템이 어떻게 기능할지 이론적으로라도 이해할 필요가 있다. 변동성이 높은 시장에서 시스템의 실적이 나빠지지는 않는가? 몇몇 옵션 시스템을 제외하면, 대부분의 시스템은 안정적인 횡보장에서는 제대로 기능하지 못한다. 하지만 이것을 확실하게 알 필요가 있다.

11. 시스템을 전체적으로 평가하라

일단 시스템을 갖추면, 시스템의 성능이 얼마나 우수한지 알아볼 필요가 있다. 여기에는 몇 가지 방법이 있다.

시스템 성능을 평가하는 가장 손쉬운 방법은 승률을 보는 것이다. 이 경우, 이익 거래가 가장 많은 시스템이 최고의 시스템이 된다. 그러나 판단적인 편향을 다룬 2장에서 우리는 90퍼센트의 경우에서 올바로 작동하고서도 돈을 잃는 시스템이 있을 수 있다는 것을 이미 보았다. 따라서 승률은 가장 좋은 측정법이 아니다.

시스템의 성능을 평가하는 훨씬 더 좋은 방법이 바로 여기 있다.

- 시스템의 예측치. 거래당 평균 2.3R의 수익을 낳는 시스템은 평균 0.4R의 수익을 낳는 시스템보다 더 나을까? 답은 '때때로 그렇다' 이다.
- 정해진 기간의 종료 시점에서 R로 환산한 기대 수익. 시스템 1이 한 달에 20R의 수익을 낳고, 시스템 2가 한 달에 30R의 수익을 낳는다면 시스템 2가 더 나은 시스템일까? 답은 이번에도 '때때로 그렇다'이다. 왜냐하면 시스템의 가변성에 좌우되기 때문이다. 예컨

대 평균 수익이 30R인 시스템은 30퍼센트의 경우 예측치가 마이너스인 반면, 평균 수익이 20R인 시스템은 예측치가 마이너스가 될 수 없다.

시스템의 정확도를 결정하고, 시스템이 다양한 종류의 시장에서, 그리고 다른 가능한 시스템과 비교하여 어떻게 기능할지 알았다면, 이제는 목표 달성에 관해 알아봐야 할 시간이다. 그리고 목표를 달성하기 위한 방법은 포지션 규모 조절을 통해 만날 수 있다.

12. 포지션 규모를 조절하여
목표를 달성하라

예측치는 시스템이 갖고 있는 진정한 잠재력에 대한 대략적인 평가 수치다. 적절한 시스템을 개발하고 나면, 포지션 규모 관리에 이용할 알고리즘을 결정해야 한다. 포지션 규모 조절은 어떤 시스템에서든 가장 중요한 부분이다. 목표를 달성하느냐 아니면 막대한 손해를 보느냐 하는 것은 포지션 규모의 조절에 달려 있기 때문이다. 포지션 규모 조절이야말로 시스템에서 여러분의 목표 달성을 돕는 부분이다.

어느 한 포지션의 규모는 어떻게 정할 것인가? 단 하나의 포지션(즉, 1주의 주식 혹은 하나의 선물 계약)이라도 취할 여유가 있는가? 이런 질문들은 목표 달성에 핵심적인 것이다. 그 목표가 세 자리 숫자의 수익률이든 순조롭게 상승하는 수익 곡선이든 마찬가지다. 포지션 규모 조절을 위한 알고리즘이 올바르지 않으면, 누구든 망할 수밖에 없다. 망한다는 의미가 자본의 50퍼센트를 잃는 것이든 전부를 잃는 것이든 말이다. 그러나 포지션 규모 조절 기법이 자본과 시스템, 목표에 맞게 잘 만들어진다면, 일반적으로 목표를 달성할 수 있다.

이 책의 14장에서는 독자 여러분이 시스템 개발 시 고려해 볼 만한 여러 포지션 규모 조절 모델이 소개된다. 목표를 결정하고 높은 예측치의 시스템을 개발했다면, 이런 모델을 이용하여 목표를 달성할 수 있을 것이다. 그러나 자신의 목표에 완벽하게 들어맞는 모델을 찾기 전까지는 반드시 다양한 포지션 규모 조절 모델을 적용하고 테스트해보아야 한다.

13. 시스템 개선 방법을 결정하라

시스템 개발의 다음 단계는 시스템 개선 방법을 결정하는 것이다. 시장 조사는 계속되어야 한다. 시장은 참여자들의 성격에 따라 바뀌기 마련이다. 예컨대 지금 주식 시장은 전문 뮤추얼펀드 매니저들이 장악하고 있다. 하지만, 7,000명이 넘는 매니저들 가운데서 1970년대의 길고 긴 하락장을 경험했을 만큼 오랫동안 시장에 있었던 사람들은 그중 10명도 되지 않는다. 또한, 선물 시장은 전문적인 선물투자자문가들이 장악하고 있다. 그들 대부분은 추세 추종 전략을 구사하며, 거대한 규모의 자본을 굴리고 있다. 하지만 10년 혹은 20년이 더 지나면 시장은 전혀 다른 참여자들이 지배하여 그에 따라 다른 성격을 보일 것이다.

수익을 예측하는 쓸 만한 시스템은 일반적으로 일정 기간에 더 많은 거래를 할 때 성과가 향상할 것이다. 따라서 보통 거래 시장이 많아지면 성과를 향상시킬 수 있다. 사실 좋은 시스템은 여러 시장에서 좋은 성과를 낼 것이다. 따라서 시장이 많아지면 기회도 많아지는 것이 당연하다.

이외에도 상호 관련성이 없는 시스템들—각각 고유의 포지션 규모 조절 모델을 갖춘—을 이용하면 보통 성과를 향상시킬 수 있다. 예컨대 주요 추세를 추종하는 시스템과 함께 밀집된 시장에서 이용할 수 있는 초단기 시스템이 있으면, 이 둘을 함께 활용할 때 성과가 더 좋을 것이다. 추세 시장이 없을 때는 단기 시스템으로 수익 내기를 희망하게 된다. 그러면 이 시기에 추세 추종 시스템에서 발생하는 자본 삭감의 영향을 줄일 수 있거나, 오히려 전체적으로 수익을 낼 수도 있다. 어떤 경우라 하더라도 성과는 더 나을 것이다. 왜냐하면 더 많은 자본을 갖고 추세 속으로 들어갈 수 있기 때문이다.

14. 최악의 시나리오에 대해
정신적 계획을 수립하라

다양한 상황 아래서 시스템이 무엇을 할 수 있을지 생각해두는 것이 중요하다. 여러분은 온갖 종류의 시장 조건에서 자신의 시스템이 어떻게 기능할 것으로 기대하는가? 변동폭이 매우 큰 시장, 밀집 시장, 강력한 추세가 형성되어 있는 시장, 이익이 나지 않는 매우 얇은 시장 등 각각의 시장 조건에서 시스템이 어떻게 작용할지 알기 전에는 정말로 시스템으로부터 무엇을 기대해야 할지 알 수 없다.

톰 바소는 우리의 시스템 워크숍에서 참가자들에게 시스템에 대해 생각해보라면서 다음과 같이 말하곤 했다.

각각의 거래에서 다른 쪽에 있었다면 어땠을까 상상해보세요. 판 게 아니라 샀다거나 산 게 아니라 팔았다고 가정해보세요. 기분이 어떨 것 같나요? 어떤 생각이 들 것 같죠?

이런 연습은 여러분이 할 수 있는 가장 중요한 훈련 중 하나다. 부디 이 연습을 진지하게 받아들이기를 바란다.

또한 닥칠 수 있는 모든 가능한 재앙에 대비할 필요가 있다. 예를 들어, 시장이 하루 또는 이틀 동안 폭락했을 때 시스템은 어떻게 기능할 것인가? 시장에서 평생 한 번 있을까 말까 한 움직임이 갑자기 일어났을 때, 이를 어떻게 견딜지 생각해보라. 다우 지수가 500포인트나 빠지거나(이런 일이 10년 동안 두 번이나 일어났다!), 쿠웨이트에서 걸프전이 일어나는 동안 우리가 보았던 원유 사태가 또다시 일어난다면 어떻게 될 것인가? 현재 상품 시장의 급등으로 원유는 배럴당 70달러에 육박하고 있다. 세계의 수요가 계속 증가하여 원유가 배럴당 150달러에 이르면 어떻게 되겠는가? 이런 사태는 여러분과 여러분의 거래에 어떤 영향을 미칠 것인가? 다시 큰 인플레이션이 일어나 우리의 채무가 사라져버린다면? 여러분이 통화 트레이더라고 했을 때 통화 가치가 금에 연결되어 안정화된다면 시스템은 어떤 영향을 받겠는가? 운석이 대서양 한가운데에 떨어져 유럽과 미국의 인구 절반이 사라진다면? 좀 더 일어날 법한 일로 통신 수단이 말썽을 일으키거나 컴퓨터를 도난당한다면?

가능한 최악의 시나리오가 시스템에 어떤 영향을 미칠지와 그런 상황을 어떻게 처리할지 생각해보자. 온갖 아이디어를 끌어내 시스템에 피해를 줄 수 있는 가능한 모든 시나리오를 생각해보라. 이런 상황들의 목록이 나왔다면, 각 경우에 실천할 수 있는 몇 가지 계획을 만들어라. 여러분이 취해야 할 조치를 기억하고 반복해서 훈련하라. 이렇게 예기치 못한 재앙이 일어날 경우 취해야 할 조치들을 확실하게 마련해두면, 시스템 개발은 완료된다.

1 뛰어난 모델링을 위해서는 단지 핵심 작업이 무엇인지 아는 것 말고도 많은 일들이 필요하다. 각 작업의 구성요소를 찾아내야 하고, 다른 사람들에게 모델을 이식할 줄 알아야 한다. 우리는 시스템 개발 모델을 통해 이 일을 성취했다. 하지만 모델 개발 이라는 주제는 그 자체로도 한 권의 책이 필요하다.

2 이 모든 책은 이 책의 말미에 있는 추천 도서 목록에 들어가 있다.

3 찬드의 책은 매우 좋지만, 나는 그의 결론 모두에 동의하지는 않는다. 특히 그가 포 트폴리오를 테스트하고 포지션 규모 조절에 관해 결론을 내리려고 할 때는 더욱 그 러하다.

4 이런 사람들은 자본 총액이 낮은 10여 종목의 주식을 매수했을지도 모른다. 나중에 10종은 휴지 조각으로 변하지만, 한 종의 주식은 대형 종목으로 성장하기도 한다. 보 유자들은 대개 주식을 돌보지 않기 때문에 손실 주식을 무가치한 것이 되기 전에 처 분하지도 못하며, 이익 주식이 큰돈을 벌 때까지도 그 사실을 눈치채지 못한다.

5 운명은 이런 훌륭한 시스템을 갖춘 사람에게 종종 잔인하게 군다. 이 사람의 경우를 보자면, 그는 거래할 때 포지션 규모를 조절하지 못했다. 게다가 그는 자신의 문제를 심리적으로 해결할 수 없었다. 왜냐하면 자신에게 어떤 문제가 있다고 생각하지 못 했기 때문이다. 사실 지금 그는 초조함 때문에 더 이상 거래할 수 없게 되었다. 하지 만 그는 위가 나빠져 그렇게 된 거라고 믿는다. 따라서 내 생각에 그는 성배 시스템 의 진정한 의미를 알지 못하는 것이다. 성배는 시장에서 스스로 찾을 수 있는 것이기 때문이다.

6 내 고객 중 한 명은 손실보다 상당히 높은 수익을 가져다주는 데이 트레이딩 시스템 을 고안했다. 그의 시스템은 신뢰도가 50퍼센트 이하였지만, 그는 엄청난 수익률을 기록했다. 이 사실은 단기 시스템에 관해 생각할 수 있는 또 다른 시각을 제시한다.

7 손실제한주문은 '주가가 해당 가격에 도달할 경우 시장가 주문으로 주문을 이행하 라'는 뜻이다.

8 실제 거래 결과(즉, 시장에서의 성과)에 근거하여 예측치를 조사할 경우, 낮은 예측치 (리스크 1달러당 15센트 이하)는 심리적 문제에 기인할 수 있다. 시스템을 따르지 않 았다든가 패닉에 빠졌다든가 또는 너무 일찍 차익을 실현했다든가 하는 문제다.

5

유용한 개념의 선택
Selecting a Concept That Works

거래하는 개념에 관해 더 잘 알수록, 그 개념이 온갖 시장 조건에서 어떻게 반응하는지 잘 알수록, 과거 자료를 통한 테스트의 필요성은 줄어든다.

― 톰 바소 ―

내 추측으로, 시장에서 거래하는 사람 가운데 거래 또는 투자를 위한 시스템을 갖추고 있는 사람은 20퍼센트 이하다. 또, 그 가운데 대부분은 미리 결정된 지표를 이용하고 시스템 배후의 개념을 제대로 이해하고 있지 못하다. 그래서 나는 많은 전문가에게 그들이 거래에 이용하는 개념에 관한 글을 써달라고 청했다. 그렇다고 하더라도 여기서 여러분이 거래에 이용할지 모를 다양한 개념들이 완벽하게 다루어지는 것은 아니다. 여기 소개되는 것은 사실 일부에 지나지 않는다. 이 장을 읽을 때는 각각의 개념들에 관해 생각하고, 그것이 자신의 성격과 믿음에 맞는지 결정하는 것을 목적으로 삼아야 한다. 자신과 잘 맞는 개념이 가장 성공적인 거래로 연결되기 때문이다. 그러나 이런 개념을 이용하는 시스템을 개발하기 전에 먼저 개념을 완벽하게 이해해야 한다.

이 책의 초판을 쓸 때 나는 카오스 이론의 전문가로부터 전화 한 통을 받았다. 그는 오랜 기간 내 작업을 추적해왔다고 말했다. 그는 나의 정직과 끈기를 믿지만, 시스템에 관해서는 매우 큰 오류가 있다고 지적했다. 그는 어떤 종류의 시스템도 가능하다고 가정하는 것은 어처구니없는 것이라고 했고, 대신 모든 것이 운과 개인적 심리의 문제라고 했다. 나는 시스템을 단순히 진입 기법으로 정의한다면 그의 말에 동의하겠다고 하고 나서, 그러나 그런 진입 기법보다는 손실제한주문과 청산 기법을 통해 심리 전략과 포지션 규모 조절에 의미를 부여하고 플러스 예측치[1]가 가능한 거래 방법을 개발해야 한다고 대꾸했다.

대부분의 사람은 시스템을 구축할 때 성공률 높은 진입 기법을 찾으려고 한다. 보통 청산이나 적절한 포지션 규모 조절에 관해서는 생각조차 하지 않는다. 예측치가 마이너스인 거래 기법이 나오는 것은 이 때문이다. 반면 시스템에서 청산과 포지션 규모 조절이 어떤 역할을 하는지 이해하는 사람들은 40퍼센트 승률의 진입 시스템에도 꽤 만족할 수 있다. 내게 전화한 그 사람은 약간 당황한 것 같았다. 하지만 그는 계속하여 내가 틀렸다고 했다. "과거의 데이터를 근거로 해서는 어떤 예측치도 만들어낼 수 없어요." 그가 말했다.[2] 그러나 흥미롭게도 이 사람은 카오스 이론을 통해 어떻게 '큰돈'을 벌 수 있는지 책을 쓴 사람이기도 했다.

대화는 꽤 흥미로웠다. 나는 그전까지 나 자신이 가장 열린 사람들 가운데 한 명이라고 믿었다. 예측치가 플러스인 한 어떤 개념으로도 거래할 수 있다는 생각을 갖고 있었기 때문이다. 하지만 내가 그 대화를 통해 배운 것은, 이러한 내 기본적인 생각조차도 시스템에 관한 내 사고의 토대를 형성하고 있는 가정일 뿐이라는 것이었다. 이미 말했듯이, 우리는 우리의 믿음에 따라 거래한다. 이런 가정을 염두에 두고, 많은 트레이더와 투자자들이 이용하는 몇 가지 거래 개념을 살펴보도록 하자.

추세 추종

나는 이런 다양한 개념들에 관해 글을 써달라고 몇 명의 뛰어난 트레이더들에게 연락했다. 우리는 이미 톰 바소를 만나보았다. 그와의 인터뷰는 3장에서 볼 수 있다. 톰과 나는 대략 20차례 워크숍을 함께 했다. 개인적 경험에서 판단해보자면, 그는 내가 만났던 트레이더 가운데 가장 균형 잡힌 트레이더다. 톰은 이제 은퇴했으나, 거래할 당시에 그는 내가 본 트레이더 가운데 가장 기계적인 트레이더였다. 그의 사무실에서는 모든 작업이 컴퓨터화되어 있었다. 거래 주문조차 컴퓨터화된 팩스를 통해 중개인에게로 발송되었다. 톰은 당시 두 가지 컴퓨터화된 추세 추종 시스템을 이용했다. 그래서 추세 추종에 관해 글을 쓸 사람은 그가 가장 적당할 것 같다고 판단했다.[3]

톰 바소: 추세 추종의 철학

많은 성공적인 투자자들은 '추세 추종자'라고 불리는 그룹에 속한다. 여기에서 나는 추세 추종이 무엇인지, 그리고 투자자들이 이런 일반 원칙의 활용 여부에 대하여 왜 관심을 가져야만 하는지 설명하고자 한다.

추세 추종이라는 용어를 그 구성요소로 분해해보자. 첫 번째 요소는 '추세'다. 모든 트레이더는 수익을 얻기 위해 추세를 필요로 한다. 어떤 기법을 이용했든 간에 매수한 뒤 추세가 만들어지지 않으면 더 높은 가격에 매도할 수 없게 된다. 그러면 그 거래에서 손실을 입게 될 것이다. 더 높은 가격으로 매도할 수 있기 위해서는 반드시 매수 뒤에 상승 추세가 있어야 한다. 역으로, 매도를 했다면 더 낮은 가격에 되살 수 있도록 그 뒤에 하락 추세가 형성되어야 한다.

'추종'은 용어의 두 번째 요소다. 우리가 이 단어를 사용하는 것은, 추세 추종자들은 언제나 먼저 추세가 움직이기를 기다렸다가 그다음에 추세를 '좇기' 때문이다. 시장이 하락 중에 커다란 상승 움직임을 지시하면, 추세 추종자들은 곧 그 시장에 진입한다. 그렇게 함으로써 트레이더는 추세를 좇는 것이다.

'수익을 최대화하고 손절매하라.' 이 오랜 트레이더의 금언은 추세 추종을 완벽하게 표현하고 있다. 추세 추종 지표는 투자자들에게 언제 시장의 방향이 상승에서 하락으로 또는 하락에서 상승으로 바뀌는지 알려준다. 다양한 차트 또는 시장을 나타내는 수학적 설명들은 현재의 방향을 측정하고 변화를 관찰하는 데 이용된다. 일단 추세를 타면, 트레이더는 느긋하게 의자에 몸을 파묻고 시장의 흐름을 즐길 수 있다. 추세가 원하는 방향으로 계속되는 한 말이다. 이것이 바로 '수익을 올리는' 것이다.

일전에 내가 들은 이야기로, 한 신참 투자자가 매우 큰 성공을 거둔 추세 추종자를 만났는데, 그는 어떤 외환 계약을 막 끝낸 참이었다. 신참자가 그에게 물었다. "이 거래에서 당신은 어디까지 가려고 하시나요?" 추세 추종자는 현명하게도 이렇게 답했다. "달까지요. 아직 거기까지는 가본 적이 없으니까. 하지만 언젠가는 가볼 수도 있겠죠." 이 이야기는 추세 추종의 철학에 관해 많은 것을 말해준다. 시장이 추세를 형성하면 추세 추종자는 거래에 들어가 '추세'에 관한 기준에 들어맞는 한 평생 시장에 그대로 남아 있는 것이다.

불행히도 추세는 대개 어디선가 끝이 난다. 따라서 방향이 바뀔 때 손절매하라는 금언을 실천해야 한다. 트레이더는 시장의 방향이 포지션 보유에 반대되는 쪽으로 바뀌는 것을 감지할 때 즉시 청산해야 한다. 그 시점에서 만약 포지션이 이익 영역에 있다면 트레이더는 이익을 얻겠지만, 이때 포지션이 손실 영역에 있다면 트레이더는 거래를 중단함으로써 더 큰 손실을 막을 수 있다. 어느 쪽이든 지금 불리한 방향으로 가고 있는 거래에서 빠져나올 수 있다.

추세 추종의 장점

추세 추종의 장점은 단순하다. 어떤 시장에서든 큰 움직임을 결코 놓칠 수 없다는 것이다. 우리가 주목하고 있는 시장이 하락세에서 상승세로 반전하면, 추세 추종 지표는 매수 신호를 나타내야 한다. 이것은 단순히 시기에 대한 질문일 뿐이다. 큰 움직임이라면, 분명 신호를 얻을 것이다. 추세 추종 지표가 장기일수록 거래 비용은 낮아진다. 이것이 추세 추종의 가장 확실한 장점이다.

전략적으로, 거의 모든 시장에서 큰 움직임을 탈 수 있다면 단 한 차례의 거래로도 큰 수익을 낼 수 있다는 사실을 깨달아야 한다. 실제로 한 차례의 거래가 1년 전체의 수익으로 이어질 수도 있다. 따라서 전략의 신뢰도는 50퍼센트보다 한참 낮을 수 있고, 그러면서도 수익을 낼 수 있다. 이는 이익 거래의 평균 규모가 손실 거래의 규모보다 훨씬 더 크기 때문이다.

추세 추종의 단점

추세 추종의 단점은 수익이 나는 큰 움직임과 수익이 없는 일시적인 움직임의 차이를 지표가 감지하지 못한다는 것이다. 따라서 추세 추종자는 종종 신호가 갑자기 바뀔 때 휩소whipsaw에 걸려들어 사소한 손해를 보게 된다. 휩소가 여러 차례 반복되다 보면 추세 추종자들은 근심하게 되어 추세 추종 전략을 포기하고 싶은 생각이 들 것이다.

대부분의 시장은 상당한 시간 동안 추세가 없는 비추세 조건 아래 있다. 추세 기간은 15~25퍼센트 정도로 짧다. 그러나 추세 추종자는 큰 추세를 놓치지 않으려면 이런 호의적이지 못한 시장에서도 기꺼이 거래할 수 있어야 한다.

추세 추종 기법은 쓸 만한가?

물론이다! 우선 추세가 존재하지 않는다면, 조직화된 시장이 존재할 필요조차 없다. 생산자들은 시장에서 스스로를 보호하기 위해 위험 회피(헤지)를 할지 말지 신경 쓰지 않고 생산물을 팔 수 있을 것이다. 최종 사용자는 언제든 합리적인 가격에 원하는 생산물을 얻을 수 있다. 그리고 사람들은 순전히 배당 수익을 얻기 위해 주식을 살 것이다. 따라서 추세가 어느 기간 동안 사라진다면, 그 해당 시장도 더 이상 존재하지 않게 될 것이다.

둘째, 추세가 없다면 가격 변화의 무작위적 분포를 예상할 수 있다. 그러나 거의 모든 시장에서 시간을 두고 가격 변화의 분포를 들여다보면, 큰 가격 변화의 방향으로 매우 긴 꼬리가 형성된 것을 보게 될 것이다. 기간이 끝난 후 우연히 보게 될 거라고 예상하지 못했던 비정상적으로 큰 가격 변화가 존재하기 때문이다. 예컨대 S&P 선물 시장은 1982년 개장했는데, 5년도 안 되어 100년에 한 번 일어날 만한 큰 폭의 가격 움직임이 발생했다. 이처럼 단기간에 일어나는 비정상적으로 큰 가격 변화는 추세 추종 기법이 여전히 유효하며 앞으로도 줄곧 그럴 것이라는 것을 우리에게 알려준다.

모든 사람이 추세 추종 기법을 이용할 수 있는가?

추세 추종은 신참 트레이더나 투자자가 가장 쉽게 이해하고 활용할 수 있는 기법 가운데 하나다. 지표가 장기일수록, 총 거래 비용이 수익에 미치는 영향은 작아진다. 단기 모델은 많은 거래에서 발생하는 비용을 감당하기 어렵다. 비용은 수수료뿐만 아니라 체결오차까지 포함된다. 인내심이 충분하다면, 거래를 적게 할수록 비용도 적어지고 따라서 수익을 낼 확률이 커진다.

추세 추종 기법이 적절치 않은 사례는 많다. 스캘핑을 하는 플로어 트레이더는 아마도 추세 추종 개념을 이용하지 않을 것이다. 리스크 헤지를 목적으로 한 투자자의 경우, 수동적인 헤지 방법보다 추세 추종 지표를 활용하는 방법이 더 위험할 수 있다. 데이 트레이더 역시 추세 추종 모델을 이용하는 방법이 잘 맞지 않기 십상이다. 데이 트레이딩을 할 때는 시간적 제약 때문에 수익을 더 이상 최대화할 수 없기 때문이다. 하루가 끝나면, 데이 트레이더는 거래를 청산해야 한다.

추세 추종이 자신의 성격과 필요에 잘 맞으면, 한번 시도해보기 바란다. 시장에서 줄곧 추세 추종 전략을 이용하여 성공을 거둔 트레이더와 투자자는 매우 많다. 세계 경제가 더욱 불안정해지면서, 현재 추세 추종자들이 좇을 만한 새로운 추세들이 끊임없이 생겨나고 있다.

반 타프의 덧붙이는 말

추세 추종은 여기서 논의되는 모든 거래 혹은 투자 개념 가운데 가장 성공적인 기법일 것이다. 사실 이 책의 뒷부분에 나올 거의 모든 시스템 모델은 추세 추종 덕분에 효과적으로 작동하는 것이다. 바소가 지적했듯이, 가장 큰 문제는 시장이 늘 추세를 형성하는 것은 아니라는 점이다. 그러나 주식 시장에서 거래하는 사람들에게는 보통 이것은 문제가되지 않는다. 시장에는 매수든 공매도든 거래 가능한 수천 종의 주식이 있기 때문이다. 매수든 공매도든 상관하지 않고 기꺼이 거래할 마음이 있다면, 좋은 추세를 가진 시장은 늘 존재하기 마련이다.

많은 사람이 주식 시장에서 겪는 어려움은 다음과 같다. (1) 상승주가 거의 없기 때문에 공매도 거래에서만 최상의 기회가 생긴다. (2) 공매도를 이해하지 못하기 때문에 이 기회를 기피하게 된다. (3) 거래소 규정이 공매도를 어렵게 만든다(업틱룰 규정은 공매도할 때 직전 거래가격보다 낮은 가격으로 호가를 내지 못하게 한다). (4) 퇴직연금 계좌는 보통 공매도 거래를 허용하지 않고 있다. 그럼에도 공매도 거래를 계획한다면, 합당한 시장조건 아래에서 큰 수익을 낼 수 있을 것이다.

펀더멘털 분석

나는 또 다른 친구 찰스 르보에게 펀더멘털 분석에 관한 글을 써달라고 부탁했다. 르보는 〈기술적 분석 회보〉라는 중요한 정보지의 전(前) 편집인이었으며, 《선물 시장의 컴퓨터 분석》이라는 탁월한 책의 공동 저자이기도 하다. 찰스는 뛰어난 연사이기도 해서 자주 투자 컨퍼런스에 나가 강연을 한다. '자기 자신에게 적합한 성공적인 거래 시스템을 개발하는 법'에 관한 우리의 워크숍에도 여러 차례 초빙 강사로 참여했다. 찰스는 이제 은퇴하여 애리조나주의 세도나 인근에 살고 있다. 트레이더로 활동하고 있었을 때 그는 선물투자자문가였고, 나중에는 스스로 헤지펀드를 운용했다.[4]

여러분은 왜 내가 기술적 분석 분야에서 폭넓은 경험을 쌓은 찰스에게 펀더멘털 분석에 관한 글을 써달라고 했는지 궁금해할 것이다. 찰스는 한 일류 대학에서 펀더멘털 분석에 관해 강의한 적이 있고, 또한 아일랜드 뷰 파이낸셜 그룹을 위해 펀더멘털 분석을 토대로 한 거래 시스템을 운용하기도 했다. 찰스는 이렇게 말했다. "나는 나 자신을 거래에 필요한 가능한 최고의 수단을 활용하려는 트레이더로 생각하는 것을 좋아한다."

찰스 르보: 펀더멘털 분석의 소개

선물 거래에 적용해보자면, 펀더멘털 분석은 수요와 공급의 실제적 혹은 예상되는 관계를 이용하여 선물 가격 변화의 방향과 규모를 예측하는 것이다. 보다 정확하고 상세한 정의가 있을 수 있겠지만, 이런 간략한 개념 정의는 펀더멘털 분석의 장점과 실제적인 적용을 보다 강조하고 있다.

거의 모든 트레이더는 오로지 수요-공급 분석에 의존한 펀더멘털 분석가가 되든지, 아니면 오로지 가격 반응을 근거로 하는 기술적 분석가가 되어야 한다고 잘못 생각하고 있다. 누가 이런 불필요하고 비합리적인 흑백 논리식 결정을 하게 만드는가? 두 가지 혹은 그 이상의 좋은 아이디어가 있다면, 어느 하나를 이용하는 것보다 그 모두를 활용하는 것이 더 낫다는 사실에는 누구나 동의할 것이다.[5]

펀더멘털 분석은 가격 목표를 결정하는데 있어 기술적 분석보다 분명한 이점이 있다. 정확하게 해석할 경우 기술적 지표들은 방향과 타이밍 포착에 유용하지만, 가격 변화의 규모를 예측하는 데는 단점을 보인다. 일부 기술적 분석가들은 그들이 활용하는 거래 기법도 가격 목표를 제시해준다고 하지만, 40년의 거래 경험을 가진 나는 아직 가격 목표 예측에 효과적인 기술적 방법을 찾지 못했다. 그러나 펀더멘털 분석이 대략적인 수익 목표 결정에 유용하다는 것은 의문의 여지가 없다. 펀더멘털 분석의 가격 목표를 이용하여 작고 신속한 수익을 취할지, 아니면 큰 폭의 장기적 가격 변화를 목표로 할지에 대한 일반적 전략을 가져야 한다. 이것이 정확성의 한계를 갖는다 하더라도, 예상하는 수익의 규모에 관해 전반적인 생각을 갖고 있는 것만으로도 성공적인 거래를 위한 큰 이점으로 작용할 것이다.

펀더멘털 분석에는 분명 한계가 있다. 최고의 펀더멘털 분석 방법이라고 해도 그 결과는 끔찍할 정도로 부정확할 수 있다. 스스로 분석을 제대로 수행하거나 아니면 뛰어난 펀더멘털 분석 전문가의 정교한 분석에 의존한다면, 한 특정한 시장이 미래의 어떤 시점에서 '크게' 상승할 것이라는 결론을 얻을 수 있다. 그러나 펀더멘털 분석은 기껏해야 미래 가격 움직임의 방향과 일반적인 규모 정도만을 알려줄 수 있을 뿐이다. 가격 움직임이 언제 시작될지, 혹은 가격이 정확히 얼마나 움직일지는 대체로 알기 어렵다. 그러나 미래 가격 변화의 방향과 일반적인 규모만 하더라도 트레이더에게는 매우 귀중한 정보임이 틀림없다. 펀더멘털 분석과 기술적 분석을 결합하면 거래라는 퍼즐에서 중요한 몇 가지 조각을 얻을 수 있다. 포지션 규모 결정이라는 또 하나의 중요한 퍼즐 조각은 이 책의 다른 곳에서 다루려 한다.

펀더멘털 분석을 이용하는 법

이제 펀더멘털 분석을 성공적으로 이용하기 위한 방법을 알아보자. 다음에 나열된 설명들은 오랜 세월 동안 펀더멘털 분석으로 거래해본 경험에 기초하고 있으며, 중요도순이 아님을 알아두자.

고도로 전문화된 훈련을 받았다고 해도 스스로 펀더멘털 분석을 하지 말라. 나는 40년간 선물을 거래했고, 일류 대학에서 대학원생들에게 펀더멘털 분석에 관한 강의를 자주 한다. 그러나 나 스스로 펀더멘털 분석을 하겠다는 생각은 하지 않는다. 나보다 훨씬 나은 진정한 펀더멘털 분석가들이 종일 이 일에 매달리고 있으며, 그들이 내린 결론을 아무런 비용도 없이 어느 때라도 가져다 쓸 수 있다.

자신의 펀더멘털 분석을 대중에게 공개하는 능력 있는 전문가를 주위에서 찾아보라. 대형 증권사들에 연락하여 우편 목록에 자신의 이름을 넣어달라고 하라. 〈컨센서스Consensus〉를 시험 구독하고, 모든 분석을 읽어보라. 원하는 분석들을 고르고, 설득력이 약한 자료들은 버려라. 기꺼이 유익한 예측을 제공하며 쓸데없는 말을 하지 않는 분석가들을 찾아라. 각각의 시장에서 펀더멘털 분석 정보를 제공하는 자료는 하나밖에 필요치 않다는 사실을 명심하라. 너무 많은 자료를 보다 보면 상충하는 정보들을 얻게 되고, 그러면 혼란스러워 결정 내리기가 힘들어진다.

뉴스와 펀더멘털 분석은 같은 것이 아니다. 펀더멘털 분석은 가격 방향을 '예측'하는 반면, 뉴스는 가격 방향을 '추적'한다. 내가 대형 상품 회사의 수석 중역으로 일하고 있을 때, 장 마감 후 종종 언론매체에서 내게 전화를 걸어 그날 왜 어떠어떠한 시장이 상승하거나 하락했는지 물어보곤 했다. 시장이 상승하면 나는 상승 관련 뉴스를 찾아 알려주었고, 시장이 하락하면 하락 관련 뉴스를 제공했다. 그날그날의 시장에 관한 뉴스는 상승에 관한 것이든 하락에 관한 것이든 늘 수없이 떠돌고 있기 마련이다. **신문에 나오는 것은 그날 시장의 방향과 일치하게 된 뉴스일 뿐이다.**

또한 실제로 보도된 뉴스보다 임박한 뉴스가 시장을 더 오래, 더 큰 폭으로 상승(하락)시킨다. 상승 뉴스에 관한 예상은 시장을 수주 혹은 수개월 동안 떠받쳐줄 수 있다. 하지만 마침내 상승 뉴스가 보도되면 시장은 그 반대 방향으로 움직일 공산이 크다. '소문에 사고 사실에 팔라'는 옛날 속담이 잘 들어맞는 것은 이 때문이다(물론 이런 논리는 하락장에서도 똑같이 적용된다).

펀더멘털 분석 보고서를 보고 반응할 때 신중을 기하라. 예컨대 대두 생산량이 작년보다 10퍼센트 감소할 것이라는 작물 보고서가 막 발표되었다고 하자. 얼핏 이것은 가격 상승 관련 소식처럼 보이는데, 대두 공급량이 상당히 줄어들 것이기 때문이다. 그러나 대두 시장에 관련된 트레이더와 분석가가 대두 생산량 감소를 15퍼센트로 예측하고 있었더라면, 이 같은 '강세 예상' 뉴스에 가격은 크게 하락할 것이다. **보고서의 강세 혹은 약세 요인을 분석하기 전에, 그전까지 어떤 예측이 이루어지고 있었는지 알아본 후 보고서를 이런 예측과 비교하여 평가하라.** 또한 처음의 반응을 본 후 보고서의 강세 혹은 약세 요인을 판단하지 말라. 뉴스를 소화시킬 만한 시간을 시장에 허용하라. 여러분은 보고서에 대한 최초의 반응이 과장되거나 부정확하다는 것을 자주 발견할 것이다.

수요 수준이 상승하는 시장을 찾아라. 수요는 장기간 상승장을 지속시켜 쉽게 큰 수익을 낼 수 있게 해준다. **수요 주도 시장은 장기 거래를 통해 예외적으로 높은 수준의 수익을 낳을 수 있는 시장이다.** 물론 시장은 공급이 부족하기 때문에 상승할 수도 있다. 그러나 공급 문제 때문에 일어나는 가격 상승은 대개 일찍 끝나고, 이런 공급 부족 시장의 장기 가격 예측은 일반적으로 과대평가되기 마련이다. **거래할 만한 수요 주도 시장을 찾아보라.**

타이밍이 중요하므로, 인내심을 가져야 한다. 최고의 펀더멘털 분석가들은 대부분의 시장 참여자들보다 훨씬 쉽게 가격 추세를 예측할 수 있는 것처럼 보인다. 타이밍에 주의를 기울인다면, 물론 이것은 큰 이점이 될 것이다. 하지만 충동적이고 시장에 너무 일찍 들어가는 버릇이 있다면, 짧은 시간 동안 큰돈을 잃을 수 있다. 침착성을 기르고 기술적 지표들이 원하는 방향을 가리킬 때까지 기다려라. 여러분의 목표는 정확한 예측을 하는 최초의 사람이 되는 것이 아니라, 돈을 벌고 리스크를 제어하는 것이다. **정확한 펀더멘털 분석의 예측을 이용하려면 몇 주 혹은 몇 달을 기다려야 할지도 모른다.** 너무 일찍 행동에 나서면 정확한 예측을 손실 거래로 바꿔놓을 수 있다.

대규모 가격 변화에 대한 많은 예측은 이런저런 이유로 실현되지 못한다. 폭넓은 시장군에 대한 정확한 기술적 분석 정보의 출처를 알았다면, 한 해 보통 8~10차례 정도 대규모 가격 변화에 대한 예측을 접할 것이다. 이 가운데 6~7차례만 실제로 가격 변화가 일어나겠지만, 이때만이라도 제때 시장에 진입하여 수익을 최대화할 수 있다면 해마다 엄청난 수익을 올릴 것이다.

결단을 내리고 자기 몫의 손실을 기꺼이 받아들여야 한다. 큰 펀더멘털의 잠재성을 갖고 움직이는 시장을 좇는 것을 두려워하지 말라. 기술적 분석을 이용하든 펀더멘털 분석을 이용하든 트레이더들은 시장이 움직이기 시작한 뒤에 시장에 뛰어들 배짱이나 자제심이 부족한 경우가 많다. 보다 유리한 가격 조건에서 시장에 들어가기 원하고, 진입을 미루면서 결코 오지 않을 되돌림을 기다리고 싶은 것이 인간의 본성이다. 신속한 행동을 취하기 위해서는 용기와 자신감이 있어야 한다. 기술적인 것이든 펀더멘털적인 것이든 최상의 분석은 우유부단한 트레이더의 손에서는 무용지물이 되고 만다. 의심이 들면 소규모 포지션으로 시작하여 나중에 규모를 확대하라.

펀더멘털 분석에 관한 이상의 간략한 설명으로 한두 가지 생각을 떠올리게 되고, 나아가 각자의 거래 계획에 펀더멘털 분석을 포함시키게 되기를 바란다. 만약 정말로 펀더멘털 분석을 이용하고자 한다면, 더 많은 것을 배우기를 강력히 권한다. 내 생각에 펀더멘털 분석에 관한 최고의 책은 잭 슈웨거의 《슈웨거의 선물론: 펀더멘털 분석》[6]이라는 책이다. 매우 잘 만들어진, 정말 유용한 책이다.

반 타프의 덧붙이는 말

찰스 르보의 이야기는 주로 선물 거래에 적용되며, 뒤에 나오는 갈라커의 거래 기법에도 이용되었다. 주식 트레이더나 투자자인 경우, 다음에 나오는 가치 거래 부분을 자세히 보기 바란다. 이외에도 펀더멘털 분석에 관련된 두 가지 시스템은 나중에 설명할 것이다. 바로 윌리엄 오닐의 캔슬림CANSLIM 시스템과 워런 버핏의 기업 가치 모델이다. 버핏의 모델은 거의 완전하게 펀더멘털 분석인 반면, 오닐의 모델은 펀더멘털 분석을 토대로 삼고 있다.

가치 거래

가치 거래는 포트폴리오 매니저가 주식 시장에서 거래하는 데 있어 중요한 기법 가운데 하나다. 기본적으로 우리의 목표는 저평가 때 매수하고 적정가 또는 고평가 때 매도하는 것이다. 공매도하고 싶다면, 고평가 때 공매도하고 적정가나 저평가 때 환매해야 한다. 많은 사람은 전자의 일을 하며, 후자의 일을 하는 사람은 거의 없다. 나는 회사를 위해 퇴직 연금을 관리하며 '가치 개념'을 거래에 이용하기 때문에, 직접 이 부분을 썼다.

가치 투자의 유용성

주식 시장의 역사에서 많은 위대한 투자자들은 스스로를 '가치 트레이더'라고 말한다. 그 목록에는 워런 버핏과 그의 멘토인 벤저민 그레이엄이 포함될 것이다. 그리고 몇 명 더 거론하자면, 존 막스 템플턴 같은 유명인과 마이클 프라이스, 마리오 가벨리오, 존 네프, 래리 티시, 마티 휘트먼, 데이비드 드레먼, 짐 로저스, 마이클 스타인하트 같은 위대한 투자자들도 있다. 이 모든 대가들은 가치를 강조한다는 점에서 똑같다. 하지만 그 가치를 다소 다르게 정의한다는 점에서는 구별된다. 가치 투자에 관한 이 간략한 소개 글에서 효과가 있다고 생각하는 개념들과 그 반대인 개념들에 관해 다룰 것이다. 또한 어떤 형태든 가치 투자의 성공 확률을 높여주는 몇 가지 주의 사항을 소개할 것이다.

먼저 효과가 있는 것에 관해 얘기해보자. 가치 투자에서 언제나 효과가 있는 방법은, 먼저 트레이더에게 어느 정도 끈기가 있다고 가정했을 때 원래의 가치보다 에누리된 가격으로 매수하는 방법이다. 하지만 물론 자문해 보아야 할 핵심적인 질문은 어떻게 가치를 결정하느냐 하는 것이다. 내 책《재정적 자유를 위한 안전한 전략》에서 벤저민 그레이엄의 유명한 돈 버는 기술 중 하나에 관해 광범위하게 논한 바 있다. 그레이엄의 숫자 기법이 그것인데, 이 경우 가치는 정말로 단순하다. 회사의 청산 가치는 얼마인가? 다음 해 안에 회사의 모든 자산을 판다고 할 때, 얼마나 받을 수 있을까? 야후나 〈비즈니스위크〉에서 회사를 찾아보면, 정말로 이런 정보를 얻을 수 있다. 이것을 회사의 현재 자산이라고 한다. 현재 자산에서 총부채를 빼면, 청산 시 회사의 가치가 어느 정도일지 알 수 있다.

이제 회사의 청산 가치를 주당 10달러로 판단하는 상황에서 회사 주식이 현재 주당 7달러에 팔린다는 것을 알았다면 어떻게 하겠는가? 이것이 내가 가치 매매value play라고 부르는 것이다. 여러분은 회사의 청산 가치에 근거하여 1달러당 70센트에 주식을 살 수 있을 것이다. 이것은 실제 가치이고, 시장 침체기에는 사실 이런 주식을 발견하기가 쉽다. 예컨대 2003년 4월에 내가《재정적 자유를 위한 안전한 전략》을 쓰고 있었을 때, 우리는 청산 가치를 근거로 주식 선별 작업을 벌인 적이 있다. 여기서 4종의 주식이 선별되었는데, 시장은 이때 반전을 시작하고 있었다. 그로부터 9주 뒤인 6월 20일, 책이 출간되기 바로 직전에 이 4종의 주식은 86.25퍼센트 상승해 있었던 반면, S&P500은 그 기간에 겨우 15퍼센트 상승하는 데 그쳤다. 그러나 알아두어야 할 것은 이런 일이 하락장의 바닥에서 일어났으며, 그 뒤로 이런 기준에 들어맞는 주식들은 많지 않왔다는 사실이다.

사실 청산 가치보다 상당히 에누리 된 가격으로 매매되고 있는 주식을 찾는 것은 가치 거래의 극단적인 형태다. 다른 방법들도 있다. 예컨대, 실제 가치보다 상당히 낮게 자산 가치를 기재한 회사의 주식을 찾을 수도 있다. 여기에는 부동산 가치가 관련될 수 있다. 만약 어떤 회사가 보유 부동산 가치를 에이커당 1,000달러로 기재했는데, 실제 가치는 에이커당 5만 달러라면 어떻게 하겠는가? 이렇게 부동산 가격이 에누리 되어 있다면, 주가도 매우 저평가되었으리라고 짐작할 것이다. 저평가된 가치로 기재된 많은 부동산을 보유한 몇몇 회사 가운데는 세인트 조(에이커당 2달러 가치로 기재된 플로리다의 부동산 3퍼센트를 소유), 알렉산더 앤드 볼드윈(에이커당 150달러 가치로 기재된 하와이 땅을 소유), 테전 랜치(에이커당 25달러가로 등록된 거대한 부동산 소유)가 있다. 기본적으로 이런 회사들의 주식을 살 경우, 실제가를 생각하면 거의 공짜로 땅을 사는 것이나 마찬가지다.[7]

보다 효율적으로 가치 투자하는 법

투자자들에게 가치 투자를 개선하는 분명한 방법 중 하나는 몇 가지 주의 사항을 지키는 것이다. 우선, 하락할 때 저평가 주식은 절대 사지 말라. 예컨대 청산 가치의 70퍼센트로 거래되고 있는 주식을 발견한다면, 그다음 날 바로 그 주식을 사야 할 필요는 없다. 그것은 분명 싼 주식이지만, 사람들이 그 주식을 여러 이유로 싸게 팔기 때문에 싼 것이다. 그리고 앞으로도 한동안 그런 상황이 지속될 수도 있다. 오늘 저평가되었다고 해서 2~3개월 뒤 더 저평가되지 말란 법은 없기 때문이다.

대신 주식이 스스로 그 가치를 증명하게 놔두고, 시장에서 하락세가 끝났다는 신호를 얻어라. 나는 가치주가 스스로 그 가치를 입증하기 전까지는 절대 사지 않는다. 나는 적어도 주식이 2개월 동안 동일한 가격 범위에 머무는 것을 최소 조건으로 삼는다. 사실 그보다 나은 조건으로, 매수하기 전에 주가가 적어도 2개월 동안 상승하기를 바란다. 이제 순수한 가치 투자자는 이런 생각에 몹시 흥분하며 이렇게 말할지 모른다. "아니, 그렇다면 주식을 더 싸게 살 수도 있었다는 거잖아요!" 맞는 말이다. 그러나 우리는 2003년 4월 가치주를 매수할 때 이 개념을 적용했다. 만약 그 주식을 훨씬 일찍 샀더라면, 1년 이상 보유하면서 아무런 이득을 얻지 못했을지도 모른다. 선택은 온전히 자신의 몫이다. 그러나 시장에서는 자신의 믿음을 거래한다는 것을 명심하라. 그 믿음이 유용한지 여부는 스스로 판단해야 한다.

말이 난 김에 말이지만, 시장이 스스로 증명하도록 놔둔다는 개념에서는 가치 투자를 하는 대부분의 포트폴리오 매니저에 대해 엄청난 이점을 가질 수 있다. 잘나가는 포트폴리오 매니저는 수백만 달러 상당의 주식을 매수하고, 그의 이런 대규모 매수는 주가에 상당한 영향을 미친다. 따라서 그는 주가가 오르기를 기다릴 필요도 여유도 없다. 그러나 소량의 주식을 매수하는 경우(즉, 100주 미만), 주가가 오르기를 기다릴 여유가 있다. 대형 기관 투자가들이 여러분이 발견한 주식을 매수하기 시작한다면, 그것이 실마리가 될 수 있다.

가치 투자에서 무익한 것들

월스트리트는 어떤 주식이 어느 때 저평가된 것인지 알기 위해 엄청난 액수의 봉급을 지불하면서 증권 분석가들을 고용한다. 이런 분석가들은 앞으로 시판될 미래의 제품, 이런 제품을 위한 잠재적 시장, 이런 제품의 판매가 다음 해 회사의 주가에 미칠 영향 등을 따져본다. 그들은 미래의 수익을 예측하기 위해 산더미같이 쌓인 펀더멘털 분석 보고서들을 샅샅이 뒤진다. 미래 수익에 대한 이런 예측에 근거하여 그들은 "이 주식은 저평가되었어" 혹은 "이 주식은 고평가되었어" 하고 말할 수 있는 것이다.

트레이딩 코치로 오랜 시간 쌓아온 경험에서 보건대, 이런 접근 방법은 별 효과가 없다. 대부분은 그들이 들여다보는 많은 변수를 단순히 어림짐작하는 것뿐이다. 그들은 회사의 임원들이 거짓말을 한다고 말한다. 하지만 그런 일이 없다고 해도 미래 수익에 대한 그들의 예측이 주가의 미래 실적과 관련하여 의미를 갖는다는 증거는 없다. 따라서 조언하자면, 이런 식으로 가치 투자를 하지는 말라는 것이다. 이것은 진정한 가치 평가 방법이 아니다.

밴드 트레이딩

시장은 전체적으로 보았을 때 15퍼센트의 시간 동안만 추세를 이룬다. 그렇다면 나머지 85퍼센트의 시간 동안 우리는 무엇을 해야 하는가? 사실 우리는 대부분의 시장에서 대부분의 경우 유효한 전략을 찾을 수 있다. 이런 전략 가운데 하나가 밴드 트레이딩이다. D. R. 바턴은 현재 우리의 단기 트레이딩 워크숍에서 강의를 하고 있으며, 한동안 밴드 트레이딩에 직접 관여하기도 했다. 바턴은 자신이 개발하고 시험한 밴드 트레이딩 기법에 관한 정보지를 발행하고 있다.[8] 그래서 나는 그가 이 책에서 밴드 트레이딩에 관한 글을 쓰는 데 적임자라고 판단했다.

D. R. 바턴 2세: 밴드 트레이딩에 관한 개요

때때로 트레이더와 투자자는 대부분의 시장 조건에서 효과적인 기법에 관심을 갖는다. 밴드 트레이딩(또는 레인지 트레이딩range trading)은 대부분의 시장 환경에서 작용하는 하나의 전략이다. 이런 조건들에 관해 지금부터 상세히 다룰 것이다. 하지만 먼저 밴드 트레이딩을 정의하고, 시장에서 밴드 트레이딩을 효과적인 것으로 만들어주는 믿음에 대해 살펴보자.

밴드 트레이딩은 거래 범위의 바닥에서 매수하고 거래 범위의 천장에서 매도하는 전략이다. 밴드 트레이딩은 시장이 고무 밴드 또는 스프링과 흡사하게 움직인다는 믿음에 근거하고 있다. 즉, 어떤 지점까지 뻗어갔다가 되돌아온다는 것이다. 이런 형태의 반응은 횡보장에서 쉽게 보고 이해할 수 있다. 그림 5.1의 차트 후반부는 가격이 뚜렷한 횡보세의 채널을 형성하며 움직이는 것을 보여준다. 가격은 거래 범위의 천장까지 갔다

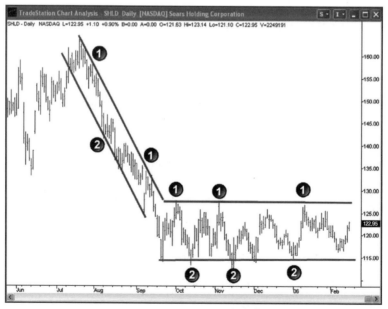

그림 5.1 추세 밴드와 밀집 밴드 모두를 보여준다

가(점 ①), 거래 범위의 바닥으로 되돌아온 다음(점 ②), 이런 주기를 반복하고 있다(①에서 ②로 갔다가 다시 ①로 이동).

횡보장에서 밴드를 이용하는 것은 꽤 잘 알려져 있는 반면, 밴드 트레이딩이 추세장에서도 똑같이 매우 효과적일 수 있다는 것을 아는 사람은 드물다. 추세장에서조차 시장이 줄곧 상승하거나 하락하는 것은 드문 일이다. 훨씬 흔한 것은 '세 걸음 올라갔다가 두 걸음 물러나는' 움직임이다. 추세의 대부분은 그런 특징을 보인다. 다시 그림 5.1을 보면, 가격이 차트의 앞부분에서 분명하게 하락세를 형성하고 있는 것을 알 수 있다. 그러나 우리가 횡보장에서 보았던 가격 움직임 패턴을 거기서도 똑같이 관찰할 수 있다. 밴드의 천장까지 갔다가(점 ①), ②에서 아래쪽 밴드로 다시 내려온 것이다. 우리는 시장에서 뻗어 갔다가 되돌아오곤 하는 이런 반복적인 움직임을 이용할 수 있다.

밴드에 참여하라: 밴드는 어떻게 정의되나

거래 범위는 시각적이며 수학적인 관점에서 세 가지 범주로 나눌 수 있다. 채널, 정적 밴드, 그리고 동적 밴드다. 채널은 보통 상부 채널의 가격과 하부 채널의 가격에 의해 정의된다. 이 두 채널은 재정의되기 전까지는 변동이 없다. 한 가지 사례는 잘 알려진 돈키언 채널Donchian Channel이다. 여기서는 지난 x일 동안의 고가를 상부 채널로, 지난 x일 동안의 저가를 하부 채널로 한다. 채널은 새로운 고가 혹은 저가가 형성될 때만 변한다.

정적 밴드는 상부 밴드와 하부 밴드로 구성되어 있고, 이런 각각의 밴드는 중앙선(기준선)에서 일정한 거리를 두고 그려진다. 이런 형태의 밴드를 엔벨로프envelope라고 부르기도 한다. 그림 5.2는 가장 흔한 정적

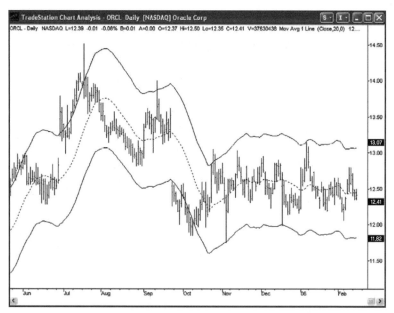

그림 5.2 정적 이동평균 밴드의 사례: ±5퍼센트의 20일 단순이동평균 밴드

밴드 혹은 엔벨로프를 보여준다. 단순이동평균선과 그 위아래에 사용자가 지정한 거리를 두고 상부 밴드와 하부 밴드가 그려져 있다(차트는 20일 단순 이동평균선을 보여주며, 이동평균선에서 위아래로 가격의 5퍼센트만큼 떨어진 곳에 밴드를 그렸다).

동적 밴드는 정적 밴드와 시작은 같다. 기준선(보통 단순이동평균)에서 시작하는 것이다. 그러나 동적 밴드의 경우 기준선과 상부·하부 밴드 간의 거리가 변하며, 이 거리는 대개 현재의 변동폭에 따라 결정된다. 동적 밴드의 가장 흔한 형태는 볼린저 밴드다. 그 이름은 창시자 존 볼린저의 이름을 딴 것이다. 그림 5.3은 기본 조건의 볼린저 밴드를 보여주고 있다. 기준선 위아래로 2 표준편차만큼 떨어져 상부 밴드와 하부 밴드가 그려져 있다(표준편차는 변동폭을 수량화하기 위해 가장 흔히 사용되는 통계 수치). 또 다른 흔한 형태의 동적 밴드는 평균 실제 범위ATR

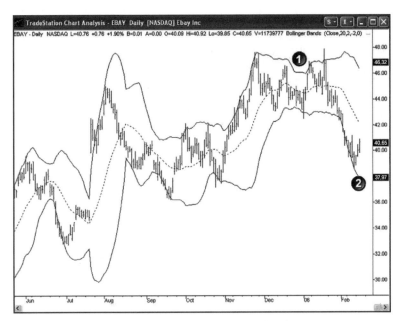

그림 5.3 동적 밴드의 한 사례로서의 볼린저 밴드

를 이용하여 기준선에서 상부·하부 밴드 간의 거리를 정한다.

밴드를 이용하여 거래하는 법

나는 거래 시스템에서 이 세 가지 밴드가 각각 효과적으로 이용되는 것을 줄곧 보아왔다. 개인적으로 테스트에서나 실시간 거래에서나 뛰어난 효과를 보이는 적응성 동적 밴드adaptive dynamic band를 토대로 정보지를 발행한다. 밴드를 이용한 거래를 위해 몇 가지 지침을 제시하고자 한다.

정적 밴드를 쓰든 동적 밴드를 쓰든, 밴드 트레이딩이라는 예술이자 과학에서 큰 부분을 차지하는 것은 밴드의 폭을 결정하는 일이다. 밴드 폭에는 각각 장단점이 있다. 대략 모든 경우에 다 잘 맞는 5퍼센트 이동 평균 엔벨로프 같은 파라미터(매개 변수)를 이용하면 곡선 조정이나 알맞을 파라미터들을 이용하는 위험을 피할 수 있다. 그러나 변동폭이 크거나 작은 파라미터에 1퍼센트 폭을 이용하면, 변동폭이 큰 시장에서 과다 거래를 하거나 변동폭이 작은 시장에서 과소 거래를 할지도 모른다. 각 시장에 최적화된 밴드폭을 이용하면 오히려 실시간 거래에는 그다지 효과적이지 못한 과도하게 최적화된 파라미터가 되기 마련이다. 유용한 타협은 변동폭이 비슷한 일군의 주식이나 상품에 최적화된 값을 찾는 것이다.

밴드 트레이딩의 진입 방식은 두 가지다. 역추세 진입 혹은 조정 시점 진입이다. 역추세 진입에서는, 가격이 상부 밴드에 처음 닿았을 때 주식 또는 상품을 매도(혹은 공매도)하고, 가격이 하부 밴드에 닿았을 때 주식 또는 상품을 매수한다. 조정 시점 진입 방식에서는 가격이 한 밴드에 닿거나 침입한 뒤 두 밴드 사이의 채널로 되돌아올 때를 기다렸다가 시장에 진입한다. 여기서 밴드 트레이딩에 들어가기 전에 스스로에게 물어보아야 할 중요한 질문은 '포지션이 나에게 유리한 방향으로 움직일 것이라고 생각하는가?'이다.

일단 밴드 트레이딩에 들어갔을 경우, 이상적인 상황에서라면 우리는 시장이 반대 방향으로 움직이기 전까지는 포지션을 보유하기 원할 것이다. 그리고 그때가 되면 반대 포지션을 취하려고 할 것이다. 이상적인 세계에서는 가격이 오르는 것을 보면 상부 밴드에서 매도하고, 가격이 하락할 때는 하부 밴드에서 매수하면 된다. 그러면 롱 포지션 거래로 수익을 내고 이어 숏 포지션 거래로 수익을 낸 후, 다시 롱 포지션 거래로 수익을 내는 식으로 계속하여 수익을 올린다.

그러나 실제 세계는 이처럼 이상적이지 않다. 밴드 트레이더는 스스로에게 다음과 같은 질문을 던져보아야 한다.

- 가격이 결코 밴드에 닿지 않는다면 어떻게 할 것인가?

- 밴드가 제대로 작동하지 않고 더 이상 정확하지 않다면 어떻게 할 것인가?
- 진입 후 가격이 원하는 방향으로 가고 있지만 다른 쪽 밴드 근처로는 접근하지 않고 있다면 어떻게 할 것인가?
- 가격이 밴드를 관통하여 계속 나아간다면 어떻게 할 것인가?

현명한 밴드 트레이더는 이상의 모든 문제에 대처할 수 있다. 그들이 그렇게 할 수 있는 것은 거래에 이용하는 개념을 철저히 이해하고 있기 때문이다. 자신이 이용하는 개념이 어떻게 작동하고 언제 자신이 틀릴지 알아야 한다. 또한 밴드의 성질을 이해해야 하고, 거래에 이용하는 밴드의 개념이 더 이상 효과적이지 못할 때 무엇을 할지 알아야 한다. 밴드 트레이딩을 할 때 일어날 수 있는 모든 최악의 상황에 관한 시나리오 역시 알 필요가 있다. 이 모든 것을 이해한다면, 이 개념을 발전시켜 정말로 자신에게 딱 맞는 거래 기법으로 만들 수 있다.

밴드 트레이딩의 장점과 단점

밴드 트레이딩은 거래 도구들의 기초가 되거나 또 다른 전략의 유용한 보완 수단이 될 수 있다. 이 부분을 마치기 전에, 밴드 트레이딩의 장점과 단점을 보도록 하자.

밴드 트레이딩의 장점: 밴드 트레이딩은 추세 추종 전략보다 훨씬 많은 시장 조건에서 효과적이다. 변동폭이 충분하여 이용 가능한 밴드를 만들 수만 있다면, 상승장이든 하락장이든 횡보장이든 상관없이 잘 작동한다. 거래 기회가 보다 빈번하므로 성공적인 밴드 트레이더는 추세 추종자보다 매끄럽고 급한 변화가 없는 자본 곡선을 낳을 수 있다. 따라서 밴드 트레이더는 포지션 규모 조절과 관련하여 보다 공격적인 전략을 취할 수 있으며, 전략의 성공적 수행에 필요한 계좌 자본 요구액이 낮다.

밴드 트레이딩의 단점: 밴드 트레이딩은 본질적으로 역추세의 진입을 요구한다. 상승이 일어난 뒤에 팔고, 하락이 일어난 뒤에 사는 것이다. 많은 추세 추종자들에게 이것은 매우 어려운 일이다. 추세를 잘 이루지 않아 추세 추종 전략에 맞지 않는 주식과 상품은 많다. 마찬가지로, 밴드 트레이딩을 하기에는 거래 범위가 너무 타이트하거나 범위 내 거래가 잘 안되는(예컨대 가격이 자주 밴드를 지나치게 멀리 벗어나는 경우) 주식과 상품도 있다. 이런 것은 경험과 사후 검증을 통해 확인할 수 있다.

반 타프의 덧붙이는 말

밴드 트레이딩은 보통 많은 거래 기회를 주며, 단기 트레이더에게는 훌륭한 전략이다. 따라서 빈번한 거래 활동과 고가 매도 그리고 저가 매수를 좋아하는 사람이면 밴드 트레이딩 형태가 적당할 것이다.

차트를 보면 매우 잘 들어맞는 많은 사례와 함께 전혀 들어맞지 않는 많은 사례를 볼 수 있다. 밴드 트레이더로서 여러분이 할 일은 이익 거래를 최대화하고 손실 거래를 최소화하는 것이다. 손실 거래는 미리미리 걸러 내거나 청산을 통해 그 충격을 줄여야 한다. 그러나 이 얘기는 뒷부분에서 다루어질 것이다. 어떤 시스템을 개발하든 이것은 중요한 문제이기 때문이다.

시기적 경향

오리건주(州)의 유진에 있는 무어 리서치 센터_Moore Research Center, Inc._는 시장의 시기적 경향을 연구하는 주요 기관이다. 이 기관은 선물, 현금, 주가에 대한 컴퓨터 분석을 전문으로 한다. 1989년 이래로 이 센터는 특정한 복합 선물들에 관한 월별 연구 보고서를 제작하여 전 세계에 배포하고 있다. 이외에도 시장의 확률적 성향에 관한 뛰어난 연구를 수행하고 있다. 그래서 나는 스티브 무어에게 이 장을 쓰게 하고자 연락을 취했다. 스티브는 센터 안에 대중과의 의사소통에 있어서 전문가가 한 명 있다고 했다. 바로 무어 리서치 센터 퍼블리케이션스의 편집장 제리 톱키_Jerry Toepke_였다. 제리는 많은 기사를 써왔고, 컨퍼런스에서 몇 차례 강연을 하기도 했다.[9] 이 부분에 나오는 그래프 중 몇 개는 약간 오래된 것이기는 하나, 논점은 여전히 유효하며 그것이야말로 놓치지 말아야 할 부분이다.

제리 톱키: 시기적 경향이 중요한 이유

시기적 경향의 측면에서 시장에 접근하는 것은, 종종 모순되는 뉴스의 그칠 줄 모르는 흐름에 계속 반응하기보다는 미래의 가격 움직임을 예측하기 위해서다. 수많은 요인이 시장에 영향을 미치지만, 해마다 특정한 조건과 사건이 반복적으로 일어나기 마련이다. 가장 두드러진 예는 해마다 더위와 추위를 반복하는 날씨의 순환이다. 그러나 달력 또한 해마다 중요한 사건들이 일어남을 잘 보여준다. 한 예로, 매년 4월 15일은 미국 소득세 신고 마감일이다. 이렇게 해마다 되풀이해 일어나는 사건들로 인해 수요와 공급의 연간 주기가 만들어진다. 수확기에 발생하는 엄청난 곡물 공급량은 한 해 동안 점차 줄어든다. 난방용 기름에 대한 수요는 보통 추운 날씨가 다가오면 증가하지만, 재고가 축적되면서 진정된다. 통화 유동성은 사람들이 세금을 납부하면서 감소할 수 있으나, 연방준비은행이 자금을 다시 풀면 증가한다.

수요와 공급의 연간 순환은 시기적 가격 현상을 낳는다. 이런 현상은 규모가 클 수도 작을 수도 있지만, 대략 정해진 시기에 일어난다. 따라서 변화하는 조건에 의한 연간 패턴은 대체적으로 잘 정의된 연간 가격 반응 패턴의 원인이 된다. 그러므로 시기적 특성은 시장의 자연적 리듬, 즉 매해 비슷한 시기에 비슷한 방향으로 가격이 움직이는 고정적인 경향으로 정의될 수 있다. 그와 같은 이유로 이것은 어느 시장에서든 객관적인 분석에 따라붙는 유효한 원칙이 된다.

연간 주기에 큰 영향을 받는 시장에서는 시기적인 가격 움직임이 단순한 시기적 원인의 결과 이상일 수 있다. 이것은 너무나 깊이 뿌리 내려 거의 독자적으로 존재하는 근본적인 조건이 되기도 한다. 거의 시장이 기억을 하고 있는 상황과 비슷하다. 왜 그러할까? 일단 소비자와 생산자가 패턴을 형성하면, 그들은 이런 패턴에 의지하기 십상이다. 그래서 나중에는 거의 종속되는 수준에까지 이르고, 기득권은 이런 패턴을 유지시킨다.

패턴은 일정한 예측 가능성을 내포한다. 선물 가격은 변화를 예상할 때 움직이며 변화가 현실화되면 조정이 일어난다. 이런 변화가 해마다 거듭되면, 예상과 현실화의 반복적 주기가 생겨난다. 이런 순환적 현상은 시기적 특성 측면에서 거래에 접근하는 방법에 대해 본질적이라고 할 수 있는데, 접근법은 그 경향이 나타날 때를 예측하고 시장에 들어갔다가 흐름을 탄 다음 변화가 현실화되면 시장에서 빠져나오기 위해 마련된 것이기 때문이다.

물론 첫 번째 단계는 시장의 시기적 가격 패턴을 찾는 것이다. 과거에는 이것이 주간 혹은 월간 고가와 저가가 상대적으로 조잡한 연구를 수립하는데 이용되었다. 그와 같은 분석이 주장하는 바에 따르면, 소 가격은 67퍼센트의 경우 4월이 3월보다 높으며, 80퍼센트의 경우 4월이 5월보다 높다. 그러나 이제는 컴퓨터로 수년간의 일일 가격 변동을 조합하여 패턴을 도출해낼 수 있다. 제대로 구축만 한다면 이런 패턴은 시장의 연간 가격 주기에 관한 역사적인 견해를 제공한다.

주기에 있어서 네 가지 주요 요소는 저점, 상승, 고점, 하락이다. 이런 요소들을 시기적 가격 패턴의 용어로 옮겨보자면 각각 시기적 저점, 시기적 상승, 시기적 고점, 시기적 하락이 된다. 시기적 패턴은 공급 최대-수요 최소, 수요 증가-공급 감소, 수요 최대-공급 최소, 수요 감소-공급 증가라는 시장 조건의 연별 순환적 경향을 생생하게 보여준다. 이런 패턴으로부터 미래 가격의 움직임을 더 잘 예측할 수 있다.

그림 5.4에서 1982~1996년까지 1월 난방유 상품의 시기적 패턴을 보자. 수요와 가격은 보통 7월에 저점을 형성하는데, 대개 1년 중 가장 더운 시기이기 때문이다. 추운 날씨가 다가오면서 시장에서는 미래 재고에 대한 수요가 증가한다. 따라서 가격 상승 압박이 일어난다. 상승하던 가격은 예상 수요가 현실화되면서 가장 추운 날씨가 오기도 전에 절정에 도달하고, 이어 정제소가 수요에 맞추기 위해 정신없이 돌아가고, 시장은 미래의 재고 청산에 온 힘을 쏟는다.

또 다른 주된 석유 제품은 역시 날씨 요인 때문이지만 다른 시기적 수요를 보여준다. 8월 휘발유의 시기적 패턴(1986~1995년)은 그림 5.5에서 볼 수 있다. 가격은 대개 운전 환경이 나쁜 겨울이 더 낮다. 그러나 업계에서 여름의 드라이빙 시즌을 예상하기 시작하면서 미래 재고에 대한 수요가 증가하고 가격 상승 압력이 일어난다. 드라이빙 시즌이 공식적으로 시작되면 정제소는 수요 충족을 위한 충분한 동기를 제공받는다.

일일 가격에서 도출한 시기적 패턴이 완벽한 주기로 나타나는 법은 거의 없다. 분명한 시기적 고점과 저점이 갖추어진 패턴이라고 해도, 시기적 추세는 실현되기 전에 다양한, 때로는 상충하는 힘들로부터 영향을 받는다. 시기적 하락은 보통 단기 반등으로 중단되곤 한다. 예컨대 소 가격은 보통 3~4월에서 6~7월까지 하락하지만, 5월 초에 강력한 반등세를 보인다. 소매점에서 전몰장병 기념일(5월 마지막 월요일)용 바비큐를 위해 소고기 재고를 방출하기 때문이다. 대두 가격은 6~7월에서 10월의 수확기까지 하락하는 경향이 있지만, 노동절(9월 첫째 주 월요일) 무렵에는 시장은 보통 서리를 걱정하게 된다.

이에 반해 시기적 상승은 대개 단기 반락으로 중단되곤 한다. 예컨대

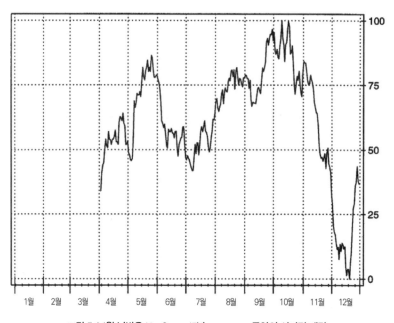

그림 5.4 1월 난방유 No. 2NYM, 15년1982~1996년 동안의 시기적 패턴

선물의 상승 추세는 보통 임박한 계약의 최초 인도 통지일과 관련된 인위적인 매도 압력에 의해 방해를 받는다. 인도 회피를 위한 이런 청산은 차익 실현 뒤 포지션 진입 혹은 재구축의 기회를 동시에 제공한다.

어쨌든 일일 가격을 통해 구축한 시기적 패턴은 시기적 가격 변동의 네 가지 주요 요소를 묘사할 뿐 아니라 신뢰할 만한 시기적 경향의 부분들까지 설명해준다. 이런 구두점들과 일치하여 일어나는 근본적 사건들을 인식하면 패턴에 대해 더 큰 신뢰를 가질 수 있다.

그림 5.6은 9월 미국 재무부 채권이 형성하는 시기적 가격 패턴 (1981~1995년)이다. 미국 정부의 회계연도는 10월 1일 시작된다. 이때 유동성이 증가하고 대출 수요가 다소 시름을 던다. 이때부터 상승했던 채권 가격이 해당 연도의 개인 소득세 납부 시기의 도래와 함께 하락하는 것은 단순히 우연의 일치일까?

5월까지의 시기적 하락은 시장이 세금 납부로 통화 유동성이 줄어드

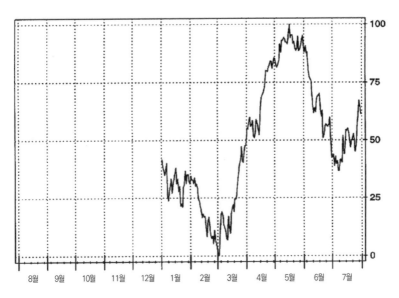

그림 5.5 8월 무연 표준 휘발유NYM, 10년1986~1995년 동안의 시기적 패턴

는 것을 예상하기 때문일까? 마지막의 급격한 하락 구간이 놀랍게도 4월 15일에 시작되는 것에 주의하라. 이날은 소득세 납부 마지막 날이다. 또, 유동성이 6월 1일에 급격히 증가하는 경향은 연준이 이날 마침내 자금을 재순환시키기 때문에 일어나는 것은 아닐까?

12월 1일, 3월 1일, 6월 1일, 9월 1일 전후로 일어나는 전형적인 시장 반응을 면밀히 살펴보라. 이때는 채권 문서상 시카고 상품거래소 선물 계약에 대한 최초 인도일이다. 마지막으로, 각 분기 두 번째 달(11월, 2월, 5월, 8월)의 첫 번째 혹은 두 번째 주에 뚜렷한 하락 구간이 형성되는 것을 확인하라. 채권 트레이더들이라면 적어도 가격이 재무부 분기별 차환 발행의 이튿날까지 떨어지는 경향이 있다는 것을 안다. 그리고 이때쯤이면 시장은 재무부 3일 경매의 규모에 관해 더 많은 것을 알게 된다.

11월 대두의 시기적 패턴도 한번 살펴보자. 그림 5.7은 북반구와 수확

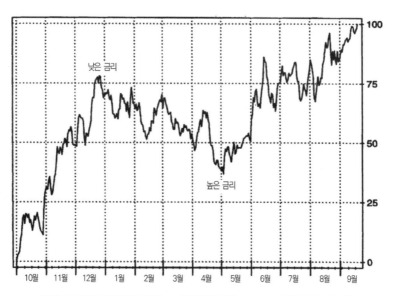

그림 5.6 30년 만기 재무부 채권CBT, 9월 발행, 15년1981~1995년 동안의 시기적 패턴

주기가 정반대인 브라질이 주요 대두 생산국가가 된 뒤, 15년(1981~1995년)의 기간 동안 구축한 시기적 패턴을 보여준다. 가격이 횡보세를 이루다가 '2월 휴식기'에 낮아지는 것을 눈여겨보라. 이때 미국 생산업자들은 최근 대두 수확 물량을 시장에 내놓게 되며, 브라질의 작물은 빠르게 성장한다. 3월 계약물의 인도에 대한 최초 통보가 공시될 무렵에는 봄 랠리를 위한 근본적인 토대가 마련된다. 브라질의 작물이 수확되고, 미국 생산업자들에 대한 판매 압력이 절정에 달하며, 시장은 보다 저렴한 하상 운송이 원활해지면서 수요가 되살아나리라 예상한다. 그리고 시장은 대두 재배를 유도하고, 날씨 리스크에 대한 프리미엄을 제공하는 데 관심을 집중하기 시작한다.

그러나 5월 중순에는 대두를 재배할 미국 중서부 최상의 농지가 대개 결정되어 파종이 이미 진행된다. 동시에 브라질은 최근의 수확 물량

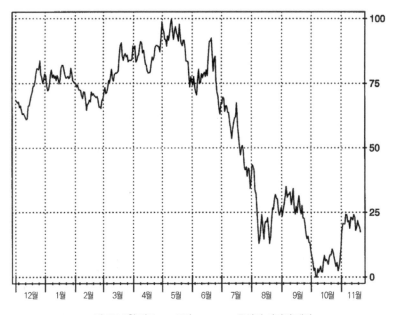

그림 5.7 11월 대두CBT, 15년1981~1995년 동안의 시기적 패턴

을 시장에 내놓기 시작한다. 이런 새로운 공급량과 새로이 재배되는 미국 작물은 보통 시장가에 대한 압력으로 작용한다. 6월 말과 7월 중순의 고점은 간헐적으로 일어나는 작황에 대한 우려를 반영하고 있다.

8월 중순에 이르면, 미국의 작물이 수확되고 선물은 이따금 때 이른 시기적 저점을 기록하기도 한다. 가격은 대개 10월의 저점까지 떨어진다. 그러나 최초로 수확한 대두에 대한 상업 수요와 초기 수확 작물에 영향을 미칠지도 모르는 서리에 대한 염려로 9월까지 반등이 생겨난다. 또 7월, 8월, 9월, 11월 계약물의 최초 인도 통지일과 관련된 소규모 하락과 반등에도 주의해야 한다.

물론 이런 거래 패턴이 언제나 그대로 반복되는 것은 아니다. 다른 거래 기법과 마찬가지로, 시기적 거래 기법에는 고유의 한계가 있다. 트레이더가 직접적이고 실제적으로 관심을 기울여야 하는 것 가운데는 타이밍과 시기에 맞지 않는 가격 변동이라는 문제가 있다. 일간이든 장기든 펀더멘털은 불가피하게 변동이 있다. 예컨대 어떤 여름은 다른 여름보다 더 덥거나 더 건조하고, 또 결정적인 순간이 더 많을 수도 있다. 시기적 특성이 무척 일관된 경향에서조차 상식과 단순한 기술적 지표를 통해, 또 기본적으로 현재의 펀더멘털과 친숙해짐으로써 선택의 정확성과 타이밍을 강화시키는 방법으로 거래하는 것이 좋다.

유효한 통계 표본은 얼마나 많아야 할까? 일반적으로 말하자면 많을수록 좋다. 하지만 일부의 경우 '최근'의 표본이 보다 유용할 수 있다. 예를 들어, 1980년 브라질이 주요 대두 생산국가로 등장한 것은 1970년대 시장의 거래 패턴을 거의 180도로 바꾸어놓은 크나큰 요인이었다. 또, 1985~1991년 우세했던 디플레이션의 패턴만 염두에 둔다면 인플레이션의 환경에서 낭패를 당할 수 있다.

한편, 이런 역사적 변천 과정에서는 최근 패턴의 적합성에 시간의 지체가 일어날 수도 있다. 현물 시장 분석은 이런 영향을 상쇄하는 데 도움을 줄 수 있다. 그러나 선물 특유의 특정 패턴(예컨대 인도 혹은 만기로 인해 생겨나는 패턴)은 해석이 잘되지 않을 수 있다. 따라서 표본 수나 표본 자체는 의도하는 용도에 맞아야 한다. 이것은 자의적으로 결정될 수 있지만, 자신의 선택이 불러올 결과에 관해 잘 알고 있는 사람들만이 그렇게 해야 한다.

여기서 문제는 통계 수치를 미래에 투영시켜야 한다는 것이다. 그러나 이런 통계 수치는 과거를 확인시켜주지만, 그 자체가 미래를 예측하지는 못한다. 슈퍼볼의 승자나 주식 시장의 방향 같은 '현상'은 통계적 우연의 사례다. 이 둘 사이에는 아무런 인과 관계가 존재하지 않는다. 그러나 여기서 한 가지 유효한 질문이 제기된다. 컴퓨터가 원래의 자료만을 조사할 때 어떤 발견이 과연 의미가 있을까? 예컨대 지난 15년 중 14년간 반복된 패턴은 유효한 것일까?

펀더멘털 때문에 형성된 패턴이 보다 큰 확신을 준다는 것은 분명하다. 그러나 모든 시장의 관련된 펀더멘털을 모조리 아는 것은 불가능하다. 누군가 시기적 패턴을 정확하게 구축해놓을 때, 다른 누군가는 과거에 대한 상당한 신뢰를 갖고 특정 날짜 사이에서 동일한 방향으로 반복되는 어떤 추세를 찾을지도 모른다. 진입 그리고 청산 날짜가 유사한 이런 신뢰할 만한 추세가 여럿 존재한다는 것은 통계적 일탈의 가능성을 줄여줄 뿐 아니라 반복되는 기본적 조건이 미래에도 여전히 존재할 것이며, 비슷한 때에 시장에 영향을 미칠 것임을 보여준다.

시기적 패턴은 단순히 보통 시장이 따라가는 잘 다져진 길을 보여줄 뿐이다. 시기적 패턴의 유효성을 위한 토대는 시장 자체의 일관성에서 나온다.

반 타프의 덧붙이는 말

어떤 사람들은 아무 의미도 없는 시기적 정보를 적극적으로 추천한다. X의 가격이 4월 13일에 지난 14년간 13차례나 상승했다는 따위의 정보다. 컴퓨터는 언제라도 이런 종류의 상호작용을 찾아낼 수 있고, 일부 사람들은 이를 토대로 거래하기를 원한다. 그러나 논리적인 인과 관계 없이 시기적 패턴을 거래하는 것은 위험스런 일이다. 예를 들어, 2006년 1월 슈퍼볼의 결과는 2006년 주식 시장의 상승을 예언했었다.[10] 여러분이라면 이런 정보에 따라 거래하겠는가?

스프레드 거래

케빈 토머스는 런던 국제금융선물옵션거래소가 전자거래소로 바뀌기 전 그곳에서 일하던 성공적 플로어 트레이더 가운데 한 명이었다. 그는 또한 처음으로 우리의 2년짜리 슈퍼 트레이더 프로그램을 수료한 사람이기도 했다. 이 글을 쓸 당시, 케빈은 객장에서 주로 스프레드를 거래하고 있었다. 나는 원래 정보지에 게재할 목적으로 케빈을 인터뷰했는데, 이때 그가 스프레드에 관해 광범위하게 얘기해주었다. 그래서 나는 그가 이 책에서 스프레드 거래의 개념을 설명해줄 적임자라고 판단했다. 케빈은 여기서 유로달러(런던에서 거래되는 달러를 의미)와 유로마르크(런던에서 거래되는 독일 마르크를 의미)라는 용어를 사용했다. 이런 것이 그가 거래했던 계약물이기 때문이다. 이 부분에 등장하는 일부 차트는 거래소에서 플로어 트레이더들이 활발한 활동을 벌였을 당시 케빈이 거래했던 품목들을 보여준다. 나는 이런 차트들을 그대로 여기에 싣기로 결정했다. 차트가 더 이상 거래되지 않는 품목을 보여준다고 해도, 어쨌든 스프레드 거래에 관한 유익한 정보를 제공하기 때문이다.

케빈 토머스: 스프레드 거래에 관한 소개

스프레드는 선물 시장에서 롱 포지션과 숏 포지션을 섞어 구성하는 거래다. 이런 합성 형태의 포지션은 충분히 고려할 가치가 있는데, 단순 거래에 비해 몇 가지 이점이 있기 때문이다. 우선 리스크가 낮고 증거금 요구액이 훨씬 작다. 게다가 일부 스프레드는 다른 여느 시장처럼 차트로 나타낼 수 있다.

예컨대 유로달러에서는 근월물은 매수하고, 1년 뒤의 계약물은 매도할 수 있다. 이런 인위적인 포지션은 스프레드 증거금 비율에 한해 숏 포지션의 특징을 갖는다. 이런 종류의 스프레드 거래를 '이종 상품 간 스프레드 거래intercontract spread'라고 부른다. 이런 거래는 유동성 높은 선도 계약 시장에서 활용할 수 있다. 그러나 스프레드의 움직임은 시장마다 천차만별이다.

금리 선물에서는 '결제월 간 스프레드 거래calendar spreads, 근월물과 선도 계약 간의 스프레드 거래'가 단기 금리 차이를 노릴 때 흔히 쓰이는 전략이다. 금리가 상승할 것이라고 생각할 때 근월물을 매수하고 선도 계약을 매도한다. 두 계약 사이의 달수가 많아지면 스프레드의 반응도와 변동폭도 커진다. 같은 해 6월과 9월간의 스프레드는 올해 9월과 이듬해 9월간의 스프레드보다 변동폭이 작기 마련이다. 그림 5.8의 사례는 이런 내용을 보여준다.

그림 5.8은 유로마르크 1996년 9월물과 1997년 9월물 간의 스프레드 움직임을 나타내고 있다. 나는 여기 아래쪽에 스프레드의 14일 상대강도지수RSI를 그려놓았다. 점 A에서 다이버전스가 발생하고 점 B에서 돌파가

일어난 것을 눈여겨보기 바란다. 이것은 단기 금리가 상승할 것이라는 신호다. 여기서 롱 스프레드를 취하면 하락세에서 시장에 들어갈 수 있지만, 그 이후 스프레드는 저점에서 고점까지 76틱 상승했다.

그림 5.9의 차트는 유로마르크 1996년 9월물과 1997년 9월물이 동일한 기간에 각각 어떻게 움직였는지 보여준다. 스프레드의 움직임이 바로 각 월에 어떤 움직임이 있을지 보여주는 훌륭한 지표라는 사실에 주목하라. 게다가 스프레드의 변동폭은 1996년 9월물의 하락폭보다 크고, 1997년 9월물의 하락폭의 대략 75퍼센트에 달한다. 스프레드의 증거금은 단위당 600유로마르크인 반면, 단순 선물 포지션의 경우는 1,500유로마르크가 필요하다.

이런 스프레드 거래는 플로어 트레이더들 사이에서는 인기 있는 거래 전략이다. 단순 선물 포지션보다 리스크가 낮은 포지션을 취할 수 있으면서도 수익 가능성이 크기 때문이다. 일단 스프레드 포지션을 취하면, 이 포지션은 우리가 보유하고 있는 다른 여느 포지션과 똑같이 다룰 수 있다. 추세 추종 기법이나 포지션 규모 조절 모델을 적용할 수 있는 것이다.

스프레드를 이용하면 다른 식으로는 불가능한 관계를 만들어낼 수 있다.
예컨대 통화 크로스레이트currency cross rate, 기준 통화가 아닌 기타 통화와의 환율는 독일 마르크화와 엔화 같은 국제통화시장의 통화들 사이에서 만들어지는 스프레드다. 여기서 세계에서 가장 활발히 거래되는 관계가 만들어지지만, 단순히 달러 또는 파운드로만 생각했다면 이런 관계는 생겨나지 못했을 것이다. 널리 성행하는 또 다른 거래는 현금 채권cash bond과 채권 선물을 함께 거래하는 것이다. 이를 '베이시스 거래basis trading'라고 한다.

이런 시장에서 흔히 활용되는 또 다른 전략은 '버터플라이 스프레드butterfly spread'다. 이것은 동일한 달을 공유하는 두 스프레드 간의 차이를 말

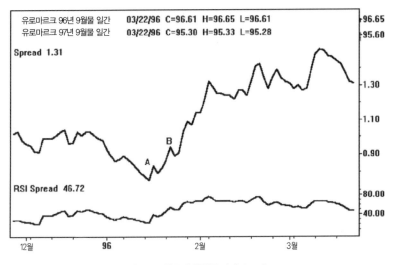

그림 5.8 근월물과 원월물 간의 스프레드

그림 5.9 월별 유로마르크의 움직임

한다(예컨대 1996년 9월물 1개 매수, 1996년 12월물 2개 매도, 1997년 3월물 1개
매수). 버터플라이 스프레드는 수수료 때문에 일반인들이 거래하려면 돈
이 너무 많이 든다. 그러나 플로어 트레이더는 유로달러 혹은 유로마르크

같은 시장에서 이런 전략을 활용할 수 있다. 플로어 트레이더의 경우 수수료 비용이 낮고 시장 조성자로서의 이점을 갖고 있는 덕분이다. 이 전략은 리스크가 매우 낮고 수익 가능성이 매우 크다. 플로어 트레이더는 두 개의 스프레드를 거래하기 때문에 대개 한 개의 스프레드를 스크래치(본전치기)하고 다른 한 개의 스프레드에서 약간의 이익을 내거나, 아니면 전체 버터플라이 스프레드를 스크래치 할 수 있다.

상품도 이종 상품 간 스프레드 거래를 할 수 있다. 구리 가격이 공급 부족 때문에 상승할 것으로 예상된다고 하자. 그렇다면 우리는 근월물을 매수하고 원월물을 매도해야 할 것이다. 이런 일은 공급량 부족 시기에 생기며, 이때는 근월물 가격이 원월물 가격보다 높다. 이런 현상을 '백워데이션backwardation, 선물가격이 미래 현물가격보다 낮게 이루어지는 시장 또는 선물과 현물 간의 가격 역전 현상'이라고 한다.

상품을 거래할 때는 물리적 인도가 계약 사항의 일부라는 것을 언제나 명심해야 한다. 금속—귀금속이든 비금속이든—거래 시 물량이 풍부할 때는 현물 매입과 선물 매도를 동시에 하는 전략도 괜찮다. 즉, 이익(가격 상승)이 금리를 초과할 경우 해당 금속을 인도받아 창고에 쌓아두었다가 미래의 특정 일자에 다시 인도해주는 것이다. 금리가 이때의 이익보다 높거나 이익이 마이너스가 되면 이런 전략은 무가치하다.

'시장 간 스프레드 거래intermarket spreading' 역시 괜찮은 거래 개념이다. 여기서는 S&P와 재무부 채권, 두 개의 통화 크로스레이트, 금과 은 같은 서로 다른 시장을 거래한다. 반 타프 박사는 이 장에 시장 간 분석을 다루는 부분을 새로 추가했으며, 존 머피는 이 주제로 책 한 권을 썼다.[11] 기본적으로 이런 스프레드를 거래에 이용하는 것은, 두 시장의 상대적인 움직임이 최상의 거래 기회를 제공한다고 믿기 때문이다.

여러분이 찾아볼 수 있는 스프레드 형태는 이외에도 수없이 많다. 그 중에는 옵션 스프레드 거래와 뒤에서 볼 재정거래도 있다. 이 둘은 모두 그 자체로 완벽한 거래 기법이다. 스프레드 거래는 간단할 수도 있고 원하는 만큼 복잡해질 수도 있지만, 조사해볼 가치는 충분하다.

반 타프의 덧붙이는 말

이상의 모든 개념은 스프레드 거래에 이용할 수 있다. 스프레드 거래의 이점은 전에는 거래 불가능했던 관계를 거래할 수 있게 되었다는 것이다. 예컨대 금을 살 때 우리는 사실 금과 통화의 관계를 사는 것이다. 이 관계는 통화 가치가 금에 비해 내려가거나 금의 가치가 통화에 비해 올라갈 때 가치가 상승한다. 2003년 우리는 금 가격이 상승하는 것을 보았다. 그러나 사실 이때 금 가격이 상승한 것은 미국 달러가 하락했고, 하락한 미국 달러로 금 가격을 매겼기 때문이다. 반면 2006년에는 금이 모든 통화에 대해 상승했다. 달러가 상승하는 동안에도 금이 실제로 상승했던 것이다.

스프레드는 거래 가능한 또 다른 관계를 창조한다. 그것은 달러나 유로로 표시한 주식이 될 수도 있고, 금과 원유 가격 간의 관계가 될 수도 있다.

재정거래

로이 켈리는 나의 친한 벗이었으며 초창기 고객이기도 했다. 그는 또한 위대한 선생이었고, 내가 아는 가장 뛰어난 트레이더 가운데 한 명이었다. 고객으로서의 관계가 끝난 1987년부터 1994년 초까지 레이는 해마다 40~60퍼센트의 평균 수익을 올렸다. 이런 일은 어느 정도는 전체 기간 중 손실월이 단 한 차례였으며, 그것도 2퍼센트의 손실에 불과했다는 사실에 기인했다. 레이는 나중에 은퇴하여 트레이딩 코치가 되었고, 이후 남부 캘리포니아에서 피정 센터를 운영했다. 그 뒤 그는 세상을 떠났으나, 나는 종종 그를 생각했다. 여기 쓴 레이의 글은 유머가 가득하며, 시장의 작용에 대한 뛰어난 이해를 보여준다.

레이 켈리: 재정거래—재정거래는 무엇이며, 어떻게 이루어지는가?

사람들이 나에게 어떤 일을 하냐고 물어보면, 나는 '재정거래'라고 답한다. 그러면 사람들은 내가 누군가로부터 '미적분'이라는 말을 들었을 때 종종 짓는 멍한 표정으로 나를 바라본다. 아주머니들은 아이들을 자기 품으로 끌어들이고, 남자들은 의혹의 눈길로 내 눈을 응시한다.

10분 만이라도 '재정거래'라는 단어에 대한 두려움을 극복할 수 있다면, 재정거래의 본질뿐만 아니라 이것이 우리의 일상사에 영향을 미치는 방식을 이해하게 될 것이라고 장담한다. 재정거래에 대해 생각할 수 있으면, 그전까지는 무심코 지나쳤던 삶의 모든 측면에서 기회를 보게 될 것이다. 재정거래에 대한 지식이 있다면, 다음번 파티에서 누군가 재정거래를 하는 사람들에 관해 말을 꺼냈을 때 술 한 잔 가져오겠다며 실례를 구하지 않아도 될 것이다. 여러분은 그 파티에서 똑똑한 사람 중 한 명으로 여겨질 것이고, 사람들은 찬탄의 눈으로 바라볼 것이다. 그 모든 것이 이 글을 읽는 데 10분을 투자한 덕분일 것이다.

재정거래는 거의 모든 기업가가 하고 있는 일이다. 사전에서는 '한 시장에서 환어음을 매수하고 다른 시장에서 매도하는 행위'로 재정거래를 정의한다. 이외에도 사전은 여자를 '성별이 여성인 사람'으로 정의하고 있다. 이 두 가지 정의는 모두 사실이다. 그러나 단어의 본질을 완전히 포착하고 있지는 못하다. **재정거래는 발견의 마술이다. 그것은 불쾌할 정도로 깊고 상세한 부분까지 파고드는 예술이자 과학이다. 그것은 상황의 모든 부분을 들여다보는 과정이다. 마치 대좌 위에서 천천히 돌아가는 다이아몬드의 모든 면을 관찰하면서 그 모두가 같은 것이 아니라 전부 다르다는 것을 알게 되는 것과 비슷하다. 재정거래는 불가능한 수수께끼를 풀기를 좋아하는 사람들의 것이다.**

에드윈 르페브르는 《어느 주식투자자의 회상》[12]에서 1920년대 초에 전화기가 등장하면서 벌어진 일에 대하여 설명하고 있다. 뉴욕증권거래소의 모든 주식 시세는 우리가 현재 불법거래소로 알고 있는 전신소에서 알려주었다. 오늘날의 장외 경마 도박과 매우 흡사한데, 그곳에서는 사람들이 증권 시세를 보고 매수 혹은 매도 주문을 낼 수 있었다. 차이라면 그곳의 주인이 물주 혹은 해당 지역의 거래소 역할을 했다는 것이다. 그는 거래소에 전화를 걸기보다는 스스로 그 거래를 맡았다. 예컨대 주식 시세표시기에서 이스트먼코닥이 66.5에 거래된다고 하면, 고객은 "500주 매수하겠소"라고 한다. 그러면 주인은 매수를 승인하고, 자신이 이 거래의 상대편이 되는 것이었다.

전화가 생기자 한 영리한 사람이 마침내 뉴욕증권거래소의 전신 오퍼레이터보다 전화가 빠르다는 것을 발견했다. 그는 불법거래소와 거래 관계를 유지하기 위해 소규모 거래들을 했지만, 시장의 변동폭이 클 때는 늘 전화로 동료와 연락을 취했다. 나쁜 소식이 나오면, 이스트먼코닥은 주식시세표시기에는 66.5이지만 뉴욕에서는 65일 수 있었다. 그러면 그는 불법거래소 주인에게 66.5에 주식을 팔고 뉴욕 객장의 동료를 통해 주식을 되샀다. 따라서 그는 100주를 거래할 때마다 150달러의 확실한 수익을 올렸다. 시간이 흘러 이 영리한 남자는 다른 사람들을 여럿 고용하여 많은 불법거래소에서 거래하도록 했고, 이로 인해 결국 많은 불법거래소가 사업을 접고 말았으며, 남아 있던 곳도 마침내 전화를 두게 되었다.

이런 행동이 비양심적일까? 아니면 시장에서 좀 더 효율적으로 거래하는 방법에 불과한 것일까? 불법거래소의 주인이 실제로 주식을 사는 사람들의 이름으로 거래하지 않고 자신이 직접 그 거래를 맡은 것은 부정직한 행동이었을까? **중요한 것은 경제 그 자체에는 도덕규범이 없다는 것이다. 경제는 그냥 그렇게 존재하는 것이다.** 사람들이 다양한 관행에 '좋다', '나쁘다' 혹은 '옳다', '그르다'라고 하는 것일 뿐이다. 불법거래소의 주인은 이런 식으로 재정거래를 한 사람들이 나쁘다고 생각하나, 뉴욕의 중개인들은 수수료가 증가하는 게 좋았기 때문에 재정 트레이더들을 반겼다.

재정 트레이더들은 이제 모든 사람이 전화를 쓸 수 있기 때문에 자신은 영리한 사람들이라면 누구나 알 수 있는 거래 기법을 이용하는 것뿐이라고 생각한다. 그들은 또한 누구라도 결국 스스로 알 수 있는 이런 비밀을 다른 사람들에게 털어놓아 자신의 영리함을 무가치한 것으로 만들 의무는 없다고 생각한다. 오래전부터 재정거래를 막거나 재정거래에 동참하여 수익 기회를 감소시키는 사람들은 늘 존재했다. **경제는 행위자의 감정과 무관하다. 이런 속담이 있다. '탁자 위에 돈이 있으면, 그 돈은 집어 드는 사람의 것이다.'**

나는 10대 때 처음으로 재정거래를 했다. 당시 나는 돈 한 푼 없었지만, 내가 살던 곳은 부유한 동네였다. 아버지에게는 우편으로 '자유롭게 쓸 수 있는' 신용카드들이 계속해서 날아오곤 했다. 1960년대의 어느 날 심한 눈보라가 불어왔다. 우리 집 건너편에는 철물점이 있었는데, 그곳에서는 265달러에 제설기를 팔았다. 그건 정말 엄청난 기계였다! 나는 제설 차량들이라 해도 부자들의 저택에까지 들어오지는 않는다는 것을 알 았다.

나는 타운앤카운티 신용카드가 들어 있는 밀봉된 편지가 아버지의 책상에 놓여 있다는 것을 보았다. 내 이름과 아버지의 이름이 같았기 때 문에 나는 그것을 집어왔다(이것이 바로 리스크 차익거래라고 하는 것이다). 그러고는 아침 7시에 철물점이 문을 열자마자 그 신용카드로 제설기를 샀다. 나는 그날 밤 8시까지 11개의 사유 차도에서 눈 치우는 작업을 해 서 550달러를 벌었다. 다음 날 아침 7시, 나는 그 제설기를 철물점 주인 에게 200달러를 받고 되팔았다. 그는 나에게 신용카드 전표를 되돌려주 었고, 나는 그에게 사용한 제설기를 돌려주었다. 중고 제설기는 여전히 수요가 컸다. 어쨌든 나는 순수익으로 485달러를 벌었고, 마치 로또를 맞은 기분이었다.

오래전에 3,000주의 주식을 갖고 있던 한 사람이 나에게 조언을 구해 온 적이 있다. 그는 회사를 통해 할인가로 더 많은 주식을 살 수 있는 기 회가 생겼다고 했다. 25달러의 주식을 19달러에 살 수 있다는 것이었다. 살 수 있는 주식의 양은 적다 하더라도 좋은 기회처럼 보였다.

나는 25년간 시카고옵션거래소에서 거래했는데 그만큼 훌륭한 투자 를 어디서도 본 적이 없었다. 그래서 나는 그에게 좋은 거래 기회라고 말 했고, 배당 재투자 프로그램에 대해 더 알아보기 위해 그 회사에 연락을 취했다. 다른 회사들도 비슷한 프로그램을 시행하고 있으며 증권업계에 서도 이런 프로그램에 참여하기 시작했다는 사실까지 알게 되었다.

나는 궁금했다. '어떻게 이런 일을 할 수 있는 걸까? 만약 사람들이 100만주를 샀다면, 그 배당액만큼만 재투자할 수 있을 텐데. 그리고 매 수액에 대한 이자로 인해 이익은 사라질 것이 분명해.' 그들은 또한 엄청난 시장 리스크를 부담해야 할 터였다. 하지만 나는 다른 사람들이 거래하는 것을 보았고, 어떻게 해서 그런 일이 벌어지는지 알아야겠다는 생각이 머릿속에 가득 찼다. 일부 사람들이 돈을 벌고 있는 것은 분명했다. 나는 기록을 뒤졌고, 증거금 관리원과 대화를 나누었으며, 또 배당금 지급일 전에 거래가 이루어는 것을 지켜보았다. 그림은 서서히 또렷해졌으며, 마침내 분명히 손실로만 보였던 거래의 비밀을 풀게 되었다. 하지만 나에게는 직접 그런 거래를 할 만한 충분한 자본이 없었다. 그래서 아직 그런 거래를 하고 있지 않으며 나를 속이지 않을 증권업계의 회사를 찾아 나섰다. 그것은 길고 험난한 여정이었다.

재정 트레이더는 분명한 것 이상을 보려고 노력하는 회사를 찾아야 한다. 그곳에 바로 기회가 있기 때문이다. 법률가들은 보통 막강한 저항의 벽을 형성한다. 조직을 위해 일하는 법률가들은 조사를 위해 돈을 지불받으며, 현 상황이란 대개 바꾸기 어려운 법이다. 무엇인가 잘못될 경우 그들은 비난을 받는다. 그러나 상황이 그대로 계속 가면, 변호사들은 어쨌든 돈을 받는다. 길이 잘못된 방향으로 이어져 있으면, 그들이 또 다른 길을 찾아야 할 필요는 없다. 그들은 그저 우리에게 잘못되었다는 것을 말해주면 그만이다. 그들은 명확한 얘기를 꺼리고, 신속하게 답변을 하는 법도 없다. 이것이 그들의 마법이다. 한편 이 과정을 거치면, 우리 역시 현 상황의 일부가 된다(적어도 당분간은 그러하다).

재정거래는 보통 시간에 민감하다. 어떤 기회가 발견되면 대개 경쟁이 발생하여 수익이 낮아지고, 궁극적으로 규제 당국이 그동안 간과되어 왔던 틈을 메우기 마련이다. 이런 시간 프레임을 보통 '창'이라고 한다. 예컨대 배당 재투자 프로그램이 있는 회사는 "이 프로그램은 소액 투자자를 위한 것입니다"라고 말할지도 모른다. 재정 트레이더는 회사의 의도가 프로그램의 법적 요건에서 벗어난다고 대꾸할 것이다. 그러면 회사는 보통 해결책을 찾기 위해 법적 사항을 고치거나 프로그램을 변경할 것이다. 어떤 경우든, 재정거래 기회는 회사가 내세우는 '의도'의 경제학이 가진 결함을 지적하며, 재정 트레이더는 바로 이런 결함에 의해 돈을 버는 것이다.

나는 오랜 세월 동안 많은 회사에 이런 개념을 설명해보았지만, 이들에게는 '하부 조직'이라는 문제가 있었다. 대기업은 사업의 특정한 부분들을 관리하는 많은 부문으로 나뉜다. 증권 분야로 보자면 한 그룹이 고객 계좌를 관리하고, 또 다른 그룹이 주식 대여를 처리하고, 또 다른 그룹이 자기 자본 거래를 맡는 식이다. 각 부문은 사업 제안을 수락함에 있어 최소 수익에 대하여 계산하는데 이를 '장애율hurdle rate'이라고 한다.

CEO는 보통 경영을 부문의 장(長)에게 맡긴다. 여기서 문제는 경제가 회사의 구조에는 무신경하다는 것이다. 회사의 관점에서는 효율적인 것이 사업 비용으로 인정되는 비효율을 만들 수도 있다. 기업의 한 부문이 다른 부문의 영역을 엿보는 것은 금기시되기 때문에, 이런 비효율은 있다고 하더라도 금세 발견되는 법이 거의 없다.

실제로 나는 내 수수료를 빼고도 67퍼센트의 수익을 올린 전략을 한 대형 증권회사에 제시한 적이 있다. 하지만 불행히도 이런 전략을 실천하기 위해서는 회사의 3개 부문이 같이 움직여야만 했다. 이들 각 부문은 장애율이 30퍼센트였다. 30퍼센트 이하는 그 어떤 부문도 받아들이려 하지 않았다. 회사의 전체 수익에 큰 기여를 한다고 해도, 개별 부문의 전체적 위상이 약화되기 때문이었다. 협상이 거의 2년간 지속되면서 수익은 67퍼센트에서 35퍼센트로 하락했다. 그래도 여기에는 정말로 수천만 달러의 잠재 수익이 걸려 있었다. 그러나 회사는 한 번도 거래를 한

적이 없고, 내가 아는 한 모든 관리자는 여전히 그곳에서 일하고 있다.

하부 조직의 문제를 해결하고 회사 내에서 신뢰를 얻는다고 해도 다른 문제들이 존재한다. 참호 속의 군대는 짜증을 내기 마련이다. 왜냐하면 여러분이 하는 일이 정상적인 게 하나도 없기 때문이다. 그들은 평범한 고객들을 위해 했던 것과는 다소 다른 일들을 하도록 요구받는다. 우리는 그들에게 사소하고 쓸데없는 것처럼 보이는 과정들에 매 분마다 집중할 것을 주장한다.

예컨대 뉴욕증권거래소에서 거래할 경우, 나는 거래 규모와 상관없이 주문 전표 수수료ticket charge를 150달러로 고정할 것을 협상할 수 있다. 하지만 내 고객이 미국증권거래위원회가 주식 판매에 부과하는 0.003퍼센트의 수수료에 대해 협상을 하도록 도울 수는 없다. 이런 돈은 소액처럼 보일 수 있다. 그러나 1억 달러의 거래일 때, 그 액수는 무려 3,333.33달러이다.

증권회사는 미국 정부에 수수료를 부과할 수 없으며, 단순히 비용을 고객에게 전가하고 이에 대하여 저항을 받지 않는다. 하지만 내 고객이 해마다 이런 1억 달러 거래를 1,000번 한다면, 정부에 지불하는 비용은 300만 달러가 넘을 것이다. 다시 한번 말하지만, 기회의 경제는 정책의 비타협성 따위에 상관하지 않는다. 미국 정부의 정책도 물론 예외가 아니다. 하지만 내 고객에게 미국 말고 토론토에서 거래하면 이런 비용을 절약할 수 있고, 정부 당국의 조사에서 자유로울 수 있으며, 미국 내에서 어떤 악평도 듣지 않을 것이라고 말해주면, 그는 아주 좋아할 것이다. 하지만 이런 거래들을 처리해야 하는 계원은 조금도 좋아하지 않을 것이다. 그가 보기에는 사소한 일들로 자신의 하루가 망쳐지는 것 같기 때문이다. 만약 그에게 절약한 비용의 10퍼센트를 준다면, 그의 얼굴은 금세

환해질 것이다. 그러나 더 많은 사람에게 이런 정보를 알려줄수록 그 이점은 신속하게 사라져갈 것이다.

궁극적으로 다른 사람들은 내가 무엇을 하는지 알게 되고 자신들도 이익을 나눠 갖는 법을 알게 될 것이다. 이것을 '역공학_{reverse engineering}'이라고 부른다. 일부 회사에는 트레이더들의 여러 전략을 밝혀내기 위한 목적의 부서가 따로 존재한다. 이 과정이 경제 체제의 가격 결정에서 중요한 한 부분이라는 것이 나의 신념이다. 재정 트레이더는 관료제도가 무시할 수 없거나 해결을 연기할 수 없는 오판이나 오인의 존재를 드러낸다. 많은 경우 이 때문에 조직이나 기관은 그렇지 않았다면 무시했을 상황들을 돌아보게 된다.

나는 여전히 증권회사나 은행들이 경계를 취하고 있는 모습들을 보면 어안이 벙벙하다. 그들은 아직도 수십억 달러 가치의 혼란에 사로잡혀 있는 것이다. 전략 승인의 과정이 너무나 엄격한 탓에 거래하는 재정 트레이더들은 리스크 평가에서 자신의 회사를 도와줄 아무런 동기도 얻지 못한다. 그들은 업무 성격상 거의 변함없이 적대적인 역할을 맡게 된다. 트레이더의 정직과 성실은 개인의 삶의 모든 측면에서 심각하게 고려되어야 한다. 정직과 성실은 대부분의 거래 회사에서 마지막 방어선 역할을 하는 것처럼 보인다.

결론적으로 말해, 모든 것은 변하기 때문에 재정거래라는 일도 안정을 보장할 수는 없다. 틈은 메워지고 수익은 더 줄어들기 마련이다. 하지만 한편으로 삶의 모든 것이 끊임없이 변한다는 것을 깨닫고, 이를 받아들이면 거대한 모험의 삶을 살 수 있다. 실수와 오인은 인간의 한 부분이며, 이를 통해 우리는 배우고 성장한다. **재정거래를 통해 주어진 우리의 소임은 사람들이 원하든 원하지 않든 비효율을 바로잡는 것이다. 우리는 오류를**

바로잡는 데 따라 돈을 받는다. 우리의 할 일은 다른 사람의 전략이나 개념을 파헤치는 것이다. 늘 그렇듯이 어떤 오류도 발견할 수 없을 경우, 또 다른 사람의 전략이나 개념으로 넘어가면 그만이다. 사물을 보는 시각, 즉 우리가 갖는 준거의 틀이 재정거래에 대한 시각을 결정한다.

재정 트레이더의 성공은 남들보다 조금 더 노력하려는 의지에 좌우된다. 재정거래는 비효율을 제거해주는 진공청소기로, 구경꾼이 되는 것을 막아준다. 따지고 보면 우리가 삶에서 설 수 있는 곳은 단 두 곳밖에 없다. 경기장 아니면 관람석이다. 그중 나는 단연코 경기장을 택하겠다.

반 타프의 덧붙이는 말

시장에서 비효율을 찾는다는 의미에서 볼 때, 본질적으로 대부분의 거래와 투자는 일종의 재정거래다. 재정거래는 가격을 바로잡고 시장이 얼마간 질서를 유지하도록 한다. 하지만 레이 켈리의 재정거래는 가장 순수한 방식의 재정거래다. 이 기법은 돈을 찍어내는 기계나 다름없지만, 아쉬운 것은 기한이 있다는 것이다. 여러분이 정말로 진지하게 전문 트레이더가 되는 것을 고려하고 있다면, 계속해서 이런 기회를 찾아보기를 권한다. 이런 기회는 잘만 발견하고 이용한다면, 여러분에게 수백만 달러의 가치가 될 것이다.

시장 간 분석

《돈 되는 투자 시스템 만드는 법》의 이전 판에는 중립적 네트워크에 관한 루이스 멘델손Louis Mendelsohn의 글이 포함되어 있었다. 그러나 중립적 네트워크는 사실 거래 개념이라기보다는 시장 분석 도구다. 그래서 나는 이번 판에는 그 부분을 빼기로 했다. 그러나 중립적 네트워크가 무엇을 수행할 수 있는지와 그것이 시장 간 관계를 보여준다는 점은 고려해볼 만하다. 게다가 중립적 네트워크는 거래 개념으로 간주될 수 있다. 경제가 세계화되어가면서 시장 간의 관계를 이해하는 것은 점점 더 중요한 일이 되어가고 있다. 루이스 멘델손은 시장 간 분석의 전문가이기도 하므로, 나는 이 흥미로운 주제에 관해 새로운 글을 써달라고 그에게 부탁했다.[13]

루이스 B. 멘델손: 시장 간 분석

레스토랑 메뉴판에서 안심 스테이크가 27.95달러인 것을 보면, 여러분은 약간 비싸다고 생각할지 모른다. 그래서 여러분은 21.95달러짜리 양갈비 스테이크 아니면 15.95달러짜리 닭고기를 선택한다.

시장 간 분석의 세계에 온 걸 환영한다. 인식할지 모르겠으나 여러분은 기업 중역들이 사무실이나 공장의 난방을 천연가스로 할지 아니면 난방유로 할지 결정할 때와 똑같은 선택을 매일같이 하고 있다. 이와 비슷하게 농부들은 투자비와 상품 가격을 검토하면서 옥수수를 심을지 아니면 콩을 심을지 선택한다. 또한 투자자들은 소형주와 대형주를 비교하거나, 한 시장과 또 다른 시장 혹은 국외, 국내 주식을 비교하며 수익을 분석한다.

고립된 시장은 없다

어떤 개별 시장도 진공 상태에서 움직이지 않는다. 특히, 24시간 동안 전자 거래가 이루어지는 오늘날의 글로벌 시장 경제에서는 한 시장은 다른 관련 시장에서 일어난 사건에 금세 영향을 받는다. 많은 트레이더는 시장이 미래에 어떻게 움직일지 알기 위해 과거의 움직임들을 되돌아본다. 하지만 그들에게는 다른 시장의 가격이 현재 거래 중인 시장의 가격에 어떤 영향을 미치는지 탐색하기 위해 옆으로 눈을 돌릴 필요가 있다.

대부분의 트레이더들은 시장이 서로 연관되어 있으며, 한 시장에 영향을 미치는 문제가 다른 시장에도 여파를 미칠 가능성이 크다는 것을 직관적으로 안다. 하지만 많은 개인 트레이더는 여전히 1970년대 이후 지속해온 단일 시장 분석 도구와 정보의 출처만을 고수하고 있다.

오래전부터 시장 간 관계가 일반적으로 인식되고 있었던 것은 사실이지만, 트레이더들이 의사 결정에 활용할 수 있는 방식으로 그 관계를 수량화하는 데는 어려움이 있었다. 1980년 중반부터 나는 시장 간 분석의 수행에 대한 수량적 접근법을 개발하기 위해 연구했다. 하지만 전통적인 단일 시장 기술적 분석에서 멀리 벗어나거나 그것을 대체하려고 시도했던 것은 아니다.

시장 간 분석은 오늘날 상호 의존적인 경제와 금융 시장의 글로벌 환경을 맞아, 단순히 전통적 단일 시장의 기술적 분석을 연장한 것에 불과하다고 생각한다. 특히 다른 시장들의 가격 결정에 그 근거를 제공하는 외환 시장과 같은 곳에서는 이런저런 방식으로 시장 간 분석을 이용해야 한다. 진행 중인 내 연구의 중요한 한 가지 측면은, 어떤 시장들이 가장 큰 영향을 미치는지 분석하고 이런 시장들이 다른 시장에 미치는 영향력의 정도를 측정하는 것이다.

내가 2005년에 만든 '허리케이노믹스Hurricaneomics'라는 개념은 사건과 시장 간 상호 연결성을 보여주는 동시에 어떤 것도 따로 떼어 볼 수 없다는 사실을 알려주는 완벽한 사례이다. 2005년 미국 멕시코만과 플로리

다를 강타한 허리케인은 단순히 그 지역의 경제에만 지엽적으로 피해를 입힌 것이 아니었다. 그 반대로 허리케이노믹스의 영향은 그 뒤의 몇 개월 혹은 몇 년 동안 세계 경제에 파급되어, 에너지 시장, 농산물 시장, 건설업, 연방정부 적자, 금리, 그리고 물론 외환 시장에도 그 충격이 나타날 게 분명하다. 허리케이노믹스 분석은 자연재해 같은 사건들과 세계 금융 시장에 대한 그 영향을 조사한다는 점에서 시장 간 분석과 궤를 같이하고 있다.

시장 영향력의 발견

1991년 처음으로 밴티지포인트 시장 간 분석 소프트웨어가 세상에 소개되었을 때, 나는 이 프로그램을 발전시키기 위한 연구를 시작했다. 연구는 만약 유로 대 미국 달러의 가치를 분석하려면 유로화 데이터뿐 아니라 다른 관련 시장의 자료를 조사해 두 통화 간 관계에 영향을 미치는 숨은 패턴과 관계를 찾아야 함을 보여준다.

- 호주 달러/미국 달러
- 호주 달러/일본 엔
- 영국 파운드
- 유로/캐나다 달러
- 금
- 나스닥 100지수
- 영국 파운드/일본 엔
- 영국 파운드/미국 달러
- 일본 엔

다양한 통화의 시장 간 관계는 약간 모호할 수 있지만, 주가지수 혹은 미국 재무부 채권, 원유 가격이 한 쌍의 외환에 미치는 영향은 더 이해하기 쉬워 보인다. 연구는 이런 관련 시장들이 정말로 대상 외환 시장에 중요한 영향을 미치며, 이 외환 시장의 미래 가격 움직임에 대한 통찰을 제공할 수 있다는 것을 보여준다.

일부 분석가들은 두 관련 시장들을 비교 연구하여, 한 시장의 가격이 다른 시장과 관련하여 얼마나 움직이는지 그 폭을 측정하기도 한다. 두 번째 시장의 가격 변화가 첫 번째 시장의 가격 변화로 정확히 예측될 수 있다면, 두 시장은 완벽하게 상호 연관된 것으로 볼 수 있다. 완벽하게 긍정적인 상호 연관성은 두 시장이 같은 방향으로 움직일 때를 말한다. 완벽하게 부정적인 상호 연관성은 두 시장이 정반대로 움직일 때를 말한다.

이런 접근법에는 한계가 있다. 단지 한 시장의 가격을 다른 시장과 비교하고, 대상 시장에 미치는 또 다른 시장들의 영향은 고려하지 않기 때문이다. 금융 시장, 특히 외환 시장의 경우 수많은 관련 시장들이 분석에 포함되어야 한다. 단, 두 시장 간의 일대일 인과 관계를 가정해서는 안 된다.

상호 연관성 연구는 경제 활동에 있을지 모를 시간 격차 혹은 외환 같은 시장에 영향을 미치는 다른 요소들을 고려하지 못한다. 이런 연구는 당장의 가치에만 근거하며, 시장에 나타나는 데 얼마간 시간이 걸리는 중앙은행의 개입이나 정책 변화로 인한 장기적 결과는 고려하지 않는다.

역행 요인

일부의 경우 가장 중요한 것은 역방향 연관성인데, 특히 국제 무역에서 미국 달러로 가격이 매겨지는 금이나 원유 같은 시장에서 그러하다. 금 가격과 미국 달러의 가치를 비교하는 차트(그림 5.10)는 미국 달러의 가치가 하락할 때 외국 통화의 가치는 물론 금 가격도 상승함을 보여준다. 지난 몇 년의 자료에 대한 연구를 통해 금과 달러 간의 부정적 상호 연관성은 -0.90 이상임이 드러났다. 즉, 이 둘은 같은 방향으로 거의 움직이는 법이 없고 거의 언제나 정반대로 움직인다.

반면, 유로/미국 달러의 가치와 금 가격 사이에는 높은 긍정적 상호 연관성이 형성되어 있다. 즉, 유로의 가치와 금 가격은 자주 함께 움직인다. 이 사실은 자금이 미국 달러에서 빠져나올 경우 이 두 시장이 수혜를 입는다는 것을 보여준다(그림 5.11).

금 차트에서 추세나 가격 신호를 보면, 외환 시장에서 포지션을 취하기 위한 좋은 단서가 될 수 있다. 외환 시장에서는 가격 움직임이 아직 시작되지 않았을 수도 있다. 그 반대의 경우도 마찬가지다. 외환의 움직임이 금의 움직임을 귀띔해 줄 수도 있다.

세계 경제와 상거래에서 차지하는 원유의 위상 때문에 원유는 주시

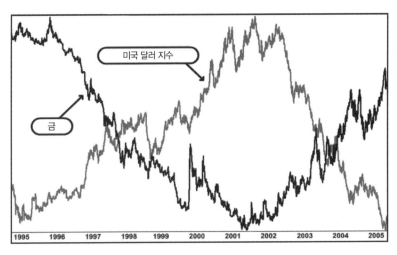

그림 5.10 금과 미국 달러 간의 역행 관계

할 만한 또 다른 핵심 시장이다. 원유의 공급 또는 배분은 다른 시장의

반응을 유발할 가능성이 크다. 원유의 정상적인 공급을 위협하는 테러리스트의 공격이나 허리케인 같은 자연재해가 외환이나 또 다른 시장에 즉각적인 반응을 불러일으키는 것은 이런 연유다.

이런 사건들은 트레이더에게 시장 분석을 어렵게 만드는 충격이 될 수 있으나, 보다 일반적인 시나리오에서는 시장 간 분석에서 나타나는 미묘한 움직임이 가격 변화에 대한 예측을 돕는다. 어떤 형태든 시장 간 분석을 하지 않으면, 이런 관계와 관련 시장에 미치는 그 영향을 알 수 없다. 이런 단서들은 명백하게 보이는 외적 현상 아래 숨겨져 있기 때문이다.

복합시장의 영향

시장은 역동적이고, 끊임없이 방향을 바꾸며, 또 진화한다. 5개 혹은 10개의 관련 시장이 동시에 대상 시장에 미치는 영향을 조사하며 지난 5~10년간의 데이터를 샅샅이 살펴 예측 가능한 반복 패턴을 찾으려고 할 때, 선형 연관성 분석과 객관적인 차트 분석은 추세 및 가격 예측 도구로서 부적격하다.

시장 상호 관계는 단일 시장 분석 도구로는 찾아낼 수 없다. 거래를 진지하게 생각하는 사람들은 시작부터 올바른 도구를 찾기 위해 노력해야 한다. 물론 무엇을 투자하든 혹은 무슨 도구를 쓰든 100퍼센트 완벽한 것은 결코 없다. 최상의 도구라고 하더라도 우리에게 확실성이 아닌 수학적 확률만을 줄 수 있을 뿐이다. 그러나 성공적인 거래를 위해 도구가 꼭 완벽할 필요는 없다.

개별 시장 내에서 그리고 관련 글로벌 시장 사이에서 반복적인 패턴을 찾을 수 있도록 해주는 분석 도구만 있다면, 다른 트레이더들보다 앞서가는 데 필요한 것은 더 이상 없다고 할 것이다. 이처럼 다음 며칠의 거

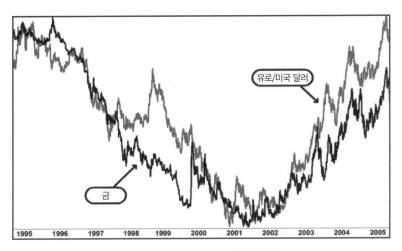

그림 5.11 금과 유로 간의 직접적인 관계

래일 동안 일어날 가격 움직임을 미리 파악하고 있으면, 한층 큰 자신감과 자제력을 얻어 자신의 거래 전략을 고수하는 동시에 의혹이나 주저 없이 제때에 방아쇠를 당길 수 있다.

물론 시장 분석은 시장 간 분석에 국한될 수 없다. 신속한 전기통신과 세련된 거래 기법이 발달해 있는 오늘날의 세계에서는 내가 '상승적 시장 분석synergistic market analysis'이라고 부르는 접근법을 이용해야 한다. 상승적 시장 분석이란 기술적 분석과 시장 간 분석, 펀더멘털 분석이 복합된 접근법을 말한다. 여기에서는 자신의 거래 스타일에 맞는 전통적 도구뿐만 아니라 현재 인터넷에서 가용한 정보의 이점까지 활용된다.

반 타프의 덧붙이는 말

다음 장에서 나는 멘탈 시나리오 트레이딩에 관해 얘기할 것이다. 우리의 거래 개념에 미치는 큰 그림의 영향을 이해하기 위한 목적에서다.

우리는 큰 그림과 이것을 거래에 어떻게 활용하는지 말할 것이다. 시장이 연관되어 있다는 개념은 기본적으로 동일하다. 중요한 몇 가지 변수만 든다 치면 유로, 금, 원유, 금리의 영향을 모르고 어떻게 달러를 거래할 수 있겠는가? 단순히 가격을 보고 가치나 밴드, 추세 따위를 보면서 거래할 수도 있다. 그러나 다른 여러 시장에서 일어난 일의 결과를 예측할 수 있다면 아무래도 우리에게 유리하지 않겠는가? 바로 이것이 시장 간 분석의 힘이다.

우주에는 질서가 있다

우주에 질서가 있다는 생각은 매우 널리 퍼져 있다. 사람들은 시장이 어떻게 작동하는지 알고 싶어 하므로, 어떤 기본 구조를 발견하는 것이 가장 그들의 마음을 사로잡는 일이다. 물론 그들은 기본 구조를 알면 시장의 움직임을 예측할 수 있다고 믿는다. 많은 경우 그와 같은 이론들이 훨씬 더 정확한데, 시장의 전환점을 예측하려고 시도하기 때문이다. 이것은 당연하게도 시장에 대해 옳은 판단을 하고 지배력을 갖고 싶어 하는, 모든 사람이 갖고 있는 심리적 편향에 호소한다. 따라서 그들은 시장의 전환점을 포착하기를 원한다. 게다가 이것은 대중에게 매우 잘 팔릴 만한 개념이다. 갠 이론, 엘리어트 파동이론, 점성 이론 등 시장 질서에 관련된 이론은 많다.

나는 5장의 이 부분을 직접 쓰기로 마음먹었다. 왜냐하면 시장 질서에 관한 하나의 이론에서 전문가라고 해서 반드시 다른 이론에 대해서도 전문가라고는 할 수 없고, 또 전문가들은 어떤 개념을 거래에 사용할 수 있느냐 없느냐의 문제보다는 이론을 증명(혹은 반증)하는 데 훨씬 더 큰 관심을 보이기 때문이다. 나는 거의 모든 개념이 거래에 쓰일 수 있다는 입장이기 때문에 우선 일반적인 수준에서 개념을 논의한 다음, 거래에 사용하는 방법을 얘기하는 것이 보다 좋을 거라 생각했다.

기본적으로 시장에 어떤 질서가 있다고 전제하는 개념에는 세 종류가 있다. 이 모든 개념은 시장에서 전환점을 예측하는 기능을 한다. 나는 이런 개념을 논의하면서 지나치리만큼 단순화할 수밖에 없었고, 따라서 여기 설명된 다양한 개념에 대해 전문가들의 관대함을 구할 뿐이다.

인간의 행위에는 주기가 있다

첫 번째 개념은 시장은 인간 행위의 작용이며, 인간의 동기는 어떤 구조에 의해 특징지어질 수 있다는 것이다. 이런 종류로 가장 잘 알려진 구조는 엘리어트 파동이론이다. 여기서는 공포와 탐욕의 충동이 특정한 파동 패턴을 따른다고 가정한다. 기본적으로, 시장은 5개의 상승 파동과 3개의 하락 파동으로 이루어져 있다고 주장한다. 이 이론에 따르면, 시장의 큰 상승은 5개의 상승 파동(반대 방향에 있는 파동 2와 4를 가진)과 그 뒤를 잇는 세 개의 하락 파동(반대 방향에 존재하는 중간 파동을 가진)으로 이루어져 있다. 각 파동은 고유한 특징을 갖는데, 세 번째 주 파동은 5개의 연속 파동 가운데서 거래하기에 가장 좋다. 그러나 이 이론은 파동 안에 파동이 또 존재하므로 갈수록 더 복잡해진다. 다른 말로 하자면, 서로 다른 크기의 엘리어트 파동이 있다는 것이다. 예를 들어, 커다란 움직임의 첫 번째 파동은 또 다른 5개의 상승 파동과 3개의 하락 파동으로 구성되어 있다. 엘리어트는 파동의 크기가 초대형 주기부터 초단기 파동까지 아홉 등급이 존재한다고 생각했다.

특정한 법칙은 엘리어트 파동의 이론가들이 시장에서 결정을 내리는 데 도움을 준다. 파동이 연장되거나 축소될 수 있다는 점에서 법칙 또한 다소 변화되기도 하며, 몇 가지 이형 패턴도 존재한다. 이런 법칙과 변형의 성격에 관한 내용은 이 책의 범위를 벗어나는 것이다. 그러나 이런 법칙은 거래 가능한 시장 전환점에 도달하게끔 안내한다. 문제는 어떤 전환점에서 어떤 파동 계열이 작용한 것인지를 판단하는 것이다.

물질계가 예측 가능한 패턴에서 인간 행위에 영향을 미친다

시장 질서에 관한 두 번째 개념은 우주의 물질계에서 드러나는 여러 측면에 근거한다. 물질계를 보는 논리는 다음과 같은 가정에서 출발한다. 첫째, 시장은 인간의 행위에 근거하고 있다. 둘째, 인간은 육체적, 정서적으로 다양한 물질계와 거기서 나오는 에너지에 영향을 받는 존재이다. 따라서 셋째, 이런 물질계의 에너지에 패턴이 있다면, 시장에 대해 예측 가능한 강력한 영향을 미칠 것이다.

과학자들은 태양 흑점에 정해진 주기가 있다는 것을 보여주었다. 태양 흑점은 사실 태양에서 전자기적 에너지가 방출되는 곳으로, 이 같은 활동은 지구에 심대한 영향을 미친다.

태양 흑점의 활동은 엄청난 양의 하전 입자를 생성하지만, 이들은 지구의 자기권에 갇히게 된다. 그 덕분에 지구는 태양이 주는 일부 해로운 영향으로부터 보호를 받는 것 같다. 물질계의 영향에 관한 이론이 옳다고 했을 때 누구나 예상할 수 있겠지만, 태양 흑점의 활동이 가장 활발한 시기는 문명의 고점과 일치하는 듯 보인다(주 15번 참조). 사실 우리가 바로 이런 시기에 있다. 이와 대조적으로 태양 흑점의 활동이 약한 시기는 문명의 쇠퇴기와 연관되어 있는 것처럼 보인다. 이런 이론이 유효하고 태양 흑점 활동을 예측할 수 있다면, 분명히 태양 흑점의 활동이 시장 움직임에 강한 영향력을 미칠 거라고 예상 가능하다.

태양의 활동 같은 주요 물질계를 토대로 시장을 예측하려는 시도는 많다. 적당한 사례들을 끌어다가 이런 이론들이 옳다는 것을 다른 사람들—혹은 자기 자신—에게 증명하는 것은 사실 매우 쉬운 일이다. 나는 그런 일을 수백 번이나 보았다. 단순한 개념적 편향 때문에 사람들은 잘 선택된 몇 가지 사례만 보더라도 특정한 관계를 확신케 되는 법이다. 그러나 이론과 현실에는 여전히 큰 차이가 존재한다.

일부 시장 연구자들은 1940~1964년 사이에 최악의 자기 폭풍이 일어난 날짜를 찾아, 그전 10일과 그 후 10일 사이에 다우존스 산업평균지수가 어떻게 움직였는지 통계수치를 모으고 그 변동률을 계산했다. 다우존스 산업평균지수는 통계적으로 자기 폭풍 2일 전부터 3일 후까지 심각하게 하락했고, 초승달이나 만월이 뜰 때면 그 영향은 훨씬 더 증폭되었다. 그러나 이 대부분의 기간 동안 주식 시장은 하락장이었기 때문에 이미 하향 편견downward bias이 존재했다.[14]

1989년 3월 5일, 태양 표면에서 엄청난 X선 방출이 137분간 지속되었다. 관측 장비의 센서들에 과부하가 걸렸고, X선이 방출된 곳에서는 흑점의 무리가 분명하게 나타났다. 3월 8일, 태양의 양성자가 유입되기 시작했고, 태양풍을 타고서 엄청난 양의 이온이 지구에 몰려들기 시작하여 3월 13일까지 그 흐름이 지속되었다. 셰틀랜드 제도에 있는 지구 자기 탐지기는 시간당 8도의 자기 변화를 기록했다(정상적인 편이는 단 0.2도에 불과하다). 전력선, 전화선, 케이블 네트워크에 엄청난 전류가 쇄도했다. 전파 통신과 위성 통신은 심각한 영향을 받았다. 캐나다의 변압기는 과부하가 걸렸고, 백만 명 이상의 사람들이 갑자기 전기가 없는 세상으로 내던져졌다. 그러나 이런 태양 플레어는 결코 커다란 사건이 아니다.

1989년 3월 5일에서 13일까지의 태양 플레어_{flare}는 태양이 가진 능력 면에서 보자면 미미한 것이었고, 다만 20세기에 가장 큰 규모로 기록될 뿐이다. 그 규모는 전파 전문가 존 넬슨이 보고했던 어떤 자기 폭풍보다 컸다. 이제 질문은 명확하다. "이것이 시장에 어떤 영향을 미쳤는가?"라 는 것이다. 내가 할 수 있는 대답은 이렇다. "전혀 영향을 미치지 않았다."

프랑수아 마송은 1979년에 쓴 《우리 세기의 끝The End of Our Country》이라 는 책에서 2000년에 태양 흑점의 왕성한 활동이 일어나면서 주식 시장 이 고점을 형성할 것이라고 예측했다. 2000년 4월에 태양 흑점의 활동이 최고조에 달한 것은 사실이다. 그러나 마송은 태양 흑점 활동의 주기가 16년이라고 주장한 반면, 현재 과학자들은 그 주기를 11년으로 믿고 있 다. 게다가 우리는 2006년에 태양 흑점 활동이 저점에 도달할 것으로 믿 고 있으므로 이때를 경기 호황 국면의 시점으로 볼 수 있을까? 나는 개 인적으로 그렇게 생각하지 않는다. 그러나 태양 주기에 관해 더 많은 것 을 알고 싶다면, 스텐 오덴월드의 《23번째 주기》를 읽어보아도 좋을 것이 다.[15] 그림 5.12의 미항공우주국 자료는 이런 현상을 설명한다.

몇 가지 반증이 있기는 하지만, 정말로 이런 물질계의 활동에 어떤 리듬이 있으며 이것이 시장에 어느 정도 영향을 미친다고 가정해보자. 그 러면 시장 변화에 관해 옳은 판단을 내릴 확률이 예를 들어 48퍼센트에 서 52퍼센트로 상승할 것이다. 이런 확률은 블랙잭에서 카드 카운팅을 하는 라스베이거스 도박사의 성공률과 대략 똑같다. 카지노에서는 카드 카운터들을 쫓아내곤 하는데, 어쨌든 물질계와 관련된 시장질서의 개념 도 거래 가능하다고 하겠다.

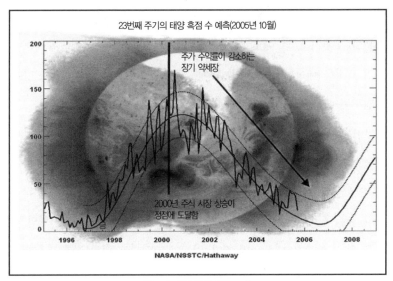

그림 5.12 태양 흑점 활동 그래프

우주에는 신비로운 수학적 질서가 있다

시장 질서에 관한 세 번째 개념에 대한 대답을 찾기 위해 수학의 세계를 탐색해보자. 여기서는 어떤 '마법의 수'와 이 수들의 관계가 시장에 영향을 미친다고 주장한다. 예컨대 피타고라스는 고대의 한 '신비주의 학교'에서 우주의 모든 법칙은 수학과 기하학을 토대로 한다고 가르쳤다. 그 뒤 신비 단체와 조직들이 이런 개념을 발전시켜나갔다. 현재 많은 추종자가 적극 선전하고 있는 W. D. 갠Gann의 저작 역시 수학적 질서에 기초하고 있다.

수학적 질서에 관한 이론에는 두 가지 핵심적인 가정이 있다. 첫째, 시장 전환점을 예측하는 데는 어떤 특정한 수가 다른 수보다 더 중요하다. 둘째, 이런 수는 가격 수준의 측면이나 시간(즉, 시장의 변화가 예상되는 시기)의 측면에서 모두 중요하다. 예컨대 45, 50, 60, 66, 90, 100, 120, 135, 144, 618 등을 마법의 숫자로 믿는다고 하자. 우리가 해야 할 일은 시간과 가격을 보면서 '중요한' 천장 또는 바닥을 찾고, 이런 수들을 여기에 적용하는 것이다. 한 예로, 우리는 시장에서 0.50 혹은 0.618, 0.667퍼센트의 조정을 예상할 수 있다. 이외에도 45일 혹은 144일 아니면 또 다른 마법 일수에 시장이 목표 가격에 도달할 것으로 예상할 수 있다.

마법의 수가 충분하다면, 많은 일을 사후에 이해하고 확인할 수 있다. 이런 방법을 미래로까지 확대할 수 있고, 그러면 얼마간 실제로 효과를 볼 수도 있다. 그런 일이 일어나는 것은 정말로 마법의 수가 충분히 많을 때다. 예를 들어, 한 방에 적어도 33명이 있으면 생일이 같은 두 명의 사람을 찾을 확률은 매우 높아진다. 하지만 그렇다고 해서 공통의 날짜가 마법의 수라는 것은 아니다. 일부 사람들은 단번에 그런 결론에 도달할지 모르겠지만 말이다.

이런 숫자들이 실제로 존재한다고 가정하자. 또한, 이런 숫자가 완벽하지는 않지만 예측의 신뢰도를 우연의 확률 이상으로 끌어올려 준다고 가정하자. 예컨대, 마법의 수를 통해 다우존스 산업평균지수가 7월 23일 큰 전환점을 맞을 것이라고 예측했다고 하자. 여기서 예측의 신뢰도가 55퍼센트라고 하면 분명 장점이 있는 것이고, 따라서 이것은 거래 가능한 사건이라고 할 수 있다.

마법의 수 중 일부는 '피보나치 수열Fibonacci numbers'이라고 불린다. 나는 차트상에서 피보나치 되돌림이 일어나는 것을 보았을 때 상당히 놀란 경험이 있다. 예를 들어, 0.667, 0.618, 0.5는 전환점을 예측할 때 거의 신비롭게 보이기까지 한다. 그러나 여기에는 또한 비수학적인 설명이 존재한다. 만약 매우 많은 사람이 마법의 수의 힘을 믿으면, 이 숫자의 마법은 사실 사람들의 믿음을 통해 성취될 것이다. 우리가 거래하는 것은 시장에 대한 우리의 믿음이라는 것을 기억하기 바란다.

결론

시장 질서에 관한 이 세 가지 개념의 공통점은 무엇일까? 이 셋은 모두 전환점을 예측한다. 대부분의 경우, 전환점은 진입 시점에 관한 정보를 트레이더들에게 알려준다. 일부의 경우는 수익 목표와 청산 시점에 대한 단서를 제공하기도 한다. 9장에서 여러분은 진입을 통해 완전히 무작위적인 거래 시스템에서도 돈을 버는 것이 가능함을 알게 될 것이다. 어쨌든 시장을 예측하고 이런 예측 기법으로 우연보다 더 나은 확률을 기대할 수 있다면, 거래에서 얼마간 유리한 입장에 설 수 있다.

이런 예측 방법을 어떻게 거래에 이용해야 할까? 첫째, 예상 목표일(시간 편차를 얼마나 두든 간에)을 진입 필터로 이용할 수 있다. 따라서 여러분의 기법이 1일의 가능한 시간 편차를 두고 7월 23일을 시장 전환점으로 예측할 경우, 7월 22일과 7월 24일 사이에서 진입 신호를 찾아야 한다.

둘째, 우리는 진입 전에 가격이 우리의 예상대로 움직인다는 것을 알려주는 시장을 찾아야 한다. 움직임이 일어나리라고 예상되는 시간이 아니라 움직임 자체가 거래 신호가 되어야 한다. 거래를 위한 가장 간단한 방법은 움직임을 예상하는 창에서 변동폭 돌파 신호를 찾는 것이다. 예컨대 지난 10일간의 평균 일일 가격 범위가 4포인트였다고 하자. 우리가 예상하는 신호는 이 범위의 1.5배, 즉 6포인트라고 하자. 그러면 우리는 어제의 종가에서 6포인트 움직일 때 진입해야 한다. 그리고 나서 적절한 손실제한주문, 청산, 포지션 규모 조절 전략을 이용하여 거래를 관리해야 한다. 이들 문제는 이후의 장에서 다루어질 것이다.

시장 질서에 관한 이런 개념을 이용하여 수익을 내는 데 핵심적인 사항은 다른 여느 개념을 이용하여 거래할 때의 핵심 사항들과 다를 바 없다. 첫째, 거래 개념이 효과가 없을 때 자본을 보호하고 효과가 있을 때는 큰 수익을 만들어줄 수 있는 좋은 청산 전략이 필요하다. 둘째, 거래 목표를 달성하기 위해서는 포지션 규모를 적절하게 조절할 필요가 있다. 따라서 이런 개념들이 거래의 정확성을 단 1퍼센트만 높여준다고 해도 수익성 높은 거래를 할 수 있다. 그러나 이 같은 시스템의 예측 측면을 그렇게 중요시하지 않는다고 해도(이에 따라 상황을 통제하고 바른 판단을 내려야 한다는 필요에서 벗어날 수 있다) 청산과 포지션 규모 조절 전략에만 집중하면 거래를 잘해나갈 수 있다.

| 요약 SUMMARY |

5장의 목적은 각자의 믿음에 따라 시장에서 투자하거나 거래하는 데 이용할 수 있는 많은 개념 가운데 몇 가지를 소개하는 것이었다. 이런 각각의 개념은 우리에게 이점을 주지만, 이 책에 소개된 다른 모든 중요한 요소들이 함께 고려되지 않으면 돈을 버는 데 결코 도움이 될 수 없다. 말하자면, 초기 손실제한주문과 청산 전략이 세워져 있어야 하고, R의 배수의 분포로 시스템을 이해하고 있어야 하며, 목표 달성을 위해 포지션 규모를 조절해야 한다. 이런 모든 문제는 이 책의 뒷부분에서 다루어질 테지만, 어쨌든 여러분이 기본적인 투자 '방식'으로서 거래에 이용할 개념들과 통합되어야 한다.

내 생각에 이런 개념 가운데서 더욱 효과적인(혹은 가치 있는) 어느 하나를 찾기는 힘들다. 게다가 나는 개인적으로 어떤 개념을 선호하는지 밝히지 않을 것이다. 내가 이 장을 이 책에 포함시킨 것은 세상에는 얼마나 많은 개념들이 존재하는지 보여주고 싶었기 때문이다.[16]

- 톰 바소는 추세 추종에 관한 이야기로 논의를 시작하여 시장은 이따금만 장기간 한 방향으로 움직인다는 견해를 표현했다. 이런 장기 추세는 포착할 수 있으며 거래의 토대를 형성한다. 그 기본 철학은 시장이 추세를 형성하는 시점을 판단하기 위한 기준을 찾고, 추세 방향으로 시장에 들어가 추세가 끝나거나 아니면 신호가 틀렸다는 것을 깨달았을 때 청산한다는 것이다. 따르기 쉬운 기법이며, 배후의 개념을 이해하고 일관성 있게 따른다면 상당한 돈을 벌 것이다.
- 찰스 르보는 그 다음 개념인 펀더멘털 분석에 관해 얘기해주었다. 이것은 시장의 수요와 공급에 관한 실제 분석이다. 많은 학자는 이 방법이 거래를 위한 유일한 방법이라고 생각한다. 이 개념에서는 보통 가격 목표가 주어지지만, 여러분의 분석(혹은 어떤 전문가의 분석)은 가격의 실제

움직임과 아무런 관련이 없을 수도 있다. 하지만 그럼에도 일부 사람들은 펀더멘털 데이터로 꽤 수월하게 거래한다. 이 전략은 확실히 여러분이 생각해볼 만한 또 다른 기법이다. 찰스 르보는 이 개념을 이용하고자 할 경우 따라야 할 일곱 가지 사항을 제시한다. 일반적으로 펀더멘털에 의해 뒷받침되는 추세는 펀더멘털에 의존하지 않는 추세보다 훨씬 강력하다. 찰스 르보는 주로 펀더멘털 분석을 주식이 아니라 선물 시장에 적용하는 방법으로 다루었다. 주식 시장에 관해서는 가치 부분에서 다루게 된다.

- 다음으로 나는 가치 투자의 개념을 다루었다. 저평가되었다고 생각했을 때 매수하고 고평가되었다고 생각했을 때 매도한다는 개념이다. 이것은 시장의 천재라고 여겨지는 많은 사람이 이용하는 단순한 개념이다. 그러나 핵심적인 문제는 '가치는 어떻게 판단하는가?'이다. 나는 효과가 있는 방법과 효과가 없는 방법을 얘기했으며, 또 가치 투자를 마음에 들어 할 경우 능력을 향상할 수 있는 몇 가지 조언을 제공했다.

- D. R 바턴은 밴드 트레이딩을 다루었다. 시장이 범위를 형성하는 경향이 있고 그 범위가 거래 가능할 만큼 충분히 넓다면, 밴드 트레이딩이 우리에게 완벽한 답을 제시해줄 수 있다. 이 개념은 단기 트레이더나 고가에서 사서 저가에서 파는 일을 끔찍이도 싫어하는 사람들에게 잘 맞는다. 바턴은 밴드 트레이딩의 장단점을 알려줄 뿐만 아니라 거래되는 밴드의 형태에 관해 간략한 설명을 해주고 있다.

- 제리 톱키는 시기적 경향의 개념에 관해 논했다. 시기적 경향 분석은, 특정한 상품은 한 해의 어떤 시기에 가격이 높고 다른 시기에는 낮아진다는 기본적 개념에 기초하고 있다. 그 결과, 펀더멘털 분석의 수요—공급 분석과 시기적 가치를 중요시하는 추세 추종 기법이 결합된 개념이 만들어졌다. 자신이 발견한 시기적 경향에 어떤 유력한 이유가 있을 경우 시장에서 거래하는 것도 한 가지 좋은 방법이다.

- 런던 국제금융선물옵션거래소의 플로어 트레이더였던 케빈 토머스는 스프레드 거래에 관해 얘기해주었다. 이 거래의 이점은 상품 자체가 아니라 상품 간의 관계를 거래하는 것이므로 다른 식으로는 생길 수 없는 기회를 얻을 수 있다. 케빈은 논의를 통해 몇 가지 놀라운 스프레드 거래의

사례를 보여준다.

- 레이 켈리가 매우 유머러스하고 능란한 방법으로 설명하는 재정거래는 매우 좁은 기회라는 창을 찾는 방법이다. 창이 열리면, 기회는 그야말로 눈먼 돈을 쏟아낸다. 그러나 곧 이 창은 닫히며, 재정 트레이더들은 새로운 기회를 찾아야 한다. 레이는 이런 기회의 창에 관한 많은 사례를 제시하고, 또 스스로 이런 기회를 잡으려다가 좌절한 경험을 유머와 함께 들려준다.

- 루이스 멘델손은 시장 간 분석이라는 주제를 다루었다. 한 시장이 다른 많은 시장으로부터 영향을 받을 수 있다는 개념이다. 이런 시장들이 어떻게 연결되어 있는지 이해할 수 있다면, 거래하고 싶어 하는 시장의 가격 변화를 이해하는 데 도움이 될 것이다.

- 이 장에는 마지막으로 시장의 신비스런 질서를 설명할 수 있다고 하는 몇 가지 이론들의 개요가 제시되어 있다. 시장 질서에 관한 세 종류의 개념이 있다. 첫째, 인간 감정의 파동을 토대로 한 이론들, 둘째, 인간 행위에 영향을 미치는 거대한 물질계의 사건을 토대로 한 이론들, 셋째, 수학적 질서를 토대로 한 이론들이다. 이 중 많은 수는 일고의 가치도 없지만, 그래도 사람들은 이를 토대로 거래하며, 이런 이론들이 유효하다고 믿는다. 사실 충분히 많은 사람이 어떤 것에 효과가 있다고 믿으면, 그 개념은 참다운 것이 되며 정말로 효과를 낳게 된다. 따라서 이런 개념들은 수익을 내는 거래 아이디어가 될 수 있다. 무작위 진입으로도 수익 거래를 할 수 있는 것과 비슷하다. 이에 관해서는 진입 관련 장에서 다룰 것이다. 이 마지막 논의에서 여러분은 이런 시장 질서에 관한 개념 중 하나를 어떻게 취하고 그것을 어떻게 적절하게 이용하는지 배웠다. 이런 개념들은 거래에 몰두하기 전에 시장의 작동 방식에 관해 알아야 한다고 생각하는 사람들에게는 매우 좋을 것 같다.

1 예측치는 7장에서 광범위하게 논의될 것이다. 이는 트레이더 혹은 투자자로서 여러 분이 이해해야 하는 가장 중요한 주제 가운데 하나다.

2 상품선물거래위원회의 요구 사항에 따르면, 상품거래상담사들은 광고물이나 공시 문서에 과거의 결과가 미래의 결과에 영향을 미치지 않는다는 문구를 삽입해야 한다.

3 톰 바소는 현재 거래를 그만두고 은퇴하여 여생을 즐기고 있다. 그러나 1996년 이 글을 썼을 당시 그는 투자 매니저로 활동하고 있었다. tom@trendstat.com으로 연락하면 된다.

4 찰스 르보 역시 은퇴했으며 clebeau2@cableone.net으로 연락하면 된다.

5 나는 옆길로 벗어나 인생의 결정들을 어떻게 내려야 하는지에 관해 얘기할 마음은 없다. 그런 주제는 우리의 워크숍에나 어울릴 것이다. 내가 하고 싶은 얘기는 거래할 때 펀더멘털 분석과 기술적 분석을 쉽게 그리고 성공적으로 결합할 수 있다는 것이다.

6 Jack Schwager, Schwager on Futures: Fundamental Analysis (New York: Wiley, 1996).

7 이런 종류의 정보를 찾는 데 집중하는 정보지는 〈익스트림 밸류 Extreme Value〉다. www.stansberryresearch.com에서 볼 수 있다. 그렇다고 내가 이 정보지를 권하는 것은 아니다. 그러나 어쨌든 이 정보지는 이 책의 나중에서 시스템으로서 분석될 정보지 가운데 하나다.

8 D. R. 바턴과 연락하려면 302-731-1551 또는 drbarton@ilovetotrade.com으로 이메일을 보내기 바란다. 안타깝게도 나에게는 이 책을 내기 전에 이 정보지의 R의 배수를 평가할 기회가 없었다.

9 무어 리서치 센터는 1-800-927-7257 혹은 www.mrci.com으로 연락을 취할 수 있다.

10 과거의 AFL팀이 슈퍼볼에서 우승을 하면 시장이 하락하고, 과거의 NFL팀이 우승하면 시장은 상승한다는 말이 있었는데, 이 말은 80퍼센트가 넘는 확률로 적중하곤 했다. 그러나 이 예측은 1998년에 완전히 빗나가고 말았다. 어떤 과거의 AFL팀이 같은 해 슈퍼볼에서 우승했는데, 알다시피 시장은 1998~1999년에 크게 상승했다. 2000년과 2001년에는 과거의 NFL팀이 우승했고, 이때에는 시장이 크게 하락했다.

11 John Murphy, Intermarket Technical Analysis (New York: Wiley, 1986).

12 Edwin Lefevre, Reminiscence of a Stock Operator (New York: Wiley Investment Classic, 2006; first published in 1923).

13 루이스 멘델손은 플로리다주의 웨슬리 채플에 있는 마켓 테크놀로지의 사장 겸 CEO며, 밴티지포인트 시장 간 분석 소프트웨어의 개발자이기도 하다. 그는 또한 무료 교육 웹사이트 www.TradingEducation.com에 참여하고 있다. 그와 연락하려면 www.Tradertech.com에 방문하기 바란다.

14 이 정보의 출처는 그레그 미도어스와 에릭 게이티가 인터넷에 올린 글이다. 가장 심한 자기 폭풍이 있던 날짜는 1940년 3월 23일, 1941년 8월 4일, 1941년 9월 18일, 1942년 10월 2일, 1944년 2월 7일, 1945년 3월 27일, 1957년 9월 23일, 1960년 4월 24일, 1960년 7월 15일, 1960년 8월 30일, 1960년 11월 12일, 1961년 4월 14일, 1963년 9월 22일이다.

15 Sten F. Odenwald. The 23rd Cycle: Learning to live with a Stormy Star (New York: Columbia University Press, 2001).

16 스캘핑이나 통계적 거래, 헤지 같은 수많은 다른 개념들은 여기서 다루지 않았다. 원래의 의도와 다르게 5장의 양이 너무 많아지는 것을 원하지 않았기 때문이다. 이 장에서 다룬 것은 대부분의 사람이 거래에 자주 이용하는 주요 개념들이다.

6

큰 그림에 맞는 거래 전략
Trading Strategies That Fit the Big Picture

현재 미국의 GDP에 더해지는 매 달러당 4달러의 빚이 발생하고 있다.
이런 상황은 신용 팽창의 측면에서 보자면 역사상 최악이며 다른 나라와 비교해서도 마찬가지다.
― 커트 리키배커 박사, 경제학 강의, 2005년 11월 ―

　　이 책의 초판에는 멘털mental 시나리오 트레이딩이라는 거래 방식을 다루지 않았다. 하지만 내가 경험한 바로, 이것은 몇몇 최고의 투자자들과 트레이더들이 직접 활용하고 있는 기술이다. 예컨대 나는 시장의 마법사 브루스 코브너와 짐 로저스를 '멘털 시나리오 트레이더'라고 부른다. 요컨대 그들이 하는 일을 설명하자면, 세상에서 일어나는 모든 일을 파악하고 이런 지식을 통해 거래에 유용한 좋은 아이디어를 개발하는 것이다. 짐 로저스는 멘털 시나리오 트레이딩에 관해 이렇게 말했다. "말레이시아 팜유가 어떻게 되고 있는지도 모른 채 미국 철강에 어떻게 투자할 수 있단 말인가? 모든 것은 늘 변화하는 거대한 3차원 퍼즐의 한 조각이다."[1)]

나는 멘탈 시나리오 트레이더를 모델로 삼은 적이 없다. 따라서 내 책과 강좌에는 멘탈 시나리오 트레이딩에 관한 얘기가 거의 없다. 하지만 이 책의 초판이 나온 이후 나는 생각이 좀 변했다. 지금 나는 최소한 모든 사람이 큰 그림을 파악하고서, 현재 형성되기 시작하는 패턴으로부터 개발한 두세 가지 시스템을 거래에 이용해야 한다고 믿고 있다. 여기에 큰 그림에 관한 나의 몇 가지 믿음을 소개하겠다. 다만 이것은 여러분의 생각과 다를 수도 있다.

- 나는 신흥 국가들이 점점 더 많은 양의 원자재를 소비하게 될 것이라고 믿는다.
- 나는 또한 미국이 장기 약세장에 진입했다고 믿으며, 앞으로 엄청난 부채와 베이비붐 세대의 은퇴 문제 같은 여러 이슈가 부각될 것이다.
- 나는 미국이 세계 강대국으로서 이미 절정기에 도달했으며, 장기에 걸쳐 쇠락할 것이라고 믿는다. 나는 단지 현실을 바라보려 하는 것뿐이다. 왜냐하면 이런 일이 역사를 통해 모든 강대국에게 일어났기 때문이다.
- 이런 시나리오를 감안하면, 미국은 최소한 일반적인 달러화 평가 절하(최상의 시나리오)와 아마도 상당한 인플레이션을 감수해야 할 것이다. 이 때문에 달러화의 구매력은 타격을 입을 것이다. 오늘날의 구매력으로 따져 1달러의 가치가 5센트에 불과할 때, 다우지수가 4만 포인트가 되는 것을 볼 수 있다. 내가 주식 시장의 호황을 예상하고 있는 것으로 생각할까봐 말해두지만, 이 숫자는 2006년의 달러 가치로 평가하자면 기껏해야 2,000포인트의 다우지수에

불과하다.

이런 믿음은 나로 하여금 특정한 거래 아이디어를 이끌어내도록 만들었다.

- 장기적으로 미국 달러와 미국 주식 시장에 대해 주의를 기울여라.
- 장기적으로 글로벌 주식 시장에서 좋은 거래 기회를 기대하라.
- 장기적으로 금, 원유, 상품 일반에서 좋은 거래 기회를 기대하라.
- 주식(예: 제너럴 모터스)보다 소모 자산(예: 목재)에 관심을 집중하라. 다음 10~15년까지는 수집품도 꽤 좋을 것이다.

나는 이 장에서 이런 것들을 포함한 여러 가지 개념들을 보다 상세하게 논할 것이다. 그 이유는 큰 그림의 시나리오를 바탕으로 한 사례를 보여주기 위해서다. 내가 그리는 큰 그림은 여러분과 다를 수 있으나, 내 그림을 본다면 도움이 될 만한 질문과 아이디어를 떠올릴 수 있을 것이다. 이외에도 자신의 큰 그림을 펼쳐놓을 때, 그것을 측정하고 발전 과정을 따라잡을 수 있는 방법을 갖고 있어야 한다.

나는 요즘 모든 고객에게 거래의 장기 시나리오를 실천할 수 있는 비즈니스 플랜을 개발하도록 권하고 있다. 이때 고객들은 스스로에게 다음과 같이 물어야 한다. "향후 5~20년간 큰 그림은 어떻게 될 것인가?" 이런 질문에 대한 답변은, 여러분이 거래할 시장과 원하는 거래 방식에 집중하는 데 유익할 것이다.

지금 내가 그린 큰 그림을 여러분 앞에 펼쳐 보이려고 하는데, 불현듯 모든 사람이 거래의 토대로 일종의 멘털 시나리오 사고를 해야 한다는 생각이

든다. 여러분은 나처럼 한편으로는 큰 그림에 집중하면서, 원하는 결과를 기대하며 관심을 집중시킬 만한 시장들을 찾을 수 있을 것이다. 아니면 꾸준히 큰 그림을 그리려고 노력하여 점진적으로 멘탈 시나리오 트레이더 혹은 투자자가 될 수도 있다.

기본적으로 선택은 가능하다. 만약 좋은 트레이더가 되고 싶다면, 큰 그림에 대한 폭넓은 관심을 가지고서 스스로 어떤 시장을 원하는지, 또 어떻게 거래하고 싶은지 알아야 한다. 그것이 여러분의 선택이라면, 매주 (아니면 적어도 매달) 데이터를 모아 큰 그림을 새로 고칠 필요가 있다. 이렇게 하면 자신의 믿음을 바꿀 필요가 있는지 없는지와 큰 그림의 한 가지 측면 아니면 심지어 그 모두가 완전히 틀렸는지 아닌지 아는 데 도움이 된다.

한편 여러분은 큰 그림에 대한 더 많은 정보와 사고를 수집하고, 그리하여 이런 일들이 여러분의 일상이 되는 수준에까지 이를 수도 있을 것이다. 그렇게 되면, 여러분이 이용하고 싶어 할 특정한 거래 개념이 저절로 생겨날 것이다. 만약 이것이 현재 여러분의 방식이라면, 내 생각에 여러분은 이미 멘탈 시나리오 트레이더라고 해야 할 것 같다.

그렇다면 이제 여러분이 트레이더로서의 발전 선상에서 어디쯤 와 있는지 보도록 하자. 이 시점에서 자기 자신과 시장에 관한 믿음의 목록이 있어야 한다. 5장에서 여러분은 가장 마음에 드는 개념이나 전략을 찾았을 것이다. 이제 적어도 자신이 보는 큰 그림에 맞는 시스템을 개발하는 것에 관해 생각해보고, 이런 큰 그림에서 일어날 변화를 체크하는 데 도움이 될 월별 평가 방법을 개발하기 바란다.

6장은 다른 모든 장과 마찬가지로 나의 거래에 유용하며 최고의 트레이딩 코치가 되는 데 도움을 주었던 믿음들을 반영하고 있다. 나는

2006년 말 현재 내가 보고 있는 큰 그림에 관해 얘기할 것이다. 나는 단지 큰 그림에 관한 사고의 예를 보여주려는 것뿐이다. 여러분 자신의 큰 그림에 관한 믿음은 전혀 다를 수 있다. 게다가 미래에 관한 나의 믿음은 새로운 상황의 전개와 완전히 다를 수 있다. 그러나 나에게는 상황이 변할 경우 시장을 모니터하여 변화를 데이터로 파악하고, 이에 따라 세상을 다른 방식으로 볼 수 있는 장치가 있다. 여러분에게도 이런 것이 필요하다. 또한 **큰 그림의 일부가 위기를 암시할 때라도 모든 위기는 또한 경제적 기회임을 이해할 필요가 있다.**

내가 보는 큰 그림

오늘날 큰 그림을 들여다볼 때, 나는 몇 가지 주요 요소를 반드시 고려해야 한다고 믿는다. 첫째, 미국의 부채 상황은 실로 끔찍하여, 미국인은 1인당 약 12만 5,000달러의 빚을 지고 있는 셈이다. 둘째, 나는 2000년 시작된 장기 약세장이 현재도 계속되고 있으며 앞으로 2020년까지 너끈히 이어질 것으로 생각한다. 그렇다고 주가가 하락할 것이라는 뜻은 아니지만, 주가수익률로 측정한 주식 가치평가는 하락할 것이다. 셋째, 중국이나 인도 같은 이전의 제3세계 국가들이 중요한 경제 참여자 역할을 하면서 점점 더 경제는 세계화되고 있다. 큰 그림의 네 번째 주요 요소는, 적어도 미국의 경우에 있어서 큰돈을 굴리는 투자 매니저들이 주식 시장에 미치는 영향을 들 수 있다. 현재 그들은 S&P500 같은 중요한 평균주가지수들을 떠받치고 있다. 그러나 베이비붐 세대가 2010년 은퇴하기 시작하면서부터 오랫동안 자금이 빠져나갈 것이고, 중요한 평균주가지수에 부정적인 영향이 파급될 수밖에 없다. 큰 그림의 다섯 번째 요소는, 경제적 지형 전체를 바꿀 수 있는 세금, 정책, 규제 등에 주의해야 한다는 것이다. 정부는 대개 단기 해결책을 이용함으로써 문제를 해결하려고 하지만, 이런 해결책은 보통 미래 세대의 희생을 대가로 한다. 그리고 마지막 중요 요소는 돈과 관련된 결정의 경우, 사람들은 매우 비능률적이라는 사실이다. 그러나 이것은 좋은 소식이 될 수 있는데, 우리는 능률적으로 변할 수 있기 때문이다. 여러분이 멘탈 시나리오 계획에서 고려하고 싶은 다른 요소들이 더 있을 수 있겠지만, 어쨌든 나의 경우는 여기까지다.

큰 그림에 관한 나의 믿음을 이렇게 검토하는 것은 여러분에게 출발점을 보여주기 위해서다. 여러분이 다루어야 할 핵심 문제는 완전히 다를 수 있다.

요소 1. 미국의 채무 상황

1983년 미국은 세계 최대의 채권 국가였다. 그로부터 2년 뒤, 1914년 이후 처음으로 채무 국가가 되었다. 2006년 기준으로 미국은 세계 역사상 최대의 채무 국가다. 1993년 제임스 트래피컨드 2세 오하이오주 하원의원은 하원에서 다음과 같이 발언했다.

의장님, 우리는 지금 11장에 와 있습니다. 의원 여러분은 세계 역사상 최대의 파산 국가, 즉 미국의 재건을 주재하는 공식적인 수탁자입니다. 우리는 희망적으로 우리의 미래에 대한 청사진을 그리고 있습니다. 하지

만 우리를 사망으로 인도하기 위해서는 검시관의 보고서 하나면 족하다고 말하는 사람들도 있습니다.[2]

1980년에 미국의 부채가 1조 달러에 이르렀던 것을 기억하고 있다. 나는 거듭 생각했다. '부채가 어떻게 더 커질 수 있을까?' 하지만 지금은 부채가 그보다 훨씬 크며, 우리 상황은 사실 그다지 나빠진 것 같지 않다. 따라서 이렇게 앞으로도 영원히 부채가 불어날 수 있을 것도 같다. 그게 정말 가능할까? 나는 과거 100년간의 미국 채무에 관한 그래프를 살펴보았다. 그 그래프가 바로 그림 6.1이다.

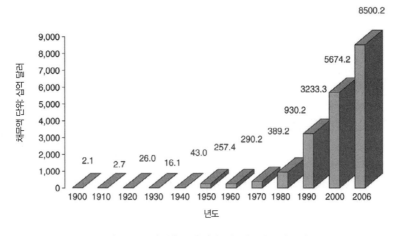

그림 6.1 1900년 이후 10년 단위로 본 미국의 공식 부채

1900년 미국의 부채는 약 21억 달러였다. 부채는 제2차 세계대전의 비용으로 인해 1950년 고공행진을 시작했다. 전쟁에서 미국 달러는 세계의 준비 통화 역할을 했었다. 베트남 전쟁 비용과 미국의 금본위제 폐기로 부채는 1980년부터 다시 날아오르기 시작했다. 그 뒤로는 완전히 통

제 불능 상태가 되어 2006년에는 공식적인 부채가 8조 5,000억 달러에 이르렀다. 2010년이 되면 공식 부채는 쉽게 15조 달러가 될 것이다. 게다가 이 그래프는 사회보장 같은 미래의 수급권을 포함하지 않고 있다. 이를 포함시키면 우리의 총부채는 67조 달러에 이를 것으로 추산된다. 세인트루이스 연준의 후원을 받아 수행한 연구에서 로렌스 J. 코틀리코프는 지금 미국 정부가 파산 상태라고 말했다.[3]

우리는 현재 연간 7,500억 달러에 달하는 국제수지 문제를 안고 있으며, 그중 약 2,000억 달러가 곧바로 중국으로 흘러 들어가고 있다. 이는 미국이 다른 나라로 수출을 하기보다는 다른 나라에 매년 7,500억 달러 이상을 지출하고 있다는 뜻이다. 이미 외국들은 미국에 대해 약 3조 달러에 달하는 채권을 보유하고 있다. 그들은 미국 소비자들이 1990년대에 세계 경제의 성장을 떠받쳤기 때문에 기꺼이 채권을 보유하고 있는 것 같다. 외국 정부들이 미국에 대해 3조 달러의 채권을 축적하는 데는 수십 년이 걸렸다. 하지만 현재 연간 7,500억 달러에 달하는 국제수지 문제를 고려하면, 외국인들의 채권이 두 배로 증가하는 데는 겨우 4년밖에 걸리지 않을 것이다. 그들이 만약 더는 미국에 대한 채권을 원하지 않으면 어떻게 될 것인가? 그들에게 이것은 일종의 딜레마적 상황이다. 그들이 우리의 채무를 원하지 않는다면 달러는 그 가치가 급격히 감소할 것이고, 따라서 그들이 보유하고 있는 채권 가치는 떨어질 것이다. 달러 가치가 급격히 감소할 경우, 그들은 더 많은 제품을 미국 소비자들에게 파는 게 힘들어진다. 이탈리아 정부는 이미 공식적인 준비금 일부로 미국 채권을 팔아치우고 영국 파운드로 이를 대신했다.

미국 기업 부채

게다가 부채 문제는 미국 정부에만 국한된 게 아니다. 미국 기업들은 오랜 시간 동안 엄청난 양의 부채를 키웠다. 내 친구 스티브 스저게러드는 2002년 5월 나스닥이 사상 최고가에서 70퍼센트 하락했을 때 미국에 있는 모든 나스닥 상장 회사들의 부채가 2조 3,000억 달러에 이른다는 것을 알았다. 2개의 최대 주식(마이크로소프트와 인텔)을 뺄 경우 나스닥 전체는 2조의 가치에 부채만 2조 3,000억 달러에 이를 것이다. 이것은 23만 달러의 담보 대출금으로 20만 달러의 주택을 구입한 것과 비슷한 경우다. 스티브가 최초로 이 사실을 보고하고 난 뒤 나스닥은 더 이상 이런 자료를 발표하지 않기로 결정했다. 핵심 문제는 미국 기업의 부채 상황이 좋지 않다는 것이다.

앞에서 우리는 기업의 가치를 평가하는 법을 배웠다. 유동 자산(즉, 내년 안에 모든 것을 팔았을 때의 기업 가치)에서 총부채를 빼면 청산 가치를 구할 수 있다. 10~15개의 미국 대기업에 대해 이런 방식으로 조사를 해보는 것은 어떨까? GE, 보잉, 구글, 마이크로소프트, IBM 같은 유명 기업에다 신문에서 임의로 몇 개 이름을 골라 청산 가치를 구해보라. 그중 70퍼센트 이상은, 그 숫자가 마이너스일 것이다. 이것은 무엇을 의미하는가? 미국 기업들이 너무 큰 부채를 떠안고서 곤란을 겪고 있다는 얘기다.

미국 소비자 부채

이제 미국 소비자에게 눈을 돌려보자. 미국 소비자가 미국 정부나 미국 기업들과 조금도 다름이 없다는 것을 알기 바란다. 미국 소비자 부채는 입이 벌어질 수준으로, 2006년에 이르러 2조 2,000억 달러를 훌쩍 넘어섰다. 1998년 1조 3,000억 달러에서 이만큼 상승한 것이다. 담보 대출을 계산할 경우 그 액수는 10조 달러를 초과한다. 〈블룸버그〉에 글을 쓰는 존 와식에 따르면, 소비자 부채는 가처분 소득에 대해 2000년부터 연간 4.5퍼센트의 비율로 증가했다.[4] 연준은 개인 저축이 2003년 상반기 세후 소득의 2퍼센트 수준으로 떨어졌다는 것을 보여주었다. 2006년이 되자, 그 수치는 1930년대의 대공황 이후 처음으로 마이너스에 진입했다. 이 사실은 그림 6.2에 보이는 미국 경제분석국의 그래프에 분명하게 드러난다.

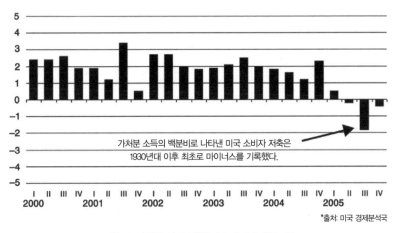

그림 6.2 가처분 소득의 백분비로 나타낸 개인 저축

부채 문제의 해결책

그렇다면 해결책은 무엇인가? 몇 가지가 있다. 첫째, 논리적으로 사고하여 정치가들이 더 이상 돈을 낭비하지 못하도록 하는 것이다. 정부는 공유지 같은 일부 자산을 팔 수도 있을 것이다. 코틀리코프 박사는 미국 정부가 파산했다고 말한 보고서에서 33퍼센트의 판매세, 자발적인 정부 지출의 50퍼센트 삭감, 사회보장의 민영화, 국민의료제도의 총액 예산제

시행을 주장했다. 그런데 실제로 이렇게 될 것 같은가? 그렇게 생각한다면, 아마도 여러분이 아는 정치가와 내가 아는 정치가는 다른 사람들일 테다. 미국인들 자체가 부채와 관련하여 논리적인 사고를 하지 못하는데, 어떻게 대표자들이 논리적인 사고를 할 거라 바라겠는가?

두 번째 해결책은 그냥 미국인들이 가진 부채를 불이행하는 것이다. 그렇게 하면 무슨 일이 벌어질까? 재무부 증권은 무위험 등급에서 무가치 등급으로 바뀔 것이고, 재무부 장기 채권 역시 휴지조각으로 전락할 것이다. 미국 달러는 무가치한 것이 되며, 미국은 파산하게 될 것이다. 아무도 미국에게 돈을 빌려주지 않을 것이기 때문에 아무런 신용도 얻지 못할 것이다. 따라서 이 두 번째 해결책은 고려 대상이 되지 못한다.

세 번째 해결책은 심각한 경제 붕괴와 지독한 불경기를 견디는 것이다. 이런 시나리오에 따르자면, 달러의 가치는 더욱 강화되고 상품 가치는 낮아진다. 달러의 가치가 더 높아지면, 미국의 채무 37조 달러는 370조 달러처럼 커 보일 것이며 채무 불이행이 불가피할 것이다. 이런 디플레이션 전략은 거의 실현 불가능하다. 현 연준 의장 벤 버냉키는 2002년 11월 미국경제학자협회에서 다음과 같이 얘기했다.

미국에서 디플레이션을 막는 두 번째 보루는 …… 바로 연방준비제도 그 자체입니다. 의회는 연준에 물가 안정의 책임을 부여했습니다. 이것은 인플레이션뿐만 아니라 디플레이션을 막아야 한다는 것을 거의 분명하게 의미하고 있습니다. 나는 연준이 미국에서 심각한 디플레이션이 일어나는 것을 막기 위한 필요한 모든 조치를 취할 것이며, 필요할 경우 정부의 다른 부분과 협력할 수 있는 미국 중앙은행이 어떤 디플레이션이든 짧고 경미하게 끝날 수 있도록 충분한 정책적 수단을 활용해야 한다고 확신합니다.

네 번째 해결책은 부채를 소멸하는 것이다. 어떤 희생을 치르고라도 연준이 디플레이션을 막을 것이라고 한 뒤, 버냉키는 계속하여 다음과 같이 말했다.

미국 정부에게는 인쇄기라는 기술(혹은 오늘날에는 그에 해당하는 전자 기술)이 있으므로 기본적으로 아무런 비용도 들이지 않고 미국 달러를 원하는 만큼 찍어낼 수 있습니다. 유통 중인 미국 달러의 총량을 증가시킴으로써 미국 정부는 상품과 서비스와 비교한 달러의 가치를 감소시킬 수 있습니다. 그러면 달러로 매기는 상품과 서비스의 가격을 상승시키는 효과가 생겨날 것입니다. 지폐 제도 아래에서라면 결단력 있는 정부가 언제나 지출을 증가시키고 따라서 긍정적인 인플레이션을 유발시킬 수 있다고 결론 내릴 수 있습니다.

버냉키는 여기서 가장 논리적인 해결책을 내놓았다. 채무를 뻥튀기하여 날려버릴 수 있는 것이다. 인플레이션은 실제로 돈이 점점 더 가치가 없어진다는 뜻이다.

살아 계셨다면 지금 100세가 넘으셨을 내 어머니는 5센트를 주고 영화를 보러 다니던 시실을 추억하곤 하셨다. 나는 어린 아이였을 때 50센트를 내고 동시상영관에 가곤 했다. 심야 자동차 극장은 훨씬 더 좋았다. 몇 달러면 차에 사람들을 가득 태우고 4~6편의 영화를 볼 수 있었다. 현재는 영화표 한 장에 8~10달러는 주어야 한다. 그러나 요새 극장은 영화표가 아니라 매점에서 대부분의 돈을 버는데, 영화를 보고 팝콘을 먹고

탄산음료를 마시면 한 사람당 족히 20달러는 든다. 바로 이게 인플레이션이다.

그러나 미국 역사 대부분의 기간 동안 인플레이션은 상대적으로 온건하게 진행되었다. 연준은 실제로 대략 2퍼센트의 인플레이션을 목표로 하고 있다. 그러나 일부 중남미 국가에서 실제로 그러했듯 인플레이션이 연간 100퍼센트라면 어떻게 되겠는가? 정말로 그런 일이 일어난다면, 미국 채무는 달러가 무가치해지면서 삽시간에 가치 없는 것이 되어버릴 것이다. 그러나 언제나 새로운 통화로 다시 시작할 수 있다. 이런 인플레이션 시나리오는 점점 커가는 미국 부채 문제에서 가장 그럴듯한 해결책처럼 보인다. 미국 부채는 인플레이션으로 소멸될 수 있다. 그리고 그런 상황에서라면 상품 가치는 극적으로 치솟을 것이다.

이런 인플레이션 상황에서 주식 시장은 어떻게 될까? 1966~1982년의 약세장에서는 인플레이션이 상대적으로 높았다. 주식 시장은 기본적으로 변동폭이 컸지만 범위가 형성되어 있었다. 다우지수는 대부분의 기간 동안 500~1,000 사이에서 거래되었다. 그 전체 기간에 주가는 소폭 상승했지만 주식평가액은 크게 하락했고, 사람들은 일반적으로 돈을 잃었다. 이런 일은 쉽게 일어날 수 있었다. 1982년까지 주요 평균주가지수의 주가수익률은 한 자리 숫자였다.

다섯 번째 해결책은 다른 통화에 대한 달러화의 평가절하다. 이 해결책을 따르면, 국제수지 적자는 0으로 줄어들고 심지어 흑자로 돌아설 수도 있다. 외국 물품이 비싸지면서 미국인들이 외국 상품 소비를 그만둘 것이라고 가정한다면 말이다. 따라서 이 해결책은 충분히 실현 가능하다고 하겠다. 보통 이런 일은 미국이 금리를 올릴 때 일어난다. 돈은 늘 최고로 쳐주는 곳으로 옮겨가기 때문이다. 하지만 금리가 높으면 우리의 부채는 더욱더 감당하기 힘든 것이 되어갈 것이다. 그렇다면 이런 시나리오에서 우리는 어떻게 지금까지 누적된 채무를 해결하거나 관리할 수 있을까?

여섯 번째 해결책도 있다. 미국 정부가 사회보장과 노인의료보험제도의 수급권과 혜택에 대한 약속을 불이행하는 것이다. 재무부 증권과 장기 채권에 대한 지불은 정부의 약속이지 계약 의무가 아니다. 정부로서는 기본적으로 이런 수급권을 없애는 방식으로 관련법을 개정하는 것이 쉬울 것이다.

여러분은 요소 1에 대해 어떻게 생각하는가?

- 미국의 정부, 기업, 소비자들은 심각한 영향 없이 현재의 규모로 지출을 계속할 수 있다고 생각하는가?
- 지금 당장 초과 지출을 멈추면 미국이 심각한 경제적 영향 없이 현재의 엄청난 부채 상황에서 빠져나올 수 있다고 생각하는가?
- 위 두 질문에 대한 대답이 아니오라면, 어떤 경제적 영향이 일어날 것 같은가? 여러분의 대답은 큰 그림과 관련한 여러분의 계획 가운데 일부가 되어야 한다.
- 위 두 질문에 대한 대답이 예라면, 연방정부의 총이자 지불액이 현재 정부 지출의 14퍼센트라는 사실을 어떻게 해결해야 할 것인가(그들이 이 사실을 속이고 그중 대략 절반을 사회보장 탓으로 돌리고 있기는 하지만)? 상황이 계속 악화된다면, 어떻게 될 것인가?

요소 2. 장기 약세장

미국 주식 시장은 15~20년의 장기 주기로 움직이는 경향이 있다. 강세 주기에서는 주식평가액이 상승한다. 이때는 주가수익률이 상승하고, 주가도 올라간다. 약세 주기에서는 주식평가액이 감소하고(즉, 주가수익률이 하락하고), 보통 주가 역시 하락한다.[5] 표 6.1과 6.2는 지난 200년간 미국 주식 시장에 영향을 미쳤던 중요한 주기를 보여준다.

표 6.1 주요 상승장

상승장	대략적인 기간	연간 실질 수익률(%)
화합의 시대	1815~1835년	9.6
철도 붐	1843~1853년	12.5
남북전쟁과 그 이후	1861~1881년	11.5
제1차 세계대전 발발 전	1896~1906년	11.5
광란의 20년대	1921~1929년	24.8
제2차 세계대전 이후의 붐	1949~1966년	14.1
하이테크 붐	1982~2000년	14.8

시장 역사가 마이클 알렉산더에 따르면, 우리는 지난 200년간 이렇게나 많은 주기를 거쳐 왔다. 표 6.1은 중요한 상승장의 목록이다. 평균적으로, 이런 상승장은 약 15년 동안 지속되었으며, 주요한 평균주가지수의 주식을 매수 보유하면 대략 연간 13.2퍼센트의 수익을 올릴 수 있었다. 이런 상승장은 이 200년의 기간 중 103년간 지속되었다.

주식의 매수와 보유를 좋아하는 사람들에게는 불행히도 이런 중요한 상승장 뒤에는 하락장이 따랐다. 이런 주요 하락장에서는 강세장의 과도한 상승이 진정된다. 미국은 지금 이 같은 2000년 초에 시작된 주요 하락장에 들어와 있다. 표 6.2는 주요 하락장의 목록이다.

평균적으로 주요 하락장은 18년간 지속되었고 연간 실질 수익률은 0.3퍼센트였다.[6] 따라서 주식은 지금 장기 침체기를 앞에 두고 있다고 하겠다.

이 시점에서 여러분은 이렇게 생각할 것이다. '이건 다른 사람의 주장일 뿐이야. 과거에 일어난 일들을 보고 온갖 주기에 관해 무슨 주장인들 못 하겠어. 과거에 어떤 주기들이 있었다고 해도 그게 지금도 계속되고 있다고 말할 수 있는 건 아냐.' 하지만 에드 이스털링Ed Easterling의 '금융 물리학'을 이해하면 생각이 바뀔 것이다.

표 6.2 주요 하락장

하락장	대략적인 기간	연간 실질 수익률(%)
1812년 전쟁 전	1802~1815년	2.8
첫 번째 대공황	1835~1843년	−1.1
남북전쟁 이전 시기	1853~1861년	−2.8
1차 은행 위기 시기	1881~1896년	3.7
2차 은행 위기 시기	1906~1921년	−1.9
두 번째 대공황	1929~1949년	1.2
인플레이션 시기	1966~1982년	−1.5
테러리즘과의 전쟁	2000년부터 현재까지	?

다음은 고려해보아야 할 몇 가지 중요 사항들이다.

- 장기 하락장은 주식 시장이 18년 동안 하락한다는 것을 의미하지는 않는다. 이것은 단순히 큰 주기의 방향을 가리킬 뿐이다. 이런 주요 주기 내에도 수년간 지속될 수 있는 상승 주기와 하락 주기가 번갈아 나타난다. 2005년 알렉산더는 실제로 2007년까지 상승 주기가 이어질 수 있다고 했다.

- 장기 주기는 가격이 아니라 평가액을 예측할 수 있다. 예컨대 인플레이션 상황에서는 가격이 극적으로 상승할 수 있다. 하지만 인플레이션율만큼은 아니다. 따라서 주식 시장의 실질 가치는 하락할 것이다. 게다가 주식 수익은 극적으로 상승하는 반면 주가는 상대적으로 천천히 상승할 수 있다. 이에 따라 주식 시장은 계속 상승하지만 주가수익률은 꽤 낮은 수준이 된다. 1966~1982년의 약세 주기에 다우존스 산업평균지수는 몇 차례 1,000선을 돌파했으나, 주가수익률은 계속 하락했다. 장기 강세장과 약세장에서 상승일과 하락일의 수는 그다지 차이가 나지 않는다. 이것은 단지 장기 약세장에서는 대규모 하락률이 높고 장기 강세장에서는 대규모 상승률이 높기 때문에 달라진 투자의 결과일 뿐이다.[7)]
- 장기 강세장과 약세장은 경제와는 아무런 상관이 없다. 예컨대 1966~1981년 경제는 연간 평균 9.6퍼센트 성장을 기록했던 반면, 주식 시장은 하락했다. 그리고 1982년에서 1999년까지 경제는 연간 6.2퍼센트 수준으로 성장했으나, 주식 시장은 이때 연간 15.4퍼센트 수준으로 상승했다. 아이러니하게도, 지난 100년간 경제는 장기 약세장에서 더 큰 폭으로 성장했다.

전에 본 적이 없다면, 과거 20년 동안 주식 시장의 실질 수익을 보여주는 크레스몬트 리서치의 차트를 한번 보기 바란다.[8)] 이 차트를 볼 때 눈에 띄는 사실은 주가수익률이 높을 때 투자하면 최대 20년 동안 수익률이 마이너스인 주식 시장에 머물게 될지도 모른다는 것이다. 지난 장기 강세장이 끝났을 때, 주식 시장의 주가수익률은 사상 최고치를 기록했다. 2006년에조차 주가수익률은 합리적인 수익을 기대할 수 있는 평균 수준을 초과했다. 이것은 무슨 얘기인가? 단순히 주식을 사서 갖고 있으려고 한다면, 주식 시장은 위험한 곳이라는 얘기다.

현재의 그림은 어떤가? 2006년 2월 1일 현재 S&P500의 주가수익률은 19.26을 기록했다. 따라서 주가수익률은 10년 단위의 기대 수익을 보았을 때 아직 하위 10퍼센트에 있고, 또 한편으로는 아직 지난 100년간의 역사적 평균인 15.8보다 상당히 높다고 하겠다.

S&P500 주가수익률이 19 이상일 때 10년 뒤의 평균 주가수익률은 보통 9 근처에 머문다. 그림 6.3은 2000년 장기 약세장이 시작된 뒤 S&P500의 주가수익률이 어떻게 변화했는지 보여준다. 2003년부터 2006년 중반까지 주식 시장에서 대규모 하락이 일어난 해가 없었음에도, 주가수익률은 2002년 이후 급락했다는 사실에 주목하라. 이스털링의 이론이 옳다면, 앞으로도 하락은 계속될 것이다.

그림 6.3 2002년 초 이후 주가수익률의 변화

이스털링이 제기한 다음 주장은 장기 약세장이 배당액이 매우 적을 때 시작된다는 것이다. 지난 100년간 S&P500의 평균 배당률은 약 4.4퍼센트였다. 강세장은 배당률이 높을 때 시작되는 경향이 있는 반면, 약세장은 배당률이 낮을 때 시작되는 경향이 있다. 현재 S&P의 배당률은 상승하고 있으나(배당에 유리한 과세 조건 덕분에), 여전히 기록적으로 낮은 수치인 1.48퍼센트밖에 되지 않는다. 약세장은 이렇게 낮은 수준에서 시작된다.

에드 이스털링의 연구에서 마지막 핵심 요소는 주가수익률의 변화 이유에 관한 그의 이론이다. 이것은 모두 인플레이션이나 디플레이션과 관련되어 있다. 기본적으로 인플레이션이 낮고 안정적일 경우, 주식 시장은 S&P500의 주가수익률을 20 이상으로 유지시켜준다. 그러나 인플레이션이 상승하기 시작하거나 디플레이션이 찾아오면, 주가수익률은 곤두박질친다. 장기 약세장의 말기에는 주가수익률이 보통 한 자리 숫자 범위에 머문다. 게다가 최악의 투자 시기는 주가수익률이 높고 인플레이션이 상대적으로 안정되어 있을 때다. 그러므로 그림 6.3을 보면 주가수익률이 일반적으로 하락하고 있다고 하더라도 여전히 역사적으로 볼 때 높은 편에 속하며, 바야흐로 인플레이션이 일어나기 시작했다는 것을 알 수 있다.

이스털링은 미국의 경제 성장(실질 GDP 상승)이 오랜 시간에 걸쳐 상대적으로 안정되어 있으며, 미국 기업 수익이 GDP와 보조를 맞추며 커간다고 믿는다. 따라서 그는 투자가 기업의 미래 가치를 결정하는 데는 인플레이션-디플레이션에 관한 시각만 있으면 된다고 생각한다. 1~2퍼센트 정도의 적당한 인플레이션 아래서는 20 이상의 높은 주가수익률을 뒷받침할 수 있다. 그러나 인플레이션이 3~4퍼센트에 달하면, 주가수익률은 15 정도로 곤두박질친다. 인플레이션이 4~5퍼센트면 주가수익률은 13 근처로, 인플레이션이 7퍼센트 이상이면 주가수익률이 10 이하로 떨어진다. 디플레이션 상황에서는 정도에 상관없이(예컨대 −3퍼센트라 해도) 주가수익률은 역시 한 자리 숫자 범위로 떨어진다.

여러분은 요소 2에 대해 어떻게 생각하는가?

그렇다면 이와 같은 얘기들은 여러분에게 어떤 의미가 있는가? 아래는 주식 시장에 관해 장기적으로 생각해볼 때 자문해보아야 할 몇 가지 질문들이다.

- 주가수익률이 주기적으로 순환한다고 믿는가?
- 주가수익률이 높은 시기(19퍼센트 이상)에 주식 시장에서 얻는 장기 수익이 쉽게 0이 될 수 있다고 생각하는가?
- 인플레이션이 고조되거나 디플레이션이 시작될 때, 주가수익률이 하락할 가능성이 크다고 보는가?
- 이 일들이 조사 대상에 포함된다고 생각하는가? 내 생각에, 시간의 틀이 짧을수록 이런 것들을 조사할 필요성은 작아진다. 그러나 '나는 데이 트레이더니까 이런 걸 생각할 필요는 없어'라고 생각하는 것은 실수다. 이 장기 약세장의 초기 단계에서 주식 시장의 변동성이 사라지면 대부분의 데이 트레이더들은 제대로 된 거래를 할 수 없기 때문이다. 일반적으로 주식 시장이 하락하면, 주식 시장에 관한 관심도 사라지고 시장 변동폭 역시 줄어든다.

요소 3. 경제 요인들의 세계화

정보가 빠른 투자자나 트레이더는 미국 시장만 바라보고 앉아 있을 여유가 없다. 그들은 세계에서 무슨 일이 일어나는지 주의를 기울여야 한다. 2003년은 미국 주식 시장에 엄청난 해로 S&P500은 약 25퍼센트 상승했다. 그러나 미국 주식 시장에서 우리가 25퍼센트의 이득을 얻었다고 해도, 세계를 기준으로 하자면 달러 가치가 약 40퍼센트 하락하고 미국 주식 시장은 세계에서 가장 실적이 좋지 못한 시장 가운데 하나였기 때문에 결국 돈을 잃은 셈이다. 2003년은 유럽에서와 아시아에서 각각 50퍼센트, 라틴아메리카에서는 35퍼센트, 심지어 10년간 장기 침체를 겪은 일본에서도 39퍼센트의 수익을 올릴 수 있었다. 똑똑한 투자자라면 세계적 경제의 관점에서 전체 그림을 보아야 한다.

그러므로 이제부터 세계적인 큰 그림에 영향을 미치는 요인들을 살펴보자. 여기 세 개의 주된 요인이 있다. 첫째, 신흥 국가의 경제가 성장하기 시작했다는 점이다. 둘째, 이런 신흥 경제가 원자재를 필요로 하고, 이에 따라 상품 가격이 엄청나게 오르기 시작했다는 것이다. 그리고 마지막으로 1990년대 세계 경제의 성장은 대부분 미국 소비자들 덕분이기 때문에, 세계 국가들이 현재 미국 달러화 가치를 지지하고 있다는 점을 알아둬야 한다. 일부 경제 논평가들은 이런 현상을 '제2의 브레턴우즈 체제'라고 부른다.[9]

첫 번째 주요 이슈는 신흥 국가의 성장이다. 중국과 인도는 세계 경제의 중요한 참여자로 부상했다. 많은 미국 회사는 중국에 엄청난 투자를 하고 있고, 이로 인해 중국 경제는 계속 성장하고 있다. 미국 회사들은 너나 할 것 없이 인구 10억의 중국 시장에 진출하고 싶어 한다. 이런 회사들은 시장 진출을 위해 협상 면에서 중국에게 상당한 양보를 하고 있다.

제조업이 중국으로 이동해가는 반면, 서비스업은 인도로 옮겨가는 경향이 있다. 인도는 비즈니스와 엔지니어링 분야에서 해마다 고도로 훈련된 전문가들을 양산하고 있다. 그들은 미국에서라면 생각할 수 없는 푼돈을 받고 일한다. 따라서 많은 회사가 서비스 부문을 인도에 아웃소싱하기 시작했다. 예를 들어, 마이크로소프트나 델의 기술지원부서에 전화를 걸면 인도 기술자와 연결될 가능성이 크다. 포레스터 리서치에 따르면, 2015년에는 미국 내 하이테크 및 서비스 산업의 일자리 약 330만 개가 해외로 옮겨가는데, 대상 국가는 주로 인도가 될 거라고 한다. 그러면 미국에서 1,360억 달러의 노동 임금이 사라져 없어지는 셈이다.[10] 이외에도 국제 비즈니스의 최고 중역들은 미국인에서 인도인으로 바뀌고 있다. 왜냐하면 그들이 훨씬 값싸고, 똑같이 혹은 더 잘 훈련되어 있기 때문이다.[11]

두 번째 주요 이슈는 신흥 국가의 성장이 원자재 가격 붐을 일으키고 있다는 것이다. 〈이코노미스트〉는 이렇게 말했다. "중국의 원자재 및 에너지 소비가 부유한 국가 수준으로 상승하면, 세계는 이를 공급할 자원이 충분치 않을 것이다."[12] 서서히, 그러나 확실하게 중국은 세계의 원자재들을 확보해가고 있다. 따라서 인플레이션이 없더라도 향후 10~15년 사이에 상품 가격은 엄청나게 오를 것이다.

2004년 말 내 친구 스티브 스저게러드는 아르헨티나에 있었다. 그는 어디서나 중국인들을 볼 수 있으며, 그들이 목재나 구리, 농산물이나 뭐든 손에 들어오는 원자재를 싼값에 확보하기 위해 노력하고 있다고 말했다. 왜 유가가 최근 배럴당 70달러 이상이 되었다고 생각하는가? 원유가 희소해졌기 때문이 아니다. 세계 수요가 증가했기 때문이고, 중국이 그 수요에서 큰 자리를 차지하고 있다.

연속적인 CRB 지수. 일별 종가만을 그래프로 나타냄.

*출처: Barchart.com

그림 6.4 상품 가격의 상승(2006년 2월 9일 기준)

지난 몇 년간의 상품 가격을 보면, 장기 상승 추세가 형성되어 있음을 알 수 있다. 상품 가격 상승은 인플레이션이 커지고 있다는 것을 알려주기도 하지만, 제한된 자원에 대한 세계 수요가 커지는 것을 신호하기도 한다. 그림 6.4는 CRB(상품 지수)의 상승 추세를 보여주는 차트다. 추세가 분명하게 상승세를 나타내고 있으며, 가격이 280에서 약 360으로 올라간 것을 확인하라. 1년 동안 거의 31퍼센트나 상승한 것이다.

세계적 관점에서 중요한 세 번째 주요 이슈는 다른 국가들, 특히 아시아의 국가들이 미국 달러 가치를 떠받치고 있다는 것이다. 이는 그들이 미국 소비자들에게 계속 상품을 팔기 위해서다. 1990년대 세계 경제 성장은 대부분 미국 소비자들의 만족할 줄 모르는 상품 수요 덕분이었다는 게 중론이다. 다른 나라들은 미국 소비자들에게 계속 상품을 팔고 싶어 하며, 그들이 합리적인 방법으로 그렇게 할 수 있는 것은 그들의 통화가 미국 달러에 비해 싼값을 유지할 경우에 한해서다. 이에 따라 제2의 브레턴우즈 체제로 알려진 비공식적인 협약이 생겨나 외국이 미국 채권을 매입함으로써 미국 달러화의 가치가 떨어지는 것을 막고 있다(국제수지의 엄청난 적자에도 불구하고). 다른 나라들은 재무부 증권과 채권을 매입하는 방법으로 이제 약 3조 달러의 미국 부채를 보유하고 있다. 이 부채는 쌓이는 데 10년 이상이 걸렸으나, 국제수지가 변하지 않는 한 그 액수는 3년 안에 두 배가 될 것이다.

그렇다면 다른 나라들은 이제 앞으로 무엇을 할 생각일까? 그들이 채권을 매입하는 방법으로 계속 미국의 부채를 떠받쳐주지 않는다면, 달러 가치는 폭락하게 될 것이다. 그러면 두 가지 점에서 바람직하지 못한 결과가 발생한다. 첫째, 미국 소비자들은 더 이상 외국의 제품을 구매할 여유가 없을 것이다. 둘째, 외국은 채권의 형태로 미국 달러를 보유하고 있기 때문에 많은 손해를 볼 것이다.

이 문제와 관련하여 많은 나라가 받아들인 해결책은 미국의 부채와 달러화에 대한 지지를 점진적으로 포기하는 전략이다. 중국은 신중한 계산 아래 위안화 가치를 천천히 올리고 있다. 이외에도 미국 부채를 불리기보다는 그들이 보유한 미국 달러로 전 세계의 상품 기반의 제품과 기업을 매입하고 있다.

여러분은 요소 3에 대해 어떻게 생각하는가?

투자 결과를 살펴볼 때는 반드시 세계적 관점에서 보아야 한다. 투자가 성공적이라면 좋지만 여러분의 투자에서 그 단위가 되는 통화는 가치가 어떻게 달라졌는가? 예를 들어, 미국 주식 시장에 투자하여 25퍼센트 수익을 올렸는데, 달러가 다른 통화에 비해 가치가 40퍼센트 감소했다면 기본적으로 손해를 본 것이다. 또, 25퍼센트의 투자 수익을 거두었지만 해외에서 50퍼센트의 수익을 올릴 수 있었다면, 여러분은 상대적으로 성과가 좋지 못했다고 해야 할 것이다.

따라서 투자 스타일을 살펴볼 때 여러분은 언제나 세계 경제를 고려해야 한다. 다음과 같은 질문을 스스로에게 해보라.

- 내가 살펴보고 있는 기간 동안 내 기본 통화는 다른 통화와 비교해볼 때 어떻게 되었는가?
- 인플레이션은 내 기본 통화의 가치에 어떤 영향을 미쳤는가?
- 같은 기간에 투자할 수 있었던 세계의 다른 시장들과 비교해볼 때, 실제로 내가 투자한 시장의 수익은 합당한가?
- 이 기간 동안 세계 경제는 어떻게 움직였으며, 이에 따라 내 투자 전략은 어떻게 바뀌어야 하는가?
  - 예컨대 상품 가격이 연간 30퍼센트로 계속 상승한다면 어떻게 하겠는가?
  - 내가 주로 투자하고 있는 나라의 경제 규모가 세계의 다른 나라 경제와 비교하여 줄어든다면 어떻게 하겠는가?
- 제2의 브레턴우즈 체제가 사라지고 다른 나라가 더 이상 미국의 부채와 미국 달러 가치를 떠받쳐주지 않으려고 한다면 어떤 일이 벌어지겠는가?

요소 4. 뮤추얼 펀드의 영향

대부분의 강세장에서 사람들은 직접 주식을 매수하는 방법으로 시장에 참여했다. 하지만 지난 강세장은 달랐다. 많은 사람이 뮤추얼 펀드를 통해 시장에 참여했다. 뮤추얼 펀드는 리스크를 사방에 분산하고 우리를 위해 한시도 쉴 틈 없이 시장을 조사하는 풀타임 전문 매니저들이 운용한다. 사실 2000년 시장이 고점에 이르렀을 무렵에는 거의 상장주만큼 많은 수의 뮤추얼 펀드가 있었다. 게다가 이런 펀드의 대부분은 유일한 시장 경험이라고는 1982~2000년의 강세장 기간 18년이 전부인 꽤 젊은 사람들이 운용했다. 그들은 제대로 된 약세장은 경험해본 적이 없었다.

현 장기 약세장의 최초 30개월이 지난 뒤, 566개의 뮤추얼 펀드가 다른 펀드에 흡수되었다. 게다가 또 다른 414개는 청산되어버렸다. 따라서 약세장의 최초 30개월 만에 980개의 뮤추얼 펀드가 사라진 셈이었다.

그레고리 베어와 게리 겐슬러의 책 《거대한 뮤추얼 펀드의 함정》[13]에 따르면, 대부분의 경우 활발하게 운용하는 뮤추얼 펀드보다는 소극적으로 운용되는 뮤추얼 펀드가 훨씬 실적이 나왔다. 다음과 같은 이유에서다.

- 활발하게 운용되는 펀드는 전문적인 관리가 없는 인덱스 펀드보다 더 나은 성적을 올리기 어렵다. 베어와 겐슬러에 따르면, 활발하게 운용되는 펀드의 연간 평균 실적은 적어도 5년 이상 따져보았을 때 S&P500보다 1.9퍼센트만큼 뒤진다. 그리고 이 숫자에는 완전히 망해버린 뮤추얼 펀드는 포함되어 있지 않다.
- 금융 미디어는 대개 증권업계와 뮤추얼 펀드업계가 뒤를 받쳐주고 있다. 따라서 여기서 나오는 정보는 편파적으로 미디어의 '밥줄'을

지지하도록 되어 있다. 그러므로 이런 얘기들은 일반적으로 투자자의 이익을 위한 것이 아니다. 실상 그런 정보들은 투자자를 시장에 붙들어두고 활발하게 거래하도록 꾸며진 것이다.

- 사람들은 인기 있는 뮤추얼 펀드에 투자하는 경향이 있다. 그러나 이런 '잘 팔리는' 펀드들은 선전을 통해 대중에게 이름이 난 뒤에는 시장의 다른 펀드들보다 실적이 떨어지게 되는 게 보통이다.

- 최상의 펀드는 매우 소규모인데다가 만들어진 지 3년이 안 되기가 십상이다. 이는 뮤추얼 펀드 패밀리에서 새로운 소규모 펀드에 호의적인 대우를 해주어 신주에 대한 우선권(엄청나게 할인된 가격으로 주식을 매수할 수 있는 기업공개의 경우)을 주거나, 패밀리의 대형 펀드보다 먼저 주식을 거래할 수 있게 해주기 때문이다. 이 펀드가 인기를 얻으면, 펀드 패밀리는 공격적인 광고와 선전을 전개하여 이 펀드를 대형 펀드로 키운다. 베어와 겐슬러에 따르면, 선전과 광고를 하는 펀드들은 뛰어난 과거 실적을 자랑하나, 대중에게 충분히 알려진 뒤에는 이런 실적이 그대로 유지되는 법이 거의 없었다고 한다.

- 일부 뮤추얼 펀드는 시장을 이기기도 하지만, 대개 실적이 일정치 않다. 한 해 40퍼센트의 수익을 올렸다가 다음 해에 15퍼센트의 손실을 보고, 그다음 해는 35퍼센트의 수익을 기록했다가 그다음 해에 다시 30퍼센트 손실을 보는 식이다. 이런 펀드는 전체적으로 최고의 실적을 올릴지 모르지만, 실적의 편차가 너무 심하다. 이런 펀드를 좋아할 수는 없을 것이다. 인덱스 펀드를 매수하면 훨씬 더 나은 결과를 얻을 수 있기 때문이다.

- 뮤추얼 펀드는 수익을 내고 주식을 팔 때 세금 이득분을 주주들

에게 분배한다. 그러면 11월에 뮤추얼 펀드를 매수하여 가치가 하락하는 것을 멀뚱히 지켜보고 있다가, 투자하기 전에 뮤추얼 펀드가 주식을 팔아 벌어들인 수익에 대한 세금을 내야 하는 상황을 맞을 수도 있다. 이 세금은 뮤추얼 펀드를 팔아 수익이 날 때 내야 하는 세금과는 다르다. 하지만 어쨌든 이 세금도 납부할 의무가 있다.

- 뮤추얼 펀드가 여러분에게 부과하는 것은 운용 보수, 관리비, 마케팅비뿐만이 아니다. 거래 비용도 있고, 일정한 현금 자산을 보유하는 데 드는 비용도 있다. 또, 많은 뮤추얼 펀드의 경우 펀드를 사거나 팔 때 판매 수수료sales load를 지불해야 한다. 이 모든 비용을 지불해야 하므로 활발하게 운용되는 펀드에 투자할 때 드는 비용은 엄청나다. 베어와 겐슬러에 따르면, 활발하게 운용되는 펀드가 중요 주가지수를 매매하는 소극적 펀드보다 실적이 나을 수 없는 것은 이런 비용 때문이다.

이외에도 베어와 겐슬러가 거론하지 않은 뮤추얼 펀드의 몇 가지 단점이 있다.

- 첫째, 뮤추얼 펀드는 매수 보유를 통해 주식 시장에 영향력을 행사한다. 대부분 월스트리트의 대형 블루칩 회사에 투자하는데, 어느 정도는 이런 회사들의 주식이 유동성이 크기 때문이다. 게다가 펀드가 실적이 나쁠 때라도 그들의 보유 주식 가운데 GE나 마이크로소프트 등이 포함되어 있으면 사람들은 비난을 하지 않는 경향이 있다. 그러나 요소 2에서 설명된 약세장에서는 이런 전략에 엄청난 리스크가 발생한다. 웬만한 시장 붕괴 때는 거의 분명하지

만, 정말로 패닉 매도가 일어나면 뮤추얼 펀드에서 현금을 끌어모을 유일한 방법은 유동성이 가장 큰 주식인 우량주를 파는 도리밖에 없다. 이렇게 되면 주요한 지수들은 급락하게 된다.[14]

- 둘째, 활발하게 운용되는 뮤추얼 펀드는 일반적으로 뛰어난 실적을 기대하지 못하는 모델에 따라 거래되기 때문에 주가지수를 능가할 수 없다. 평균적인 뮤추얼 펀드의 목표는 시장 평균과 또 다른 뮤추얼 펀드들을 능가하는 것이다. 따라서 만약 어떤 해에 전체 시장이 15퍼센트 하락하고 대부분의 펀드가 20퍼센트 이상 손실을 기록했다면, 5퍼센트의 손실을 기록한 펀드 매니저는 스타 매니저로 여겨질 것이다. 하지만 돈을 잃는다는 것은 얼마를 잃든 결국 잃는 것 아닌가!

- 게다가 대부분의 뮤추얼 펀드는 투자 방식을 규정하고 있는 정관을 따르고 있다. 이런 정관은 보통 뮤추얼 펀드에 일정한 한도 이상으로 주식에 투자할 것을 요구하고 있다. 예컨대 어떤 뮤추얼 펀드의 정관은 약세장에서조차 S&P500 주식에 적어도 90퍼센트를 투자할 것을 요구할 수 있다. 뮤추얼 펀드는 정관이 서로 다르다. 그러나 그 대부분은 내가 한때 가르쳤던, 매우 흔한 리스크 제어 기법을 이용할 때 필요로 하는 유연성을 허용하지 않는다. 다른 말로 하자면, 이런 뮤추얼 펀드는 이 책의 뒷부분에서 배우게 될 제대로 된 리스크 제어와 포지션 규모 조절 기법을 이용하지 못한다는 것이다. 따라서 이 장기 약세장이 끝날 무렵에 1,000개 이하의 뮤추얼 펀드가 남아 있다고 하더라도 나는 전혀 놀라지 않을 것이다.

- 마지막으로 대부분의 은퇴자는 지금까지 은퇴 자금을 뮤추얼 펀

드에 넣어두어야 했다. 401(K) 프로그램은 다른 형태의 투자를 허용하지 않았기 때문이다. 그 결과, 베이비붐 세대가 2008~2011년 은퇴하기 시작할 때, 뮤추얼 펀드들의 대규모 청산이 일어날 것이 분명하다. 이런 펀드들은 기본적으로 중요한 평균 주가를 지탱시키고 있기 때문에, 은퇴 자금이 시장에서 빠져나가면서 중요한 평균 주가들이 큰 폭으로 하락하게 될 것이다.

이 마지막 사항은 아마도 여기서 가장 중요한 주장일 것이다. 이에 관해 신중하게 생각해보고 이 주장을 믿을지 말지 판단하라. 만약 이게 사실이라면, 현재의 장기 약세장이 끝나기 전까지 이것이 시장에서 가장 중요한 요소 중 하나가 될 것이다.

그러나 뮤추얼 펀드의 한 가지 측면은 장기적으로 주식 시장에 매우 큰 도움이 되고 있다. 상장지수펀드Exchange Traded Fund가 확대되었다는 것이 그것인데, 현재 거의 모든 것에 대해 상장지수펀드가 존재한다. 어떤 나라든, 어떤 시장이든, 어떤 투자 방식이든, 심지어 금과 에너지 같은 일부 상품과 관련해서도 상장지수펀드를 찾을 수 있다. 이것은 주식 시장이 장기적으로 최적의 투자 장소가 아니라고 해도, 주식 시장에 가면 잘 나가는 세계 경제의 일부 부문을 대표하는 상장지수펀드를 찾을 수 있다는 뜻이다. 내 생각에, 이것은 한 가닥 희망이다. 위기가 있는 곳에는 기회도 있는 법이다.

여러분은 요소 4에 대해 어떻게 생각하는가?

큰 그림을 볼 때는 기관 투자자의 돈이 어디로 가는지 보아야 한다. 우리는 지금까지 기본적으로 뮤추얼 펀드가 시장에 어떤 영향을 미치는지 살펴보았다. 현재 뮤추얼 펀드는 더 나은 수익을 얻을 수 있는지 보기 위해 돈을 이리저리 굴리고 있다. 하지만 이 돈이 시장을 떠나지는 않았고, 중요한 평균지수를 밑에서 떠받치고 있는 상황이다. 그러나 은퇴 자금이 시장을 빠져나갔을 때 무슨 일이 벌어질지 생각해두어야 한다.

게다가 우리는 기관 투자금의 다른 측면을 아직 살펴보지 않았다. 나는 기관 트레이더들이 세상에서 가장 비효율적인 트레이더들이라고 생각하지만, 그들은 다양한 시장에서 엄청난 돈을 관리하고 있다. 은행은 외환 거래 시장을 만들지만, 은행 소속 트레이더들은 대개 매우 무능력하고 관리도 제대로 되고 있지 않는다. 여러분이 외환 트레이더라면 이 사실이 어떤 영향을 미칠 것인지 아는가?

최소한 스스로에게 다음과 같은 질문을 해보아야 한다고 생각한다.

- 어떤 시장에서 거래할 것인가? 이런 시장에서 가장 큰돈을 굴리는 트레이더는 누구인가?
- 큰손들이 내 시장에서 거래할 때 이용하는 시스템은 무엇인가? 그들의 시스템이 완전히 쓸모없게 되는 일이 일어날 수 있는가? 어떻게, 어떤 조건에서 그런 일이 일어날 가능성이 큰가?
- 큰손들이 무엇을 하고 있는지 어떻게 모니터할 것인가?
- 큰손들이 하는 일이 나의 전략과 실적에 어떤 영향을 미칠 것인가?

요소 5. 법률과 법규, 세제의 변경

거래의 큰 그림에 강력한 영향을 미치는 또 다른 요소는 시장에 관한 법률, 법규, 규정 등의 변경이다. 이런 것들을 제때 아는 것이 특히 중요하다. 물론 때로는 이런 변화가 미래에 시장에 어떤 영향을 미칠지 제대로 파악하기 어려운데, 나는 여기서 이런 변화에 관한 몇 가지 사례를 보여줄 생각이다. 그러면 앞으로 이런 법률이나 법규 변경에 신경을 써야 할지 아닌지를 결정할 수 있을 것이다.

1986년 세제개혁법: 많은 부동산 투자와 유람선 산업을 붕괴시킴

로널드 레이건은 1980년대에 세제개혁에 착수하여 최고 세율을 극적으로 낮추었다. 내 생각에 이런 조치는 경제 활성화에 큰 도움이 된다. 그러나 레이건의 세제개혁은 많은 허점을 메워버리는 효과까지 낳았다. 예컨대 1980년대는 부동산 회사들이 세법상의 중요한 허점들을 찾아 마구 생겨났던 때다. 그런데 이런 빈틈이 1986년의 세제개혁법에 의해 메워지자, 이런 회사들은 간단히 망해버리고 말았다. 이런 빈틈을 노리고 투자했던 많은 사람이 파산하면서 그 수치는 기록적인 수준에까지 도달했다. 저축과 대출 쪽에서도 위기가 일어나 정부는 저축과 대출 부문에 무려 1,250억 달러의 구제금을 제공했다. 다음에서 이 세제개혁법의 몇 가지 함의를 살펴보도록 하자.

- 부동산에 대한 감가상각이 19년에서 31년이 되면서 실질적으로 수익성 높은 투자가 수익성이 없게 되었다.
- 부동산업의 손해로 소극적 투자자들이 움츠러들었고, 이 때문에 공동 사업자들의 절세를 위해 부동산을 사 모았던 부동산 합자 회사들은 하루아침에 함정에 갇힌 꼴이 되었다.
- 이외에도 배당세 면제 조항이 없어졌고, 호화 유람선의 구입에 대

한 세금이 증가하면서 유람선 산업이 붕괴되었다.

이제 스스로에게 이렇게 자문해보기 바란다. 이런 세금의 허점을 이용하는 기업에 투자했다고 했을 때, 빈틈이 메워질 경우에 대비하여 어떤 계획을 세워놓는 것이 이롭지 않겠는가? 기본적으로 이것은 재정거래다. 어떤 재정거래든, 빈틈이 메워질 때와 재정적인 타격 없이 빠져 나오는 방법을 수중에 가지고 있어야 한다.

데이 트레이딩: 미국증권거래위원회에 의해 바뀐 법률

2001년 2월 27일, 미국증권거래위원회는 데이 트레이딩 환경을 완전히 바꿔놓는 법률을 부과했다. 이에 따르면, 우선 5일 연속으로 날마다 4차례 이상 거래하는 자를 데이 트레이더로 규정하였다. 이 규정은 말이 안 되는데, 5개의 장기 포지션을 보유하고 있다가 같은 날에 손실제한주문에 걸려 시장에서 빠져나오면 데이 트레이더가 되기 때문이다.[15]

둘째, 데이 트레이더가 되었을 때 한 가지 이점이 있는데, 계좌에 있는 초과 증거금의 4배까지 거래할 수 있게 되었다. 그러나 또한 계좌에 최소 자본으로 2만 5,000달러가 있어야 했다. 이로 인해 당시 데이 트레이더의 80퍼센트가 그 즉시 사라져버렸다. 이것은 트레이딩에 지대한 영향을 미친 변화 가운데 하나였다.

내가 데이 트레이딩에 관해 쓴 책이 2001년에 나왔다는 것은 아이러니다. 책이 나오기 전에 데이 트레이딩의 범위가 급격히 바뀌었을 뿐 아니라 뉴욕증권거래소가 십진법을 받아들이는 일까지 벌어졌다. 최소 매매호가 차이가 이제 6.25센트가 아니라 1센트가 된 것이다. 따라서 그 책의 몇 가지 전략은 나오기도 전에 쓸모없는 것이 되어버리고 말았다.

다시 한번 말하지만, 여러분이 선택한 시장과 관련하여 어떤 법규가 갑자기 바뀔 수 있는지 자문해보라. 그렇다면 시장에 대한 접근 방법을 어떻게 바꾸어야 할까? 이런 법규는 여러분의 거래 방식과 수익에 변화를 일으킬 수 있다.

개인퇴직연금계좌의 탄생

1997년의 납세자감면법에 따라 로스 개인퇴직연금계좌_{Roth IRA}가 만들어졌다. 로스 개인퇴직연금계좌에 들어가는 돈은 세금 공제가 되지 않지만, 이 계좌에서 인출한 돈은 누적 수익까지 포함하여 세금이 붙지 않는다. 이건 정말로 정부가 선물한 횡재 같았다. 갑자기 모든 사람이 원래의 개인퇴직연금계좌에서 로스 개인퇴직연금계좌로 옮겨가기 시작했다. 이렇게 옮겨간 모든 사람에게 정부는 투자자 세율에 근거하여 총액에 대한 세금을 부과했다. 1990년대 말, 클린턴 행정부는 균형 재정을 달성했다는 평가를 받았다. 그러나 균형 재정의 얼마만큼이 로스 개인퇴직연금계좌로 옮겨간 수백만 납세자들의 엄청난 세금 지불액에 기인한 것일까? 나는 대답할 수 없지만, 이 경우는 정부가 법률을 바꾸어 미래 정부의 세입을 희생시키며 현 행정부의 경제적 풍경을 밝게 만든 고전적인 사례 가운데 하나라고 할 것이다. 덧붙이자면, 정부는 세입을 좀 더 증가시키기 위해 마음을 바꾸어 로스 개인퇴직연금계좌의 수익에 다시 과세할 수도 있을 것이다. 사실 나는 정부가 그럴 것이라고 예상하고 있다. 한 가지 예로, 그들은 사회보장에는 결코 과세하지 않겠다고 했으나 돈이 필요하자 그 약속을 바꿔버렸다.

강한 달러 정책과 약한 달러 정책

클린턴 행정부 시절, 미국 정부는 강한 달러 정책을 취했다. 그들은 미국 달러의 가치를 강력하게 지지했다. 단기 금리가 높아 달러는 외국의 돈에 비해 매력적인 투자처였다. 하지만 부시 행정부가 들어서자, 금리가 급락하고 강한 달러 정책이 폐기되었다. 달러에 대한 두 정책의 결과는 그 차이가 두드러진다. 이런 두 정책이 경제에 미치는 영향의 차이는 더 미묘하지만 말이다.

여러분은 요소 5에 대해 어떻게 생각하는가?

요소 5를 평가하려면 규정, 법규, 법률, 정책의 최근 변화를 보고 어느 정도 그 장기 영향을 평가해보아야 한다. 다음과 같은 질문을 스스로에게 해보라.

- 나의 투자 및 투자 전략과 관련하여 최근 정부 조치의 변화는 장기적으로 어떤 영향을 낳을 것인가?
- 그 영향은 시장에 이미 충분히 나타났는가? 아니면 진행 중인가? 아니면 단지 시작에 불과한가?
- 나의 투자 및 투자 전략과 관련하여 어떤 법안이 미칠 영향은?
- 어떤 법안이 제출되어 있으며, 그것은 나의 전략과 시장을 완전히 망쳐버릴 만한 것인가?
- 이런 변화를 유리하게 이용할 수 있는 방법은 없는가?

마지막으로, 바뀔 수 있는 조건이나 사정, 조치들을 예상할 필요가 있다. 1986년의 세제개혁법으로 망해버린 많은 부동산 전략은 단순히 세금 때문에 부동산 거래에 손실을 입었다. 경험적으로 보자면, 무엇인가를 할 때 비용이 들고 그 일이 오로지 세금 때문에 가치가 있는 것이라면 그것은 매우 위험한 전략이다.

- 투자 전략 중에 오로지 세금 감면을 염두에 둘 때만 납득할 수 있는 이런 범주에 속하는 전략이 있는가?
- 만약 있다면, 보다 효율적이고 정부의 지원 없이 돈을 벌 수 있는 다른 방법은 어떻게 찾을 수 있는가?

요소 6. 경제라는 게임에서 지고 싶어 하는 인간의 본성

내가 말하고 싶은 마지막 요소는 인간의 비능률성이다. 성공 사례들을 모델링해볼 때, 나는 대다수 보통 사람들이 성공과는 정반대 방향으로 가도록 '프로그램화'되었다는 사실을 발견했다. 여기 몇 가지 사례들을 소개하겠다. 나는 이런 사항들이 장기 계획에서 고려되어야 한다고 생각한다.

- 인생에서 몇 차례 최상의 투자를 하게 되는 것은 헐값으로 팔리지만 실질 내재가치는 매우 큰 대상에 투자할 때다. 대부분의 인간이 갖고 있는 공포와 탐욕의 주기로 인해 이런 일이 일어난다. 사람들은 공포 때문에 시장의 바닥에서 매도하고, 탐욕 때문에 시장의 천장에서 매수한다.

- 모든 사람이 여러분이 투자하고 있는 대상에 관해 얘기하고 미디어를 통해서도 이에 관한 얘기를 듣는다면, 그때는 팔 때다. 나는 1999년 호텔의 바텐더가 내 주식 강좌를 들을 필요가 없으며 자신도 그 정도는 가르칠 수 있다고 한 얘기를 기억한다. 또, 어떤 레스토랑의 웨이터가 자신의 일이 '파트타임 직업'이며 실제로는 자신이 풀타임 트레이더이며, 거래 자본으로 거의 40만 달러를 모았다고 말했던 것도 기억한다. 내가 매우 초조해지는 것은 이런 때다. 물론 장기 강세장은 이런 일들이 일어나고 몇 달 지나지 않아 2000년 초 막을 내렸다.

- 시장에서 수익을 내는 열쇠는 손절매하고 수익을 극대화하는 것이다. 그러나 전망 이론prospect theory에 따르면, 사람들은 기본적으로 수익에 대해서는 신중하고 손실에 대해서는 위험을 감수하면서까지 피하려 든다. 한마디로 말해, 내가 20년 이상 말해왔던 거래의 황금률에 정반대로 행동한다는 것이다.

- 보통 사람들은 시장에서의 성공이 오로지 옳은 주식을 고르느냐에 달려 있다고 생각한다. 따라서 돈을 잃으면, 그것은 잘못된 주식을 골랐기 때문이다. 하지만 뛰어난 트레이더는 무엇보다 중요한 것은 어떻게 매도하느냐에 달렸음을 잘 알고 있다. 그리고 성공한 트레이더는 포지션 규모 조절 전략과 개인 심리가 실제 성공에 얼마나 큰 영향을 미치는지 잘 알고 있다.

- 거래에서 가장 중요한 요소는 '개인 심리'와 '포지션 규모 조절'이다. 보통 사람들은 이런 문제에 대해 거의 혹은 전혀 생각하지 않는다. 그리고 미디어에서 이런 얘기를 하는 것을 들어본 적도 없을 것이다. 그들은 시장의 심리는 얘기하지만 개인 심리에 관해서는

얘기하지 않는다. 나아가 그들이 자산 배분에 관해 논한다고 해도 이것의 실질적 이점은 현금을 포함하여 각 자산에 '얼마나' 투자해야 할지 알려주는 것임을 이해하지 못한다.

- 머니 게임을 하는 쉬운 방법 한 가지는 비용보다 큰 자산소득을 갖는 것이다. 나는 이를 '재정적 자유'라고 부른다. 보통 사람이라도 계획을 세우면 5~7년 안에 재정적 자유에 도달할 수 있다. 그러나 대부분의 사람은 많은 최신 무기를 가져야 승리할 수 있다고 생각한다. 이제는 선불금과 월별 지불금만 충분히 적다면 어떤 무기도 가질 수 있다. 하지만 이런 생각은 재정적 노예의 삶을 낳는다. 미국 소비자들의 현재 저축률이 마이너스인 것은 이 때문이다.

이런 얘기들은 보통 사람들이 재정적 실패의 운명을 따라갈 수밖에 없다는 생각을 드러내고 있다. 보통 사람들의 마음은 재정적 재앙으로 이끌 수많은 편견들로 가득 차 있다. 이 문제와 관련하여 내가 생각한 해결책은 의사 결정 문제에서 보다 능률적이 될 수 있도록 사람들을 돕는 것이다. 그러나 나는 사람들이 돈 문제에서 매우 비효율적인 행동을 한다고 생각한다. 물론 대형 금융 기관에게는 한 가지 이점이 있다. 머니 게임에서 이기기 위해 다른 사람들이 따라야 할 규칙을 정할 수 있다는 점이 그들의 이점이다.

여러분은 요소 6에 대해 어떻게 생각하는가?

요소 6에 주목하면 심리적 조수_{tide}가 바뀌기 때문에 언제 잠재적 전략이 쓸모없어질지 판단하고 거래 아이디어를 개발하는 데 도움이 된다. 예컨대 다음과 같은 질문들을 스스로에게 해볼 수 있다.

- 나는 얼마나 효율적인가? 보다 효율적이기 위해서는 어떻게 해야 할까? 개인 심리 측면을 개선하면 좀 더 나아질 수 있을까?

- 군중이 따르는 주요 추세는 무엇인가? 잡지 표지들을 살펴보고 금융 미디어에 주의를 기울여라. 미디어에서 추세에 관해 이야기 하기 시작하면, 그 추세는 앞으로 끝나거나 적어도 조정을 겪을 것이다.

- 엄청난 가치가 있으면서도 현재 인기가 없는 것에는 무엇이 있는가? 이런 투자 대상에 관해 얘기해주었을 때, 친구들은 어떤 반응을 보이는가? 그들이 한결같이 시큰둥한 반응을 보인다면, 염두에 둔 그 투자 대상이 가격이 하락하고 있지 않거나 상승 추세를 시작했을 때 좋은 투자가 될 수 있을 것이다.

- 보다 뛰어난 트레이더 혹은 투자자가 되기 위해서는 개인 심리와 포지션 규모 조절 문제가 말할 수 없이 중요하다. 이 두 가지 주제에 관한 사고는 이 책 전체에서 찾아볼 수 있다.

고려할 만한 다른 영역들

내가 제시한 여섯 가지 요소는 큰 그림을 볼 때 고려할 수 있거나 고려해야 할 전부가 결코 아니다. 지구 온난화 문제는 어떤가? 지구 온난화가 실제로 중요한 과정이라고 생각되면, 이를 체크하라. 향후 5~10년의 커다란 기후 변화는 내가 언급한 어떤 요소보다 금융과 시장에 훨씬 중대한 영향을 미칠 수 있다. 최근에 허리케인으로 어떤 일이 일어났는지 보라. 이런 허리케인이 지구 온난화가 지구에 미칠 엄청난 영향의 시초에 불과한 것이라면 어떻게 할 텐가? 대양이 점점 더 따뜻해지면서 허리케인은 훨씬 강해질 것이고, 이런 상황은 지구 온난화가 야기할지 모를 많은 경제적 도전 가운데 하나다.

세계에 다시 대전이 벌어질 가능성은 어떤가? 내가 지금까지 언급했던 시나리오들은 모두 평화로운 세계를 가정했다. 그러나 미국의 행동 때문에 혹은 테러리스트들의 행동 때문에 테러와의 전쟁이 확대된다면 어떻게 될까? 여러분의 시장과 거래 전략에 어떤 영향을 미칠까? 또 세계의 여러 국가 간에 큰 전쟁이 일어나면 어떻게 될까? 이런 일들은 분명히 미리 대비하고 생각해볼 가치가 있는 문제들이다.

커다란 무역 전쟁이 일어날 가능성은 없을까? 어떤 국가들이 다른 나라들과의 교역을 중단한다면 어떤 일이 벌어질까? 그 결과로 여러분이 참여하고 있는 시장에는 어떤 영향이 발생할까?

미국과 세계의 보건 위기 가능성은 어떤가? 현재 한 해 1조 달러 규모의 산업이 생산하는 미국 가공식품은 우리의 건강을 파괴하고 있다. 그리고 역시 한 해 1조 달러 규모의 산업이 그 원인보다는, 가공식품을 먹어서 생기는 증상들을 치료하기 위해 조성되어 있다. 메릴랜드주의 한 의사는 환자들에게 엄청난 양의 비타민을 주사해주었다는 이유로 의사 면허증을 상실했다. 나는 개인적으로 이런 치료법이 몸에 활기를 준다고 생각하지만, 이런 주사를 맞기 위해서는 스위스까지 가야 한다. 나는 보건 관련 동향도 경제에 큰 영향을 미친다고 생각한다. 하지만 물론 이것은 모두 나의 믿음일 뿐이다.

다른 주요 요소들과 함께 이렇게 대충 훑어본 요인들도 큰 그림과 관련된 계획의 일부가 될 수 있을 것이다.

큰 그림을
어떻게 관측할 것인가?

여러분이 월별로 여섯 가지 요소를 조사하기로 마음먹었다고 하자. 그런 요소들이 각기 무엇인지는 이 시점에서 중요하지 않다. 사람들마다 다를 수 있기 때문이다. 사람들의 믿음은 실로 천차만별 아닌가! 그러나 여러분은 자신의 시장과 전략에 각 요소들이 어떤 영향을 미치는지 파악해야 한다. 또한 어떤 조건에서 지금의 시장과 전략 유형을 바꾸어야 하는지 알 필요가 있다. 이외에도 어떻게 이런 요소들을 측정하고 어떻게 변동을 체크할지 생각해둘 필요가 있다.

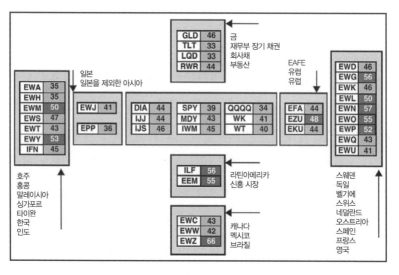

그림 6.5 상장지수펀드에 근거한 터터스 캐피털의 세계 시장 모델(2006년 2월 11일 기준)

무엇을 할 수 있는지 몇 가지 사례를 보여주겠다. 나는 개인적으로 매달 첫째 주 수요일에 발송하는 무료 이메일 정보지 〈타프의 생각〉[16)]에 시장에 관한 월별 최신 정보를 쓰고 있다. 이 때문에 나는 억지로라도 내가 중요하다고 생각하는 것들을 그때그때 체크하고, 스스로 그런 일을 하고 싶어 하지 않는 사람들에게 도움을 준다.

켄 롱은 우리의 워크숍에서 상장지수펀드에서 이용할 수 있는 다양한 전략을 가르치고 있다. 그는 주마다 시장에 관한 논평을 작성하여 발표한다. 이 논평에는 현재 거래되는 모든 상장지수펀드의 실적에 대한 상대적 평가가 실려 있다. 켄의 평가를 요약하자면 그림 6.5와 상당히 비슷하다.

그림 6.5의 박스는 세계 경제의 다양한 부문에서 존재하는 상장지수펀드를 나타낸다. 그리고 각 박스에는 가중 상대 강도 수치가 적혀 있다.[17] 여기서 기본적인 개념은 S&P500보다 나은 경제 부문을 찾자는 것이다. S&P500은 SPY 박스 안에 있으며 그 수치는 39다. 박스 안에 서로 다른 수치들이 표시되어 있는 것을 확인하라. 그중 가장 높은 수치는 EWZ(브라질, 66)며 가장 낮은 수치는 채권(재무부 장기 채권과 회사채는 모두 33)이다.[18]

세계 전체가 이 그림 안에 표현되어 있다. 가운데 있는 9개의 박스는 미국 주식 시장 전체를 나타낸다. 대형자본주들이 위쪽에 있고(DIA, SPY, QQQQ), 소형자본주들은 아래쪽에 있다(IJS, IWM, WT). 가치주들은 왼쪽에, 성장주들은 오른쪽에, 균형주는 가운데 있다. 따라서 그림을 일별하면 2006년 2월 11일 미국 주식 시장에서 우리가 가 있어야 할 곳은 소형자본주(아래쪽 열)와 가치주(왼쪽 열) 쪽이라는 것을 알 수 있다. 그러나 이들 영역은 차트상의 수치가 높은 다른 영역들을 따라가지 못한다.

페이지의 왼쪽에 있는 아시아 시장과 오른쪽에 있는 유럽 시장, 바닥의 아메리카 대륙 국가들을 보면 세계적 시야를 얻을 수 있다. 2006년 2

월 11일 기준, 라틴아메리카, 신흥 시장, 브라질, 독일, 오스트리아, 네덜란드, 한국이 세계에서 가장 강한 경제 섹터임이 분명하다.

그림의 맨 위는 또한 금, 재무부 장기 채권, 회사채, 부동산 같은 미국의 다른 금융 시장을 보여준다. 차트에는 물론 고려되지 않은 요소들이 있지만, 차트에서 여러분은 내가 정기적으로 들여다보는 세계 시장에 관한 최상의 그림을 볼 수 있다.

거래 기법 중 하나는 멘탈 시나리오에 기반하고 있다. 그러나 나는 모든 투자자가 적어도 달마다 한 번씩 시장에 영향을 미치는 주요 요소들을 전체적으로 파악해야 한다고 생각한다. 트레이더와 투자자들은 여기서 파악되는 변화와 그런 변화가 그들의 거래 방식에 미칠 영향을 측정 · 평가하는 법을 갖추고 있어야 한다.

나는 독자 여러분에게 본보기를 제공하기 위해 내 믿음에 근거하여 세계 주요 시장에 영향을 미치는 다음과 같은 요소들에 대해 살펴보았다.

- 미국의 부채
- 미국의 장기 약세장
- 중국과 인도 같은 국가의 부상. 이들 국가의 세계 원자재 소비 패턴은 시장에 큰 영향을 미친다.
- 뮤추얼 펀드의 현황과 베이비붐 세대들이 은퇴할 때 일어날 문제들
- 규정, 법규, 법률, 특히 세법의 영향
- 경제라는 게임에서 패배 쪽으로 향하고자 하는 일반적인 사람의 경향
- 또 다른 잠재적 주요 요소들

이런 잠재적 요소들 외에도 여러분이 중요하다고 생각하는 요소들이 어떤 영향을 미칠지 생각해보기를 권한다. 이외에도 매달 한 번씩 이런 요소들과 여러분의 시장과 전략에 대한 이런 요소들의 잠재적 영향력을 측정할 수 있는 방법을 찾아보기 바란다. 월별로 정보를 얻을 수 있는 몇몇 출처를 알려주었으니, 거기서부터 시작할 수 있을 것이다.

1   Jack Schwager, Market Wizards (New York: New Yor Institute of Finance, 1988), p. 306.

2   U.S. Congressional Record, March 17, 1993, Vol.33, p. H-1303. 오하이오주 하원의원 제임스 트래피컨트가 의회에서 한 연설.

3   이 연구는 research.stlouisfed.org/publications/review/06/07/Kotlikoff.pdf에서 볼 수 있다.

4   John F. Wasik commentary, www.bloomberg.com, January 17, 2006.

5   이 글의 주요 자료는 마이클 알렉산더의 책 Stock Cycles: Why Stock Won't Bear Money Markets over the Next Twenty Years (Lincoln, Neb.: Writers Club Press, 2000)와 에드 이스털링의 놀라운 연구(www.crestmontresearch.com)와 그의 책 Unexpected Returns: Understanding Secular Stock Market Cycles (Fort Bragg: Calif.: Cypress House, 2005), pp. 49-52, 그리고 내가 오랜 세월 동안 읽어온 리처드 러셀의 다우 이론에 관한 이메일 논평이다. 러셀의 다우 이론에 관한 논평은 www.dowtheoryletters.com을 방문해보기 바란다.

6   '실질' 수익률은 인플레이션에 대해 조정한 수치다. 1802년 이후 주식에 대한 전체 실질 수익률은 알렉산더의 Stock Cycles에 따르면 6.8퍼센트다. 이런 수익의 3분의 2는 배당에서 나온다.

7   이스털링, Unexpected Returns, pp. 49-52.

8   이것은 www.crestmontresearch.com/content/Matrix%20Options.html에서 볼 수 있다.

9   나는 '제2의 브레턴우즈 체제'라는 말을 존 몰딘의 주간 전자 레터와 윌리엄 빌 그로스의 시장 논평에서 보았다. PIMCO Bonds의 웹사이트 www.pimco.com을 방문해보기 바란다.

10 Christian Science Monitor, July 23, 2003을 보라.

11 세계 최대 기업 중 하나의 아시아 지부를 운영했던 한 친구와 개인적으로 나눈 대화에서.

12 Economist, August 19, 2004.

13 Gregory Baer and Gary Gensler, The Great Mutual Fund Trap: An Investment Recovery Plan (New York: Broadway Books, 2002).

14 2000년에서 2002년 말까지 이어진 시장 하락은 대부분 개미들의 매도로 인한 것이다. 뮤추얼 펀드 환매는 여전히 그다지 많지 않다. 뮤추얼 펀드 환매가 대규모로 일어나지 않는다면, 이 책의 앞에서 얘기한 대규모 시장 하락 시나리오는 현실화되지 않을 것이다.

15 나는 데이 트레이더가 아니다. 그러나 내 장기 포지션들이 손실제한주문에 걸려 급하게 청산되었기 때문에 본의 아니게 데이 트레이더 부류에 들어가는 일이 벌어졌다.

16 〈타프의 생각〉은 www.iitm.com에서 구독할 수 있는 무료 주간 정보지다. 나는 달마다 첫째 수요일에 전체 시장에 관해 논평한다.

17 켄은 가중 평균 강도를 활용한다. 여러분은 상장지수펀드를 효율 측면에서(즉, 가격 변화를 일일 변동폭으로 나눠) 모니터할 수도 있고 또 리스크 조정 강도 혹은 스스로 중요하다고 생각하는 또 다른 기준을 활용할 수도 있다.

18 상대 강도는 매우 빠르게 바뀌는 경향이 있다. 이 모델은 이 원고를 출판사에 넘길 무렵 이미 구식이 되고 말았다. 그러나 어쨌든 켄의 전략은 S&P500보다 나은 한 상대 강도가 가장 큰 상장지수펀드에 남아 있기 위한 것이다. 그래서 그는 오랫동안 한 포지션을 보유하고 있을 수 있었다.

7

뛰어난 시스템의 여섯 가지 열쇠
Six Keys to a Great Trading System

스스로 안다고 생각하는 자는 알지 못하는 자이며, 알지 못한다고 생각하는 자는 아는 자이다.

− 노자 −

7장의 내용은 뛰어난 트레이더가 시스템을 어떻게 생각하는지 이해하기 위한 열쇠다. 트레이더나 투자자로서 정말로 성공하고자 한다면 이 부분은 대단히 중요하다. 그래서 나는 여러 차례 비유를 들어 논점을 되풀이해 설명하기로 했다. 그러나 이런 변수들이 베푸는 훌륭한 이점들을 정말로 이해하려면 한 번 정도는 제대로 배워야 할 것이다.

성공적인 거래 시스템을 구축하기 위해서는 여섯 가지 핵심 변수들을 이해해야 한다. 이런 여섯 개의 변수가 무엇인지와 이것들이 트레이더 혹은 투자자의 이익과 손실에 어떤 영향을 미칠지 알아보도록 하자.

1. 신뢰도 혹은 돈을 벌 확률: 예를 들어, 투자할 때 60퍼센트의 경우

돈을 벌고 40퍼센트의 경우 돈을 잃는가?

2. 가능한 최소 수준(즉, 한 주의 주식이나 하나의 선물 계약)으로 거래한다고 했을 때 손실에 대한 이익의 상대적 규모: 손실 거래에서 주당 1달러를 잃고 이익 거래에서 주당 1달러를 벌면 이익과 손실의 상대적 규모는 똑같을 것이다. 그러나 이익 거래에서 주당 10달러를 벌고 손실 거래에서 주당 1달러를 잃는다면 그 상대적 규모는 크게 달라질 것이다.

3. 투자 혹은 거래 비용: 이것은 거래할 때마다 계좌의 자본을 갉아먹는다. 주문 체결 비용과 중개 수수료로 이루어지고, 많이 거래하다 보면 이런 비용이 누적된다. 데이 트레이딩은 예전에는 이런 비용 때문에 할 만한 것이 못 되었다. 현재 수수료가 크게 낮아졌다고 해도 이런 거래 비용은 활발하게 거래한다면 반드시 고려해야 할 요소이다.

4. 거래 기회의 빈도: 이제 앞의 세 가지 변수가 일정하다고 가정해보자. 그렇다면 이들의 복합적인 영향은 얼마나 자주 거래하느냐에 달려 있을 것이다. 결과는 매일 100차례 거래하느냐, 아니면 1년에 100차례 거래하느냐에 따라 매우 달라질 것이다.

5. 포지션 규모 조절 모델 혹은 한 차례 거래의 단위(즉, 주식 1주 혹은 주식 1만 주 따위): 1주당 발생하는 이익 혹은 손실의 총액은 거래하는 주식의 수에 따라 달라진다.

6. 거래―투자 자본의 규모: 이상의 다섯 가지 변수가 여러분의 계좌에 미치는 영향은 계좌 규모에 따라 크게 달라진다. 예컨대 거래 비용은 100만 달러 계좌보다 1,000달러 계좌에 훨씬 큰 영향을 미칠 것이다. 거래에 20달러의 비용이 든다면, 1,000달러 계좌는 수익을 내기도 전에 거래 때마다 2퍼센트를 떼어주어야 한다. 이에 따라 단순히 거래 비용을 만회하기 위해서라도 평균 2퍼센트가 넘는 수익을 올려야 한다. 그러

나 똑같은 20달러의 거래 비용이 100만 달러 계좌에서는 상대적으로 사소한 문제에 지나지 않는다(0.002퍼센트). 이와 비슷하게 500달러 손실은 1,000달러 계좌라면 큰 손실이지만, 100만 달러 계좌에는 거의 아무런 영향도 미치지 못할 것이다(0.05퍼센트).

이상의 여섯 가지 변수 가운데 하나에만 관심을 집중하고 싶은가? 아니면 이 여섯 가지 변수 모두가 똑같이 중요하다고 생각하는가? 내가 이렇게 물어본다면, 여러분은 아마 이 모든 여섯 가지 변수가 중요하다는 데 동의할 것이다.

그러나 모든 에너지를 이 중 단 하나의 변수에 집중하고자 한다면, 어떤 변수를 골라야 할까? 이 모든 변수가 똑같이 중요하기 때문에 이 질문이 약간 어리석다고 생각할지 모르겠다. 하지만 이런 질문을 하는 데는 이유가 있다. 그러므로 아래의 여백에 대답을 한 번 써보기 바란다.

대답: _____

_____

한 가지 변수만을 골라보라고 한 것은 대부분의 트레이더와 투자자들이 종종 일상의 활동에서 이런 여섯 가지 변수 중 하나에만 관심을 집중하기 때문이다. 그들의 관심은 대개 첫 번째 요소, 즉 신뢰도(옳은가 틀린가)에 집중되곤 한다. 사람들은 다른 모든 요소를 배제할 정도로 여기에 집착한다. 그러나 여섯 가지 요소 모두가 성공에 중요하다면, 자신이 옳은가에만 집중하는 것이 어리석을 수 있다는 것을 먼저 알아야 한다.

처음 네 가지 변수는 내가 예측치라고 말하는 주제의 일부로 이들이 7장의 주요 관심 주제이다. 나머지 두 변수는 '얼마나'라는 요소, 즉 포지션 규모 조절 문제의 일부다. 우리는 여기에서 포지션 규모 조절에 관해 건드릴 테지만, 이 책의 뒷부분에서 훨씬 상세히 다룰 것이다.

눈싸움의 비유

모든 여섯 가지 변수의 중요성을 설명하기 위해 돈과 시스템에 관해 다른 시각을 제공할 수 있는 한 가지 비유를 들고자 한다. 커다란 눈벽 뒤에 숨어 있다고 상상해보라. 누군가가 그 눈벽으로 눈덩이를 던지고 있고, 여러분은 이런 눈덩이로부터 보호받기 위해 눈벽을 가능한 한 크게 만들고자 한다.

따라서 이 비유는 눈벽의 규모가 매우 중요한 변수라는 것을 금세 알려주고 있다. 눈벽이 너무 작으면, 눈덩이를 피하기 어렵다. 그러나 눈벽이 크면, 눈덩이를 맞지 않아도 될 것이다. 변수 6, 즉 초기 자본의 규모는 눈벽의 크기와 얼마간 비슷하다. 정말로 초기 자본을 자기 자신을 보호해줄 돈의 벽으로 생각할 수 있다. 다른 변수가 그대로라면, 돈이 많을수록 더 안전한 보호를 받을 것이다.

이제 눈덩이를 던지는 사람이 두 종의 서로 다른 눈덩이를 던진다고 상상해보자. 하나는 하얀 눈덩이고 다른 하나는 검은 눈덩이다. 하얀 눈덩이는 이익 거래로, 눈벽에 달라붙어 이것을 크게 만든다. 하얀 눈덩이가 수없이 던져졌다고 상상해보자. 그러면 그 덕분에 눈벽이 상당히 커졌을 것이다. 눈벽이 점점 더 커질수록, 여러분은 보다 안전한 보호를 받을 것이다.

이번에는 검은 눈덩이가 눈을 녹여 눈벽에 구멍을 낸다고 상상해보

자. 따라서 많은 검은 눈덩이가 날아오면, 눈벽은 무너지거나 아니면 적어도 수많은 구멍이 생길 것이다. 검은 눈덩이는 손실 거래다. 손실 거래가 자본을 잠식하듯이 검은 눈덩이는 눈벽을 잠식할 것이다.

변수 1, 즉 거래 판단이 옳은가 틀린가는 하얀 눈덩이가 날아올 확률과 같다. 여러분은 당연히 전부 하얀 눈덩이가 날아와 눈벽이 더 커지길 바란다. 큰 그림을 생각하지 않는 사람들이 가능한 한 더 많은 눈덩이를 하얗게 만들기 위해 전력하는 모습은 어디서나 보기 쉽다.

그러나 두 눈덩이의 상대적 규모에 관해 한번 생각해보자. 하얀 눈덩이와 검은 눈덩이는 서로에 비해 얼마나 큰가? 예컨대 하얀 눈덩이는 골프공만 한 반면, 검은 눈덩이는 지름이 6피트(약 1.8미터)에 이를 만큼 커다랗다고 하자. 그렇다면 검은 눈덩이 하나만으로도 눈벽이 무너져버리고 말 것이다. 하얀 눈덩이를 하루 종일 눈벽에 던진다고 해도 말이다. 반대로 하얀 눈덩이가 지름이 6피트라고 할 때, 이런 눈덩이를 하나만 던지면 골프공만 한 검은 눈덩이를 계속하여 수없이 던진다고 하더라도 충분히 보호받을 수 있을 것이다. 이 두 눈덩이의 상대적 규모는 우리의 모델에 있는 변수 2, 즉 이익과 손실의 상대적 규모와 같다. 이 눈싸움의 비유를 통해 여러분이 변수 2의 중요성을 깨달았기 바란다.

변수 3, 즉 거래 비용은 흰색이나 검은색이나에 상관없이 어떤 눈덩이든 날아와 부딪힐 경우 눈벽에 약간의 손상을 입힌다고 이해하면 된다. 하얀 눈덩이는 눈벽을 강화시키는 긍정적 영향 외에도 어느 정도 피해를 입힌다. 검은 눈덩이 역시 눈벽에 부딪히면서 손상을 가하고, 여기에 원래의 파괴 효과가 더해진다. 이런 사소한 손상이 누적되면 눈싸움의 전체 결과에 영향을 미친다는 것은 분명하다.

눈덩이가 한 번에 하나씩 눈벽에 와서 맞는다고 가정해보자. 100개의 눈덩이가 눈벽에 맞았다고 했을 때 눈벽의 상태는 하얀 눈덩이와 검은 눈덩이의 상대적 총량에 좌우될 것이다. 우리의 모델에서는 눈싸움의 결과를 눈벽의 상태로 평가해볼 수 있다. 눈벽이 커졌다면, 이를 맞힌 하얀 눈덩이의 총량이 검은 눈덩이의 총량보다 컸다는 것을 뜻한다. 즉, 이익이 증가했다는 것이며, 보다 큰 안전감을 느낄 것이다. 눈벽이 작아졌다면, 하얀 눈덩이보다 더 많은 검은 눈덩이가 눈벽에 맞았다는 뜻이다. 이런 상황이 계속될 경우 눈벽이 사라져 아무런 보호도 받지 못하는 상태에서 결국 눈싸움을 포기할 수밖에 없게 된다.

처음 세 가지 변수를 모두 고려하면, 눈덩이 하나가 평균적으로 눈벽에 미치는 영향을 측정할 수 있다. 100개의 눈덩이가 날아왔을 때 눈벽에 미친 하얀 눈덩이와 검은 눈덩이의 영향을 알자면, 하얀 눈덩이의 긍정적인 영향에서 검은 눈덩이의 부정적인 영향을 뺀다. 여기에 눈덩이의 충격으로 인한 총 손상(요소 3)을 뺀다. 100개의 눈덩이의 총 영향을 구했다면, 이 값을 100으로 나누면 눈덩이 각각의 평균적 영향을 알 수 있다. 이 값이 플러스면(즉, 흰 눈이 상대적으로 더 많았을 경우) 눈벽은 커질 것이다. 이 값이 마이너스면(즉, 검은 눈이 상대적으로 더 많았을 경우) 눈벽은 작아질 것이다. 각 눈덩이의 상대적 영향은 거래 세계에서 내가 '예측치'라고 말하는 것과 똑같은 것이다.

투자 혹은 거래의 실제 세계에서 예측치는 수많은 단일 단위[1] 거래에 대해 리스크 1달러당 기대할 수 있는 순이익 또는 순손실을 알려준다. 거래당 순영향이 플러스면 계좌의 금액이 커질 것으로 예상할 수 있고, 마이너스면 계좌가 0이 될 것으로 예상할 수 있다.

예측 모델에서 거래당 1달러의 손실로 99차례 손실 거래를 하여 총 99달러의 손실을 보았다고 해도, 한 차례 500달러의 이익 거래를 하면

401달러를 벌어들일 수 있다. 한 번의 거래에서만 이익을 내고 거래의 99퍼센트가 손실 거래였다는 사실에도 불구하고 말이다. 또, 거래 비용이 거래당 1달러, 즉 100차례 거래에 100달러라고 하자. 그러면 순이익은 301달러고, 예측치(각 거래의 평균적 영향)는 리스크 1달러당 +3.01달러가 될 것이다. 예측치가 왜 처음의 세 가지 변수로 이루어지는지 이해하겠는가? 눈벽에 미치는 영향은 눈덩이 하나의 평균적인 영향(즉, 눈덩이의 예측치)으로 예상할 수 있듯이, 자본에 미치는 영향은 각 거래의 평균적인 영향(즉, 거래 예측치)으로 예상할 수 있다.

이제 눈싸움의 비유를 좀 더 진전시켜 보자. 변수 4는 본질적으로 눈덩이가 날아오는 빈도다. 눈덩이의 평균적인 영향은 눈벽에 1.1입방인치의 눈을 쌓이게 하는 효과가 있다고 하자. 눈덩이가 한 시간 동안 1분에하나씩 날아온다면, 눈벽이 66입방인치만큼 커지는 결과가 생길 것이다. 한 시간에 2개의 눈덩이만 날아온다면, 눈벽은 고작 시간당 2.2입방인치가 커지는 데 그칠 것이다. 첫 번째 시나리오가 두 번째 시나리오보다 30배 큰 영향을 낳는다는 것을 누구나 알 수 있다. 따라서 눈덩이가 날아오는 빈도는 눈벽의 상황에 큰 영향을 미친다.[2]

거래 빈도는 자본의 변화율과 관련하여 이와 비슷한 영향을 미친다. 100차례 거래 후 500달러의 순이익이 났다면, 이런 거래를 하는 데 드는 총시간이 자본의 성장을 결정할 것이다. 100차례의 거래에 총 1년이 걸린다면, 자본은 1년에 500달러 증가하는 데 그칠 것이다. 만약 매일 100차례 거래한다면, 계좌의 자본은 달마다 1만 달러씩 늘어나(한 달에 20일의 거래일을 가정하면) 1년이면 12만 달러의 순이익이 발생할 것이다. 여러분은 어떤 식의 거래를 원하는가? 즉, 1년에 500달러를 벌고 싶은가, 아니면 1년에 12만 달러를 벌고 싶은가? 대답은 분명하다. 그러나 거래 방식은 두 가지 모두 정확히 똑같다(즉, 예측치가 같다). 유일한 차이는 거래 빈도다.

눈싸움의 비유와 관련된 이상의 논의를 근거로 할 때, 지금에 와서 처음 네 가지 변수 가운데 가장 중요한 것은 무엇이라고 생각하는가? 왜 그렇게 생각하며, 그렇게 결론을 내린 근거는 무엇인가? 이제 여러분은 각 변수의 중요성을 알 수 있을 것이다. 이런 변수들이 예측치의 근거를 이루고, 거래 시스템의 유효성을 결정한다.

변수 5와 6―포지션 규모 조절 관련 변수―은 전체 수익성을 결정하는 가장 중요한 요소다. 여러분은 눈싸움에서 눈벽의 크기(변수 6)가 얼마나 중요한지 이미 알고 있을 것이다. 눈벽이 너무 작으면, 검은 눈덩이 몇 개로도 무너져버릴 수 있다. 눈벽은 여러분을 보호해줄 수 있을 만큼 충분히 커야 한다.

이제 '얼마나'를 알려주는 변수 5에 관해 살펴보자. 지금까지 우리는 눈덩이가 한 번에 하나씩 눈벽을 맞힌다고 가정했다. 이제 수많은 눈덩이가 동시에 눈벽에 날아온다고 하자. 우선 골프공만 한 검은 눈덩이 하나가 눈벽에 미치는 영향을 상상해보자. 눈벽에는 골프공만 한 하나의 구멍이 생길 것이다. 이런 눈덩이가 동시에 1만 개나 눈벽에 날아온다고 하자. 이제 눈덩이의 영향에 관한 여러분의 생각이 완전히 달라지지 않았을까 싶다.

1만 개의 눈덩이라는 비유는 포지션 규모 조절의 중요성을 보여준다. 여러분에게 '얼마나'를 알려주는 것은 시스템의 이 부분이다. 우리는 지금까지 하나의 눈덩이나 1주의 주식, 즉 1단위의 규모에 관해 얘기했는데, 골프공만 한 크기의 검은 눈덩이 1만 개면 눈벽이 정말로 거대하지 않은 이상 완전히 허물어져 버릴 것이다.

이와 비슷하게, 여러분은 손실을 입을 때 주당 1달러만 손실을 입는 거래 기법을 이용할 수 있지만, 1만주 단위로 주식을 거래하면 손실은 갑자기 엄청난 액수가 될 수 있다. 1만 달러가 되는 것이다! 다시 한번 말하지만, 포지션 규모 조절의 중요성을 깨달아야 한다. 자본이 100만 달러면 1만 달러 손실은 1퍼센트에 불과하다. 그러나 자본이 2만 달러일 때 1만 달러 손실은 50퍼센트에 해당한다.

시스템의 성공과 관련된 모든 핵심 변수들을 살펴보았으므로, 이제 예측치에 관해 자세히 알아보려고 한다. 예측치는 눈덩이의 평균적 영향이라는 사실을 잊지 말기 바란다. 거래 세계에서는 리스크 1달러당 거래가 자본에 미치는 평균적 영향을 의미한다.

확대경으로 들여다본
예측치

거래 성공의 진정한 비법 한 가지는 거래를 보상위험비율로 생각하는 것이다. 예측치를 이해하기 위해서는 우선 거래를 보상위험비율로 생각해야 한다. 자기 자신에게 물어보라. "이 거래의 리스크는 얼마인가? 이 거래의 잠재적 보상은 잠재적 리스크를 감수할 가치가 있는가?" 그렇다면 거래의 잠재적 리스크는 어떻게 판단하는가? 거래에 들어갈 때, 자본을 보전하기 위해 거래에서 나와야 할 지점을 미리 결정해두어야 한다. 이 지점은 여러분이 해당 거래에서 받아들이는 리스크 혹은 예상 손실이다. 예컨대 40달러짜리 주식을 사서 주가가 30달러로 떨어질 때 시장에서 나오기로 결정한다면, 리스크는 10달러다.

우리가 거래에서 감수하는 리스크를 R이라고 하자. R이 리스크Risk의

머리글자이기 때문에 기억하기 쉬울 것이다. R은 단위당 리스크(예컨대 주당 10달러) 아니면 총리스크를 나타낼 수 있다. 주당 10달러의 리스크로 100주의 주식을 매수하면, 총리스크는 1,000달러다.

거래를 보상위험비율로 생각해야 한다는 것을 명심하라. 한 포지션의 전체 초기 리스크가 1,000달러면, 모든 이익과 손실을 초기 리스크의 보상위험비율로 표현할 수 있다. 예컨대 2,000달러의 이익을 기록하면(주당 20달러), 이익은 2R이다. 이익이 1만 달러면 이익은 10R로 표현할 수 있다.

손실 역시 마찬가지다. 500달러의 손실을 기록했다면, 손실은 0.5R이다. 손실이 2,000달러였다면, 2R의 손실이다. 하지만 잠깐 기다려보라. 총리스크가 1,000달러인데, 어떻게 2R의 손실이 발생할 수 있는가? 1,000달러의 손실을 취한다는 말을 어기고 제때 시장을 나가지 않을 때 이런 일이 생길 수 있다. 여러분에게 불리한 방향으로 시장에서 갭이 생겼을 수도 있다. 1R보다 큰 손실은 언제든 일어날 수 있다. 트레이더 혹은 투자자로서의 목표는 손실을 1R 이하로 유지하는 것이다. 세상에서 가장 성공적인 투자자로 알려진 워런 버핏은 투자의 제1원칙이 돈을 잃지 않는 것이라고 말한다. 하지만 널리 퍼진 믿음과 달리 워런 버핏도 손실을 입는다. 따라서 **버핏의 제1원칙을 보다 낮게 고치자면, '손실을 1R 이하로 유지하는 것'이 될 것이다.**

일련의 이익과 손실을 보상위험비율로 표현하면, R의 배수 분포라는 것이 만들어진다. 따라서 모든 거래 시스템은 R의 배수 분포로 나타낼 수 있다. 사실 거래 시스템을 R의 배수 분포로 생각하면 시스템을 이해하고 미래에 시스템으로 무엇을 기대할 수 있는지 아는 데 정말로 도움이 된다.

그렇다면 이 모든 것이 예측치와 무슨 관련이 있을까? 거래 시스템으로부터 R의 배수 분포를 얻었다고 했을 때, 이 분포의 평균을 알아야 한다. R의 배수 평균은 바로 시스템의 '예측치'다. 예측치는 많은 거래를 통해 시스템으로부터 기대할 수 있는 R의 평균값을 알려준다. 다른 식으로 말하자면, 예측치는 수많은 거래에서 리스크 금액당 기대할 수 있는 평균 이익 또는 손실이다. 눈싸움에서 예측치는 눈덩이의 평균적인 영향이었다. 거래와 투자의 세계에서는 예측치가 초기 리스크로 측정한 어떤 주어진 거래의 평균적인 영향이다.

한 가지 예를 들어보자. 거래 시스템은 R의 배수 분포로 나타낼 수 있기 때문에, 나는 거래 시스템을 구슬 주머니에 비유하기를 좋아한다. 60개의 파란 구슬과 40개의 검은 구슬이 든 주머니가 하나 있다고 하자. 게임 규칙에 따르면, 파란 구슬을 꺼낼 경우 리스크로 삼았던 액수만큼 돈을 따고(즉, 1R 이익), 검은 구슬을 꺼낼 경우 리스크로 했던 액수만큼 돈을 잃게 된다(즉, 1R 손실). 꺼낸 구슬은 다시 주머니에 넣기로 한다. 이제 여러분은 쉽게 이 게임의 예측치를 구할 수 있을 것이다. 왜냐하면 예측치는 구슬 주머니의 R의 평균값을 의미하기 때문이다. 구슬 주머니는 1R 이익 60개와 1R 손실 40개로 구성되어 있다. 모든 구슬을 합하면 플러스 20R이다. 주머니에는 구슬이 100개 있기 때문에(즉, 100번의 거래) 구슬 주머니의 예측치는 20R/100, 즉 0.2R이다. 따라서 수많은 거래를 할 경우, 평균적으로 거래당 0.2R의 이익을 얻을 것으로 기대할 수 있다.

예측치가 있으면 어떤 주어진 횟수의 거래에서 얼마나 돈을 벌지(혹은 잃을지) 대략적으로 계산할 수 있다는 사실에 주목하라. 예컨대 구슬을 한 번 꺼내는 데 2달러의 리스크를 부담한다고 하자. 구슬을 1,000차례 꺼내는데, 꺼낸 구슬은 다시 주머니에 넣어 각 거래의 예측치를 동일하게 한다고 하자. 평균 결괏값은 0.2R이므로 1,000차례의 거래에서

200R의 이익을 거둘 수 있을 것이다. 리스크를 거래당 2달러로 했다면 400달러의 이익이다. 이제 왜 '예측치'라는 말을 쓰는지 알겠는가? 이 예측치가 시스템으로부터 평균적으로 기대할 수 있는 결괏값을 알려주기 때문이다.

매달 20차례 거래한다고 하자. 월별 평균 결괏값은 4R이 될 것이다. 하지만 여러분은 정말 매달 4R을 얻을까? 아니, 그렇지 않을 것이다. 예측치는 R로 표현한 평균 이익(혹은 손실)이다. 거래한 달들 중 절반가량은 돈을 덜 벌 것이고, 나머지 절반가량은 더 많은 돈을 벌 것이다. 사실 나는 몬테카를로 시뮬레이션으로 20차례의 월별 거래를 1만 번이나 반복해보았다. 즉, 컴퓨터로 주머니에서 1개의 구슬을 20차례 꺼낸 다음 매번 다시 집어넣고 전체 결과를 기록하여 한 달 20차례의 거래를 시뮬레이션했고, 이 과정을 1만 번 되풀이하여 평균적으로 시스템에서 기대할 수 있는 결괏값을 구했다. 이렇게 하면서 내가 발견한 것은 거래월 중 약 12퍼센트는 돈을 잃는 손실월이라는 사실이었다.

구슬 주머니가 좀 더 복잡하면 어떤 일이 벌어질까? 시장과 대부분의 확률 게임이 그렇듯이 말이다. 이익과 손실의 수많은 서로 다른 가능성이 있다고 하자. 한 예로, 서로 다른 색깔의 구슬 100개가 들어 있는 주머니가 있는데, 표 7.1의 구슬 뽑기 배율표에 따라 색깔별로 서로 다른 배율이 주어져 있다고 가정해 보자.

여기서도 꺼낸 구슬은 다시 주머니에 집어넣는다고 가정한다. 이 게임에서는 승률이 36퍼센트에 불과한 것을 확인하라. 이 게임을 하고 싶은가? 답에 대한 이유는? 대답을 하기 전에 투자 성공에 관한 최초 네 가지 열쇠와 관련하여 우리가 어떤 얘기를 했는지 기억해보라. 이를 근거로 자문해보라. "이 게임의 예측치는 얼마인가? 첫 번째 게임보다 나은가 아니면 못한가?"

표 7.1 구슬 뽑기 배율표

구슬의 수와 색깔	이익 혹은 손실	배율
검은 구슬 50개	손실	1:1
파란 구슬 10개	손실	2:1
빨간 구슬 4개	손실	3:1
녹색 구슬 20개	이익	1:1
하얀 구슬 10개	이익	5:1
노란 구슬 3개	이익	10:1
투명 구슬 3개	이익	20:1

이 게임의 예측치를 알기 위해, 우리는 R의 배수 평균값을 구해야 한다. 이를 위해 다시 전체 R의 배수 합을 구한 다음, 이 값을 구슬의 수로 나누어주어야 한다(이게 평균의 정의이므로). 이익에 속하는 구슬들의 R의 배수를 모두 더하면 +160R이며, 손실에 속하는 구슬들의 R의 배수는 모두 더하면 −82R이다. 따라서 주머니에 있는 구슬들의 R의 배수 총합은 +78R이다. 주머니에는 100개의 구슬이 있으므로, 평균값은 0.78R이다. 따라서 이 주머니는 첫 번째 주머니보다 더 나은 예측치를 가진다. 첫 번째 게임에서는 거래당 0.2R을 기대할 수 있었을 뿐이나, 여기서는 거래당 0.78R을 기대할 수 있다.

이 두 가지 예만으로도 매우 중요한 사실 한 가지를 배웠다. 대다수 사람은 승률이 높은 거래 게임을 찾는 데 혈안이 되어 있다. 그러나 첫 번째 게임의 경우, 승률은 60퍼센트지만 예측치가 0.2R에 불과하다. 두 번째 게임에서는 승률이 36퍼센트에 불과하지만, 예측치는 0.78R이다. 따라서 예측치의 측면에서 보자면, 두 번째 게임이 첫 번째 게임보다 거의

4배 나은 것이다.

여기서 중요한 경고의 말 한마디를 하겠다. 변수 5와 6은 수익성에 있어 더할 나위 없이 중요한 요소다. 보유 자본에 따라 현명하게 포지션 규모를 조절할 경우에만 장기적으로 예측치를 현실화할 수 있다는 사실을 명심하라. 포지션 규모 조절은 포지션당 얼마나 많은 리스크를 감수해야 하는지 알려주는 시스템의 일부분이다. 전체 시스템에서 필요 불가결한 부분이며, 이 책의 뒷부분에서 매우 광범위하게 이 문제를 다룰 것이다.

일단 포지션 규모 조절과 예측치가 어떻게 조화되어야 하는지 알기 위해 한 가지 예를 살펴보자. 게임 1, 즉 60퍼센트 승률의 첫 번째 구슬 게임을 한다고 가정해보자. 총자본 100달러에서 게임을 시작한다. 그런데 100달러를 첫 번째 뽑기에 모두 걸었다고 하자. 잃을 확률은 40퍼센트인데, 그만 검은 구슬을 뽑게 되었다. 이런 일은 늘 일어날 수 있으며, 그럴 때는 밑천을 모두 날리게 된다. 요컨대 포지션 규모(베팅 규모)가 자본의 안전을 기하기에는 너무 컸다. 돈이 없기 때문에 더 이상 게임을 하지 못한다. 따라서 장기 게임으로 0.2R의 예측치를 현실화하는 것이 불가능하게 되었다.

첫 번째 게임의 또 다른 예를 보도록 하자. 매번의 뽑기에서 밑천의 100퍼센트가 아니라 50퍼센트를 리스크로 삼는다고 하자. 따라서 우선 50달러를 베팅한다. 검은 구슬이 나와 돈을 잃고, 이제 밑천은 50달러로 줄어들었다. 다음 베팅액은 남아 있는 밑천의 50퍼센트, 즉 25달러다. 다시 잃는다. 이제 남은 돈은 25달러다. 다음 베팅액은 12.50달러고, 이번에도 돈을 잃는다. 이제 남은 돈은 12.50달러다. 세 차례의 연속 손실은 승률이 60퍼센트밖에 안 되는 시스템에서는 자주 일어날 수 있는 일이다 (대략 10번 중 한 번은 세 차례 연속 손실이 일어난다).[3] 이제 본전을 찾으려면 87.50달러를 따야 하는데, 자본이 700퍼센트 증가해야 한다는 뜻이다. 겨우 1R의 이익을 여러 개 합치더라도 그만한 액수에 도달할 가능성이 거의 없다. 따라서 부적절한 포지션 규모 때문에 다시 장기적으로 예측치를 달성하는 데 실패하고, 돈을 잃는 결과를 맞이한 것이다.

어떤 주어진 거래에서 포지션 규모는 시스템의 장기 예측치를 실현할 수 있을 만큼 충분히 작아야 한다는 사실을 명심하라.

이 시점에서 자신은 포지션 규모가 아닌 청산을 통해 리스크를 관리한다고 말할지 모르겠다. 그러나 눈싸움의 비유를 기억하는가? 리스크는 본질적으로 변수 2, 즉 이익과 손실의 상대적 규모다. 이게 청산으로 관리하는 것이다. 포지션 규모 조절은 본질적으로 다른 변수(변수 5)로 이익과 손실의 상대적 규모에 더해 활용한다. 그것은 우리에게 자본에 비해 얼마나 많은 총리스크를 감수해야 하는지를 알려준다.

기회와 예측치

시스템을 평가하는 데 예측치만큼 중요한 변수가 또 하나 있다. 이 요소는 기회며, 우리의 네 번째 변수다. 얼마만큼 자주 게임을 할 수 있는가? 예컨대 게임 1이건 게임 2이건 모두 할 수 있다고 가정해보자. 그러나 게임 2를 할 때는 매 5분간 하나의 구슬만 뽑을 수 있는 반면, 게임 1을 할 때는 1분마다 하나씩 구슬을 뽑을 수 있다. 이런 조건이라면 여러분은 어떤 게임을 택할 텐가?

기회의 요소가 게임의 가치를 어떻게 바꾸는지 살펴보도록 하자. 게임을 한 시간 동안 할 수 있다고 가정해보자. 게임 1의 경우 매분 하나의 구슬을 꺼낼 수 있기 때문에 기회 요소는 60이다. 즉, 60번 게임을 할 수 있다는 뜻이다. 게임 2에서는 5분당 한 번씩 구슬을 뽑을 수 있기 때문에, 기회 요소는 12, 즉 12번 게임을 할 수 있다.

예측치가 수많은 기회를 통해 리스크 금액당 기대할 수 있는 이익 또는 손실임을 기억하라. 따라서 게임을 많이 하면 할수록 예측치를 실현할 가능성은 높아진다.

각 게임의 상대적 이점을 평가하려면 예측치에 게임 가능 횟수를 곱해야 한다. 주어진 한 시간 동안 각각의 게임을 했을 때 다음과 같은 결과를 얻는다.

게임 1. 예측치 0.2R × 60회 = 시간당 12R
게임 2. 예측치 0.78R × 12회 = 시간당 9.36R

따라서 우리가 자의적으로 정한 기회의 한도 내에서는 게임 1이 게임 2보다 유리하다. 시장의 예측치를 평가할 때, 시스템이 제공하는 기회의 양을 평가해보아야 한다. 예측치가 0.5R(거래 비용을 제한 수치)이면서 매주 3회의 거래 기회를 제공하는 시스템은, 예측치가 역시 0.5R이면서 한 달에 1회의 거래 기회를 제공하는 시스템보다 훨씬 낫다.

예측: 치명적인 함정

여기서 잠시 트레이더와 투자자 대다수가 빠지는 흔한 함정인 예측 함정에 관해 말해보자. 예측치의 개념에 관해 생각하면, 왜 그토록 많은 사람이 오랜 세월 동안 시장의 향후 전개를 예측하는 우를 범했는지 보다 분명하게 알 수 있다. 사실 5장에서 논의한 대부분의 거래 개념은 앞으로 일어날 일에 대한 '예측' 기법에 근거하고 있다. 우리는 다음과 같은 것들을 가정한다.

- 추세가 계속될 것이다.
- 가격이 반대쪽 밴드로 이동할 것이다.
- 펀더멘털이 가격을 움직일 것이다.
- 가격은 많은 시장에서 일어나는 사건들의 함수다.
- 가격은 역사적 주기에 따라 움직인다.
- 가격과 전환점 예측에 도움이 되는 우주의 질서가 존재한다.

이 모든 개념의 예측 알고리즘은 역사를 기반으로 하고 있다. 때로는 역사가 그대로 반복된다고 가정하기까지 한다. 그러나 대단히 성공적인 예측조차 모든 자본을 날려버리는 결과를 빚어낼 수 있다. 90퍼센트의 정확성을 보장하는 기법이라고 해도 이를 이용하여 거래하다가 모든 돈을 잃을 수 있는 것이다.

1R의 평균 성공 거래와 10R의 평균 손실 거래를 포함한 90퍼센트 승률의 시스템을 가정해보자. 이 시스템은 예측을 잘한다고 할 수 있다. 왜냐하면 90퍼센트의 경우에 판단이 정확하기 때문이다. 그러니 이 시스템의 예측치는 얼마인가?

예측치 = $0.9_{(1R)} - 0.1_{(10R)} = -0.1_{(R)}$

예측치는 마이너스다. 이 시스템으로 거래하면, 90퍼센트의 경우 이익 거래를 하지만 궁극적으로는 모든 돈을 잃을 것이다. 우리에게는 투자에 있어서 옳은 판단을 내려야 한다는 강력한 심리적 편향이 존재한다. 대부분의 사람에게 이런 편향은 투자에서 전체적으로 수익을 내야 한다는 욕구보다 훨씬 강하다. 이것은 잠재적으로 가능한 최대 수익에 도달하는 것을 막기도 한다. 대개 사람들은 시장을 조종하고 싶어 하는 저항할 수 없는 욕망을 갖고 있다. 그래서 결국에는 오히려 시장에 조종당하는 결과를 맞고 만다.

이제 여러분은 어떤 거래 기법의 이용 가능 여부를 결정하는 것이 승률과 성공의 조합이라는 것을 분명히 이해했을 것이다. 각 거래에서 기대할 수 있는 평균적인 결괏값인 예측치가 그토록 중요한 것은 이 때문이다. 우리는 또한 거래 시스템 혹은 기법의 상대적 가치를 결정하기 위해 변수 4(얼마나 자주 게임을 할 것인가)를 고려해야 한다.

실제 거래에 대한 적용

지금까지 우리는 구슬 주머니를 다루었다. 이 구슬 주머니에서 모집단과 각각의 구슬을 뽑을 확률 그리고 그 배율을 알고 있었지만, 시장에서 거래할 때는 사실 이런 것들을 알 수가 없다.

시장에서 거래할 때는 이익과 손실에 대한 정확한 확률을 알지 못한다. 얼마나 큰 이익이나 손실이 날지는 말할 필요조차 없다. 그러나 과거의 데이터를 통해 무엇을 예측할지 얼마간 실마리를 얻을 수는 있다. 또한 R의 배수로 표현된 실시간 거래 및 투자의 수많은 데이터 샘플을 얻을 수 있다. 이것은 시스템이 생성하는 거래의 정확한 모집단이 아니지만, 그래도 우리는 여기서 무엇을 예측할지 얼마간 아이디어를 얻을 수 있다.

거래의 보상위험비율을 R의 배수로 생각해야 한다는 것을 기억하기 바란다. R은 보상위험비율reward-to-risk의 약자로 생각할 수 있다. 거래의 R의 배수를 구하려면, 단순히 총이익이나 총손실을 거래의 초기 총리스크로 나누면 된다. 표 7.2는 이에 관한 실제 사례를 보여준다.

표 7.2에서 몇 가지 점들을 눈여겨보기 바란다. 첫째, 모든 주식의 초기 총리스크가 거의 똑같다. 총리스크를 자본의 1퍼센트로 제한하기 위해 포지션 규모를 조절한 결과다. 이 경우 5만 달러 계좌의 1퍼센트는 500달러다. 따라서 500달러가 초기 리스크가 된다. 거래마다 금액이 약간씩 다른 것은 반올림 때문이다.

표 7.2 거래 데이터에서 구한 R의 배수

주식	초기 리스크($)	이익 혹은 손실($)	R의 배수
ATI	509	1,251	+2.46
DLX	498	−371	−0.74
GES	512	−159	−0.31
MYH	500	2,471	+4.94
ORA	496	871	+1.76
WON	521	−629	−1.21
총합		3,434	6.90R
예측치			1.15R

최악의 경우 일어나는 청산(즉, 손실제한주문의 이행을 통해)은 각 주식마다 다를 수 있지만, 초기 리스크는 각각의 주식이 대략 동일하다. 각 거래의 총리스크를 총자본 5만 달러의 1퍼센트, 즉 500달러로 제한했기

때문이다. 요컨대 손실제한주문은 각기 다르다고 해도 우리는 기본적으로 포지션 규모를 조절하여 초기 리스크를 동일하게 만들어놓은 것이다. 우리는 이 책의 뒷부분에서 초기 리스크의 설정과 포지션 규모 조절의 중요성에 관해 더 많은 얘기를 할 것이다.

둘째, 실제 R의 배수는 구슬 게임에서 보았던 것과 달리 보통 딱 떨어지는 숫자가 아니며, 대개 소수점으로 표현된다. 표 7.2의 숫자들은 소수점 셋째 자리에서 반올림한 것이다. 이에 따라 실제 시스템에서 30퍼센트의 손실이 1R의 손실이라는 식으로 말하기가 무척 어렵다. 대신 이런 손실은 1.11R, 1.21R, 0.98R, 1.05R, 0.79R 등으로 나타난다. 이익액과 손실액에서 거래 비용을 제해야 하기 때문에 특히 더 그러하다.

셋째, 표 7.2의 예는 얼마 안 된다. 겨우 6개의 거래다. 거래 결과로 우리는 1.15R이라는 준수한 예측치를 얻었다. 그러나 스스로에게 꼭 해보아야 할 질문은, 6회의 거래를 토대로 시스템이 앞으로 어떤 결과를 낼지 정말로 알 수 있느냐 하는 것이다. 사실 6회의 거래는 의미 있는 표본이 되기에는 너무 적다. 표본이 충분히 커야 시스템이 실제로 어떻게 작동할지 알 수 있다. 예측치를 산출하기 위해서는 거래가 적어도 30회는 되어야 한다. 만약 100회의 거래라면 앞으로 시스템으로부터 무엇을 기대할 수 있는지 훨씬 더 잘 알게 될 것이다.

예측치를 시장 거래에 어떻게 적용하는지 보도록 하자. 2년 동안 시장에서 103차례 거래한 시스템이 있다고 하자. 그중 43회는 이익 거래였고, 60회는 손실 거래였다. 거래 내용이 표 7.3에 나와 있다. 거래마다 한 단위를 거래할 때의 결과다(즉, 최소 포지션 규모).

표 7.3 2년 동안 표본 시스템으로 행한 거래

(단위: 달러)

이익 거래			손실 거래		
23	17	14	(31)	(18)	(16)
12	32	8	(6)	(23)	(15)
6	489	532	(427)	(491)	(532)
611	431	563	(488)	(612)	(556)
459	531	476	(511)	(483)	(477)
561	499	521	(456)	(532)	(521)
458	479	532	(460)	(530)	(477)
618	1,141	995	(607)	(478)	(517)
1,217	1,014	832	(429)	(489)	(512)
984	956	1,131	(521)	(499)	(527)
1,217	897	1,517	(501)	(506)	(665)
1,684	1,501	1,657	(612)	(432)	(564)
1,464	1,701	2,551	(479)	(519)	(671)
2,545	2,366	4,652	(1,218)	(871)	(1,132)
14,256			(988)	(1,015)	(978)
			(1,123)	(1,311)	(976)
			(1,213)	(1,011)	(993)
			(876)	(1,245)	(1,043)
			(1,412)	(1,611)	(3,221)
			(1,211)	(945)	(1,721)
평균 이득 = 1,259.23			평균 손실 = (721.73)		

총이익 = 54,147달러, 총손실 = 43,304달러, 순이익 = 10,843달러

표에 각 거래의 초기 리스크가 없다는 것을 알 수 있을 것이다. 여러분이 R의 배수에 대한 개념 없이 한동안 거래했다면, 이런 상황이 될 것이다. 그러나 데이터가 없어 각 거래의 초기 리스크를 모른다고 해도 평균 손실을 1R로 하여 예측치와 R의 배수의 분포를 구할 수 있다. 표 7.3의 데이터를 이용하여 우리가 해야 할 일이 바로 이것이다.

$$\text{평균 이익} = \frac{\text{순이익}}{103\text{회의 거래}} = \frac{\$10,843}{103} = \$105.27$$

$$\text{예측치} = \frac{\text{거래당 평균 이익}}{\text{평균 손실}} = \frac{\$105.27}{\$721.73} = 0.15R$$

이것은 분명 대략적인 예측치에 불과하다. 그러나 각 거래의 초기 리스크 액수를 알 수 없을 때는 이 방법을 써야 한다.[4)]

이제 두 가지 서로 다른 시스템을 살펴보고, 각 시스템의 상대적 장점을 판단하는 데 예측치를 어떻게 이용할 수 있는지 알아보도록 하자.[5)]

프레드의 시스템

첫 번째 시스템은 프레드라는 옵션 트레이더의 것이다. 5월 1일부터 8월 31일까지 그는 표 7.4에서 보듯 21회에 걸쳐 거래를 수행했다.

시스템은 4개월 동안 21회의 거래에서 1,890.43달러의 수익을 냈다. 거래당 평균 이익은 90.02달러다. 손실 평균은 686.55달러이기 때문에, 이 금액을 1R로 삼는다. 90.02달러를 686.55달러로 나누면, 예측치는 0.13R이다.

프레드의 시스템에서 가장 큰 결점은 3,867달러라는 엄청난 손실이 3,864달러의 이익을 상쇄하고 있다는 것이다. 이 하나의 손실이 없었다면, 프레드의 시스템은 실로 돋보이는 시스템이 되었을 것이다. 따라서 프레드로서는 이것을 연구하여 앞으로는 이와 비슷한 손실을 막을 수 있는지 알아볼 필요가 있다. 아마도 그는 손실을 1R로 제한하지 않고 있는 것 같다.

표 7.4 프레드의 옵션거래 결과

(단위: 달러)

	이익	손실	
	2,206.86	143.14	
	1,881.86	68.14	
	3,863.72	543.14	
	181.86	1,218.14	
	1,119.36	143.14	
	477.79	3,866.57	
	48.43	340.64	
	327.36	368.14	
	21.80	368.14	
		358.14	
		493.14	
		328.14	
총액	10,129.04	8,238.61	= 1,890.43
횟수	9	12	= 21
평균	1,125.45	686.55	= 90.02

에틸의 시스템

다음으로 에틸의 시스템에서 또 다른 거래군을 보도록 하자. 에틸은 2년간 주식 거래를 했다. 한 번은 주식 1,000주를 매수하여 5,110달러의 이익을 기록했고, 한 번은 주식 200주를 매수하여 680달러의 수익을 올렸다. 300주의 주식을 팔아 6,375달러의 손실을 본 적도 있었다. 하지만 나머지는 모두 100주 거래였다. 그래서 포지션 규모의 영향을 배제하기 위해, 이 세 차례의 수익과 손실을 100주 거래했을 때의 수익과 손실로 다시 계산했다.

이렇게 조정을 하면 시스템은 2년간 18차례의 거래에서 7,175달러의 이익을 낸 것으로 나온다. 그러면 거래당 평균 이익은 398.61달러다. 프레드의 시스템은 거래당 이익이 겨우 90달러였던 사실을 기억하라. 게다가 에틸의 시스템은 승률이 55.6퍼센트인 반면 프레드의 시스템은 45퍼센트밖에 되지 않는다. 에틸의 시스템이 더 나은 것이 분명한 것 같다. 그렇지 않은가?

표 7.5에 있는 에틸의 거래 시스템에서 예측치와 기회 요소를 살펴보자. 이런 요소들을 고려할 때, 누구의 시스템이 더 나은가 알아보라.

표 7.5 에틸의 주식 거래 요약

(단위: 달러)

	이익	손실
	511	2,125
	3,668	1,989
	555	3,963
	1,458	589
	548	1,329
	3,956	477
	7,358	1,248
	499	501
	503	
총액	19,396	12,221
횟수	10	8
평균	1,939.60	1,527.63

에틸의 시스템은 18회 거래에서 7,175달러의 이익을 냈다. 거래당 평균 이익은 398.61달러다. 손실 평균은 1,527.63달러이기 때문에 이 액수를 평균 리스크, 즉 1R로 정해야 한다. 에틸의 시스템의 예측치를 구하려면, 398.61달러를 1,527.63달러의 손실 평균으로 나눠준다. 그 결과 값은 0.26R이다. 따라서 에틸의 시스템은 예측치가 프레드의 시스템보다 두 배 높다.

프레드의 이익이 한 차례의 이익 거래에 주로 기인한다는 점을 잊지 말라. 이는 사실 에틸의 경우에도 마찬가지다. 7,358달러라는 한 차례 이익은 그녀가 2년 동안 거둔 7,175달러의 이익 전체보다 크다. 따라서 한 차례의 거래가 2년간의 이익 전체를 결정했다고 해야 한다. 이런 상황은 뛰어난 장기 시스템에 자주 나타난다.

프레드의 시스템과 에틸의 시스템 비교

하지만 기회 요소는 이 두 시스템의 평가에 어떤 영향을 미칠까? 프레드의 시스템은 4개월간 21회의 거래를 발생시켰다. 2년이면, 프레드는 그보다 여섯 배 많은 거래를 할 수 있다. 두 시스템을 제대로 평가하기 위해 2년 동안 기회의 횟수와 예측치를 곱하여 비교해보자.

예측치와 기회 횟수를 곱해 두 시스템을 조사해보면, 프레드의 시스템이 더 나은 것으로 나온다. 그러나 이런 결과는 두 투자자가 기회를 최대한 활용한다는 것을 전제로 한다.

프레드의 시스템			에틸의 시스템		
예측치 0.13R	기회 108	종합 14.04R	예측치 0.26R	기회 18	종합 4.68R

이 두 시스템의 비교는 기회와 관련된 흥미로운 변수에 주의하게 만든다. 에틸은 2년간 겨우 18회 거래했다. 하지만 그렇다고 해서 그녀에게 2년 동안 거래 기회가 18회밖에 없었다고는 할 수 없다. 투자자가 기회를 최대한 활용하는 것은 다음과 같은 조건에 따른다. 첫째, 투자자는 거래 기회가 있을 때 충분히 투자한다. 둘째, 투자자는 청산 전략을 갖고 있고 이런 전략이 발동했을 때 시장에서 나온다. 셋째, 투자자는 가용한 현금이 있을 경우 다른 기회들을 충분히 활용한다. 이 세 가지 조건 가운데 하나라도 충족되지 않으면, 예측치와 기회 횟수를 기준으로 한 비교는

반드시 유효한 것이라고 할 수 없다.

시스템이 어떻게 작동할지
판단하는 법

시스템으로부터 적당한 거래 표본을 입수했고, 각종 시장에 대한 200회의 거래 기록을 갖고 있다고 하자. 이에 따라 우리는 시스템이 만들어낼 R의 배수의 분포에 대해 꽤 잘 알고 있다. 각 거래는 그전의 예처럼 주머니에서 구슬을 한 번씩 꺼내는 것이며, 일단 구슬을 꺼내 R의 배수가 결정되면 구슬을 다시 주머니에 집어넣는다. 이런 식으로 100회 이상 거래를 시뮬레이션하면 거래 시스템에서 앞으로 무엇을 기대할 수 있는지 잘 알게 된다.

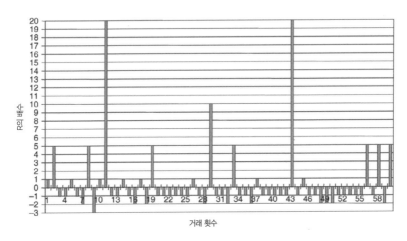

그림 7.1 구슬 게임: 시스템에서 발생하는 연속적인 R의 배수 분포

첫째, 예측치를 뒷받침하는 포지션 규모 조절 알고리즘을 개발해야 한다. 이것은 거래 목표를 달성하는 데 도움을 준다. 그리고 이런 포지션 규모 조절 알고리즘을 변화하는 계좌 자본 및 각 거래에 대한 초기 리스크와 연결시켜야 한다. 우선 표 7.2에서처럼 간단한 1퍼센트 리스크 모델을 이용하여 시작해보자.

둘째, 꺼내는 구슬의 잠재적 '분포(순서)'를 고려해야 할 것이다. 시스템의 승률은 잇따른 손실 거래의 수에 반비례한다. 따라서 연속되는 손실 거래를 잘 견디고 엄청난 이익 거래를 낳을 수 있는 포지션 규모 조절 알고리즘이 필요하다. 그러나 승률이 60퍼센트인 시스템이라고 하더라도 100회의 거래에서 연속으로 10회까지 손실 거래를 쉽게 기록한다. 손실 거래의 연속이 얼마나 길어질 수 있는지 판단하여 그런 일이 일어났을 때 잘 대처해야 한다.[6]

많은 트레이더는 다음과 같은 이유로 인해 온전한 시스템으로 거래하지 못한다. 하나는 거래 기법을 통해 시장이 그들에게 제시하는 거래

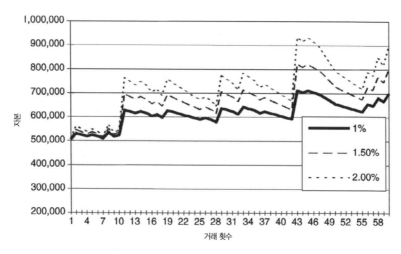

그림 7.2 구슬 게임에서 베팅 규모에 따른 자본 곡선

분포에 대비하지 않았거나, 다른 하나는 레버리지가 너무 크거나 자본 규모가 너무 작기 때문이다. 시스템의 승률이 주어지면 1,000회 거래에서 연속 손실 거래의 최대치를 계산할 수는 있지만, 그 '진짜' 값은 결코 알 수 없다. 예를 들자면, 동전 던지기에서조차 연속해서 앞면이 나올 수 있다.

그림 7.1은 표 7.1에서 본 구슬 게임으로 60회 거래했을 때 나오는 거래 분포를 보여준다. 이것은 단지 하나의 사례이며, 모든 사례는 제각각이다. 46에서 55까지의 연속적인 손실 거래를 보라. 게임을 하던 많은 사람은 이익이 나는 구슬을 뽑을 때가 되었다고 생각하거나, 아니면 이런 연속적인 손실을 기회로 이용하기 위해 앞으로 어느 시점에선가 예측치에 어긋나는 베팅을 하겠다고 결심한다. 연속 손실이 게임의 초반에 일어나면, 후자의 반응이 흔하다. 반면, 연속 손실이 게임의 후반에 일어나면, 전자의 반응이 보통이다. 일부 참여자들은 이제 곧 이익 거래가 날 것이라고 생각하기 때문에 더 큰 베팅을 하여 오히려 연속 손실의 더 깊은

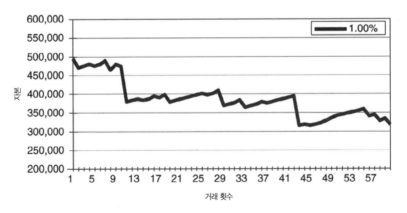

그림 7.3 예측치와 반대되는 조건하에 거래당 1.0퍼센트의 리스크로 베팅했을 때 나타나는 구슬 게임의 자본 곡선

수렁에 빠져든다. 이런 게임의 전형적인 결과를 쉽게 짐작할 수 있을 것이다.

그림 7.2는 이 게임을 하면서 각 거래에서 현재 자본의 1.0퍼센트, 1.5퍼센트, 2.0퍼센트를 일정하게 베팅했을 때 나타나는 자본 곡선을 보여준다. 1.0퍼센트의 자본으로 60회 거래했을 때 수익은 40.1퍼센트고, 최대 자본 감소폭은 12.3퍼센트다. 이때 세 번의 중요한 연속 손실이 발생하여 각각 5, 6, 10회 거래에서 연속으로 손실을 입었다. 2퍼센트 리스크의 경우는 수익이 두 배가 되었지만, 하락폭 역시 두 배가 되었다. 자본이 이렇게 크게 감소한 뒤 시스템을 포기한다면 어떻게 될까? 그림 7.2를 보면, 포지션 규모가 클수록 실적이 더 좋았다. 그러나 포지션 규모가 커서 망해버린 사례는 매우 많다. 특히 연속 손실 거래가 일찍 발생할 경우다. 반면 포지션 규모가 작으면, 이런 연속 손실을 잘 견디고 끝내 수익을 낼 수 있다.

그림 7.3은 예측치와 반대되는 조건하에 현재 자본의 0.1퍼센트를 고정적으로 베팅했을 때 나타나는 자본 곡선을 보여준다. 예측치와 반대되는 조건이라는 것은 R의 배수가 큰 구슬이 여러분에게 손해가 된다는 뜻이다. 그러면 승률은 64퍼센트가 되고 10회의 거래에서 연속으로 이익을 기록할 수도 있을 것이다. 하지만 결국 자본의 37퍼센트를 잃게 된다.

시스템이 어떻게 작동할지 더 잘 알려면 이런 사례를 최소 100개는 조사해보아야 한다. 그렇게 되면 포지션 규모 조절 알고리즘에 대해서도 더 나은 판단을 내릴 수 있고, 시스템에서 앞으로 어떤 결과를 기대할 수 있을지 더 잘 알게 된다. 이번 사례는 단순히 주머니에서 구슬을 뽑는 방법으로 시스템의 R의 배수의 분포를 구했을 때 가능한 상황을 보여줄 뿐이다.

내가 제안했듯이 100회 이상 시뮬레이션을 했을 때, 우리는 앞으로 일어날 수 있는 많은 시나리오에 대해 정신적으로 연습을 해볼 수 있다. 각각의 결과가 주어졌을 때 어떻게 대응해야 하는지 미리 연습하는 것이다. 100회나 연습하더라도 미래에 구슬 주머니(혹은 시장)가 어떤 결과를 불러올지 확실히 알 수는 없음을 명심해라. 그리고 또 하나 중요한 사실은 지금까지 한 번도 보지 못한 큰 손실이 앞으로도 없을지 여부는 모른다는 것이다. 대비하지 못한 사건에 대처하는 법 역시 정신적으로 충분히 연습해야 하는 것은 바로 이 때문이다.

일단 시스템, 아니면 적어도 시스템의 골격이라도 갖추고 있다면, 그다음에는 예측치를 계산하고 예측치와 관련된 많은 문제를 조사해보아야 한다. 여기 그 단계들이 있다.

거래 시스템의 예측치를 계산하는 가장 정확하고 좋은 방법은 각 거래의 R의 배수를 구하는 것이다. 예측치는 R의 배수에 대한 평균이다.

이미 이용하고 있거나 테스트를 마친 시스템이 있지만 결과를 R의 배수로 표시해보지 않았다면, 손실 평균을 1R로 삼아라. 그러면 거래당 평균 이익이나 손실을 평균 손실로 나누어 시스템의 예측치를 구할 수 있다.

마지막으로, 예측치를 구하기 위해 기회를 평가해볼 필요가 있다. 여러분의 시스템은 한 해에 몇 번이나 거래를 수행하는가? 그 수를 예측치로 곱하면, 시스템에서 한 해에 기대할 수 있는 R의 값을 알 수 있다.

거래 시스템의 R의 배수 분포가 적절하게 표현될 만큼 충분히 많은 표본을 수집했다면, 각 R의 배수를 주머니의 구슬로 나타낸다고 간주하라. 그래서 1년 거래에 해당하는 만큼의 구슬을 뽑아보라(뽑은 구슬은 다시 주머니 안에 집어넣는다). 이때 각 거래의 리스크가 얼마인지, 각 거래가 자본에 미치는 결과, 그리고 각 거래에서의 심리적 반응을 조사하라. 이런 일을 적어도 1년치 거래에 대하여 100회 정도 되풀이한다. 그러면 앞으로 시스템에서 어떤 거래 결과를 낳을지 분명히 파악하게 된다.

이런 시뮬레이션은 여전히 여러분이 시스템에서 산출하는 R의 배수를 안다고 가정하고 있다. 여러분이 표본을 어떤 식으로 잘 고른다고 하더라도 그전까지는 없었던 큰 손실이 앞으로 생길 것이라고 가정하는 것이 안전하다.

예측치와 승률은 같은 것이 아님을 명심하기 바란다. 사람들은 모든 거래나 투자에서 자신의 판단이 옳기를 바란다. 이에 따라 그들은 성공률 높은 진입 시스템에 끌리는 경향을 보인다. 하지만 이런 시스템은 대개 큰 손실을 내재하며 마이너스 예측치를 나타내곤 한다. 그러므로 여러분은 언제나 시스템의 예측치에 따라 리스크를 취해야 한다.

마지막으로 말하자면, 예측치가 높은 시스템이라고 해도 돈을 잃을 수 있다. 만약 거래에 너무 큰 금액의 리스크를 걸고 돈을 잃으면, 만회하는 데 고전을 겪게 될 것이다.

1   한 주 혹은 하나의 선물 거래가 단일 단위가 된다.

2   여기서는 거래 비용이 반영되어 있다면 적게 거래하는 것보다 자주 거래하는 것이 더 좋다는 이야기처럼 들릴 것이다. 이런 생각이 옳다고 해도 빈번한 거래로 인한 심리적 부담과 긴장은 고려되지 않았다는 점을 알아야 한다.

3   1년에 100회 거래할 때, 3차례 연속 손실이 발생하는 것은 거의 분명하다. 사실 100회 거래에서 일곱 번의 연속 손실이 일어날 가능성도 꽤 크다.

4   이 책의 초판에서는 예측치가 단순히 R의 배수의 평균값이라는 사실을 깨닫지 못했다. 이런 실수는 보다 최근의 책 《전자 데이 트레이딩으로 재정적 자유를 얻는 법》과 《재정적 자유를 위한 안전한 전략》에서 바로잡았다. 이렇게 통찰력이 부족했기 때문에, 초판에서는 조야한 방법으로 거래를 구분하고 이를 근거로 예측치를 구했다. 손실 평균을 1R이라고 하고 거래당 평균 이익(혹은 손실)을 손실 평균으로 나누어 예측치를 구하는 방법은 아직 부정확하다. 그러나 이 책의 초판에서 사용했던 원래의 방법보다는 훨씬 낫다.

5   포지션 규모를 고려할 경우 시스템의 특성을 평가하는 더 좋은 방법이 있다. 그러나 이런 방법에 대한 논의는 이 책의 범위를 넘어서는 것이 될 것이다.

6   톰 바소의 목표 설정에 관한 논의를 기억하라. 톰은 길게 이어지는 연속 손실에 대해 잘 알고 있으며, 또 이를 빈번히 경험했다고 말했다. 그것은 거래의 일부에 지나지 않는다.

3부는 시스템 구축을 돕기 위해 만들어졌다. 이 부분을 읽기 전에 이 책의 1부와 2부를 완벽하게 이해해야 하는데, 이는 실제 시스템 구축을 하기 전에 반드시 다져 두어야 할 토대이다.

8장은 셋업에 관해 얘기한다. 셋업은 다른 무엇인가가 일어나는 데 필요한 조건이다. 내가 셋업에 관한 장을 맨 앞에 둔 것은 대부분의 진입과 청산 시스템이 셋업과 행위 촉발 신호로 구성되어 있기 때문이다. 여기서는 주식 시장과 선물시장을 위한 가장 흔한 진입 셋업에 관해 다룰 텐데, 이는 모든 거래와 투자의 대가들이 이용하는 것이다. 그러나 이런 셋업은 대개 그 자체로 시스템으로 장려되고 있으며, 사람들은 로또 편향으로 인해 이런 것을 그대로 받아들이려 한다. 그러나 이 책의 내용을 이해한다면, 이런 셋업들과 시스템의 또 다른 중요한 부분들을 결합하여 정말로 놀라운 성과를 낼 수 있다.

9장은 진입 기법에 관해 논한다. 진입 기법은 본질적으로 시스템의 신뢰도, ―즉 승률― 을 결정한다. 그러나 이제 여러분은 시스템 평가에서 신뢰도가 예측치만큼 중요하지는 않다는 것을 알고 있다. 예측치가 마이너스일 때도 신뢰도는 높을 수 있기 때문이다. 여기서는 시간 프레임이 클수록 진입의 중요성은 점점 더 떨어진다는 것과 대부분의 진입 기법이 무작위 진입보다 그다지 나을 것이 없음을 보여준다. 그러나 또한 무작위 진입보다 신뢰도가 높은 시스템을 만들어주는 몇 가지 진입 시스템도 보여주고자 한다.

10장에서는 시스템에서 포지션당 리스크(즉 1R)를 정의하는 법을 배운다. 모든 시스템에는 자본을 보전하기 위해 시장에서 나오는 방법이 있어야 한다. 이것을 '재앙 방지 손실제한주문'이라고 하며, 시스템을 평가할 때 가장 중요한 기준 중 하나다. 우리는 이런 재앙 방지 손실제한주문의 목적과 함께, 간격이 넓거나 좁은 손실제한주문의 장점과 단점에 관해 논할 것이다.

11장은 이익 실현을 위한 청산 전략을 다룬다. 이익 실현 청산 전략은 거래의 보상위험비율을 최대화하여 예측치를 높이기 위해 고안되었다. 다양한 청산에 관해 논할 것이다. 또 예측치를 개선하기 위해 어떻게 청산 전략을 개발해야 하는지도 배우게 될 것이다.

8장에서 11장까지의 논의는 완전한 것이 아니다. 단순히 효과가 있는 기법만을 알려 주고자 했으며, 일반적인 설명이 아닌 한 효과가 없는 기법에 관해 논하는 것을 피했다. 완벽한 시스템이 아니라 여러분 스스로가 시스템을 고안할 수 있도록 도구를 제공하고, 심리적인 편향을 극복하여 자신에게 맞는 시스템을 개발할 수 있도록 도와주고자 한다.

또한 시스템의 여러 부분을 설명하기 위해 일반적인 일부 거래 시스템들에 관해 살펴보려 한다. 이런 시스템들을 충분하고도 상세하게 검토하여 그 장점과 단점을 파악하기 바란다.

PART 3

시스템의
핵심 부분에 관한 이해

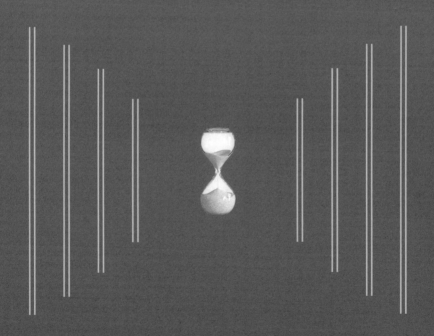

8

셋업을 이용하여 시스템에 시동을 걸다

Using Setups to Jumpstart Your System

투기는, 진정한 의미에서 보자면 예측을 요구한다.

– 리처드 D. 와이코프 –

셋업setups은 다른 행동이 취해지기 전에 형성되어 있어야 하는 조건을 말하며, 시스템의 진입과 청산에 있어 필수 불가결한 부분이다. 셋업은 진입과 청산 기법에 관한 추후 논의에서 토대를 이루고 있기 때문에 여기서 먼저 다루기로 했다.

셋업의 중요한 유용성 중 하나는 시스템 이용에 적합한 조건이 언제 형성되는지 알려준다는 것이다. 예컨대 6장의 큰 그림에 관한 분석에서 나는 장기 약세장이 2020년까지 지속될 수 있다고 주장했다. 그러나 그 말이 시장에 수익이 나는 강력한 움직임이 전혀 없을 것이라는 뜻은 아니다. 이런 움직임이 형성되면 주식 시장에 들어가는 것이 현명하다. 그리고 이런 시스템을 언제 활성화시킬지 알기 위해 필요한 것은 셋업밖에 없다.

5장에 제시된 많은 개념은 진입을 위한 셋업과 관련이 있다. 한 예로, '시장의 질서'와 관련된 개념은 대부분의 경우 큰 시장 움직임을 예상할 수 있는 기회의 창을 제공한다. 이 창은 시간 셋업에 지나지 않으며, 신입 신호나 거래 시스템은 분명코 아니다.

예전에 나는 '우주에 질서가 있다'는 개념 중 하나인 엘리어트 파동 전문가와 얘기를 나눈 적이 있다. 그는 자신의 생각이 맞을 때가 70퍼센트 정도지만, 거래에서는 30퍼센트에 불과하다고 했다. 그는 자본을 지키기 위해 보통 진입 시점에 너무 바짝 붙여 손실제한주문을 해놓았다. 이 때문에 대개 포지션이 처분되면서 바로 시장에서 나와야 했다. 따라서 그는 어떤 주어진 아이디어를 활용하기 위해서는 서너 번 시장에 들어가야 했다. 게다가 시장이 서너 차례 불리한 방향으로 움직이면 그는 시장에 다시 들어가기가 너무 두려워졌고, 그래서 기회를 잃어버리기도 했다. 다른 상황을 보면 그는 옳은 판단을 내리지만, 시장이 너무 급하게 움직여 그 움직임을 타기에는 리스크가 너무 크다고 생각했다. 본질적으로 이 트레이더의 문제는 셋업(즉, 엘리어트 파동 분석을 토대로 시장 조건을 가늠하는 것)과 전체 거래 시스템을 혼동한 데 있었다. 그에게는 진정한 진입 시스템이 없었고, 너무나 자주 시장 밖으로 튕겨나갔기 때문에 그의 아이디어가 가진 높은 신뢰도를 활용할 방도가 없었다.

우리는 다음 몇 장에서 배우게 될 개념들로 위의 두 가지 문제를 모두 해결했다. 그러나 그 중요한 문제는 대부분의 투자자와 트레이더가 갖고 있는 것이기도 하다. 바로 셋업과 완전한 거래 시스템의 혼동이다. 대개의 투자자와 트레이더들이 보는 책도 오로지 이런 셋업들만으로 이루어져 있다. 어떤 셋업이 최상의 결과를 낳은 사례들을 충분히 많이 보여줄 때, 독자들은 그런 책이야말로 성배를 담고 있다고 확신한다. **이 책에서 여러분이 알아야 할 핵심 가운데 하나는, 셋업은 거래 시스템에서 10퍼센트(혹은 그 이하) 정도를 이룰 뿐이라는 것이다. 대부분의 사람은 옳은 셋업을 찾는 것만을 강조하지만, 셋업은 사실 시스템에서 가장 중요하지 않은 부분 가운데 하나다.**

셋업이 어떻게 다양한 개념들로부터 나오는지 알아보기 위해 한 가지 개념인 펀더멘털 분석에 관해 생각해보자. 펀더멘털 분석은 본질적으로 롱 포지션이든 숏 포지션이든 시장 진입의 적기에 관한 많은 조건들을 알려준다.[1] 이런 조건은 수요 공급 상황 때문에 시장이 과대평가되거나 과소평가되었다는 것을 의미한다. 그러나 펀더멘털 분석은 타이밍에 관해서는 아무것도 알려주지 않는다. 그저 앞으로 어느 시점에선가 시장에 진입하기에 적절한 조건이라는 것만을 알려줄 뿐이다. 실제 시장 움직임은 수개월 뒤에나 일어날 수 있다.

진입의 다섯 단계

시스템을 위한 적합한 조건

진입의 첫째 단계는 특정한 시스템의 이용을 정당화해주는 적절한 조건이 있는지 여부를 판단하는 것이다. 만약 있다면, 다음 단계로 넘어간다. 그러나 그렇지 않다면, 현재의 조건에 적합한 다른 시스템을 찾아야 한다.

내 저서 《재정적 자유를 위한 안전한 전략》에 나온 한 가지 사례를 여기서 소개하겠다. 이 책에서 나는 약세장의 뮤추얼 펀드 거래 기법을 설명했다. 이 기법을 자신의 시스템 중 하나로 이용하고자 한다면, 거래 자본의 최대 50퍼센트를 인버스 뮤추얼 펀드inverse mutual fund에 집어넣어야 한다. 인버스 뮤추얼 펀드는 S&P500 같은 중요 주가지수가 하락할 때 상승하는 펀드다. 그러나 조건이 반드시 이 시스텐에 맞아야 한다.

이 시스템은 장기 약세장의 조건에만 적합하다. 그리고 큰 그림에 관한 나의 시나리오에 따르면, 우리는 향후 10~15년 동안 장기 약세장에 있을 것이다. 그러나 이 시스템은 시장이 '빨간불 상태'에 있을 때 이용해야 한다. 다음의 세 조건 중 두 가지가 충족될 경우를 빨간불 상태라고 한다.

1. 시장이 과대평가되어 있어야 한다. S&P500의 주가수익률이 17을 넘어야 한다는 뜻이다. 이런 조건은 오랜 세월에 걸쳐 충족되어 왔다.

2. 연준이 금리를 올리고 있는 중이라든가 혹은 연준이 현재 아무것도 하지 않는 중이라면, 지난 6개월 중 어느 때인가 연준이 마지막으로 한 일이 금리 인상이어야 한다. 이 글을 쓸 시점(2006년 말)에 연준은 17차례 연속으로 금리를 인상했다.

3. 시장이 과열되어 있어야 한다. 이는 기본적으로 시장이 45주 이동평균선 위에 있어야 함을 의미한다.

시장은 장기 약세장일 때는 대부분 빨간불 상황에 있다. 나는 매달 시장에 관한 월별 최신 정보를 제공하며 이 특정한 지표에 관해 알려주고 있다.[2] 이런 종류의 셋업은 사실상 큰 그림에 대한 판단이기 때문에 대개 그 폭이 매우 넓다. 그러나 우리는 2005년 7월부터 현재(2006년 8월)

까지 '빨간불 상태'에 있었다. 시장은 막 평평해졌으며, 따라서 약세장 뮤추얼 펀드 전략은 더 이상 효과가 없었다.

또 다른 예로, 이 책의 초판에서 나는 머틀리 풀의 풀리시 포$_{Motley Fool}$ Foolish Four$^{3)}$ 거래 전략에 관해 말하며 이런 시스템의 다양한 부분을 조사해보았다. 그러나 이 접근법은 다우 30 종목에 관심을 집중하고 있으며, 이런 주식들을 1년간 보유해야 하기 때문에 현재의 주식 시장 여건에 적합하다고 할 수 없다. 뮤추얼 펀드는 이들이 벤치마크로 이용하는 주요 주가평균을 강력하게 떠받쳐준다. 하지만 베이비붐 세대가 뮤추얼 펀드에서 은퇴 자금을 인출해가기 시작하면, 중요한 주가평균은 폭락할 것이다. 따라서 주요 주가평균에 포함된 주식을 1년 동안 보유해야 하는 시스템은 현재 시장 환경에 적당하지 않다. 이것은 추론을 통해 언제 시스템을 활용할지 말지를 판단하는 한 가지 사례다.[4] 이외에도 머틀리 풀 웹사이트에서 수백만 명의 투자자들에게 이런 간단한 기법을 소개했을 때 무슨 일이 일어났을지는 충분히 상상할 수 있을 것이다. 엄청나게 많은 투자자가 오로지 4종의 주식에만 관심을 쏟게 된 것이다. 하지만 모두가 4개의 특정한 주식을 매수한다면, '다우의 개들(dogs of the Dow: 다우 지수 30개 종목 중 배당 수익률이 높은 10개 종목을 말함—옮긴이)' 전략이 어떻게 실행 가능할 수 있겠는가? 이 전략이 더 이상 효과가 없는 것은 이런 이유에서다.

시장 선택

진입의 둘째 단계는 거래할 시장의 선택이다. 여러분이 거래하고 싶은 시장은 어떤 특징을 가져야 하는가? 다음 조건에 관해 생각해보라.

1. 유동성: 시장이 앞으로 얼마나 활발하게 움직일 것으로 예상하는

가? 기본적으로 문제는 유동성이다. 유동성은 매수호가나 매도호가에, 혹은 매수호가와 매도호가 사이의 범위 내에서라도 시장에 쉽게 들어가 거나 나올 수 있느냐 하는 것인데, 시장이 비유동적이면 매수호가와 매 도호가의 차이가 엄청나게 클 수 있다. 그러면 시장에 들어가고 나오는 데만 수수료 외에도 많은 돈을 지불해야 한다.

유동성은 시장 진입에서 중요한 요소다. 자본 규모가 엄청나게 크면, 단순히 시장에 들어가기만 하더라도 비유동적인 시장에서는 상당한 가 격 움직임이 발생한다. 반면 소액 트레이더일 경우—꽤 쉽게 비유동적 시 장에 들어갈 수 있는—이런 시장을 피하고 싶을 것이다. '어리석은' 큰손 이 이런 시장에 들어오거나 나가면서 큰 움직임을 일으킬 수 있기 때문 이다.

예컨대 주식 트레이더들은 하루에 1만 주 미만으로 매매되는 주식은 거래를 피하고 싶을 것이다. 이는 최소 거래 단위(100주)가 일일 거래량의 1퍼센트에 이른다는 뜻이다. 이런 시장에 들어가거나 나오려고 할 때는 이것이 문제가 될 수 있다.

2. 새로운 시장: 일반적으로 새로운 시장은 피하는 게 최선이다. 그것 이 새로 만들어진 선물 계약이든 막 거래소에서 취급되기 시작한 주식 이든 마찬가지다. 이런 새로운 시장에서는 많은 실수가 생긴다. 시장에서 앞으로 어떤 일이 일어날지 전혀 알지 못하기 때문이다. 시장이 적어도 1 년은 되어야 시장에서 무엇을 기대할 수 있는지 어느 정도 알게 된다.

어떤 사람들은 기업공개로 발행되는 주식들의 거래를 전문으로 한다. 분명 강력한 상승장에서는 신주가 종종 급등한다. 하지만 이런 주식은 또한 급락하는 경향이 있다. 여러분은 투자하기에 안전하다고 생각하는 새로운 회사들에 대해 누구보다 먼저 충분한 정보를 얻는 것을 자신의

'강점'으로 삼고 있을지 모른다. 그러나 이곳이 아마추어에게는 위험한 영역이라는 것을 기억해야 한다.

3. 어떤 거래소가 기초 자산 투자를 위한 시장으로 적당한가, 그리고 그곳의 거래 규칙은 알고 있는가: 본질적으로 여러분이 거래하는 시장의 배후에는 누가 있는가? 시장 조정자는 누구인가? 그들의 평판은 어떤가? 이런 사람들과 거래할 때 무엇을 예상할 수 있는가? 이런 시장 조정자들을 규제하는 것은 누구인가? 이런 거래소에서 손실제한주문을 하면 어떻게 될까? 주문이 여러분에게 유리하게 작용할까 아니면 돈 먹는 함정이 될 것인가?

예를 들어, 어떤 주식 거래소와 상품 거래소들은 다른 거래소들보다 훨씬 거래하기 어려우며, 원하는 만큼 거래하기는 더 어렵다. 이런 거래소에서 거래해본 경험이 있고 어떤 일이 일어날지 안다면, 거래해도 괜찮을 것이다. 반면 시장에서 처음 거래하는 거라면, 오래되고 잘 알려진 거래소에서 거래하는 것이 최선이다. 뉴욕증권거래소, 시카고선물거래소, 시카고상품거래소 등이 이에 속한다.

해외 시장 역시 미숙한 트레이더에게는 커다란 기회 혹은 재앙이 될 수 있다. 여러분이 거래하고 싶어 하는 시장에서 거래해본 적이 있는 경험자들을 찾아보라. 그들에게 무엇을 예상해야 하며 최악의 시나리오는 무엇인지 물어보라. 이런 종류의 시장에 들어가기 전에 최악의 시나리오를 스스로 견딜 수 있을지 확인해야 한다.

1992년 나는 싱가포르에서 태어나 말레이시아에서 자란 한 아름다운 여성과 결혼했다. 1993년 말, 우리는 말레이시아에 있는 그녀의 친척을 방문하고 나서 말레이시아 전역을 여행했다. 여기저기서 사람들이 말레이시아 주식을 사면 큰돈을 벌 수 있다고 얘기하고 있었다. 그래서 나는 모든 사람이 관심을 기울이는 것은 끝이 멀지 않았다는 신호라는 나만의 믿음에 근거하여 말레이시아 주식 시장이 곧 붕괴할 것이라고 확신했다. 아니나 다를까 1994년 1월 말레이시아 주식 시장은 반토막 났다. 나로서는 1993년 말레이시아 주식 시장에서 공매도 거래를 할 수 있는 적당한 방법이 없었다는 게 아쉬웠다.

그러나 현재는 상장지수펀드를 통해 대부분의 외국 시장에 폭넓게 투자할 수 있다. 그림 6.5의 세계 시장 모델은 다양한 세계 시장에서 포지션을 취하기 위해 거래할 수 있는 다양한 상장지수펀드들을 보여준다. 지금 내가 말레이시아 주식 시장에서 공매도하고자 한다면, 말레이시아 상장주식펀드인 EWM을 거래할 수 있다. 미국에서는 간단하게 할 수 있는 일로, 말레이시아 정부가 외국인들이 그들의 주식 시장에서 공매도하는 것이 반(反) 말레이시아적이라고 생각할지 모르지만 말이다.

4. 변동성: 변동성은 본질적으로 어떤 특정한 시간 프레임 내에서 얼마나 크게 가격이 움직였는가를 의미한다. 예컨대 데이 트레이더는 변동성이 매우 큰 시장에서 거래해야 한다. 그들은 보통 하루의 장이 끝날 무렵에는 시장에서 나와 있기 때문에, 큰 수익을 낼 만큼 일일 변동폭이 충분히 큰 시장에서 거래할 필요가 있다. 보통 특별한 통화 시장이나 주가지수, 유동성이 매우 높은 주식이나 채권 시장만이 데이 트레이더가 거래하기에 적합하다.

밀집 시장에서 전환점을 보고 거래한다고 할 때, 충분한 변동성이 있는 시장을 선택해야 의미 있는 거래를 할 수 있다. 따라서 다시 한번 말하지만 시장의 변동성은 중요한 고려 사항이 되어야 한다.

데이 트레이딩과 밀집 시장 거래 모두 초기 리스크의 규모가 주어져 있다면, 그 리스크의 적어도 2~3배 규모로 수익을 낼 수 있을 만큼 충분한 변동폭이 필요하다.

5. 자본 총액: 주식 트레이더들은 종종 자본 총액을 근거로 주식을 고른다. 그러나 일부 투자자들은 자본 총액이 매우 큰 주식만을 고집하는데 반해 다른 투자자들은 자본 총액이 매우 작은 주식을 찾는다. 여기에는 각각의 이유가 있다.

보통 시장의 급등을 노리는 투기적인 투자자들은 자본 총액이 작은 주식을 원한다(2,500만 달러 이하). 연구에 따르면, 시장은 자본 총액이 작은 주식이 대부분이며, 이런 주식은 10배 이상 상승한다고 한다. 일반적으로 자본 총액이 작은 주식에 대한 수요가 증가하면, 주가는 급등한다. 발행 주식 수가 몇 백만 주밖에 안 되기 때문이다.

반면 보수적인 투자자들은 큰 가격 변동을 원하지 않는다. 그들은 1,000주 주문에 가격이 1포인트 오르고 또 다른 1,000주 주문에 1포인트 내리는 것을 원하지 않는다. 대신 그들은 점진적이고 온화한 가격 변화를 원한다. 발행 주식 수가 몇 억 주에 달하는, 자본 총액이 매우 큰 회사의 주식은 이런 식으로 움직일 가능성이 매우 크다.

6. 시장이 자신의 거래 개념에 얼마나 잘 맞는가: 일반적으로 여러분이 활용하는 거래 개념이 무엇이든, 그 개념에 잘 맞는 시장을 찾을 필요가 있다. 자본이 적을수록 이런 선택 과정이 더 중요해진다.

따라서 추세 추종자라면, 추세 형성이 잘 이루어지는 시장을 찾아야 한다. 상대 강도가 양호한 주식이거나, 아니면 매년 여러 차례 유효한 추세를 형성하는 선물이 바로 그런 시장이다. 시장이 대개 과거에 거래 개념에 잘 들어맞았다면, 앞으로도 역시 그럴 것이다.

여러분이 이용할 수 있는 다른 개념들도 마찬가지다. 시기적 패턴을 좇는다면, 강력한 시기적 경향을 나타내는 시장에서 거래해야 한다. 농산물이나 에너지 제품이 그 예다. 엘리어트 파동을 좇는다면, 이 파동이 가장 잘 들어맞는 시장을 찾아 거래해야 한다. 밴드 트레이더의 경우는, 일관되게 넓은 밴드를 형성하는 시장을 찾아야 한다. 거래 개념이 무엇이든, 그에 가장 잘 맞는 시장을 찾는 것이 우선이다.

7. 독립적인[5] **시장들로 포트폴리오를 구성하라:** 이 주제는 시스템 개발에 관한 입문서라는 이 책의 범위에서 약간 벗어난다. 그러나 나는 여러분에게 자신이 선택한 다양한 시장들의 관련성을 조사해보라고 권하고 싶다. 상대적으로 독립된 시장들을 선택하는 것이 가장 이롭다. 모든 시장이 관련되어 있을 때와 비교하여, 한 시장에서라도 이익이 나는 추세를 탈 수 있는 가능성이 높아지기 때문이다. 또한 연관된 포지션들로 이루어진 포트폴리오가 동시에 자신에게 불리한 방향으로 움직이는 것을 피할 수 있다.

시장 방향

진입의 세 번째 단계는 시장 방향이다. 시장 전환점을 거래하든 신속하게 움직이는 추세에 뛰어오르든, 시장이 지난 6개월간 움직여온 지배적인 방향에 관해 평가해볼 필요가 있다. 현재의 시장에서 어떤 '동물'을 다루어야 하는지 알아야 하기 때문이다. 이것이 바로 시장의 장기 추세다.

시장에서 오랫동안 추세 추종으로 수백만 달러를 번 한 친구는, 차트를 만들어 벽에 걸어놓은 뒤 방 반대편으로 걸어간다고 한다. 거기 서서 차트를 보았을 때 추세가 분명하면, 그 시장은 그가 고려해보아야 할 시장이라고 했다. 이 늙은 트레이더의 스타일은 장기 추세 시장이 많았던 1960년대와 1970년대에 큰 장점으로 작용했다. 그 원칙은 오늘날에도 여전히 유효하지만, 시장 추세가 짧아져 가는 경향이 있으므로 지금은 시간적으로 보다 짧은 기준이 적합할 수 있다.

일반적으로 사람들은 상승장이나 하락장에서 돈을 번다. 그러나 시장의 방향에는 사실 세 가지가 있다. 상승세, 하락세, 그리고 횡보세다. 시장은 상승이든 하락이든 약 15~30퍼센트의 경우 추세를 형성하며, 나머지 시간 동안은 횡보세를 보이는데, 이런 시장 상황들이 언제 일어나는지 알아야 한다. 많은 트레이더는 그들을 끊임없이 시장에 붙들어두는 시스템을 이용하고 있다. 하지만 '횡보세'를 시장의 조건 중 하나로 받아들인다면, 70퍼센트에 해당하는 시간 동안 시장 바깥에 머물게 하는 시스템을 원할 것이다. 왜냐하면 횡보장에서는 돈을 벌 가능성이 거의 없기 때문이다. 단순히 언제 횡보장이 시작되는지 알려줄 일종의 신호를 필요로 하기 마련인데, 페리 코프먼은 이를 위해 멋진 장치를 개발했다. 이에 대하여 본 장의 뒤에서 살펴보려 한다.

언제나 시장에 들어가 있는 사람은 많은 시간을 횡보장에서 보내기 마련이다. 추세 추종자에게는 손실과 함께 높은 수수료가 발생한다는 뜻이다. 이런 시장은 변동폭이 충분히 클 경우 단기 밴드 트레이더에게 잘 맞을 수 있다. 추세 추종자의 경우는 거래 방법의 일부로서 횡보장을 피할 수 있도록 만들어야 한다.

셋업 조건

진입의 넷째 단계는 셋업 조건으로 이루어져 있다. 이미 언급했듯이, 셋업은 시장에 들어가기 전 자신의 거래 개념에 따라 형성되어야 할 조건이다. 이런 조건이 있으면, 일반적으로 유리한 시장 움직임을 포착할 가능성이 높아진다.

대개는 시장이 진입 시점에서부터 상당한 움직임을 만들기 때문에 돈을 번다. 5장에서 논의한 다양한 개념들은 여러분이 어떤 조건에서 상당한 시장 움직임을 기대할 수 있는지 상세하게 알려주기 위한 것이었다. 일반적으로 이런 모든 개념은 시장 셋업들로 이루어져 있으며, 시장에서 일어날 일을 예측하고 올바른 시장의 방향을 선택하는 데 도움이 된다.

셋업은 기회의 창이며, 이를 통해 전환점을 예상할 수 있다. 셋업은 시장에 진입하기 전에 존재해야 하는 펀더멘털 조건으로, 주의를 끄는 시기적 조건이거나 유용할 만한 다른 많은 중요한 기준이 된다.

셋업은 보통 시장 진입의 조건이 아니고, 시장에서 포지션을 취하려고 생각하기 전에 예상해야 할 필요조건이다.

8장에서 다룰 것은 그 중요성이 입증된 다양한 종류의 셋업이다. 우리는 주식 시장에 유용한 셋업과 선물 시장, 외환[6] 시장, 옵션 시장 그리고 또 다른 투기 영역에 유용한 셋업에 관해 논의할 것이다. **2장에서 설명한 로또 편향 때문에 대중이 받아들인 많은 시스템은 사실 셋업으로 구성되어 있을 뿐이다.** 어쨌든 먼저 진입의 마지막 단계, 즉 시장의 타이밍에 관해 논해보자.

시장의 타이밍

진입의 마지막 단계는 시장의 타이밍이다. 거래하기 원하는 시장을 선택했다고 하자. 자신의 거래 개념을 잘 이해하고 있고, 현재의 시장 조건은 거래 개념에 잘 들어맞는다. 또한 몇 가지 시장 셋업 조건을 갖고 있는데, 이런 조건 또한 충족되어 있다. 그러나 시장에 들어가기 전에 한 가지 핵심 조건이 더 충족되어야 한다. 예상하던 움직임이 실제로 시작되어야 하는 것이다. 만약 시장에서 큰 움직임이 일어날 것으로 예상하고 있다면—펀더멘털이나 시기적 패턴, 또는 시장 전환이 예상되는 날짜나 아니면 다른 어떤 이유 때문에—이런 움직임은 처음 예측했을 당시에는 아직 시작되지 않았을 가능성이 크다. **수익을 내는 트레이더와 투자자들은 보통 시장에 진입하기 전에 시장 움직임이 시작되기를 기다린다.**

진입에 관한 다음 장에서 보게 되겠지만, 무작위 진입보다 더 나은 진입 기법은 드물다. 대부분의 진입 기법이 이를테면 시장에서 롱 포지션을 취할지 숏 포지션을 취할지 아무 때나 동전을 팅겨서 결정하는 방법보다 별로 나을 게 없다는 얘기다. 따라서 성공 확률을 높이기 위해서는 여러분이 할 수 있는 모든 일을 다 해야 한다.

성공 확률을 높이는 최선의 방법은 시장 진입 전에 시장이 움직이는 방향을 확실하게 판단하는 것이다. 따라서 기본적으로 타이밍 신호에 대한 이해가 요구된다. 이 책의 뒷부분에서 많은 중요한 타이밍 신호에 관해 다룰 것이다.

시장을 추적하기 위한 셋업

내 최대 성과 홈 스터디 강좌를 알고 있는 독자들은 뛰어난 트레이더들이 정기적으로 하는 열 가지 일에 관해 잘 알고 있을 것이다. 그중 한 가지가 바로 추적이다. 시간 프레임을 줄여 리스크를 더욱 낮출 수 있는 진입 조건을 찾는 일이다. 단기 셋업들은 최상의 추적 도구다.

단기 셋업들은 매우 많지만, 여기서는 그중 세 가지 범주의 셋업과 그 각각의 사례들만을 알아보고자 한다. 여기에서 내 설명은 이런 셋업에 관한 내 견해를 반영한다. 코너스와 라시케가 쓴 책《거리에서 살아남는 지혜》[7]는 많은 단기 셋업들을 다루고 있으므로, 보다 상세한 사항을 알고 싶은 사람들은 참고할 만하다. 실제로 이런 패턴들을 이용하여 거래할 생각이라면, 이 책으로 공부하기를 적극적으로 권한다.

'실패한 테스트' 셋업

테스트 셋업은 기본적으로 가격이 전고점 혹은 전저점을 테스트하다가 실패하는 경우를 말한다. 어떤 특별한 고점 또는 저점이 형성된 뒤에는 많은 흥미로운 패턴들이 형성된다. 예컨대 뒤에 나올 켄 로버츠 기법은 실패한 테스트 셋업을 토대로 하고 있다.

테스트는 보통 진입 신호로 이용될 수 있다. 이런 진입 신호는 큰 수익을 낳을 거래를 만들어주지만, 사실 그다지 신뢰할 만하지 않다. 테스트를 진입 신호로 이용한다는 것은 새로운 고점이나 저점으로 이동하는 가짜 돌파를 이용하여 거래에 들어가는 전략이다.

한 예로, 코너스와 라시케는 터틀 수프Turtle Soup라는 재미난 이름의 한 가지 패턴을 제시하고 있다. 이 패턴에 이런 이름이 붙은 것은 터틀이라는 트레이딩 그룹이 20일 돌파 시 시장에 들어가는 것으로 유명하기 때문이다. 다른 말로 하자면, 그들은 시장이 20일 만에 새로운 고가를 형성하면 롱 포지션을 취한다. 혹은 이와 반대로 시장이 20일 만에 새로운 저가를 형성하면 숏 포지션을 취한다. 하지만 현재는 이런 20일 돌파 신호 대부분이 가짜 돌파다. 즉, 이런 패턴은 잘 먹혀들지 않고, 시장이 곧 다시 하락한다는 뜻이다. 따라서 터틀 수프는 하락이 예상되는 20일 돌파가 중요한 셋업이다. 그러나 터틀은 이런 돌파를 보고 거래하여 많은 돈을 벌었기 때문에(채널 돌파에 관한 상세한 정보는 9장을 참조하라) 여기서는 조심해야 한다.

그림 8.1은 터틀 수프 패턴을 보여준다. 이 차트는 7월 중순부터 몇

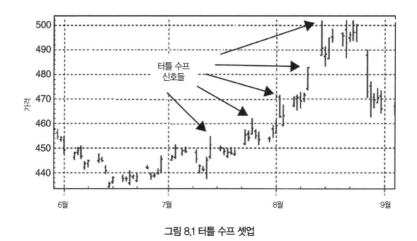

그림 8.1 터틀 수프 셋업

차례 20일 돌파 고점이 형성되어 있다. 각 사례에서 돌파 고점 뒤에는 단기이기는 하지만 상당한 주가 하락이 동반되었다. 단기 트레이더들은 각 경우에서 이익을 낼 수 있었다.

이런 패턴에 대한 충분한 사례들을 보여준다면, 여러분은 아마도 매우 흥분할 것이다. 그러나 이런 패턴은 잘 듣는 경우도 많지만, 잘 듣지 않는 경우 역시 많다. 내 생각에, 이 패턴은 거래 시스템의 다른 부분들 ―시장에서 돈을 버는 데 정말로 중요한 청산과 포지션 규모 조절―과 결합될 경우에 한해 가치를 지닌다.

성공 확률이 높은 또 다른 셋업은 거래 범위의 상부에 종가가 형성되었을 때, 다음날의 시가가 더 높아질 가능성이 크다는 관찰 사실에 근거하고 있다. 그 반대도 사실이다. 다음날 시장이 동일한 방향으로 계속 움직일 확률은 70~80퍼센트에 달한다. 이것은 청산 기법으로 이용될 수 있지만, 테스트 셋업으로도 이용될 수 있다.

또 다른 사실은 시가가 같은 방향으로 크게 움직일 확률이 매우 높지만, 그 방향으로 종가가 형성될 가능성은 훨씬 낮다는 것이다. 게다가 전날이 추세일(즉, 시장이 한쪽 극단에서 시작되었다가 다른 쪽 극단에서 끝을 맺을 때)이었다면, 반전의 가능성은 훨씬 더 크다. 따라서 테스트 패턴 셋업의 토대가 만들어진다. 이 패턴에서 필요한 것은 반전 신호다. 따라서 그림 8.2에서 보듯이 이 '테스트' 패턴에 관련된 것은 세 가지 셋업이다.

그림 8.2를 보면 12월 8일 목요일에 패턴이 형성되기 시작했다. 이닐은 시가가 높고 종가가 낮은 추세일이다. 즉, 셋업의 첫 부분이다.

1. 시장에 추세일이 있다. 시가가 한쪽 극단에, 종가가 다른 쪽 극단에 형성되어 있다. 그림 8.2의 12월 8일을 보라.

2. 시가가 종가와 같은 방향으로 다시 한번 큰 폭으로 움직인다(즉, 전날 종장 때 가격이 낮아지고, 다음날 개장 때 가격이 더 낮아지는 경우 혹은 전날 종장 때 가격이 높아지고, 다음날 개장 때 가격이 더 높아지는 경우). 12월 9일, 개장 때 가격이 더 낮아지며 시장의 움직임은 계속되었다.

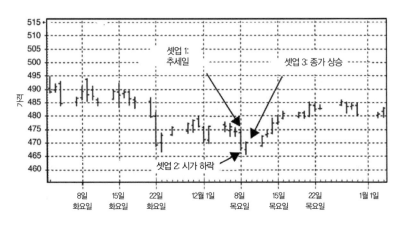

그림 8.2 추세일 뒤 시가에 전날의 움직임이 지속되는 셋업

3. 시장이 어제의 고가 아래 혹은 저가 위로 반전한다(매도 신호 혹은 매수 신호). 12월 9일, 장이 계속되면서 가격이 반전하여 어제의 종가 위로

상승한 것을 확인하라. 이것이 셋업의 마지막 부분이다(이 경우 이것은 사실상 진입 신호다).

그림에서 시장이 전보다 높은 가격으로 종가를 형성한 뒤 며칠간 더 상승한 것을 확인하라. 하지만 여기 있는 그래프는 내가 패턴을 설명하기 위해 찾은 것이다. 셋업에 관해 너무 흥분하지 말기 바란다. 셋업은 돈을 버는 방정식의 일부에 불과하다.

원하는 것이 단기 거래이거나 스윙 트레이딩이라면, 실패한 테스트 셋업을 이용할 수도 있다. 실패한 테스트 셋업에 관련된 법칙—시장이 새로운 고가 혹은 저가를 시도하다가 다시 하락하거나 상승하는 것—을 알므로, 다른 사람들이 이용하는 개념에 의지할 필요 없이 스스로 이런 셋업을 디자인할 수 있다.

클라이맥스 반전 혹은 소진 패턴 셋업

이 셋업은 실패한 테스트 셋업과 동일한 법칙을 따른다. 단, 여기에 움직임이 지속되지 않을 것임을 말해주는 추가적인 증거가 있어야 한다. 이런 셋업은 통상적으로 추세 반전 때 저위험 거래를 하기 위해서다. 여기에는 셋업의 일부로 시장 움직임이 이미 한계에 도달했다는 신호, 변동 폭이 매우 큰 환경, 원하는 방향으로의 시장 움직임이 요구된다. 이런 종류의 패턴들은 서로 크게 다를 수 있고, 이런 많은 클라이맥스 도달 패턴은 대개 객관적으로 기술하기 힘든 차트 패턴이기 때문에 전산화할 수 없다. 나는 보통 차트 패턴에 반대한다. 그중 많은 수가 객관적으로 거래 진입이 가능한 진정한 패턴이 아니라는 강력한 증거가 있기 때문이다. 이에 따라 우리는 그중 한 가지, 갭 형성 클라이맥스 도달 패턴에 논의를 국한시키고자 한다.

갭 형성 클라이맥스 도달 패턴: 클라이맥스에 도달했다는 신호 가운데 하나는 시장이 갭을 형성하며 새로운 고가나 저가를 형성했다가 그 움직임이 지속되지 않는 것을 보여주었을 경우다. 그런 다음 시장은 하락 (혹은 상승)하고 클라이맥스에 도달한 움직임과 반대 방향으로 종가를 형성한다. 다음 날 시장이 갭을 메우려는 신호를 보낼 가능성도 있다. 이런 셋업은 두 가지 관찰 사실에 근거한다. 첫째, 클라이맥스에 도달하며 생긴 갭은 쉽게 메워지는 경향이 있다. 둘째, 시장 고가 혹은 저가에서 반전이 일어나면 그 다음 날에 그 움직임이 지속되는 경향을 보인다.

이런 움직임을 거래에 이용하는 방법은 다음과 같다.

1. 시장이 새로운 극단에 도달한다(즉, 클라이맥스 셋업이 형성된다).

2. 변동폭이 매우 크다는 것을 알려주는 셋업을 원할지 모른다. 예컨대 과거 5일의 평균 실제 범위가 지난 20일의 평균 실제 범위보다 2~3배 클 때다. 그러나 이런 종류의 기준이 꼭 필요한 것은 아니다.

3. 시장이 극값으로부터 이탈하여 거래 범위 반대쪽 끝에서 마감하거나, 다음 날 갭을 메우기 시작하는 것 같은 동력 약화의 신호를 보여준다.

4. 그러면 이전의 추세에 반하는 단기 움직임을 예상하고 시장에 진입한다.

내 생각에, 이런 패턴은 위험하다. 여러분이 시도하는 일은 매우 빨리 달리는 화물 열차를 정지시키려는 것이다. 여러분은 화물 열차가 약간 반전하여 거기서 뭔가(즉, 얼마간의 이익)를 얻기를 바라는 것이다. 열차가 빠른 속도 그대로 그냥 떠나버릴 수 있다는 것을 알면서 말이다.

클라이맥스 셋업은 주로 용감한 단기 트레이더들을 위한 것이다. 장기 트레이더들을 위해서라면, 그들이 충분히 이런 형태의 셋업에 익숙해져 이런 움직임이 있을 때는 단기 반전이 일어날 가능성이 크다는 것을 알고 시장 진입을 피하는 데 쓰일 수 있을 것이다.

되돌림 셋업

단기 거래(아니면 장기 거래 추적)에서 고려해볼 수 있는 다음번 셋업 형태는 되돌림 현상이다. 기본적으로 이런 종류의 셋업은 시장의 장기 추세를 찾고, 추세에서 일어나는 되돌림을 포착한 다음, 추세 방향으로 시장에 들어가야 한다. 시장에 들어갈 때는 새로운 고점 형성으로 추세가 재개되었다든가 하는 또 다른 신호가 생겨나야 한다. 이것은 매우 오래된 거래 기법이다. 예컨대 1920년대의 매우 성공적인 월스트리트 투자자 리처드 D. 와이코프는 이렇게 즐겨 말했다. "돌파 때 사지 말라. 되돌림을 테스트할 때를 기다려라."

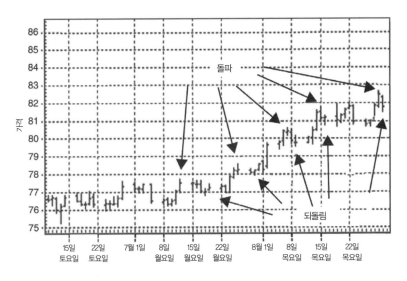

그림 8.3 분명한 추세를 형성하는 과정에서 수많은 되돌림 현상이 일어나는 사례

추세 추종 신호가 나타나면 적어도 장중에는 보통 되돌림이 뒤따라 일어난다. 이런 장중 되돌림 현상은 진입을 위한 저위험 셋업으로 이용될 수 있다. 그림 8.3에서 이런 몇 가지 되돌림을 확인할 수 있을 것이다.

그림 8.3은 명확한 추세 돌파 신호들을 보여준다. 차트 위쪽의 화살표로 이런 신호들을 표시했다. 각각의 돌파 신호 뒤에는 되돌림 현상이 나타났는데(아래쪽 화살표들), 여기서 우리는 많은 기회를 발견할 수 있다.

되돌림 셋업은 추세 추종자들에게 좋은 고려 대상이며 다음과 같은 많은 이점이 있다. 첫째, 손실제한주문을 바짝 붙여놓을 수 있기 때문에 높은 보상위험비율의 거래가 가능하다. 둘째, 단기 '스윙' 거래나 장기 '포지션' 거래에 모두 유용하다. 셋째, 처음에는 모르고 놓쳤던 시장에 진입할 수 있게 해준다. 넷째, 손실제한주문에 걸려 시장에서 튕겨져 나왔을 때 다시 시장에 진입하는 좋은 방법을 제공한다. 이런 되돌림을 토대로 자신만의 거래 기법을 개발해보라. 내가 보았던 최고의 추세 추종 기법 중 일부는 이 개념에 근거하고 있기 때문이다. 사실 내 친구 켄 롱은 이를 토대로 훌륭한 기법을 만들어 자신의 상장지수펀드 워크숍에서 이를 가르치고 있다.

필터와 셋업

필터는 시장 진입 전에 반드시 나타나야 하는 일종의 지표다. 나는 필터가 거래 시스템의 열 가지 중요 구성요소 가운데 하나라고 말하곤 했다. 그러나 우리의 시스템 개발 워크숍에 종종 초청 강사로 참여했던 찰스 르보는 보통 필터는 전적으로 피해야 한다고 했다. 필터는 시장을 사후 예측하는 데 도움을 줄 수 있지만, 현재 시장에서 거래하는 데는 도움을 주지 못한다는 것이었다.

찰스가 한 말을 설명해보자. 로또 편향 때문에 사람들은 시장 지배에 대한 환상을 품고서 완벽한 시장 진입 신호를 알고 싶어 한다. **과거의 데이터에 맞는 더 많은 지표를 사용하면 할수록 이런 지표들이 데이터의 모든 전환점을 더욱더 정확하게 예측하는 것처럼 보인다.**

대부분의 거래 소프트웨어는 수백 가지 지표를 갖고 있을 것이다. 이런 지표들을 이용하여 거의 자동적으로 과거의 시장에 맞는 곡선을 그릴 수 있다. 예컨대 오실레이터, 이동평균, 그리고 몇 가지 주기를 이용하면 어느 때라도 과거 시장에서 일어난 일들을 거의 완벽하게 예측할 수 있다. 따라서 거래에 대해 극도로 자신감을 갖게 되겠지만, 막상 실제로 거래할 때는 '고도로 최적화된' 이런 지표들이 쓸모없다는 것을 깨닫게 된다.

일부 사람들은 단기(즉, 지난 몇 개월간) 최적화를 통해 이 문제를 비껴가려고 한다. 최근 데이터를 통해 최적화하면 현재의 시장을 보다 정확하게 반영할 수 있으리라는 희망에서다. 그러나 이런 일이 보통 성과가 없는 이유는, 너무 많은 지표가 사용되기 때문이다.

일반적으로 시스템이 단순할수록 시장 거래에 더 효과적이다. 그러나 이 규칙에는 한 가지 예외가 있다. 서로 다른 많은 지표가 서로 다른 종류의 데이터에 근거하고 있을 때는 일반적으로 시장 거래에 도움을 준다는 것이다.

이것이 우리에게 필터와 셋업 간의 중요한 차이를 보여준다. **필터는 보통 동일한 데이터에 근거하며 시스템에서 기피되어야 한다. 반면 서로 다른 데이터에 근거하는 셋업은 꽤 유용하다.** 셋업이 서로 다른, 신뢰할 수 있는 데이터에 근거하는 한, 일반적으로 셋업은 많을수록 좋다.

여러분이 이용할 수 있는 몇 가지 셋업을 살펴보면 서로 다른 종류의 데이터라는 것이 무엇인지 알게 될 것이다. 여기에 이미 보았던 몇 가지 예들이 있다.

시간 셋업

우리는 다양한 모델을 통해 시장 움직임이 언제 일어날 것인가에 관해 얼마간 알 수 있다. 시간은 가격 데이터와 다르므로 이런 셋업은 매우 유용할 수 있다. 시간 필터는 주기, 시기적 데이터, 천문학적 영향을 포함할 수 있다. 5장에서 거래에 유용할 만한 흥미로운 '시간 셋업'을 찾아보기 바란다.

연속적 가격 데이터

가격 데이터는 특정한 순서로 발생해야 한다. 여기서 생겨난 정보는 시장에서 관찰된 가능성 높은 관계에 근거해 있을 경우 보통 단순한 가격 데이터보다 가치가 있다. 예컨대 되돌림 셋업은 다음과 같은 가격 데이터의 순서에 근거하고 있다. (1) 시장이 추세를 구축한다. (2) 시장에서 되돌림이 일어난다. (3) 시장이 원래 추세 방향으로 다시 움직이기 시작한다. 이것들은 모두 가격 데이터이지만, 또 한편 어떤 의미를 가지는 특정한 논리적 연속에 따라 발생한다.

펀더멘털 데이터

우리는 거래하는 시장의 수요 공급 특성에 대해 어느 정도 알 수 있다. 한 예로, 대두 수확에 대한 통계치나 이 시장의 새로운 외국인 수요에 대한 통계치가 있을 수 있다. 갈러커Gallacher와 버핏을 다룬 본 장의 뒷부분에서 논할 펀더멘털 셋업의 몇 가지 사례를 참조하기 바란다. 일반적으로, 펀더멘털 데이터에 의해 뒷받침되는 추세는 가장 강력한 추세다.

거래량 데이터

특정한 시장의 활동량은 현재의 가격 데이터와 매우 다르고 꽤 유용할 수 있다. 거래량 데이터에 관해서는 이미 많은 글이 씌어졌고, 그 가운데는 특히 리처드 암스Richard Arms와 같은 주식 시장 전문가들이 쓴 글도 있다. 암스 지수Arms Index는 현재 최신 시장 정보들과 함께 정기적으로 사람들에게 제공되고 있다. 주가 하락에 대한 상승 비율을 거래량 하락에 대한 상승 비율로 나눈 것으로, 원래는 '트린 거래 지수TRIN trading index'로 불렸다.

이를 셋업으로 활용하기 위해서는 암스 지수의 이동평균(보통 5일 단위를 사용함)을 만들어야 한다. 1.2 이상의 수치는 잠재적 바닥을 가리키고, 0.8 이하는 잠재적 천장을 가리키는데, 이때 1~3일간의 단기 거래 기회가 만들어진다. 그러나 이런 수치를 활용하려면 이와 함께 가격이 예상 방향으로 움직이면서 진입 신호가 만들어져야 한다.

구성요소 데이터

시장이 수많은 항목으로 구성되어 있을 경우, 이런 항목들에 관해 알면 귀중한 정보를 얻을 수 있다. 예를 들어, 주식 시장에서 전체 시장이 어떻게 움직이는지 아는 것과 시장의 각 구성요소가 어떻게 움직이는지 아는 것은 완전히 다른 일이다. 얼마나 많은 주식이 상승중인가? 상승주의 거래량과 하락주의 거래량은 각각 어떠한가?

주가지수를 거래할 때는 전체 개별주들이 각각 어떻게 움직이는지 조사할 수 있다. 일반적으로 S&P500 같은 주가지수를 거래하려는 사람들이 주가지수 데이터 와에는 아무것도 보지 않는다면, 구성요소 데이터까지 꼼꼼히 챙기는 전문가들에 비해 크게 불리한 입장에 놓이게 될 것이다.

시장에 관한 모든 최신 정보와 함께 제공되는 복합 지표 중 하나는 틱이다. 틱은 뉴욕증권거래소에 있는 모든 상승주와 하락주 간의 차이다. 틱을 셋업으로 이용하는 방법은 다음과 같다. 극단적인 틱 값은 적어도 단기적으로는 종종 시장 전환을 예상케 한다. 따라서 극단적인 틱 값은 테스트 셋업의 한 가지 사례가 될 수 있다. 틱이 극단적인 값에 도달할 때 일어나는 반전 신호에서 거래하면 된다.

변동성

이 용어는 시장에서 일어나는 활동의 양을 가리키며, 일반적으로 가격 범위에 의해 정의된다. 가격 하나만을 볼 때와 달리 매우 유용한 정보가 될 수 있다.

몇 년 전 컴퓨터 트레이딩 워크숍을 연 적이 있다. 사람들이 거래 소프트웨어와 친숙해지고, 과거의 테스트 자료를 토대로 최적화 없이 연간 100퍼센트 이상을 수익을 내는 시스템을 개발할 수 있도록 하기 위해서였다. 나는 모두들 뛰어난 청산 전략을 이용하는 높은 예측치의 거래 시스템을 개발한 다음, 여기에다 이를 최대로 활용하게 해주는 포지션 규모 조절 기법을 결합하는 방식으로 과제를 수행할 것이라고 생각했다. 실제로 대부분이 그렇게 했다. 단 한 명만 빼고. 예외가 된 그 한 명은, 시장이 좁은 범위 안에 있는 것을 알려주는 지표가 다른 몇 가지 파라미터와 결합될 경우 종종 강력한 움직임을 지시해준다는 것을 발견했던 것이다. 좁은 거래 범위의 셋업과 훌륭한 진입 기법을 결합하면, 보상위험비율이 높은 거래를 할 수 있다.

좁은 거래 범위 셋업을 위한 두 가지 거래 아이디어를 설명해보도록 하자. 첫 번째는 다음과 같다.

1. 시장이 추세를 형성하는데, 이 사실은 시장이 이동평균선 위 혹은 아래에 있다든가 ADX 값이 높다든가 하는 식으로 지표를 통해 나타나야 한다.
2. 시장이 좁은 거래 범위 안에 있고, 이것이 지난 5일간의 거래 범위와 지난 50일간의 거래 범위를 비교했을 때 드러나야 한다. 그리고 그 비율은 일정한 값 이하여야 한다. 예를 들어, 지난 5일간의 거래 범위가 지난 50일간의 거래 범위의 60퍼센트와 같거나 그 아래여야 한다.

이런 종류의 셋업은 장기 추세 추종 시스템에서 달러당 리스크 예측치를 10~15센트 정도 쉽게 끌어올려줄 것이다.

두 번째 좁은 거래 범위 셋업의 경우는 다음과 같다.

1. 시장에서 인사이드 데이_{inside day, 가격 범위가 전날의 고가와 저가 사이에서 형성될 때를 가리킨다}가 만들어진다.
2. 시장이 그전 X일 중 가장 좁은 가격 범위를 형성한다.

이런 인사이드 데이가 나타나면, 어느 쪽으로든 돌파가 일어날 경우 보통 좋은 단기 거래 진입 시점이 된다. 좁은 거래 범위 셋업과 더불어 사용할 수 있는 여러 형태의 진입 기법은 9장에 설명되어 있다.

기업 펀더멘털

워런 버핏이 사용하는 대부분의 셋업, 그리고 윌리엄 오닐이 사용하는 일부 셋업은 기업 펀더멘털이다. 수익은 얼마인가? 매출액은 얼마인가? 이익률은 얼마인가? 주주 수익은 얼마인가? 발행 주식의 수는 얼마인가? 장부 가치와 주당 순이익은 얼마인가? 사업은 지금까지 어떤 식으로 성장했는가? 이런 정보들은 가격 데이터와는 꽤 다른 것으로, 이제 곧 이런 펀더멘털에 관해 논할 것이다.

경영에 관한 정보

누가 여러분이 투자한 돈을 운용하게 될 것인가? 그들의 과거 기록은 어떤가? 워런 버핏은 투자하는 회사의 경영진과 관련하여 몇 가지 원칙을 갖고 있다. 주식을 사든 뮤추얼 펀드를 사든 여러분의 투자금을 운용할 경영자의 과거 기록은 투자 성공에 매우 중요하다.

이외에도 유용한 데이터들이 있을 것이다. 신뢰할 수 있고 다른 사람들은 거의 접근하기 어려운 데이터를 발견했다면, 아마 매우 가치 있는 거래 셋업을 만들어낼 수 있을 것이다. 이제 유용한 셋업은 가격 데이터 이외의 데이터에서 나온다는 것을 이해했으므로, 자신만의 셋업을 만들 토대를 마련했다고 하겠다. 이것은 성배 시스템의 핵심 중 하나가 될 수도 있다.

그러나 셋업의 중요성에 너무 사로잡혀서는 안 된다. 셋업은 이익 거래의 확률을 높여주지만, 몇 차례 매우 큰 손실 거래를 하게 되면 신뢰도가 매우 높은 시스템이라고 해도 예측치는 마이너스가 된다. 적어도 셋업과 진입에 투자하는 것만큼 많은 시간을 손실제한주문과 청산에 투자해야 한다. 그리고 시스템의 다른 모든 부분을 합친 것보다 포지션 규모 조절에 더 많은 시간을 쏟아야 한다. 그렇게 하면 자신과 자신의 목적에 맞는 성배를 찾을 좋은 기회를 갖게 될 것이다.

유명한 시스템에서 이용되는 셋업

주식 시장 셋업

여기서 주식 시장 셋업을 논한다고 해도, 주식 시장에서 이용 가능한 모든 셋업을 완벽하게 다룰 생각은 없다. 그보다는 주식 시장에서 돈을 버는 두 가지 서로 다른 접근법을 철저하게 조사해보는 것이 훨씬 유용할 거라 생각한다. 각 기법은 다른 기법들과 상당히 다르다. 각각에 이용되는 셋업을 비교함으로써 이런 기법들을 훨씬 잘 이해할 수 있고, 자기 자신만의 거래 기법도 만들어낼 수 있을 것이다. 흥미로운 시스템을 발견할 때는 자료를 찾아 연구하기 바란다.

윌리엄 오닐의 캔슬림 추세 추종 모델

가장 성공적이고 널리 받아들여지고 있는 거래 모델 중 하나는 윌리엄 오닐과 데이비드 라이언이 만든 캔슬림CANSLIM 모델이다. 오닐은 그의 책 《주식에서 돈 버는 법》[8]에서 이 모델을 잘 설명해놓았다. 이 모델은 또한 그가 발행한 신문 〈인베스터스 비즈니스 데일리〉와 차트 서비스를 제공하는 〈데일리 그래프스〉를 통해서도 소개되었다. 미국 전역에서 그의 트레이너들이 개최하고 있는 워크숍에서 참석한 사람들도 많다. 여기서 이 모델을 설명하거나 평가할 생각은 없고, 대신 오닐이 직접 했던 뛰어난 설명을 빌려왔다. 내 의도는 캔슬림 모델을 이용하여 흔히 쓰이는 모델의 셋업들을 설명하려는 것이다.

캔슬림은 두문자어다. 한 자 한 자가 진입 셋업을 나타내고 있다.

C는 '현재 주당순이익current earnings per share'을 나타낸다. 오닐의 기준으로는 1년 전 같은 분기에 대비해 70퍼센트 상승해야 한다. 따라서 현재 주당순이익은 오늘의 첫 번째 셋업 기준이다.

A는 '연간 주당순이익annual earnings per share'이다. 오닐은 지난 5년간의 연간 평균 주당순이익이 적어도 약 24퍼센트가 되어야 한다고 믿는다. 이것도 역시 셋업이다.

N은 회사의 '새로운 요소something new'다. 이런 새로운 요소란 신제품 혹은 새로운 서비스일 수도 있고, 경영진의 변화 혹은 나아가 업계의 변화일 수도 있다. 또는 주가가 새로운 고가에 도달한 것을 의미할 수도 있다. 따라서 N은 실제로는 진입을 위한 두 가지 셋업이 될 수도 있다. 그러나 새로운 고가는 사실 9장에서 다루는 진입 촉발 신호일 수 있다.

S는 '발행 주식 수shares outstanding'다. 오닐은 최고 실적을 올린 주식들을 연구했고, 평균 자본 총액이 1,200만주 이하이며 중앙값은 고작 480만주임을 발견했다. 따라서 오닐의 또 다른 셋업 기준은 적은 수의 발행 주식인 2,500만주 이하여야 했다.

L은 '주도주leader'를 의미한다. 오닐은 시장의 상대 강도 모델을 신봉하는데, 상대 강도를 이용하는 사람들은 보통 지난 12개월간의 모든 주식의 가격 변화를 체크한다. 여기서 상위 20~25퍼센트의 주식이면 고려해 볼 만하다. 어떤 사람들은 또 과거 30일간 일어난 변화량에 더 큰 비중

을 두는데, 오닐의 기준도 이와 비슷하다. 그는 상위 20퍼센트 이내의 주식만을 고르라고 말한다. 따라서 이것이 또 하나의 셋업이 된다.

I는 '기관의 지원institutional sponsorship'이다. 주도주가 되기 위해서는 보통 어느 정도는 기관의 지원이 있어야 한다. 하지만 큰 지원은 바람직하지 않다. 뭔가가 잘못되어갈 경우 투매가 일어나기 때문이다. 게다가 모든 기관이 그 주식을 찾아 나섰다면, 그때는 이미 더 이상의 좋은 움직임을 기대하기 힘든 때다. 그러나 약간의 기관 지원은 오닐의 또 다른 셋업이다.

M은 '전체 시장overall market'이 하는 바를 나타낸다. 대부분의 주식—75퍼센트 또는 그 이상—은 시장 평균의 방향으로 움직이는 경향이 있다. 따라서 주식 매수 전에 전체 시장의 긍정적 신호를 셋업으로 삼아야 한다.

지금까지 오닐의 캔슬림 모델을 구성하고 있는 셋업 기준 전체를 살펴보았다. N의 기준에는 주식의 신고가가 포함되기는 하지만, 이외에 실제 시장 진입에 관해 알 수 있는 것은 거의 없다. 게다가 보호용 손실제한주문과 시장에서 나오는 법, 그리고 시스템에서 가장 중요한 부분인 포지션 규모 조절 방법에 관해 아무것도 알지 못한다. 사람들이 오닐의 거래 시스템이라고 생각하는 것은 단순히 셋업들일 뿐이다. 흥미롭지 않은가? 우리는 때가 되면 시스템의 다른 부분들에 대한 오닐의 기준에 관해 더 많은 얘기를 할 것이다.

워런 버핏의 가치 모델

워런 버핏은 아마도 오늘날 세계에서 가장 성공한 투자자일 것이다. 버핏은 자신의 투자법에 관한 책을 쓴 적이 없지만, 워런 버핏과 그의 투자법에 관한 많은 책이 나왔다. 그중 괜찮은 책으로는 앤드류 킬패트릭의

《워런 버핏 평전 1·2》, 로저 로웬스타인의 《버핏: 21세기 위대한 투자 신화의 탄생》, 로버트 해그스트롬의 《워런 버핏의 완벽투자기법》이 있다. 해그스트롬의 책은 버핏의 투자 철학에 대한 저자의 이해가 상세히 설명되어 있다. 내가 좋아하는 워런 버핏 책은 그가 직접 썼다. 그 책은 투자자들에게 보내는 연례 보고서를 포함한 그의 많은 글로 구성되어 있는 《워런 버핏의 에세이》다. 본 책의 추천 도서 목록을 참조하라.

다시 한번 말하지만, 여기서는 버핏이 활용하는 셋업을 단순히 개괄하려는 것이다. 버핏의 전략에 관한 상세한 설명을 원한다면, 해그스트롬의 책을 펼치기 바란다. 여기서 버핏이 선택된 것은 미국에서 가장 성공적인 투자자인데다가 그의 방법이 얼마간 독특하기 때문이다.

버핏의 실제 전략은 기업을 사는 것이다. 그는 자신이 주식을 산다고 생각하지 않는다. 그가 기업을 살 때는 대부분 그것을 다시 팔 의도를 갖고 있지 않다. 그리고 버핏은, 내 생각이지만 그가 보유 자산을 대부분 팔지 않는다는 소문이 도는 것을 좋아하는 것 같다. 버핏은 투자에 관해 알고 싶어 하는 사람들에게, 주식이 공개 거래되는 미국의 모든 회사에 대해 공부하고 그 지식을 언제든 활용할 수 있도록 머릿속에 저장하라고 충고한다. 상장 회사가 2만 5,000개가 넘는다는 것을 알고 아연해하면, 버핏은 'A부터 시작하라'고 충고할 것이다.

버핏이 충고한 식으로 준비하려는 사람은 거의 없다. 사실 대부분은 버핏이 권한 연구 따위는 전혀 관심이 없으며, 심지어는 그들이 실제로 주식을 매수한 얼마 안 되는 회사들의 경우에도 마찬가지다. 따라서 우리는 버핏이 저평가된 회사를 찾는 데 어떤 강점을 갖고 있다고 생각한다.

로버트 해그스트롬에 따르면, 어떤 회사를 사기 전에 그가 살펴보는 기준은 12가지다. 12가지 기준 중 9가지는 셋업이며, 나머지는 진입 기준이다. 사실 진입 기준은 셋업으로도 볼 수 있다. 버핏은 정말로 타이밍에는 관심이 없다. 왜냐하면 그의 투자가 대부분 평생 투자이기 때문이다. 그러나 우리는 9장에서 그의 진입 기준에 관해 간략하게 알아볼 것이다. 여기서는 버핏이 이용하는 9가지 셋업을 살펴보자.

처음 세 가지 셋업은 기업의 성격과 관련 있다. 기본적으로 첫째, 버핏의 경우는 자신이 소유하는 모든 기업을 이해할 수 있어야 하며, 단순해야 한다. 그는 고도의 하이테크놀로지 주식에는 투자하려고 하지 않는다. 그런 종류의 사업이나 관련 리스크에 대해 잘 알지 못하기 때문이다. 둘째로, 회사는 지속적으로 운영되고 있는 상태여야 한다. 버핏은 장기 실적에 대한 기록을 원하며, 심각한 변화를 겪고 있는 회사들을 피하는 경향이 있다. 버핏은 심각한 변화와 괜찮은 수익은 불과 물의 관계라고 믿는다.

기업 관련 마지막 셋업을 보자면, 버핏은 사업을 저해한다는 두려움 없이 정기적으로 가격을 올릴 수 있는 기업을 찾는다. 이렇게 할 수 있는 회사들은 유사한 대체제가 없으며 법규와 아무런 충돌을 일으키지 않는, 사람들이 필요로 하고 원하는 제품이나 서비스를 제공하는 기업이다.

한편, 버핏이 이용하는 다음의 세 가지 셋업은 회사 경영진과 관련되어 있다. 그는 회사 경영이 심리적인 일이며 오로지 경영진의 능력에 달려 있다고 믿는다. 그래서 넷째, 경영진이 대중에게 정직할 것을 요구한다. 버핏은 일반적으로 인정되는 회계 기준 뒤에서 사업상의 약점을 숨기고 있는 경영자들을 유감으로 생각한다. 게다가 그는 대중에게 솔직하지 않은 경영자는 스스로에게도 솔직할 수 없다고 믿는다. 이런 자기기만은 그들의 리더십과 회사에 피해를 입힐 게 분명하다.

버핏에 따르면, 경영진의 업무 중 가장 중요한 일은 자본 할당이다. 버핏의 다섯째 기준은 이성적으로 자본을 할당하는 경영자를 찾는 것이다. 기업 경영자들 사이에서는 매우 흔한 관행이지만, 회사가 자본을 평균 자본비용(기대수익률) 이하로 회사에 재투자한다면, 이것은 비합리적인 행동이다. 버핏은 이런 회사들을 철저히 피한다.

경영진에 관한 버핏의 여섯째 기준은 순응하는 경향이 있고, 자신을 다른 경영자들과 끊임없이 비교하는 경영자는 피한다는 것이다. 이런 사람들은 변화에 저항하고, 자금을 날릴 프로젝트를 개발하고, 경쟁 회사의 행동을 모방하고, 예스맨을 고용하여 일하게 한다. 이런 예스맨들은 상사가 무엇을 원하든 그것을 정당화해주는 이유를 쉽게 찾아낸다. 버핏의 셋업을 현실에서 이용하기 위해서는 분명 회사 운영에 대한 강도 높은 조사와 연구가 필요하다.

회사를 매수하기 위한 버핏의 기준에는 또한 세 가지 재정적 셋업이 포함되어 있다. 그중 으뜸은 기업이 채무가 적고 자기자본수익률이 높아야 한다(일곱 번째 기준). 자기자본수익률이란 주주 자본에 대한 영업 이익(이익에서 자본 이익이나 손실 같은 비정상적인 항목을 뺀 값)의 비율을 말한다. 여기서 주주 자본은 시장 가치라기보다는 비용으로 평가된다.

다음으로 버핏은 여덟 번째 기준인 주주 수익에 매우 신경 썼다. 주주 수익은 순수익에 감가상각비 등을 더한 다음 회사 운영에 필요한 자본적 지출과 운전 자본을 뺀 것이다. 버핏은 미국 회사의 약 95퍼센트가 감가상각비 비율과 동일한 자본적 지출을 필요로 한다고 말한다. 따라서 주주 수익을 평가할 때는 이 점을 반드시 고려해야 한다.

버핏은 마지막으로 수익률에 매우 신경을 쓴다. 따라서 그는 체계적인 비용 절감으로 이윤을 높이려는 생각을 가진 경영자를 찾는다. 버핏의 시장 진입은 저평가된 주식을 사면 언젠가 시장가가 그에 걸맞게 올라갈 것이라는 믿음에 근거하고 있으며, 이에 따를 경우 우리는 월등한 수익을 거둘 것이다. 버핏의 시장 진입에 관해서는 9장에서 다룰 것이다.

다시 한번, 대부분의 사고 과정이 시장 진입에 대한 결정에 속한다는 점에서 워런 버핏이 윌리엄 오닐과 비슷하다는 점을 확인하기 바란다. 그러나 버핏은 일단 회사를 사면 파는 경우가 거의 없기 때문에, 그의 기준은 합당하다. 그리고 과거 기록은 그가 틀리지 않았음을 증명한다.

선물 시장 셋업

이제 선물 거래에 이용되었던 몇 가지 모델을 살펴보도록 하자. 내가 6장에서 제시한 큰 그림에 따르면, 상품 가격은 향후 10~15년간 급등할 것이다. 따라서 여기서 배우는 거래 기법이 큰 소용이 될 수 있다.

다시 한번 말하지만, 나는 선물 시장에서 활용할 수 있는 모든 셋업을 완벽하게 설명할 의도가 전혀 없다. 대신 선물 시장에서 돈을 벌 수 있는 몇 가지 접근법에 관해 조사하고, 이런 접근법에 관련된 셋업들을 살펴볼 것이다. 이런 논의를 위해 나는 적절하다고 생각되는 기법을 골랐다. 여기서 내 얘기는 이런 기법에 대한 나의 견해를 반영한다는 것을 알아두기 바란다.

이제 페리 코프먼이 그의 책 《스마터 트레이딩》에서 제시한 거래 기법과, 윌리엄 갈라커가 《승자독식Winner Take All》에서 제안한 펀더멘털 기법, 그리고 켄 로버츠가 전 세계의 신참 트레이더들에게 가르치고 있는 거래 기법에 관해 이야기해 보자.

페리 코프먼의 시장 효율성 모델

페리 코프먼은 그의 책 《스마터 트레이딩》에서 추세 추종 기법의 흥미로운 변형을 제시했다.[9] 그는 추세 방향의 거래는 시장에 대한 안전하고 보수적인 접근이라고 말한다. 그러나 추세 추종을 위해서는 추세와 시장의 무작위적 노이즈를 반드시 구별할 수 있어야 한다.

코프먼의 주장에 따르면 장기 추세는 가장 믿을 만하지만, 변화하는 시장 조건에 매우 느리게 반응한다. 예컨대 장기 이동평균은 큰 폭의 단기 가격 변동을 거의 반영하지 않는다. 게다가 장기 이동평균이 행동을 위한 신호를 제공할 때면 가격 움직임은 보통 이미 종료된 상태다. 따라서 코프먼은 추세 추종에는 변형 기법이 필요하다고 주장한다. 시장이 움직일 때는 신속히 진입하고, 시장이 횡보세를 보일 때는 아무 반응도 나타내지 않는 기법이 필요하다는 것이다. 이에 관한 해법으로 코프먼은 적응이동평균을 개발했다. 이런 적응이동평균에 흥미를 느낀 독자라면 페리 코프먼의 책을 읽어보기 바란다. 여기서는 우리는 그냥 그의 '시장 효율성' 필터만을 설명할 것이다. 이 필터는 거의 모든 형태의 진입에 적용할 수 있다.

기본적으로 우리가 이용할 수 있는 가장 빠른 '추세'는 시장에 존재하는 노이즈의 양에 의해 제한된다. 시장이 변동폭이 커지면(노이즈가 많아지면), 보다 느린 추세를 이용하여 시장에 들어가거나 나갈 때 휩소를 피해야 한다. 만약 평균 일일 변동폭이 약 3포인트라고 하면, 4포인트의 움직임은 그다지 중요하지 않다. 이 정도는 쉽게 노이즈 안으로 되돌아갈 수 있기 때문이다. 반면, 한 달여간 일어나는 30포인트의 움직임은 1일 노이즈가 3포인트일 때 거래하기 매우 적합하다고 하겠다.

그러나 동시에 가격이 빠르게 움직일수록 노이즈는 덜 중요해진다. 시장이 하루에 20포인트 움직이면, 하루당 3포인트의 배경 노이즈는 그다지 중요하지 않게 된다. 따라서 추세 방향의 가격 움직임 속도와 노이즈를 모두 포함하는 시장 효율성을 측정할 필요가 있다. 명확하거나 신속한 가격 움직임의 경우 진입을 위해 짧은 시간 프레임을 이용할 수 있으나, 시끄럽거나 느린 가격 움직임은 보다 긴 시간 프레임을 이용해야 한다.

코프먼의 효율성 비율은 노이즈와 속도 양쪽을 결합한 비율이다. 본질적으로 두 시기 사이의 가격 움직임을 개별적인 가격 움직임들의 합으로 나눈 것이며(각 가격 움직임을 양수라고 가정했을 때), 시장의 노이즈에 대한 움직임 속도의 비율을 나타낸다. 코프먼은 이 효율비의 기간을 10일로 했지만, 독자들은 더 큰 숫자를 택할 수 있다.

효율성 비율에 대한 공식은 다음과 같다.

움직임 속도 = 전날의 종가 — 10일 전의 종가

변동성 = Σ 지난 10일간 절댓값(오늘의 종가 — 전날의 종가)

$$효율성 \ 비율 \ = \ \frac{움직임의 \ 속도}{변동성}$$

효율성 비율은 본질적으로 1(움직임에서 노이즈가 전혀 없을 때)에서 0(노이즈가 움직임 전체를 지배할 때) 사이의 값이다. 이것은 수많은 진입 신호와 관련하여 속도의 영역에 새겨 넣을 수 있는 훌륭한 필터다. 실제로 이용하는 게 다소 까다롭긴 하다. 코프먼은 서로 다른 이동평균으로 어떻게 효율성 비율을 활용할 수 있는지 뛰어난 실례를 보여준다. 그러나 단순히 진입 신호를 취하기 전에 필요한 셋업으로서 이 값이 특정한 값(예컨대 0.6)을 넘는 것을 기준으로 삼아도 좋을 것이다.

코프먼이 시장에서 어떻게 거래하는지에 관한 상세한 사항은 뒤에 나올 장들에서 알아볼 것이다. 또, 이와 함께 시스템의 다른 요소들이 이 거래 기법에 더해졌을 때 어떤 영향을 낳을지도 탐구해보고자 한다.

윌리엄 갈라커의 펀더멘털 거래 기법

갈라커는 그의 책 《승자독식》에서 우선 시스템 트레이딩을 신랄하게 비판한 다음, 펀더멘털 거래 기법을 이용하면 큰돈을 벌 수 있다는 것을 보여준다.[10] 갈라커의 기법은 널리 쓰이고 있지는 않지만, 선물 거래의 펀더멘털적 접근은 오늘날의 시장 환경에 유용하다. 그래서 이 책에 그의 거래 기법을 포함시키기로 결정했다. 여기서는 갈라커의 펀더멘털 거래 기법의 셋업들을 살펴볼 것이다.

첫째, 갈라커는 가치에 따라 시장을 선택해야 한다고 말한다. 즉, 과거와 비교해볼 때 싼지 비싼지 여부이다. 그에 따르면, 어떤 시장에서는 이 정보를 쉽게 알 수 있다. 1파운드의 베이컨은 0.75달러면 싸고 3.49달러면 비싸다. 그러나 다른 시장은 그걸 알기가 훨씬 어렵다. 금은 온스당 35달러에서 850달러가 되었다가 다시 280달러가 되었고, 또 740달러가 되곤 한다. 이렇게 종잡기 힘든 가격 변화를 두고 갈라커는 "무엇이 비싸고 무엇이 싼 것인가?"라고 묻는다. 따라서 진입에서 시장 선택의 단계는 갈라커의 기법에서 중요한 부분이다.

둘째, 갈라커는 트레이더가 특정한 시장에서 무엇이 중요한 펀더멘털 정보인지 볼 줄 아는 눈을 길러야 한다고 주장한다. 그는 중요한 것은 끊임없이 변한다고 말하지만, 한편으로 다양한 선물 시장에서 중요한 펀더멘털에 관한 현재 자신의 견해를 제시한다.

예를 들어, 그는 공급량의 연간 변화가 옥수수에서는 커다란 동인이라고 말한다. 일반적으로 미국에서 생산되는 옥수수는 돼지 생산에 가장 중요한 곡물이다. 그 대부분은 국내에서 소비되고, 약 25퍼센트만 수

출된다. 수요는 꽤 고정적이므로 공급량의 변화는 옥수수 가격의 가장 중요한 결정 요인이다. 갈라커에 따르면, 현재 작황이 안 좋다고 하더라도 그전에 수확해놓은 엄청난 재고가 공급량을 뒷받침한다. 그러나 이런 이월 재고량이 기록적으로 낮을 경우 작황이 나쁘면 옥수수 가격이 크게 오를 수 있다. 따라서 옥수수의 경우 결정적인 셋업은 '이월 재고량'과 '새로운 곡물'의 공급량이다.

갈라커는 이런 식으로 대두, 밀, 코코아, 설탕, 소, 돼지 옆구리 살, 귀금속, 금리 선물, 주가 선물, 통화를 계속하여 다룬다. 이런 종류의 펀더멘털 정보에 관심이 있다면, 갈라커의 책을 보기 바란다. 하지만 펀더멘털에 관한 그의 얘기 중 일부는 시대에 뒤떨어진 것이다. 중국이나 인도 같은 국가들의 기본 상품에 대한 수요가 매우 커졌기 때문이다. 게다가 그의 책은 몇 년 전에 씌어졌다.

내가 내린 전체적 결론은 상품 펀더멘털에 대한 정확한 셋업을 만들기는 매우 어렵다는 것이다. 우리가 얻을 수 있는 유일한 것은 중립인지, 강세인지, 또는 약세인지 말해주는 편향 정도다. 이런 편향은 시장마다 다른 많은 정보들에 근거하고 있다. 따라서 여기서 진정한 셋업은 데이터를 보고 자기 자신이 만드는 견해라고 하겠다.

자신의 견해를 형성했다고 해도 갈라커는 여전히 가격 진입 신호, 손실 제한, 체계적인 이익 실현, 적절한 포지션 규모 조절이 중요하다고 믿는다. 이 모든 기법은 이 책의 뒤에 나오는 장들에서 다루어질 것이다.

켄 로버츠의 기법 [11]

켄 로버츠는 전 세계 수천 명의 초심자들에게 상품 거래 강좌를 판매했다. 그는 몇 가지 시스템을 가르치지만, 그의 가장 중요한 기법은 다소 주관적인 1-2-3 셋업을 토대로 하고 있다. 본질적으로 이 셋업에서는 시장에서 중요한 고점이나 저점이 형성된 뒤 반전 고리 패턴이 나타나야 한다. 주요 추세가 반전했다는 것이 분명해졌을 때 포지션에 진입해야 한다.

중요한 고점이나 저점: 본질적으로 이 기법에서 첫 번째 셋업은 시상에서 9개월~1년의 고점(혹은 저점)이 형성되는 시장을 위한 것이다. 따라서 시장이 지난 9개월 중 최고가 혹은 최저가를 기록하면, 첫 번째 셋업이 만들어진다. 이것이 바로 1-2-3 패턴의 1에 해당된다.

시장에서 반전 고리 패턴이 만들어진다: 그다음 중요한 셋업은 시장이 해당 고점 혹은 저점에서 지점 2로 갈 때 형성된다. 시장은 그다음 고점 또는 저점 쪽으로 되돌아가다가 지점 3에서 멈춘다. 지점 2와 3은 '반전 고리'를 만든다. 그러나 지점 3은 여기서 새로운 최고가 또는 최저가가 될 수 없다. 그다음 시장은 다시 지점 2를 지나고, 여기서 진입 시점이 생겨난다. 그림 8.4와 8.5는 1-2-3 패턴의 몇 가지 사례를 보여준다.

로버츠의 이 두 가지 셋업은 나에게는 주관적인 것처럼 보인다. 중요

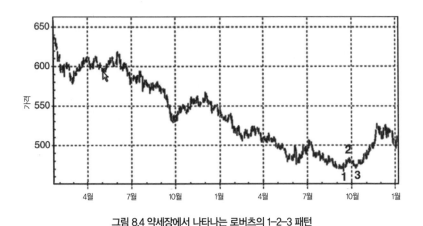

그림 8.4 약세장에서 나타나는 로버츠의 1-2-3 패턴

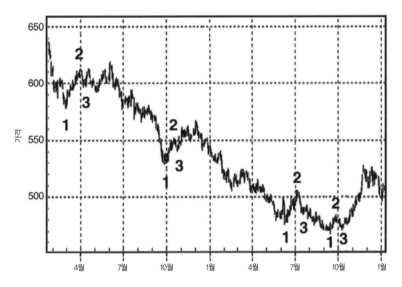

그림 8.5 그림 8.4와 똑같은 이 그래프에서 또 다른 세 개의 1-2-3 패턴을 확인하라

한 고점이나 저점은 꽤 객관적이다. 그러나 그 아래서 일어나는 정확한 시간 변수는 그렇지 않다. 게다가 1-2-3 패턴을 정의하는 정확한 조건 역시 꽤 주관적이다. 이런 패턴은 고가가 형성된 후 시장에서―적어도 단기 프레임에서는―거의 항상 형성된다. 로버츠는 이런 패턴이 반드시 만들어지는 정확한 시간적 조건을 정의하지 않았다. 따라서 여기에는 주관적 오류를 범할 여지가 크다고 하겠다.

그림 8.4는 전형적인 장기 1-2-3 바닥을 보여준다. 9월 중순 바닥이 형성되었다(지점 1). 시장은 10월에 지점 2에서 고가를 기록한 다음 지점 3의 저가로 다시 내려갔다. 시장이 약 한 달 뒤에 새로운 고가를 형성한 것을 확인하라.

이런 셋업을 설명할 때 생기는 문제는, 사람들이 여기에 완전히 정신을 빼앗겨 셋업을 이용하면 큰돈을 벌 수 있다고 착각하는 것에 있다. 패턴, 특히 주관적인 패턴에는 오류가 많이 일어날 수 있다는 것을 알아야 한다. 하지만 그렇다고 해도 적절한 손실제한주문과 이익 실현 청산, 포지션 규모 조절을 병행할 경우 이런 패턴을 충분히 거래할 수 있다.

이제 그림 8.5를 보라. 그림 8.4와 똑같은 그래프지만, 여기에 또 다른 세 개의 1-2-3 패턴을 표시했다. 이 셋 모두가 결국 손실을 낳는다는 것을 확인하라.

이 셋업은 얼마간 주관적이기는 하지만, 전체 기법은 여전히 고려할 가치가 있다. 이어지는 장들에서 우리는 켄 로버츠의 1-2-3 시스템의 다른 요소들에 관해 알아보고자 한다.

| 요약 SUMMARY |

- 대부분의 사람은 거래 시스템에서 셋업에 압도적으로 큰 비중을 둔다. 사실 셋업의 선택과 테스트에는 전체 노력의 10퍼센트만 기울이면 된다.
- 시장 진입에는 다섯 단계가 있다. 시스템 선택, 시장 선택, 시장 방향, 셋업, 타이밍이다. 여기서 처음의 4가지 단계는 모두 셋업의 한 형태다.
- 단기 거래 셋업의 세 가지 변형은 단기 거래 혹은 '추적 도구'로 사용될 수도 있다. 시장이 새로운 고가(혹은 저가)에 도달했다가 반전하는 테스트 실패 패턴, 반전 신호로서의 클라이맥스 혹은 소진 패턴, 추세를 타기 위한 셋업으로서 이용될 수 있는 되돌림이 그것이다.
- 필터는 거래 시스템에 그다지 유용하지 않은 부가물이다. 필터는 동일한 자료를 보는 여러 가지 방식만을 제공하기 때문이다. 이런 필터를 이용하면 과거의 데이터에서 가격 변화를 완벽하게 예측할 수 있지만, 현재의 시장 데이터에는 그다지 유용하지 않다. 이와 대조적으로, 좋은 셋업은 아래에 설명한 것처럼 다른 여러 종류의 데이터를 이용한다.
- 셋업은 가격 이외의 데이터에서 비롯된 한 매우 유용할 수 있다. 이런 데이터는 시간, 사건의 순서, 펀더멘털 데이터, 거래량 데이터, 복합 데이터, 변동폭, 기업 정보, 경영에 관한 정보다. 이런 각각의 데이터는 트레이더나 투자자에게 유용한 셋업의 기반이 될 수 있다.
- 가격 데이터 하나만으로 주가지수를 거래하려는 것은 매우 무모한 일이다. 왜냐하면 우리의 경쟁자들은 다른 데이터들로부터 나오는 훨씬 많은 정보를 이용하고 있기 때문이다.
- 두 가지 주식 시장 시스템을 고찰했다. 윌리엄 오닐의 캔슬림 시스템과 워런 버핏의 기업 매수 모델이다. 알다시피 이런 시스템들은 대개 셋업에 불과하다.
- 세 가지 선물 거래 시스템을 셋업의 측면에서 고찰했다. 페리 코프먼의 시장 효율성에 관한 아이디어와 윌리엄 갈라커의 펀더멘털 모델, 그리고 세계적으로 널리 판매된 켄 로버츠의 모델이다.

1 주식을 위한 펀더멘털 분석은 다소 다르다. 여기서 여러분은 수익, 장부 가치, 경영진, 그리고 회사의 내부 구조에 관해 말해주는 또 다른 조건들을 찾아야 한다.

2 www.iitm.com에서 내가 발행하는 무료 주간 정보지 〈타프의 생각〉을 구독할 수 있다.

3 머틀리 풀의 풀리시 포 접근법은 더 이상은 효과가 없다. 머틀리 풀 웹사이트에 의해 너무 널리 유포되었기 때문이다. 소수의 주식을 대상으로 하면서 널리 알려진 이런 거래 기법은 널리 알려졌다는 그 이유 때문에 더 이상 효과가 있을 수 없다.

4 이 시스템은 더욱 유명해지면서(모든 사람이 4종의 주식만을 사려고 했기 때문에) 효과가 없어졌고, 약세장의 하락이 시작되면서 완전히 끝장나 버렸다.

5 난 원래 여기에 '관련 없는'이라는 단어를 썼었다. 그런데 톰 바소가 극단적인 조건에서는 모든 시장이 관련되는 상황이 벌어지기 마련이라고 지적했다. 따라서 '독립적'이 더 나은 단어가 되었다.

6 외환 시장은 전 세계의 대형 은행들이 참여하는 거대한 통화 시장이다. 24시간 운영되는 시장이며, 세계에서 가장 큰 시장이다.

7 Laurence A. Connors와 Linda Bradford Raschke, Street Smarts: High Probability Short-Term Trading Strategies (Sherman Oaks, Calif.: M. Gordon Publishing, 1995). 터틀 수프는 코너스 바셋 사의 트레이드마크다.

8 William O'Neil, How to Make Money in Stocks: A Winning System in Good Times or Bad, 2d ed. (New York: McGraw-Hill, 1995).

9 Perry Kaufman, Smarter Trading: Improving Performance in Changing Markets (New York: McGraw-Hill, 1995).

10 시스템 트레이딩에 관해 공정하게 말하자면, 갈라커는 간단한 반전 기법만을 제시했다. 하지만 그 단점에도 불구하고 이 시스템은 350퍼센트의 수익을 낳았다. 어쨌든 단점을 말하자면, 이런 반전 시스템은 언제나 우리를 시장에 머물게 하고 정교한 청산 기법도 갖추어져 있지 않다. 따라서 내 생각에 그의 최선의 시스템 트레이딩 기법에는 개선의 여지가 상당한 것 같다. 그럼에도 불구하고 그의 책은 훌륭하며, 대부분의 트레이더들에게 유익한 뛰어난 개념들을 제공하고 있다. William R. Gallacher, Winner Take All: A Top Commodity Trader Tells It Like It Is (Chicago: Probus, 1994)를 보라.

11 Ken Roberts, The World's Most Powerful Money Manual and Course (Grants Pass, Oreg.: Published by Ken Roberts, 1995). 이 방법은 1950년대 윌리엄 더니건이 개발하고 발표했다. 그의 책은 1997년에 재간되었다. William Dunnigan, One Way Formula for Trading Stocks and Commodities (London: Pitman, 1997)를 보라.

진입 및 시장의 타이밍

Entry or Market Timing

사람들은 실수를 피하려다가 멍청해지고, 옳아야 한다는 생각 때문에 무능력해지고 만다.
— 로버트 기요사키, 《행복한 부자가 되고 싶다면 학교에 가지 마라》[1] —

　진입 신호를 이용하는 기본적인 목적은 시장 진입 타이밍을 향상시키고, 결국 시스템의 신뢰도를 증가시키기 위해서다. 나는 거래 시스템을 디자인하는 사람들의 95퍼센트 이상이 그저 훌륭한 진입 신호를 찾으려 할 뿐이라고 짐작하고 있다. 사실 트레이더들은 내게 늘 승률이 60퍼센트가 넘는 단기 시스템에 관해 말하곤 한다. 그러나 많은 경우 그들은 자신들이 왜 돈을 벌지 못하는지 의아해한다. 이 장을 읽기 전에, 우선 높은 승률의 시스템이라고 해도 예측치가 마이너스일 수 있다는 사실을 알아야 한다. 돈을 버는 열쇠는 예측치가 높은 시스템을 갖추고 포지션 규모 조절 모델을 이용하여 시장에 머무는 동안 그 예측치를 실현하는 것이다. 진입은 시장에서 돈을 버는 게임에서 아주 작은 부분만을 차지할 뿐이다. 그럼에도 자신의 목적에 맞는 진입 전략을 찾는 노력을 게을리해서는 안 된다. 이렇게 하기 위한 두 가지 접근 방식이 있다.

첫 번째 방식은 신뢰도가 어느 정도 중요하다고 간주하고 무작위 진입보다는 나은 결과를 가져올 신호를 찾는 것이다. 사실 많은 책은 주식 시장에서 큰돈을 버는 데 필요한 것은 좋은 주식을 고르는 것이 전부라는 태도를 취한다. 이런 책들은 '영리하게 주식을 매수하는 법'이나 '주식 고르기: 시장을 이기는 11가지 최상의 전술', '주식 매수하는 법', '프로처럼 주식을 고르는 법', '기술주를 매수하는 법'과 같은 제목을 달고 있다.[2] 우리는 또한 이 장에서 신뢰도가 진입 신호의 중요한 기준이 될 수 있다고 가정하고 잠재적으로 유효한 신호에 관해 알아볼 것이다.

두 번째 방식은 신뢰도에 신경 쓰지 않고 R의 배수가 높은 이익 거래를 가능케 할 진입 신호를 찾는 데 집중하는 것이다. 이런 접근법은 첫 번째 방식과는 완전히 다른 것이다. 큰 수익을 내기 위한 전제가 다르기 때문이다. 두 가지 접근법 모두 유효하지만, 두 번째 접근법은 사람들의 거래에 관한 사고를 완전히 뒤바꿔줄 만한 잠재력이 있다.

내 최대 성과 홈 스터디 강좌를 공부한 독자들은 시장 추적의 중요성을 잘 알 것이다. 추적은 리스크를 최소화하기 위해 거래 진입의 정확한 순간을 기다리는 것과 마찬가지다. 한 예로, 치타는 세상에서 가장 빠른 동물로 엄청난 속도로 달릴 수 있지만, 항상 그렇게 하지는 않는다. 치타는 약하고 뒤뚱거리는, 어리거나 늙은 동물이 가까이 다가오기를 기다린다. 거리가 가까워지면 먹잇감을 손쉽게 잡아 죽일 수 있으며, 힘을 그다지 많이 소모하지 않아도 된다. 진입 기법에서 여러분이 해야 할 일도 그런 것이다. 대다수에게 시장 추적은 단순히 시간 프레임을 축소시켜 '먹잇감을 덮치기 위해' 가장 적절한 시간을 정하는 것에 지나지 않는다.

나는 이 장을 네 부분으로 나누었다. 첫째 부분은 무작위 진입에 관한 것이며, 무작위 시장 진입의 신뢰도를 높이기 위한 조사도 여기에 포함되어 있다. 둘째 부분은 위의 두 가지 전제 중 하나를 충족시키는 통상적인 몇 가지 기법을 다루었다. 셋째 부분은 자신만의 진입 신호를 고안하는 법을 다루었다. 마지막 부분은 구체적인 시스템에 관한 논의를 지속하고, 이런 잘 알려진 시스템에 이용되는 진입 기법들(주식 시장이나 레버리지가 높은 시장들 모두에 맞는)을 알려주고자 했다.

나는 어떤 기법의 유효성을 납득시키기 위해 최상의 사례들을 줄줄이 열거하는 일은 일부러 피했다. 이런 전략은 본성적 편향과 심리적 약점에 호소할 수 있겠지만, 그런 일은 아무래도 비겁하다고 생각한다. **만약 이 장에 소개된 개념들을 이용하고 싶다면, 직접 그것들을 테스트해보아야 한다. 그렇게 하면, 그 개념들을 정말로 자기 것으로 만들 수 있고, 편안함과 확신을 갖고 이용할 수 있을 것이다.** 거래에 이용해야 할 유일한 시스템은 바로 자신에게 맞는 시스템이다. 스스로 테스트해보는 것은 시스템을 자기 것으로 만들기 위해 필요한 과정의 일부다.

무작위 진입보다
나은 결과를 얻기 위한 시도

1991년에 시장의 마법사 톰 바소와 함께 워크숍을 열었다. 이 자리에서 톰은 자신의 시스템에서 가장 중요한 부분이 청산과 포지션 규모 조절 알고리즘이라고 설명했다. 그러자 청중 가운데 한 명이 이렇게 말했다.

"당신이 하는 말을 들어보면, 좋은 청산 전략을 가진 상태에서 현명하게 포지션 규모를 조절하면 무작위 진입으로도 한결같이 돈을 벌 수 있다는 것 같군요."

톰은 그렇다고 대답했다. 그는 그 뒤 사무실로 돌아가 청산 전략과 포지션 규모 조절 기법이 갖추어진 시스템으로 '동전 던지기'식 진입을 시험해보았다. 즉, 그는 이런 시스템으로 서로 다른 4개의 시장에서 모의 거래를 했고, 롱 포지션이든 숏 포지션이든 무작위 신호에 따라 늘 시장에 들어가 있었다. 청산 신호를 받으면, 그는 무작위 신호에 따라 다시 시장에 진입했다. 그 결과, 체결오차와 수수료로 선물 계약 하나당 100달러를 쓰고도 그는 돈을 일관되게 벌었다.

우리는 그 후 더 많은 시장에서 똑같은 결과를 얻었다. 나는 이를 내 정보지에 게재하고서 몇 가지 설명을 덧붙였다. 시스템은 매우 단순했다. 평균 실제 거래 범위의 10일 지수이동평균으로 시장의 변동폭을 판단했다. 최초의 손실제한주문은 이렇게 구한 변동폭 값의 세 배 되는 곳에 설정하기로 했다. 일단 동전 던지기식으로 진입을 하면, 우리는 예정대로 변동폭의 세 배 되는 곳에 추적 손실제한주문을 했다. 그러나 손실제한주문은 시장이 예측대로 흘러갈 때만 움직였으며, 시장이 우리의 예측과 반대로 움직이거나 변동폭이 줄어들 때마다 가격과 가까워졌다. 또한 14장에서 설명할 테지만, 1퍼센트 리스크 모델을 이용하여 포지션 규모 조절 시스템을 만들었다.

이게 다였다! 그러나 여기에는 시스템에 필요한 전부가 있었다. 무작위 진입이라고 하더라도, 간격을 변동성의 세 배로 하는 추적 손실제한주문과 포지션 규모 조절을 위한 1퍼센트 리스크 알고리즘이 시스템을 구성하고 있었으니 말이다. 우리는 이 시스템을 10개 시장에서 운용했다. 롱 포지션이든 숏 포지션이든 동전 던지기 방식에 따라 우리는 언제나 각각의 시장에 들어가 있었다. 이것은 시스템 개발에서 단순함이 얼마나 효과적인지 보여주는 좋은 사례이다.

무작위 진입 시스템을 돌릴 때마다 여러분은 다른 결과를 얻을 것이다. 그러나 우리의 시스템은 각 선물 시장에서 하나의 계약만을 거래했을 때 (10년간 10개 시장에서) 80퍼센트의 거래에서 돈을 벌었다. 그리고 그 뒤 간단한 1퍼센트 리스크 자금 관리 시스템을 도입하고 나서는 승률이 100퍼센트가 되었다. 수익이 그다지 크지 않았으나, **무작위 진입으로 늘 시장에 들어가 있는 상황에서도 100퍼센트의 확률로 돈을 벌었다는 사실은 매우 인상적이었다.** 이 시스템은 원래 신뢰도가 38퍼센트였고, 이 수치는 추세 추종 시스템의 평균에 해당했다.

르보와 루카스의 연구

찰스 르보와 데이비드 루카스는 그들의 책 《기술적 트레이더들을 위한 선물 시장 컴퓨터 분석 안내서》[3]에서 진입에 관한 놀라운 연구들을 보여주었다. 그들은 과거의 데이터로 테스트하며 다양한 형태의 진입 신호를 이용하여 시장에 들어갔다. 그러다가 5, 10, 15, 20일 후 거래 종가로 매번 시장에서 나왔다. 그들이 이 테스트로 알고자 했던 것은, 이런 거래로 돈을 벌 확률과 그 확률이 무작위 진입으로 얻을 수 있는 승률을 넘는지 여부였다. 대부분의 지표들은 무작위로 진입하는 것보다 더 나은 결과를 보여주지 못했다. 매우 인기 있는 모든 오실레이터들과 다양한 이동평균의 결합 역시 마찬가지였다.[4]

20일의 거래 뒤 60퍼센트 이상의 승률을 얻을 수 있는 시장 진입 방법이라면, 매우 훌륭하다고 할 것이다. 그러나 청산 전략이 고작 며칠 뒤의 종가에서 포지션을 처분하는 것이라면, 큰 손실을 볼 확률이 높아진다. 보호용 손실제한주문을 이용하여 큰 손실로부터 스스로를 보호해야 한다. 하지만 이때 진입 신호의 신뢰도는 낮아질 것이다. 이따금 이런 진입 신호를 받고 시장에 들어갔다가 손실제한주문에 걸려 포지션이 청산되지만, 그대로 있었더라면 다시 가격이 상승하여 수익을 올릴 수 있는 상황이 발생했기 때문이다. 게다가 초기 리스크를 줄이고 이익을 실현하기 위해 추적 손실제한주문을 할 때마다 진입 신뢰도는 더욱 줄어들 것이다. 왜냐하면 일부의 경우 초기 리스크를 줄이기 위해 설정한 손실제한주문에 걸려 시장에서 튕겨져 나와 손실을 낼 수 있기 때문이다. 뛰어난 추세 추종 시스템의 신뢰도가 보통 50퍼센트가 안 되는 것도 이 때문이다.

대부분의 추세 추종 시스템은 해마다 소수의 훌륭한 거래를 통해 큰 수익을 내기 때문에, 좋은 시스템이 R의 배수가 높은 거래에 집중하는 것은 낮은 신뢰도에 대한 또 다른 이유일 것이다. 이런 전략에 도움이 될 흔한 진입 기법들에 관해 한번 알아보자.

통상적인 진입 기법

대다수가 몇 안 되는 진입 기법을 이용하여 거래하거나 투자한다. 여기서 가장 흔히 이용되는 진입 기법과 그 유용성에 관해 논해보자.

채널 돌파
여러분이 추세 추종자로서 시장에서 주요 추세를 놓치지 않겠다는 목표를 세웠다고 하자. 과연 어떤 진입 신호를 이용해야 할까? 이 질문에 대한 고전적인 대답은 '채널 돌파'로 알려진 진입 신호다. 기본적으로 시장에 들어갈 때 지난 X일 가운데 최고가에서 롱 포지션을 취하거나, 지난 X일 가운데 최저가에서 숏 포지션을 취한다. 시장이 상승하려면, 새로운 고가가 만들어져야 한다. 이런 신고가 중 하나에서 시장에 진입하면, 상승 추세를 놓치지 않을 것이다. 이와 비슷하게, 신저가에서 숏 포지션을 취하면 하락 추세를 놓치지 않을 것이다. 그림 9.1은 상승 추세 시장에서 일어나는 40일 채널 돌파 사례를 보여주고 있다. 이 차트에서는 많은 돌파를 볼 수 있지만, 가장 명확한 돌파는 8월 2일에 일어난다.

그림 9.1을 보자면, '채널'이란 말은 다소 오해의 소지가 있다. 채널은 시장이 오랫동안 좁은 범위 안에서 움직이다가 갑자기 위로든 아래로든 그 밖으로 벗어나는 것을 의미하기 때문이다. 이 진입 기법이 이런 종류의 움직임을 잘 잡아낼 것은 분명하다. 그러나 우리는 먼저 채널의 길이와 채널의 시작 지점을 알 필요가 있다.

여기서 우리는 채널 돌파와 관련된 가장 중요한 질문에 도달하게 된다. "얼마나 큰 추세일 때 신호가 발생해야 하는가?" 이런 질문에 대한

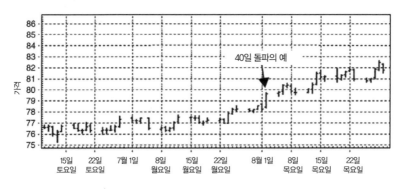

그림 9.1 8월 2일에 40일 돌파가 일어난 차트

대답이 시장에 진입하는 고가 혹은 저가의 형성에 얼마나 많은 거래일이 필요한지를 결정할 것이다.

채널 돌파 기법은 원래 1960년대에 돈키언이 설명한 것이다. 그 뒤 '터틀스Turtles'라는 트레이더 그룹에 의해 유명해졌다. 그들은 이런 진입 기법으로 상품을 거래하여 수십억[5] 달러를 벌었다. 그들은 원래 20일 돌파 때 시장에 들어가 꽤 큰 성공을 거두었다. 그러나 그들이 계속 이 기법을 사용하자 궁극적으로 20일 돌파 기법은 효과가 없어져 버렸다. 그래서 그들은 40일 돌파로 옮겨갔다.

오늘날의 연구는 40~100일 이상의 돌파가 여전히 상당한 효과가 있다는 것을 보여준다. 그보다 낮은 일수의 돌파는 공매도 거래를 제외하고는 결과가 그다지 좋지 못하다. 약세장은 갑작스럽고 신속한 움직임을 보이기 마련이므로, 훨씬 빠른 진입 신호가 필요하다.

이 기법은 적용하기가 매우 간편하다. 여러분도 일별 고가나 저가를 추적하여 기록할 수 있을 것이다. 시장이 지난 20일의 고가보다 더 높은 가격을 기록하면, 롱 포지션을 취한다. 만약 시장이 지난 20일의 저가보다 더 낮은 가격을 기록하면, 숏 포지션을 취한다. 표 9.1은 이런 방법을 어떻게 쓸 수 있는지 보여준다. 1995년 초 60일간의 옥수수 가격을 보여주는 표다. 새로운 20일 고가는 굵은 글씨로 나타냈다. 굵은 글씨의 가격은 진입 타깃이거나 실제 진입 신호다.

1995년 1월 30일 다음에 최초의 20일을 구분 짓는 기준선을 그린 것을 확인하라. 최초 20일의 기간 중 고가는 1월 12일에 기록한 170.25였다. 가격은 2월 6일에 거의 이 수준까지 도달하여 170을 기록했고, 이 지점은 곧 20일 고가가 되었다. 그 뒤 가격은 이 점에 도달하지 못하다가 3월 6일 171.5에 이르러 명확한 진입 신호를 보냈다. 굵은 글씨체로 표기되어 있는 3월 10일, 3월 13일, 3월 14일, 3월 15일에도 시장에서 진입 신호를 보낸 것을 확인하라. 이들 지점에서 시장에 진입했다면 여러분은 기록적인 옥수수 가격 상승 추세를 탈 수 있었을 것이다.

이 자료에서는 40일 채널 돌파 신호도 찾을 수 있다. 보다시피 3월 6일의 고가는 40일 돌파 신호이기도 하다.

이제 하락 신호를 찾아보자. 최초의 20일 기간 동안 최저가는 1월 4일의 161.25이다. 가격은 그 뒤 더 이상 내려가지 않았고, 20일 최저가는 곧 1월 30일의 162.25가 되었다. 그 뒤 가격은 역시 그 이상 내려가지 못했다. 2월이 끝날 무렵, 20일 최저가는 20일 전의 가격이 되었고, 이런 가격은 실제로 날마다 상승하는 양상을 보였다. 이 기간 동안 새로운 20일 저가는 형성되지 않았다.

콜 윌콕스와 에릭 크리텐든 역시 주식으로 채널 돌파에 관한 흥미로운 연구를 수행했다.[6] 그들은 약 2,500종의 주식에 관한 엄청난 양의 데이터베이스(저가주와 유동성이 낮은 주식은 걸러낸)를 조사했다. 그들은 채널 돌파의 궁극적인 정의인 주식이 새로운 사상 최고가를 기록하는 것을 이용했다. 이런 일이 일어나면, 그들은 다음날 시가로 시장에 진입했다. 그들은 또한 가능한 한 오랫동안 시장에 남고자 했기 때문에, 평균 거래 범위의 10배 값으로 추적 손실제한주문을 해놓았다. 그리고 평균 거래 범위는 그전 45일의 기간에서 구했다.

그들은 22년의 테스트 기간 동안 1만 8,000회나 거래했고, 평균적으로 15.2퍼센트의 수익을 올렸다. 이익 거래는 평균 441일간 지속되어 51.2퍼센트의 수익을 냈다(변동폭이 큰 시장에서는 100퍼센트를 벌었다가 50퍼센트를 다시 잃는 일이 벌어졌을 수도 있다). 손실 거래는 평균 175일 동안 지속되어 20퍼센트의 손실을 기록했다. 그들은 거래의 49.3퍼센트에서 돈을

표 9.1 1995년 초 옥수수 가격

일자	시가	고가	저가	종가
1995. 01. 03	164.5	164.5	161.5	162
1995. 01. 04	162	163	**161.25**	162.25
1995. 01. 05	163.5	164.5	163	164.25
1995. 01. 06	165.25	165.5	163.75	165.25
1995. 01. 09	165.25	166.75	164.25	166.25
1995. 01. 10	165.25	166	165	165.75
1995. 01. 11	166.25	166.25	165.5	166
1995. 01. 12	168.5	**170.25**	167.75	167.75
1995. 01. 13	168	168.5	166.5	167.5
1995. 01. 16	167	168.5	166	168
1995. 01. 17	168.5	170	168	169
1995. 01. 18	169	169	167.75	168.25
1995. 01. 19	167.75	168.25	167	167.75
1995. 01. 20	167.75	168.5	166.25	167
1995. 01. 23	166.25	166.5	165	166.5
1995. 01. 24	166.75	167.25	166	166.75
1995. 01. 25	167	167	166.25	166.75
1995. 01. 26	166.5	167.5	166	166.5
1995. 01. 27	166	166.5	165.5	165.75
1995. 01. 30	165	165	162.25	163

최초 20일 동안의 기본적인 기간이 끝나는 지점

일자	시가	고가	저가	종가
1995. 01. 31	162.75	164	162.5	163
1995. 02. 01	163	165	162.75	164.5
1995. 02. 02	164	165.75	164	165.25
1995. 02. 03	165.5	166.5	165.5	166
1995. 02. 06	166.25	170	165.75	169.25
1995. 02. 07	168.25	169	167	167.25
1995. 02. 08	167	167.5	166.5	167.25
1995. 02. 09	166	167.5	165	167.25
1995. 02. 10	168	169	167	168
1995. 02. 13	167.75	168	167	167.5
1995. 02. 14	167.25	168.5	167	168.25
1995. 02. 15	168	168.25	166.75	167.75
1995. 02. 16	167.25	167.25	166.5	166.75
1995. 02. 17	166.25	166.75	165.75	166.25
1995. 02. 21	165.75	166	164.75	165.75
1995. 02. 22	165.5	167	165.25	166
1995. 02. 23	167	167.75	166.25	167.25
1995. 02. 24	167	167.75	166.75	167.25
1995. 02. 27	167.5	167.5	166.5	167.25
1995. 02. 28	167	168	165.75	167.5
1995. 03. 01	167	168.5	167	168
1995. 03. 02	167.5	168.25	167	167.75
1995. 03. 03	167.5	167.5	165.75	166
1995. 03. 06	165.75	**171.5**	165.75	169.25
1995. 03. 07	169	**171.5**	168.5	170.5
1995. 03. 08	169.75	170.5	169	170
1995. 03. 09	169.75	170.75	169.5	170.25
1995. 03. 10	170.5	**171.75**	169.75	170.75
1995. 03. 13	171.25	**173.25**	171.25	173
1995. 03. 14	172.75	**173.5**	172.25	172.75
1995. 03. 15	173.25	**174.5**	172.25	174
1995. 03. 16	173.25	174.25	172	172.5
1995. 03. 17	172.5	174	172	172.75
1995. 03. 20	172.25	173.5	171.75	172

벌었다. 이것은 실로 인상적인 결과가 아닐 수 없었다.

나는 강세장 끝 무렵에서 이루어진 R의 배수가 큰 몇몇 거래 때문에 이런 결과가 나온 게 아닐까 싶었다. 하지만 그렇지 않았다. R의 배수가 큰 거래는 사실 2003년에 가장 많았다. 따라서 이 방법은 강세장과 약세장에서 모두 대단히 잘 작동하는 것처럼 보인다.

나는 예측치의 측면에서 그들의 결과를 살펴보고 싶었다. 에릭은 친절하게도 나를 위해 작업을 해주었다. 그 작업의 결과가 그림 9.2다. 차트는 0.5R을 단위로 하여 R의 배수 분포를 보여주고 있다. 즉, 각 거래는 R의 배수를 계산하여 가장 가까운 분포 값에 포함시켰다. 모든 거래의 예측치는 0.71R이고, 표준편차는 2.80R이다. 이를 보면, 정말로 훌륭한 시스템이 아닐 수 없다.

그림 9.2는 뛰어난 추세 추종 시스템에서 나온 R의 배수 분포를 보여준다. 내 믿음대로 시스템은 정말로 R의 배수 분포에 의해 특징지어진다는 것을 보여주는 좋은 예라고 하겠다. 13장에서 이에 관한 더 많은 예를 볼 수 있다.

109회의 거래에서 15R 또는 그 이상의 이익이 났다는 사실을 확인하라. 또 1.5R의 손실을 본 거래는 91회에 불과했고, 손실이 2R이 넘는 거래는 겨우 22회였다. 정말 뛰어난 성적이다. 콜과 에릭은 또한 여기에 그들 고유의 포지션 규모 조절 기법을 적용해보았고, 그리하여 연간 평균 19.3 퍼센트의 수익이라는 결과를 얻었다.[7]

이상의 연구는 단순한 진입 기법이 얼마나 강력한가를 보여준다. 사실 사상 최고가가 새로 형성되었을 때 시장에 들어가는 것보다 단순한 진입 방법은 없을 것이다. 또 청산 전략도 그들보다 더 단순할 수는 없다. 그들은 정말로 간단하게 매우 간격이 넓은 추적 손실제한주문을 해 놓았다.

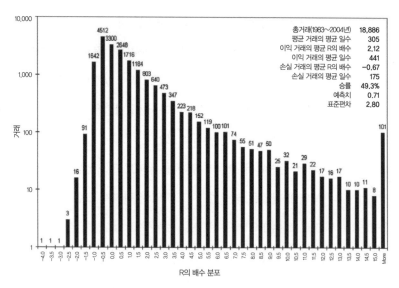

그림 9.2 장기 주식 시스템에서 나타난 R의 배수 분포

　　그러나 대다수가 진입을 셋업과 연계하고자 한다. 그들은 이런 간단한 질문을 던진다. "어쨌든 내 포트폴리오에 1,600종의 주식이 있는 걸 보고 싶지 않기 때문에, 내가 최상의 움직임을 보이는 주식들만을 선택하고 다른 모든 주식은 탈락시켰다는 것을 어떻게 확신할 수 있을까?" 이렇게 되면 더욱 복잡한 방향과 셋업의 세계로 빠져들게 될 것이다.

　　채널 돌파는 8장에서 설명한 여러 셋업과 함께 주식 시장과 선물 시장에 똑같이 이용할 수 있다. 예컨대, 거래 대상의 펀더멘털이 강력하지 않는 한 거래하지 않겠다고 결심할 수 있다. 주식에서는 높은 주당순이익을, 상품에서는 강력한 수요 신호를 요구할 수 있다.

　　채널 돌파는 셋업으로도 이용될 수 있다. 즉, 돌파를 찾아서 되돌림 때 시장에 들어가는 방법이다. 예상대로라면 더 짧은 시간에 또 다른 돌파가 일어날 것이다. 초기의 손실제한주문은 최초의 되돌림 지점 아래 놓을 수 있기 때문에 최초 리스크는 평균 거래 범위의 10배 값보다 훨씬 작을 것이다. 평균 거래 범위의 10배 값으로 추적 손실제한주문을 할 수도 있는데, 시장이 상승하여 손실제한주문이 최초의 타이트한 청산 지점에서 벗어날 때 이 값이 적용되도록 하면 된다. 이렇게 하면 신뢰도는 훨씬 낮아지지만, 이익 거래에서 나오는 R의 배수는 엄청날 수 있다.

채널 돌파를 이용하는 데는 수천 가지 가능성이 있다. 채널 돌파를 진입 신호로 이용한다면, 시장의 큰 움직임을 결코 놓치지 않을 것이다. 채널 돌파 없이는 큰 추세를 잡을 수 없고, 신호를 놓친다고 해도 추세가 유효할 경우 새로운 신호가 계속 나타날 것이기 때문이다.

채널 돌파 시스템에는 두 가지 중요한 결점이 있다. 첫째, 큰 손실이 발생하는 경향이다. 이것은 물론 손실제한주문의 크기에서 비롯된다. 또 한 번의 채널 돌파를 청산 신호로 이용한다면—규모가 작은 것이라고 해도—많은 이익을 토해내야 할지도 모른다. 하지만 이것은 진입이 아니라 청산과 관련된 문제다.

두 번째 중요한 문제는 성공적인 거래를 위해서는 보통 많은 돈이 필요하다는 것이다. 우리는 광범위한 테스트를 수행했는데, 우선 100만 달러 규모의 포트폴리오로 다양한 포지션 규모 조절 알고리즘을 이용하여 55일 돌파에 시장 진입을 하고, 13일 돌파에 시장을 나오는 방법을 썼다. 결과는 이런 종류의 시스템에는 100만 달러가 최적의 금액 규모라는 것을 증명했다. 이에 비해 10만 달러 규모로는 소수의 시장에서만 거래할 수밖에 없는데, 이런 시스템에서 보통 15~20개의 시장에서 거래를 하는 상황과는 큰 차이가 있다.

요컨대, 채널 돌파 진입은 추세 신호를 놓치지 않는 훌륭한 진입 시스템이다. 그러나 휩소가 많이 발생한다. 따라서 신뢰도는 무작위 진입보다 그다지 낫지 않다. 게다가 최적의 거래를 위해서는 큰 규모의 금액이 요구

된다. 적어도 15개가 넘는 시장에서 거래해야 할 필요가 있기 때문이다.

채널 돌파를 이용하고자 한다면, 다음을 권한다. 첫째, 가격의 연속적인 조건과 관련된 진입 셋업을 이용하라(즉, 돌파 신호를 취하기 전 가격과 관련하여 일어나는 변화를 말한다). 예컨대 돌파가 일어나기 전 좁은 변동폭 범위나 돌파 신호를 취하기 전 효율적인 시장, 그리고 고려중인 주식의 높은 상대 강도가 알려주는 분명한 추세 신호가 존재하는 것 등이 필요할지 모른다. 일반적으로, 도움이 되는 셋업은 진입 이전 일련의 가격 변화 아니면 8장에서 논의된 가격 이외의 다른 요소와 관련된 셋업이다.

둘째, 자금 규모를 비롯한 돌파 시스템 고유의 결점에서 생기는 문제는 시장을 잘 선택하고 손실제한주문과 청산 시점을 주의 깊게 선택함으로써 해결할 수 있다. 그러나 이 두 문제는 다른 장에서 다루기로 하자.

차트를 보고 시장에 들어가는 법

많은 전문가는 시장에 들어가는 정확한 진입 신호를 갖고 있지 않다. 대신 그들은 차트를 들여다보고서 느낌에 따라 행동한다.

한 뛰어난 트레이더는 자신의 진입 기법이 고려중인 시장의 장기 차트를 보는 것이라고 내게 설명했다. 그는 예컨대 그림 9.3과 같은 차트를 벽에다 붙여놓고 반대편 벽으로 가 멀리서 차트를 바라보곤 했다. 시장의 추세가 방의 반대편에서 보기에도 분명하다면, 그는 아무런 거리낌 없이 해당하는 추세 방향으로 시장에 진입한다고 했다.

내 고객 중 한 명은 주식을 거래하여 매년 정기적으로 100만 달러의 수익을 내곤 한다. 그는 이런 시각적 패턴의 진입 방법만을 이용했다. 다만 그의 주장에 따르면 이 방법은 약간 직관적인 측면이 있긴 하다.

이런 진입 방법은 자제심을 갖고 그대로 따르기만 한다면 몇 가지 중요한 장점을 안겨준다. 가격 정보는 지표로부터 얻을 수 있는 어떤 요약 정보보다 훨씬 순수하다. 가격 정보가 분명한 추세를 가리킨다면, 추세가 얼마간 계속될 가능성은 매우 높다(아마도 60퍼센트만큼 될 것이다). 따라서 추세 방향의 진입이 무작위 진입보다 훨씬 나을 것이다.

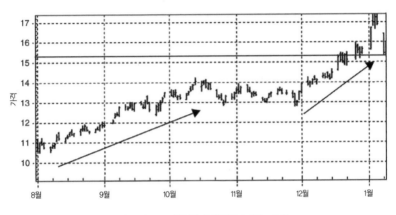

그림 9.3 눈으로 분명하게 확인할 수 있는 추세

차트 패턴

많은 사람이 차트를 훨씬 더 심도 깊게 해석한다. 예를 들면, 기술적 분석법은 시장이 형성하는 갖가지 차트 패턴의 해석에 집중한다. 어떤 패턴은 강세 패턴으로, 또 어떤 패턴은 약세 패턴으로 설명한다. 따라서 이들 패턴은 진입 신호가 될 수 있다. 차트 패턴 형태에는 갭, 스파이크, 반전일, 돌출일thrust day, 전날의 고가나 저가보다 높은 혹은 낮은 가격으로 시장이 마감할 경우, 런 데이run day, 두드러진 추세를 형성하는 거래일, 인사이드 데이, 가격 범위가 매우 큰 거래일 같은 일간 패턴도 있다. 이런 패턴은 통상적으로 단기 거래 신호로 이용된다.

지속형 패턴으로 정의될 수 있는 패턴들도 있다. 삼각형, 깃발형, 페넌트pennant형 같은 패턴들이다. 이런 패턴은 여기에서 돌파가 일어난 뒤 주요 추세 방향으로 시장에 진입하고자 하지 않을 때는 별 의미가 없다.

마지막으로 천장과 바닥 패턴이 있다. 이중 바닥 및 천장, 머리어깨형, 둥근 천장 및 바닥, 삼각형, 쐐기형, 섬꼴 반전 등이다. 천장과 바닥을 좇는 사람들에게는 이런 패턴이 진입 신호가 된다.

다른 형태의 차트로는 캔들스틱 차트가 있다. 이 차트에서는 시가와 종가 사이의 막대가 가격이 상승했냐 하락했냐에 따라 속이 비거나 색깔이 채워져 있다. 이런 캔들스틱으로 만들어질 수 있는 다양한 패턴에 관해서는 이미 많은 책이 나와있다. 패턴들은 '도지형', '해머형', '교수형' 같은 이상한 이름이 붙어 있다. 그림 9.4는 구글의 2006년 초 캔들스틱 차트다.

차트 패턴 거래에 관심이 있다면, 잭 슈웨거의 《슈웨거의 선물론: 펀더멘털 분석》[8]에서 관련 장들을 읽어보기 바란다. 이 책에는 이 모든 패턴들에 대한 설명과 함께 수많은 차트의 예들이 제시되어 있다. 그러나 이런 패턴은 컴퓨터화하기가 매우 어렵고, 따라서 테스트 역시 매우 어렵다. 게다가 사람들은 이런 다양한 패턴을 테스트할 때, 진입 신호의 신

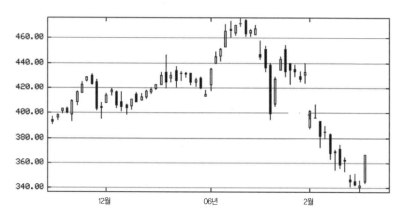

그림 9.4 캔들차트의 예(2006년 초 구글)

뢰도가 50퍼센트 수준을 넘는지에 대한 어떤 증거도 찾으려 하지 않는다. 따라서 이 장에서 이런 패턴들을 설명하면서 시간과 노력을 허비하지 않기로 마음먹었다. 대부분의 사람은 추세에서 특정한 패턴을 찾는 것보다 그저 주요 추세 방향으로 진입할 때 훨씬 나은 결과를 얻는다.[9]

순수한 예측

우리는 이미 5장의 '우주에는 질서가 있다'는 부분에서 많은 예측 기법을 다룬 바 있다. 예측 기법에는 엘리어트 파동, 갠, 그리고 바닥과 천장을 예측하는 다양한 형태의 역추세 거래가 있다. 나는 예측과 좋은 거래는 서로 무관하다고 생각한다. 선견지명이 있는 많은 사람 역시 그 뛰어난 예측 능력에도 불구하고 시장에서 돈을 버는 데 커다란 곤란을 겪는다.

일전에 자기 자신을 시장의 마이클 조던이라고 설명하는 사람을 만난 적이 있다. 시장 거래에서는 누구도 그를 따를 자가 없다는 뜻이었다. 그는 시장이 완벽한 질서 아래 움직이며, 100만 달러를 받고도 팔지 않을 '남들이 모르는 비밀'을 발견했다고 주장했다. 그는 자신의 지식과 기술을 증명하기 위해 6개월도 안 되어 5,000달러의 돈을 4만 달러로 만든 과거의 기록들을 내게 보여주었다.

나는 그의 비밀에는 그다지 흥미가 없었으나, 그가 어떻게 거래했는지에 대해서는 흥미가 생겼다. 그래서 그가 거래하는 것을 약 6개월간 지켜보았다. 그동안 그의 계좌는 97퍼센트나 그 가치가 감소했다. 이익 거래는 겨우 22퍼센트를 상회했고, 계좌는 6개월의 기간 동안 결코 수익을 내지 못했다.

대단한 거래 기술이 있다고 떠들어대는 사람들을 조심하라. 그들의 거래를, 특히 어떻게 포지션 규모를 조절하는지 관찰하라. 만약 그들이 저위험 포지션 규모 조절 방법을 이용하고 있지 않다면, 그들을 피하여 멀리 달아나라!

그의 거래 정확도가 그렇게 형편없었던 이유 중 한 가지는, 사실 대부분의 시장 예측가들 역시 마찬가지지만 항상 시장의 전환점을 예측하려고 했기 때문이다. 예컨대 11월에 그는 중서부에 이른 서리가 내려 이듬해 대두의 작황을 망쳐놓을 것이라고 예측했다. 하지만 그런 일은 일어나지 않았다. 몇 번인가 그는 이제 시장 순환이 시작되려 하고 있다고 말했다. 그는 움직임이 대단히 급격하다고 하면서 미리 시장에 들어가 있으려 했다. 그러나 시장은 전환하지 않았고, 전환이 일어난 때라고 해도 그 움직임은 대단치 않았다.

예측은 시장의 확인이 있을 때는 괜찮다. 말하자면, 자기 자신이 시장의 바닥이나 천장을 예측할 수 있다고 생각해도 좋다. 그러나 시장이 전환하고 있다는 어떤 확인 신호를 주기 전까지는 그런 예측에 따라 거래해서는 안 된다. 이런 확인의 좋은 예가 바로 다음에 설명할 변동폭 돌파다.

변동폭 돌파

다음의 두 기법, 즉 변동폭 돌파와 방향 이동은 원래 J. 웰스 와일더 2세에 의해 《기술적 거래 시스템의 새로운 개념》[10]에서 처음 제시되었다. 이 두 기법은 간단할 뿐 아니라 시간의 시험을 잘 이겨냈다.

변동폭 돌파는 본질적으로 특정한 방향으로 일어나는 갑작스럽고 격렬한 가격 움직임이다. 평균 실제 거래 범위가 약 3포인트라고 하자. 우리는 변동폭 돌파를 (전날의 종가를 기준으로) 평균 실제 거래 범위의 0.8배 (여기서는 2.4포인트)에 해당하는 하루의 가격 움직임으로 정의할 수 있다.

오늘의 종가가 35라고 하자. 그러면 변동폭 돌파는 위로든 아래로든 종가에서 따졌을 때 2.4포인트의 움직임이 될 것이다. 가격이 37.4포인트가 되었다면, 상향 변동폭 돌파가 일어난 것이고, 이때 매수가 가능하다. 만약 가격이 32.6포인트가 되었다면, 하향 변동폭 돌파가 일어난 것이고, 이때는 공매도 거래에 들어갈 수 있다. 이것은 시장 예측과 관련된 셋업을 이용하는 사람들에게 추천하고 싶은 일반적인 형태의 진입 신호다.

와일더의 시스템은 이상에서 설명한 바와는 다소 다르다. 그는 평균 실제 거래 범위를 상수 3.0으로 곱할 것을 권한다. 이 값은 종가에서 추적 손실제한주문을 할 때 이용되었고, 이제는 현재 포지션의 청산 지점과 새로운 포지션의 진입 시점이 되었다. 본질적으로 청산은 우리가 무작위 진입 시스템에서 이용했던 청산과 거의 똑같다(즉, 평균 실제 거래 범위의 3배 값).

일반적으로 시장이 하루 동안 어떤 방향으로든 강력한 움직임을 보이면, 이것은 그 움직임의 방향으로 시장에 진입할 수 있는 좋은 신호다. 예를 들어, 강력한 상승 추세가 있더라도 하향 변동폭 돌파가 일어나면, 추세가 끝났다는 신호로 파악할 수 있다. 따라서 새로운 방향으로 시장에 들어가야 한다. 적어도 강력한 변동폭 돌파가 일어난 방향과 반대로 가면 안 되는데, 따라서 이는 좋은 청산 신호가 된다.

그림 9.5는 채권 시장에서 일어나는 변동폭 돌파의 예를 보여준다. 변동폭 돌파를 어떻게 정의하느냐에 따라 달라지기는 하지만, 7월 24일의 돌파는 명확해 보인다. 그리고 8월 2일에는 더 강력한 돌파가 일어났다. 돌파일의 넓은 거래 범위를 확인하고, 새로운 가격이 전날의 종가에서 벗어나 얼마나 멀리 나아갔는지 주목하라.

변동폭 돌파를 이용하면, 몇 가지 흥미로운 이점이 있다. 첫째, 이런 형태의 가격 움직임은 채널 돌파와 무척 다르다는 것이다. 채널 돌파는 긴 채널(40일 이상)이 형성되면서 분명한 추세가 존재해야 한다. 그런데 그림 9.5의 예는 둘 모두 채널 돌파이기도 하다.

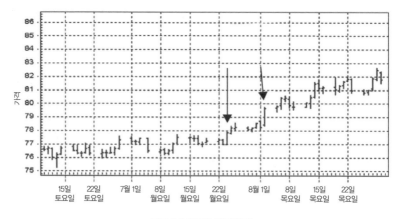

그림 9.5 변동폭 돌파의 예

변동폭 돌파는 단순히 추세 종료 또는 새로운 추세의 시작을 신호할 수 있다. 따라서 적어도 변동폭 돌파의 움직임 가운데 일부는 채널 돌파와 관련이 없다. 사실 청산이 충분히 신속할 경우, 이 서로 다른 진입 신호에서 발생한 수익은 전혀 관련이 없을지도 모른다.

두 번째 이점은, 이미 언급했지만 변동폭 돌파가 다양한 모델을 이용하여 가격 움직임을 예측하려는 사람들에게는 이상적인 수단이라는 것이다. **가격 예측은 적절한 거래 시스템이 동반되지 않을 경우 매우 위험하다. 변동폭 돌파는 이런 적절한 거래 시스템의 진입 부분을 완성시켜줄 것이다. 그러면 이를 토대로 시장의 작동 방식에 관한 자신만의 '비법'을 원하는 대로 거래에 활용할 수 있을 것이다.**

방향 이동과 평균 방향 이동

시장 분석가들은 시장의 '추세'를 두고 오랫동안 고민해왔다. 시장이 정말로 언제 추세를 형성하는지 어떻게 알 수 있을까?

J. 웰스 와일더 2세는 방향 이동과 평균 방향 이동이라는 두 가지 개념을 개발했다. 많은 사람들은 이 두 가지로 추세를 정의한다. 브루스 뱁콕은 생전에 매년 《시장의 추세》[11]라는 책을 발간했다. 이 책에서 그는 추세에 따라 거래 가능한 다양한 선물 시장의 순위를 매겼다. 이 책의 토대를 이루는 아이디어는, 추세에 관한 기록을 알고서 시장에서 거래하면, 이런 시장에서 미래의 추세를 잡을 가능성이 훨씬 커지리라는 것이었다. 뱁콕은 추세를 측정하기 위해 28일 방향 이동 지수로 각 시장을 거래할 때의 수익성을 계산했다. 순 방향 이동이 상승이면 롱 포지션을 취하고, 하락이면 숏 포지션을 취한다. 수익성 있는 시장은 추세가 형성되어 있는 것으로 여겨졌으며, 가장 수익성 높은 시장은 추세가 가장 강한 시장으로 평가되었다.

방향 이동의 기본적인 전제는 다음과 같다.

1. 상승 추세일 때는 오늘의 고가가 어제의 고가보다 높아야 한다. 따라서 이 두 가격의 차가 상승 방향 이동이다.

2. 하락 추세일 때는 오늘의 저가가 어제의 저가보다 낮아야 한다. 따라서 이 두 가격의 차가 하락 방향 이동이다.

3. 오늘의 고가와 저가가 어제의 거래 범위를 벗어나지 않는 인사이드 데이는 본질적으로 무시된다.

4. 오늘의 고가와 저가가 어제의 거래 범위를 벗어나 있는 아웃사이드 데이는 그 값이 상승 및 하락 방향 이동에 더해진다. 그러나 둘 중 더 큰 값만 쓰인다.

방향 이동 지표는 다음과 같이 계산한다.

1. 정해진 기간(와일더는 14일을 제안했다) 가운데 상승일의 상승분(Σ DI+)과 하락일의 하락분(Σ DI-)을 각각 더한다.

2. 각 값을 같은 날수의 평균 실제 거래 범위로 나눈다. 그러고 나서 방향 이동 지표는 다음과 같이 계산한다.

3. Σ DI+와 Σ DI-의 차를 구하고 그 절댓값을 취한다. 즉, DI 차 = |(Σ DI+)-(Σ DI-)|이다.

4. DI 합을 구한다. DI 합 = Σ DI+Σ DI-

5. 방향 이동 지표는 (DI 차)/(DI 합)×100으로 정의된다. 100을 곱하는 것은 방향 이동 지표를 0에서 100 사이로 만들기 위해서다.

6. 와일더는 기간을 14일로 제안했으나, 르보와 루카스는 14~20일 모두 괜찮으며, 18일이 가장 알맞다고 보고한다.

방향 이동 지표의 가장 중요한 연장 지표는 평균 방향 이동 지표ADX이다. ADX는 단순히 방향 이동 지표의 이동평균이다. 보통 그전의 계산에 사용한 일수(즉, 14일)에 대해 평균을 낸다.

르보와 루카스는 "ADX를 적절히 해석하면 좋은 시장을 찾고 나쁜 시장을 피할 가능성을 상당히 개선할 수 있다"고 주장했다. 그들은 ADX가 실제로 다양한 추세의 강도를 정량화하는 수단을 제공한다고 믿고, 이 분야에서 그들이 다른 어떤 사람들보다 많은 일을 했다고 주장한다. 나는 찰스 르보와 여러 차례 워크숍을 함께 했기 때문에, 그가 ADX를 얼마나 좋아하고 또 빈번히 사용하는지 잘 알고 있다.

일반적으로, ADX가 높을수록 시장의 방향 이동이 크다고 본다. 하지만 이동이 상승 움직임인지 하락 움직임인지는 모른다. ADX가 낮으면 시장의 방향 이동이 작다. 따라서 ADX의 크기는 추세의 강도를 말해주지만, 추세의 방향에 대해서는 아무것도 말해주지 않는다.

르보와 루카스에 따르면, 추세가 강한지 여부를 판단하는 데 ADX를 절대적으로 신뢰할 수는 없다. 그들은 대신 다음과 같은 사실을 발견했다.

1. ADX가 상승하고 있는 한, 15 이상의 ADX는 추세가 존재함을 알려준다.

2. ADX의 상승분이 클수록 추세가 강력한 것이다. 예컨대 ADX가 15에서 20으로 상승했다면, 25에서 27이 된 것보다 더 나은 신호가 된다.

3. ADX의 하락은 추세가 약화되고 있거나, 시장에 추세가 더 이상 존재하지 않는다는 것을 의미한다.

4. ADX가 상승 중일 때, 과매수 혹은 과매도 오실레이터 같은 지표들은 효과가 없다. 이런 오실레이터는 ADX가 하락하고 있을 때만 효과가 있다.

ADX 또는 방향 이동을 진입 신호로 이용하는 방법에 관해 설명하기 전에, 먼저 ADX에서 자주 발생하는 스파이크와 지연의 문제에 관해 알아보자.

시장이 스파이크의 형태를 띠며 갑자기 방향을 전환할 때, ADX는 조정에 곤란을 겪는다. 한 예로 시장이 갑자기 방향을 바꾸면, 르보와 루카스가 추천하는 장기 ADX는 갑자기 평평해진다. 즉, 시장에 추세가 없는 것으로 나타나는 것이다. 따라서 중요한 하락 추세가 ADX에서는 완전히 무시될 수 있다.

장기 ADX는 또한 지연이 일어난다. 다시 말해, 추세가 상당히 진척되기 전까지는 시장에 추세가 형성되었는지 알 수 없다. 이 점은 단기 트레이더로 일찍 추세를 타고 싶어 한다면 정말 큰 단점으로 작용할 것이다. 반면 분명한 신호에서 강력한 추세를 타는 것이 목표라면, ADX의 지연은 전혀 문제가 아니다.

이제 방향 이동과 ADX가 무엇인지 이해했으므로, 몇 가시 유용한 진입 신호를 알려주고자 한다.

1. DI+와 DI-가 교차된 뒤 시장에 진입한다. 롱 포지션 거래는 DI+가 DI- 위로 올라가고 전날의 고가가 돌파되었을 때 발생한다. 숏 포지션 거래는 DI-가 DI+ 위로 올라가고 전날의 저가가 돌파될 때 발생한다. 이것이 원래 와일더가 이 지표를 쓴 용도였다. 그는 가격 돌파가 신호의 중요한 부분이라고 생각했다.

2. ADX가 이틀간 4포인트 넘게 상승했을 때, 시장 움직임의 방향으로 포지션을 취한다.[12] 물론 여기서 여러분은 롱 포지션을 취할지 숏 포지션을 취할지 알려주는 셋업을 필요로 한다. 차트를 확인하는 것도 좋은 방법이다. ADX의 상승은 단순히 강력한 추세를 보여줄 뿐이기 때문이다.

3. ADX가 지난 10일 동안의 최고값에 도달했을 때 시장에 들어간다. 다시 한번 말하지만, 여러분에게는 어떤 방향으로 들어갈지 알려주는 또 다른 신호가 필요하다.

이동평균과 적응이동평균

이동평균은 매우 인기 있는 거래 지표다. 계산하기가 매우 간단하고 편하기 때문이다. 내가 아는 한, 이동평균은 인간이 거래 시장을 최초로 발명한 때부터 사용되어 왔다.

이동평균의 기본 개념은 간단하다. 지난 X일간의 가격을 하나의 숫자, 즉 평균값으로 나타낸다는 것이다. 이동평균은 지난 X일 동안의 가격의 합을 일수로 나눈 값이다. 이 숫자는 시간과 함께 변한다. 오늘의 가격이 나오면, X일 전의 가격을 빼고 새로운 오늘의 가격을 더한 다음, 해당 일수로 나누어 새로운 이동평균을 구한다.

바가 하나이면 바가 30개일 때보다 이해하기가 쉽다. 그러나 30개의 바가 시장에 대한 훨씬 많은 정보를 제공하는 것은 당연하다. 그리고 사람들은 어떤 식으로든 데이터를 변환시켜야 시장에 대한 지배감을 느낀다. 따라서 많은 트레이더와 투자자들이 이동평균을 이용하는 것이다.

이동평균은 기간이 길면 느려진다. 반면에 기간을 단 며칠로 하면 빠르게 움직인다. 많은 주식 시장 추종자들은 1년 이동평균을 이용하여 시장의 전체 추세를 표시한다. 시장이 계속하여 상승 중이라면, 가격은 1년 이동평균을 충분히 상회해야 한다. 가격이 1년 이동평균 아래로 떨어졌다면, 어떤 사람들은 시장의 방향이 바뀌었다고 생각할 것이다. 콜비와 마이어스는 그들의 《기술적 시장 지표 백과사전》[13]에서 **가격이 1년 이동평균을 넘어섰을 때 매수하고, 가격이 1년 이동평균 아래로 내려갔을 때 매도하는 전략이 매수 보유 전략보다 훨씬 뛰어난 실적을 낸다**는 것을 알았다.

이에 반해 짧은 이동평균은 빠르게 움직인다. 가격이 5일 이동평균을 뚫고 올라가기 위해 시장이 많은 날 동안 상승할 필요는 없다. 이와 비슷하게 가격은 신속하게 5일 이동평균 아래로 내려갈 수도 있다.

돈키언은 이동평균을 이용하는 시스템에 관해 쓴 최초의 인물 가운데 한 명이다. 그는 5일과 20일 이동평균을 이용했다. 5일 이동평균이 20일 이동평균을 뚫고 올라갔을 때는 롱 포지션을 취한다. 반대로 20일 이동평균을 뚫고 내려갔을 때는 숏 포지션을 취한다.

이런 형태의 시스템은 순수한 추세 시장에서 잘 듣는다. 그러나 여기는 시장에 상승 혹은 하락의 두 가지 방향만이 존재한다는 전제가 깔려 있다. 불행히도 시장은 약 15퍼센트의 시간만 추세를 형성하고 다른 85퍼센트의 시간에는 밀집 형태로 존재한다. 따라서 밀집 구간을 이루고 있는 시기에 이런 시스템은 끊임없이 휩소를 만들어낸다.

이런 문제를 극복하기 위해, 트레이더들은 세 가지 이동평균을 쓰기 시작했다. R. C. 앨런은 1970년대 초 4일, 9일, 18일 이동평균을 이용하는 방법을 유행시켰다.[14] 이 방법에 따르면, 4일과 9일 이동평균이 18일 이동평균을 뚫고 지나갈 때 시장에 진입해야 한다. 위로 뚫으면 롱 포지션을, 아래로 뚫으면 숏 포지션을 취한다. 그러다가 4일 이동평균이 9일 이동평균을 뚫으면 청산 신호다. 그러나 4일과 9일 이동평균이 모두 18일 평균이동과 같은 쪽에 있지 않으면 새로운 진입 신호로 받아들일 수 없다. 따라서 이런 시스템에는 중립 지대가 존재한다.[15]

이동평균과 이동평균 시스템에는 많은 종류가 있다. 이동평균의 종류에는 단순이동평균, 가중이동평균, 지수이동평균, 치환이동평균, 적응이동평균이 있다. 이들 각각은 다른 이동평균의 특정한 문제들을 극복하기 위해 고안되었으나, 저마다 고유한 문제를 안고 있다.

가중이동평균

단순이동평균은 가장 최근의 가격과 곧 계산 범위에서 제외될 며칠 전의 가격 둘 다에 동일한 비중을 둔다. 어떤 사람들은 이것이 최상의 거래 방법이 아니라고 주장한다. 새로운 가격이 훨씬 중요한 가격이기 때문이다. 이에 따라 가중이동평균에서는 가장 최근의 데이터에 더 큰 비중을 두고 멀리 떨어진 데이터에는 비중을 작게 둔다.

가중이동평균은 매우 복잡해질 수 있다. 가장 최근의 날짜에만 가중치를 주거나 아니면 각 날짜에 서로 다른 가중치를 줄 수 있기 때문이다. 즉, 첫날의 가격을 1로, 둘째 날의 가격을 2로, 셋째 날의 가격을 3으로 곱하는 식으로 10일 가중이동평균을 만들 수도 있다. 물론 이건 좀 터무니없다. 그러나 **어떤 사람들은 복잡한 계산이 거래를 보다 효율적으로 만들어준다고 생각한다. 이런 생각은 틀리지만, 어쨌든 사람들은 그렇게 생각한다.**

지수이동평균

지수이동평균은 가장 최근의 데이터에 가장 큰 비중을 두고, 어떤 데이터도 제외시키지 않는다. 예를 들어, 0.1지수이동평균(대략 20일 이동평균과 비슷함)을 구할 때는, 오늘 가격을 0.1로 곱해 어제의 지수이동평균에 더한다. 여기서는 아무것도 빼지 않는다. 이 방법은 계산이 꽤 간편하고, 가장 최근의 데이터에 더 큰 비중을 둘 수 있는 장점이 있다.

치환이동평균

이동평균이 보통 가격에 매우 근접해 있기 때문에, 신호가 종종 너무 빠를 수 있다. 이에 따라 어떤 사람들은 이동평균을 며칠의 기간만큼 미래로 이동시켜 사용한다. 이렇게 하면 이동평균의 신호 때문에 휩소에 걸려드는 확률이 낮아진다.

적응이동평균

적응이동평균은 1990년대 중반 매우 큰 인기를 끌게 되었다. 코프먼[16]과 찬드와 크롤[17]은 다양한 형태의 적응이동평균을 만들어냈다. 이런 특별한 시스템들은 시장 방향과 속도의 조합에 따라 속도가 변화된다.

시장에 존재하는 노이즈의 양에 관해 생각해보자. 일일 가격 변동은 시장 노이즈의 좋은 척도다. 노이즈가 많으면, 이동평균은 시장 진입과 청산 시 휩소를 피하기 위해 매우 느려야 한다. 그러나 시장이 매우 평평할 때는 휩소의 가능성이 매우 낮으므로 빠른 이동평균을 이용할 수 있다. 따라서 적응이동평균에서는 먼저 시장 노이즈의 양과 비교한 시장 움직임의 속도를 측정한다. 그런 다음 속도와 노이즈 요인에 따라 이동평균의 속도를 조정한다.

따라서 적응이동평균은 최소한 현재 시장의 효율성(즉, 노이즈가 얼마나 큰지)에 대한 기준이 있어야 하고, 이런 시나리오를 다양한 이동평균에 적용시켜야 한다. 적응이동평균의 사용에 관한 실례는 9장의 뒷부분에서 페리 코프먼이 고안한 진입 기법을 논할 때 볼 수 있다.

오실레이터와 스토캐스틱

상대강도지수, 스토캐스틱, 윌리엄스의 퍼센트 R 같은 오실레이터는 모두 천장과 바닥을 찾아내기 위해 고안된 것이다. 내 생각에, 이것은 부질없는 짓이다. 오실레이터를 근거로 한 진입 신호가 우연보다 훨씬 더 나은 신뢰도를 낳는다는 증거가 없기 때문이다. 사실 대부분의 경우, 시장이 많은 오실레이터의 전제들을 일반적으로 충족시킨다는 증거가 존재하지 않는다. 따라서 나는 스스로가 거의 믿지 못하는 주제에 관해 길게 얘기하지 않기로 결정했다.

그러나 와일더의 상대강도지수 같은 과매수/과매도 오실레이터를 이용하여 간격이 좁은 손실제한주문(보호용 손실제한주문에 관해서는 11장을 보라)으로 거래하는 방법이 있다. 다음은 이런 종류의 거래에서 여러분이 지켜야 할 사항이다.

1. 시장이 추세를 형성했다는 분명한 신호를 보내올 때까지 기다린다. 이것은 가격에 근거한 셋업이다.

2. 시장이 얼마간 반전하고 오실레이터에서 반등 혹은 반락이 막바지에 도달했다는 신호를 보낼 때까지 기다린다. 이 단계 역시 가격에 근거한 셋업이다. 그러나 여기에 1단계가 반드시 선행되어야 한다.

3. 시장이 다시 원래의 추세 방향으로 움직일 것이라는 신호를 보내올 때 이 방향으로 시장에 진입한다. 이런 신호는, 극단적인 오실레이터 신호 전에 가격이 전고점(혹은 전저점)으로 돌아올 때 발생한다.

이런 형태의 거래는 거래 신호의 신뢰도가 매우 높고 손실제한주문에 걸릴 확률이 매우 낮다. 게다가 이런 거래의 리스크는 매우 작기 때문에 잠재적 거래의 보상위험비율이 매우 높다. 이것은 사실 지난 장에서 논한 되돌림 셋업의 한 사례이며, 내 생각에는 오실레이터를 이용하는 최상의 방법이다. 이외에도 내가 본 최상의 시스템 몇몇은 이런 개념에 기초해 있었다.

자기 자신만의
진입 신호를 고안하라

여러분을 위한 최상의 진입 신호는 여러분 스스로가 개발한 진입 신호일 것이다. 이런 신호를 개발하는 최상의 방법은 신호의 근간이 되는 개념을 철저히 이해하는 것이다. 다음은 어떤 식의 사고가 필요한지 보여주기 위한 예다. 우선 트레이더와 투자자들에 의해 널리 이용되는 개념에 대해 알아본 뒤, 그렇지 않은 개념으로 넘어갈 것이다. 여기에 제시된 개념들은 테스트를 거치지는 않았지만, 마음에 든다면 다른 유용한 개념을 찾기 전까지 마음대로 사용해도 좋다.

물리 운동의 기본 개념을 축으로 시스템을 만들어보자. 예를 들어, 차의 움직임을 예측한다고 생각해보자. 여러분은 차가 어디로 가는지 전혀 모른다(우리가 현재 거대한 주차장 안에 있고, 따라서 무한한 횟수로 차의 방향을 바꿀 수 있다고 상상해보자). 그러나 지금까지는 차의 방향이 어땠는지 알고 있다. 방향뿐 아니라 속력(속도), 속도 변화, 모멘텀에 대해서도 알고 있다. 이런 정보를 알면, 어떤 특정한 조건 아래서 차가 어떻게 움직일지 잘 알 수 있다. 여러분이 알고 싶어 하는 것은, 차가 언제 그 방향으로 움직이는가 하는 것이다.

차가 특정한 방향으로 움직이고 있을 경우, 차는 방향을 바꾸기보다는 그 방향으로 계속 갈 가능성이 크다. 차의 속도, 속도 변화, 모멘텀에 관해 보다 상세한 것을 알고 있다면, 차의 방향에 관해 더 나은 판단을 할 수 있다.

차는 보통 방향을 바꾸려면 속도를 늦춰야 한다. 따라서 차가 빠르게 가고 있다면, 방향을 바꾸지 않고 같은 방향으로 계속 빠르게 갈 확률이 높다.

시장도 마찬가지다. 한쪽으로 빠르게 가고 있으면, 방향을 바꾸지 않고 같은 방향으로 계속 빠르게 갈 확률이 높다. 생각해보라. 빠르게 움직이는 시장은 중요한 방향 전환이 있기 전에 속도를 늦출 가능성이 훨씬 크다. 시장 분석가는 이를 '모멘텀'이라고 하지만, 사실 잘못된 용어다.[18]

모멘텀으로 알려진 기술적 지표는 단순히 가격(보통 종가)의 변화를 측정한 것일 뿐이다. 그래서 우리는 보다 정확한 속력 혹은 속도라는 용어를 사용할 것이다.

속력은 단위 시간당 이동 거리다. 속도 계산에서 10일 같은 일정한 거리를 사용한다고 해보자. 그러면 속력은 X일의 기간 동안 이동한 거리가 될 것이다. 물론 여기서 X는 여러분이 선택한 일수다. 흥미롭게도 보다 전문적인 트레이더들은 시장 연구에서 다른 어떤 지표보다도 속도(그들이 모멘텀 지표라고 부르는)를 많이 이용한다.

속도를 어떻게 진입 신호로 이용할 것인가? 속도 0은 움직임이 없는 것을 의미한다. 속도 지표는 상승 움직임과 하락 움직임에 따라 0선 위아래에 표시되는 수치들이다. 속도가 방향을 바꾸고 반대 방향으로 가속을 시작할 때 이를 잠재적인 진입 신호로 본다.

가속과 감속

가속과 감속은 속력의 변화를 나타낸다. 속력을 높이는 차는 단순히 빠르게 달리고 있는 차보다 원래의 방향을 고수할 가능성이 훨씬 크다. 반면 차가 속력을 늦추면, 방향을 바꿀 가능성이 훨씬 커진다.

미래의 움직임을 예측하는 데 있어 시장 움직임의 속도 변화는 차의 움직임을 예측하는 데 있어 가속이나 감속만큼 중요하지 않지만, 그래도 여전히 중요한 요소기는 하다. 그러나 지금까지 시장의 가속이나 감속에 대한 연구를 본 적이 없다. 어쨌든 공식 같은 것을 만들어보자면, 다음과 같다.

$$속도\ 변화 = \frac{오늘의\ 속도 - X일의\ 속도}{시간}$$

진입 지표로서 가속이나 감속에 관해 광범위한 연구를 한 것은 아니지만, 우리는 조사를 위해 얼마간 데이터를 프로그램화했다. 표 9.2는 우리가 전에 보았던 옥수수 가격 데이터의 종가를 보여준다. 표는 21일차부터 시작되고 있다. 20일 채널 돌파와 40일 채널 돌파가 3월 6일에 있었다는 사실을 기억하기 바란다. 표 9.2는 또한 20일 기간의 평균 가격(속력) 변화율을 보여주고 있다. 표에서 속력 감소는 굵은 글씨체로, 속력 증가는 보통 글씨체로 표시했다.

20일 속도의 플러스 구간은 40일차에서 시작되는 것을 확인하라. 채널 돌파가 일어나기 7거래일 전이다. 표 9.2의 마지막 두 열은 5일과 10일 가속 혹은 감속(즉, 5일과 10일의 기간을 두고 속력이 실제로 얼마나 변하는가)을 보여준다. 장기 가속(즉, 10일 가속) 역시 40번째 날에서 플러스 가속을 시작하지만, 중간에 하루 동안 마이너스가 되는 것을 확인하라.

그림 9.6은 시간 그래프상에 세 개의 변수를 보여준다. 여기서 채널 돌파는 3월 6일, 46일차에 시작된다. 속도와 가속은 그보다 훨씬 먼저 시작된다. 그러나 돌파가 일어나기 바로 전 속도와 가속은 급락이 일어난다. 그래도 10일 가속이 마이너스 값으로 주저앉는 것을 빼면, 플러스 값을 유지한다.

이건 무슨 얘기인가? 나는 분명 플러스 값의 속도나 가속 신호를 진입 시스템으로 이용하라고 권하는 게 아니다. 대신 나는 관계를 얘기하고자 했을 뿐이다. 여러분이 제대로 이해할 경우, 관계는 거래에서 이용할 수 있는 개념의 토대가 되어준다.

돈은 반드시 진입이 옳아야만 벌 수 있는 게 아님을 명심하라. R의 배수가 큰 거래를 할 수 있는 가능성이 높은 진입 기법이 있으면(예컨대 25퍼센트), 큰 수익을 꾸준히 올릴 수 있는 확률이 높아진다. 가속의 시작은 간격이 매우 좁은 손실제한주문을 해놓고 저위험 거래를 할 수 있는 기회를 제공한다. 이것은 R이 낮다는 뜻이고, 따라서 큰 R의 배수의 이익이 가능하다. 물론 이에 관해서는 광범위한 테스트가 필요할 것이다.

표 9.2 속도와 가속에 관한 연구

날짜	종가	20일 속도	5일 가속	10일 가속
21일차	166.5	0.225		
22일차	165.75	0.175		
23일차	163	−0.0625		
24일차	163	−0.1125		
25일차	164.5	−0.0875	−0.3125	
26일차	165.25	−0.025	−0.2	
27일차	166	0	0.0625	
28일차	169.25	0.075	0.1875	
29일차	167.25	0.0625	0.15	
30일차	167.25	−0.025	0	−0.25
31일차	167.25	−0.0125	−0.0125	−0.1875
32일차	168	0	−0.075	0.0625
33일차	167.5	−0.075	−0.1375	0.0375
34일차	168.25	0	0.025	0.0875
35일차	167.75	0	0.0125	0.025
36일차	166.75	−0.0125	−0.0125	−0.0125
37일차	166.25	−0.0125	0.0625	−0.0875
38일차	165.75	−0.05	−0.05	−0.1125
39일차	**166**	−0.0375	−0.0375	−0.0125
40일차	167.25	0.0375	0.05	0.05
41일차	167.25	0.075	0.0875	0.075
42일차	167.25	0.2125	0.2625	0.2875
43일차	167.5	0.225	0.2625	0.225
44일차	168	0.175	0.1375	0.175
45일차	167.75	0.125	0.05	0.1375
46일차	166	0	−0.2125	0.0125
47일차	169.25	0	−0.225	0.05
48일차	170.5	0.1625	−0.0125	0.2
49일차	170	0.1375	0.0125	0.1
50일차	170.25	0.15	0.15	0.075
51일차	170.25	0.1125	0.1125	−0.1
52일차	173	0.275	0.1125	0.05
53일차	172.75	0.225	0.0875	0.05
54일차	174	0.3125	0.1625	0.1875
55일차	172.5	0.2875	0.175	0.2875
56일차	172.5	0.3125	0.0375	0.3125

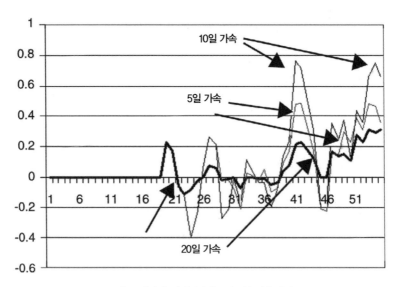

그림 9.6 옥수수 가격에서 속도와 가속의 움직임

가속은 좋은 되돌림 셋업을 찾는 완벽한 도구다. 예컨대 여러분은 채널 돌파 직후의 감속을 찾기만 해도 될 것이다. 감속이 가속으로 바뀌는 순간은 절호의 진입 신호다. 이때 타이트한 손실제한주문을 하고 시장에 들어가면 R의 배수가 높은 이익을 올릴 수 있을 것이다. 우리가 본 예에서는 감속이 채널 돌파 바로 전에 발생했다.

일부 보통 시스템에서 이용되는
진입 기법에 관한 평가

우리는 지금까지 일부 주식 시장 시스템과 보다 투기적인 시장에서 사용되는 일부 시스템의 전형적인 진입 신호 몇 가지를 조사해보았다.

우리가 조사한 일부 주식 시장 시스템

윌리엄 오닐의 주식 시장 시스템

윌리엄 오닐의 주식 시장 거래 시스템은 앞장에서 논한 캔슬림 셋업을 이용하는 시스템이다. 여기서 진입은 다양한 차트 패턴을 근거로 적절한 타이밍을 찾기 위한 시스템의 일부다. 진입의 핵심적인 부분은 7주에서 15개월까지 밀집 기간에서 일어나는 가격 돌파다. 여기에는 컵과 손잡이형, 긴 베이스 돌파형, 받침접시와 손잡이형, 이중 바닥형, 이중 베이스형이 있다. 이중 처음 두 가지 패턴이 가장 흔하다. 윌리엄 오닐은 그의 저서에서 이런 패턴에 관한 많은 예를 제시했다.

진입의 또 다른 중요한 점은 돌파에 상당한 거래량 증가가 뒤따라야한다는 사실이다. 예컨대, 오닐은 돌파일 거래량이 적어도 해당 주식의일일 평균 거래량보다 50퍼센트 이상 많아야 한다고 주장한다. 이런 거래량 증가는 오늘의 진입에서 가장 중요한 측면이지만, 이를 따르는 사람들은 적다. 대부분의 사람들은 단순히 컵과 손잡이형 같은 패턴이나 아니면 간단한 돌파 형태를 찾는다. 거래량을 차량의 무게로 생각해보라. 만약 무거운 트럭이 빠르게 움직이기 시작했다면, 작은 차처럼 쉽게 방향을돌리거나 멈추기는 힘들 것이고 당연히 계속 그 방향으로 갈 공산이 크다.

워런 버핏의 기업 평가 모델

버핏의 기업 평가 모델은 앞장에서 설명한 모든 필터가 갖추어져 있다고 해도 진입 기법이 없다. 물론 이것은 나만의 판단이기는 하지만 말이다. 내 생각으로 버핏은 충분한 돈이 있는 한, 자신의 기준에 맞기만하면 계속 새로운 기업을 사들일 것이다. 따라서 자신의 모든 기준에 맞는 회사를 발견하는 것이 그의 진입 신호라고 하겠다(그러나 나는 과대평가된 시장에서 그의 기준을 충족시키는 기업이 존재할지 의문이다). 버핏은 다음의 인용 글에서도 드러나듯 시장이 어떻게 움직이는지에 대하여 거의 신경 쓰지 않는다.

시장은 누군가가 어리석은 무엇인가를 하려는지 알아보기 위한 참조처로서만 존재한다. 우리는 주식에 투자할 때 기업에 투자하는 것이다. 따라서 여러분은 유행이 아니라 이성에 따라 행동해야 할 것이다.[19]

우리가 조사한 일부 선물 시장

페리 코프먼의 적응적 거래

8장에서 다루었던 코프먼의 적응적 접근법을 기억해보기 바란다. 코프먼은 시장 움직임의 속력과 방향 그리고 시장의 노이즈 양에 근거한 효율비를 고안했다. 이제 효율비에 관해 보다 상세히 알아보자.

아래의 계산에서 우리는 효율비가 0~1 사이라고 가정할 것이다. 0은 노이즈 외에 시장 움직임이 전혀 없다는 뜻이고, 1은 노이즈가 없고 모두 시장 움직임이라는 뜻이다. 매우 효율적인 시장에서는 가격 움직임의 총합이 두 시기 사이의 가격 움직임과 동일할 것이다. 그러면 노이즈가 전혀 없기 때문에 효율비는 1.0이 될 것이다. 예컨대 가격이 10일간 10포인트, 매일 1포인트씩 상승했다면, 효율비는 10/(10×1) = 1.0이다.

매우 비효율적인 시장에서는 가격 움직임의 총합이 매우 작고 일일 가격 움직임은 클 것이다. 따라서 효율비는 0에 가까울 것이다. 가격이 10일 동안 1포인트 움직였지만, 매일 위 혹은 아래로 10포인트씩 움직였다면 효율비는 1/(10×10) = 0.01이다. 그리고 물론 가격 움직임이 없을 경우에는 0이 된다.

적응이동평균을 계산하기 위한 다음 단계는 효율비를 이동평균의 영역에 적용하는 것이다. 2일 이동평균을 빠른 속도, 30일 이동평균을 느린 속도라고 할 수 있다. 코프먼은 다음과 같은 공식을 이용하여 이동평균 속도의 평활상수$_{SC}$를 구했다.

$$\text{평활상수} = \frac{2}{\text{일수} + 1}$$

빠른 이동평균 속도의 평활상수는 2/(2+1) = 2/3 = 0.66667이다. 느린 이동평균 속도의 평활상수는 2/(30+1) = 2/31 = 0.06452이다. 이 두 값의 차이는 0.60215이며, 코프먼은 이 값을 자신의 공식에 사용했다.

마지막으로, 코프먼은 평활상수를 다음과 같이 효율비와 결합시켰다.

조정 평활상수 = {효율비×(평활상수의 차)} + 느린 평활상수

여기에 우리가 알고 있는 값을 대입하면, 다음과 같은 결과를 얻는다.

조정 평활상수 = (효율비×0.60215) + 0.06452

따라서 효율비가 1.0이면, 조정 평활상수는 0.66667이다. 효율비가 0일 때는 조정 평활상수가 0.06452가 될 것이다. 이 두 값이 각각 2일 평활상수, 30일 평활상수와 일치한다는 사실에 주목하라.

30일의 수는 여전히 영향을 미칠 수 있기 때문에, 코프먼은 최종 평활상수를 제곱해서 사용하라고 조언하고 있다. 효율비가 너무 낮을 경우 거래하지 못하게 하기 위해서다.

적응이동평균AMA을 구하는 공식은 다음과 같다.

$$적응이동평균 = 적응이동평균(어제) + (평활상수)^2$$
$$\times \{(오늘의 \ 가격 - 적응이동평균(어제)\}$$

어제의 적응이동평균이 40이라고 하자. 오늘의 가격이 47포인트면, 7 포인트 차다. 효율적인 시장에서는 이것이 평균에 큰 변화를 일으키는데, 적응이동평균을 거의 3.1포인트나 끌어올릴 것이다. 7포인트의 거의 절반에 해당하는 값이다. 비효율적인 시장에서는, 예컨대 효율비가 0.3이라면 그 차이는 적응이동평균에 거의 영향을 미치지 않을 것이다. 수치로 따지면 약 0.4포인트 상승한다. 따라서 효율적인 시장에서 적응이동평균이 상승할 때 괜찮을만한 거래를 찾아낼 확률이 훨씬 높다.

코프먼에 따르면 적응이동평균은 지수 평활과 비슷하며, 이런 평균들은 방향이동 신호가 발생하자마자 거래해야 한다. 즉, 적응이동평균이 상승할 때 사고 적응이동평균이 하락할 때 팔아야 한다는 것이다.

그러나 이런 신호를 거래하면 많은 휩소가 생겨난다. 이에 따라 코프먼은 다음의 필터를 추가했다.

필터 = 퍼센트 × 표준편차(지난 20일간의 1일 적응이동평균 변화)

코프먼은 선물과 외환 거래에는 낮은 퍼센트(즉, 10퍼센트)를, 주식과 금리 시장에서는 높은 퍼센트(즉, 100퍼센트)를 쓸 것을 권한다.

자신이 거래하고 싶어 하는 시장에 맞는 필터를 결정하라. 이 필터를 매수 신호로 삼을 수 있는 하락 추세의 최저가에 더하고, 매도 신호로 삼을 수 있는 상승 추세의 최고가에서 빼라. 기본적으로 이것이 적응 진입 기법이다.

우리가 진입을 위해 논한 많은 기법에도 시장 효율비를 적용할 수 있다. 예를 들어, 채널 길이가 적응성을 띠는 적응적 채널 돌파 시스템을 만들거나, 아니면 요구되는 돌파 규모가 시장 효율성에 좌우되는 적응적 변동폭 돌파를 고안할 수 있을 것이다.

윌리엄 갈라커의 펀더멘털

우리는 이미 8장에서 갈라커가 시장의 펀더멘털을 셋업으로 이용한 것을 보았다. 그의 주장에 따르면, 펀더멘털이 강하면 이런 펀더멘털이 지시하는 방향으로 시장에 진입할 수 있고, 시장에 따라 펀더멘털 데이터가 달라질 수 있다. 또 5장에서 찰스 르보가 펀더멘털 거래에 관해 했던 얘기를 떠올려보라. 찰스 르보는 어떤 특정한 시장의 펀더멘털을 판단할 때는 전문가의 견해를 존중하라고 말했다. 르보는 또한 펀더멘털에 관해서는 절대적으로 옳을 수 있으나 타이밍에서 끔찍한 실수를 저지를 수 있다고 했다. 따라서 펀더멘털 거래를 위해서는 좋은 타이밍 시스템이 필요하다.

갈라커는 기술적 분석의 어리석음을 보여주기 위해 10일 채널 돌파 반전 시스템을 예로 들었다. 내가 아는 사람 가운데는 이런 시스템으로 거래하는 사람이 없으나, 갈라커는 일단 펀더멘털에 대해 알면, 펀더멘털에서 예측하는 시장 방향으로 10일 돌파가 일어났을 때 시장에 진입하는 것이 매우 안전한 전략이라고 주장했다. 나는 개인적으로 이런 시스템에서 많은 휩소가 일어날 것으로 생각한다. 그러나 50일 이상의 기간에서 일어나는 채널 돌파는 펀더멘털 정보의 뒷받침이 있을 경우 훌륭한 진입 신호가 될 것이다.

켄 로버츠의 1-2-3 반전 기법

켄 로버츠는 시장 진입에 두 가지 셋업을 이용하라고 권한다. 첫째 셋업은 시장이 9개월 최고가 혹은 최저가를 기록해야만 하며, 둘째 셋업은 1-2-3 반전 현상을 만든다는 것이다. 8장으로 가보면, 어떻게 시장에서 9개월 최고가 혹은 최저가가 형성되고 이어 이런 1-2-3 반전이 일어나는지에 대한 자세한 설명과 사례를 볼 수 있다. 그렇다면 이런 셋업이 만들어졌을 때는 시장에 어떤 식으로 진입해야 하는가?

그림 9.7에서 보듯 이 두 가지 셋업이 나타났을 경우, 가격이 다시 지점 2로 이동하여 새로운 극값을 형성했을 때 시장에 들어간다. 이 새로운 극값이 진입 신호가 되는 것이다. 그림 9.7은 사상 최고가 뒤에 새로운 극값이 만들어지며 1-2-3 반전이 형성되는 것을 보여준다. 그림 9.7의 직선이 바로 진입 신호다. 여러분은 또한 지점 2의 가격이 여러분이 예상했던 시장 방향으로 움직이는 순간 시장에 진입할 수 있다.

이 거래 기법의 전체 가정은 시장에서 장기 추세가 끝나고 1-2-3-4 패턴(4는 반대 방향의 새로운 극값)이 마무리되면 추세가 바뀐다는 것이다. 그러나 시장이 방향을 바꾸지 않는 경우가 허다하다. 대신 긴 밀집 구간을 형성하면서 많은 휩소를 발생시킬 수 있다. 하지만 이 기법은 적절한 손실제한주문과 청산, 포지션 규모 조절을 통해 거래에 이용될 수 있다. 이에 관해서는 뒷장에서 논의하겠다.

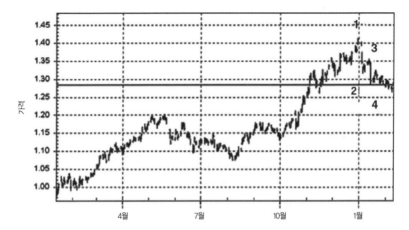

그림 9.7 영국 파운드화가 새로운 사상 최고가(지점 1)를 1988년 12월에 기록했다. 이어 지점 2로 급락하더니 지점 3으로 반등했다. 그런 다음 1월 11일 다시 급락하여 새로운 저점(지점 4)을 형성했다. 이때가 진입 신호다. 시장은 그 뒤 몇 개월간 잘 흘러가 마침내 새로운 고가를 기록했다.

| 요약 SUMMARY |

- 진입은 거래 시스템의 그 어떤 측면보다 사람들의 더 많은 관심을 끈다. 이런 관심은 대개 잘못된 것이며, 종종 시스템의 가장 중요한 측면들을 무시하고 이루어진다. 그럼에도 보상위험비율의 변화 없이 좋은 타이밍으로 거래 신뢰도를 높일 수 있다면, 진입도 얼마간 관심을 가져볼 만한 주제인 것은 분명하다고 하겠다.
- 무작위 진입 시스템으로도 돈을 벌 수 있다. 사실 무작위 진입보다 더 나은 진입 기법은 거의 없다. 20일이나 그 이상의 기간에서 특히 그러하다.
- 좋은 진입 지표는 다음과 같다.
  - 40일 이상의 기간에서 일어나는 채널 돌파
  - 하루에 평균 실제 거래 범위의 약 0.8배 규모로 일어나는 변동폭 돌파. 이 지표는 특히 시장 예측가들에게 유용하다.
  - 추세 신호가 분명하고 하루(혹은 2일) 동안 ADX가 크게 나타났을 때
  - 추세 방향에서 속도가 증가하는 것을 보여주는 지표의 사용
  - 적응이동평균이 방향을 바꾸고 정해진 필터에 따라 미리 정해진 거리만큼 이동했을 때
  - 주요 추세에 반하는 극단적인 움직임에 뒤이어 추세 재개의 신호를 분명하게 알려주는 오실레이터
- 다양한 시스템을 위해 흔한 진입 기법들을 다루었고, 몇 차례는 이런 기법을 향상시킬 수 있는 방법도 논했다.

1   Robert Kiyosaki, If You Want to Be Rich and Happy, Then Don't Go to School (Lower Lake, Calif.: Asian Press, 1992).

2   나는 결코 이들 책이 좋다 나쁘다 얘기하는 게 아니다. 다른 사람들의 편향을 충족시키기 위해 그런 책을 쓴다는 게 내가 하고 싶은 말이다. 이들 책의 내용에 관해서는 스스로 판단하기 바란다.

a. Stephen Littauer, How to Buy Stocks the Smart Way (Chicago: Dearborn Trade, 1995).

b. Richard J. Maturi, Stock Picking: The Eleven Best Tactics for Beating the Market (New York: McGraw-Hill, 1993).

c. Louis Engel and Harry Hecht, How to Buy Stocks, 8th ed. (New York: Little, Brown, 1994).

d. Michael Sivy, Michael Sivy's Rules of Investing: How to Pick Stocks Like a Pro (New York: Warner Books, 1996).

e. Michael Gianturco, How to Buy Technology Stocks (New York: Little, Brown, 1996).

3   Charles LeBeau and David W. Lucas, The Technical Traders' Guide to Computer Analysis of the Futures Market (Homewood, Ill.: Irwin, 1992).

4   시간 프레임을 하루 단위 이하로 하면(예컨대 다음 날 시가로 청산하는 방법이 있다), 신뢰도가 50퍼센트가 넘는 진입 시스템을 찾는 것이 장기적으로 신뢰도 높은 청산 기법을 찾는 것보다 훨씬 쉽다.

5   터틀스의 성공은 그들이 거래에 이용한 채널 돌파 시스템보다는 보통의 경우 그렇듯 그들의 포지션 규모 조절 알고리즘과 훨씬 더 큰 관계가 있다.

6   내가 참고한 자료 전체를 다음의 사이트에서 다운로드할 수 있다.
www.blackstarfunds.com/files/Does_trendfollowing_work_on_stocks.pdf

7   두 저자는 한때 최대 1,500개의 포지션을 보유한 적도 있었다고 한다. 아마도 포지션 규모 조절 기법이 이런 규모와 그 리스크를 감당케 해주었을 것이다. 이외에도 두 저자가 진입과 청산에 관해서는 기꺼이 공개한 반면 포지션 규모 조절 방법에 대해서는 알려주지 않았다는 사실이 내가 이 책에서 되풀이해 강조한 포지션 규모 조절의 중요성을 보여준다고 하겠다.

8   Jack Schwager, Schwager on Futures: Fundamental Analysis (New York: Wiley, 1996).

9   이 연구의 초점은 R의 배수가 높은 거래를 찾거나 예측치가 높은 시스템을 개발하는 데 있지 않고, 대부분의 사람이 로또 편향 때문에 찾으려 드는 신뢰도 높은 진입을 찾는 데 있다.

10 J. Welles Wilder, Jr., New Concepts in Technical Trading Systems (Greensboro, N.C.: Trend Research, 1978).

11 Bruce Babcock, Trendiness in the Market (Sacramento, Calif.: CTCR Products, 1995).

12 아니면 테스트 결과 자신의 목적을 달성하기 위해 사용해야 하는 어떤 일수든.

13 Rober W. Colby and Thomas A. Meyers, Encyclopedia of Technical Market Indicators (Homewood, Ill.: Jones Irwin, 1988).

14 찰스 르보와 데이비드 루카스의 Technical Traders' Guide에서 이에 관한 논의를 볼 수 있다.

15 찰스 르보는 상상할 수 있는 모든 가능한 이동평균의 조합을 테스트해보았다고 내 게 말했다. 그의 말에 따르면, 그 모두가 추세 시장에서는 꽤 잘 들어맞았으나, 횡보 장에서는 신통치 못했고, 또 그중 아무것도 무작위 진입보다 훨씬 나은 결과를 낳 지 못했다.

16 Perry Kaufman, Smarter Trading: Improving Performance in Changing Markets (New York: McGraw-Hill, 1995).

17 Tushar Chande and Stanley Kroll, The New Technical Trader: Boost Your Profit by Plugging into the Latest Indicators (New York: Wiley, 1994).

18 물리학에서 모멘텀은 질량×속도다. 시장에서는 거래량의 가속도 정도로 생각할 수 있다.

19 "The Big Bad Bear on Wall Street," Fortune, January 4, 1988, p. 8.

10

접을 때를 알라

자본을 보호하는 법

Knowing When to Fold'Em: How to Protect your Capital

보호용 손실제한주문은 빨간불 같은 것입니다. 그대로 지나갈 수 있지만, 그렇게 하는 것은 매우 현명하지 못한 짓이죠! 도시에서 차를 몰고 갈 때 모든 빨간불을 그대로 통과한다면 목적지에 빠르게 가기는커녕 무사히 도착하지도 못할 것입니다.

– 리처드 하딩, 시스템 개발 워크숍 강연 중에서 –

워크숍 참석자 중 한 명이 너무 낙심한 나머지 집중하지 못하는 것을 보았다. 그는 최근의 주식 투자 실패로 크게 낙담해 있었던 것이다. 이전 해의 상반기 동안 그는 은퇴 자금을 40만 달러에서 130만 달러로 불려 놓았다. 그의 말에 따르면, 워크숍에 참가한 이유는 부분적으로는 자신이 얼마나 대단한 투자가가 되었는지 내게 자랑하기 위해서였다는 것이다. 그러나 워크숍 2주 전, 그가 보유한 많은 주식이 급락했고, 결국 70퍼센트의 손실이 났다. 그가 보유한 주식 한 종은 200달러를 상회하던 주가가 약 50달러로 떨어졌다. 그는 이 가격에 손실을 보며 주식을 팔아야 했다. 그 주식의 가격은 이제 주당 60달러이므로, 그는 바닥에서 시장에 나온 게 틀림없었다.

이런 이야기가 익숙하지는 않지만, 주변에서 자주 일어나는 일이 아닌가 하는 생각이 들었다. 사람들은 소문을 듣거나, 아니면 유행하는 최신 진입 기법을 이용하여 시장에 들어간다. 그러나 그들은 포지션을 취한 다음에는 언제 어떻게 청산을 해야 하는지 아무것도 모른다. 손실 거래의 처분이든 이익 실현이든 청산은 시장에서 돈을 버는 열쇠다. 사실 거래의 황금률은 다음과 같은 것이다. 손절매하고 이익을 극대화하라. 이 황금률은 내게는 청산에 관한 얘기처럼 들린다. 존 스위니는 그의 저서 《캠페인 트레이딩》에서 다음과 같이 말했다.

우리가 아이였을 때, 침대 밑에서나 혹은 어두운 옷장 안을 들여다보고 밤의 괴물을 찾는 것은 어려운 일이었다. 손실을 제대로 들여다보고 그것을 인정하는 일도 똑같이 어려운 일이다. 그때 이불 속에 숨는 것이 쉬웠듯, 지금도 어떤 방어 기제를 받아들이는 것이 훨씬 쉬운 일이다(내가 가장 자주 듣는 말은 이런 것이다. "아, 그 거래 규칙은 잘 들어맞지 않더라고!" 마치 진입 전략이 손실을 야기했다는 말처럼 들린다).[1]

여기서 중요한 점은 성공한 트레이더가 되고 싶으면 손실 거래에서 빠져 나오는 것이 결정적이라는 사실이다. 대다수가 진입이나 셋업에 관해 생각하지만, 이것은 성공에 도움이 되지 않는다. 청산 전략에 근거하여 거래하고 포지션 규모 조절 기법을 마스터해야 부자가 될 수 있는 것이다.

시장 진입 순간 여러분이 언제 포지션을 청산할지 정확히 알지 못한다면 거래 시스템은 없는 것이나 마찬가지다. 자본을 보호하기 위해 최악의 상황에서 어떻게 청산할지 미리 정해두어야 한다. 또한 어떻게 수익을 취하고 어떻게 이익을 극대화할지 생각해두어야 한다. 청산의 이 부분에 관해서 는 11장에서 다루고 있다.

또 다른 시장의 전설적 인물들이 보호용 손실제한주문에 관해 어떻 게 말했는지 보자.

윌리엄 오닐: "주식 시장에서 돈을 버는 모든 비결은 옳지 못한 판단 을 했을 때 가능한 한 최소의 금액만을 잃는 것이다."

제시 리버모어: "투자자는 큰 도박꾼이다. 그들은 베팅을 하고 그것을 보유하다가, 잘못된 길로 들어서면 모든 것을 잃는다."

손실제한주문의 용도

시장에서 손실제한주문을 하는 것은 두 가지 중요한 일을 하는 것이 다. 첫째, 자신이 받아들일 최대 손실을 정하는 일이다. 우리는 이를 초기 리스크 R이라고 부른다. 예측치에 대한 7장에서 다루었듯이 R의 배수를 결정하는 근거가 되기 때문이다. 모든 트레이더와 투자자는 R의 개념을 이해해야 한다. **기억하라. R은 자본 보호를 위해 시장에서 나와야 할 때, 거래 에서의 손실 예상 액수다. 시장에서 취하는 모든 포지션에 대해 R을 미리 결정 하지 않으면, 도박판에서처럼 돈을 모조리 잃고 말 것이다.**

많은 거래를 하다 보면, 손실제한주문을 올려붙이는 전략에 따라 평 균 손실이 대략 그 절반, 즉 0.5R이 될지도 모른다. 그러나 때로는 시장이 여러분의 예측을 한참 벗어나 손실이 2R, 혹은 3R이 될 수도 있다. 이런 큰 손실은 당연히 드물어야 한다.

옥수수 시장에서 포지션을 취해 일간 변동폭의 세 배로 손실제한주문을 하기로 했다고 하자. 일간 변동폭이 약 3센트라고 할 때, 여기에 계약당 5,000부셸을 곱해보면 150달러라는 숫자가 나온다. 따라서 손실제한주문은 일간 변동폭의 세 배이거나 계약당 450달러가 된다. 평균 손실이 단 그 절반 또는 0.5R이라면, 거래가 실패했을 때 대략 225달러를 잃을 가능성이 크다.

주식에서 그 예를 살펴보자. ABCD사의 주식 100주를 매수한다고 하자. 주식은 현재 48달러에 거래되며 일간 변동폭은 약 50센트다. 따라서 여러분은 주당 1.50달러로 계산하여 손실제한주문을 하기로 결정한다. 그러면 주가가 46.50달러로 내려갈 때 주식이 처분될 것이다. 이 정도는 큰 손실이 아니며, 손실액은 100주당 150달러에 지나지 않는다.[2)]

손실제한주문을 할 때 중요한 두 번째 사항은 추후 수익을 평가하기 위한 기준을 정해야 한다는 것이다. 트레이더로서 여러분의 1차 목표는 큰 R의 배수의 수익을 올릴 수 있는 플랜을 고안하는 것이다. 예컨대 굉장한 거래 시스템을 만드는 데는 많은 횟수의 10R 혹은 20R 수익이 필요하지 않다. 옥수수 거래라면 2,250달러 혹은 4,500달러 정도의 수익이면 괜찮을 것이다. 몇 차례 이런 수익을 거둘 수 있다면 225달러의 손실을 여러 차례 견뎌낼 수 있다.

나는 예측치를 다룬 장에서 이미 R의 배수에 관해 얘기한 바 있다. 그러나 이 주제는 성공에 있어서 꽤 중요하기 때문에 다시 한번 다룰만하다. 그러므로 이를 염두에 두고 다시 주식 시장의 예를 보도록 하자. 48달러의 주식을 100주 매수한다. 그리고 46.50달러에 시장에서 나갈 생각이다. 이제 주식을 충분히 보유하고 있는 동안 20퍼센트의 수익이 났다고 하자. 이것은 주당 9.63달러의 수익으로, 주가는 57.63달러가 되었을 것이다. 기본적으로 963달러의 수익 기회를 위해 100주당 150달러의 리스크를 감수한 것이다. 6R보다 약간 큰 규모의 수익이다. 이 정도는 충분히 가능하다.

그러나 현실적으로 주식 시장의 수수료와 체결오차는 손실 때나 수익 때나 쉽게 30달러에 이른다. 특히, 인터넷으로 거래하지 않을 때는 말이다. 비용을 포함하면, 933달러의 수익(963달러-30달러의 비용)을 올리는데 가능한 손실은 180달러(150달러+30달러의 비용)다. 이는 5.35%의 이익이라는 뜻이다. 이 과정을 잘 이해하겠는가? R을 통해 이익과 손실을 생각하는 것은 여러분이 이해해야 하는 가장 중요한 개념 중 하나다. 이것은 시장에 접근하는 방식을 바꿔놓게 된다. 이 책에 새롭게 12장을 넣은 것은 거래 진입을 생각할 때마다 잠재적인 보상위험비율에 관해 생각할 수 있도록 도움을 주기 위해서다.

많은 이들이 48달러에 100주를 매수할 때 전체 4,800달러가 위험에 노출되는 것으로 생각한다.[3] 하지만 그렇지 않다. 언제 시장에서 나올지 명확한 생각을 갖고 있고, 또 그렇게 할 수 있다면 말이다. 손실제한주문은 초기의 리스크 R을 결정한다. 트레이더로서 여러분의 1차 목표는 큰 R의 배수의 수익을 올릴 수 있는 계획을 고안하는 것이다. 즉, 큰 R의 배수의 이익 거래를 해야만 한다.

손실제한주문의 1차적 목적은 여러분이 감수할 최초의 R의 값을 정하는 것임을 기억하라. R 값이 작으면 매우 큰 R의 배수의 이익이 가능하다. 그러나 작은 손실제한주문은 거래에서 손실을 볼 확률을 증가시키고, 진입 기법의 신뢰도를 떨어뜨릴 수 있다. 무작위 진입 시스템의 신뢰도가 약 38퍼센트였다는 사실을 기억하라. 이 숫자는 원래 50퍼센트가되었어야 했다. 하지만 손실률이 12퍼센트 증가한 것은 거래 비용과 우리가 손실제한주문을 해놓았다는 사실 때문이다. 손실제한주문을 바짝 붙여 놓으면 신뢰도는 더욱 낮아질 것이다. 시장에서 큰 움직임을 타기 전에 손실제한주문에 걸려 튕겨져 나올 수 있기 때문이다. 또 다른 진입 신호에서 곧바로 다시 시장에 들어갈 수 있으나, 이런 일이 많이 발생하면 거래 비용이 커지는 것은 당연하다.

따라서 손실제한주문을 할 때 유용할 어떤 기준을 정하는 것이 중요하다. 예를 들면, 이런 기준들이 있다. 첫째, 진입 기법이 무작위 진입보다 그다지 좋을 것이 없다는 전제 아래 손실제한주문을 시장의 노이즈 바깥에 해둔다. 둘째, 모든 이익 거래의 최대 역행폭을 찾고, 이 값의 일정 비율을 손실제한주문의 간격으로 삼는다. 셋째, 큰 R의 배수의 수익이 가능하도록 타이트한 손실제한주문을 한다. 넷째, 진입 개념에 근거하여 합당한 손실제한주문을 한다. 이런 기준들에 관해 좀 더 자세히 알아보도록 하자.

노이즈 범위 바깥으로

시장의 하루하루 움직임은 노이즈로 간주될 수 있다. 예컨대 가격이 1~2포인트 움직이면, 여러분은 몇몇 시장 조성자들이 낚시질을 하고 있는 것인지, 아니면 많은 움직임이 있는 것인지 알지 못한다. 정말로 많은 움직임이 있다고 해도 그것이 계속될지 여부는 모른다. 따라서 시장에서 일어나는 하루하루의 움직임은 대부분 노이즈라고 가정하는 게 합리적이다. 손실제한주문은 이런 노이즈의 범위 바깥에 해두는 게 낫다.

그러나 노이즈 범위는 어떻게 합리적으로 측정할까? 어떤 사람들은 추세선을 이용하여 손실제한주문이 있어야 할 곳을 결정한다. 예컨대 그림 10.1은 추세선을 이용하여 숏 포지션 진입을 위한 합당한 손실제한주문 가격을 결정할 수 있음을 보여준다. 또한 지지선과 저항선을 이용하여 손실제한주문을 정할 수도 있다. 예컨대 기술적 트레이더들은 주식이 56.50달러에서 강한 지지를 받는다고 말할 것이다. 이곳에서는 가격이 더 이상 떨어지는 것을 막기 위한 지지선이 형성되어 있다. 단기 트레이더들은 가격이 추세선 위로 올라가면 롱 포지션을 취하고 56.50달러의 지지선을 손실제한주문 지점으로 이용할 것이다.

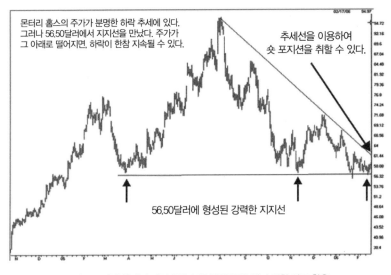

그림 10.1 하락 추세의 시장에서 손실제한주문을 하기 위한 차트 활용

그러나 가격이 56.50달러 아래로 떨어지면 어떻게 될까? 기술적 트레이더들은 더 이상 지지선이 없기 때문에 가격은 한참 하락할 것이라고 말할 것이다. 그러면 56.50달러는 저항선이 될 테고, 사람들은 환매수를 위해 이 선에 손실제한주문을 해놓을 것이다.

그림 10.2는 브라질 상장지수펀드가 가파른 상승 추세에 있는 것을 보여준다. 추세 추종자라면 분명 여기서 롱 포지션을 취하고자 했을 것이

고, 차트상의 추세선이나 이론적인 지지선에 손실제한주문을 할 수 있었을 것이다.

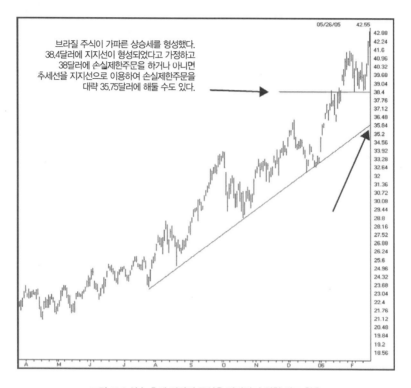

그림 10.2 상승 추세 시장의 주식을 판단하기 위한 차트 활용

하지만 이런 전략의 한 가지 문제는 모든 사람이 이런 손실제한주문이 어디에 있는지 안다는 것이다. 손실제한주문은 추세선 아니면 지지선과 저항선에 있다. 종종 시장은 갑자기 반전하여 모든 손실제한주문들을 발동시킨 다음 유유히 원래의 추세 방향으로 돌아가곤 한다.

어쩌면 시장과 관련하여 논리적이지는 않지만, 그래도 노이즈 바깥에 있는 지점에 보호용 손실제한주문을 하려고 할 수도 있다. 노이즈가 당일의 움직임에 의해 표현된다고 가정하자. 즉 하루 전체의 움직임이 대부분 노이즈라는 것이다. 하루의 가격 움직임은 평균 실제 범위에 의해 표현될 수 있다. 지난 10일간의 가격 움직임에 대한 평균을 내면(즉 10일 이동평균), 일간 노이즈에 대한 근사치를 알 수 있다. 이제 평균 실제 범위의 10일 이동평균을 2.7~3.4 사이의 어떤 상수로 곱하면, 노이즈로부터 충분히 멀리 벗어난 손실제한주문 지점을 얻을 수 있다.[4] 이 값은 선물 시장의 장기 추세 추종자들 대다수에게 썩 괜찮은 손실제한주문이 된다. 오랫동안 포지션을 보유하고 싶어 하는 주식 시장 트레이더들은 주간 변동폭의 3배 혹은 일간 변동폭의 10배로 손실제한주문을 정할 수 있다.

그렇게 멀리 떨어져 손실제한주문을 하는 것에 이런 반응을 보일지 모른다. "어떤 한 포지션에서 결코 그만한 리스크를 부담하고 싶지는 않아." 그러나 상황을 보는 또 다른 시각도 존재한다. 포지션 규모 조절에 관한 장을 읽고 나면 이해할 수 있을 것이다. 손실제한주문은 단위당 리스크를 결정한다. 그러나 포지션 규모 조절 방식은 총리스크를 결정한다. 따라서 포지션 규모 조절 방법을 통해 총리스크를 자본의 0.25퍼센트로 유지하면서 평균 실제 범위의 10배나 되는 넓은 손실제한주문을 할 수 있는 것이다. 그러므로 간격이 넓은 손실제한주문도 포지션 규모가 작거나 최소라면 큰 리스크라고 할 수 없다. 최소 단위라고 해도 이만한 리스크면 큰돈이라고 느껴질 경우, 이 시장에서는 아예 거래하지 말아야 한다. 여기서는 좋은 거래 기회가 없거나 여러분의 자본이 너무 적기 때문이다.

또한 최초의 손실제한주문이 최악의 경우 리스크가 된다는 것을 기억하라. 여러분의 손실은 대개 1R보다 적다. 왜냐하면 시장이 상승하고 시간이 가면서 청산 지점도 올라가기 때문이다. 이 사실을 더 잘 이해하고자 한다면, 뒤로 돌아가서 그림 9.2의 장기 주식 거래 시스템에 나타난 손실의 분포를 살펴보기 바란다.

최대 역행폭

《주식과 상품의 기술적 분석》의 주필을 지낸 존 스위니는 캠페인 트레이딩의 개념을 소개했다.[5] R의 개념을 안다면, 스위니가 캠페인 트레이딩이라는 개념으로 무슨 얘기를 하려고 했는지 충분히 이해할 수 있을 것이다. 캠페인 트레이딩은 단순히 거래의 성공이 진입보다 시장 진입 후 가격의 움직임에 달려 있다는 아이디어에 근거하고 있다고 보여진다.

진입 시점 뒤 가격의 움직임에 관해 생각해보면, 흥미로운 몇 가지 개념들이 이어진다. 그중 첫 번째 개념은 최대 역행폭이다. 어떤 포지션을 보유하고 있을 때, 거래에 불리한 방향으로 일어나는 장중 최대의 가격 움직임을 말한다. 최악의 경우는 롱 포지션이냐 숏 포지션이냐에 따라 특정한 날의 고가 혹은 저가로 보통 생각할 수 있다.

그림 10.3은 롱 포지션 진입 시점에서 가격 역행폭의 사례를 보여준다. 바 차트를 보면, 검은 선은 상승 흐름의 가격 데이터에 대한 최대 역행폭이다. 이 경우 최대 역행폭은 812달러이지만, 최초의 손절액(즉, 보이지는 않지만 평균 실제 범위의 세 배 되는 손실제한주문)은 3,582달러다. 따라서 최대 역행폭은 손절액의 25퍼센트에 미치지 못한다.

그림 10.4는 손실 거래의 가격 역행폭이다. 9월 23일에 85.35에서 손절액 5,343달러로 시장에 진입한다. 최대 역행폭은 80.9이며, 잠재 손실은 2,781.25달러다. 하지만 손절액은 어쨌든 이 가격에서 여전히 수천 달러 떨어져 있다. 그 뒤 가격은 올라갔고 손실제한주문도 함께 올라갔으나, 우리는 궁극적으로 1,168.75달러에 포지션을 처분한다. 그래도 손절액이나 최대 역행폭 2,781.25달러에는 훨씬 못 미친다. 이 손실 거래의 경우

최대 역행폭은 궁극적 손실의 두 배에 해당하지만, 최초 손절액의 절반
에 불과하다.

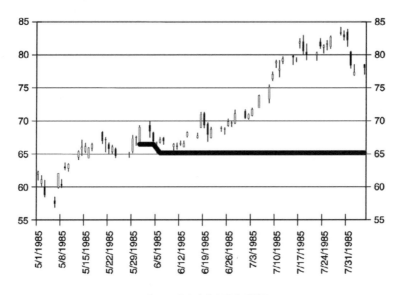

그림 10.3 이익 거래의 최대 역행폭

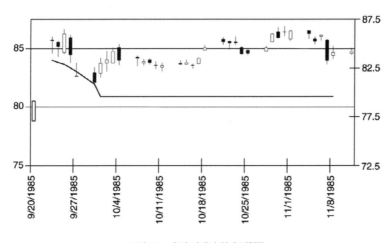

그림 10.4 손실 거래의 최대 역행폭

이제 수익 및 손실 거래의 최대 역행폭을 보여주는 표를 만들어보자. 이번 경우, 우리는 채널 돌파 시스템과 평균 실제 범위 세 배 간격의 손실제한주문을 이용하여 7년 동안 영국 파운드화를 조사했다. 표에 이익 거래와 손실 거래를 각각 나눠놓았다. 표 10.1은 이런 거래의 이익 또는 손실과 최대 역행폭을 보여준다. 최대 역행폭을 R의 함수로 표현하는 것이 얼마나 흥미로운지 확인하라. 이건 존 스위니도 생각해보지 않은 일이다.

표 10.1 영국 파운드화의 이익 거래 및 손실 거래에서 R로 표현한 최대 역행폭

날짜	1R (단위: $)	이익 (단위: R)	최대 역행폭 (단위: R)	날짜	1R (단위: $)	손실 (단위: R)	최대 역행폭 (단위: R)
1985.03.25.	6,189	0.70	0.00	1985.09.23.	5,343	0.22	0.52
1985.05.31.	3,582	1.83	0.23	1985.11.21.	1,950	0.13	0.14
1986.02.24.	3,993	0.05	0.33	1986.01.22.	4,386	2.61	0.33
1986.09.22.	2,418	0.44	0.14	1986.04.17.	3,222	0.22	0.23
1986.12.19	975	5.49	0.13	1987.05.20.	1,593	1.18	1.18
1987.02.23.	1,764	0.36	0.00	1987.09.01.	2,175	0.43	0.43
1987.10.26.	4,593	2.16	0.00	1988.02.05.	2,532	1.10	1.10
1988.06.28.	2,814	2.68	0.40	1988.03.02.	2,850	0.09	0.09
1988.10.12.	2,244	3.36	0.04	1988.02.18.	3,582	0.61	0.66
1989.03.01.	3,204	0.11	0.40	1989.01.19.	3,264	0.56	0.59
1989.05.08	2,367	2.54	0.23	1989.09.15.	6,765	0.47	0.47
1989.12.20.	1,839	3.70	0.03	1990.12.24.	3,804	0.72	0.72
1990.05.15.	1,935	4.09	0.50	1991.06.21.	2,559	0.03	0.05
1990.07.18.	3,420	2.03	0.31	1992.03.04.	2,589	0.45	0.50
1990.10.05.	4,254	0.71	0.02				
1990.01.24.	3,759	0.00	0.15				
1991.03.15.	3,750	1.46	0.03				
1991.09.06.	2,934	0.46	0.13				
1991.11.07.	4,794	0.00	0.00				
1992.05.01.	1,980	0.73	0.07				
1992.06.05.	2,460	1.4	0.06				
1992.08.21.	2,850	0.28	0.18				
1992.09.15	6,915	2.89	0.03				
		1.65	0.14			0.63	0.50

이것은 작은 표본에 지나지 않고, 단순히 이런 기법을 어떻게 사용하는지 설명하려는 의도밖에 없다. 이익 거래와 손실 거래의 차이를 눈여겨보기 바란다. 최대 역행폭이 0.5R보다 큰 이익 거래는 존재하지 않으며, 24회의 이익 거래 가운데 3회(즉, 12.5퍼센트)만이 최대 역행폭이 0.33R을 넘었다. 이에 반해, 손실 거래의 66.7퍼센트는 최대 역행폭이 0.33R을 넘고 거의 그 절반이 0.5R을 상회했다. 여기서 패턴이 보이는가? 이익 거래의 평균 최대 역행폭은 0.14R이며, 평균 수익은 1.65R이다. 손실 거래의 평균 최대 역행폭은 0.5R이며, 평균 손실은 0.63R이다.[6]

이런 데이터를 정리해보면, 이익 거래의 최대 역행폭은 특정한 값 아래로 거의 내려가지 않는다는 것을 알게 될 것이다. 즉 **좋은 거래는 우리에게 불리한 방향으로 멀리 가는 법이 거의 없다.**

이 값을 계속 체크하면, 원래 생각했던 것보다 훨씬 타이트하게 손실제한주문을 할 수 있음을 알게 된다. 표 10.1의 데이터는 손실제한주문 간격으로 3배보다 2배의 평균 실제 범위가 훨씬 효율적일 수 있었음을 보여준다. 손실제한주문이 좀 더 타이트했다면 몇 번이든 이익 거래에서 튕겨져 나오는 일을 피할 수 있었을 것이다. 손실 거래에서 작은 손실들을 입는다고 해도 R의 배수는 전체적으로 증가할 것이다. 그러나 이런 결론은 일종의 커브 피팅으로 사후 데이터를 조사해보고 내려진 것이다. 하지만 일반적으로 타이트한 손실제한주문을 하면 손실은 작아지고(횟수는 얼마간 늘어날지라도) 이익 거래의 R은 커진다.

타이트한 손실제한주문

타이트한 손실제한주문은 특정한 상황이나 조건에서 사용할 수 있다. 즉, 우리가 시장의 주요 변화를 예측하고 있으며, 시장이 그 예측대로 움직이기 시작할 때다. 또한 타이트한 손실제한주문은 짧은 시간 프레임에서 사용할 수 있다. 거래 기법이 타이트한 손실제한주문을 허용할 경우 커다란 강점을 가지게 된다. 첫째, 거래를 중단했을 때 거래 단위당 잃는 돈이 훨씬 적을 것이다. 둘째, 손실이 작기 때문에 큰 움직임을 잡기 위한 시도를 더 많이 할 수 있다. 셋째, 이런 움직임을 잡는다면, R의 배수가 훨씬 큰 수익을 얻을 수 있다.

그러나 타이트한 손실제한주문은 몇 가지 심각한 결점이 있다. 첫째, 시스템의 신뢰도가 낮아진다. 이익을 내기 위해서는 더 많이 거래해야 한다. 많은 횟수의 소규모 손실들을 감당할 수 없을 경우, 사실 많은 트레이더와 투자자들이 그렇지만, 타이트한 손실제한주문은 여러분을 파산시킬 것이다.

둘째, 타이트한 손실제한주문은 거래 비용을 큰 폭으로 증가시킨다. 시장 전문가들은 그들이 돈을 벌 수 있는 시스템을 만들어놓았기 때문이다. 여기서 거래 비용은 사업의 주된 일부다. 시장 조성자들은 매매호가 차이에서 이득을 얻는다. 증권 회사는 수수료를 받는다. 또 어떤 종류든 펀드에 투자를 할 경우, 그들은 투자 규모에 따라 수수료를 받는다. 사실 **나는 오랜 세월 동안 거래 비용보다 큰 수익을 내지 못한 시스템들을 자주 보아왔다.** 한 예로, 내 거래 시스템은 2004년 거래 비용을 제하고 난 이익이 30퍼센트였으나, 거래 비용은 초기 계좌 가치의 약 20퍼센트에 달했다. 따라서 내가 총이익의 60퍼센트를 갖고 내 중개인이 거래 비용으로 40퍼센트를 가져간 셈이다. 늘 시장을 들락날락거린다면, 이런 거래 비용은 이익을 깡그리 갉아먹을 것이다. 작은 규모로 거래하면 거래당 비용이 매우 높기 때문에 이것이 중요한 문제로 떠오른다.

거래를 중단할 때 손실을 크게 줄일 수 있다면 대부분은 매우 좋아할 것이다. 그러나 트레이더에게 가장 끔찍한 일은 시장의 큰 움직임을 놓치는 일이다. 따라서 다시 신호가 발생하면 바로 시장에 재진입해야 한다. 많은 사람은 이런 전략 아래서는 거듭 생겨날 수밖에 없는 3~5차례의 연속 손실을 견뎌내지 못한다. 그러나 예컨대 각각의 청산에서 단 100달러의 손실이 난다고 하자. 이렇게 5회 연속으로 손실을 기록하고 나서 시장이 갑자기 여러분의 예상대로 움직인다고 생각해보자. 1주일 뒤면 20R의 이익인 2,000달러를 벌고 거래를 마칠 수 있다. 요약하면 5회의 손실 거래와 1회의 이익 거래로 옳은 판단을 한 것은 17퍼센트에도 못 미친다. 그러나 6회의 거래에서 얻은 총이익은 수수료와 체결오차를 빼고 1,500달러에 이른다.[7]

이런 상황에서 무슨 일이 일어나는 것인지 이해해야 한다. 평균 실제 범위의 세 배로 손실제한주문을 여유 있게 해둔다고 해보자. 평균 실제 범위의 세 배로 손실제한주문을 했을 때 손절액은 600달러라고 하자. 시장 움직임을 정확히 예측했다면, 손실제한주문에 걸려 시장에서 나오는 일은 없을 것이다. 이에 따라 한 차례 거래만으로 3.33R의 이익인 2,000달러를 벌 수 있다. 그러나 총이익은 수수료와 체결오차 100달러를 제한 1,900달러가 될 것이다. 이전의 예에서는 손실과 체결오차, 수수료를 제하고 번 돈이 고작 900달러 정도였다는 것을 기억하라.

손절액이 600달러일 때 수익을 내기 위해 두 차례 시도가 필요하다면, 상황은 손절액이 100달러일 경우보다 약간 더 낫다. 수익 거래로 2,000달러를 벌지만, 한 차례 손실로 600달러를 잃게 된다. 따라서 순수익은 1,400달러다. 수수료와 체결오차로 200달러를 제하면 결국 순수익은 1,200달러가 된다. 그래도 수익을 내기 위해 6차례나 거래해야 했던 첫 번째 경우보다 낫다고 할 것이다. 그러나 체결오차와 수수료를 감안하지 않았다면, 이런 결론을 내리지 않았을지도 모른다.

손절액이 600달러일 경우, 여러 차례 거래에서 실패하면 수익성이 급 감한다. 2,000달러의 이익을 내기 전에 두 차례 손실제한주문에 걸려 시 장에서 나올 경우, 순수익은 고작 500달러에 지나지 않을 것이다. 만약 2,000달러의 수익 전에 세 차례 시장에서 나와야 한다면, 200달러의 순 손실을 기록할 것이다.

내가 이런 예들로 말하고자 하는 것은 보호용 손실제한주문을 가볍 게 생각해서는 안 된다는 사실이다. 손실제한주문은 자기 자신의 목표 와 기질에 따라 신경 써서 선택해야만 한다.

합리적이고 타당한
손실제한주문

손실제한주문의 종류를 선택하는 데 가장 중요한 요소는 자기 자신 의 목표, 기질, 거래 개념의 성격에 부합하느냐 하는 것이다. 여러분은 합 리적이고 타당한 손실제한주문을 이용해야 한다. 이용할 수 있는 또 다 른 종류의 보호용 손실제한주문을 살펴보고 관련 문제들을 조사해보자.

정액 손실제한주문

많은 트레이더는 정액 손실제한주문Dollar Stops의 사용을 옹호한다. 한 차례 거래에서 얼마나 돈을 잃을지 미리 생각하고 이를 손절액으로 삼 는 방법이다. 여기에는 속 편하게 결정할 수 있다는 얼마간의 심리적 이 점 외에도 몇 가지 기술적 이점이 있다. 첫째, 이런 형태의 손실제한주문은 예측이 쉽지 않다. 여러분이 어디서 시장에 진입할지 모르며, 손절액이 1,500달러인지 아니면 1,000달러인지도 알지 못한다. 둘째, 이런 손실 제한주문이 최대 역행폭 위에 있을 경우, 꽤 괜찮은 결과를 가져오게 한다. 그냥 어떤 주어진 계약에서 최대 역행폭을 결정하고, 그보다 약간 높은 곳에 손실제한주문을 하기 바란다.

그러나 어떤 사람들은 이런 손실제한주문과 포지션 규모 조절을 혼동하므로 포지션 규모 조절을 도외시하는 일이 생긴다. 이런 사람들은 10만 달러의 자본을 가지고 1퍼센트를 리스크로 삼고 싶어할 때, 손절액을 1,000달러로 하고서 이것을 자금 관리라고 부른다. 하지만 이 방법은 너무 순진하다.

이런 방식으로 손실제한주문을 결정한다 하더라도, 이를 포지션 규모 조절과 혼동해서는 안 된다. 거래 시스템으로 얼마나 돈을 벌지 결정하는 가장 중요한 시스템의 요소는 바로 포지션 규모 조절 전략이다. 간단히 정액 손실제한주문만을 함으로써 시스템의 가장 중요한 요소를 내팽개치는 일이 있어서는 결코 안 될 것이다.

되돌림 비율

어떤 사람들은 가격이 진입 가격의 일정 비율만큼 되돌아갈 수 있도록 손실제한주문을 해놓는다. 주식 트레이더들 사이에서는 매우 흔한 관행이다. 이렇게 하지 않으면, 주식을 30달러에 사서 주가가 10퍼센트 떨어져 27달러가 되었을 때 팔게 될지도 모른다. 이런 식으로 하다 보면, 10달러에 산 주식을 9달러에 팔고, 100달러짜리 주식을 90달러에 팔게 될 것이다.

되돌림 기법이 최대 역행폭 분석에 근거하고 있을 경우 이런 관행은 괜찮다. 그러나 아무렇게나 숫자를 정할 경우—흔히 이렇게들 하지만—손실제한주문으로 상당한 잠재 수익이 사라지게 될 수 있다.

변동폭 손실제한주문

변동폭 손실제한주문은 변동폭이 어느 정도 시장의 노이즈를 나타낸다는 가정에 근거하고 있다. 이에 따라 평균 실제 범위의 몇 배에 해당하는 지점(지금까지 우리의 예에서는 3배)에 손실제한주문을 해놓을 경우, 시장의 노이즈를 피할 수 있다. 내 경험으로 보자면, 변동폭 손실제한주문이야말로 선택할 수 있는 가장 좋은 손실제한주문이다.

편차 손실제한주문

신시아 케이스는 그녀의 저서 《확률 거래》에서 '편차 손실제한주문dev-stop'이라는 용어를 만들고 한 장 전체를 이 주제에 할애했다.[8] 가격이 정상적으로 분포해 있을 경우, 표준편차 1의 영역 안에는 가격의 약 68퍼센트가 포함될 것이다. 표준편차가 2라면 가격의 약 95퍼센트가 그 영역 안에 들어간다. 하지만 시장의 가격은 정상분포를 보이지 않으며, 오른쪽으로 비스듬히 경사져 있다. 따라서 이런 현상을 설명하기 위해 표준편차에 얼마간의 보정이 필요하다. 1 표준편차에는 약 10퍼센트, 2 표준편차에는 약 20퍼센트의 보정이 필요하다.

평균 실제 범위의 표준편차는 손실제한주문으로 매우 유용하다. 지난 30일간의 평균 실제 범위를 조사하여 표준편차를 계산하라. 평균 실제 범위에 1 표준편차와 10퍼센트 보정 값을 더하면 첫 번째 손실제한주문 후보가 된다. 평균 실제 범위에 2 표준편차와 20퍼센트 보정 값을 더한 값은 두 번째 손실제한주문 후보다.

채널 돌파와 이동평균 손절매

채널 돌파와 이동평균 개념은 진입 기법뿐만 아니라 청산 기법으로도 사용될 수 있다. 이런 청산 방법은 평균 실제 범위나 최대 역행폭을 토대로 한 것인만큼 유용하며, 간략하게나마 설명이 필요할 것 같다.

오랫동안 이동평균의 교차는 통상적인 진입 기법으로 이용되었다. 우리는 이에 관해 이미 9장에서 광범위하게 다루었다. 두 개의 이동평균이 있으면 반전 청산을 이용할 수 있다. 포지션을 보유하고 있을 때 짧은 이동평균이 긴 이동평균을 돌파하면, 현재의 포지션을 처분하기 위한 손절매 시점으로 혹은 반대 방향(돌파의 방향에 따라 롱이든 숏이든)으로 시장에 진입하기 위한 반전 진입 신호로 이용할 수 있다. 물론 이런 시스템의 문제는 늘 시장에 들어가 있어야 하고, 휩소가 많이 발생한다는 것에 있다.

R. C. 앨런은 세 가지 이동평균 시스템을 널리 알렸다. 여기서는 두 개의 짧은 이동평균이 긴 이동평균을 가로지를 때 진입 신호를 얻는다.[9] 이는 정의상 가장 짧은 이동평균이 지금 천장(혹은 바닥)에 있다는 것을 의미한다. 가장 짧은 이동평균이 중간 이동평균을 돌파할 때는 청산 신호다. 그러나 짧은 이동평균과 중간 이동평균이 긴 이동평균을 침범하기 전까지는 숏 포지션 진입을 위한 반전 신호를 얻지 못한다.

채널 돌파 역시 9장에서 이미 다루었다. 예를 들어, 가격이 40일 최고가를 기록했을 때 시장에 진입할 수 있다. 그리고 채널 돌파는 청산 시점이 될 수도 있는데, 가격이 20일 최저가를 기록했을 때다. 이 방법은 가격 움직임에 여유를 주어 노이즈를 피할 수 있는 장점이 있다. 많은 유명한 트레이더가 이 방법을 사용한다. 그러나 큰 수익을 토해내야 하는 큰 단점도 있다. 최악의 경우에는 보호용 손실제한주문에 걸려 시장에서 나오거나 아니면 이익 실현을 위한 청산으로 시장에서 나와야 하기 때문이다.

시간제한 손절매

많은 트레이더와 투자자들은 포지션이 처음에 원하는 방향으로 움직이지 않으면 그 뒤로도 그럴 가능성은 적다고 말한다. 따라서 흔히 사용되는 또 다른 손절매 방법은 시간제한 손절매이다. 이익을 내지 못하면, 일정한 시간 뒤에 그냥 포지션을 처분해버리는 것이다.

한 위대한 트레이더는 거래할 때 매일매일을 완전히 새로운 날로 여긴다고 했다. 그래서 거래에 들어간 그날 의미를 발견할 수 없다면, 그냥 포지션을 처분해버린다. 이런 것이 실질적인 시간제한 손절매다.

시간제한 손절매를 사용할지 여부는 매우 개인적인 문제다. 장기 트레이더로서 시장에서 갑자기 예상하고 있던 큰 움직임이 일어났을 때 시장에 재진입할 방법이 없다면, 이런 손절매 방법을 이용하지 말아야 한다. 청산한 포지션에 다시 진입하는 것을 어려워하는 사람 역시 이런 방법이 맞지 않다고 하겠다. 하지만 단기 거래를 원할 경우, 시간제한 손절매법은 또 하나의 훌륭한 병기가 되어줄 것이다.

그러나 시간제한 손절매법을 쓰기 전에 거래의 전체적인 틀 내에서 이 방법의 효율성을 검토해보아야 한다. 데이 트레이더는 10분 시간제한 손절매를 원하는 반면, 장기 투자자는 1개월 시간제한 손절매를 원할 수 있다. 예를 들어, 여러분이 3일 시간제한 손절매를 사용하기로 했다고 치자. 실제 거래 전에 이런 손절매법의 효율성을 평가해볼 필요가 있다. 포지션이 3일 동안 가만있다가 그 뒤 갑자기 상승하는 일은 얼마나 자주 일어나는가? 많은 사례들을 통해 시장의 큰 움직임을 놓칠 수 있다는 것을 알게 되면, 이런 손절매법을 피해야 한다. 그러나 일반적으로 손실을 신속하게 차단해주거나 막아준다면 이 방법을 시스템에 포함시켜야 한다.

임의적인 손실제한주문과 심리적인 청산

시장에 대한 직관이 뛰어나다면, 자신의 임의적인 판단에 따라 손실제한주문을 하는 방법도 생각해볼 수 있다. 많은 최고의 전문 트레이더가 이런 임의적 방법을 이용한다. 그러나 초심자나 아마추어 트레이더에게는 권할 만한 방법이 결코 아니다.

이에 반해 심리적인 청산법은 대다수의 시장 참여자들에게 권할 만하다. 오랫동안 시장에 있을 생각이 없다면, 심리적인 청산법을 고려해보아야 한다. 장기 추세 추종자는 이런 청산법이 맞지 않을 수도 있다. 그들에게는 단 한 차례의 괜찮은 거래가 1년 동안의 모든 거래일 수 있기 때문이다. 그러나 심리적으로 잘 균형 잡힌 사람이 아니라면, 큰 이익을 낼 거래 앞에서 이제 휴가를 갈 시간이라거나 포지션을 처분해야 할 때라고 판단하기도 한다.

어느 때이건 거래의 가장 중요한 요소—즉, 바로 자기 자신—가 100퍼센트 완벽하지 못한 시기가 있기 마련이다. 이럴 때는 시장에서 나오는 것을 고려해보아야 한다. 다음과 같은 때는 정말로 재앙이 일어나기 쉽다. 이혼이나 별거 혹은 누군가 중요한 사람과 헤어졌을 때, 자신의 인생에서 중요한 사람이 죽거나 병원에 있을 때, 자식이 태어나거나 생활방식이 극적으로 바뀌었을 때, 이사를 하거나 직장을 옮길 때, 심리적으로 지치거나 완전히 피폐해졌을 때, 소송에 휘말렸을 때, 포지션의 가치가 하룻밤 새 두 배가 된다든가 아니면 아무 일이 없다 하더라도 거래 중에 너무 흥분해 있을 때다. 이때는 모든 포지션을 처분해야 할 때다. 이런 심리적인 청산법은 매우 중요하다. 따라서 장기 트레이더가 아닌 한, 누구라도 이런 심리적인 청산법을 이용해야 한다.

일반적인 시스템에서 사용하는
손절매 방법

주식 시장 시스템

윌리엄 오닐의 캔슬림 기법

윌리엄 오닐은 시장을 근거로 한 손실제한주문을 권하지 않고, 대신 주가가 역방향으로 7~8퍼센트 이상 움직이도록 놔두지 말아야 한다고 주장했다. 이는 사실 위에서 논한 되돌림 비율과 관련된 손실제한주문의 일종이다. 본질적으로, 오닐이 말하는 7~8퍼센트는 주가 움직임에서 일어나는 7~8퍼센트의 되돌림이며 자본과는 상관없는 것이다. 따라서 주식을 20달러에 산다면, 주가가 20달러의 7~8퍼센트만큼 떨어져 1.40~1.60달러가 되도록 놔두어서는 안 된다. 주식을 100달러에 샀다면, 주가가 7~8달러 이상 떨어지게 해서는 안 된다. 오닐은 7~8퍼센트가 여러분이 받아들일 수 있는 최대 손실이어야 한다고 강조했다. 그는 사실 모든 손실에 대한 전체 평균이 5~6퍼센트가 되어야 한다고 했다.

오닐의 가이드라인은 최고의 주식 거래 기법에 속하지만, 그래도 여기에는 어느 정도 개선점이 있다. 무엇보다 시장을 근거로 손실제한주문을 설정하는 방법이 있다. 오닐의 시스템을 이용하여 최대 역행폭을 결정하라. 이 값은 가격 범위를 통해 계산해야 한다. 저가주로 25달러 이하의 주식을 찾았다고 하자. 이 주식은 만약 제대로 매수했다면 불리한 방향으로 1달러 이상 움직이지는 않을 것이다. 따라서 손실제한주문 간격은 1달러로 잡을 수 있을 것이다. 제대로 매수했다면, 100달러짜리 주식이라고 해도 역방향으로 2달러 이상 멀리 가지는 않을 것이다. 이 같은 경우 고가주에서 발생할 수 있는 수익은 엄청나다.

오닐은 시장이 바닥에서 탈출할 때 진입할 것을 권하므로, 시장이 다시 바닥을 향할 때는 청산해야 한다. 가격이 역방향으로 평균 일일 가격 변동폭의 세 배만큼 갔을 때 포지션을 처분하는 것도 또 다른 청산 방법이다.

워런 버핏의 투자법

워런 버핏은, 그에 관한 책에 따르면 주식을 보유할 때 평생 보유를 염두에 둔다고 한다. 그는 수익이 장기적으로 시장의 심리적 상승과 하락에 압도당하지 않을 만큼 충분히 클 것으로 믿는다. 게다가 그에게는 시장에 들어가거나 나오는 거래 비용을 지불하고 싶은 마음이 전혀 없다. 이로 인한 세금은 말할 것도 없다. 따라서 버핏은 영원히 소유하고 싶은 회사를 매수하는 것을 자신의 주된 일로 생각한다. 또한 보호용 손실제한주문도 전혀 하지 않는 것 같다.

나는 주식 시장에서 돈을 벌려고 해본 적이 결코 없다. 나는 시장이 내일 문을 닫고 5년 동안 다시 개장하지 않는다는 생각으로 매수한다.[10]

그러나 버핏도 이따금 투자 자산을 매각하는 것으로 알려져 있다. 보호용 손실제한주문은 자본 보전을 목적으로 한, 최악의 시나리오에 대한 대비책임을 잊지 말라. 따라서 버핏은 분명 자신의 기준에 여전히 들어맞는지 판단하기 위해 정기적으로 자신의 투자를 점검했을 것이 분명하다. 투자를 현명하게 할수록, 회사 운영 방식을 잘 알수록, 경영이 제대로 되고 있는지 여부를 정확하게 평가할수록, 이런 투자법을 더 잘 활용할 수 있게 된다. 그러나 나는 아무리 노련한 장기 투자자라고 하더라도 모든 투자에 대해 매입 당시 최악의 상황에 대한 대비책을 갖고 있어야 한다고 믿는다. 이런 대비책은 대개 25퍼센트 손실제한주문 같은 간단한 것이다. 가격이 진입 가격에서 25퍼센트만큼 떨어지면, 자본 보전을 위해 시장에서 나오는 것이다.

선물 시장 시스템

페리 코프먼의 적응이동평균 시스템

코프먼은 손실제한주문의 성격을 다루면서 흥미로운 얘기를 했다. 그는 역방향 가격 움직임의 크기와 그 움직임이 일어나는 횟수의 곱은 늘 거의 똑같다고 주장했다. 즉, 5포인트의 움직임이 20회 일어나거나, 10포인트의 움직임이 10회 일어나거나, 20포인트의 움직임이 5회 일어난다는 것이다. 이 세 경우는 모두 손실이 100포인트이고, 여기에 체결오차와 수수료가 덧붙여질 것이다. 이에 따라 코프먼은 거래 비용을 최소화할 수 있기 때문에 일반적으로 간격이 넓은 손실제한주문이 더 낫다고 주장했다.

코프먼은 그의 책에서 시스템을 테스트할 때 손절매에 대해서는 몇 가지 간단한 아이디어만을 활용했다. 첫째, 손실이 미리 정해둔 비율을 넘어서면 거래를 마무리한다. 이것은 오닐의 개념과 매우 흡사하다. 둘째, 반전 신호가 나타날 때 역시 거래를 종료한다.

이 장에서 논의된 많은 개념은, 적응이동평균 시스템을 크게 향상시켜줄 것이라고 본다. 한 예로, 변동폭 손실제한주문, 최대 역행폭 손실제한주문, 편차 손실제한주문을 써볼 것을 고려해보기 바란다.

윌리엄 갈라커의 펀더멘털 거래

기억하겠지만, 갈라커는 펀더멘털 트레이더다. 그는 펀더멘털을 이용하여 상품을 거래하고, 시장이 특정한 한 방향으로 움직일 수 있도록 펀더멘털 조건이 갖추어졌을 경우 10일 채널 돌파 때 시장에 진입한다. 그의 손절매 방식은 간단하다. 반대 방향으로 일어나는 10일 채널 돌파가 그의 청산 신호이다.

갈라커의 거래 기법을 이루고 있는 많은 개념은 합당하지만, 독자들은 이 책에서 추천한 많은 손절매 방법이 이 간단한 거래 방법을 크게 향상시킬 수 있는 것을 발견하리라 믿는다.

켄 로버츠의 1-2-3 기법

로버츠의 셋업은 시장이 9개월 최고가 혹은 최저가를 기록한 다음 1-2-3 패턴을 형성하는 것임을 기억하라. 진입 신호는 시장이 전고점 혹은 전저점의 반대 방향에서 새로운 극값을 만들었을 때다. 즉, 시장이 다시 1-2-3 패턴의 지점 2를 지났을 때 시장에 진입해야 한다는 것이다. 손절매에 관해 말하자면, 차트상의 논리적인 지점에 손실제한주문을 해둔다. 즉, 지점 1의 바로 밑이나 위다.

다시 한번 말하지만, 이런 기법을 이용하는 트레이더는 통계 수치들에 근거한 손실제한주문을 이용할 경우 훨씬 나은 결과를 얻을 수 있다. 그 간격이 평균 실제 범위의 세 배인 손실제한주문, 편차 손실제한주문, 최대 역행폭의 계산 값 바로 밑이나 위의 손실제한주문이 여기에 해당한다.

| 요약 SUMMARY |

- 보호용 손실제한주문은 빨간불 같은 것이다. 무시하고 그대로 지나갈 수 있지만, 그렇게 하는 것은 매우 안전하지 못하다.
- 보호용 손실제한주문에는 두 가지 주요 기능이 있다. 첫째, 거래에서 받아들일 수 있는 최대 손실을 결정한다. 둘째, 최후의 이득을 측정하기 위한 기준 역할을 한다.
- 트레이더로서 혹은 투자자로서 여러분이 해야 할 가장 중요한 일은 큰 R의 배수의 수익을 얻을 수 있는 계획을 고안하는 것이다.
- 손실제한주문을 설정할 때는 노이즈 범위를 넘도록 해야 한다. 간격이 평균 실제 범위의 몇 배에 해당하는 손실제한주문 혹은 편차 손실제한주문을 하거나, 아니면 최대 역행폭을 측정한 다음 그 범위 바깥에 손실제한주문을 하는 방법이 있다.
- 타이트한 손실제한주문은 큰 R의 배수의 이익 거래를 만들어내고 손실을 최소화한다는 장점이 있다. 그러나 신뢰도를 떨어뜨리고 거래 비용을 크게 증가시키는 단점도 있다. 따라서 진입 설정을 아주 잘했을 때만 이런 타이트한 손실제한주문을 이용해야 한다.
- 손실제한주문을 하는 또 다른 방법으로는 되돌림 비율 손실제한주문, 변동폭 손실제한주문, 채널 돌파 손실제한주문, 이동평균 손실제한주문, 지지선 및 저항선 손실제한주문, 시간제한 손실제한주문, 임의적인 손실제한주문 등이 있다. 각각은 그 나름의 장점이 있다. 적합한 손실제한주문을 고르는 것은 자신에게 맞는 거래 시스템을 고안하는 작업의 일부이다.
- 손실제한주문과 관련된 여러분의 믿음은 무엇인가? 손실제한주문과 관련된 자신의 믿음에 잘 맞는 시스템으로 거래할 때만이 편안한 거래가 가능하다.

1 John Sweeney, Campaign Trading: Tactics and Strategies to Exploit the Markets (New York: Wiley, 1996).

2 이런 종류의 거래는 할인 중개인을 통하는 경우라도 매우 큰 수수료 때문에 계속하기가 쉽지 않다. 이런 상황을 바꾼 것은 인터넷 거래였다.

3 증권거래소는 공포심을 더욱 조장한다. 이곳에서는 단 50퍼센트 손실에도 마진 콜을 통해 모든 것을 다 잃을 수 있다고 고객들에게 겁을 준다. 게다가 한편으로는 그들이 그렇게 되는 것은 당연하다. 대부분 거래 계획도 없고 심리적으로 돈을 잃는 경향을 내포하고 있기 때문이다.

4 J. Welles Wilder, Jr., New Concepts in Technical Trading Systems (Greensboro, N.C.: Trend Research, 1978)에 나와 있다.

5 최대 역행폭에 관해 보다 상세히 알고 싶다면 John Sweeney, Campaign Trading을 보라.

6 체결오차와 수수료 때문에 손실이 1R 그리고 최대 역행폭보다 클 수 있다는 것을 확인하라. 그러나 최대 역행폭이 궁극적 손실보다 클 수 있다. 거래 초기에 손실제한주문이 움직이기 전에 가격이 최대 역행폭을 만드는 경우에 그렇다.

7 체결오차와 수수료가 거래당 100달러일 경우, 수익 1,500달러에서 600달러를 빼야 한다. 이제 20R의 수익은 8R 수익에 불과한 것처럼 보인다. 단기 트레이더가 거래 시 늘 거래 비용을 염두에 두어야 하는 것은 이 때문이다. 거래 비용은 단기 거래의 성공에 상당히 중요한 영향을 미치는 요인이다.

8 편차 손실제한주문은 신시아 A. 케이스가 개발한 지표다.

9 찰스 르보와 데이비드 W. 루카스는 이 문제에 관한 뛰어난 논의를 보여준다. The Technical Traders' Guide to Computer Analysis of the Futures Market (Homewood, Ill.: Irwin, 1992).

10 워런 버핏의 말, Jeremy Gain이 다음에서 인용. "The Bull Market's Biggest Winners," Fortune, August 8, 1983, p.36.

11

이익을 실현하는 법
How to Take Profits

붙들 때를 알고, 포기할 때를 알고, 떠날 때를 알고, 도망칠 때를 알아야 한다.
— 케니 로저스, 《갬블러》에서 —

　　잭 슈웨거의 《시장의 마법사들》[1])에 나오는 한 위대한 트레이더는, 우리의 세미나에서 거래하는 법을 알고 싶다면 해변으로 가서 파도를 보라고 말했다. 물결이 해변으로 밀려 들어왔다가 방향을 바꾸어 다시 바다로 돌아가는 것을 보게 되는데, 손을 파도의 리듬에 맞추어 움직여보라고 했다. 파도가 접근할 때는 손을 자신에게로 움직이고, 파도가 후퇴할 때는 손을 자신에게서 멀어지게 하라는 것이었다. 한동안 이렇게 하다 보면, 파도와 하나가 된 느낌이 들 것이다. 그는 이렇게 말했다. "이렇게 파도의 흐름과 조화되었다는 느낌을 얻으면, 트레이더가 되기 위해 필요한 많은 것에 관해 알게 될 것입니다." 파도와 하나가 되기 위해서는 파도가 언제 그 움직임을 끝마치는지 아는 게 중요하다는 것 또한 명심하기 바란다.

한 사람이 호주에서 나를 만나러 왔다. 그는 컴퓨터 소프트웨어 사업으로 수백만 달러를 벌었고, 지금은 거래 시스템을 연구하고 싶어 했다. 그는 미국 전역으로 사람들을 만나러 다니며 거래의 본질에 관해 배우고 있는 중이었다. 우리는 저녁식사를 함께 했다. 그는 그 자리에서 조심스럽게 자신의 거래 아이디어를 나에게 설명했다. 나는 얘기를 듣고 나서 모두 좋은 아이디어라고 생각했으나 약간 놀랐다. 그의 모든 연구가 시장 진입 기법을 발견하는 것과 관련되어 있었기 때문이다. 그는 어떤 청산 방법을 쓸지, 아니면 어떻게 포지션 규모를 조절할지에 관해서는 아무런 연구도 하지 않았다. 내가 적어도 진입에 들인 시간만큼을 이익 실현을 위한 청산 기법에 투자해야 하고, 또 포지션 규모 조절 방법에도 그만한 시간을 들여야 한다고 말하자, 그는 짜증이 난 듯했다. 그로서는 시장에서의 성공은 전적으로 올바른 주식을 고르는 데 있다고 절대적으로 믿고 있었기 때문이다.

사람들은 청산 방법을 무시하고 싶어 하는 것처럼 보인다. 청산에서는 시장을 통제할 수 없기 때문일 것이다. 그러나 통제를 원하는 사람들에게 청산 기법은 두 가지 중요한 결과를 통제할 수 있게 해준다. 수익이냐 손실이냐, 그리고 얼마나 큰 수익이냐가 그것이다. 청산은 성공적인 시스템 개발에서 중요한 열쇠 가운데 하나다.

이익 실현을 위한 청산

청산과 관련하여 해결해야 할 문제는 많다. 최악의 경우가 일어나지 않았다면(즉, 손실제한주문에 걸려 시장에서 튕겨져 나오는 일이 없었다면) 여러분의 시스템은 가능한 가장 큰 수익을 올리면서 다시 빼앗기는 수익은 최소한으로 해야 한다. 청산 기법만이 이런 일을 해줄 수 있다!

대부분의 시스템은, 제대로 기능하기 위해서는 여러 가지 청산 방법이 필요하다. 따라서 시스템의 목표에 맞게 서로 다른 청산 전략을 구사해야 한다. 시스템을 고안할 때, 이 장에서 설명된 이익 실현 청산법을 이용하여 어떻게 보상위험비율을 조종하고 이익을 최대화할지 생각해보기 바란다.

처음의 손실제한주문으로 시장에서 빠져나오는 것 외에도 청산 방법은 많다. 여기에는 손실을 낮되 최초의 리스크를 줄이는 청산, 이익을 최대화하는 청산, 너무 많은 이익을 도로 빼앗기지 않도록 하는 청산, 그리고 심리적 청산이 있다. 각각의 청산 방법을 여기에 소개한다. 설명을 읽으면서 이런 청산 방법들이 시스템에는 어떻게 적용될 수 있을지 생각해보라. 대부분의 청산 전략은 시스템의 목표에 매우 잘 들어맞을 것이다.

손실을 보되 최초의 리스크를 줄이는 청산

10장에서 다룬 최초의 손절액은 자본 보호를 위한 최악의 경우에 대한 손실액이다. 그러나 이 그룹에 속하는 청산 기법들은 가능한 적은 손실을 보도록 고안되었다.

시간제한 손실제한주문

일반적으로 사람들은 시장에 들어갈 때 곧바로 가격이 그들이 원하는 방향으로 움직일 것이라고 예상한다. 따라서 의미가 충분한 진입 신호로 시장에 들어갔을 때 유용한 청산 방법은 일정 기간 이익이 나지 않을 경우 시장에서 나오는 것이 될 수 있다. 예를 들면, '포지션에서 수익이 나지 않으면 이틀 후 종가로 시장에서 나오는' 것이다. 이런 청산 방법은 돈을 잃게 하지만, 최악의 경우를 위해 설정한 손실제한주문에 걸릴 때만큼 큰돈을 잃게 하지는 않는다.

시간제한 손실제한주문의 또 다른 형태는 새로운 투자 아이디어가 떠올랐는데 마침 여유 자금이 전혀 없을 때 일어난다. 이때는 어떻게 해야 하나? 돈을 다른 데 모두 투자하여 남은 돈이 하나도 없는 것이다. 만약 이번의 투자 기회가 정말로 좋은 것이라고 확신한다면, 포트폴리오 가운데서 가장 실적이 좋지 않은 주식을 골라라. 이때가 이 주식을 제거할 적기다. 손실을 보고 있는 주식이나 예상 수익률을 따르지 못하는 주식을 고를 수 있을 것이다.

추적 손실제한주문

추적 손실제한주문은 주기적으로 수학적 알고리즘에 따라 조정된다. 무작위 진입 시스템에서는 거래가 원하는 방향으로 움직일 때 하루하루의 종가에 따라 위치가 조정되는, 간격이 변동폭 값의 세 배인 추적 손실제한주문이 사용된다. 예컨대, 거래 첫날 가격이 원하는 방향으로 움직이거나 변동폭이 줄어들면 추적 손실제한주문이 가격을 따라 움직일 것이다. 이때 손실이 일어나도 손실제한주문은 거꾸로 움직이지는 않는다. 가격이 불리한 방향으로 계속 움직이면 손실제한주문에 걸려 시장에서 나와야 할지도 모른다. 이때 손실이 나기는 하지만, 그래도 초기의 손절액만큼 크지는 않을 것이다. 이런 추적 손실제한주문은 수많은 요소—변동폭, 이동평균, 채널 돌파, 다양한 가격 밀집 패턴 등—를 근거로 설정할 수 있는데, 이들 각각에는 많은 변수들이 따를 수 있다. 뒤에서 이에 관한 몇 가지 예를 살펴볼 것이다.

추적 손실제한주문에서 중요한 점은 청산 알고리즘이 계속적으로 변하면서 청산 시점이 여러분에게 유리한 방향으로 움직인다는 것이다. 가격 움직임에서 이익이 나지 않을지는 모르지만, 추적 손실제한주문은 어쨌든 잠재적 손실을 줄여줄 것이다.

테스트해보고 결과를 조사하여 신중하게 고려해본 뒤, 이런 추적 손실제한주문을 쓸지 말지 결정해야 한다. 추적 손실제한주문을 가격에 붙여 초기 리스크를 줄이면 종종 이익을 낼 수 있는 기회가 사라지는 대신 줄어든 손실을 얻게 된다. 이런 시스템 개발 영역에서는 주의를 기울여야 하며, 시스템이 타이트한 손실제한주문을 이용할 경우 재진입 전략을 이용할 수 있다는 것을 염두에 두라.

이익을 최대화하는 청산

이익을 최대화하기 위해서는 기꺼이 이익의 일부를 토해낼 줄 알아야 한다. 사실 시스템 개발에 있어 아이러니는 이익을 최대화하려면 이미 축적한 이익의 상당 부분을 내줄 줄 알아야 한다는 데 있다. 매우 현명하고 돈 많은 트레이더 한 명은 이렇게 말했다. "돈은 잃으려고 하지 않으면 벌 수 없습니다. 그건 숨을 내쉬지 않고 들이마시려고만 하는 것과 비슷하죠." 제대로 숨을 쉬는 데 다양한 형태의 청산이 도움을 줄 것이다. 여기에는 추적 손실제한주문과 되돌림 비율 손실제한주문이 있다.

추적 손실제한주문

추적 손실제한주문은 큰 수익을 올리는 데도 도움을 줄 수 있지만, 늘 수익의 일정 부분을 빼앗아갈 것이다. 여러분이 이용할 수 있는 추적 손실제한주문의 몇몇 예를 보도록 하자.

변동폭 추적 손실제한주문은 이미 언급한 바 있지만, 시장의 일일 변동폭의 배수를 손실제한 간격으로 설정한다. 이 개념을 처음 제시한 J. 웰스 와일더는 그 값이 과거 10일의 평균 실제 범위에 2.7~3.4 사이의 어떤 수를 곱한 값이 되어야 한다고 했다. 우리는 무작위 진입 시스템에서는 평균 실제 범위에 3.0을 곱했다. 변동폭 손실제한주문의 목적은 시장 노이즈의 범위 바깥에 손실제한주문을 두고자 하는 것이다. 일일 변동폭의 세 배면 이런 조건을 충족시킬 게 분명하다. 또 다른 사람들은 주간 변동폭을 이용한다. 주간 변동폭을 이용하면, 주간 변동폭에 0.7~2 사이의 어떤 숫자를 곱한 값으로 손실제한주문을 정한다.

정액 손실제한주문도 가능하다. 여기서 1,500달러 같은 특정한 액수를 손절액으로 정하고, 어제의 종가 아래로 이에 해당하는 손실제한주문을 해놓는다. 합리적인 기준만 있다면 정액 손실제한주문은 매우 괜찮다. 하지만 S&P500 계약, 옥수수 계약, 150달러짜리 주식, 10달러짜리 주식에서 1,500달러를 손절액으로 삼는 것은 미친 짓이다. 이런 액수는 각 시장에 맞게 조절해야 한다. 각 시장에 맞는 금액을 정하는 가장 좋은 방법은 해당 시장의 변동폭을 체크하는 것이다. 따라서 이 방법 대신 변동폭에 바탕한 손실제한주문을 이용하는 것이 더 낫다.

채널 돌파 추적 손실제한주문 역시 유용하다. 지난 X일의 최고가(혹은 최저가)에서 시장에 나올 생각이라고 하자. 그러면 롱 포지션의 경우 가격이 20일 최저가를 기록할 때 처분하고, 숏 포지션의 경우 가격이 20일 최고가를 기록할 때 처분해야 한다. 가격이 원하는 방향으로 움직이면, 이 손실제한주문도 가격을 따라 계속 움직인다.

이동평균 추적 손실제한주문은 흔히 이용되는 또 다른 추적 손실제한 주문이다. 가격이 특정한 방향으로 움직이고 있다면, 느린 이동 평균으로 가격을 추적하면서 이를 손실제한주문으로 이용할 수 있다. 그러나 이 이동평균의 기간을 결정해야 한다. **만약 200일 이동평균을 이용했다면, 1982~2000년의 장기 강세장 거의 내내 주식 시장에 활발하게 참여해야 했을 것이다.**

이동평균은 많은 종류가 있다. 단순, 이동, 치환, 적응 등 이 모든 것을 추적 손실제한주문으로 활용할 수 있다. 여러분이 할 일은 자신의 목적을 달성하는 데 가장 적합한 하나 혹은 몇 개의 이동평균을 찾는 게 전부다. 여러 종류의 이동평균에 관해서는 이 책의 9장 전체에서 이미 광범위하게 다룬 바 있다.

밀집 형태나 차트 패턴을 근거로 한 추적 손실제한주문도 있다. 시장이 움직이며 밀집 패턴을 벗어날 때마다 이런 지난 밀집 패턴은 새로운 손실제한주문의 근거가 될 수 있다. 이것은 결국 임의적인 손실제한주문이며, 많은 수익을 잃게 만들 것이다. 그러나 다른 종류의 청산 방법과 함께 이용하면 몇몇 장점이 있다.

이익 되돌림 손실제한주문

이런 형태의 손실제한주문에서는 이익을 크게 키우기 위해서는 어쩔 수 없이 이익의 일정 비율을 도로 내놓아야 한다고 가정한다. 따라서 허용할 수 있는 되돌림 비율을 정하고, 이를 시스템의 일부로 받아들여야 한다. 이익 되돌림 손실제한주문을 사용하기 위해서는 수익이 일정 수준, 예컨대 2R 이상에 도달해야 한다.

이런 종류의 손실제한주문이 어떻게 쓰이는지 살펴보자. 52달러에 마이크론 주식 100주를 샀다고 가정하자. 6달러를 1R의 리스크로 하여 주가가 46달러로 떨어지면 시장에서 나올 생각을 한다. 그러나 주가가 64달러로 올라가 12달러, 즉 2R의 이익을 올리자, 이제부터는 이익 되돌림 손실제한주문을 설정하기로 한다. 30퍼센트 이익 되돌림 손실제한주문을 한다고 하자. 이미 주당 12달러의 이익이 있기 때문에, 그중 30퍼센트, 즉 3.60달러는 기꺼이 내놓을 수 있다고 여긴다.

주당 이익이 13달러로 증가할 경우, 30퍼센트 되돌림을 하면 이제는 3.90달러다. 14달러에서는 4.20달러가 된다. 이익이 커지면서 일정 비율로 정해진 이런 금액도 커지기 때문에, 이익이 커지면 비율을 낮추고 싶어할지도 모른다. 30퍼센트 되돌림에서 시작하여 3R 이익에 25퍼센트 되돌림으로, 4R 이익에 20퍼센트 되돌림으로 비율을 낮출 수 있을 것이다. 7R에서 5퍼센트의 되돌림만을 허용할 때까지 비율을 계속 낮추거나, 아니면 4R에 도달한 뒤 되돌림을 20퍼센트 비율로 계속 유지할 수도 있다. 이는 시스템을 고안한 여러분의 목적에 전적으로 좌우된다.

가격 되돌림 비율 손실제한주문

또 다른 매우 간편한 손실제한주문은 가격 되돌림 손실제한주문이다. 예컨대, 가격의 25퍼센트 되돌림 비율로 손실제한주문을 설정할 수 있다. 그런데 이때 주가가 새로운 고가를 기록했다고 하자. 그러면 가격의 25퍼센트 되돌림 지점에 새로운 손실제한주문을 해두어야 한다. 물론 손실제한주문은 이렇게 올릴 수 있으되, 결코 내려서는 안 된다.

1999년 친구인 스티브 스저게러드가 옥스퍼드 클럽의 투자 이사가 되었고, 나는 그들의 고문으로 임명되었다. 스티브는 이 책의 구판을 읽고서 옥스퍼드 클럽 추천 사항에 25퍼센트 손실제한주문 원칙을 집어넣었다. 꽤 효과가 좋았다. 스티브가 1999년 2월부터 옥스퍼드 클럽이 더 이상 활동을 하지 않게 된 2000년 5월까지 그곳의 투자 이사로 있었을 때, 나는 그들의 추천 사항들을 조사해보았다. 이 기간 그들의 거래에서 예측치는 무려 2.5R이었고, 나는 그들이 이룬 성공의 대부분이 25퍼센트 손실제한주문 덕분이었다고 믿는다. 다른 정보지들은 50퍼센트 추적 손실제한주문을 주장했지만, 이것은 별로 신통치 않았다. 50퍼센트 가격 되돌림은 너무 큰 이익을 토해내야 하며, 상당한 하락이 일어났을 때 손실을 회복하려면 오랜 시간이 걸리기 때문이다. 생각해보라. 주가가 49퍼센트 하락했을 때 손익 균형을 맞추려면 주가는 거의 100퍼센트 상승해야 한다. 그러나 주가가 24퍼센트 하락했을 경우에는 33퍼센트에 약간 못 미치게만 상승하면 손익 균형을 맞출 수 있다. 따라서 나는 주식 시장에서 25퍼센트 추적 손실제한주문은 과거의 '매수 보유' 전략의 훌륭한 대체물이 될 수 있을 것이라고 생각한다. 13장은 내가 읽은 많은 정보지들의 거래에서 R의 배수 분포가 어떻게 나타나는지 보여준다. 표 13.5를 보면 이들의 예측치가 여전히 꽤 괜찮다는 것을 알게 될 것이다.

너무 많은 이익을 도로 빼앗기지 않도록 하는 청산

다른 사람들의 돈을 관리할 경우, 큰 수익을 창출하는 것보다 손실을 최소화하는 게 더 중요하다. 따라서 이런 때는 너무 많은 이익을 도로 빼앗기지 않도록 하는 청산에 관해 고려해보아야 한다. 예를 들어, 여러분이 3월 31일 포지션을 취하여 고객의 3월 자금 보고서에서 계좌 총액이 15퍼센트 상승했다면, 그 수익을 돌려주지 않을 경우 그 고객은 화를 내는 것이 당연하다. 고객은 이런 발생 수익은 자신의 돈이 되어야 한다고 생각할 것이다. 따라서 여러분은 특정한 목표에 도달하거나 고객에 대한 보고 기간이 끝나면 이런 수익 대부분을 고스란히 보존하기 위해 특별한 청산 방법으로 시장에서 나와야 한다.

이미 언급했듯 많은 청산 전략은 서로 중첩된다. 되돌림 비율 청산과 이익 목적 청산을 결합하면, 많은 이익을 도로 빼앗기지 않게 해주는 훌륭한 방법이 된다. 그러나 효과가 좋은 방법은 그 외에도 있다.

이익 목표

어떤 사람들은 이익 목표를 예측하는 거래 시스템을 이용한다(예: 엘리어트 파동). 이런 시스템을 이용하면 특정한 목표를 정할 수 있다.

그러나 목표를 정하는 또 다른 방법도 있다. 과거의 데이터를 대상으로 한 테스트 결과에 근거하여 이익이 최초의 리스크의 정해진 몇 배에 도달했을 때 시장에서 나오는 방법이다. 이렇게 하여 원하는 보상위험비율을 얻을 수 있다. 최초의 리스크의 4배가 목표가 될 수 있다. 이런 목표에 도달하면, 이익을 취하거나 아니면 전보다 훨씬 가까운 손실제한주문을 붙여놓는다. 아래에서 다루는 모든 청산 기법은 이익 목표가 달성된 뒤에는 적절한 방식으로 타이트하게 만들 수 있다.

이익 되돌림 청산

이미 얘기한 바 있는 뛰어난 청산 개념 한 가지는, 이익의 특정한 비율을 기꺼이 도로 내주겠다는 태도를 갖고 있다가 중요한 일(고객에 대한 보고나 이익 목표 달성)이 발생한 뒤에는 그 비율을 줄이는 것이다. 여러분은 2R의 이익이 날 때는 이익을 더 키우기 위해 그것의 30퍼센트를 도로 내줄 수 있다는 태도지만, 더 큰 이익, 예컨대 4R의 이익이 될 때는 이익의 5~10퍼센트를 잃을 경우 청산하겠다고 결정할 수 있다.

만약 400달러에 금을 사고 390달러에 손실제한주문을 했다고 하자. 따라서 최초의 리스크는 10포인트, 즉 계약당 1,000달러다. 금값이 420달러가 되어 20포인트 이익을 얻었다. 이때 바로 이익의 30퍼센트 되돌림, 즉 600달러만을 손실로 허용하기로 결정한다. 그러면 금값이 414달러로 떨어질 경우, 시장에서 나가 이익을 실현하게 될 것이다.

금값은 계속 상승하여 440달러에 도달한다. 이에 따라 이익은 4R, 즉 4,000달러가 된다. 4R의 이익이 되기 전까지 여러분은 기꺼이 이익의 30퍼센트를 도로 내줄 수 있다고 생각했다. 4,000달러의 이익에서는 1,200달러에 해당하는 금액이다. 하지만 이제 이익이 4R이 되고 나서는 이익의 10퍼센트만을 리스크로 삼기로 결정한다. 따라서 손실제한주문은 이제 436달러로 올라간다. 따라서 이제부터는 400달러가 약간 넘는 손실만을 허용하게 된다.

나는 여기서 어떤 구체적인 수치나 비율(4R의 10퍼센트 되돌림 등)을 제시하려는 게 아니고, 다만 목표 달성을 위한 방법을 보여주려고 했다. 목표 달성을 위해 가장 도움이 되는 비율을 결정하는 것은 여러분의 몫이다.

큰 역행 변동폭

최상의 청산 기법 중 하나는 큰 역행 변동폭을 이용하는 방법이다. 사실 변동폭은 시스템에 매우 좋은 진입 전략을 제공하기도 한다. 흔히 '변동폭 돌파 시스템'으로 알려져 있다.

여러분이 해야 할 일은 평균 실제 범위를 줄곧 확인하는 것이다. 시장이 불리한 방향으로 비정상적으로 크게(평균 실제 범위의 두 배 정도) 움직이면, 시장을 빠져나갈 것이다. 145달러에 매매되는 IBM 주식 200주를 샀다고 하자. 평균 일일 변동폭은 1.50달러다. 이제 시장이 하루 동안 이런 변동폭의 두 배 크기로 역행할 경우 포지션을 처분하기로 한다. 즉, 시장이 145달러로 마감하고 일일 변동폭의 두 배가 3달러이므로, 내일 주가가 142달러로 떨어지면 시장에서 나가게 될 것이다. 이 정도면 꽤 큰 역행폭이다. 이런 움직임이 발생할 경우 시장에 그대로 남아 있고 싶은 사람은 거의 없다.[2]

이것이 여러분의 유일한 청산 방법이 될 수 없다는 것은 분명하다. 이런 변동폭의 두 배를 손실제한주문의 간격으로 유지한다고 하자. 오늘 시장은 145포인트이고, 변동폭 청산 지점은 142포인트다. 그런데 시장이 1포인트 내려가 144포인트로 마감한다. 그러면 새로운 변동폭 청산 지점은 이제 140포인트다. 이런 식으로 계속 진행되어 가격은 0까지 갈 수도 있다. 따라서 자본을 보전하기 위해서는 다른 종류의 청산 방법이 필요한데, 보호용 손실제한주문이나 추적 손실제한주문 같은 것이다.

파라볼릭 손실제한주문

J. 웰스 와일더가 최초로 기술한 파라볼릭 청산 기법은 매우 유용하다. 여기서 손실제한주문은 전저점에서 시작하여 상승 시장에서 가속 변수가 작용한다. 시장이 추세를 형성하고 나아가는 동안, 손실제한주문은 가격에 점점 더 가까워진다. 따라서 수익을 보호하는 훌륭한 기능을 한다. 하지만 불행히도 거래 초기에는 실제 가격에서 너무 멀리 떨어져 있다. 또한 파라볼릭 손실제한주문은 때때로 가격에 너무 가까워지기 때문에, 시장에 계속 추세를 형성하고 있는 동안에도 시장에서 튕겨져 나올 수 있다.

이런 단점에 대처하는 몇 가지 방법이 있다. 하나는, 파라볼릭 손실제 한주문이 시장의 실제 가격에 비해 빠르게 혹은 느리게 상승하도록 가속 변수를 조절하는 것이다. 이런 식으로 파라볼릭 손실제한주문은 특정 시스템과 거래 시장에 잘 맞춰 이용할 수 있다.

거래 초기에 리스크를 더 잘 통제하기 위해 별도로 정액 손실제한주문을 할 수도 있다. 예를 들어, 파라볼릭 손실제한주문으로 포지션 매수 시 리스크가 3,000달러일 때, 정액 손실제한주문을 걸어 손절액을 1,500달러로 한정할 수도 있는 것이다. 3,000달러는 여러분의 어떤 특정한 목표에는 너무 큰 금액일 수 있기 때문이다.

게다가 파라볼릭 청산을 이용하면 재진입 기법을 고안해야 한다. 파라볼릭 손실제한주문이 실제 가격에 너무 가까우면, 여러분이 좇고 있는 추세가 끝나기도 전에 시장에서 튕겨져 나올 수 있다. 추세의 나머지 부분을 놓치고 싶지 않다면, 여러분은 다시 시장에 들어가야 할 것이다. 파라볼릭 청산은 다른 청산 기법만큼 아주 뛰어나지 않다고 해도, 수익을 보호해주는 점에서는 썩 훌륭하다고 하겠다.

심리적 청산

심리적인 청산은 누구라도 할 수 있는 가장 현명한 청산법이다. 이것은 시장보다는 자기 자신에게 달려 있다. 나 자신이 거래에서 가장 중요한 요소이기 때문에 심리적인 청산 또한 중요하다.

시장에서 돈을 잃을 확률이 크게 올라가는 때가 분명히 있다. 시장에서 어떤 일이 일어나든 말이다. 건강 악화나 정신적 문제 때문에 몸이 좋지 않을 때, 스트레스가 심할 때, 이혼 과정을 밟고 있을 때, 막 새로운 아기가 태어났을 때, 이사할 때 등이 그런 때다. 이런 때는 시장에서 손실을 야기할 행동을 할 가능성이 매우 커진다. 따라서 심리적 청산을 실행에 옮기고 시장에서 나오기를 강력히 권한다.

사업이나 휴가 때문에 시장에서 멀리 벗어나야 할 때도 심리적 청산법이 필요한 때다. 미리 시장에서 나올 것을 강력히 권한다.

어떤 사람들은 한 차례의 거래가 1년 전체의 거래고, 그래서 그 거래를 놓치고 싶지 않다고 얘기한다. 그들에게 자제심이 있고 거래가 충분히 자동화되어 있다면 나 역시 그들의 뜻에 반대하지 않을 것이다. 하지만 대부분이 이런 조건을 갖추고 있지 못하다. 내가 위에서 말한 시기에 있을 때면 보통 사람들은 괜찮은 거래에 들어가 있다고 해도 돈을 잃게 된다. 따라서 여러분 자신을 아는 것이 중요하다. 좋은 거래도 망쳐버릴 것 같다면, 심리적 청산을 실행에 옮겨야 한다.

손실제한주문과
이익 목표를 이용하는 법

거래 시스템을 개발하는 목적 가운데 하나는, 큰 R의 배수의 거래 가능성을 높이는 것이다. 타이트한 손실제한주문을 사용하여 20R의 거래를 달성한다는 목표를 세울 수도 있다. 이를 위해 10장에서 설명한 돌파-되돌림 전략을 이용하여 타이트한 손실제한주문을 개발할 수도 있다. 어떤 고가주에 손실제한주문을 1달러 간격으로 설정했다고 하자. 그러면 100주 매수에 대한 손실은 100달러에 불과하다. 하지만 급격한 돌파가 발생하는 100달러짜리 주식의 경우 이것은 너무 타이트한 손실제한주문이 된다. 100달러 손실이라고 해도 연속해서 5차례 손실제한주문에 걸려 시장에서 나오면 총 500달러의 손실이 발생한다. 그러다가 주가가 20달러 상승하면 이익은 2,000달러가 되고, 순이익은 1,500달러다.[3] 여섯 번 중 한 번 옳았던 것이지만, 순수익은 1,500달러에 이른다. 물론 여기서 수수료는 제해야 한다.

이런 전략으로 효과를 보려면, 추적 손실제한주문을 피하거나 아니면 이런 추적 손실제한주문을 할 때는 그 간격이 반드시 매우 커야 한다. 이런 예외적인 경우를 빼고, 청산은 원래 최초의 1R 손실제한주문 혹은 이익 목표를 달성할 때만 이루어진다. 그러면 20R의 이익을 기록할 수 있는 확률이 최대화될 것이다. 이익이 1,000달러 혹은 그 이상 사라지는 것을 견뎌야 하겠지만, 초기 자본에서 1R 또는 100달러 이상의 손실이 나지는 않는다.[4] 여러분의 목표는 20R의 이익임을 기억하라. 이런 목표를 되풀이해 달성하기 바란다.

단순함과 다중 청산

시스템 고안에서는 단순한 개념이 가장 잘 맞는다. 단순함은 최적화보다는 이해를 바탕으로 하기 때문에 효과가 뛰어난 것이다. 단순한 개념은 수많은 시장과 거래 대상에 두루 적용할 수 있다.

그러나 다양한 청산 기법을 단순화시켜 함께 사용할 수도 있다. 이 두 개념을 혼동하지 않아야 한다. 단순함은 시스템이 효과적으로 작동하기 위해 필요한 것이고, 다양한 청산은 대개 목표를 달성하기 위해 필요한 것이다. 물론 다중 청산 기법들의 각각은 단순할 수 있다.

예를 들어보자. 여러분은 추세 추종 시스템으로 장기 거래를 하고 싶어 한다. 진입 신호가 무슨 대단한 마술을 부릴 것이라고 믿지 않기 때문에 손실제한 간격에 많은 여유를 두려고 한다. 하지만 시장이 예상과는 반대로 큰 움직임을 보이면 재앙의 시발점이 될 수 있기 때문에, 그런 일이 일어날 경우에는 시장에서 빠져나가고 싶어 한다. 마지막으로 초기 리스크가 꽤 크기 때문에 이익이 4R이 될 경우 가능한 한 리스크를 줄이고자 마음먹는다. 이제 이런 믿음들을 기초로 단순한 청산 전략을 짜보자. 이 예로부터 여러분은 자신의 믿음에 대해 깨달은 다음, 이런 믿음과 일치하는 시스템을 구축하는 것이 얼마나 중요한지 알기 바란다. 이것은 자신에게 맞는 시스템을 개발하기 위한 비법의 일부이기도 하다.

첫째, 포지션이 움직일 여유를 주려면 최초의 손실제한주문 간격이 넓어야 한다. 그렇지 않으면 시장에서 몇 번이고 튕겨져 나가 그럴 때마다 거듭 시장에 재진입해야 하기 때문에 거래 비용이 커진다. 그래서 변동폭의 세 배 간격으로 손실제한주문을 설정한다. 이에 관한 설명은 이미 위에서 읽었다. 이것은 최악의 경우에 대한 손실제한주문이며, 날마다 종가를 기준으로 재설정되는 추적 손실제한주문이기도 하다. 손실제한주문은 당연히 역방향으로 움직일 수는 없다.

둘째, 반대 방향으로의 강한 움직임이 유력한 경고 신호라고 믿는다. 따라서 시장이 하루 만에 전날 종가에서 일일 변동폭의 두 배만큼 반대 방향으로 움직일 경우, 시장에서 나올 것이라고 결정한다. 따라서 이를 위한 손실제한주문을 다른 손실제한주문과 함께 설정한다.

마지막으로, 이익이 4R이 되면 훨씬 타이트한 손실제한주문을 한다. 많은 수익을 다시 빼앗기는 일을 피하고 이미 가진 것을 확실히 지키기 위해서다. 이에 따라 4R의 이익이 달성된 뒤에는 추적 손실제한주문의 간격을 평균 실제 범위의 1.6배로 좁힌다(즉, 3배를 대신하여). 그리고 이제는 이것이 유일한 청산 지점이 된다.

이 모든 손실제한주문은 간단하다. 이런 손실제한주문은 모두 목표 달성에 도움이 되는 것들을 생각하는 동안 내 머릿속에서 나온 것이다. 테스트도 없었고, 따라서 과도한 최적화도 없었다. 정교하거나 복잡한 과정은 전혀 없다. 모두 간단하다. 이제 여러분에게는 거래 시스템의 목표 달성에 도움을 줄 세 가지 청산 방식이 존재하는 것이다.

피해야 할 청산 기법

손실을 없애기 위해 고안된 한 가지 청산 방식이 있다. 그런데 이 방식은 거래의 황금률과 완전히 어긋난다. 이미 말했듯이, 거래의 황금률은 손절매하고 수익을 극대화하는 것이다. 그런데 우리가 말하는 청산 방식은 큰 손실과 작은 이익을 낳는다. 큰 포지션으로 시장에 들어간 다음 여러 번의 청산을 통해 거듭 시장에 나오면서 손실을 보는 것이 바로 그런 경우다. 예를 들어, 여러분은 먼저 300주로 시장에 들어갔고, 이 300주 모두에 대해 손익 균형을 맞추었을 때 100주를 팔았다. 그 뒤 500달러의 이익을 내고 100주를 팔았고, 마지막 100주는 더 큰 이익을 기대하며 가지고 있었다. 단기 트레이더들은 이런 전략을 자주 이용한다. 느낌상으로는 이런 방식의 거래가 이익을 보호하는 것처럼 보이기 때문에 이치에 맞는 것 같다. 그러나 한걸음 뒤로 물러서서 자세히 들여다보면, 이런 거래 방식이 얼마나 위험한지 알게 된다.

이런 청산 기법은 사실상 거래의 황금률에 반하여 거래하는 것이나 마찬가지다. 이런 식이라면, 우리는 최대의 손실을 볼 때 가장 많은 포지션을 갖고 있게 된다. 우리의 예에서는 300주 전체를 보유하고 있을 때 손실을 보았다(뒤에 손익 균형을 맞추기는 했지만). 그리고 포지션이 최소 규모일 때 가장 큰 이득이 났다(우리의 예에서는 100주를 보유하고 있었을 때다). 반드시 옳아야 한다는 강력한 편향을 지닌 사람에게는 완벽한 거래 방법일 것이다. 그러나 이런 방법은 이익을 극대화하기는커녕 보장해주지도 못한다. 이런데도 이 방법이 이치에 맞는 것처럼 보이는가?

이런 거래 기법을 왜 피해야 하는지 이해되지 않는다면, 숫자로 생각해 보자. 이제 여러분이 거래에서 완전한 이익 아니면 완전한 손실만을 받아들인다고 생각해보라. 과거의 거래를 보고 이런 식으로 거래했더라면 어떤 결과가 나왔을지 알아보라. 내가 이렇게 해보라고 고객들에게 말했을 때, 거의 예외 없이 그들은 포지션을 모두 그대로 보유하고 있었더라면 얼마나 많은 돈을 벌 수 있었는지 알고서 크게 놀랐다.

일반적인 시스템에서 사용하는 청산 기법

주식 시장 시스템

윌리엄 오닐의 캔슬림 시스템

윌리엄 오닐의 펀더멘털은 20퍼센트의 이익 달성 시 그것을 실현하는 것이 원칙이다. 손절액이 거래액의 대략 8퍼센트이므로, 이 20퍼센트의 이익은 2.5R을 의미한다. 따라서 그의 펀더멘털 이익 실현 청산은 이익 목표 청산 기법에 속한다.

그러나 오닐은 또 다른 36가지 매도 원칙으로 이런 기본적인 이익 실현 원칙을 강화한다. 이 중 일부 원칙들은 기본적인 매도 원칙의 예외인 반면, 다른 원칙들은 일찍 매도를 하기 위한 근거 역할을 한다. 이외에도 그에게는 주식 보유에 관한 8개의 원칙까지 있다. 나는 이 장에 소개된 방법들에 다양한 시스템이 어떻게 맞을 수 있는지 설명하고자 하는 의도 밖에 없기 때문에, 오닐의 원칙들에 관한 세부적인 사항들을 알고 싶을 경우 그의 훌륭한 저서를 직접 읽어보기를 권한다. 오닐의 시스템을 낱낱이 설명하는 것은 여기서 내 의도가 아니다.

워런 버핏의 기업 가치 모델

워런 버핏은 보통 세 가지 이유 때문에 매도하지 않는다. 첫째, 매도하면 자본이득세를 물어야 한다. 따라서 회사가 여러분이 투자한 금액에 대해 많은 수익을 낳는다면, 왜 그것을 팔겠는가? 그럴 경우 이익의 일부가 자동적으로 미국 정부에게로 넘어가게 된다.

둘째, 펀더멘털이 건전하고 수익성이 좋다면 그 기업을 왜 팔아야 하는가? 회사가 자본을 적절히 투자하여 많은 수익을 낸다면, 여러분의 돈에서도 많은 수익이 나는 것은 당연하다.

셋째, 매도하면 거래 비용이 발생한다. 따라서 시장이 단순히 심리적 상승과 하락의 시기를 지나가고 있는 것이라면, 굳이 좋은 투자 기업을 팔 이유가 없다.

하지만 내 생각에는 버핏이 팔지 않는다는 얘기는 사실보다는 신화다. 이런 신화는 버핏이 자기 자신의 투자 전략에 관해 직접 쓴 적이 없다는 사실에서 비롯되었다. 그의 투자법에 관해 쓴 것은 다른 사람들이다. 진입의 중요성에 대해 전형적인 편향을 갖고 있는 그들은 버핏이 정말로 어떤 일을 하는 것인지 해독하려고 애썼다.

자신이 주식을 보유한 기업의 상황이 크게 달라지면, 버핏이라도 매도할 것이다. 예를 보도록 하자. 버핏은 1998년 초 전 세계 은 공급량의 20퍼센트를 소유하고 있다고 했다. 은은 배당금이 나오지 않는다. 만약 여러분이 버핏만큼 많은 은을 소유하고 있다면, 보관이나 보호를 위한 상당한 비용까지 내야 할 것이다. 만약 이런 엄청난 양의 은에 대해 청산 전략을 계획하고 있지 않다면, 워런 버핏은 그의 투자 인생에서 가장 큰 실수 중 하나를 범하는 것이 될 것이다.[5] 반면 여기에 청산 전략이 있다면, 그의 보유 주식 대부분에 대해서도 청산 전략이 준비되어 있다고 추측하는 게 합당할 것이다. 다른 사람들은 그에 관해 쓸 때 자신들의 편향을 반영하고 진입과 셋업 전략에는 집중하면서, 청산 전략은 무시했다.

선물 시장 시스템

코프먼의 적응 기법

코프먼은 자신의 기본적인 추세 추종 시스템을 완벽한 전략과 혼동하지 말라고 주의를 주었다. 그는 그 자신의 기법을 하나의 간단한 방법으로 제시했으며, 진입이나 청산의 세부적인 선택에 대해서는 따지지 않았다.

적응이동평균은 9장에서 기본적인 진입 기법으로 이미 설명한 바 있다. 이동평균이 정해놓은 필터 수치 이상으로 상승할 경우 롱 포지션을 취하고, 이동평균이 정해놓은 필터 수치 이상으로 하락할 경우 숏 포지션을 취하면 된다.

코프먼은 효율성이 어떤 정해진 수준을 초과할 때 이익을 취해야 한다고 했다. 예컨대 그는 높은 효율비가 지속될 수는 없으며, 일단 높은 값에 도달하고 나서는 급속히 떨어진다고 했다. 따라서 코프먼에게는 두 가지 기본적인 청산 신호가 있다. (1) 적응이동평균이 반대 방향으로 움직이며 어떤 변화를 일으킬 때(반대 방향으로 어떤 역치를 넘어설 때), (2) 효율 평균이 0.8 같은 매우 높은 값에 도달했을 때다.

나는 적응이동평균의 청산 기법이 다른 어떤 형태의 청산보다 강력할 수 있다고 생각한다. 나의 일부 고객들은 시장과 함께 상승하면서 시장이 움직일 동안 포지션의 움직임에 많은 여유를 주는 청산 전략을 개발했다. 이런 청산법에서는 시장이 반전을 하자마자 포지션이 처분된다. 이것은 믿을 수 없을 만큼 창조적이지만 매우 단순한 기법이다. 시장이 추세를 재개하면 그들의 기본적인 추세 추종 시스템은 그들이 바로 다시 시장에 진입할 수 있게 해준다. 여러분이 시스템 개발의 이 부분에 많은 시간을 투자하기를 권한다.

갈라커의 펀더멘털 트레이딩

9장의 내용을 떠올려보면, 갈라커의 시스템은 다음과 같은 때에 시장에 들어간다. 펀더멘털 셋업이 형성되었을 때, 그리고 시장이 새로운 10일 고가를 형성했을 때다. 이 시스템에서는 새로운 10일 저가가 기록되었을 때 포지션이 처분된다(그리고 반대 방향으로의 시장 진입이 이루어진다). 그러나 갈라커는 이것을 반전 시스템으로는 이용하지 않는다.

갈라커는 펀더멘털 방향으로만 포지션을 취한다는 사실을 기억하라. 따라서 펀더멘털이 급격히 변하지 않는 한, 그는 10일 저가에서는 롱 포지션을 취하고 10일 고가에서는 숏 포지션을 취하는 것으로 그친다. 이것은 매우 간단한 청산이며, 따라서 많은 문제가 발생하지는 않는다. 그러나 이런 시스템은 보다 정교한 청산 기법으로 개선할 수 있으리라는 게 나의 생각이다.

켄 로버츠의 1-2-3 기법

켄 로버츠의 이익 실현 방법은 매우 주관적이라는 게 내 의견이다. 즉, 밀집 추적 손실제한주문 기법이라고 할 수 있다. 로버츠의 기법이 정확하다면, 그래서 시장의 장기적 움직임을 제대로 탔다면, 로버츠는 손실제한주문을 움직여 새롭게 형성된 새로운 밀집 구간 아래(혹은 위)에 둘 것을 조언하고 있다.

이는 1970년대에 특히 잘 들어맞았던 과거의 추세 추종 방법이다. 가장 큰 결점은 많은 수식을 도로 빼앗길 수 있다는 것이다. 현재도 여전히 효과가 좋지만, 이 장에서 다룬 많은 청산 기법과 더불어 사용할 때 더 나은 효과를 볼 수 있을 것이다. 나는 그중에서도 특히 다중 청산 전략을 권한다.

| 요약 SUMMARY |

    사람들은 좋은 청산 기법을 찾으려고 하지 않는다. 청산은 시장을 조종할 수 있다는 느낌을 주지 않기 때문이다. 그러나 청산으로 조종할 수 있는 게 있다. 이익을 볼지 혹은 손실을 볼지, 그리고 그 이익이나 손실이 얼마나 클지 조종할 수 있는 것이다. 이런 이유로, 청산은 대부분의 사람이 행하는 것보다 더 많은 연구의 가치가 있다.

    우리는 청산에 관한 네 가지 일반적인 범주를 검토했다. 초기의 손실을 작게 만들거나, 수익을 최대화하거나, 수익의 손실을 최소화하는 청산, 그리고 심리적 청산이다. 이 장에서 서로 많이 겹치기는 하지만 다양한 청산 전략에 관해 설명했다.

    독자들은 단순한 다중 청산 기법의 사용을 최대한 고려해보아야 할 것이다. 단순한 청산은 개념화하기 쉽고 광범위한 최적화를 요구하지 않는다. 다중 청산은 여러분의 목표 달성을 도와주기 때문에 필요하다.

    우리는 많은 수익을 낼 수 있는 높은 예측치의 시스템을 어떻게 구축하는지 조사했다. 13장에서는 기회 요소가 어떻게 예측치와 상호 작용하는지 논할 것이다.

1 Jack D. Schwager, Market Wizards: Interviews with Top Traders (HarperCollins: New York, 2006).

2 숫자는 가정에 따른 것이고, 따라서 내가 이런 값을 IBM 주식의 청산 가격으로 추천하는 것은 아니다. 여러분에게 필요한 것은 자신의 기준을 충족하고 테스트를 거친 청산 기법이다.

3 여기서 또 다시 큰 폭으로 할인된 수수료의 중요성을 지적하고 있다.

4 시장이 여러분에게 불리한 방향으로 움직이지 않는 한, 손실은 1R을 넘지 않을 것이다. 물론 이런 일은 자주 일어난다.

5 버핏을 변호하자면, 그는 사상 최저가에 은을 샀고(온스당 약 4달러) 그 대부분은 은을 필요로 하는 고객들에게 대여되었다. 따라서 그에게는 소득을 올릴 수 있는 방법이 있었던 것이다. 이런 식으로 은에 투자하는 것을 보면, 그는 앞으로 전보다 더 대단한 천재로 여겨지지 않을까 싶다.

4부의 목적은 지금까지 배운 모든 것을 종합하여 활용할 수 있도록 돕기 위함이다. 여러분은 개발한 시스템을 평가하는 법과 위대한 트레이더들이 다양한 시장 상황에 관해 어떻게 생각하는지에 관해 배울 것이다. 무엇보다 목표 달성을 위해 포지션 규모는 어떻게 조절하는지 알게 될 것이다. 시스템을 완전한 것으로 만들고 더 잘 거래하기 위해 고려할 만한 것이 없는지도 알아보고자 한다.

12장은 이 모든 것을 종합할 수 있도록 만든다. 여기서는 시장에 관해 서로 완전히 다른 생각을 갖고 있는 7명의 트레이더가 등장한다. 여러분은 그들이 다섯 가지 실제 시장 상황을 어떻게 분석하고 6주 동안 이런 상황에서 어떤 성과를 내는지 보게 될 것이다. 각 상황에서 자신이 어떤 트레이더의 입장과 가장 잘 맞는지 판단하고, 자신이라면 어떤 성과를 거두었을지 비교하기 바란다.

13장은 기회와 비용 요인을 다루고 있다. 다른 곳에서는 거의 논의되지 않고 있는 주제다. 충분한 거래 기회가 없으면 완벽한 시스템의 근처에도 가지 못한다는 것을 알게 될 것이다. 그러나 비용은 얼마나 많이 거래하느냐에 못지않게 매우 중요한 요인이다. 13장에서는 시스템이 야기할 수 있는 잠재적인 손실의 영향에 관해서도 논하려 한다. 그리고 마지막으로, 일부 정보지에서 지난 2년 동안 만들어 낸 예측치와 기회 요인을 살펴볼 것이다.

포지션 규모 조절에 관한 14장은 이 책의 가장 중요한 장 가운데 하나다. 포지션 규모 조절은 정말로 거래 시스템에 덧입히는 별개의 시스템이라고 할 수 있다. 이것은 '얼마나'를 알려주는 시스템의 부분이다. 예측치가 높은 시스템이 있다면, 이 시스템에 포지션 조절의 문제를 완벽히 이해해야 한다. 대수롭지 않은 거래 기법과 세계 최고의 거래 기법은 바로 여기서 차이가 난다. 이 문제에 관해 생각하는 사람들은 거의 없다. 그들은 불리할 수밖에 없는데, 포지션 규모 조절은 여러분이 설정하는 목표 달성을 위한 열쇠이기 때문이다. 14장은 여러분을 옳은 방향으로 이끌어 줄 것이다.

포지션 규모 조절 문제를 다루는 것이 과거에는 무척 불충분했다. 시스템 개발에 관한 대부분의 책은 이 문제를 아예 다루지도 않았다. 주식 시장에 거의 적용되지 않는 포지션 규모에 관한 몇몇 아이디어들이 활용하기만 하면 예외적인 수익을 가져온다는 것을 보여주려 한다.

마지막으로 15장에는 이 책의 전반적이 결론이 제시되어 있다. 여기서 그전에는 말하지 않았지만 거래에 중요한 많은 주제를 간략히 다루겠다.

PART 4

종합

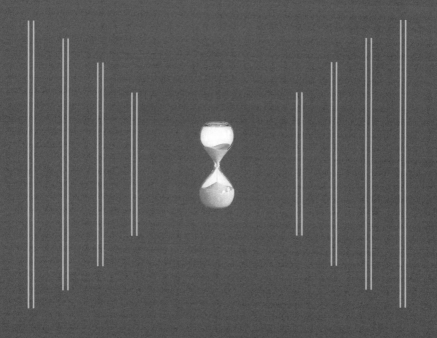

12

누구나 벌 수 있는 돈
There's Money for Everyone

시장을 거래할 수는 없다. 우리가 거래할 수 있는 것은 시장에 관한 우리의 믿음일 뿐이다. 그러나 낮은 리스크, 예측치, 포지션 규모 조절의 근본적 개념을 이해하면 성공적인 거래를 할 수 있다.

– 반 타프 –

여기 5명의 사람이 있다. 이들은 거래 혹은 투자 방식과 관련하여 각자 다른 생각을 갖고 있다. 그들이 흔히 일어나는 상황에서 각각 어떻게 행동하는지 살펴보자. 이들은 모두 성공한 트레이더 혹은 투자자로 시장에서 줄곧 많은 돈을 벌고 있다. 그들은 성공을 유지시켜주는 10가지 특징을 갖고 있다는 점에서 서로 비슷하다. 그러나 5장에서 설명한 서로 다른 개념들을 거래에 이용한다는 점에서는 구별된다. 이 장에서 우리는 이들 5명이 어떻게 여러 다른 거래 시나리오에 대처하는지 살펴보려 한다. 이를 통해 다음의 사실을 이해하게 될 것이다.

- 5명이 똑같은 상황에 서로 다르게 접근하면서도 모두 성공할 수 있다.
- 그들은 어떤 거래 개념이 그들의 믿음에 부합하는 저위험 아이디어가 될 수 있는지 여부를 각자 판단하고, 여기에 근거하여 결정을 내린다.
- 그들 각자는 시장에 대해 전혀 다른 접근법을 갖고 있으나, 장기적으로 모두 돈을 번다.

이 5명의 투자자는 시장에 관한 믿음이 서로 다르고 시장 접근 방식도 다 달랐으나, 다음의 10가지 특징을 공유하고 있었다.

1. 테스트와 조사가 충분히 이루어진 플러스 예측치의 시스템을 적어도 하나는 갖고 있다.

2. 그들의 거래 시스템은 그들의 기질이나 성향, 목표, 믿음과 잘 맞는다. 그리고 이익을 낼 수 있는 것은 시스템이 그들에게 맞기 때문임을 이해하고 있다.

3. 자신이 거래에 이용하는 개념을 완벽히 이해하고 있다. 그런 개념들이 어떻게 저위험 거래를 발생시키는지도 잘 알고 있다.

4. 시장에 들어갔을 때 거래에 관한 판단이 틀렸을 경우—즉 거래가 뜻한 대로 되지 않을 경우—어떻게 시장에서 나와 자본을 보호할지 생각해두고 있다. 다시 말해, 그들은 시장의 각 포지션에 대해 1R의 리스크를 정해두고 있는 것이다.

5. 자신이 하는 모든 거래의 보상위험비율을 평가한다. 기계적인 방법에 보다 의존하는 트레이더는 보상위험의 평가가 시스템의 일부를 이루고 있다. 자유재량을 보다 중시하는 트레이더는 포지션 진입 전에 보상위

험비율을 계산한다.

6. 거래-투자 방식의 지침이 될 비즈니스 계획을 갖고 있다.

7. 포지션 규모 조절이 목표 달성의 열쇠라는 것을 이해하고 있다. 포지션 규모 조절은 이 책의 마지막 부분에서 다루어지기 때문에, 여기서는 그들의 포지션 규모 조절 기법에 관해 다루지는 않을 것이다. 그러나 계산을 단순화하기 위해 그들 중 한 명은 각 포지션에 대해 전체 자본의 1퍼센트를 리스크로 삼았다. 따라서 이 사람에게 1R의 손실은 계좌 금액의 1퍼센트 손실을 의미하며, 3R의 이익은 계좌 금액의 3퍼센트 증가를 의미한다.[1] 이와 비슷하게 거래당 2퍼센트의 리스크를 부담하는 사람에게는 1R의 손실이 계좌 금액의 2퍼센트 손실을, 3R의 이익은 계좌 금액의 6퍼센트 증가를 나타낸다.

8. 실적이 개인적인 심리에 좌우된다는 것을 알고, 자기 자신에 대한 연구에 많은 시간을 들인다.

9. 자신이 얻은 결과에 개인적인 책임을 진다. 결과가 예상을 빗나갈 때, 그들의 목표가 적절치 않았다는 것을 인정한다는 뜻이다. 그들은 목표에 다시 주의를 기울이고, 스스로를 조사하여 상황을 개선하고 보완할 방법을 찾는다.

10. 실수란 시스템과 사업 계획을 따르지 않는 것임을 알고, 항상 실수로부터 배운다. 그들 중 몇몇 최고의 실적을 거둔 사람들은 끊임없이 발전하고 목표에 더욱 더 가까워질 수 있도록 코치로부터 도움을 받는다.

그들 5명 각각은 시장에 대해 완전히 다른 방식으로 접근한다. 그러나 그들은 모두 시장에서 정기적으로 수십만 달러를 가져간다. 내가 이들 5명에 관해 한 말들은 훌륭한 거래와 투자를 위한 정수라고 할 것이다. 이상에서 설명한 10가지 공통 특징을 스스로에게 적용해보길 강력히 권한다. 지금쯤이면 이 모든 원칙의 효용이 자명해야 한다. 만약 그렇지 않다면, 이 책의 해당되는 부분들을 다시 읽고 제대로 파악하기 바란다.

여기에는 두 사람이 더 등장한다. 낸시와 에릭이다. 이 둘은 10가지 특징을 모두 갖고 있지 못하다. 낸시는 비즈니스우먼으로 회보나 정보지의 조언에 따라 투자한다. 그녀는 자제력이 있고, 또 위의 10가지 특징 중 상당수를 체득하고 있기 때문에 시장에서 꽤 돈을 벌었다. 그러나 분명 낸시는 매년 시장에서 수십만 달러의 돈을 가져가지는 못한다. 에릭은 시스템도 없고 단순히 자신의 감에 의존하는 충동적인 트레이더다. 그는 자신을 트레이더로 생각하지만, 위에서 설명한 10가지 특징 중 아무것도 가지고 있지 않기 때문에 끊임없이 돈을 잃는다.

7명의 트레이더들이 거래하는 법

7명의 사람은 메리, 딕, 빅터, 엘런, 켄, 낸시, 에릭이다. 메리와 딕은 둘 다 기계적 트레이더다. 단, 한 명은 장기 투자를 하고, 다른 한 명은 단기 투자를 한다. 둘 모두 시스템 개발을 위해 많은 작업과 연구를 한다. 빅터, 엘런, 켄은 모두 재량적 트레이더로 시장 진입 전에 각 포지션에 대한 연구를 위해 많은 시간과 노력을 들인다. 이들 트레이더들은 사실 모두 가공의 인물들이지만, 모두 내가 아는 전형적인 트레이더들의 특징을 반영하고 있다는 것을 알아주기 바란다. 마지막으로 낸시와 에릭은 재량적 트레이더로 직관보다는 자신들의 '바람into-wishing'을 따르는 성향이 있다.

메리 — 장기 추세 추종자

메리는 5장에서 설명한 적 있는 장기 추세 추종자다. 그녀는 올라가는 것을 사고 내려가는 것을 판다. 여러분도 차트를 먼 거리에서 바라보며 시장의 방향을 판단할 수 있다. 메리는 이런 식으로 장기 추세가 상승 추세인지 아니면 하락 추세인지 판단하여 시장이 움직이는 방향으로 포지션을 취한다. 이것은 간단한 방법이다. 그녀는 자신의 판단에 따라 시장이 움직임이 멈추었을 때 포지션을 처분한다. 그녀는 우리가 이미 설명한 기법들을 이용한다. 채널 돌파가 그녀의 진입 기법이다. 초기 손실제한주문은 20일 저가와 주간 변동폭의 3배 지점을 비교하여 더 큰 쪽의 아래에 둔다. 그녀는 또한 주간 변동폭의 3배 간격으로 추적 손실제한주문을 유지한다. 추적 손실제한주문이 초기 손실제한주문보다 가격에 가까워지면 추적 손실제한주문이 청산 방법이 된다.

메리의 전체적인 목표는 가능한 한 포지션을 오래 보유하는 데 있다. 그러나 진입 후 며칠도 지나지 않아 청산되는 거래가 많다. 이따금 이런 일은 초기의 손실제한주문이 추적 손실제한주문보다 타이트하기 때문에 일어난다. 메리의 시스템은 매우 기계적이며, 오로지 컴퓨터에 의해 작동한다. 매일 저녁 그녀의 컴퓨터는 시장을 철저히 분석한 뒤 새로운 명령을 내고 손실제한주문을 조정한다. 그러나 이런 과정으로 매우 수익성 높은 거래 시스템이 만들어진다.

메리는 엔지니어로 교육받아 컴퓨터와 프로그래밍에 탄탄한 배경 지식을 갖고 있다. 그녀는 모든 것을 테스트하고 자동화하기 좋아한다. 물론 그런 일을 매우 잘한다.

딕 – 단기 스윙 트레이더

딕은 단기 스윙 트레이더다. 그에게는 잘 작동하는 몇 개의 시스템이 있다. 그중 하나는 밴드 트레이딩 시스템이다. 이 시스템은 가격이 그가 설정한 위쪽 밴드를 아래에서 위로 돌파할 때마다 포지션을 매도한다. 가격이 반대쪽 밴드에 도달할 때 포지션을 처분하지만, 특별한 경우에는 일찌감치 부분 이익을 실현하고, 초기 손실제한주문을 손익균형점으로 이동시킨다. 시스템은 그 반대로 가격이 그가 설정한 아래쪽 밴드를 위에서 아래로 돌파할 때 포지션을 매수한다. 가격이 위쪽 밴드에 도달하면 포지션을 처분하지만, 특별한 경우에는 미리 부분 이익을 실현한다. 이 시스템은 대략 하루에 세 차례 거래를 발생시키고, 평균적으로 거래는 대략 4일간 지속된다. 이 시스템은 대개 기계적으로 작동하지만, 때때로 딕은 직관을 이용하여 밴드를 조절한다. 어쨌든 딕의 컴퓨터는 매일 저녁 거래를 만들고, 모든 손실제한주문을 다시 계산한다.

딕은 또한 밴드 기법이 듣지 않을 때 단기 추세 추종 시스템으로 거래한다. 이 역시 그가 고유하게 개발한 기법이다. 포지션이 밴드 바깥으로 넘어가면 딕은 움직임의 크기를 계산한다. 포지션이 밴드를 넘어 2.5 표준편차만큼 이동하면, 그는 밴드가 무너졌다고 판단하고 이 움직임의 방향으로 포지션을 취한다. 이 경우, 딕은 각 포지션의 잠재적 수익을 계산한다. 그는 적어도 3R의 잠재적 이익이 없는 한 포지션을 취하지 않는다. 이 시스템은 주당 대략 두 차례의 거래 기회를 발생시키고, 이런 거래는 보통 3~4주 동안 이어진다.

딕은 전직 의사다. 그가 의사로서 일하는 동안, 다음과 같은 일들이 있었다. 그가 투자를 위해 돈을 남에게 맡기면, 자주 손실이 발생했다. 그리고 그는 직접 시장에서 거래하는 것을 무척 좋아했다. 또한, 매우 좋은 시스템을 개발할 능력이 있었다. 그는 또한 정부나 건강유지기구, 아니면 그가 환자에게 할 수 있는 일과 할 수 없는 일을 정해놓은 보험 규정들에 신물이 나 있는 터였다. 마침내 세계를 구하는 일은 그만두고 뭔가 정말로 즐거운 일을 해야 할 때라고 생각했다.

빅터─가치 트레이더

빅터는 순전히 재량적 트레이더다. 우리는 그를 '멘탈 시나리오 트레이더'라고 부른다. 전체적으로 그는 시장의 큰 그림에 영향을 미친다고 생각하는 요소들과 관련한 일련의 믿음들을 갖고 있다. 그는 10명의 사람에게 물어보면 모두 서로 다른 시각을 표현할 것이고, 심지어 서로 반대되는 견해를 펼칠 수도 있다는 것을 잘 알고 있다. 그러나 빅터는 큰 그림의 다양한 측면을 모니터하여, 주마다 다양한 세계적 부문들의 상대 강도와 천차만별의 실적들을 조사하고 있다. 상대 강도가 가장 높은 부문에서 포지션을 취하는 것이 그의 목표며, 이외에도 그는 이런 포지션들을 오랫동안 보유할 수 있기를 바란다. 그러나 가장 강한 시장 부문이라고 해도 가치가 떨어지면 곧바로 포지션을 처분해 버린다.

빅터는 또한 '펀더멘털주의자' 혹은 '가치 트레이더'라고 할 수 있다. 그는 내재 가치가 큰 곳에 투자하기를 좋아한다. 모든 사람이 그것을 싫어한다고 해도 말이다. 또, 하락할 가능성이 거의 없으며 상승할 가능성이 엄청난 투자 대상을 사들이기를 좋아한다. 예를 들어, 워런 버핏은 은 가격이 온스당 4달러가 조금 넘을 때 1억 2,900만 온스의 은을 샀다. 어떤 투자 대상이라고 해도 거의 사상 최저가에 매입하고 현재 세계 공급량의 3분의 1을 보유하고 있다면, 여기에 얼마나 큰 가격 하락 위험이 존재하겠는가? 은은 앞으로도 계속 필요할 것이며, 다른 사람들이 손에 넣기 위해서는 누군가 그만한 양을 내주어야만 하는 것이다. 빅터는 워런 버핏 같은 규모는 아니라고 해도 이런 식의 거래를 좋아한다. 적어도 아직은 말이다.

빅터는 기본적으로 가치가 크고 하락 리스크가 아주 작은 것들을 산다. 이외에도 그는 가격이 충분히 낮아 하락 리스크가 전혀 없거나, 시장이 이미 그가 원하는 방향으로 움직이고 있다는 신호를 보낼 때 거래하려고 한다. 빅터는 주식을 헐값에 매수하는 것을 좋아한다. 이런 주식들의 가치가 언젠가는 정상적인 수준으로 되돌아오거나, 이런 주식들에 대해 갑자기 큰 수요가 생겨 엄청난 수익을 야기할 것이라고 믿기 때문이다. 이상이 빅터가 저위험 거래를 하는 방법이다.

빅터는 워튼 비즈니스 스쿨에서 MBA 교육을 받았다. 그는 벤저민 그레이엄 같은 많은 위대한 가치 트레이더들에 관해 연구하여 그들의 사고방식을 수용했다. 그는 원래 투자에 관한 많은 학문적 모델을 배웠다. 그는 효율적인 시장 이론, 현대의 포트폴리오 이론, 자본 자산 가격 결정 모델을 믿었다. 그러나 시장에 관해 더 많은 시간을 들여 연구할수록, 이런 이론에서 더 많은 결점을 발견했다. 한 예로, 그는 곧 워런 버핏의 다음과 같은 생각을 받아들여야 했다. '분산은 무지로부터의 보호이며, 자신이 무엇을 하는지 모를 때에만 광범위한 분산이 필요하다.' 그러나 빅터는 또한 각 거래의 보상위험비율에 관한 생각이 얼마나 가치 있는지 잘 알고 있으며, 이 책에 설명된 R의 배수의 개념, 예측치, 포지션 규모 조절에 관해서도 친숙하다. 빅터는 현재 자신의 자금을 운용하면서 시장과 자기 자신에 대해 열렬히 깊이 연구하고 있으며, 이런 노고가 보답을 가져온다는 것을 결과로 증명하고 있다.

엘런－우주에는 질서가 있다

엘런은 비밀리에 소수에게만 전해지는 세계에 관해 잘 알고 있다. 그녀는 델타 현상_{Delta Phenomenon, 모든 금융 시장에 적용할 수 있는 숨은 질서를 가리키는 말—옮긴이}도 공부했고, 이런 기법으로 시장의 전환점을 어떻게 예측하는지도 잘 알고 있다. 갠 이론과 엘리어트 파동에 대해서도 배웠으며, 시장이 언제 정확히 전환점을 만드는지 알아내기 위해 많은 시간을 들여 시장을 공부했다. 또한 마법의 숫자들과 피보나치 되돌림 비율에 관해서도 알고 있다.[2] 이에 따라 시장을 예측할 때 보통 꽤 정확한 목표를 정할 수 있다. 그녀는 시기적 경향에 관해서도 전문가다. 그녀는 주기적 경향 때문에 시장이 언제 상승하는지 알고 있다. 엘런은 다른 개념을 모두 배제하고 그중 어떤 한 가지 개념만을 활용하지 않는다. 많고 많은 시장 상황을 연구했으며, 그녀는 간혹 모든 것이 들어맞는 상황을 발견했다. 그런 일은 이따금 일어날 뿐이었으나, 그럴 경우 그녀의 정확도는 거의 신비로울 정도다.

원래 엘런은 거래에 관해서는 완벽주의자였다. 그녀는 정확한 전환점을 얻지 못하면, 시장에 들어가려 하지 않았다. 그래서 많은 거래를 놓쳤다. 때로는 하루 일찍 시장에 들어가 아무 일도 일어나지 않으면 바로 나와 버렸는데, 그러면 시장은 그때서야 움직이곤 했다.

그러나 엘런은 이 책에 설명된 몇 가지 아이디어를 실천함으로써 문제를 해결했다. 첫째, 그녀는 전환점을 예측할 때 시장이 그녀가 옳다는 것을 증명하기 전까지는 시장에 들어가지 않았다. 그녀는 시장에서 그녀의 생각이 입증된 뒤에야 포지션을 취했다. 그녀의 예측은 매우 정확했기 때문에 초기 손실제한주문 지점은 매우 타이트했다. 때때로 그녀는 몇 차례 작은 손실을 겪은 후에야 원하던 거래를 할 수 있었다. 그러나 손실은 보통 1R 정도에 불과했고, 이익은 대개 10R 이상이었다. 정확도는 이런 허위 돌파 때문에 약 38퍼센트에 지나지 않았으나, 그래도 많은 돈을 벌었다. 이 시점에서는 여러분도 그 이유를 알 수 있어야 한다.

켄-스프레더이자 재정 트레이더

켄은 개인 트레이더이나, 증권거래소의 회원이기도 하다. 그래서 그 덕분에 가격을 결정하고 대부분의 거래에서 매수-매도 호가 차이를 벌어들인다. 그는 또한 많은 연구에 접근할 수 있고, 수많은 시장에서 매우 괜찮은 거래 아이디어들을 발견할 수 있는 여건을 갖고 있다.

때때로 그는 저위험 거래로 옵션 스프레드를 거래하고, 또 어떤 때는 시장의 빈틈을 찾는다. 빈틈이 있는 곳에는 리스크가 없다. 따라서 켄은 이런 곳에 두 발로 뛰어들어 큰돈을 번다. 이따금 그는 포지션당 1R 혹은 2R의 이익을 올리지만, 이런 빈틈을 찾을 때는 대부분의 거래에서 큰 수익이 난다. 그러나 그는 늘 빈틈이 닫히지는 않는지 조심해서 지켜보고, 이런 일이 일어날 경우에 대비하여 청산 전략을 준비해두고 있다.

켄은 어린아이였을 때부터 주식 시장을 지켜보기 좋아했고, 늘 전문적인 트레이더가 되기를 꿈꾸었다. 그래서 고등학교 졸업 후, 시카고의 거래소 한 곳에서 심부름꾼으로 취직하여 나중에는 계원으로 승진했고, 결국 플로어 트레이더가 되었다. 그는 약 5년간 그렇게 주식을 거래했다. 사실 5년간 그런 일을 계속할 수 있었던 사람은 소수에 불과했다. 다른 사람들은 대부분 돈을 날려버렸다. 그와 달리 리스크 통제와 포지션 규모 조절을 이해하지 못했기 때문이다. 이제 켄은 더 이상 객장에서 거래하지는 않지만, 여전히 뛰어난 플로어 트레이더의 안목과 지식을 자랑하고 있다. 그는 10명의 다른 트레이더를 그 밑에 두고서 작은 거래 회사를 운영하고 있다. 회사 돈의 약 35퍼센트는 켄의 소유이며, 나머지는 켄의 능력을 믿는 다른 투자자들의 것이다.

마지막 두 명의 트레이더는 모범 트레이더라고 할 수는 없다. 낸시는 각종 조언에 의지하는 사람이고, 에릭은 충동적인 트레이더다. 낸시는 시장에서 돈을 꽤 벌었으나, 지금까지 등장한 뛰어난 5명의 트레이더와 투자자만큼은 되지 못한다. 에릭의 경우는 늘 돈을 잃는 편이다.

낸시-최신 정보지의 조언을 좇는 비즈니스우먼

낸시는 대기업의 고위 중역이다. 그녀는 연봉이 수십만 달러지만, 다른 사람들이 자신의 돈을 관리하는 것을 믿지 못한다. 과거에 다른 사람들에게 돈을 맡겼다가 손해만 보았기 때문이다. 게다가 그녀는 절대적인 성과 대신 상대적인 성과를 지지하는 대부분의 금융 전문가들(즉, S&P500보다 나은 성과를 올리는 것으로 충분하다고 여기는)에게 그다지 강한 인상을 받지 못했다. 이런 전문가들은 기본적으로 높은 수수료와 성공 보수를 원했다. 그들은 대개 그들에게 돈을 맡겨두면 그 돈이 금세 커지게 될 것이라고 말했다. 그러나 그녀가 막상 그렇게 했을 때, 돈은 계속 줄어들기만 했다.

그러나 낸시는 일이 바쁜 탓에 시장에 관해 오랫동안 조사하고 연구할 시간이 없었다. 대신 그녀는 뛰어난 성적을 올린 5개의 정보지를 구독하기로 마음먹었다.[3] 그중 세 개의 정보지는 가치에 중점을 두었고 나머지 둘은 시장의 큰 흐름을 찾는 데 주력하고 있었다. 그들 모두는 손절매의 중요성을 잘 알고 있었고, 그중 둘은 포지션 규모를 어떻게 조절해야 하는지 그녀에게 알려주기도 했다. 그녀는 이것을 보기 드문 특징으로 여겼다. 그녀가 원했던 5개의 정보지는 모두 달마다 실적을 발표했다. 즉,

추천 종목, 당시 진입 가격, 현재 가격, 이익 또는 손실 총액 등을 보여주었던 것이다. 이중 예측치나 R의 배수로 실적을 표시하는 곳은 한 군데도 없었지만, 그녀는 혼자 힘으로 이런 값들을 계산하는 법을 배웠다.[4)]

낸시는 정보지로부터 거래 개념을 찾지만, 각각의 거래가 자신과 잘 맞아야 한다는 사실을 알고 있다. 그래서 그녀는 추천받은 거래 각각을 차트로 살펴본다. 왜냐하면 가격이 하락할 만한 것은 어떤 것도 사고 싶지 않기 때문이다. 그녀는 또한 각 거래의 논리도 꼼꼼히 살펴본다. 투자하기 전에 각 거래의 장점을 스스로 확신하고 싶기 때문이다.[5)] 낸시는 거래가 예상대로 되지 않을 경우에 대비하여 언제나 명확한 청산 지점을 정해둔다. 그리고 마지막으로 낸시는 포지션 규모 조절에 관해 완벽하게 이해하고 있으며, 리스크가 포트폴리오의 1퍼센트를 넘는 거래는 결코 하지 않는다.[6)]

에릭 – 충동적인 트레이더

에릭은 어느 정도 충동적인 사람으로 늘 소개되어 왔다. 그는 자신이 시장에 관해 모든 것을 안다고 생각한다. 하지만 그는 단지 시장에 관한 무지한 믿음을 얼마간 갖고 있을 뿐이다. 그는 단순히 제대로 된 주식을 고르는 것이 제대로 된 거래 방법이라고 믿는다. '결국 위대한 투자자들은 좋은 주식을 잘 고르기 때문에 성공을 거둔 것 아닌가?' 그는 그렇게 생각한다. 그는 주식 선택에 어떤 비법이 있다고 믿는다. 그러나 그 비법을 아는 사람들이 자신 같은 타인에게는 그것을 알려주지 않으려 한다고 생각한다. 그는 또한 거래는 운이 많이 작용한다고 믿는다. 따라서 시장에서 돈을 잃을 때는 틀린 조언을 들었거나 운이 없었기 때문이라고 생각한다. 게다가 에릭은 시장에 들어가는 것을 좋아하고, 계좌 금액이 하루에 5퍼센트 이상 움직이는 것을 보면 매우 흥분하곤 한다. 그게 비록 내려가는 경우라고 하더라도.

우리의 트레이더들은
5가지 핵심적인 시장 상황을 어떻게 보는가?

이 장을 개정판에 넣은 한 가지 이유는, 서로 다른 시스템에 어떻게 저위험 거래를 발생시키고, 각자 독특한 R의 배수의 분포를 낳게 하는지 알려주기 위해서다. 따라서 나는 2006년 2월 17일 장 마감 무렵 발생했던 흥미로운 상황을 골랐다. 사실 어느 때, 어떤 상황이라고 해도 상관없기는 하다. 왜냐하면 우리의 트레이더와 투자자들이 저위험 거래를 하기 위해 이런 각각의 시장 상황에 어떻게 접근하는지 분석하는 것이 우리의 목표이기 때문이다.

그다음 우리는 6주 뒤 2006년 3월 31일의 거래가 어떤 결과를 낳았는지 조사해볼 것이다.[7] 6주라는 기간은 장기 투자자의 경우에는 거래 아이디어의 효과를 판단하기에는 짧은 감이 없지 않지만, 그래도 이런 모든 사람이 공유하고 있는 일부 핵심 개념들과 관련하여 서로 다른 시각들을 접하게 될 것이다. 즉, 그들이 어떻게 저위험의 거래를 만들어내는지, 그들이 이런 거래의 1R을 어떤 식으로 결정하는지, 또 예측치가 어떤 식으로 쓰이는지 알게 될 것이다.

상황 1: 구글(GOOG)

미국 주식 시장에서 가장 인기 있는 종목은 어떤 주식인가? 2005년에는 구글이었다. 1990년대 하이테크 붐의 최고 인기주들이 인터넷 주였다는 것은 아이러니하지 않은가? 그로부터 6년 뒤에도 가장 인기 있는 주식은 역시 인터넷 주였다. 새로운 붐은 과거의 붐과는 다른 주식이 이끄는 게 보통이다. 그러나 어쨌든 오늘날의 시장 상황은 그렇다.

이제 구글에 관해 알아보도록 하자. 그림 12.1은 구글의 주간 캔들차트다. 주가가 매우 강력한 상승 추세에 있고 거의 주당 500달러까지 갔다는 점을 눈여겨보라. 그 뒤 주가는 몇 달 만에 큰 폭으로 떨어졌다. 그렇다면 우리의 7명의 투자자는 이 상황에 어떻게 대응했을까?

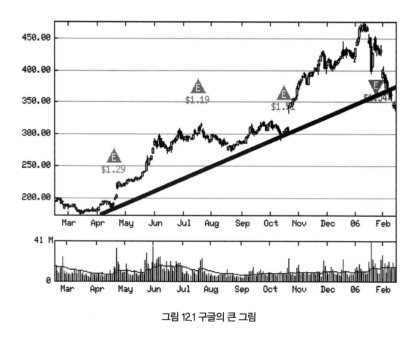

그림 12.1 구글의 큰 그림

그런데 7인의 투자자들의 대응을 분석하기 전에 여러분이라면 구글을 어떻게 했을지 한번 생각해보기 바란다. 구글은 2006년 2월 17일, 368.75달러로 장을 마감했다. 2006년 1월 11일에 기록한 475.11달러의 사상 최고가에서 이만큼이나 줄곧 하락한 것이다. 과연 좋은 거래 기회인가? 아니면 폭락이 기다리고 있을까? 아니면 이제 밀집 구간이 형성되는 걸까? 2006년 2월 17일 이후에 구글이 어떻게 움직였는지 알고 있다고 해도 모른다고 생각해보라. 지나간 일을 되돌아볼 때는 누구나 천재인 법이다. 내가 결과를 알기 전에 6주 뒤에 어떤 일이 일어날지 쓰는 것도 이 때문이다. 따라서 스스로에게 물어보라. "구글의 차트를 본다면 여러분은 어떻게 하겠는가?"

이 상황에서 포지션을 취하겠는가? 포지션을 취한다면, 롱 포지션을 취하겠는가(주가 상승을 예상한다), 아니면 숏 포지션을 취하겠는가(주가 하락을 예상한다)?

손실제한주문은 어느 지점에 해두겠는가? 손실제한주문이 그렇게 정해진다면, 1R은 얼마인가?

R로 계산하여, 앞으로 6주 동안 이 거래에서 얼마나 수익을 낼 거라고 생각하는가? 이 거래에서 잠재적인 보상위험비율은?

주가 움직임의 방향에 관해 틀릴 확률이 50퍼센트라는 점을 감안할 때, 여기서 거래하는 것이 합당하다고 생각하는가?

이 거래에서 총자본의 몇 퍼센트를 리스크로 삼을 것인가? 0.5퍼센트? 1퍼센트? 2퍼센트? 아니면 그 이상?

계속 읽어가기 전에 차트를 보고서 여러분의 대답을 한번 적어보기 바란다. 그리고 이제 우리의 7명의 트레이더와 투자자들이 어떤 행동을 취했는지 보기로 하자.

메리-장기 추세 추종자

메리는 실제로 1년 넘게 이 주식을 보유하고 있었다. 당연히 구글이 가장 실적이 좋은 주식 중 하나였기 때문이다. 그녀는 지금까지 주당 153달러의 이익을 벌어들였다. 대략 8.4R의 이익이다. 손실제한주문은 사상 최고가에서 주간 변동폭의 세 배 되는 지점에 설정된 추적 손실제한주문이다. 바로 329.31달러 지점이다. 아직까지는 가격이 이곳까지는 내려앉지 않았다. 메리는 이 주식이 어떻게 될까 불안했지만, 어쨌든 손실제한주문을 그대로 지키기로 했다. 초기 손실제한주문은 대략 18포인트 리스크로 좀 더 타이트했다. 따라서 손실제한주문에 걸려 시장에서 나온다면 이익은 주당 112달러가 되는데, 대략 6R의 이익이다.

딕-단기 스윙 트레이더

딕은 사실 그로서는 약간 비정상적인 거래 상황에서 이 주식을 보유하고 있었다. 그는 구글로 밴드 거래를 할 수 있었다. 하지만 그의 통상적인 거래 방식보다 더 큰 수익을 올릴 수 있는 가능성이 보였다. 전주 월요일 〈배런스Barron's〉에 구글에 관한 부정적인 리뷰가 실렸다. 이 주간지는 구글의 주가가 50퍼센트 하락할 것으로 예상했다. 월요일 개장 후 가격 하락은 큰 폭의 갭을 만들었고, 이어 밀집 구간이 형성되었다. 딕은 이것이 좋은 기회라고 생각했다. 그는 주가가 다시 하락을 시작하기 전에 갭이 메워질 것으로 판단했는데, 특히 단기 밀접 패턴이 형성되었기 때문이다. 그림 12.2를 보라.

딕은 이 밀집 패턴을 포함하는 밴드를 설정했다. 주가가 아래쪽 밴드에 닿았다가 위로 올라가자, 딕은 2월 15일에 340.80달러에서 주식을 매수하고 338.80달러 지점에다 손실제한주문을 바짝 붙여놓았다. 그의 최소 목표는 351달러에 위치한 밴드의 최상단이다. 그러면 수익은 약 5R에 달할 터다. 이 지점에서 그는 포지션의 절반을 처분하고 손실제한주문을 손익 균형점에 놓을 것이다. 그는 357달러 근처에 중요한 저항선이 형성되어 있다고 판단하여, 이 지점에서 다시 포지션의 절반을 처분하고 손실제한주문을 밴드의 최상부로 끌어올릴 생각이었다. 이 지점에서라면 그는 포지션의 절반을 5R의 이익으로, 4분의 1을 8R의 이익으로 처분하게 될 것이다. 그의 목표는 그런 다음 포지션의 나머지를 362달러에 팔아 10R의 이익을 달성하는 것이었다. 초기 리스크는 포트폴리오의 0.5퍼센트였다. 따라서 1R 손실은 자본 총액의 0.5퍼센트 손실을 의미했다.[8] 모든 목표가 달성된다면, 그는 이번 거래로 대략 한 주 만에 7.5R의 이익을 거둘 수 있을 것이다.

그림 12.2 갭이 메워지리라고 예상한 딕의 밴드 셋업

딕은 2월 16일에 모든 목표를 달성했다. 구글은 이날 367달러로 치솟았다. 그림 12.3은 거래가 딕에게 어떻게 유리하게 흘러갔는지 보여주고 있다.

16일 정오에 구글은 상부 밴드를 지났고, 따라서 딕은 352.10달러에 포지션의 절반을 처분하고 나머지 포지션의 손실제한주문을 손익 균형 점으로 옮겨놓았다. 그림 12.3의 지점 1을 보라. 주가는 급등하여 딕이 저항선으로 여기고 있는 지점을 뚫고 지나갔다. 하락 바가 나타나자, 그는 357.20달러에서 포지션의 절반을 또다시 처분했다. 그림 12.3의 지점 2를 보면, 그런 다음 그는 손실제한주문 지점을 346달러의 지지선 바로 아래 쪽인 344.60달러로 올렸다. 마지막으로, 딕은 매우 운이 좋았던 것이, 구글은 계속하여 그날의 나머지 시간 동안 계속 상승했다. 그 결과, 그는 포지션의 나머지를 종가 근처에서 청산했다. 그의 최종 목표점보다 높은 366.42달러에서였다. 그림 12.3의 지점 3을 보라. 최종적인 결과를 보면, 포지션의 절반에서 5.1R의 이익, 포지션의 4분의 1에서 7.15R의 이익, 그리고 나머지 4분의 1에서 12.2R의 이익이 났다. 3일의 거래로 평균 7.4R의 이익을 거둔 셈이다.

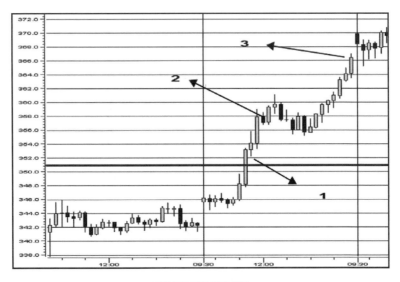

그림 12.3 딕의 거래 청산

빅터-가치 트레이더

빅터는 보통 공매도 거래를 좋아하지 않는다. 그러나 이 주식은 공매도 거래에 적격인 것 같았다. 주가수익률이 100이 되고, 주가매출액 비율이 20을 넘자, 그는 이렇게 중얼거렸다. "이건 정말 터무니없는걸. 1999년이 다시 시작되는 꼴이잖아. 게다가 인터넷 주이기도 하고. 사람들은 정말 배우는 법이 없다니까."

빅터는 주가가 500달러를 넘거나 아니면 주가가 폭락할 게 분명해졌을 때 공매도하기로 마음먹었다. 주가는 500달러까지 가지 못했으나, 빅터는 그림 12.4에서 보는 것과 같이 주가가 하락하기 시작하자 공매도를 결정했다. 그는 대략 435달러에 대규모(자기 자본의 약 3퍼센트)로 숏 포지션을 취했다. 그는 새로운 고점이 형성되면 시장에서 나올 생각으로 477달러에 손실제한주문을 해놓았다. 그러나 주가가 500달러를 넘어가면 다시 숏 포지션을 취할 기회를 찾을 작정이었다.

빅터는 이 주식에 대해 특별한 목표는 갖고 있지 않았다. 그러나 주가가 300달러 이하로 내려가면 포지션의 절반을 환매할 것이라고 미리 생각해두었다. 그는 시장에서 큰 하락이 일어나면 구글과 같은 과대평가된 주식들은 주가수익률이 쉽게 20 혹은 그 아래로 내려갈 수도 있다고 생각했다. 주가수익률이 20이라면 구글은 주당 100달러 정도 될 테고, 그 정도가 적절한 가치라고 그는 판단했다.

2월 17일의 종가 368.75달러에서, 빅터는 주당 42달러의 초기 리스크로 주당 66.25달러의 이익을 기록했다. 따라서 이때까지 그의 이익은 대략 1.6R이었다.

지금까지 구글의 주식에 대해 서로 다른 입장을 취한 세 명의 투자자 혹은 트레이더를 살펴보았다. 메리는 롱 포지션을 취했고, 확정되지 않은

8.4R의 이익을 기록하고 있다. 빅터는 숏 포지션을 취해 약 1.6R의 확정되지 않은 이익을 벌어들였다. 딕은 이미 거래를 종료한 상태다. 며칠 만에 포트폴리오의 3.7퍼센트에 달하는 약 7.4R의 이익을 거두어들였다. 시장에 대해 서로 다른 믿음을 갖고 있는 이들 세 명은 구글에 서로 다르게 접근했으나, 모두 저위험의 거래 아이디어를 설정하고 예외 없이 돈을 벌었다.

그림 12.4 빅터는 구글의 주가가 붕괴되는 것이 분명해지자 숏 포지션을 취했다

엘런-우주에는 질서가 있다

엘런이 구글에 접근하는 방식은 완전히 달랐다. 그녀는 사실 마법의 숫자를 이용하여 구글이 2월 16일에 전환점을 맞게 될 것임을 예측했다. 하지만 정말로 그럴지는 확신할 수 없었다. 그것은 갑작스러운 상승 반전이거나 돌발적인 하락으로 인한 신저점의 형성일 수도 있었다. 그렇다면 그녀는 어떤 식으로 거래해야 할까? 그림 12.5는 그녀가 예상한 주가의 갑작스런 변화와 그 뒤의 움직임들을 보여준다.

엘런은 2월 13일 시가와 2월 15일 종가 사이의 밀집 구간 주위에 넓은 밴드를 그렸다. 그녀가 예측하고 있는 커다란 변화로 인해 주가는 상승하여 갭을 메울 수도 있었고, 아니면 큰 폭의 하락이 일어날 수도 있었다. 그래서 그녀는 시장이 직접 말해주기를 기다렸다. 2월 15일 구글은 채널의 한가운데인 342.38달러에서 종가를 기록했다. 주가는 352달러 위로 넘어갈 수도 있고 338달러 아래로 주저앉을 수도 있었다. 그녀는 주가가 352달러를 돌파할 때 롱 포지션을 취하고, 주가가 338달러 아래로 내려가면 숏 포지션을 취하기로 마음먹었다. 손실제한주문은 반대쪽 밴드에 해놓을 생각이었다. 2월 16일, 시장은 거의 상승 돌파했고, 그래서 엘런은 352달러 바로 위에서 롱 포지션을 취했다. 손실제한주문은 지지선 아래인 339달러에 설정했다.

포지션을 취하고 나서 그녀는 피보나치 분석을 했다. 그림 12.6을 보라.

엘런은 첫 번째 상승 목표를 391달러로 잡았다. 두 번째 목표는 407

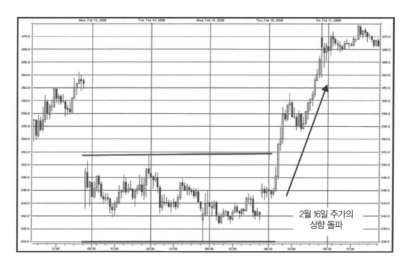

2월 16일 주가의 상향 돌파

그림 12.5 엘런은 2월 16일에 큰 가격 변화(상승이든 하락이든)가 일어날 것이라고 믿었다

달러고, 마지막 목표는 424달러였다. 이 지점에서는 너무 많은 저항이 존재하기 때문에 더 이상 올라가기가 힘들었다. 그녀의 계획은 각각의 목표 수준에서 3분의 1씩 포지션을 처분하는 것이었다. 2월 17일, 시장이 370대로 올라서면서 그녀의 분석이 옳았음을 확인해주자, 그녀는 손실제한 주문을 367.45달러로 옮겼다. 그녀는 이제 15포인트의 이익(1.2R)을 확보했다. 그녀의 최초 목표 지점인 391달러에 도달하면 대략 2R의 이익을 기록할 수 있을 것이다.

그림 12.6 엘런은 피보나치 되돌림을 이용하여 목표를 설정했다

켄-스프레더이자 재정 트레이더

구글이 그림 12.2와 그림 12.5에서 보는 것과 같은 밴드를 형성하고 있다는 사실을 알았을 때, 켄은 구글이 월요일에 만들어진 갭을 메울 것이라고 믿었다. 그는 구글의 3월물 340달러 콜 옵션을 18.70달러에 매

수했다. 이런 콜 옵션으로 그는 3월 중순의 만기가 되기 전까지 구글을 340달러에 살 수 있는 권한을 갖게 되었다. 그는 콜 옵션 가격인 18.70달러 가운데 4달러를 리스크로 삼았다. 콜 옵션이 14.70달러로 떨어지면 그는 즉시 시장에서 나올 생각이었다. 구글이 종가로 348달러를 기록하자, 그는 3월물 350달러 콜 옵션을 19.30달러에 팔았다. 말하자면, 켄은 10달러 더 얹은 350달러를 받고 자신에게서 구글 주식을 살 수 있는 권리를 누군가에게 팔았다는 뜻이다. 이 권리는 그의 권리가 만료되는 날에 똑같이 만기가 되었다. 그는 이제 옵션 계약당 0.60달러의 실제 이익(두 콜 옵션의 가격 차)을 얻고, 구글이 계약 만기 시점에서 350달러를 넘을 경우 계약당 10달러를 더 벌 수 있는 가능성이 생겼다. 따라서 그는 0.15R의 확정 수익과 2R의 잠재 수익을 얻은 셈이었다. 예컨대 계약 만기 시점에서 구글 주가가 350달러라면, 350달러 콜 옵션은 아무런 가치도 없을 것이나, 그가 갖고 있는 340달러 콜 옵션은 10달러의 가치가 있을 것이다. 그리고 350달러를 넘는다면 어느 가격이든 그는 이 10달러를 벌어들일 것이다. 이것은 손쉽게 버는 돈이다. 구글이 350달러 아래로 떨어지기 시작하면, 스프레드를 처분하고 10달러에서 아직 남아 있는 프리미엄을 제한 뒤 그 돈을 가져가면 된다.

낸시-최신 정보지의 조언을 좇는 비즈니스우먼

낸시는 월요일에 정보지를 보고 당황했다. 비록 구글 주식을 보유하고 있지는 않았다고 해도, 두 개의 정보지에서 구글에 관해 서로 다른 견해를 내놓았기 때문이다. 그중 한 정보지는 구글이 매우 과대평가된 주식으로 곧 하락할 수밖에 없으며, 만약 공매도 거래 추천 종목이 있다면 구글 주식이 그중 하나가 될 것이라고 말했다. 그러나 두 번째 정보지는 구글을 장기 보유 주식으로 추천하면서 월요일 당장 시장에 들어가야 한다고 재촉하고 있었다. 그녀는 어떻게 해야 할까?

이런 상황은 많은 정보지를 구독하면서 자신만의 시스템을 갖고 있는 사람들에게 전형적인 것이다. 그러나 낸시는 상황을 분석해보기로 결심했다. 그녀는 그림 12.1의 그래프를 들여다보고 최고가에서 벌써 100포인트 하락한 주식을 보유할 수 없다고 결정했다. 그녀는 한편으로 한 개의 정보지에서 매수를 조언한 주식을 공매도하고 싶은 마음도 없었다. 따라서 낸시는 구글과 관련해서는 아무런 행동도 하지 않기로 했다.

에릭-충동적인 트레이더

에릭은 구글의 옵션 만기에 신이 났다. 그는 구글이 50퍼센트 하락할 것이라는 〈배런스〉의 예측을 읽은 터였다. 2월 16일, 구글이 천천히 하락하는 것처럼 보였다. 에릭은 거의 프리미엄 없이 2월물 360달러 풋 옵션을 매수할 수 있다는 사실을 알았다. 그러나 2월물 풋 옵션은 행사 가격이 시장가보다 높고[9] 만기가 겨우 이틀 남았기 때문에 프리미엄이 거의 없었던 것이다. 에릭은 차트를 보고서 구글이 이틀 내에 20~30포인트 떨어질 가능성이 높다고 생각했다. 이런 풋 옵션 세 개를 매수하면, 이틀간 4만 달러로 최대 9,000달러를 벌 수 있을 것이라고 믿었다. 멋진 상황이며, 시장의 천재가 될 수 있다고 그는 생각했다. 그래서 2월 16일, 에릭은 15.20달러의 2월물 360달러 풋 옵션 3개를 매수했다(옵션 계약은 100주 단위임). 이로써 그가 들인 총비용은 4,569달러였다.

16일 장이 마감할 무렵, 에릭은 약 600달러를 잃었다. 하지만 이렇게 말했다. "천재가 될 수 있는 기간은 아직 하루가 남았잖아." 다음 날 에릭은 오전 10시 30분까지는 시장을 쳐다보지 않았다. 하지만 마침내 시장을 보았을 때 구글이 약 356달러로 껑충 뛴 것을 알고 그는 큰 충격을 받았다. 이제 그의 옵션 가치는 겨우 4달러에 불과했다. 에릭은 자신을 꾸짖기 시작했다. "시가를 지켜보고만 있었더라도 옵션당 손실은 5달러밖에 안 되었을 거야." 그는 이미 대부분의 돈을 잃었으므로 그냥 폐장 때까지 기다려보리라고 마음먹었다. 어쩌면 주가가 다시 떨어질지도 모르는 일이었으니까. 장 마감 무렵, 에릭은 만기 전에 옵션을 각 30센트에 겨우 팔아치울 수 있었다. 에릭의 총 손실액은 수수료를 제하고 4,500달러, 자본 총액의 약 11퍼센트였다.

지금 에릭은 천재가 아니라 바보가 되어버린 것 같았다. 그러나 그는 우리가 이 부분에서 고려한 핵심 원칙들을 하나도 따르지 않았다.

첫째, 그는 최악의 상황에서 받아들여야 할 손실을 미리 결정하지 않았다. 따라서 에릭의 경우 각 옵션 계약을 매수하기 위해 그가 투자한 계약당 1,520달러 전부를 최악의 상황의 손실로 잡아야 한다. 그렇다면 그는 여기서 1,490달러를 잃었으므로, 0.98R의 손실이 났다고 해야 할 것이다.

둘째, 에릭은 보상위험비율을 살펴보지 않았다. 9,000달러를 버는 게 그의 단순한 바람이었다. 따라서 어떤 손실도 미리 정해두지 않았기 때문에 잠재적 수익은 겨우 2R이었다. 거의 모든 거래는 원하는 방향으로 갈 확률이 불과 50퍼센트다. 따라서 기껏해야 2R의 잠재 수익을 보고 하는 거래는 현명한 거래가 아니다. 최소 이득이 적어도 3R은 되어야 한다.

마지막으로, 에릭은 이번 거래에 자본 총액의 1퍼센트를 리스크로 삼은 게 아니었다. 그는 무려 총자본의 11퍼센트 이상을 리스크로 삼았다. 물론 이틀 만에 20퍼센트 자본 증가를 달성할 가능성도 있었다. 그러나 이상의 중요 원칙들을 하나도 따르지 않았기 때문에 그는 11퍼센트 자본 손실을 경험해야 했다.

그렇다면 이제 서로 다른 시각을 갖고 있는 7명의 사람이 2월 17일 어떤 결과를 얻었는지 보도록 하자. 표 12.1을 보라.

표 12.1 상황 1: 7명의 트레이더와 투자자들이 구글에 대해 취한 행동

트레이더 및 투자자	취한 행동	2월 17일 종가 시점의 결과
메리(장기 추세 추종자)	217.30달러에 매수 1R = 18포인트	가격이 손실제한주문 지점까지 떨어지면, 6R의 이익이 실현
딕(스윙 트레이더)	340.80달러에 매수	7.4R의 이익으로 포지션 청산
빅터(가치 트레이더)	435달러에 숏 포지션 진입	현재 1.6R의 이익
엘런(예측가 타입)	352달러에서 매수	현재 1.6R의 이익
켄(스프레더, 재정 트레이더)	스프레드 매수	주당 0.60달러 이익에 10달러의 잠재 스프레드 이익
낸시(정보지 구독자)	아무 행동도 취하지 않음	아무런 결과 없음
에릭(특별한 거래 기법 없음)	3월물 360달러 풋 옵션 3개를 4,569달러에 매수	1R 손실 기록, 그러나 1R이 자본 총액의 11퍼센트에 달함

고유의 거래 시스템을 갖고 있는 사람들은 모두 이 상황에서 어느 때인가 행동을 취했다는 사실을 확인하라. 그중 한 명은 이미 포지션을 청산하여 매우 큰 수익을 남겼다. 다른 사람들은 모두 이익을 냈으며, 이런 이익은 손실제한주문으로 보호되고 있다. 따라서 완전히 다른 시각을 갖고 있는 5명의 사람은 모두 이 상황에서 시장에 들어가 저위험 거래를 할 수 있었다.

자기만의 시스템이 없었던 두 명은 성과가 좋지 않았다. 낸시는 상충

되는 정보를 받고 이런 상황을 처리할 방법이 없었기 때문에 아무것도 하지 못했다. 에릭은 저위험 거래에 관한 개념이 없었다. 그는 자본 총액의 20퍼센트 증가를 목표했으나, 그 가능성은 희박했기에 결국 11퍼센트의 자본 손실을 입었다.

상황 2: 한국 상장지수펀드(EWY)

그렇다면 세계적으로 뜨거운 관심을 받고 있는 것은 무엇인가? 한국 주식 시장은 꽤 괜찮은 투자 대상이다. EWY, 즉 한국 상장지수펀드의 성적이 이를 증명해준다. 그림 12.7을 보라. EWY가 2004년 8월 이후 가파른 상승세를 형성하고 있는 것을 확인하라.

2월 17일, 저위험의 좋은 거래 기회를 찾을 수 있는가? 아니면 이때

그림 12.7 한국 상장지수펀드의 주간 캔들차트(EWY).
두 개의 장기 추세선이 돌파당하지 않고 온전하다

시장에 진입하는 것은 위험하니 피해야 하는 것일까? 이 차트를 보고 어떻게 행동할 것인가? 매수할 것인가? 그러기에는 너무 위험하다고 생각하는가? 그렇다면 숏 포지션을 취할 것인가, 아니면 그냥 아무런 행동도 취하지 않을 것인가?

EWY의 포지션을 취할 것인가? 포지션을 취한다면 롱 포지션을 취하겠는가(가격 상승을 예상한다), 아니면 숏 포지션을 취하겠는가(가격 하락을 예상한다)?

손실제한주문은 어느 지점에 해두겠는가? 손실제한주문이 그렇게 정해진다면, 1R은 얼마인가?

R로 계산하여, 앞으로 6주 동안 이 거래에서 얼마나 수익을 낼 것이라고 생각하는가? 이 거래에서 잠재적인 보상위험비율은?

가격 움직임의 방향에 관해 틀릴 확률이 50퍼센트라는 점을 감안할 때, 여기서 거래하는 것이 합당하다고 생각하는가?

이 거래에서 총자본의 몇 퍼센트를 리스크로 삼을 것인가? 0.5퍼센트? 1퍼센트? 2퍼센트? 아니면 그 이상?

계속 읽어가기 전에 차트를 보고서 여러분의 대답을 한번 적어보기 바란다. 그리고 이제 우리의 7명의 트레이더와 투자자들이 어떤 행동을 취했는지 보기로 하자.

메리-장기 추세 추종자

메리는 2005년 8월에 이 상장지수펀드를 매수한 뒤 줄곧 보유하고 있었다. 매수가는 36.50달러고, 그녀는 매수 뒤 줄곧 주간 변동폭의 세 배 되는 지점에 추적 손실제한주문을 해놓았다. 현재 손실제한주문은 41.10달러에 설정되어 있다. 따라서 그녀의 확정 수익은 주당 4.60달러에 이른다. 초기 리스크가 대략 주당 4.50달러이므로 현재 이익은 2R에 달하며, 현재 손실제한주문에 따른 확정 이익은 1R을 약간 넘는다. ETFs는 5주간 밀집 패턴을 형성했으나, 그녀는 상승 추세가 재개되기를 기대하고 있다.

딕-단기 스윙 트레이더

딕은 밴드를 설정했고, 44달러에 강력한 지지선이 형성되어 있는 것을 발견했다. 따라서 EWY가 2월 13일 이 수준에서 반등했을 때, 딕은 44.20달러로 롱 포지션을 취하고 43.20달러에 손실제한주문을 해놓았다. 2월 17일, EWY는 45.73달러의 종가를 기록했다. 이에 따라 딕은 주당 1.53달러(약 1.5R)의 이익을 기록했으나, 손실제한주문을 아직 옮기지 않았기 때문에 확정 이익은 전무했다. 딕은 46.80달러에 포지션의 절반을 청산하고 손실제한주문을 손익 균형점으로 올리거나, 아니면 가격이 46.80달러 위로 올라가지 않을 경우 2월 24일 금요일 종가에 포지션 전체를 처분할 생각이다.

빅터-가치 트레이더

빅터는 EWY의 포지션을 취하지 않았다. 그는 개별 기업을 매수하는 쪽을 더 좋아했다. 조사와 연구를 통해 기대 가치를 결정할 수 있기 때문이다. EWY는 한국 주식 시장을 합쳐놓은 것이므로 저위험 거래 대상으로 볼 수 없다는 게 그의 판단이었다.

엘런-우주에는 질서가 있다

엘런은 자신의 거래 기법을 국가의 ETFs에 적용해볼 수 있다는 생각에 매료되었다. 그녀는 각각의 주식에 고유한 에너지가 있으므로 전환점을 예측하기가 쉽다고 믿었다. EWY 같은 국가 ETF는 많은 주식들을 합쳐놓은 것이기 때문에 다소 달랐다. 그럼에도 국가 또한 에너지를 갖고 있고, 따라서 엘런은 여기서도 자신의 접근법이 통용될 수 있을 것이라고 판단했다. 또한 국가 ETFs는 미국 주식 시장이 폐장할 때 거래하기 때문에 개장 때 갭이 형성되는 경향이 있다.

엘런은 필요한 연구를 하고 나서 EWY의 전환점이 2006년 2월 20일에 일어난다고 결론 내렸다. 하지만 한 가지 문제가 있었다. 한국은 그날 개장하지만, 미국 주식 시장은 대통령의 날로 휴장했다. 따라서 EWY를 거래할 수 없었다. 게다가 그녀는 시장이 어느 쪽으로 전환할지 몰랐다.

그림 12.8에 근거하여 엘런은 가격이 46.2달러의 저항선을 넘어가거나 아니면 44.4달러의 지지선 아래로 내려가면 시장에 진입하기로 결정했다. 청산은 거래의 반대편 지점, 즉 지지선이나 저항선에서 할 생각이었다. 그녀는 정말로 20일에 어떤 일이 일어날지 두려웠지만, 어느 쪽이든 돌파가 일어나면 돌파 지점의 1포인트 범위 안에서 포지션을 취하고자 했다. 그녀가 예상하는 것은 돌파가 일어나 48.50달러 위에서 새로운 고가가 형성되거나 아니면 시장 붕괴가 일어나 EWY가 43.50달러 아래로 떨어지는 것이었다. EWY가 둘 중 어느 지점을 통과하든 그때가 되면 그녀는 손실제한주문을 손익 균형점으로 옮길 작정이었다.

이때 엘런은 전환점에 관해서는 옳을 수 있지만, 그래도 많은 리스크를 갖고 있다. 예를 들어, EWY는 며칠 뒤 48.50달러가 된 후 반락할 수도 있다. 엘런은 이런 움직임의 일부밖에 취할 수 없을지도 모른다. 그러면 기껏해야 1R 이익이 날 것이다. 또한 43.50달러로 내려갔다가 다시 반등할 수도 있다. 그러면 이때 역시 이익은 매우 작을 것이다. 그러나 적어

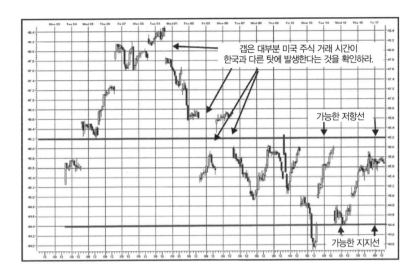

그림 12.8 지지선과 저항선을 보여주는 EWY의 단기(30분) 캔들차트

도 5R의 이익을 가져다줄 새로운 돌파 혹은 EWY의 가격 붕괴 가능성 때문에 그녀는 시장에 뛰어들기로 마음먹었다.

EWY는 2월 21일 46.35달러에서 출발했고, 이 지점은 그녀가 염두에 두었던 저항선 바로 위였다. 그래서 그녀는 44.20달러에 손실제한주문을 설정해놓고 이 지점에서 롱 포지션을 취했다. 그녀는 EWY가 48.50달러에 도달하면 포지션의 절반을 처분하고 손실제한주문을 손익 균형점에 가져다놓을 생각이었다. 그러면 겨우 1R 이익이지만, 그녀는 자신의 기법을 국가 ETFs에 적용하고 싶어 안달이 나 있었다.

켄—스프레더이자 재정 트레이더

켄은 여기서는 저위험 거래 아이디어를 찾을 수 없었다. 그는 사실 ETFs에 대비하여 한국 주식을 거래하는 게 어떨까 연구 중이었지만, 아직까지는 적절한 저위험 거래 방법을 개발하지 못했다.

낸시 - 최신 정보지의 조언을 좇는 비즈니스우먼

낸시가 구독하는 정보지 하나가 ETFs를 모니터하고 있었는데, 그녀는 2005년 11월 41.30달러에 EWY의 롱 포지션을 취했다. 그녀는 이 거래에서 25퍼센트 추적 손실제한주문을 유지했다. 현재 그녀는 약 0.6R의 이익이 났으나, 여전히 약 0.5R의 손실 위험을 부담하고 있었다.

에릭 - 충동적인 트레이더

에릭은 국가 ETFs에 관해서는 아무것도 모른다. 그러나 EWY 차트를 보았을 때 그는 매우 흥분했다. EWY가 거침없는 상승 추세를 이루면서 달나라까지 쫓아 올라갈 기세였기 때문이다. 그래서 그는 44.54달러에 100주를 매수했다. 그에게는 목표 지점도 손실제한주문도 없었다. 따라서 1R의 리스크는 거래 비용을 포함하여 4,468달러였다. 그가 1R의 이익을 올리기 위해서는 EWY는 가격이 두 배가 되어야 한다. 게다가 에릭은 이 포지션에 포트폴리오에 남아 있던 3만 5,415달러의 12.6퍼센트를 리스크로 삼았다.

그렇다면 이제 서로 다른 시각을 갖고 있는 7명의 사람이 2월 17일에 어떤 결과를 얻었는지 보도록 하자. 표 12.2를 보라.

사람들이 시장에 관한 완전히 다른 믿음에 기초한 다양한 시장 접근 방식으로 동일한 주식에 대해 어떻게 포지션 진입을 하는지 다시 한번 살펴보라. 그들 모두는 R의 배수(즉, 보상위험비율)를 통해 사고한 덕분에 시장에서 성공할 수 있다. 단, 이익이 1R이 되기 위해서는 주식이 두 배가 되어야 하는 에릭은 여기서 예외다.

상황 3: 웨스트우드 원(WON)

이제 명확한 하락 추세를 보여주는 주식으로 옮겨가 우리의 트레이 더와 투자자들이 이 새로운 상황에 어떻게 대처하는지 보기로 하자. 우리가 살펴볼 주식은 웨스트우드 원이다. 그림 12.9에서 보듯, 원은 매우 강력한 하락세를 형성하고 있다. 차트를 보고 여러분이 취할 행동을 결정하라.

이 상황에서 포지션을 취하겠는가? 포지션을 취한다면, 롱 포지션을 취하겠는가(주가 상승을 예상한다), 아니면 숏 포지션을 취하겠는가(주가 하락을 예상한다)?

표 12.2 상황 2: 7명의 트레이더와 투자자들이 EWY에 대해 취한 행동

트레이더 및 투자자	취한 행동	2월 17일 종가 시점의 결과
메리(장기 추세 추종자)	36.50달러에 매수	2R의 이익, 확정 이익은 1R
딕(스윙 트레이더)	44.20달러에 매수	당일 매수, 따라서 결과는 모름
빅터(가치 트레이더)	포지션 취하지 않음	결과 없음
엘런(예측가 타입)	포지션 취하지 않음, 그러나 그 뒤 2월 21일에 46.35달러에 매수	결과 없음
켄(스프레더, 재정 트레이더)	포지션 취하지 않음, 한국 주식 대 EWY를 살펴보는 중이었음	결과 없음
낸시(정보지 구독자)	41.30달러에 매수	0.6R의 이익, 그러나 여전히 이 포지션에서 손실을 볼 수 있음
에릭(특별한 거래 기법 없음)	2월 17일, 44.54달러에 매수	막 롱 포지션에 진입함, 그러나 1R 리스크가 그의 전체 투자액임

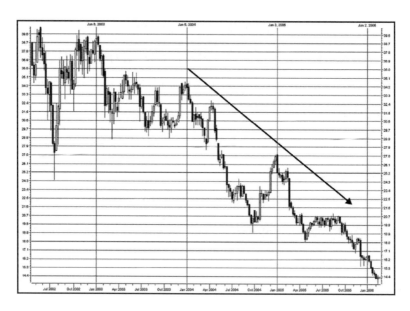

그림 12.9 2006년 2월 17일, 분명한 하락 추세를 보여주는 웨스트우드 원(WON)의 캔들차트

손실제한주문은 어느 지점에 해두겠는가? 손실제한주문이 그렇게 정해진다면, 1R은 얼마인가?

R로 계산하여, 앞으로 6주 동안 이 거래에서 얼마나 수익을 낼 거라고 생각하는가? 이 거래에서 잠재적인 보상위험비율은?

주가 움직임의 방향에 관해 틀릴 확률이 50퍼센트라는 점을 감안할 때, 여기서 거래하는 것이 합당하다고 생각하는가?

이 거래에서 총자본의 몇 퍼센트를 리스크로 삼을 것인가? 0.5퍼센트? 1퍼센트? 2퍼센트? 아니면 그 이상?

계속 읽어가기 전에 차트를 보고서 여러분의 대답을 한번 적어보기 바란다. 그리고 이제 우리의 7명의 트레이더와 투자자들이 어떤 행동을 취했는지 보기로 하자.

메리-장기 추세 추종자

메리는 2004년 4월, 대략 27.40달러에 원의 숏 포지션을 취했다. 그녀는 12월 손실제한주문에 걸려 작은 이익을 내고 시장에서 나왔다. 그러나 여전히 공매도 거래 대상으로 이 주식에 매우 큰 관심을 갖고 있었다. 그래서 주가가 2005년 1월 장기 추세선에서 떨어져 나오자 메리는 다시 24.80달러에서 이 주식을 공매도했다. 그녀는 5월과 9월 사이의 밀집구간에서 거의 손실제한주문에 걸릴 뻔했으나, 손실제한주문 간격이 충분히 커 보호받을 수 있었다. 그 결과, 2월 17일 14.30달러의 종가 때도 여전히 숏 포지션을 보유하고 있었고, 손실제한주문은 2.10달러 떨어진 16.40달러에 설정되어 있었다. 최초의 리스크에 근거하자면, 그녀의 이익은 현재 2.5R이고, 손실제한주문에 의해 보호되는 확정 이익은 2R이다.

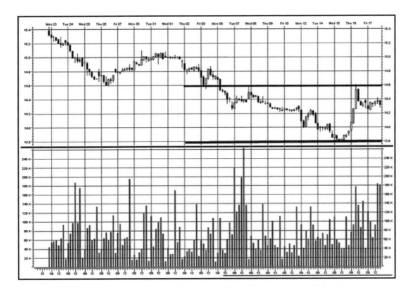

그림 12.10 딕이 설정한 밴드를 보여주는 웨스트우드 원(WON)의 시간별 캔들차트. 차트에는 14.60달러의 저항선까지 도달한 하루 동안의 상승 움직임이 나타나 있다

딕-단기 스윙 트레이더

그림 12.10은 딕이 원에 대해 어떻게 생각하는지를 보여준다. 딕은 공매도 거래 기회를 찾으려는 생각으로 시간별 차트에 밴드를 설정했다. 지금 이 경우, 장기 하락 추세가 너무 강해 딕으로서는 결코 롱 포지션을 취할 수 없다. 그러나 그의 밴드는 주가가 13.7달러 아래로 하향 돌파할 경우 14.6달러의 상부 밴드에 손실제한주문을 설정하고서 시장에 진입할 수 있다는 것을 보여주고 있다. 딕은 아직 어떤 행동도 취하지 않고 있으나, 진입 신호를 보면 즉각 행동에 나설 예정이다.

빅터-가치 트레이더

빅터는 원을 둘러싸고 있는 큰 경제적 그림을 보고서 경영진이 무능력하며 주가가 과대평가되었다고 판단했다. 첫째, 이 회사는 라디오 방송국인데, 빅터는 이 부문이 가까운 미래에 그다지 전망이 밝지 않을 것으로 생각했다. 둘째, 현재 자기 자본이 마이너스 2억 300만 달러였다. 셋째, 내부자들이 지난 6개월 내에 기존 주식의 절반을 팔아치웠다. 회사를 운영하고 있는 사람들조차 상황을 비관적으로 보고 있는 것이다! 그래서 빅터는 2005년 11월 18.40달러에 이 회사에 대하여 숏 포지션을 취했다. 손실제한주문 지점은 21.10달러였다. 원의 CEO가 2005년 12월 사임했을 때 빅터는 전혀 놀라지 않았다. 그 일은 단지 그 회사에 대한 그의 생각을 확인시켜주었을 뿐이다. 빅터는 회사의 주가가 2006년 중반한 자릿수로 떨어질 것으로 예상하고 있다. 2006년 2월 17일, 그는 주당 4.10달러, 즉 1.5R이 약간 넘는 이익을 기록 중이다. 그는 이 숏 포지션에서 적어도 5R의 이익을 기대 중이다.

엘런-우주에는 질서가 있다

엘런은 2월 24일 주가가 가파른 움직임을 보이리라고 기대했다. 그녀는 자신만의 방법으로 가파른 움직임이 언제 일어날지 예측했지만, 그날이 회사가 4사분기 실적을 발표하기로 한 날임을 알고 놀랍기도 하고 기쁘기도 했다. 이번에도 엘런은 시장이 상승할지 혹은 하락할지 잘 몰랐다. 그리고 어떤 진입 신호가 나타날지 판단하기 위한 정보 역시 충분하지 않았다. 그러나 그녀는 원이 13.80달러 아래로 주저앉는다면 숏 포지션을 취하기로 결정했다.

켄-스프레더이자 재정 트레이더

켄 역시 원에 대해 비관적이었다. 그래서 그는 3월물 12.50달러 콜 옵션을 2.45달러에, 3월물 15.00달러 콜 옵션을 0.35달러에 매수하여, 스프레드당 2.10달러의 크레딧을 취했다. 만약 원이 만기에 15.00달러가 넘으면 그는 스프레드당 2.50달러에 2.10달러의 크레딧을 뺀 만큼 돈을 잃게 된다. 따라서 그에게 발생할 수 있는 최악의 손실은 40센트였다. 그러나 원이 12.50달러 아래로 떨어지면 그는 2.10달러의 크레딧 전체를 차지할수 있다. 켄은 시장이 자기가 원하는 방향으로 움직일 경우 4.25R의 이익을 얻게 된다. 그는 이런 식의 거래를 무척 좋아했다.

낸시-최신 정보지의 조언을 좇는 비즈니스우먼

낸시의 구독 정보지 중 하나는 원을 16.00달러에 공매도하고, 20퍼센트의 추적 손실제한주문을 19.20달러에 설정하라고 제안했다. 그래서 그녀는 조언대로 했다. 2월 17일 원이 14.30달러의 종가를 기록하자, 그녀는 주당 1.70달러의 이익을 기록했다. 손실제한주문은 15.66달러 지점에 있었기 때문에, 그녀는 이 포지션에서 아직 34센트의 손실(대략 -0.1R)을 볼 확률이 있었다.

에릭-충동적인 트레이더

에릭은 차트를 보고 혼자 이렇게 말했다. "이 주식은 많이 내려갔는 걸. 이 정도면 더 이상 내려가지는 않을 거 같아. 400주 사두어야겠군." 에릭은 2월 17일 주가가 상당히 오른 것을 알고, 14.43달러에 이 주식 400주를 매수했다. 그는 리스크를 미리 정해두지 않았기 때문에, 원에 투자한 14.43달러 전부가 1R의 리스크가 되었다. 총리스크는 5,800달러, 즉 남은 자본 총액의 16.8퍼센트였다. 에릭은 투자 총액과 투자의 리스크 총액 사이에 차이가 있다는 중요한 사실을 알지 못했다.

표 12.3 상황 3: 7명의 트레이더와 투자자들이 원(WON)에 대해 취한 행동

트레이더 및 투자자	취한 행동	2월 17일 종가 시점의 결과
메리(장기 추세 추종자)	24.80달러에 공매도	2.5R의 이익, 2R의 확정 이익
딕(스윙 트레이더)	기회가 생길 경우 13.70에 공매도 예정	결과 없음
빅터(가치 트레이더)	18.40달러에 숏 포지션 진입	1.5R의 이익
엘런(예측가 타입)	포지션 취하지 않음, 그러나 2월 24일 주가 하락을 기대함	결과 없음
켄(스프레더, 재정 트레이더)	2.10달러의 순크레딧을 취하기 위해 3월 콜 옵션의 신용 스프레드를 매수	최대 리스크는 40센트 손실, 잠재 이익은 4.25R
낸시(정보지 구독자)	16.00달러에서 공매도	0.5R의 이익, 그러나 여전히 소규모 손실을 볼 가능성 있음
에릭(특별한 거래 기법 없음)	14.43달러에 매수	장 마감 때 주당 13센트 손실

이제 서로 다른 시각을 갖고 있는 7명이 2월 17일에 어떤 결과를 얻었는지 보도록 하자. 표 12.3을 보라.

서로 다른 접근법을 갖고 있던 이들 모두가 이 주식에서 숏 포지션을 취했다는 사실을 확인해보자. 단, 에릭은 예외인데, 그는 충동적으로 거래에 뛰어든다. 에릭을 제외하고 모두 이익을 냈다. 그들은 R의 배수라는 측면에서 거래를 생각하고 성공 가능성이 높은 거래 방식을 택했기 때문이다.

상황 4: 톨 브라더스(TOL)

그렇다면 하락 추세에 있는 또 다른 주식을 보도록 하자. 건축업체 톨 브라더스의 주식이다. 건축업체는 단기 금리가 꽤 높아지기 전까지는 성적이 좋았다(대략 2005년 7월 전까지). 그러나 그 뒤 상황이 나빠졌다. 톨 브라더스는 그 대표적인 사례. 그림 12.11은 톨 브라더스 주식의 주간 캔들차트를 보여준다. 주가가 주요 지지선인 36달러를 뚫고 내려갔다.

이 상황에서 포지션을 취하겠는가? 포지션을 취한다면, 롱 포지션을 취하겠는가(주가 상승을 예상한다), 아니면 숏 포지션을 취하겠는가(주가 하락을 예상한다)?

손실제한주문은 어느 지점에 해두겠는가? 손실제한주문이 그렇게 정해진다면, 1R은 얼마인가?

R로 계산하여, 앞으로 6주 동안 이 거래에서 얼마나 수익을 낼 것이라고 생각하는가? 이 거래에서 잠재적인 보상위험비율은?

주가 움직임의 방향에 관해 틀릴 확률이 50퍼센트라는 점을 감안할 때 여기서 거래하는 것이 합당하다고 생각하는가?

이 거래에서 총자본의 몇 퍼센트를 리스크로 삼을 것인가? 0.5퍼센

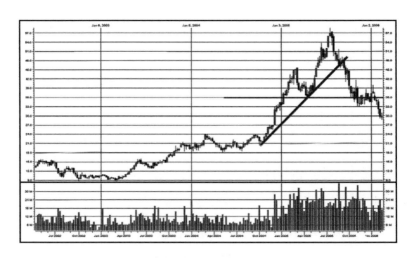

그림 12.11 톨 브라더스(TOL)의 주간 캔들차트

트? 1퍼센트? 2퍼센트? 아니면 그 이상?

계속 읽어나가기 전에 차트를 보고서 대답을 적어보기 바란다. 그리고 이제 7명의 트레이더와 투자자들이 어떤 행동을 취했는지 보기로 하자.

메리-장기 추세 추종자

메리는 이 일이 일어나는 것을 보았다. 주가가 47달러 근처에서 추세선을 뚫고 내려가자 상당한 수익을 거두며 롱 포지션을 중단했다. 그 뒤 주가가 36달러의 지지선에 도달했을 때, 그녀는 숏 포지션을 취하고자 했다. 그녀는 35.30달러에서 숏 포지션 진입을 하고, 손실제한주문을 44.88달러에 설정했다. 2월 17일, 주가는 29.75달러에 종가를 기록했고, 그래서 약 0.6R의 이익이 발생했다. 현재 손실제한주문은 38.20달러이므로, 여전히 이 주식으로 3포인트 손실(즉, 0.3R)을 볼 가능성이 있었다.

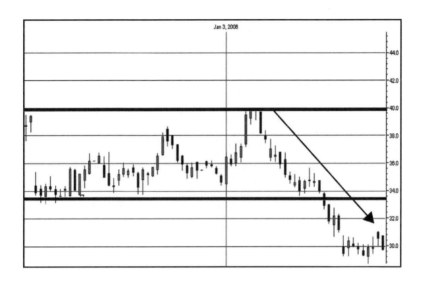

그림 12.12 톨 브라더스(TOL)의 채널 돌파를 보여주는 일간 캔들차트

딕-단기 스윙 트레이더

그림 12.12는 딕이 톨을 어떻게 다루었는지 보여준다. 그는 상부 밴드에서 톨을 공매도했고, 주가가 하부 밴드를 뚫고 내려갔을 때 포지션을 청산했다. 그러나 주가의 하락세가 강력하여 그는 추세 추종으로 생각을 돌렸고, 31.60달러에서 숏 포지션을 취했다.

딕은 늘 손실제한주문 지점과 목표를 설정한다. 이번에 그는 손실제한주문을 그전 채널의 하부 밴드인 33.40달러로 정했다. 그리고 나서 목표 설정을 위해 15분 캔들차트를 펼쳤다. 그림 12.13을 보라. 이 차트는 29.60달러에 강력한 지지선이 형성되어 있는 것을 보여준다. 2월 17일 종장 무렵 주가가 이 수준에 꽤 근접했기 때문에, 딕은 1R이 약간 모자란 이익을 내고서 29.90달러에 포지션의 절반을 처분했다. 그는 다음날 주가가 28.80달러 혹은 그 아래로 떨어지면, 나머지 포지션도 팔아치울 생각이다. 현재 손실제한주문 지점은 30.80달러이므로, 나머지 절반 포지션은 80센트의 이익이 확정되어 있다.

빅터-가치 트레이더

빅터는 톨을 둘러싸고 있는 경제 전반의 그림을 본 후 강한 인상을 받았다. 첫째, 톨은 지난 회계연도에 주당 4.78달러의 수익을 냈으며, 주가수익률은 6.97이었다. 가치의 관점에서 보자면, 이 사실만으로도 이 주식이 빅터의 관심을 끌기에 충분했다. 그러나 그는 어쨌든 주가가 상승을 시작할 때에만 주식을 매수할 생각이다.

빅터는 또한 회사의 대차대조표를 조사해보았다. 회사의 현재 자산[10]은 거의 60억 달러인 반면, 총부채는 35억 달러였다. 회사를 청산하면 약 25억 달러가 남는다는 뜻이다. 발행주식은 총 1억 5,500만주였다. 따라서 청산 가치는 주당 15.48달러였다. 빅터는 수치들이 마음에 들긴 했으나, 매수할 생각은 없었다. 왜냐하면 주식이 거의 그 두 배 가격에서 거래되고 있었기 때문이다. 따라서 톨은 적어도 아직까지는 괜찮은 투자 대상이라고 할 수 없다. 그러나 빅터는 어쨌든 관심 목록에 이 주식을 올려놓기는 했다. 주가가 오르기 시작하거나 다시 주당 20달러가 떨어질 경우, 빅터는 매수할 생각이었다.

아이러니하게도 주말(2월 18일)에 나온 〈배런스 위클리〉의 한 기사에서는 톨이 매우 저평가된 주식이며, 전체 시장보다 나은 성적을 올릴 것이라고 했다. 빅터는 그의 가치주들이 언론에 언급되는 것을 싫어한다. 톨이 잡지 기사에 등장했다는 사실은 적어도 아직은 이 주식의 거래를 고려할 때가 아니라는 것을 그에게 확인시켜주었다.

그림 12.13 톨의 지지선을 보여주는 15분 캔들차트

엘런-우주에는 질서가 있다

엘런은 톨의 경우 큰 움직임을 예측하고 있지는 않지만, 이 주식이 현재 수준에서 하락을 멈추고 어느 정도 반등할 가능성이 크다고 믿었다. 그림 12.14에서 그녀가 그렇게 생각한 이유를 찾을 수 있다. 그림 12.14의 차트는 피보나치 되돌림으로 예측 가능한 하락을 보여주고 있다. 톨은 이런 되돌림의 바닥 근처에 와 있다. 주가는 때때로 이런 되돌림에서 갑작스러운 상승세로 돌아설 수 있는데, 〈배런스 위클리〉의 기사에 언급되었다면 특히 더 그러하다.

그녀는 토요일에 이 주간지에 실린 기사를 보고, 월요일 개장 때 30달러 아래라면 톨을 사기로 결심했다. 그녀는 주가가 34달러 혹은 35달러로 움직일 거라 예상했다. 손실제한주문은 약 1.50달러 아래인 28.50달러에 둘 심산이었기 때문에, 주가가 최소 목표인 34달러에 도달하면 2.6R의 이익을 얻을 터였다.

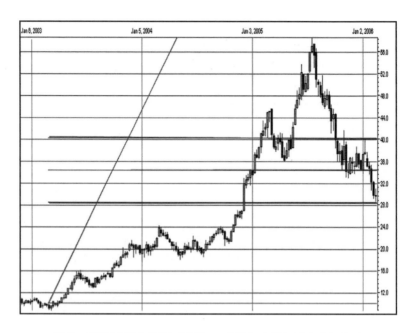

그림 12.14 명확한 하락 추세에서 되돌림(0.618 수준)을 보여주는 톨의 장기 캔들차트

켄-스프레더이자 재정 트레이더

켄 역시 피보나치 되돌림을 확인하고서 2월 14일 톨이 29달러일 때, 3월물 30 콜 옵션을 1.10달러에 매수했다. 2월 16일, 톨이 거의 31달러가 되었을 때, 그는 3월물 35 콜 옵션을 0.70달러에 팔았다. 스프레드 거래 비용은 0.40달러였지만, 톨이 만기에 35달러 혹은 그 이상을 기록하면 5달러의 이익이 난다. 따라서 40센트의 리스크(1R)로 4.60달러의 이익(11.5R)을 만들 수 있는 것이다. 켄은 정말로 이런 거래를 좋아한다.

낸시-최신 정보지의 조언을 좇는 비즈니스우먼

낸시가 구독하는 정보지 가운데 톨 브라더스에 관해 언급한 정보지는 한 군데도 없었다. 따라서 이 주식은 그녀의 주의를 끌지 못했다.

에릭-충동적인 트레이더

에릭은 주택 시장에서 거품이 터질 수 있다는 소식을 들었다. 그가 톨을 봤을 때 이 주식은 확실히 하락세를 이어가고 있었다. 에릭은 공매도에 관해서는 들은 적이 있지만, 공매도를 배우는 가장 좋은 방법은 직접 해보는 것이라고 결론 내렸다. 그는 신용 거래 계좌가 있었고, 그래서 톨 100주를 30.15달러에 매수했다. 톨은 2월 17일 29.75달러의 종가를 기록했기 때문에, 그는 그날 장을 마감할 때 25달러의 실제 이익을 냈다(수

표 12.4 상황 4: 7명의 트레이더와 투자자들이 톨에 대해 취한 행동

트레이더 및 투자자	취한 행동	2월 17일 종가 시점의 결과
메리(장기 추세 추종자)	35.30달러에서 공매도 거래, 1R 손실은 9.58달러	문서상 이익은 0.6R, 그러나 여전히 0.3R의 손실을 볼 확률이 있음
딕(스윙 트레이더)	31.60달러에서 공매도 거래, 1R 손실은 1.80달러	대략 1R 이익 지점에서 포지션 절반 처분, 새로운 손실제한주문으로 확정 이익은 0.8R
빅터(가치 트레이더)	톨이 잠재적인 가치 거래 대상이라 생각하지만, 적어도 아직은 아니라고 생각함	결과 없음
엘런(예측가 타입)	30달러의 범위 내에서 개장 때 배수 예정. 1R 손실은 1.50달러 또는 그 이하가 될 것임	결과 없음, 그러나 목표 가격에 따르면 최대 3R의 수익
켄(스프레더, 재정 트레이더)	3월 콜 옵션의 스프레드를 0.40달러에 매수, 따라서 1R 손실은 40센트임	주가가 만기에 35달러를 넘으면 11.5R의 이익을 얻을 수 있음
낸시(정보지 구독자)	톨에 관해 생각하지 않음	결과 없음
에릭(특별한 거래 기법 없음)	30.15달러에 톨의 숏 포지션을 취함	투자금 전체를 리스크로 삼아 0.008R의 이익을 얻음

수료를 제하고). 1R은 3,030달러이므로(그는 거래액 전체를 리스크로 삼고 있기 때문에) 이익은 0.008R에 해당된다.

이제 서로 다른 시각을 갖고 있는 7명이 2월 17일 어떤 결과를 얻었는지 보도록 하자. 표 12.4를 보라.

이 예에서 서로 다른 개념은 그들을 서로 다른 입장으로 이끌었다. 세 명은 공매도 거래를 통해 이미 얼마간 이익을 냈다. 한 명은 스프레드 거래로 톨이 만기에 35달러가 넘을 경우 11.5R이라는 엄청난 이익을 얻을 것이다. 또 한 명은 개장 때 어떤 특정한 가격 이하로 매수하기를 바라고 있다. 다른 두 명은 포지션을 취하지 않았다. 그중 한 명은 가치 거래를 좋아하는데도 말이다. R의 배수를 통해 사고하면 상당한 이익을 얻거나 아니면 손실을 소규모로 한정시킬 수 있다는 사실을 확인하라. 반면 에릭의 경우는 투자금 전체를 리스크로 삼았다.

상황 5: 펠프스 다지(PD)

이제 순수한 상품주를 보기로 하자. 경제의 큰 그림은 향후 10년 동안 상품 가격이 계속 오르리라는 것을 보여주기 때문이다. 상품주 중 하나는 그림 12.15에서 보는 펠프스 다지다. 이 주식은 2003년 이후부터 강력한 상승세를 이어왔다. 다지의 차트에 대해 여러분은 어떻게 생각하는가?

이 상황에서 포지션을 취하겠는가? 포지션을 취한다면, 롱 포지션을 취하겠는가(주가 상승을 예상한다), 아니면 숏 포지션을 취하겠는가(주가 하락을 예상한다)?

손실제한주문은 어느 지점에 해두겠는가? 손실제한주문이 그렇게

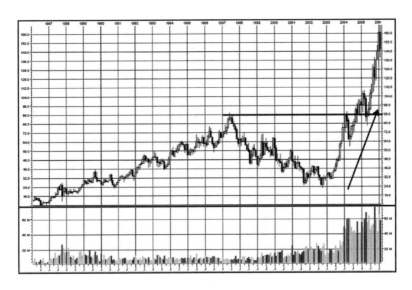

그림 12.15 2006년 2월 17일, 상품 회사 펠프스 다지의 월별 캔들차트.
이 차트는 2003년 이후 가파른 상승세를 보여준다

정해진다면, 1R은 얼마인가?

R로 계산하여, 앞으로 6주 동안 이 거래에서 얼마나 수익을 낼 것이라고 생각하는가? 이 거래에서 잠재적인 보상위험비율은?

주가 움직임의 방향에 관해 틀릴 확률이 50퍼센트라는 점을 감안할 때 여기서 거래를 하는 것이 합당하다고 생각하는가?

이 거래에서 총자본의 몇 퍼센트를 리스크로 삼을 것인가? 0.5퍼센트? 1퍼센트? 2퍼센트? 아니면 그 이상?

계속 읽어가기 전에 차트를 보고서 대답을 적어보기 바란다. 그리고 이제 7명의 트레이더와 투자자들이 어떤 행동을 취했는지 살펴보자.

메리-장기 추세 추종자

메리는 현재 펠프스 다지의 주식을 보유하고 있으며, 전에도 두 차례

멋지게 추세를 탄 적이 있다. 그녀의 세 차례 거래는 그림 12.16에 나와 있다. 그녀는 2003년 8월 첫 번째 거래에 들어가 2004년 3월 시장에서 나왔다. 이때 7R의 이익이 났다. 2004년 9월 다시 주식을 매수한 그녀는 3개월도 안 되어 다시 손실제한주문에 걸릴 뻔했으나, 이 순간을 무사히 넘어갔다. 하지만 결국 2005년 봄, 손실제한주문에 걸려 0.5R의 작은 손실을 보았다. 그녀는 2005년 7월 29일 세 번째 거래를 시도하여 108.20달러에 주식을 매수하고 12포인트 떨어진 곳에 초기 손실제한주문을 해 놓았다. 2월 17일, PD의 종가는 145.02달러였다. 따라서 메리는 37포인트, 즉 3R이 약간 넘는 이익을 기록했다. 손실제한주문은 118.77달러의 먼 거리에 떨어져 있었다. 변동폭이 극적으로 증가했기 때문이다. 이렇게 간격이 넓은 덕분에 그녀는 거래를 지킬 수 있었던 것이지만, 이로 인해 지금까지의 확정 이익은 1R에도 못 미쳤다. 그러나 메리는 이 거래가 몇 년간 지속되면 20R의 이익도 가능할 것이라고 믿고 있다.

그림 12.16 메리의 펠프스 다지 거래

딕-단기 스윙 트레이더

그림 12.17은 딕이 다지를 어떻게 생각하고 있는지 보여준다. 시간별 차트에 그려진 그의 밴드는 가격 움직임을 잘 포착하고 있다. 그래서 딕은 2월 15일에 아래쪽 밴드(그림 12.17의 지점 1)에서 다지를 매수했다가 지점 2에서 5R의 수익을 내고 포지션을 처분했다. 그리고 2월 17일, 주가가 상부 밴드 아래로 내려갔을 때 지점 3에서 공매도 거래를 했다. 진입 가격은 145.90달러였고, 손실제한주문 가격은 147.60달러였다. 그는 다지가 하부 밴드까지 내려갈 것이라고 예상하고 있고, 대략 140달러에서 포지션을 처분할 계획이었다. 따라서 1R의 손실은 1.70달러였고, 잠재 이익은 6포인트로 대략 3.5R이었다. 어떤 밴드 거래에서든 8R의 이익(처음의 거래와 현재의 거래를 합하여)을 거둘 수 있다면 딕은 매우 기분이 좋을 것이다. 밴드는 보통 기껏해야 한두 차례 거래에나 쓸 만하다.

그림 12.17 펠프스 다지의 시간별 캔들차트. 아래쪽에서 딕의 밴드를 볼 수 있다

빅터-가치 트레이더

빅터는 큰 그림을 평가한 후 상품 가격 상승이 10년 이상 지속될 것이라고 내다보았다. 연준 할인율이 2퍼센트 아래로 내려가자, 빅터는 상품을 다루는 회사 주식을 몇 종 구매하기로 결정했고, 그중 하나가 펠프스 다지였다. 그는 2003년 44.50달러에 다지를 매수했다. 손실제한주문은 해두지 않았는데, 주가가 내려가더라도 이 주식을 팔 생각이 없었기 때문이다. 그는 이 주식이 대단히 큰 가치를 갖고 있다고 믿었다. 그러나 주가 하락 압박을 받았을 때, 50퍼센트 손실은 감수할 수 있다고 생각했다. 그러면 빅터의 경우 잠재 손실은 주당 23달러라고 할 수 있을 것이다.

빅터는 그 정도로 큰 손절액을 생각하고 있었지만, 다지는 현재 145.20달러였다. 따라서 그는 벌써 100포인트가 넘는 이익을 획득한 셈이다. 대략 4R의 규모다. 빅터는 적어도 향후 5년간 계속 다지 주식을 보유하고 있을 작정이다. 그러나 현재 얻은 많은 이익을 도로 내주고 싶지

그림 12.18 다지에 대한 엘런의 피보나치 되돌림 수준

는 않았기 때문에, 손실제한주문을 104달러에 설정해두었다. 126달러와 108달러의 강력한 지지선 아래다.

엘런-우주에는 질서가 있다

엘런은 다지의 차트를 보며 167.12달러의 최고가에서 피보나치 되돌림 수준을 계산해보았다. 그림 12.18을 보라. 그녀는 피보나치 되돌림 수준이 주가 하락을 분명하게 저지하고 있다고 생각했다. 게다가 주가는 대략 142달러에 있는 50퍼센트 되돌림 수준에서 바야흐로 반등에 나설 기세였다. 엘런은 2월 16일 일찌감치 142.10달러에 주식을 매수하고 140.10달러에 손실제한주문을 설정했다. 따라서 그녀의 경우, 1R 손실은 2달러였다.

17일 폐장 때, 엘런은 약 3포인트 주가 상승으로 1.5R의 수익을 냈다. 그녀의 목표는 그 뒤 5일 안에 적어도 150달러까지 가는 것이었다. 이제 손실제한주문은 진입 가격인 142.10달러에 설정해놓았다.

켄-스프레드 트레이더 혹은 재정 트레이더

켄은 다지에 대해 낙관적이었다. 그는 3월물 140 콜 옵션을 7.20달러에 매수했고, 며칠 뒤에는 3월물 145 콜 옵션을 6.20달러에 매도할 수 있었다. 이렇게 그는 1.00달러의 비용으로 스프레드를 매수했다. 이번 스프레드 거래는 그전 거래보다 좋지는 않았으나, 그로서는 여전히 만족할 만했다. 최악의 경우 손실은 두 콜 옵션이 모두 만기에 휴지조각이 되어 1달러를 잃는 것이었다. 따라서 그의 1R 손실은 1.00달러였다. 그러나 켄이 기대하고 있는 것처럼 만기에 다지가 145달러를 넘는다면, 그는 스프레드로 5.00달러를 벌게 된다. 그러면 4.00달러 이익이다. 1.00달러 리스크에 4R의 잠재 이익이니 나쁘지 않은 거래였다. 켄은 이런 거래도 좋아했다.

낸시-최신 정보지의 조언을 좇는 비즈니스우먼

낸시의 구독 정보지 가운데 하나가 다지를 73달러에 사고 25퍼센트 추적 손실제한주문을 설정하라고 조언했다. 그녀는 그 제안이 마음에 들어 다음 날 72.80달러에 주식을 매수했다. 초기 손실제한주문은 조언대로 25퍼센트 간격에다 두었다. 따라서 초기 리스크는 주당 18.20달러였다. 2월 17일, 다지는 145.02달러로 상승했고, 그녀는 거의 4R에 해당하는 72.22달러의 이익을 냈다. 이때 손실제한주문은 최근의 최고가인 167.12달러의 25퍼센트 지점인 125.34달러에 설정되어 있었다. 따라서 이 지점에서 시장에서 나간다 해도 여전히 약 3R의 이익을 얻게 된다.

에릭-충동적인 트레이더

펠프스 다지의 주식은 에릭에게는 너무 비쌌다. 그는 한 주식에 100달러가 넘는 돈을 지불할 생각이 없었다. 그러나 다지의 옵션을 거래할 수는 있었으며, 다른 주식처럼 다지도 곧 하락할 것 같았다.

이번에 에릭은 3월물 145 풋 옵션을 매수하기로 마음먹었다. 거래 가격은 6.20달러였다. 에릭은 두 계약을 1,240달러에 매수했다. 그는 수익이 나지 않는다면 이 두 옵션을 만기에 휴지조각이 되도록 놔둘 생각이었다. 따라서 이 거래에서 에릭의 1R 리스크는 1,255달러였다. 이번 거래는 그래도 상대적으로 합리적이었다. 리스크가 포트폴리오의 약 3.5퍼센트에 지나지 않았기 때문이다. 대다수에게는 여전히 높은 리스크였지만, 에릭의 경우에는 상당히 낮은 것이었다.

이제 서로 다른 시각을 갖고 있는 7명이 2월 17일에 어떤 결과를 얻었는지 보도록 하자. 표 12.5를 보라.

각자 조금씩 다른 방법을 쓰기는 했지만, 에릭을 제외하고 모두 이 주식에서 이익을 냈다. 에릭과 딕만 빼놓고는 모두 롱 포지션을 취했다. 다시 한번 말하지만, 에릭을 제외하고 모두 보상위험비율을 생각하기 때문에 거래 성공의 가능성이 높은 것이다.

다음 부분으로 넘어가기 전에 우리의 트레이더와 투자자들이 각각의 상황을 분석하기 위해 얼마나 많은 시간을 들였을지 생각해보자. 훌륭한

표 12.5 상황 5: 7명의 트레이더와 투자자들이 PD에 대해 취한 행동

트레이더 및 투자자	취한 행동	2월 17일 종가 시점의 결과
메리(장기 추세 추종자)	108.20달러에 매수, 1R 손실은 12포인트	두 차례의 또 다른 거래로 6.5R의 이익, 그리고 이번 거래로 현재까지 3R의 이익(손실제한주문으로 1R의 이익 보호)
딕(스윙 트레이더)	145.90달러에서 공매도 거래, 1R 손실은 1.70달러	그전 거래에서 5R의 이익, 이번 거래로 약 0.5R의 이익
빅터(가치 트레이더)	44.50달러에서 매수, 1R 손실은 23달러	4R 이익으로 손실제한주문에 의해 3R의 이익이 보호됨
엘런(예측가 타입)	피보나치 되돌림에서 반등: 142.10달러에서 매수, 1R 손실은 2포인트	대략 1.5R 상승
켄(스프레더, 재정 트레이더)	3월 140달러 콜 옵션과 145달러 콜 옵션의 스프레드를 1달러에 매수	1달러 잠재 손실에 대해 4달러의 이익 가능
낸시(정보지 구독자)	72.80달러에 매수, 1R 손실은 18.20달러	4R 상승, 3R은 손실제한주문에 의해 보호됨
에릭(특별한 거래 기법 없음)	6.20달러 가격의 3월물 145달러 풋 옵션을 2계약 매수	당일 35달러 손실로 장 마감

거래를 위해서는 많은 시간과 보상위험비율, 예측치, 포지션 규모 조절 같은 다양한 개념에 대한 이해가 요구된다. 성공하고 싶다면 반드시 이런 개념을 알아두어야 하고, 좋은 시스템 개발을 위해 시간을 투자해야 한다. 그러나 하나의 좋은 거래 기회를 찾기 위해 100가지 상황을 분석해야 한다면 기꺼이 그렇게 하겠는가?

6주 뒤의 결과

상황 1: 구글

2월 중순 우리의 진입 일자에서부터 2월 28일까지, 구글은 계속 상승하여 397.54달러의 고가에 도달했다. 그 뒤에는 하락세가 재개되어 3월 10일 주가는 331.55달러의 저가에 이르렀다. 3월 24일, S&P500은 구글이

그림 12.19 2006년 3월 31일까지 구글 일간 캔들차트

3월 31일부로 S&P500의 일부가 될 것임을 발표했다. 그날 바로 상승 갭이 만들어지며 고공행진이 시작되었다. 주가는 3월 29일, 399달러의 고가를 기록했다. 3월 31일의 종가는 정확히 주당 390달러였다. 그림 12.19는 3월 31일까지 구글의 일간 캔들차트를 보여준다.

그렇다면 이제 우리의 트레이더와 투자자들이 구글에서 어떤 성과를 거두었는지 보기로 하자. 우리의 목적을 위해, 우리는 3월 31일의 종가 390달러를 토대로 보유 포지션을 R의 배수로 계산해볼 것이다.

메리-장기 추세 추종자

메리는 329달러의 추적 손실제한주문으로 구글의 롱 포지션을 보유하고 있었다. 3월 10일 구글이 331.55달러의 종가를 기록했을 때 거의 시장에서 튀겨져 나올 뻔했으나, 어쨌든 그녀는 3월 31일 구글이 390달러로 장을 마감할 때까지 주식을 보유하고 있었다. 메리는 18포인트의 손실제한주문 간격으로 구글을 217.30달러에 매수했다. 따라서 구글이 390달러이므로, 이익은 주당 172.70달러로 9.6R에 이른다.

딕-단기 스윙 트레이더

딕은 이미 2월 17일 포지션을 처분했고, 이때 7.4R의 이익이 발생했다.

빅터-가치 트레이더

빅터는 원래 구글을 마음에 들어 하지 않았는데, 구글이 S&P500에 포함될 것이라는 소식을 듣자 불안해졌다. 많은 기관이 이제 구글의 주식을 매수할 것이라는 의미임을 알기 때문이었다. 돈이 뮤추얼 펀드로 여전히 쏟아져 들어가는 한, 그것은 기관들을 위한 일종의 지지가 될 것이다. 그래서 그는 3월 24일 상승 갭이 형성되자 포지션을 처분하기로 마음먹었다. 그는 367.40달러에서 공매도 거래를 마감했다. 이익은 67.60달러였다. 초기 리스크는 42달러였기 때문에, 이 이익은 1.6R에 해당했다. 빅터는 그래도 나쁘지 않다고 생각했다. 왜냐하면 이 1.6R의 이익으로 약두 달 만에 계좌 금액이 거의 5퍼센트 증가했기 때문이다.

엘런-우주에는 질서가 있다

엘런은 주가가 최초의 목표 가격인 390달러에 도달했을 때 3R의 이익으로 포지션의 3분의 1을 청산했다. 나머지 포지션은 367.50달러에서 손실제한주문에 걸려 청산되었다. 이익은 1.2R이었다.

켄-스프레더이자 재정 트레이더

켄은 매수한 스프레드가 만기에 350달러를 넘으면 2.65R의 이익을 얻을 수 있었다. 구글이 380달러에 도달하자, 만기가 아직 2주가량 남아 있었으나 2.5R의 이익을 내고 옵션 포지션을 해소할 수 있었다. 그가 이렇게 한 것은 만기를 기다리기에는 나머지 이익이 너무 작았고, 아예 사라져버릴 가능성도 있었기 때문이다.

낸시-최신 정보지의 조언을 좇는 비즈니스우먼

낸시는 구글에 대해 아무런 행동도 취하지 않았다. 구독 정보지들이 상충하는 정보를 제공했기 때문이다.

에릭-충동적인 트레이더

에릭은 이미 1R의 손실을 보았다. 이로써 계좌 금액의 11퍼센트가 감소했다.

상황 2: 한국 상장지수펀드(EWY)

EWY, 즉 한국의 상장지수펀드는 기본적으로 상승세를 멈추고 2006년 1사분기에 밀집 패턴을 형성했다. 따라서 소규모 단기 트레이더는 이익을 낼 수 있지만, 장기 트레이더는 포지션을 청산하고 더 나은 거래 다상을 찾아보거나 밀집 패턴이 끝나고 추세가 형성되기를 기다려야 했다. 3월 31일, EWY는 3월 7일의 저가인 43.01달러와 2월 27일의 고가인 47.60달러 사이를 오락가락하다가 46.65달러의 종가를 기록했다.

그림 12.20은 2005년 말과 2006년 1사분기 EWY의 일간 캔들차트를 보여준다. 밀집 구간을 확인하라. 이제 우리의 트레이더와 투자자들을 보기로 하자.

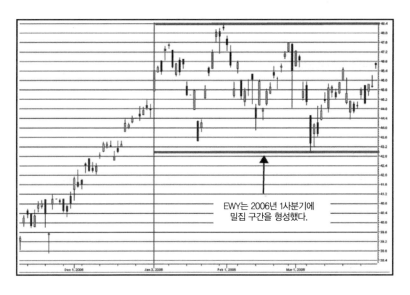

그림 12.20 2006년 3월 31일까지 EWY의 일간 캔들차트

메리-장기 추세 추종자

메리는 41.1에서 EWY의 롱 포지션을 취했다. 밀집 구간에서는 아무 변화도 일어나지 않았다. 그래서 3월 31일 그녀는 여전히 롱 포지션을 보유하고 있었고, 이날 EWY의 종가는 46.65달러였다. 이로써 그녀에게는 약 2.25R의 이익이 발생했다.

딕-단기 스윙 트레이더

딕은 손실제한주문을 꽤 타이트하게 붙여놓고서 44.20달러에 EWY를 매수했다. 2월 24일, 그는 원했던 대로 46.80달러에 포지션의 절반을 처분하고 2.6R의 이익을 실현했다. 나머지 절반의 포지션에 대해서는 손실제한주문을 손익 균형점에 놓았다. 2월 25일에는 손실제한주문을 46.80달러로 올려놓았고, 다음날 손실제한주문에 걸려 시장에서 나왔다. 따라서 그는 전체 포지션에 대해 2.6R의 이익을 얻었다.

빅터-가치 트레이더

빅터는 EWY의 포지션을 취하지 않았다.

엘런-우주에는 질서가 있다

엘런은 2월 20일 46.35달러에 포지션을 매수하고 손실제한주문을 44.20달러에 설정했다. EWY는 그 수준에서 많이 올라가지 않았고, 다음날 결국 손실제한주문이 이행되었다. 그녀는 다시는 국가 ETFs를 거래하지 않겠다고 스스로 맹세했다. 특히 그녀가 있는 곳과는 다른 시간대의 시장을 예측하는 일은 절대 하지 않기로 했다.

켄-스프레더이자 재정 트레이더

켄은 EWY의 포지션을 취하지 않았다.

낸시-최신 정보지의 조언을 좇는 비즈니스우먼

낸시는 41.30달러에 EWY를 매수하고 25퍼센트의 추적 손실제한주문을 해두었다. 3월 31일, EWY는 46.65달러가 되었고, EWY를 여전히 보유하고 있던 그녀는 5.35달러의 이익을 냈다. 만약 그녀가 이날 시장에서 나온다고 하면, 그녀의 이익은 약 0.5R에 해당한다.

에릭-충동적인 트레이더

에릭은 3월 31일 211달러의 이익을 기록했다. 전체 투자금이 리스크에 해당하므로, 이익은 약 0.05R이다.

상황 3: 웨스트우드 원(WON)

원은 3월 31일까지 계속해서 미끄러져 내려갔다. 사실 2월 24일에는 엘런이 정확히 예상했듯이 큰 폭의 하락이 있었다.[11] 2월 17일에서 3월 31일까지 고가는 2월 22일의 14.66달러였고, 저가는 3월 30일의 10.90달러였다. 그림 12.21의 일간 갠들 차트에서 원의 명확한 하락세를 관찰할 수 있을 것이다.

이제 우리의 트레이더와 투자자들을 살펴보자.

메리-장기 추세 추종자

메리는 24.80달러에서 원의 숏 포지션을 취했다. 원이 3월 31일 11.04달러의 종가를 기록했기 때문에, 그녀는 주당 13.76달러라는 상당한 이

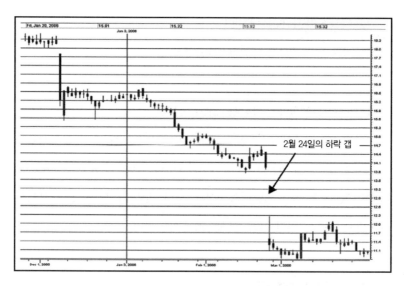

그림 12.21 2006년 3월 31일까지 웨스트우드 원(WON)의 일간 캔들차트

득을 얻을 수 있었다. 초기 손실제한주문의 간격은 대략 4달러였기 때문에, 총이익은 약 3.44R이었다.

딕-단기 스윙 트레이더

딕은 13.70달러에서 공매도 거래 기회를 찾고 있었다. 원이 갭을 형성하며 이 지점을 지나쳐 약 12달러 지점으로 바로 떨어졌기 때문에, 그는 진입 기회를 놓치고 말았다. 따라서 딕은 이번에 거래할 수 없었다.

빅터-가치 트레이더

빅터는 18.40달러에서 원의 숏 포지션을 취하고 2.70달러만큼 떨어진 21.10달러에 손실제한주문을 해놓았다. 3월 31일 원이 11.04달러의 종가를 기록하자, 빅터에게는 2.73R의 이익이 발생했다.

엘런-우주에는 질서가 있다

엘런은 2월 24일 극적인 변화를 예상했다. 그러나 변화의 방향까지는 알지 못했다. 감을 따르자면 하락 방향인 듯했지만, 그녀는 주가가 13.80달러 아래 떨어진 뒤에 포지션을 매수할 생각이었다. 그녀도 딕처럼 거래기회를 놓쳤다. 주가가 갭을 형성하며 그녀의 진입 지점을 건너뛰고 12달러 근처로 내려갔기 때문이다. 옳게 판단했으나 거래하지 못했다는 사실이 정말로 분했다. 하지만 예측을 기반으로 거래하는 사람들이 종종 맞닥뜨리는 문제 가운데 하나다.

켄-스프레더이자 재정 트레이더

켄은 2.10달러의 크레딧 스프레드 전체를 만기까지 지켜 4.25R의 이익을 거두어들였다.

낸시-최신 정보지의 조언을 좇는 비즈니스우먼

낸시는 16달러에서 원을 공매도하고 초기 리스크를 3.20달러로 잡았다. 3월 31일 장 마감 시 그녀는 4.96달러의 이익을 기록했다. 1.55R에 해당하는 이익이었다.

에릭-충동적인 트레이더

에릭은 물론 원을 매수했다. 3월 31일이 되자 그의 총손실은 주당 3.39달러에 이르렀다. 그러나 그의 리스크는 주당 구매액 전체에 해당하는 14.43달러였기 때문에, 손실은 0.23R이었다. 그는 이 거래에서 계좌 금액의 4퍼센트를 리스크로 삼았기 때문에, 계좌는 벌써 1퍼센트 감소했다.

상황 4: 톨 브라더스(TOL)

톨 브라더스는 하락 패턴이 2월 7일 끝나고 2월 14일까지 짧은 밀집 구간이 형성되었다. 그다음에는 주가가 상승하기 시작했다. 그러나 밀집 구간이 폭을 넓히는 것인지 아니면 새로운 상승 추세가 형성된 것인지 확실치 않았다. 따라서 톨 브라더스는 5종의 주식 가운데 가장 거래하기 힘든 주식일 것이다. 우리의 트레이더 중 세 명은 하락 추세를 찾고 있었고, 다른 두 명은 롱 포지션을 취했다. 실제로 벌어진 일을 보면, 톨은 상향 채널을 형성하기 시작했다. 채널은 2월 23일, 3월 17일, 3월 27일 고가를 찍었다. 2월 14일과 3월 10일에는 저가를 기록했고, 3월 31일에는 34.63달러의 종가에 도달했다. 그림 12.22는 이 기간 동안 톨이 어느 정도 상승 추세를 형성하고 있는 것을 보여준다.

이제 우리의 트레이더와 투자자들을 보기로 하자.

메리는 35.30달러에서 숏 포지션을 취하고 44.88달러에 손실제한주

그림 12.22 2006년 3월 31일까지 톨 브라더스의 일간 캔들차트

문을 설정했다. 톨이 하락하자, 그녀는 손실제한주문을 38.20달러로 끌어내렸다. 3월 31일 톨이 34.63달러로 장을 마감하자, 주당 0.67달러의 얼마 안 되는 이익을 기록했다. 이날 포지션을 청산했다고 가정하면, 총이익은 0.07R에 해당했다.

딕-단기 스윙 트레이더

딕은 이미 포지션의 절반을 처분하여 1R의 이익을 실현했다. 그리고 나머지 절반의 포지션은 30.80달러 지점의 손실제한주문으로 0.8R의 이익을 확정하고 있었다. 2월 22일 이 절반의 포지션이 자동으로 청산되었다. 이에 따라 딕은 이 거래에서 평균 0.9R의 이익을 기록하게 되었다.

주가가 3월 10일부터 상승했음에도 불구하고 이 두 명의 전문 트레이더가 숏 포지션으로 이익을 냈다는 사실에 주목하라.

빅터-가치 트레이더

빅터는 톨의 포지션을 취하지 않았다. 그러나 미래의 가치 거래 대상으로 톨을 염두에 두고 있었다.

엘런-우주에는 질서가 있다

엘런은 2월 17일 29.87달러에 이 주식을 매수할 수 있었다. 그녀는 3월 23일 약 34달러의 목표 가격에 이 주식을 매도했다(실제로는 34.20달러). 리스크는 결국 주당 1.87달러가 되었기 때문에, 이익은 2.3R이었다.

켄-스프레더이자 재정 트레이더

켄은 옵션 만기에 거의 5.00달러의 이익 전체를 취할 수 있었다. 순수익은 4.90달러였다. 초기 리스크가 0.40달러였기 때문에, 4.90달러의 이득은 12.25R이었다.

낸시-최신 정보지의 조언을 좇는 비즈니스우먼

낸시의 정보지들은 톨에 관해 아무런 언급도 하지 않았기 때문에, 그녀는 이 주식을 사지 않았다.

에릭-충동적인 트레이더

에릭은 30.15달러에 톨에 대하여 숏 포지션을 취했다. 그리하여 톨이 3월 31일 34.63달러의 종가를 기록했을 때, 주당 4.48달러의 손실을 보았다. 전체 리스크 30.15달러와 비교하면, 이 손실액은 약 0.15R에 해당한다. 에릭은 이 주식에 대략 포트폴리오의 12퍼센트를 투자했기 때문에, 이런 손실로 인해 약 1.8퍼센트의 자본 삭감을 당했다.

상황 5: 펠프스 다지(PD)

펠프스 다지는 상승 추세를 재개했으나, 3월 8일 새로운 저점을 형성하고 나서였다. 상승세의 재개는 3월 13일 2대 1의 주식 분할 뒤에 찾아왔다. 3월 13일자로, 우리의 모든 트레이더와 투자자들은 이전 가격의 절반으로 두 배의 주식을 보유하게 되었다. 그림 12.23에는 분할 가격이 나와 있지만, 나는 혼동을 피하기 위해 분할 이전 가격을 이용하여 이익과 손실 그리고 R의 배수를 계산했다. 이제 우리의 트레이더와 투자자들을 보기로 하자.

메리-장기 추세 추종자

메리가 보유한 롱 포지션은 손실제한주문 가격인 118.70달러 근처에도 오지 않았다. 3월 31일 다지가 161.06달러의 종가(분할을 적용하지 않은 가격)를 기록했을 때, 거래는 4.2R의 이익이 났다. 이 이익을 다른 두 차례의 거래 이익과 합하면 그녀는 현재 이 하나의 주식으로 10.7R이 넘는 이익을 기록하고 있다.

딕-단기 스윙 트레이더

딕은 운이 없었다. 다음 날 아침 다지가 상승하며 그의 손실제한주문 지점에서 장을 출발했던 것이다. 이에 따라 그는 시장에서 튕겨져 나왔고, 1R의 손실을 입었다.

빅터-가치 트레이더

빅터는 3월 31일 종장 시점에서 이 포지션으로 엄청난 이득을 올렸

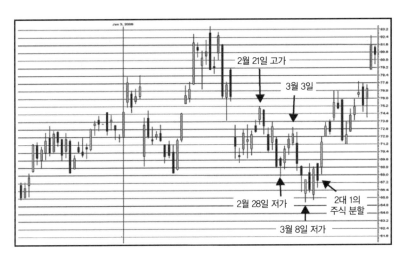

그림 12.23 2006년 3월 31일에서 끝나는 펠프스 다지(PD)의 일간 캔들차트

다. 그는 44.50달러에서 주식을 매수하고 3월 31일 주가는 161.06달러의 종가를 기록했기 때문에, 그의 총이익은 분할 이전 가격으로 주당 116.56 달러에 달했다. 이 금액은 5.1R의 이익에 해당했다.

엘런-우주에는 질서가 있다

엘런은 142.10달러에 롱 포지션을 취하고 초기 리스크를 2달러로 잡았다. 그녀는 2월 21일 150.20달러에 포지션을 처분하여 8.10달러의 이익을 거두어들였다. 초기 리스크는 2달러였기 때문에, 이익은 4R이 넘었다. 그녀는 이번 거래를 매우 기뻐했다.

켄-스프레더이자 재정 트레이더

켄은 이번 거래가 어려운 거래가 되리라는 것을 깨달았다. 2월 28일, 그는 손실을 볼 것 같았다. 그러나 그는 만기 바로 전까지 옵션 스프레드를 가지고 있다가 4달러의 이익을 낼 수 있었다. 리스크는 1달러였기 때문에, 4R의 이익이었다.

낸시-최신 정보지의 조언을 좇는 비즈니스우먼

낸시는 다지 거래에서 자신의 실력을 보여주었다. 그녀는 72.80달러에 롱 포지션을 취해 간격이 넓은 추적 손실제한주문을 해두었다. 다지가 3월 31일 161.06달러의 종가를 기록했을 때, 그녀의 주당 총이익은 88.26달러에 달했다. 초기 리스크는 18.20달러였기 때문에, 4.85R에 해당하는 이익이었다.

에릭은 다지의 풋 옵션을 매수했다. 3월물 145 풋 옵션이었는데, 다지가 150달러를 넘어가자, 에릭은 깜짝 놀라 480달러의 손실을 보고 포지션을 모두 처분했다. 총투자금 1,240달러를 모두 리스크로 삼았으므로, 0.4R의 손실이라고 할 수 있다.

R의 배수로 본 결과

이제 각 트레이더와 투자자들의 모든 결과를 R의 배수를 통해 살펴보고, 그것이 그들의 거래에 관해 무엇을 말해주는지 알아보자. 표 12.6에 데이터를 요약해놓았다. 에릭만 제외하고 모두 이익을 기록했다는 사실을 확인하라. 에릭은 거래 기법도, 계획도, 손실제한주문도 없었다. 에릭의 거래는 의사가 되려는 사람이 의대에 들어가지도 않고 환자를 치료하는 것과 비슷하다. 누구도 이렇게 거래해서는 이익을 기대할 수 없다. 에릭의 결과는 이를 입증해준다.

다른 트레이더들은 많은 경우 완전히 다른 거래 아이디어를 갖고 있었음에도 이익을 냈다. 어떤 트레이더들이 롱 포지션을 취할 때, 다른 트레이더들은 숏 포지션을 취하곤 했지만, 대부분은 거래에 성공했다.

메리는 총 26.06R의 이익을 얻었다. 물론 여기에는 포지션을 아직 청산하지 않은 주식도 포함되어 있다. 이만한 규모의 이익이면 1년 전체의 거래 가치를 훌쩍 뛰어넘는다고 하겠다. 그러나 그녀에게는 다른 많은 포지션이 있었다. 그녀의 경우 리스크가 거래당 약 1퍼센트였다고 하면, 이 5종의 주식을 거래하여 계좌 총액이 약 20퍼센트 상승했을 것이다.

딕은 단기 트레이더다. 그는 매우 많은 거래를 하고, 따라서 표에 보이는 거래들은 그중 소수에 불과하다. 그의 거래는 대부분 1주일이 넘지 않았지만, 그래도 이익이 9.9R이다. 그가 총자본의 0.5퍼센트만을 리스크로 삼으며 이런 식으로 몇 번 거래했다고 가정해도, 6주 동안 계좌 총액이 7퍼센트 이상 증가했을 것이다. 1년으로 따지면 엄청난 규모의 이익이다.

표 12.6 7명의 거래 결과 요약

(단위: R)

투자자	GOOG	EWY	WON	TOL	PD	총합
메리	+9.6	+2.25	+3.44	+0.07	+10.7	+26.06
딕	+7.4	+2.6	거래 안 함	+0.9	−1	+9.9
빅터	+1.6	거래 안 함	+2.73	거래 안 함	5.1	+9.43
엘런	+1.8	−1	거래 안 함	+2.3	+4	+7.1
켄	+2.5	거래 안 함	+4.25	+12.25	+4	+23.0
낸시	거래 안 함	+0.5	+1.55	거래 안 함	+4.85	+6.9
에릭	−1	+0.05	−0.23	−0.15	−0.4	−1.73
	(11%)		(1%)	(1.8%)	(2%)	

빅터의 거래는 수년간 지속될 수도 있으며, 그는 단 3번 거래했을 뿐이다. 하지만 그럼에도 불구하고 이들 거래에서 9.43R의 이익을 보았다. 빅터는 거래에 관해 잘못된 판단을 하는 법이 거의 없으므로, 우리는 각 거래에 대한 그의 리스크가 2퍼센트를 넘는다고 가정할 수 있다. 따라서 이들 거래만으로 그의 자본은 19퍼센트 이상 증가했을 것이다. 그의 포트폴리오 규모를 고려해보았을 때 이것은 상당히 큰돈으로 짐작된다. 게다가 구글 거래로 그의 자본은 6주 동안 거의 5퍼센트 증가했다. 계속하고 싶은 마음이 별로 없었던 거래에서 이 정도 성적이면 나쁘지 않았다.

엘런은 한 차례 손실을 입었고, 한 차례 거래에서는 정확한 예측에도 불구하고 시장에 진입할 수 없었다. 그럼에도 그녀는 여전히 자신의 기법을 신뢰하고 있었는데, 그 기법은 결국 그 효과를 입증했다. 6주 만에 그녀는 7.1R의 수익을 올렸던 것이다. 이 정도 규모면 거래당 1퍼센트의 리스크로 따져보았을 때 상당한 연간 소득을 거두어들일 것이다.

켄은 돋보이는 트레이더다. 그는 이런 거래로 6주 만에 23R의 이익을 기록했다. 이것은 그가 매일같이 하는 거래의 일부에 지나지 않는다.

낸시는 계좌 금액에 수십만 달러가 불어날 것이라고 예상하지는 못했다. 그녀는 시장 조사에 많은 시간을 쏟지도 않았다. 그녀는 포지션당 대략 자본의 1퍼센트를 리스크로 잡았고, 이에 따라 이런 주식 거래로 자본이 약 7퍼센트 증가했다. 이들 거래는 그녀가 1년 동안 하는 거래의 일부에 불과하므로, 결과는 그녀에게 꽤 만족스러웠다.

이상의 트레이더들과 거래 기법도 없고 손실제한주문은 물론이며 포지션 규모 조절도 생각해본 적 없는 에릭과 비교해보라. 첫 번째 거래에서 그는 계좌 금액의 11퍼센트를 잃었다. 이런 거래들로 인해 결국 6주 만에 그의 계좌 총액은 11퍼센트가 감소했다. 그러나 거래는 비즈니스다. 거래를 비즈니스로 생각하지 않는다면, 엄청난 수업료를 지불하게 될 것이다.

어떤 거래 기법이 가장 마음에 드는가? 보통 사람들은 엘런을 말하는데, 그것은 그들이 로또 편견을 갖고 있기 때문이다. 엘런은 예측이 뛰어나다. 그러나 엘런처럼 하려면 많은 수고가 필요하다. 그녀의 기법이 다른 기법보다 조금이라도 더 유효한 것도 아니다. 그리고 그녀의 예측은 돈을 버는 법과 전혀 상관이 없다. 그녀가 하는 일은 시장의 방향을 예측하는 것이 전부다. 메리는 그냥 장기 추세를 관찰하는 것으로 훨씬 더 뛰어난 성적을 거두지 않았는가? 엘런은 총이익 7.1R로 5명의 전문 트레이더 가운데 가장 낮은 실적을 기록했다는 것을 기억하라.

모든 성공한 트레이더와 투자자에게는 다음과 같은 10가지 특징이 있다. (1) 조사가 충분히 이루어진 플러스 예측치의 시스템을 갖고 있다. (2) 시스템이 그들의 성격, 믿음, 목표에 잘 맞으며, 그들은 이런 시스템을 편하게 사용할 수 있다. (3) 자신이 거래에 이용하는 개념을 완벽히 이해하고 있다. (4) 거래에 들어가기 전에 최악의 경우 받아들일 수 있는 손실을 미리 정해둔다. (5) 각 거래에 관해 생각하여 잠재적인 보상위험비율을 결정한다. (6) 거래나 투자의 지침이 될 비즈니스 계획을 갖고 있다. (7) 포지션 규모 조절이 목표 달성의 열쇠라는 것을 이해하고 있다. (8) 자기 자신에 대한 연구에 많은 시간을 들이고, 거래 실적을 자기 개발 작업의 진척을 평가하기 위한 척도로 삼는다. (9) 거래 결과에 스스로 모든 책임을 진다. (10) 실수로부터 배운다.

그러고 나서 7명의 트레이더와 투자자가 등장했다. 추세 추종자 메리, 밴드 트레이더 딕, 가치 투자자 빅터, 예측가 엘런, 스프레드 트레이더 켄, 정보지 추종자 낸시, 그리고 보통의 트레이더와 투자자를 대표하는 에릭이다.

우리는 이들 각각의 트레이더와 투자자들이 5가지 시장 상황에 어떻게 대처하는지 알아보았다. 그 뒤 6주가 지나고 나서 이런 각각의 상황으로부터 7명의 트레이더와 투자자가 어떤 결과를 얻었는지도 알아보았다.

여러분은 이제 각 거래 시스템이 어떻게 R의 배수의 분포로 표현될 수 있는지 알게 되었을 것이다. 예측치는 이런 R의 배수에 대한 평균값이다.

1   리스크 금액과 투자 금액은 같은 것이 아니다. 예컨대 손절액이 25퍼센트이고 리스
    크가 1,000달러라면, 리스크는 총 투자액의 25퍼센트가 될 것이다. 따라서 만약 이
    경우 1,000달러를 리스크로 삼았다면, 총 투자액은 4,000달러일 것이다. 가격이 손
    실제한주문 아래로 내려가면, 포지션이 하룻밤 새 갑자기 0이 되어 최대 4R의 손실
    을 볼 수 있다.

2   이런 개념들은 델타 현상만 제외하고 5장에서 간략히 다루어져 있다. 델타 현상은
    주식 시장의 반응을 태양과 달 같은 존재들의 움직임과 연관시킨다.

3   대부분의 정보지는 정확한 실적을 제공하지 않는다. 그들은 그들의 조언대로 투자
    를 하면 얼마나 많은 돈을 벌 수 있었는지 떠들지만, 이것은 실적이 아니다. 예컨대
    한 정보지가 ABC를 추천하면 독자들은 그 주식이 400퍼센트 상승하는 것을 보게
    될 것이다. XYZ를 추천하면 그 주식은 250퍼센트 상승할 것이다. 그러면 사람들은
    그들의 포트폴리오도 그만큼 커질 것이라고 기대한다. 하지만 그런 일은 일어나지
    않는다. 사실 정보지는 이런 큰 이익 거래를 몇 가지 제공할 수 있으나, 그래도 여전
    히 구독자들은 돈을 잃을 것이다. 따라서 이런 식의 거래나 투자를 원한다면, 먼저
    적어도 1~2년치의 과월호를 보고서 해당 정보지가 추천한 거래의 예측치를 평가해
    보아야 한다. 정보지가 적어도 30번의 거래 기회를 추천하고 총예측치×1년의 거래 기
    회가 30R을 넘으면, 그 정보지는 앞으로 고려해볼 만한 가치가 있는 것이라고 하겠다.

4   13장에서는 다양한 종류의 시스템이 발생시키는 다양한 R의 배수의 분포에 대한 연
    구를 찾아볼 수 있을 것이다. 다양한 개념을 주장하는 다양한 정보지의 R의 배수의
    분포를 보여주는 것보다 더 나은 방법일 것이다.

5   거래에 들어가기 전에 각 거래에 관해 여러분을 납득시켜 줄 어떤 외부 자료를 필요
    로 하는 것은 뛰어난 전문가의 증거가 될 수 없다. 여러분은 거래하기 전에 거래 기
    법의 예측치를 알아야 하고 이 예측값은 충분히 납득할 만해야 한다.

6   낸시는 이상적인 트레이더나 투자자가 아니다. 내가 그녀의 이력을 갖고 있는 누군
    가를 여기에 포함시킨 것은 이 글을 읽는 많은 사람이 정보지를 보고 거래하기 때문
    이다. 나는 정보지에 의존하는 것이 좋은 방법이라고 생각하지 않는다. 궁극적으로
    여러분은 저위험 거래에 관한 다른 사람의 개념을 다루는 것이기 때문이다. 여러분
    은 거래에 관해 조언해주는 사람들이 이 책의 많은 기본 개념들을 이해하고 있는지

조차 알 수 없을 것이다. 예컨대 정보지에서 거래에 관한 조언을 제공하고 용감하게 그 결과를 R의 배수로 제시하는 내가 아는 유일한 사람은 바로 D. R. 바턴이다. 그는 이 책의 5장에서 밴드 거래에 관해 글을 써주었다.

7   6주는 많은 시간이 아니다. 내가 이런 상황들을 고른 것은 당시에 각각이 흥미롭게 보였기 때문이다. 이 상황들을 선택했을 때 나는 6주 뒤 어떤 일이 일어날지 전혀 몰랐다. 나는 그들이 상황을 어떻게 분석하는지 알기 위해 이런 각 트레이더들의 시장에 관한 믿음을 받아들이는 데 보다 관심이 쏠려 있었다.

8   구글은 매우 변동폭이 큰 주식이다. 따라서 매우 면밀히 그 움직임을 지켜보아야 한다. 주가는 쉽게 2포인트 손실제한주문 간격을 넘어갈 수 있고, 그러면 2~3R 혹은 그 이상의 손실이 발생할 수도 있다. 딕은 어떤 포지션이든 리스크를 대략 1퍼센트로 제한하려고 한다. 최초의 손실제한주문이 매우 타이트하기 때문에 1R 손실은 포트폴리오의 0.5퍼센트에 불과하다.

9   풋 옵션은 특정한 가격에 주식을 팔 수 있는 권리이다. 따라서 구글이 현재 344달러면, 360달러 풋 옵션(즉, 구글을 360달러에 팔 수 있는 권리)은 주당 16달러의 가치가 있는 것이다. 따라서 옵션이 16달러에 팔리면 프리미엄은 전혀 없는 것이다. 프리미엄이 없는 것은 그 권리가 다음 날 만료되고 이에 따라 추가로 이익을 내기 위한 시간이 하루하고도 몇 시간밖에 남지 않았기 때문이다. 그러나 같은 기간에 현재의 가치를 모조리 잃어버릴 수도 있으므로 여전히 16달러의 리스크가 존재한다고 해야 할 것이다.

10 현재 자산은 내년 안에 회사의 모든 자산을 매각했을 때 얻을 수 있는 가치를 말한다. 가치를 평가하는 한 가지 방법은 현재 자산에서 총부채를 빼는 것이다. 그러면 대략 회사의 청산 가치를 알 수 있다. 대부분의 회사는 이 값이 플러스가 아니라 마이너스다.

11 이들 트레이더는 모두 허구의 인물이며, 엘런의 마법의 숫자들 역시 꾸며낸 것이다. 여기에는 엘런의 예측을 약간 조롱하려는 뜻이 있었는데, 2월 24일에 커다란 갭이 만들어져 나는 정말로 깜짝 놀랐다. 하지만 아이러니한 점은 엘런은 정확히 예측은 했으되 거래에 들어가지는 않았다는 것이다. 나는 이런 일이 시장 예측을 위해 마법의 숫자를 이용하는 많은 사람에게 일어날 것이라고 생각한다.

13

시스템의 평가
Evaluating Your System

기회는 작업복을 입고 있으며, 일처럼 보이기 때문에 대부분의 사람들이 놓치고 만다.

– 토머스 A. 에디슨 –

지금까지 거래 시스템 개발의 정수를 배웠다. 독자의 대다수가 지금까지의 내용으로도 만족할 것이다. 왜냐하면 많은 이들이 관심을 갖는 모든 주제가 이미 다루어졌기 때문이다. 그러나 시장에서 돈을 버는 데 가장 중요한 두 가지 주제가 아직 남아 있다. 바로 기회 요소와 포지션 규모 요소다.

우리가 지금까지 다룬 내용은 실제로 R의 배수와 예측치에 관한 것이었다. R의 배수로 계산해본다면 시스템의 거래 결과는 어떻게 나타날 것인가? R의 배수의 평균값은 얼마인가? 이것이 바로 예측치다. 이렇게 자문해보아야 한다. "가능한 최고의 예측치는 어떻게 얻을 수 있는가?" 이것은 각각의 거래에서 리스크 1달러당 가장 큰 수익을 올릴 수 있는 방법을 말한다. 우리는 7장에서 눈싸움의 비유를 들어 이를 설명했는데, 어떤 주어진 시간에 날아오는 하얀 눈덩이, 즉 이익 거래의 총합이 검은 눈덩이, 즉 손실 거래의 총합보다 더 크게 만드는 방법을 보여주었다.

그림 13.1은 예측치를 설명하는 하나의 가능한 방법을 보여준다. 우선 우리는 이차원의 다이어그램을 하나 그렸다. x축은 거래의 신뢰도(이익 거래의 확률)를 나타내고, y축은 평균 리스크에 대한 평균 보상의 규모(평균적인 손실 거래의 규모에 대한 평균적인 이익 거래의 규모)를 나타낸다.

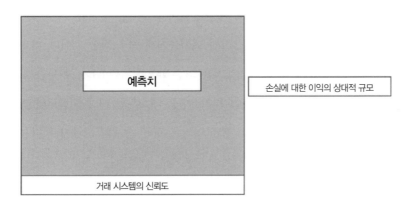

그림 13.1 2차원의 도형으로 표현된 예측치는 시스템의 신뢰도를 이익과 손실의 상대적 규모와 연결시켜준다. 이 영역이 큰 값의 양수여야 한다

몇 가지 접근법

이전 장들에 나온 내용을 제대로 습득했다면, 예측치가 플러스 값인 시스템을 만들어낼 수 있을 것이다. 이런 시스템에 이르는 많은 길 가운

데 어떤 것을 선택해도 좋은데, 여기 몇 가지 예가 있다.

트레이더 1: 큰 R의 배수를 목표로 하는 장기 추세 추종자

여러분은 장기 추세 추종자가 되기 원하며, 큰 R의 배수 거래를 하기로 결정했다고 해보자. 그리고 80일 채널 돌파를 셋업으로 이용하기로 한다. 그런 다음 되돌림 후에 시장에 들어가 손실제한주문을 되돌림 바로 아래에 설정한다. 초기 이익 목표는 최소 10R이다. 즉, 10R의 이익을 얻지 못하면 손실을 보고서 시장에서 나온다는 의미다. 10R의 이익이 달성되면, 20퍼센트 되돌림 지점에 손실제한주문을 해놓는다. 이익을 20퍼센트까지는 도로 빼앗기더라도 시장에 남아 있겠다는 뜻이다.

이런 거래에서는 1R의 리스크가 여러분에게 매우 작을 것이다. 따라서 손실제한주문에 자주 걸리겠지만(즉, 손실이 자주 일어난다), 이득은 보통 10R 혹은 그 이상이 될 것이다. 시스템을 테스트할 때 28퍼센트의 확률로 이익 거래가 발생하지만, 평균 이익은 평균 손실의 12배가 된다는 사실을 알게 될 것이다. 이런 결과에 따르자면, 예측치는 2.58R로 추산된다. 이 정도면 훌륭하다. 그러나 몇 가지 중요한 질문이 남는다. 이런 12R 이익의 거래는 얼마나 자주 생겨나는가? 1년에 한 번? 아니면 1주에 한 번인가? 이런 시스템으로 얼마나 자주 거래할 수 있을까? 연속 손실 거래가 길게 이어졌을 때, R로 계산하여 얼마나 큰 자본 삭감이 일어날 것인가?

트레이더 2: 신뢰도 40퍼센트,
보상위험비율 2.5 대 1인 통상적인 장기 추세 추종자

어쩌면 여러분은 큰 R의 배수로 인해 발생하는 잦은 손실을 못마땅해 할 수도 있다. 그래서 보다 통상적인 장기 추세 추종 전략을 택하기로 했다고 하자. 적응이동평균을 진입 기법으로 이용하고, 초기 자본 보전 과 이익 실현 청산을 위해 간격이 변동폭의 세 배인 추적 손실제한주문 을 설정한다.

이 경우, 초기 리스크는 훨씬 크다. 평균 일간 가격 범위의 세 배에 달 하기 때문이다. 그러나 여러 차례 테스트 후에 평균 손실이 0.5R에 불과 하다는 것을 발견할 것이다. 또, 평균 이익이 3.4R이며, 거래 성공률이 대 략 44퍼센트에 이를 것임을 알게 된다. 그리고 예측치를 계산했을 때, 거 래에서 평균적으로 1.22R의 이익을 거두리라는 것을 짐작한다. 여기서도 몇 가지 질문이 생겨난다. 이 시스템으로 얼마나 자주 거래할 수 있을까? R로 계산할 때 자본 감소는 얼마나 클까? 그리고 여러분은 이런 결과에 만족할 것인가?

트레이더 3: 높은 확률, 낮은 R의 배수의 거래

연속 손실이 길게 이어질 가능성을 참지 못한다고 가정하자. 이에 따 라 거래는 승률이 최소 60퍼센트는 되어야 하며, 이외에도 승률을 높이 기 위해 기꺼이 이익의 크기를 희생시키고자 한다.

그 결과, 진입 기법으로 변동폭 돌파를 이용하기로 결정한다. 여러분 은 시장에서 큰 움직임이 나타나면, 한동안 그 움직임이 계속될 가능성 이 크다는 것을 알고 있다. 그래서 시장이 상승이든 하락이든 과거 5일의 평균 실제 범위의 0.7배만큼 움직이면 시장에 진입하기로 한다.

또한, 이런 진입을 수없이 테스트하고 나서 최대 역행폭이 평균 실제 범위의 0.4배를 거의 넘지 않는다는 사실을 알게 된다. 그래서 이 값을 초기 손실제한주문의 간격으로 삼기로 한다. 이제 평균 실제 범위의 0.6

배를 이익 목표로 삼는 데 만족하는데, 시스템에 의해 최소 60퍼센트의 확률로 목표에 도달하도록 되어 있기 때문이다. 다시 말해, 손실제한주문에 걸려 손실을 보거나, 아니면 이익 목표에 도달하게 될 것이다.

여기서 예측치를 계산해보면, 평균적으로 거래당 0.5R의 이익을 얻는다는 것을 알게 된다. 그러나 이것은 매우 활발한 거래 시스템이므로 기래 비용을 제하면 예측치는 겨우 0.4R에 불과하다. 여기서 여러분이 던져야 할 질문은 이것이다. "0.4R의 예측치로 시장에서 살아남을 수 있을까?" 장기 추세 추종자와 비교해보았을 때, 투자 수익에 뒤지지 않기 위해 충분히 많은 거래 기회가 생기는가? R로 계산할 때 손실 시 자본 감소는 얼마나 클 것인가?

트레이더 4: 각 거래에서 매매호가 차이를 이익으로 만들지만, 때때로 시장에 휩쓸려버리는 시장 조성자

우리의 마지막 트레이더는 스펙트럼의 한쪽 끝을 대표하는 사람인 시장 조성자다. 이 사람은 모든 거래에서 매매호가 차이를 취하려고 한다. 매매호가 차이가 거래당 약 8센트의 이익을 가져오며, 이 트레이더의 승률이 약 80퍼센트라고 하자. 전체 거래의 15퍼센트에서 거래당 약 8센트 정도의 작은 손실을 보지만, 나머지 5퍼센트의 거래에서는 큰 손실을 입는다. 때때로 시장에 휩쓸려 이런 결과가 발생하는 것이다. 이런 손실은 거래당 약 80센트에 이른다.

마지막 트레이더는 예측치를 계산했을 때, 이득이 대략 0.15R이라는 것을 알았다(R은 보통 8센트). 거래 비용을 제하면, 불과 0.11R의 이익이었다. 이 사람은 이렇게 해서 어떻게 생계를 꾸려나갈 수 있을까? 그는 1달러의 리스크당 1달러 이상을 버는 사람들과 비교하면 명함을 내밀 수조차 없을 것이다. 그리고 마지막으로 이 시장 조성자는 R로 계산할 때 어느 정도의 자본 삭감을 예상하고 있을까?

예측치: 기회라는 요소

표 13.1은 4명의 트레이더의 다양한 예측치를 보여준다. 우선 예측치가 가장 큰 트레이더는 분명 성공 기회가 가장 큰 트레이더일 것 같다. 정말로 이 트레이더의 예측치는 대부분의 장기 추세 추종자들보다 훨씬 높은 게 사실이다. 따라서 우리는 그가 훌륭한 실적을 기록하고 있을 것이라고 예상하게 된다. 그러나 이미 보았듯이, 기회 요소가 중요한 변수로 작용한다. 표 13.1에서 기회 요소는 시스템에 의해 하루에 생성되는 거래의 수로 표현되었다.

트레이더 1이 평균적으로 20일 만에 한 번씩 거래한다고 하자. 트레이더 2는 이틀에 한 번씩 거래 기회를 얻는다. 반면 트레이더 3과 4는 하루에 각각 5번과 500번씩 거래한다. 이런 데이터를 근거로 우리는 표 13.1에서와 같이 각 트레이더의 하루당 평균 이익을 구할 수 있다. 이 값들은

표 13.1 4명의 트레이더들이 생성한 예측치, 비용, 기회 요소

	트레이더 1	트레이더 2	트레이더 3	트레이더 4
예측치	2.58R	1.216R	0.5R	0.15R
비용을 제한 후	2.38	1.02	0.4R	0.11R
기회	0.05	0.5	5	500
종합 예측치	0.119R	0.51R	2.0R	55R

사실 예측치에 거래 기회를 곱한 것으로, 이를 '종합 예측치'라고 부른다.

이를 생각하면 시장 조성자 쪽이 가장 유리하다는 것을 알게 된다. 시장 조성자는 충분히 현명하기만 하면 손실일이 거의 생기지 않는다. 거래당 평균 리스크가 자본의 0.25퍼센트라면, 4번 트레이더는 하루에 최대 13퍼센트의 이익을 낼 수 있는 반면, 1번 트레이더는 불과 0.03퍼센트의 이익에 불과하다.

우리의 슈퍼 트레이더 프로그램에는 플로어 트레이더들도 참여하곤 했다. 그중 한 명은 손실이 난 해가 없었고, 손실월도 거의 없었다. 또 한 명은 단 3개월 동안 10만 달러의 거래 자본을 170만 달러로 만들어놓았다. 또 다른 플로어 트레이더는 나의 감독 하에 슈퍼 트레이더 프로그램의 전체 비용을 거래한 첫 달에 쉽게 벌어들였다. 그들에게는 어떤 유리한 점이 있는 걸까?[1]

이제 이익이 종합 예측치, 즉 예측치와 거래 기회를 곱한 값에 의해 결정된다는 것을 이해하겠는가? 그 값은 정해진 일정 기간 동안 평균적으로 생성된 전체 R의 배수의 이익을 말한다. 평균적인 전체 R의 배수의

그림 13.2 기회의 차원이 더해지다

이익은 포지션 규모 조절 알고리즘과 함께 주어진 기간에 얼마만큼의 돈을 벌 수 있는지 알려줄 것이다.

그림 13.2는 기회의 차원을 더해 3차원으로 표현된 예측치의 모형이다. 이 입방체는 날마다 거래 시스템에서 발생시키는 전체 R의 값을 나타내고 있다. 최종 이익은 이제 2차원의 도형이 아니라 3차원의 입방체로 표현된다.

거래 기회에 대한 비용

거래에는 거래 비용이 따르고, 이 부분에서 시장 조성자는 유리하다. 여러분의 중개인이 비용을 가져가면, 결국 이익은 이런 비용을 제한 나머지가 된다. 뭐라도 남아 있을 경우에 말이다.

거래당 비용은 사실 예측치 산출식의 일부를 이룬다. 그러나 이 문제는 너무 중요하기 때문에 몇 가지 얘기를 덧붙이고 싶다. 거래를 적게 할수록 거래당 비용은 덜 중요한 요소가 된다. 많은 장기 추세 추종자들이 거래 비용에 관해 거의 생각하지 않는데, 장기 거래의 잠재 수익에 비하면 너무나 미미한 액수이기 때문이다. 예컨대 거래당 5,000달러가 수익 목표라면, 누구든 거래당 5~100달러의 비용에 관해서는 크게 신경 쓰지 않을 것이다.

그러나 단기 거래를 염두에 두고 거래를 많이 하려 한다면, 거래 비용은 중요한 고려 사항이 된다. 아니면 적어도 그래야 한다. 예컨대 거래당 평균 이익이 50달러라면, 100달러의 거래 비용에 대해 훨씬 큰 주의를 기울여야 한다.

수수료

중개인으로부터 특별한 서비스를 받지 않는 한, 가능한 한 낮은 비용으로 주문이 이행될 수 있도록 신경 써야 한다. 주식 트레이더는 이제 얼마 안 되는 돈으로 마음대로 인터넷 거래를 할 수 있게 되었다. 이른바 할인 중개인의 가격보다도 훨씬 비용이 싸게 먹힌다. 할인 중개인이라고 해도 주식 100주를 매수할 때 50달러를 청구하고, 이 100주의 주식을 매도할 때 다시 50달러를 청구하곤 했던 것이다. 하지만 어쨌든 여러분은 합리적인 가격에 주문이 이행되고 변동폭이 큰 기간에 즉시 거래해야 할 때, 인터넷 중개인과 원활히 연결되도록 확실히 해두어야 한다.

선물 트레이더는 오래전부터 괜찮은 수수료 조건을 누려왔다. 보통 선물 중개인은 포지션 진입과 청산에 한 차례만 비용을 청구한다. 대개 20달러 이하로 비용을 협상할 수 있다. 거래하는 양에 따라 때때로 훨씬 낮은 가격도 가능하다.

체결 비용

체결 비용은 중개인 수수료 외에 거래 진입과 청산에 드는 비용을 말한다. 보통 매수호가와 매도호가의 차이(즉, 시장 조성자들이 차지하는 몫)와 큰 변동폭으로 인한 비용으로 이루어진다. 시장 조성자들이 여러분의 포지션을 거래할 때 이익이 나지 않을 것 같다고 생각하면(시장이 움직이고 있기 때문에), 체결 비용은 그의 리스크를 메우기 위해 상승할 것이다.

일부 트레이더들은 체결 비용을 통제하기 위해 무진장 노력을 기울인다. 한 예로, 잭 슈웨거의 《새로운 시장의 마법사들》에 인터뷰가 실린 한 트레이더는 자신의 거래 기법에 따라 매우 낮은 체결오차가 요구되었다.[2] 처음에는 그는 많은 중개인을 통해 주문을 체결했고, 각각의 중개인을 통해 거래했을 때 체결오차가 얼마였는지 일일이 기록했다. 그리고 체결오차가 너무 크면, 중개인을 갈아치우곤 했다. 궁극적으로 그는 주문이 정확히 체결되도록 하기 위해서는 아예 증권 회사를 사들일 필요가 있다고 생각했다.

단기 트레이더는 체결 비용에 이와 같은 주의를 기울일 필요가 있다. 거래 체결에 얼마의 비용이 드나? 이런 비용을 얼마나 낮출 수 있는가? 중개인과 주의 깊게 얘기를 나누어보라. 여러분의 주문을 처리하는 사람이 여러분이 무엇을 원하는지 확실하게 알 수 있도록 하라. 단기 트레이더에게 정확한 주문 체결은 이익을 내느냐 못 내느냐의 차이일 수 있다.

세금

이익에는 세 번째 비용이 존재하는데, 정부가 부과하는 비용이다. 정부는 거래 사업을 규제하며, 이런 개입에는 비용이 따른다. 그리하여 정부는 각 거래에서 나는 이익에 세금을 부과한다.

부동산 투자자들은 1031번 양식을 작성한 다음, 더 비싼 부동산을 사는 방법으로 오래전부터 이런 세금을 피해왔다. 이외에도 워런 버핏 같은 장기 주식 투자자(매도를 거의 하지 않는) 역시 이런 세금을 피한다. 실현되지 않은 주식 수익에 대해서는 세금을 지불하지 않기 때문이다. 따라서 시장에서 발생하는 주된 거래 사업 비용은 부동산 투자를 고수하거나 장기 투자자가 됨으로써 피할 수 있었다.

그러나 단기 트레이더는 이익에 대한 세금을 전부 지불해야 한다. 이런 세금은 사실 상당히 큰 비용이 될 수 있다. 예를 들어, 선물 트레이더는 보유 포지션을 연말에 시장가로 계산하여 실현되지 않은 수익에 대한 세금을 지불해야 한다. 따라서 12월 31일에 여러분에게 실현되지 않은 2

만 달러의 수익이 있다면, 정부는 이에 대해 과세할 것이다. 나중에 이런 수익 가운데 1만 5,000달러를 도로 잃었다 해도, 다음 해 이 거래의 실제 수익이 작아지기 전까지는 환급받지 못한다.

세금 문제는 분명히 거래 사업 비용의 중요한 일부다. 더 이상의 이야기는 이 책의 주제를 벗어나지만, 세금은 실제적 비용이므로 거래 계획에서 고려되어야 한다.

심리적 비용

지금까지 우리는 금전적 비용에 초점을 맞추어 왔다. 그러나 심리적 비용은 사실 가장 중요한 비용 요소가 될 수 있다. 거래는 하면 할수록 심리적 비용이 더 중요해진다.

많은 기회가 만들어지는 단기 거래는 커다란 심리적 비용이 발생한다. 늘 긴장하고 있지 않으면 잠재 수익이 엄청난 거래 기회를 놓치거나, 수년간 벌어들인 이익을 쏟아부어도 모자랄 만큼의 엄청난 손실을 볼 수도 있다.

단기 트레이더들은 나에게 수도 없이 말하곤 했다. "나는 데이 트레이더예요. 날마다 여러 차례 시장에 들어갔다가 나오지요. 거의 매일 수익을 내니까 좋긴 하죠! 하지만 어제 거의 1년 치 수익을 잃었어요. 정말 돌아버리는 줄 알았다고요." 이런 것이 바로 심리적 문제다. 이런 손실은 중요한 심리적 실수에서 나온다. 또는 승률은 높지만 때때로 높은 R의 배수의 손실이 발생하는 마이너스 예측치의 시스템으로 거래할 때도 발생한다.

데이 트레이딩은 매우 큰돈을 벌 기회를 준다. 매달 두 자릿수의 수익률을 기록하는 경우도 흔하다. 그러나 심리적으로 큰 비용을 치러야 한다. 스스로 많은 시간을 들여 자기 자신에 대해 연구하지 않으면, 심리적 실책으로 인한 금전적 비용은 데이 트레이더들에게 재앙이 될 수 있다.

장기 트레이더조차 슬기롭게 대처해야 할 심리적 요소를 안고 있다. 장기 트레이더는 보통 해마다 몇 차례 높은 R의 배수의 이익 거래를 하기 때문에, 성공적인 트레이더가 될 수 있다. 이런 트레이더들은 좋은 거래를 놓쳐서는 안 된다. 한 해 중 가장 큰 거래 기회가 찾아왔을 때 이를 놓치면, 그해는 대개 실적이 마이너스가 될 것이다. 이런 경우도 심리적 요소가 작용한 것이다.

전문 트레이더로 활동하는 내 친한 친구 중 한 명은, 언젠가 그와 그의 파트너가 거래할 때는 심리적 요소가 작용하지 않는다고 내게 말했다. 그들은 전략을 미리 짜놓고 모든 것이 기계적으로 이루어지도록 한다는 것이었다. 나는 그런 거래를 그들이 실행에 옮겨야 하기 때문에 심리적 요소가 작용할 수밖에 없다고 말해주었다. 그는 내 말에 동의했지만, 여전히 심리적 요소가 그들의 거래에 중요한 역할을 하지 않는다고 생각했다. 그러나 몇 년 뒤, 그의 파트너는 그들이 영국 파운드화 거래에서 전혀 수익을 내지 못하자 낙담하고 말았다. 그 뒤 어떤 거래 기회가 찾아왔을 때, 그들은 거래에 들어가지 않았는데, 나중에 그 거래가 한 해의 총이익을 보장해줄 엄청난 기회였다는 것이 밝혀졌다. 그로부터 얼마 후 그들은 거래 사업을 접어버렸다. 여기서 우리는 어떤 거래 방법에서든 심리적 요소가 작용한다는 교훈을 얻었다.

평균적으로 해마다 80R의 이익을 발생시키는 시스템이 있다고 하자. 그러나 여러분이 한 번 실수를 할 때마다 2R의 손실이 발생하며, 한 주에 한 번씩 이런 실수를 한다고 가정하자. 그러면 1년으로 따졌을 때, 여러분이 저지르는 손실은 모두 104R이 될 것이다. 시스템에서 평균적으로 나오는 이익보다도 많은 값이다. 그토록 많은 트레이더와 투자자들이 돈을 잃는 것은 바로 이 때문이다.

최대 자본 감소폭

그다음으로 시스템에 대해 이해해야 할 것은, 한 해의 거래 기간 동안 형성되는 최대 자본 감소폭이다. 자본이 어느 수준까지 증가했다고 하자. 이때 여기서 여러분은 자본 감소를 어느 정도나 허용할 생각인가? 아니면 거래를 시작했을 때 수익을 내기도 전에 계속해서 손실이 발생한다고 하자. 이때 여러분이 허용할 수 있는 최대 자본 감소는 어느 정도인가? 물론 두 번째 상황은 일어나지 않는 것이 좋다. 하지만 그런 일은 일어날 수 있고, 따라서 일어난다면 어느 정도의 자본 감소를 받아들일지 생각해두어야 한다. 이 문제를 처리하는 가장 좋은 방법은 자본 삭감을 R로 표현하여 생각해보는 것이다.

R로 자본 감소를 표현한다는 것은 무슨 뜻인가? 표 13.2는 구슬 게임으로 40차례 거래했을 때의 결과를 보여준다. 구슬 게임은 1R의 손실을 나타내는 구슬 7개, 5R의 손실을 나타내는 구슬 1개, 10R의 이익을 나타내는 구슬 2개로 이루어진다. 구슬은 한 번에 하나씩 꺼내고, 꺼낸 구슬은 다시 제자리에 둔다. 표 13.2는 구슬을 꺼낸 순서대로 그 결과와 자본의 누적 감소를 보여준다.

이 시스템의 예측치는 0.8R이므로, 우리는 40차례의 거래에서 32R의 수익을 기대할 수 있다. 40회 거래×0.8R=32R이기 때문이다. 그러나 예측치는 단순히 R로 나타낸 평균 결과에 불과하다는 사실을 기억하라. 따라서 절반의 경우는 결과가 이 평균값보다 높고, 나머지 절반은 결과가 이보다 낮은 값일 것이다. 이제 게임의 결과를 살펴보기로 하자. 우리는 7회에 걸쳐 10R의 이익을 얻었다(평균적으로 예상했던 것보다 한 번 적다). 5R의 손실은 5회이고(평균적으로 예상했던 것보다 한 번 많다), 1R의 손실은 28회로, 평균적으로 예상했던 것과 정확히 일치했다. 그러나 10R의 이익이 한 번 부족하고 5R의 손실이 한 번 더 많음으로 해서 생긴 결과는 엄청났다. 이에 따라 최종 결괏값은 32R이 아니라 7R이 되었다. 하지만 이것은 한 차례의 게임에 불과하다는 사실을 명심하라. 나는 이런 40회의 거래를 컴퓨터로 1만 회 반복했을 때, 15퍼센트의 경우 예측치가 마이너스로 나오는 것을 알았다. 따라서 매달 이런 거래를 40회 실시한다면, 거래 월의 85퍼센트는 이익이 나지만 거래 월의 15퍼센트는 손실이 날 것으로 예상해야 한다.

이제 자본 감소에 대해 살펴보자. 거래 번호 1~4번은 연속으로 손실이 났고, 총 9R의 자본 감소가 발생했다. 6~10번에서도 역시 연속 손실이 발생하여 훨씬 더 심각한 13R의 자본 삭감이 일어났다. 12~15번은 4R의 자본 삭감을 야기했고, 17~21번은 5R의 자본 감소를 발생시켰다. 그러나 이익 거래 11과 16이 자본 감소에서 우리를 구해주지 못했다. 따라서 거래 번호 6번에서 21번까지는 계속 자본이 감소했다. 우리는 이 상황을 극복해야 했다. 그러나 이런 16차례의 연속 손실은 최악이 아니었다. 최악의 자본 감소는 거래 번호 24~36번에서 발생했고, 이때 우리는 총 21R의 자본 감소를 경험했다. 여기서 플러스의 예측치를 실현하기 위해서는 이 21R의 자본 삭감을 극복해야 한다는 것을 깨달아야 한다.

표 13.2 40회의 거래에서 나타난 최대 자본 감소폭

거래 번호	R로 나타낸 결과	자본 감소	거래 번호	R로 나타낸 결과	자본 감소
1	1R 손실	−1R	21	1R 손실	−7R
2	1R 손실	−2R	22	10R 이익	
3	1R 손실	−3R	23	10R 이익	
4	1R 손실	−4R	24	1R 손실	−1R
5	10R 이익		25	5R 손실	−6R
6	1R 손실	−1R	26	1R 손실	−7R
7	1R 손실	−2R	27	1R 손실	−8R
8	1R 손실	−3R	28	1R 손실	−9R
9	5R 손실	−8R	29	1R 손실	−10R
10	5R 손실	−13R	30	1R 손실	−11R
11	10R 이익	−3R	31	1R 손실	−12R
12	2R 손실	−5R	32	1R 손실	−13R
13	1R 손실	−6R	33	1R 손실	−14R
14	1R 손실	−7R	34	5R 손실	−19R
15	5R 손실	−12R	35	1R 손실	−20R
16	10R 이익	−2R	36	1R 손실	−21R
17	1R 손실	−3R	37	10R 이익	−11R
18	1R 손실	−4R	38	1R 손실	−12R
19	1R 손실	−5R	39	10R 이익	−2R
20	1R 손실	−6R	40	1R 손실	−3R

표 13.3 우리의 시스템에서 예상되는 자본 감소의 확률

자본 감소	확률(%)
4R	100
12R	78
17R	50
23R	24
29R	10
35R	5
72R	최대치

나는 또한 최악의 자본 감소가 어느 정도가 될지 판단하기 위해 이런 40회의 거래를 1만 번 반복했다. 자본 감소의 중앙값은 17R이었으므로, 21R 감소는 평균보다 약간 나쁜 경우였다. 그러나 이 거래 시스템에서 4R의 자본 삭감이 일어날 확률은 100퍼센트다. 29R에 이르는 커다란 자본 삭감이 일어날 확률은 10퍼센트였고, 1만 번의 시뮬레이션에서 최대 자본 감소폭은 72R이었다.

그렇다면 이것은 무엇을 말하는가? 예측치와 자본 감소의 중앙값에 근거하여 우리는 거래당 1퍼센트의 자본을 리스크로 삼는다면, 40번의 거래가 끝났을 때 자본은 32퍼센트 상승할 것이라고 추산할 수 있지만, 이를 위해서는 17퍼센트의 자본 감소를 극복해야 한다. 시스템에서 예상할 수 있는 자본 감소의 확률은 정말로 중요한 정보라고 생각하지 않는가?

표 13.1에 나온 우리의 트레이더 4명이 100회 거래했을 때 발생할 수 있는 자본 감소폭을 알아보자. 이 정보는 표 13.4에 제시되어 있다.

여기서 데이 트레이더가 100회의 거래에서 발생할 수 있는 자본 감소폭이 가장 크다는 것을 확인하라. 예상 자본 감소폭이 클수록, 재앙을 불러올 수 있는 손실들에 보다 주의를 기울여야 한다.

표 13.4 4명의 트레이더가 100회 거래 시 예상되는 예측치와 자본 감소폭

	트레이더 1	트레이더 2	트레이더 3	트레이더 4
예측치	2.58R	1,216R	0.5R	0.15R
자본 감소폭	11R	3.5R	16R	21R

정보지의 추천을
샘플 시스템으로 이용하여 거래하기

이 장을 마무리하기 전에 나는 다양한 정보지의 추천 사항들을 샘플 거래 시스템으로 이용해보면 흥미로울 것이라고 생각했다. 이를 통해, 나는 전체적으로 정보지가 좋은 시스템이 될 수 있는지 판단하고, 어떤 특정한 거래 아이디어가 다른 거래 아이디어보다 나은지 평가하며, 다양한 정보지의 추천을 따르면 무엇을 예상할 수 있는지 여러분에게 알려주고 싶었다. 이를 위해 나는 세 그룹의 정보지와 접촉했다. 나는 그들에게 실적이 좋은 경우에만 정보지의 이름을 언급하겠다고 얘기했다. 두 그룹은 기꺼이 협조를 해주었고, 오랜 기간에 걸쳐 R의 배수를 계산하고 분석하는 데 필요한 데이터를 보내왔다. 한 그룹의 최고 책임자 포터 스탠스베리는 나에게 이렇게 말하기까지 했다. "우리 정보지 이름이라면 뭐든 말해도 좋습니다. 실적이 좋지 않은 정보지가 있다면, 당장 폐간시킬 테니까요." 이와 대조적으로 다른 한 그룹의 리더는 이렇게 말했다. "우리조차도 우리 실적이 어떤지 모릅니다. 분명하게 말하자면, 성적이 신통치 않은 것처럼 보일 경우에는 우리 정보지의 이름을 말하지 않았으면 좋겠군요." 이들 정보지는 모두 옵션 전략에 관여하고 있었으며, 우리는 이들 정보지를 거들떠보지도 않기로 했다.

데이터 분석

각각의 정보지에서 추천하는 진입 일자와 가격, 그리고 손실제한주문 가격을 찾았다. 우리가 조사한 대부분의 정보지는 25퍼센트 추적 손실제한주문을 추천했다. 정보지에 손실제한주문 추천이 없는 경우에는 초기 리스크를 진입 가격의 25퍼센트로 가정했다. 일부 정보지는 한 달에 한 번씩만(혹은 그보다 적게) 추천을 제공하고, 추천 종목을 보유하고 있는 경향이 강했다. 우리는 모든 포지션이 2006년 6월 30일 종료된다고 가정하고, 이날의 종가를 청산 가격으로 삼았다. 몇몇의 경우, 2006년 3월 31일까지의 데이터밖에 없어 이날을 청산 시점으로 정해야 했다.

각 정보지의 경우, 우리는 몇 가지 핵심 변수를 계산했다. 우리가 가진 전체 데이터를 보았을 때, 추천 종목들의 예측치는 얼마인가? 평균적으로 한 달에 얼마나 많은 포지션이 보유되고 있는가? 우리는 이런 데이터를 이용하여 2년 동안 얼마나 많은 거래 기회를 예측할 수 있을지 판단했다. 그래서 우리는 각 정보지의 예측치를 계산할 수 있었다. 그리고 마지막으로 우리는 고유의 평가 방법으로, 이익 목표 달성을 위해 추천 사항들로 포지션 규모 조절 전략을 얼마나 잘 구사할 수 있는지 평가했다.

정보지

나는 스탠스베리 리서치와 옥스퍼드 클럽에서 발행하는 정보지들, 그리고 여기에 내 고객 중 한 명이 기꺼이 나를 위해 평가해준 두 곳의 정보지들을 조사했다. 아래는 각각에 대한 얼마간의 정보다.

〈블루 칩 그로스Blue Chip Growth〉: 이 정보지는 한 포트폴리오 매니저에 의해 매달 발행된다. 그가 선별한 최상의 주식들을 알려주기 위해서다. 이 주식들은 모두 적어도 1년간 보유해야 할 종목들이다. 2003년 12월 말부터 2006년 3월까지 이 정보지의 데이터를 추적했다. 이 기간에 청산된 추천 종목은 모두 32개였다. 이 경우, 우리는 보유 포지션은 조사하지 않았다. 이 정보지는 손실제한주문 가격을 제공하지 않기 때문에, 우리는 25퍼센트 되돌림 수준을 1R로 잡았다. 이 정보지는 또한 최초의 추천 가격을 현재 가격과 함께 보여줄 뿐 실제 실적을 기재하지는 않았다.

〈딜리전스Diligence〉: 이 정보지는 한 주식 분석가의 최고 선별주들을 생각나게 한다. 이 정보지의 편집인은 신상품이 있는 회사 가운데 소비자들에게 큰 영향을 미칠 수 있다고 생각되는 회사의 초저가 주를 찾는다. 그는 이런 주식을 추천하고 나면 이 회사의 CEO 그리고 다른 중역들과 달마다 회의를 갖는다. 〈딜리전스〉는 손실제한주문 가격을 추천하지 않고(그래서 우리는 진입 가격의 25퍼센트를 1R로 정했다), 편집인은 여전히 수익 잠재성이 있다고 판단할 경우 손실이 난다고 해도 오랫동안 포지션을 보유하고 있었다. 우리는 이 정보지의 데이터를 2001년 1월부터 2006년 3월까지 추적했다. 이 시기에 36개의 주식 종목이 추천되었고, 그중 44.4퍼센트에서는 수익이 났다. 원래의 추천주 가운데 22퍼센트는 여전히 포트폴리오에 있었으나, 계산을 위해 우리는 이런 포지션들이 2006년 3월 31일 청산되었다고 가정했다. 이 정보지는 우리가 분석을 마치고 나서 얼마 뒤 폐간되었다.

〈익스트림 밸류Extreme Value〉: 이 정보지는 다양한 가치 모델을 통해 주식들을 선별한다. 기본적인 투자 아이디어는 극도로 저평가된 주식을 찾는다는 것이다. 예컨대, 편집인은 수천 달러에 팔리는 땅을 회계 장부에 에이커당 120달러로 기재해놓고 있는 회사의 주식을 찾았다. 이런 주식에는 아무런 손실제한주문 가격도 추천되어 있지 않기 때문에, 우리는 가격의 25퍼센트 하락을 1R로 정했다. 우리는 2002년 9월부터 2006년 6월까지 이 정보지의 데이터를 조사했다. 이 기간 동안 편집인은 37개 종목을 추천했고, 이중 21종을 여전히 보유하고 있었다. 그래서 우리는 2006년 6월 30일을 청산 시점으로 가정하여 이런 거래의 R의 배수를 측정했다.

〈인사이드 스트래티지스트Inside Strategist〉: 이 정보지는 대기업의 내부자들이 대규모로 그들 회사의 주식을 살 때 주식이 좋은 거래 기회가 된다고 가정한다. 우리는 2004년부터 2006년 6월까지의 기록을 추적했다. 이 시기 동안 달마다 하나씩 거래가 추천되어 추천 포지션은 모두 27개였다. 우리는 또한 편집인의 '특별히 보유해야 할 추천 종목'으로 6개의 추가 포지션까지 조사 대상에 포함시켰다. 이 정보지는 2년이 지난 뒤에도 추천 포지션의 58퍼센트를 여전히 보유하고 있었다. 여기서도 우리는 25퍼센트의 가격 하락을 초기 리스크로 삼았다.

〈마이크로캡 문샷MicroCap Moonshots〉: 이 정보지는 효율적인 주식을 찾기로 마음먹은 한 젊은이에 의해 창간되었다. 그가 찾는 주식은 요컨대 소형주였다. 소형주는 대형주보다 훨씬 큰 폭으로 움직이고, 따라서 이런 거래 아이디어는 정말로 '홈런'을 칠 수 있는 가능성이 있었다. 우리는 이 정보지를 2003년 10월부터 2006년 6월까지 추적했다. 원래의 편집인은 2005년 3월 18일자로 다음과 같은 말을 남기고 자리를 떠났다. "지난 몇 달간의 변덕스런 시장 조건은 사람을 술독에 빠뜨리기도 했다. 누가 내 말을 이해하겠는가?" 그다음 주에 다른 사람이 그의 자리에 올라 그 뒤 줄곧 이 정보지를 책임지고 있다. 이 정보지는 손실제한주문 가격을 명확히 제시했는데, 우리는 여기에 따라 R의 배수를 계산했다.

〈옥스퍼드 클럽 코뮈니케Oxford Club Communique〉: 이 정보지는 많은 사람의 추천 거래를 제공하고, 따라서 어느 정도는 취사 선택이 가능하다. 이 정보지는 명확한 손절액 방침을 정해둔 내가 아는 최초의 정보지다. 손실을 통제하고 이익 실현 시점을 찾기 위해 25퍼센트 추적 손실제한주문(오로지 종가를 기준으로)을 이용한다. 이 정보지는 몇 가지 서로 다른 포트폴리오를 갖고 있다. 그러나 우리는 그중 하나를 추적했다. '옥스퍼드 클럽 트레이딩 포트폴리오'다. 게다가 이 정보지에 정기적으로 거래를 추천하는 사람 중 한 명은 늘 주식을 매수하고 콜 옵션을 매도하는 전략을 추천했다. 나는 이런 전략에 동의하지 않는다. 왜냐하면 이익이 콜 옵션으로부터 얻는 액수에 국한되는 반면, 손실은 콜 옵션 가격을 뺀 주식 총가가 될 수 있기 때문이다. 따라서 우리의 분석에는 이런 거래를 포함시키지 않았다. 우리는 1999년 9월부터 2006년 6월 30일까지의 166개 추천 포지션을 추적했다. 이 가운데 27개는 보유 중이었기 때문에, 우리는 2006년 6월 30일을 청산 시점으로 가정하여 이런 포지션의 R의 배수를 측정했다.

〈포터 스탠스베리 투자 자문Porter Stansberry's Investment Advisory〉: 포터의 추천 거래는 대개 그가 좋아하는 모멘텀 주식이다. 우리는 1998년 7월부터 2006년 6월까지 그의 추천 종목을 추적했다. 93개월의 기간 동안 우리는 175개 종목을 추적했고, 2006년 6월 30일에도 거래가 종료되지 않은 포지션은 12개였다. 여기서는 포터가 추천하는 손실제한주문을 이용했다.

〈트루 웰스True Wealth〉: 이 정보지는 미국에서 상당히 인기 있는 정보지 가운데 하나다. 구독자는 7만 명이 넘는다. 편집인은 나와 공동으로 《재정적 자유를 위한 안전한 전략》을 집필한 스티브 스저게러드다. 나는 스티브의 투자 전략에 대해 꽤 잘 안다. 몇 년 전 내가 발행하는 정보지를 위해 그를 인터뷰한 적이 있기 때문이다. 기본적으로 스티브는 다른 사람들이 좋아하지 않거나, 하락 가능성이 한정되어 있으며 상승 가능성이 높은 투자 대상을 찾는다. 또한 그는 추천하는 포지션이 추천하기 전에 상승하고 있어야 한다고 생각한다는 점에서 나와 생각이 같다.

이름을 밝힐 수 없는 고가의 정보지: 우리가 조사한 마지막 정보지는 이름을 밝히지 못하겠다. 실적이 형편없기 때문이다. 이 정보지는 우리가 조사한 정보지 중 가장 고가였고, 그 가격은 다른 모든 정보지를 합한 것보다 높았다. 정보지는 주마다 한 번씩 이메일을 통해 거래를 추천하고 100퍼센트 이상의 수익률을 거둘 수 있다고 주장했다. 이 정보지를 쓴 편집인은 상술이 기가 막혔다. 그의 고객이 되면, 다음과 같은 얘기를 듣게 될 것이다. '그에게는 주식을 선별하는 특별한 비법이 있다. 그의 다른 일부 정보지는 100퍼센트 이상의 수익을 냈지만, 이 정보지는 최고 중의 최고가 될 수 있도록 만들었다. 독립적인 평가 자료에 따르면 그는 세계 일류의 정보지 저자 가운데 한 명이다'라는 등. 전형적인 마케팅 광고는 이런 것이었다. "우리의 XYZ 주식은 50퍼센트 상승하고, ABC는 67퍼센트, QRF는 42퍼센트 상승했습니다!" 그리고 나서는 독자들이 그들의 실력에 얼마나 흥분했는지 신나게 얘기했다. 나는 실제로 그와 통화를 하며 두 가지 질문을 했다. 그렇게 실력이 좋다면 왜 정보지에 실적을 기록하지 않는가? 왜 이따금 어떤 주에서 다음 주로 넘어갈 때 손실제한주문 가격을 낮추는가? 그는 이 두 가지 질문을 완전히 모른 체했다.

각 정보지에 대한 성적 평가

표 13.5는 정보지들의 전체 성적을 보여준다. 거래의 총 횟수, 예측치, 2년간의 종합 예측치, 그리고 포지션 규모 조절 전략을 이용한 목표 달성의 확률을 나타내는 평가치를 볼 수 있을 것이다.[3] 내가 개발한 이 평가치를 보자면, 0.05퍼센트 수준에서 돈을 버는 시스템은 대략 0.1점이다. 평가치가 2점이 넘으면, 매우 좋은 시스템이며, 3점이 넘는 평가치는 최상급에 속한다. 하지만 우리가 워크숍에서 가르치는 일부 시스템은 5점이 넘는다.

가치 거래를 지향하는 두 개의 정보지가 가장 높은 승률과 평가치를 받았다. 이 정보지를 통해 거래하면서 포지션 규모 조절 전략을 이용하면 목표 달성 확률이 높다는 뜻이다. 이 두 정보지는 많은 포지션을 여전히 그대로 보유하고 있었다. 〈익스트림 밸류〉는 실제 거래의 57퍼센트, 〈트루 웰스〉는 29퍼센트에 해당한다. 우리는 이런 거래를 다른 거래에 비해 훨씬 오랫동안 추적해야 했다.

표 13.5 정보지 분석

정보지	거래	승률(%)	예측치	종합 예측치 (2년, R)	예측치
블루 칩 그로스	32	36.5	0.05	1.37	0.21
딜리전스	36	44.4	1.67	22.37	1.17
익스트림 밸류	37	89.1	1.40	27.06	2.99
인사이드 전략가	27	48.1	0.35	8.4	1.47
마이크로캡 문샷	79	49.4	0.28	16.09	1.59
옥스퍼드 클럽	168	54.2	0.79	38.84	2.17
포터 스탠스베리	174	48.0	0.61	26.68	1.65
트루 웰스	77	67.5	0.68	21.68	2.54
고가의 정보지	241	36.5	−0.01	−2.2	−0.05

〈옥스퍼드 클럽 코뮈니케〉는 2년 동안의 종합 예측치가 가장 높았다. 38.84R이었다. 따라서 포지션당 1퍼센트 리스크라면, 이 정보지로 매년 쉽게 20퍼센트 이상의 수익을 올릴 수 있었을 것이다.

〈딜리전스〉는 1.67로 예측치가 가장 높았다. 이런 결과는, 원래 그 의도대로 몇 차례 홈런을 기록했기 때문에 얻어진 것이다. 그러나 50퍼센트 이상 손실을 보고 아직도 포트폴리오에 포함되어 있는 주식도 많다. 거래 결과의 편차가 심하기 때문에 〈딜리전스〉는 다른 항목에서는 그다지 높은 순위를 차지하지 못했다. 만약 이 책에 제시된 기법들을 이용했다면 이 정보지는 훨씬 더 좋은 정보가 될 수 있었을 것이다. 그러나 이 책에서 제시한 몇몇 손실제한주문을 설정해두었다면, 일부 홈런주는 홈런이 되기 전에 손실제한주문에 걸려 처분되었을 것이다.

이런 정보지는 모두 서로 다른 거래 개념을 제시하고, 대부분은 꽤 많은 수익을 냈다. 가치 거래를 지향하는 정보지는 가장 좋은 성적을 낸 것 같지만, 가치 거래가 추세 추종보다 더 나은 거래 개념임을 의미하지는 않는다. 그림 9.2에서 보는 것 같은, 사상 최고가에서 주식을 매수하는 시스템을 보자. 이 시스템은 2년에 429R의 종합 예측치를 기록했다. 그러나 여러분이 직면하게 될 정말 중요한 문제는 한꺼번에 많이 거래해야 한다는 것이다. 여러분은 각 거래에 대해 자본의 0.1퍼센트 혹은 그 미만을 리스크로 삼을 수 있다. 나는 평가치가 5.0이 넘는 추세 추종 시스템도 몇몇 보았다. 따라서 나는 정보지에 관한 이런 데이터가 가치 거래 개념이 다른 어떤 개념보다 낫다는 의미라고는 생각하지 않는다.

정말 놀라운 것은 가장 비싼 정보지에서 마이너스 예측치가 나온 것이다. 이 사실로부터 무엇을 알아야 할까? 어쨌든 이 정보지는 정기적인 실적을 제공하지 않았다. 정보지를 구독하려고 할 때, 정기적으로 실적을 업데이트하지 않는 것은 조심해야 한다. 이 값비싼 정보지가 지금 막 선전한 내용을 보면, 사람들이 그들이 추천한 포지션을 거래하여 내년에 100만 달러를 벌지 않으면 돈을 되돌려주겠다고 보장하고 있다. 241회의 거래에서 비롯된 실적을 볼 때, 100만 달러를 벌 확률은 얼마나 될 것이라고 생각하는가? 그런데 한 가지 얘기하자면, 나는 2005년에 세 차례나 그들에게서 내 돈을 돌려받으려고 했으나 그때마다 거부당했다.

결론

정보지의 조언을 따르는 시스템을 원할 경우, 자신의 믿음에 맞는 거래 개념과 전체 전략을 제공하는 정보지를 찾아야 한다. 또한 여러분이 구독하기로 한 각 정보지들에 대해 여기서 한 분석을 똑같이 해보기를 권한다. 이를 위해서는 이런 정보지들이 과월호를 제공해야 하고, 정기적으로 실적을 공지해야 한다. 정보지 편집인과 얘기해 보았을 때 그가 자신의 실적에 대해 알지조차 못한다면, 그 정보지에 대해서는 더 이상 생각하지 말라. 아니 그보다는 정보지가 과거의 추천 종목들을 진입 가격, 초기 리스크, 청산 가격과 함께 제공하는지 여부를 알아보라. 그러면 이런 데이터로부터 여러분이 직접 R의 배수와 예측치를 구할 수 있을 것이다.

어떤 정보지의 추천을 따르기로 결정하면, 그 대부분이 포지션 규모 조절(14장을 보라)에 관해서는 얘기해주지 않고 심리가 거래에 미치는 영향에 관해 전혀 언급하지 않는다는 사실을 명심하라. 정보지로 매년 20R의 수익을 올릴 수 있지만 각각 2R의 손실이 발생하는 10번의 실수를 저지르면, 이런 정보지의 조언으로 돈 한 푼 벌 수 없다는 사실을 기억하라.

| 요약 SUMMARY |

    이 책의 내용 대부분은 높은 예측치의 거래 시스템 개발에 관한 것이다. 예측치는 거래 시스템의 신뢰도와 이익과 손실의 상대 규모를 연관시켜주는 이차원의 표면이다.

    거래 기회는 예측치를 삼차원의 입방체로 만들어준다. 매일 거두어들일 수 있는 돈의 잠재적 양을 구하기 위해서는 예측치에 거래 기회의 요소를 곱해야 한다. 따라서 높은 예측치는 거래 횟수가 많지 않을 경우 큰돈으로 변환되지 못한다.

    마지막으로 매일 수익으로부터 제해야 할 거래 비용이 있다. 이 비용은 보통 예측치에 포함되어 있다. 그러나 거래에는 수많은 비용이 들고, 이런 각각의 비용은 반드시 고려되어야 한다. 이중 하나라도 줄이면 실적에 큰 영향을 미칠 수 있다. 주된 4가지 거래 비용은 중개 수수료, 체결 비용, 세금, 심리적 비용이다. 이들 각각은 이 장에서 간략하게 논의되었다.

    이 장에서 우리는 또한 거래 시스템이 예측치에 의해 기술되는 R의 배수의 분포라는 개념을 한층 강화하고자 했다. 이를 위해 우리는 각각 서로 다른 거래 개념을 대표하는 9개 정보지의 추천 거래들을 평가했다. 우리는 각 정보지의 실적을 평가하기 위해, 예측치, 2년간의 종합 예측치, 그리고 해당 시스템이 포지션 규모 조절 전략으로 이익 목표 달성을 하기에 얼마나 좋은가 하는 평가치를 제시했다. 정보지 분석은, 이 책 전체를 통해 내가 주장했던 것처럼 시장에서 돈을 버는 괜찮은 방법은 많다는 것을 보여준다.

1 대부분의 플로어 트레이더는 성공하지 못한다. 그들은 1~2년 내에 파산한다(적어도 자본을 잃는다). 자신의 이점이 무엇인지 이해하지 못거나 그것을 이용할 줄 모르기 때문이다. 게다가 그들은 거래당 총자본의 0.5퍼센트를 리스크로 삼는 법이 거의 없다.

2 Jack Schwager, The New Market Wizards (New York: HarperCollins, 1992).

3 이 책에서 내가 개발한 나만의 평가 방법에 대해 밝히고 싶지는 않지만, 어쨌든 이것은 샤프 지수(위험 대비 수익성)와 매우 큰 관련이 있다. 게다가 우리의 연구는 이 지표에서 순위가 높을수록 포지션 규모 전략을 활용하여 이익 목표를 달성하기가 더 쉽다는 것을 보여준다.

14

포지션 규모 조절
목표 달성을 위한 열쇠

Position Sizing; the Key to Meeting Your Objectives

> 30퍼센트 수익이 날 때, 나는 3분의 1을 취합니다.
> 50퍼센트 수익이 날 때, 나는 또 다른 3분의 1을 취합니다.
> 그리고 패턴이 반전하면 나는 나머지 수익을 취합니다.
> – 주식 거래 관련 세미나 중 자금 관리에 관한 강의에서 인용 –

시스템 개발의 가장 중요한 측면은, 심리를 제외하면 어떤 포지션에 얼마를 투자하느냐 하는 문제다. 그러나 거래나 시스템 개발에 관해 설명하는 대부분의 책은 이 문제를 완전히 무시한다. 이에 관해 막상 다룬다 할지라도, 보통 '자금 관리'나 '자산 배분'이라고 부른다. 그러나 대개 이 두 용어가 사용되었을 때, '얼마나'라기보다는 다른 무언가를 의미한다. 따라서, 시장의 전문가들 대다수가 사실은 거래 성공의 가장 중요한 요소 한 가지를 이해하지 못하고 있지 않나 하는 생각이 든다.

첫머리에 나온 인용문을 보라. 강사는 중개인을 교육시키기 위한 주식 시장 세미나에서 위와 같은 말을 했다. '자금 관리'라는 세미나 제목은 나에게 인용문이 자금 관리에 관한 그의 공식을 설명하고 있다는 것을 알려준다. 그러나 내 생각에, 그의 말은 자금 관리와는 아무런 상관도 없다. 그것은 모두 청산과 상관있는 것이다.[1] 나중에 세미나가 끝나고, 나는 그에게 가서 자금 관리가 무슨 뜻이냐고 물었다. 그의 대답은 이랬다. "매우 좋은 질문이군요. 그건 어떤 사람이 거래 결정을 하는 방법이죠."

포트폴리오 매니저들은 성공의 중요 요소로 '자산 배분'에 관해 말하곤 한다. 이제 자산 배분이라는 말에 관해 생각해보자. 이 말이 여러분에게 무엇을 뜻하는가? 아마도 여러분의 자산으로 어떠어떠한 자산군을 선택함을 의미한다고 생각할 것이다. 대부분의 포트폴리오 매니저들은 정말로 이렇게 생각한다. 그들은 헌장_{charter}에 따라 완전하게 투자해야 하기 때문이다(적어도 95퍼센트 가량). 그들은 어떤 자산군을 선택할지 결정하는 것을 자산 배분이라고 한다. 여러분의 정의도 똑같은가?

브린슨_{Brinson}과 그의 동료들은 자본의 얼마나 많은 부분을 주식, 채권, 현금 형태로 보유하는가를 자산 배분으로 정의했다.[2] 이런 식으로 정의를 내렸을 때, 그들은 무엇을 살 것인가 하는 결정이 아니라 자산 배분이 10년 동안 82개의 연금 프로그램이 거둔 실적의 91.5퍼센트를 설명해준다는 것을 발견했다. 이에 따라 포트폴리오 매니저와 학자들은 자산 배분의 중요성을 강조하기 시작했다. 브린슨과 동료들은 주식 종목 선택과 또 다른 형태의 선택이 실적에 그다지 중요한 영향을 미치지 못한다는 것을 발견했으나, 로또 편견으로 인해 많은 사람은 여전히 자산 배분이 합당한 자산군을 선택하는 것을 의미한다고 믿고 있다. 그러나 중요한 것은 투자 대상의 선택에 관한 결정이 아니라 '얼마나'에 관한 결정이다.

나는 자금 관리나 자산 배분에서 중요한 것은 다음과 같은 것들이 아님을 다시 한번 강조하고 싶다.

- 어떤 주어진 거래에서 얼마나 많은 돈을 잃을지 결정하는 시스템의 일부분
- 이익 거래를 청산하는 방법
- 분산
- 리스크 통제
- 리스크 회피
- 어디에 투자해야 할지 알려주는 시스템의 일부분

자금 관리나 자산 배분에서 중요한 것은 거래 과정 전체에서 '얼마나'라는 질문에 대답해줄 시스템의 일부분이다. '얼마나'는 기본적으로 거래 과정 전체에서 어떤 주어진 시간에 얼마나 큰 포지션을 취해야 하는가를 의미한다. 게다가 이것은 여러분이 트레이더로서 목표를 달성할 수 있느냐의 여부를 결정해주는 핵심 변수다. 혼동을 피하기 위해, 나는 이 책 전체에서 이를 '포지션 규모 조절'이라고 불렀다.

'얼마나'라는 질문에 대답하는 과정에서 여러분은 이전에 언급한 몇 가지 문제를 고려해보아야 한다. 어떤 이들에게는 리스크 통제 같은 요소가 '얼마나'에 관한 결정보다 중요해 보일 수 있다.[3] 그러나 '얼마나'라는 질문은 다양한 전문 트레이더들의 실적에 나타나는 대부분의 편차를 설명해준다.

1997년 나는 아시아 전역의 대도시를 여행하면서 수백 명의 전문 트레이더들에게 포지션 규모 조절과 심리에 관한 강연을 했다. 그리고 게임을 통해 포지션 규모 조절의 중요성을 설명했다. 거래 시스템의 R의 배수를 나타내는 구슬을 임의로 가방에서 꺼냈다가 다시 집어넣는 게임이었다. 7개의 구슬은 1R 손실이고, 1개는 5R 손실, 2개는 10R 이익이었다. 손

실 확률이 80퍼센트였음에도 불구하고, 게임의 예측치는 0.8R이었다. 청중은 게임 자본으로 10만 달러를 제공받고, 구슬을 꺼낼 때마다 원하는 리스크로 돈을 걸라고 했다. 거래 횟수는 40회였다. 따라서 그들은 모두 똑같은 횟수로 똑같은 가방에서 임의대로 구슬을 꺼내기로 했던 것이다. 그러나 게임이 끝날 무렵, 참여자들은 남아 있는 자본이 각자 달랐다. 자본액은 0에서 100만 달러 이상(즉, 1,000퍼센트 이상의 수익)까지 다양했다. 이 사실은 '얼마나'라는 요소가 실적에서 생기는 편차의 90퍼센트 이상을 설명해준다는 브린슨과 동료들의 관찰을 확인시켜주었다. 왜냐하면 이 게임에 영향을 준 유일한 요소는 자산 배분과 참여자의 개인 심리였기 때문이다. 나는 이런 결과를 수백 차례 거듭하여 보여주었다.

이런 증명을 통해 청중들은 포지션 규모가 중요하다는 것을 깨닫게 되었다. 하지만 포지션 규모를 효율적으로 조절하는 합리적인 방법은 자본에 근거하여 포지션 규모를 정하는 것임을 설명했을 때, 나는 이 아시아의 전문 트레이더들 가운데 자신이 얼마나 많은 돈으로 거래하고 있는지 아는 사람은 한 명도 없다는 것을 알게 되었다. 그들은 단순히 회사의 돈으로 거래하고 있었고, 그 돈이 얼마나 되는지 전혀 몰랐다. 그래서 이렇게 물어보았다. "그렇다면 여러분은 얼마나 많은 돈을 잃어야 일자리를 잃죠?" 일자리를 잃게 만들 액수를 근거로 포지션 규모를 정하는 것은 또 하나의 합리적인 방법이다. 그러나 나는 그 액수가 얼마나 되는지 아는 사람은 청중 가운데 약 10퍼센트에 불과하다는 사실을 알았다. 따라서 수천 명의 전문 트레이더들이 포지션 규모를 정할 근거조차 갖고 있지 못한 셈이었다. 그러나 그들은 각자 수백만 달러의 돈으로 거래하고 있었다. 나는 각 도시마다, 강의마다 똑같은 사실을 확인할 수 있었다.

약 3년 전, 나는 세계 전역의 헤지펀드 매니저와 포트폴리오 매니저들에게 비슷한 강연을 했다. 그들 대부분은, 적어도 현재 포트폴리오 매니저를 하고 있는 사람이나 과거 포트폴리오 매니저였다가 헤지펀드의 세계에 들어간 사람들이었는데, 그전까지 포지션 규모 조절에 관해 교육받은 적이 전혀 없었다. 사실 그들 중 많은 수는 포지션 규모가 중요하지 않은 요소라고 생각하고 있었다. 그들은 언제나 적어도 90퍼센트의 자본을 시장에 투자하고 있어야 한다고 믿었기 때문이다.

포지션 규모 조절과 개인 심리는 시장에서 성공하기 위해 반드시 마스터해야 할 두 가지 핵심 요소지만, 월스트리트에서나 실물 경제 분야, 또는 학계에서 이 둘이 얼마나 무시되고 있는지 보기로 하자.

- 대형 증권 회사에서 중개인으로 교육을 받더라도, 포지션 규모 조절 전략이나 시장 거래 심리에 관해서는 전혀 배우지 못한다. 대부분의 교육은 증권거래소의 규정, 회사가 제공하는 상품, 이런 상품을 고객 또는 잠재 고객에게 파는 방법에 국한되어 있다. 예컨대 자격을 갖춘 중개인이 되기 위해서는 시험에 통과해야 하지만, 이 시험에 관한 정보는 포지션 규모 조절이나 거래 심리를 전혀 다루고 있지 않다.
- 공인재무설계사가 되려고 할 때도 역시 개인 심리나 포지션 규모 조절에 관해서는 배우지 않는다.

마지막 두 그룹은 대중이 시장의 전문가라고 믿는 사람들이다. 그들이 바로 대중이 조언을 구하기 위해 찾아가는 사람들이다. 그러니 누구에게 조언을 구할 수 있겠는가?

- 일류 대학에서 시장 작동 방식을 공부하여 MBA를 받는다고 해도 포지션 규모 조절에 관해서는 전혀 교육을 받지 않고, 거래 심리에

관해서도 거의 배우지 못한다.

- 일류 대학에서 금융 분야의 박사 학위를 받더라도 역시 포지션 규모 조절에 관해서는 전혀 배우지 못한다. 행동금융학에 관해서는 얼마간 배울지 모르지만, 이 학문 역시 거래 결과에 대한 거래 심리의 영향과는 거의 관련이 없다.

- 공인재무분석사CFA가 된다고 해도 포지션 규모 조절이나 거래 실적에 미치는 심리적 영향에 관해 전혀 교육을 받지 못한다. 대부분의 분석가들은 시장에서 거래하는 법조차 모른다. 그들의 교육은 그들이 미래에 회사가 어떻게 하면 번영할지 알도록 도와주기 위해 고안된 것이 아니기 때문이다.

- 은행이나 대기업의 전문 트레이더로 훈련을 받는다고 해도 마찬가지다. 포지션 규모 조절에 관해서는 아무것도 배우지 못하고, 시장에서의 성공에 영향을 미치는 거래 심리에 관해서도 거의 조언을 듣지 못한다. 이미 언급했듯이 대부분의 트레이더는 얼마나 많은 돈을 잃어야 일자리를 잃게 되는지도 잘 알지 못한다.

따라서 투자에 관한 대부분의 책과 언론 매체로부터 들을 수 있는 성공적인 투자에 관한 거의 모든 얘기들은 포지션 규모 조절과 개인 심리라는 중요한 문제들을 무시하고 있다.

여러분은 이미 포지션 규모 조절이 어떻게 전문 트레이더들이 낳는 실적의 편차를 설명해주는지 들었다. 그러나 아직 납득하지 못한 사람이 있는 경우를 감안하여 논리적으로 포지션 규모 조절에 관해 살펴보기로 하자. 7장에서 설명한 눈싸움의 비유를 기억하는가? 포지션 규모 조절 모델에는 이 비유에 등장하는 두 가지 요소가 포함되어 있다. 초기 보호의 규모(즉, 눈벽 혹은 초기 자본)와 한 차례 눈벽에 와서 부딪히는 눈덩이의 수(즉, 한 번에 보유하는 포지션의 양)다.

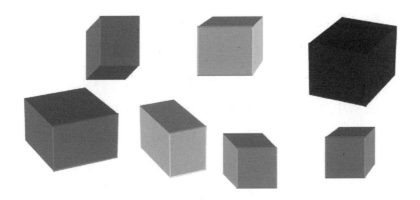

그림 14.1 포지션 규모 조절은 한 상황에서 동시에 많은 3차원 입방체를 더하는 효과가 있다

그림 14.1은 수익으로 거두어들일 돈의 액수를 판단할 때, 포지션 규모 조절이 어떻게 한 단계 더 나은 방법을 제시하는지 보여준다. 그림 13.2에서 기회가 예측치에 더해져 3차원의 입방체가 만들어진 것을 기억해보라. 그림 14.1에서는 여기에다 포지션 규모 조절로 4번째 차원이 더해지는 것을 표현하고 있다. 시장에서 동시에 보유하는 다양한 포지션들의 차원을 뜻한다. 4차원을 표현하는 것은 다소 어렵기 때문에 그림 14.1은 우리가 포지션에 영향을 미치는 많은 3차원 입방체를 동시적으로 가질 수 있다는 것을 보여줌으로써 포지션 규모 조절의 효과를 나타냈다. 예측치는 2차원의 면적이다. 여기에 기회가 더해져 3차원의 입방체인 상자가 된다. 그러나 포지션 규모 조절로 많은 상자가 한번에 생겨난다. 이것이 중요한 것이다.

아직 여러분이 의혹을 갖고 있을지 모르니, 포지션 규모 조절이 거래 실적에 얼마나 중요한 영향을 미치는지 한 번 더 설명해보겠다. 2장에 나오는 랠프 빈스의 연구를 기억하는가? 이 연구에서 40명의 박사는 포지션 규모 조절의 중요성을 알아보기 위한 게임에 참여했다. 게임의 예측치는 플러스였지만, 박사들의 95퍼센트는 돈을 잃었다. 왜 그런가? 그 이유는 그들의 게임 심리 그리고 포지션 규모와 관련이 있다.

여러분이 똑같이 1,000달러로 이 게임을 시작하여 매번 100달러를 건다고 하자. 그런데 연속으로 세 번 돈을 잃었다고 하자(이런 일은 사실 자주 일어난다). 이제 돈이 700달러밖에 남지 않자 이렇게 생각한다. '세 번 연속으로 잃었으니까 이번에는 분명 이길 거야.' 하지만 이것은 도박사의 오류다. 게임에서 이길 확률은 여전히 60퍼센트다. 어쨌든 여러분은 이길 게 확실하다고 생각하여 300달러를 건다. 그러나 다시 돈을 잃고, 그래서 이제는 400달러밖에 남지 않았다. 손익 균형을 맞추기 위해서는 150퍼센트 이익을 내야 하기 때문에 이 게임에서 돈을 벌 확률은 매우 작아졌다. 60퍼센트 승률의 게임에서 4차례 연속 손실이 날 확률은 매우 작지만(0.0256), 100회 게임에서는 적어도 한 번 일어날 것이 거의 확실하다.

박사들은 또 이런 식으로 돈을 잃었을지도 모른다. 그들이 250달러로 베팅을 하면, 연속으로 세 차례 손실을 보았을 때 750달러의 자본 감소가 일어난다. 그러면 250달러밖에 남지 않는다. 이제 손익 균형을 맞추려면 그들은 300퍼센트의 이익을 내야 한다. 그러나 그렇게 할 수 있기 전에 그들은 깡통을 차게 될 게 분명하다.

어떤 경우든, 이런 쉬운 게임에서 이익을 내지 못하는 것은 너무 큰 돈을 리스크로 삼기 때문이다. 과도한 리스크는 심리적 이유에서 비롯된다. 탐욕, 확률에 대한 이해 부족, 나아가 실패를 원하는 욕망까지. 그러나 수학적으로 보자면, 너무 큰돈을 리스크로 하기 때문에 돈을 다 잃게 되는 것이다. 예를 들어, 합쳤을 때 눈벽보다 커다란 10개의 검은 눈덩이가 눈벽을 향해 한꺼번에 던져졌다고 하자. 그러면 벽은 무너져버릴 것이다. 검은 눈덩이에 대한 하얀 눈덩이의 비율이 유리한지 여부는 여기서 문제가 되지 않는다. 합치면 눈벽보다 더 큰 10개의 검은 눈덩이가 벽을 무너뜨릴 것이기 때문이다.

눈싸움의 비유에서 자본 규모는 눈벽의 크기다. 우리가 흔히 볼 수 있는 일은 보통 사람들이 투기성이 높은 시장에 너무 적은 돈을 갖고 들어온다는 것이다. 5만 달러 이하의 계좌 금액도 사실 너무 적다. 그러나 평균적으로 계좌 금액은 1,000달러에서 1만 달러 사이다. 따라서 많은 사람들은 계좌 금액이 적다는 이유로 제대로 된 포지션 규모 조절 전략을 취할 수 없다. 계좌 크기 때문에 그들은 수학적 실패의 확률이 매우 높을 수밖에 없다.

표 14.1을 보면, 손익 균형을 맞추기 위해 다양한 규모의 손실이 났을 때 어떻게 만회해야 하는지 나타나 있다. 예컨대 20퍼센트까지의 손실들

표 14.1 손실 만회

손실(%)	만회에 필요한 이득(%)
5	5.3
10	11.1
15	17.6
20	25.0
25	33.0
30	42.9
40	66.7
50	100.0
60	150.0
75	300.0

은 손익 균형을 맞추려면 적당히 큰 이득(즉, 25퍼센트 이하)으로 충분하지만, 40퍼센트의 손실은 원금을 되찾으려면 66.7퍼센트, 50퍼센트의 손실은 100퍼센트의 이득을 올려야 한다. 50퍼센트가 넘는 손실은 손익 균형을 맞추기 위해서는 거의 불가능한 엄청난 이득을 내야 한다. 따라서 너무 큰 리스크를 걸고 손실을 보면, 원금을 완전히 만회할 수 있는 가능성이 매우 작아진다.

기본적인 포지션 규모
조절 전략

전문 도박사들은 기본적으로 두 가지 포지션 규모 조절 전략이 있다고 오랫동안 주장해왔다. 마틴게일과 반反 마틴게일 방식이다. '마틴게일 전략'은 자본이 감소할 때(연속 손실 시) 베팅 규모를 늘린다. '반 마틴게일 전략'은 이와 반대로, 자본이 증가할 때나 연속 이익이 날 때 베팅 규모를 늘린다.

룰렛이나 주사위 도박을 해본 경험이 있다면, 순수한 형태의 마틴게일 전략을 취해보았을지 모르겠다. 단순히 말해, 잃을 때 베팅 규모를 두 배로 늘리는 방법이다. 예컨대 1달러를 잃으면, 2달러를 건다. 2달러를 잃으면, 4달러를 걸고, 4달러를 잃으면 8달러를 거는 식이다. 그래서 마침내 이길 때면(결국 이길 테지만) 맨 처음의 베팅액 만큼 이익을 낼 수 있다.

카지노는 이런 마틴게일 방식으로 게임을 하는 사람들을 아주 좋아한다. 첫째, 모든 확률 게임에는 연속 손실이 생겨나기 마련이다. 그리고 승률이 50퍼센트 미만일 때는 연속 손실이 꽤 중요할 수 있다. 11차례의 연속 손실이 발생했다고 치자. 그러면 만약 1달러로 베팅을 시작했을 경우, 손실은 2,047달러가 될 것이다. 이제 원금을 되찾을 생각으로 2,048달러를 베팅한다고 하자. 그러면 이 시점에서 이익과 손실의 비율은 1대 4,095다. 1달러의 이익을 위해 4,000달러 이상을 리스크로 삼는 것이다. 게다가 설상가상으로 어떤 사람들은 뭉칫돈을 걸 수 있기 때문에, 카지노에서는 베팅 금액을 제한하고 있다. 최소 베팅액이 1달러인 테이블에서는 아마 100달러 이상의 금액은 걸 수 없을 것이다. 따라서 마틴게일 베팅 전략은 일반적으로 카지노에서나 시장에서나 별 쓸모가 없다.

연속 손실이 발생하는 동안 계속하여 리스크를 증가시키면, 이러한 손실이 계속되어 결국 빈털터리가 될 수 있다. 돈이 아무리 많다고 해도 이런 손실위험비율에서는 어떤 사람도 심리적으로 이 상황을 견뎌내기란 불가능하다.

연속 이익 때 리스크의 확대를 요구하는 반 마틴게일 전략은 도박장과 투자 시장에서 효과가 있다. 현명한 도박사들은 이기고 있을 때 일정한도 내에서 베팅액을 늘린다.[4] 거래나 투자에서도 마찬가지로 행동해야 한다. 포지션 규모 조절 전략에 따르면, 돈을 따고 있을 때는 포지션 규모를 늘려야 한다. 이것은 도박이나 거래, 투자나 모두 동일하다.

포지션 규모 조절 기법은 주어진 계좌 규모를 감안할 때 얼마나 많은 단위를 거래해야 하는지 알려준다. 예컨대 포지션 규모 조절 전략에 따라 계좌 총액 가운데서 너무 큰돈을 투입해야 하기 때문에, 포지션 진입을 포기하는 결정을 내릴 수도 있다. 또한 포지션 규모 조절 전략은, 포트폴리오의 조건 내에서 어떤 한 거래에 얼마나 많은 단위를 배분할지 정함으로써 보상위험비율을 결정할 수 있게 해준다. 또한 포트폴리오 요소들의 거래 익스포저exposure를 균등하게 만드는 데 도움을 준다. 마지막으로, 어떤 포지션 규모 조절 모델은 모든 시장에 대해 1R의 리스크를 동일하게 적용한다.

일부 사람들은 '자금 관리 손절액'을 활용하면서 자기 자신은 포지션 규모 조절 전략을 제대로 실천하고 있다고 생각한다. 어떤 정해진 액수만큼 손실이 나면 포지션을 처분하기로 미리 정해두는데, 이 금액을 우리는 손절액이라고 한다. 손절액은 1,000달러가 될 수도 있다. 그러나 이런 손절액은 '얼마나' 혹은 '얼마나 많이'에 관해 알려주지 않기 때문에 실제적으로 포지션 규모 조절과는 상관이 없다. 손실제한주문에 걸렸을 때 잃을 금액을 결정하여 리스크를 제어하는 것은, 얼마나 많은 포지션을 보유할지 결정해주거나 아니면 정말로 하나의 포지션이라도 보유할 여력이 있는지 판단해주는 포지션 규모 조절 모델을 통해 리스크를 제어하는 것과 같지 않다.

활용할 수 있는 포지션 규모 조절 전략은 많다. 14장의 나머지 부분에서 효과 있는 여러 가지 포지션 규모 조절 전략을 배울 것이다. 그중에는 여러분의 거래 혹은 투자 방식과 특히 잘 맞는 전략이 있을 것이다. 어떤 전략은 주식 시장에 가장 큰 효과가 있고, 또 어떤 전략은 선물 시장을 위해 고안되었다. 하지만 그 모두가 여러분의 자본에 근거한 반 마틴게일 전략이다. 이들이 반 마틴게일 전략인 것은, 계좌 규모가 커지면 포지션 규모도 늘리는 공식을 채택하고 있기 때문이다. 그러나 은행이나 다양한 기업에서 일하는 많은 전문 트레이더가 얼마나 돈을 잃으면 자신의 자리가 위태로워지는지도 모르며, 자기들이 거래하는 자금 규모는 더더욱 모른다는 사실을 기억하라.

포지션 규모 조절에 관한 내용은 다소 복잡하다. 그러나 나는 어려운 수학적 표현을 피하는 한편 각 전략의 명확한 예들을 보여주기 위해 노력했다. 따라서 내용을 주의 깊게 읽고 또 읽으면 완벽한 이해가 가능할 것이다.

사용한 시스템

나는 이 모든 전략의 결과를 제시하는 데 단 하나의 거래 시스템을 이용하여 동일한 기간에 동일한 상품을 거래하기로 했다. 바로 55일 채널 돌파 시스템이다. 즉, 시장이 55일 고가나(롱 포지션) 55일 저가(숏 포지션)를 기록하면, 손실제한주문을 걸고 시장에 진입하는 방법이다. 초기리스크 결정과 이익 실현을 위한 손실제한주문은 21일 추적 손실제한주문이다.

설명을 위해, 원유가 55일 고가를 쳤다고 하자. 이제 롱 포지션을 취하고, 시장이 21일 저가를 기록할 때까지 포지션을 보유하고 있다. 이런 일이 금세 일어나면, 여러분은 손실제한주문에 걸려 시장에서 빠져나오고 1R의 손실을 본다. 하지만 가격이 100일 동안 상승하고 나서 21일 저가를 기록할 경우에는 상당한 수익을 낼 수 있다. 이에 반해 시장이 55일 저가를 기록하면, 숏 포지션을 취한다. 숏 포지션을 취하고 있을 때 시장이 21일 고가를 기록하면, 포지션이 청산된다.

21일 채널 돌파 손실제한주문은 매일 다시 계산해야 하며, 리스크를 줄이거나 이익을 늘리기 위해 거래 방향으로만 움직여야 한다. 이런 돌파 시스템은 충분한 돈으로 거래할 때 평균 이상의 수익을 가져다준다.

이 시스템은 초기 자본 100만 달러로 10년 동안 10개 상품을 대상으로 한 테스트를 거쳤다. 이 장에 나오는 모든 선물 데이터는 이런 10년의 테스트를 거친 55일, 21일 돌파 시스템을 근거로 한 것이다. 각 표에서 유일하게 다른 점은, 어떤 포지션 규모 조절 모델을 썼느냐 하는 것이다. 그러나 모든 시스템과 모든 데이터는 모델이 다를 경우 다른 결과를 산출한다. 이 시스템은 논의를 목적으로 선택되었다. 요컨대, 모델 간의 차이를 설명하는 데 있어 프로그래밍하기 쉽고 사용하기가 편리했던 것이다.

모델 1: 고정된 금액당 한 단위

기본적으로 이 모델은 계좌 금액의 X달러당 한 단위를 거래하는 방법이다. 예컨대 총자본의 5만 달러당 100주 혹은 한 계약을 거래하는 것이다.

거래나 투자를 시작할 때, 앞에서 이미 설명한 이유로 포지션 규모 조절에 관한 얘기를 들어보지 못했을 것이다. 따라서 내 말에 이런 식으로 생각했을지도 모른다. "나는 겨우 한 단위만 거래할 여유가 있군." 여러분이 포지션 규모 조절에 관해 얼마간 안다면, 그것은 아마도 이 문제에 관해 제대로 모르는 어떤 저자의 책에서 비롯되었을 것이다. 자금 관리나 자산 배분에 관해 다룬 대부분의 책은 사실 포지션 규모 조절에 관한 책이 아니다. 이런 책들은 분산이나 거래의 이득을 최적화하는 방법을 얘기해줄 뿐이다. 시스템 개발이나 기술적 분석에 관한 책들은 포지션 규모 조절에 관해 얘기를 꺼낼 생각조차 하지 않는다. 따라서 대부분의 트레이더와 투자자는 거래 기법에서 가장 중요한 것이 무엇인지 배울 곳조차 없는 것이다.

여러분은 이런 무지 상태에서 2만 달러 계좌를 개설하고, 거래 신호가 나타난 모든 것을 한 계약씩 거래하기로 마음먹는다(주식 투자자는 100주씩). 나중에 운이 좋아 거래 계좌가 4만 달러가 되면, 거래를 2계약

(혹은 200주)씩 올리기로 한다. 계좌가 두 배가 된 뒤 포지션 규모를 늘려야 한다는 것에 주의하라. 결과적으로 어떤 형태로든 포지션 규모 조절 기법을 활용하는 대다수 트레이더들은 보통 이 모델을 쓴다. 이 모델은 단순하며, '얼마나'에 관해 명쾌하게 알려준다.

일정 금액당 한 단위를 거래하는 방법은 위험 때문에 거래를 거부하지는 않는다는 점에서 한 가지 장점이 있다. 내가 아는 두 명의 트레이더의 경험을 예로 들어보자. 한 명은 자본 중 5만 달러당 하나의 계약을 거래했다. 다른 한 명은 세 번째 모델, 즉 퍼센트 리스크 모델을 이용하여 매우 공격적으로 자본의 3퍼센트를 리스크로 하여 거래했다. 단, 계좌 총액이 3퍼센트 넘게 위험에 노출되는 포지션은 결코 취하지 않았다. 이 두 트레이더는 각자의 추세 추종 시스템에 따라 일본 엔화의 거래 기회를 발견했다. 어떤 경우든 일정 금액당 하나의 계약을 거래하는 첫 번째 인물은 포지션을 취했다. 그 뒤 엔화는 엄청난 움직임을 보였고, 그래서 이 인물은 전에는 경험하지 못한 월별 최고 수익을 거두었다. 월별 수익률이

표 14.2 55/21일 돌파 시스템으로 자본 중 X달러당 하나의 계약을 거래할 때(초기 자본은 100만 달러)

자본 중 X달러당 1계약($)	이익($)	거부된 거래	연간 이득 (%)	마진 콜	최대 자본 감소(%)
100,000	5,034,533	0	18.20	0	36.86
90,000	6,207,208	0	20.20	0	40.23
80,000	7,725,361	0	22.30	0	43.93
70,000	10,078,968	0	25.00	0	48.60
60,000	13,539,570	0	28.20	0	54.19
50,000	19,309,155	0	32.30	0	61.04
40,000	27,475,302	0	36.50	0	69.65
30,000	30,919,632	0	38.00	0	80.52
20,000	(1,685,271)	402	0	1	112.00

무려 20퍼센트에 달했던 것이다.

이와 대조적으로 두 번째 트레이더는 거래에 들어가지 못했다. 그의 계좌 규모는 10만 달러였지만, 엔화 거래가 잘못될 경우 손실이 계좌 총액의 3퍼센트를 넘을 수 있었던 것이다. 두 번째 트레이더는 그달에 수익을 내지 못했다.

물론 언제나 거래에 들어간다는 이런 방식은 화를 불러올 수도 있다. 엔화가 예상한 방향과 반대로 움직였다면, 첫 번째 트레이더는 엄청난(20퍼센트 이상) 손실을 보았을 것이고, 두 번째 트레이더는 거래를 피했으니 아무런 피해도 입지 않았을 거다.

표 14.2는 첫 번째 포지션 규모 조절 모델을 이용하여 거래한 결과다. 자본 2만 달러당 하나의 계약을 거래할 때는 시스템이 기능을 상실했다. 3만 달러의 경우 80퍼센트의 자본 삭감을 견뎌야 했고, 50퍼센트 이상의 자본 감소를 피하려면 적어도 7만 달러가 있어야 했다. 큰 폭의 자본 감소를 원하지 않아 20퍼센트가 넘는 자본 감소 시 거래를 그만두려 했다면 어떻게 되었을까? 표에 나와 있는 모든 사례에서 손실을 안고 거래를 중도에 그만두어야 했을 것이다. 따라서 이것은 좋은 모델인 것 같지 않다. 그러나 이런 포지션 규모 조절 기법을 정말로 평가하려면, 다른 모델에서 만들어진 표와 비교해보아야 한다(표 14.4와 14.6을 보라).[5]

언제나 포지션을 취할 수 있게 해준다는 이점에도 불구하고, 나는 일정 금액당 1단위를 거래하는 포지션 조절 방법은 한계가 있다고 생각한다. 투자 대상이 모두 같은 것이 아니며, 소액의 경우 익스포저가 금세 커지지 않고, 리스크가 지나치게 큰 경우에도 포지션을 취해야 하기 때문이다. 이런 형태의 포지션 규모 조절은 위험하다! 마지막으로, 소액 거래의 일정 금액당 한 단위 거래 모델은 최소한의 포지션 규모 조절법에 지나지 않는다. 이런 이유들에 대해 한번 알아보도록 하자.

모든 투자 대상이 똑같은 것이 아님에도 불구하고, 1번 모델은 이들을 모두 같은 방식으로 다룬다. 여러분이 선물 트레이더로서 5만 달러의 돈으로 최대 20가지 상품을 거래하기로 했다고 하자. 이런 포트폴리오에서는 신호가 발생하는 것은 무엇이든 거래한다는 것이 기본적인 포지션 규모 조절 전략이다. 그런데 채권과 옥수수에서 동시에 거래 신호가 발생했다고 하자. 포지션 규모 조절 전략에 따르면, 하나의 옥수수 계약과 하나의 채권 계약을 살 수 있다. 재무부 채권은 112달러, 옥수수가 3달러라고 하자.

이제 여러분은 11만 2,000달러 상당의 재무부 채권 선물을 조종할 수 있게 되었는데, 1일 가격 변동폭은 약 0.775포인트다. 따라서 시장이 한쪽 방향으로 그 세 배만큼 움직이면, 2,325달러의 이익 혹은 손실을 보게 된다. 이와 대조적으로 옥수수 계약으로 여러분은 약 1만 5,000달러 상당의 가치를 조종하게 되었다. 시장이 일일 변동폭의 세 배만큼 한쪽 방향으로 움직이면, 약 550달러의 이익 또는 손실을 보게 된다. 이에 따라 포트폴리오에 미치는 영향은 약 80퍼센트가 채권 가격의 움직임에, 그리고 겨우 20퍼센트만 옥수수 가격에 좌우된다. 이런 포지션 규모 조절 모델이 전체 리스크를 고려하지 않고 있다는 것은 분명하다.

누군가는 옥수수가 과거에는 가격 변동폭이 훨씬 크고 비쌌다고 주장할지 모른다. 물론 그런 일이 다시 일어날 수도 있다. 그러나 현재 시장 상황에 따라 기회를 분산해야 한다. 제시된 데이터에 근거하자면, 현재 거래 계좌에 미치는 영향을 보자면, 하나의 옥수수 계약은 하나의 채권 계약의 약 20퍼센트에 불과하다.

1번 모델은 익스포저를 즉시 높여주지 않는다. 반 마틴게일 전략의 목적은 이기고 있을 때 익스포저를 늘리자는 것이다. 5만 달러당 하나의 계약을 거래하는데 돈이 5만 달러밖에 없다면, 계약 규모를 늘리기 전에 자본을 두 배로 늘려야 한다. 따라서 이것은 연속적으로 이익을 내고 있을 때 익스포저를 증가시키고자 한다면, 그다지 효율적인 방법이 되지 못한다. 사실 5만 달러의 계좌라면, 이것은 거의 포지션 규모 조절도 아니다.

해결책의 일부는 최소 100만 달러 규모의 계좌를 개설하는 것이다. 이렇게 하면, 20개 계약(5만 달러당)에서 21개 계약으로 늘리는 데 자본이 5퍼센트만 증가해도 될 것이다.

1번 모델로는 리스크가 지나치게 클 때라도 늘 포지션을 취할 수 있다. X달러당 한 단위를 거래하는 모델을 이용하면, 어떤 대상이든 한 단위를 거래할 수 있다. 한 예로, 하나의 S&P 계약을 매수하여 1만 5,000달러 계좌로 12만 5,000달러 상당의 주식을 손에 쥐었다고 하자.[6] S&P의 일일 변동폭이 10포인트이고, 손실제한주문 간격을 그 세 배, 즉 30포인트로 설정했다고 한다면, 잠재 손실은 7,500달러로 자본의 절반에 해당한다. 이 정도면 포지션 하나의 리스크로는 너무 크다. 그러나 X달러당 한 단위 모델에서는 이런 리스크를 감당해야 한다.

포지션 규모 조절 전략이 있어야 하는 한 가지 이유는 기회를 균등하게 하고 포트폴리오를 구성하는 각 요소들의 익스포저를 균등하게 하기 위해서다. 포트폴리오의 각 요소로부터 돈을 벌기 위해서는 기회가 균등해야 한다. 만약 그렇지 않으면, 큰 수익이 나지 않을 것 같은 이런 요소들을 왜 거래하겠는가? 게다가 포트폴리오의 요소들에 동등하게 리스크를 분산시켜야 할 것이다.

기회와 리스크에 대한 익스포저를 동등하게 하려는 것은, 물론 각 거래가 똑같이 수익이 날 가능성이 크다는 가정에 따른 것이다. 하지만 일부 거래가 다른 거래보다 더 큰 수익이 날 것이라는 판단이 설 때도 있다. 그렇다면 이런 때는 성공의 확률이 높은 거래에 더 많은 단위를 할당하는 포지션 규모 플랜을 필요로 할 것이다. 자유재량의 포지션 규모 조절 전략 같은 것 말이다. 그러나 본 장의 나머지 부분에서 우리는 처음에는 포트폴리오의 모든 거래에 동일한 성공 기회가 주어졌다고 가정할 것이다. 이 때문에 우리가 이런 시스템을 원한 것 아닌가.

일정 금액당 한 단위 거래 모델은, 내 생각에는 동일한 기회나 익스포저를 제공하지 않는다. 그러나 대부분의 좋은 포지션 규모 조절 모델은 포트폴리오 구성요소들의 균등화를 가능케 해준다. 그중에는 포트폴리오를 구성하는 각 요소들의 가치를 균등화시키는 2번 모델, 포트폴리오를 구성하는 각 요소의 리스크의 양(즉, 자본을 보호하기 위해 포지션을 청산할 때 얼마나 손실을 볼 것인가)을 균등화시키는 3번 모델, 포트폴리오를 구성하는 각 요소의 변동폭을 균등화시키는 4번 모델이 있다. 3번 모델은 또한 서로 다른 포지션에 대해 서로 다른 리스크 수준을 설정하면서도 각 시장에서 1R이 동일하도록 하는 효과가 있다.

모델 2: 주식 트레이더를 위한 가치 단위 균등화

단위 균등화 모델은 보통 주식 혹은 레버리지가 없거나 최소로 국한된 거래 대상에 활용된다. 이 모델에서는 '얼마나'를 결정하기 위해 자본을 5~10단위로 나누고, 이에 따라 각 단위는 우리가 얼마나 많은 양을 매수할 수 있는가를 결정한다. 자본이 5만 달러면 우리에게는 각 1만 달러씩 5단위가 있는 것이다. 따라서 우리는 A를 1만 달러어치, B를 1만 달러어치, C를 1만 달러어치 등등, 이런 식으로 투자 대상을 살 수 있다. 100달러 주식을 100주, 50달러 주식을 200주, 20달러 주식을 500주, 10달러 주식을 1,000주, 그리고 7달러 주식의 경우 1,428주나 살 수 있다. 표 14.3은 각각 1만 달러를 투자했을 때 5종의 주식에서 얼마나 많은 주를 살 수 있는지 보여준다.

표 14.3 균등 단위 모델에서 자금의 배분(각 단위는 1만 달러)

주식	주가($)	총주식 수	총액($)
A	100	100	10,000
B	50	200	10,000
C	20	500	10,000
D	10	1,000	10,000
E	7	1,428	9,996

여기에는 불편한 점이 있는데, 주가가 1만 달러를 살 수 있게 딱 떨어지지 않는 경우가 많다. 100주 단위로 맞추기란 더욱 힘들다. 주식 E의 경우 1,428주를 매수한 것을 보라. 주식 E의 총매수액은 1만 달러에 딱 맞지도 않다. 어쩌면 여기서 100주 단위를 맞추기 위해 1,400주를 매수할지도 모른다.

선물에서, 균등 단위 모델은 각 계약에서 조종하고 싶은 가치의 양을 결정하는 데 이용될 수 있다. 예컨대, 여러분이 5만 달러의 계좌를 가지고, 선물 계약 거래로 최대 25만 달러 가치를 조종하려고 마음먹었다고 하자. 그리고 스스로의 판단에 따라 이 거래 총액을 5만 달러의 5단위로 나누었다고 하자.

채권 계약이 약 11만 2,000달러라면, 이런 포지션 규모 조절 기준에서는 채권을 사지 못한다. 채권 계약 매수액이 1단위로 살 수 있는 금액보다 크기 때문이다. 반면, 옥수수를 살 수는 있다. 옥수수는 5,000부셸 단위로 매매되기 때문이다. 옥수수가 부셸당 3달러일 때, 옥수수 계약은 약 1만 5,000달러다. 따라서 5만 달러면 옥수수 3단위, 즉 4만 5,000달러 어치를 살 수 있다. 금은 뉴욕에서 100온스 계약 단위로 거래된다. 온스당 490달러 가격이라면 하나의 계약은 4만 9,000달러다. 그렇다면 이 모델로 금 계약 하나는 거래 가능하다.

균등 단위 방식으로 여러분은 포트폴리오의 각 투자에 대해 대략 균등한 비중을 줄 수 있을 것이다. 레버리지 양을 정확하게 볼 수 있다는 점에서 여기에는 또 다른 이점이 있다. 예를 들어, 5만 달러 계좌에서 5개 포지션을 보유 중이고, 그 각각이 대략 5만 달러 가치라면, 자기 자신이 대략 25만 달러의 가치를 보유하고 있으며, 레버리지는 대략 5대 1이라는 것도 쉽게 알 것이다. 왜냐하면 여러분이 5만 달러로 25만 달러의 가치를 조종하고 있기 때문이다.

이런 접근법을 활용할 때는 레버리지의 총량을 먼저 결정하고 이를 몇 개의 단위로 나누어야 한다. 이것은 매우 중요한 정보기 때문에, 나는 모든 트레이더에게 자신이 조종하고 있는 가치의 총량과 레버리지 총량에 계속 신경을 쓰도록 권하고 있다. 이런 정보는 정말로 새로운 깨달음을 가져다줄 수 있다. 그러나 레버리지는 변동폭이나 리스크와는 다른 것이기 때문에, 여기서는 주의가 필요하다.

균등 단위 모델은 또한 거래 금액이 매우 느리게 증가하는 단점이 있다. 소액으로 거래하는 대부분의 경우, 역시 익스포저를 한 단위 증가시키기 위해서는 자본이 두 배가 되어야 한다. 또 이것은 소액의 경우 실질적으로 포지션 규모 조절이라고 할 수 없다.

일부 전문적인 주식 트레이더들은 균등 가치 모델로 초기 포지션 규모를 제어할 뿐 아니라 거래에 줄곧 활용한다. 즉, 그들은 주기적으로 포트폴리오의 균형을 재조정하여 계속하여 포지션이 균등화될 수 있도록 하는 것이다. 이 말은 사실 이익 거래를 처분하고(적어도 포트폴리오의 균형을 재조정하기 위해 필요한 정도는) 손실 거래의 규모를 늘린다는 뜻이다. 내 생각에, 이것은 거래의 황금률을 따르지 않기 위해 애써 포지션 규모 조절 기법을 이용하는 것과 마찬가지다. 이런 전략이라면, 기본적으로 주기적으로 이익 거래를 줄이고 손실 거래를 늘리게 된다. 앞에서 이미 평가한 몇몇 정보지들은 이런 형태의 포지션 규모 조절 전략을 이용한다. 게다가 포지션 규모 조절에 관해서는 배운 적도 없는 많은 뮤추얼 펀드 포트폴리오 매니저 역시 이런 모델에 의존한다.

모델 3: 퍼센트 리스크 모델

포지션 진입 시 자본을 보호하기 위해 어떤 때 포지션을 청산할지 아는 것은 매우 중요하다. 이게 바로 리스크며, 최악의 경우에 당할 손실이다(물론 여기에 시장이 예상하던 방향과 반대 방향으로 크게 움직여 체결오차가 발생할 수도 있다). 이것이 내가 이 책에서 줄곧 말한 1R의 리스크다.

가장 흔한 포지션 규모 조절 시스템에서는 포지션 규모를 이런 리스크의 함수로 다룬다. 이런 포지션 규모 조절 모델이 어떻게 작동하는지 그 예를 보도록 하자. 여러분이 온스당 380달러에 금을 매수한다고 하자.

이때 여러분의 시스템에서는 금이 370달러까지 떨어질 때 시장에서 나가야 한다고 알려준다. 그렇다면 최악의 경우 발생할 손실은 금 계약 하나당 10포인트×포인트당 100달러인 1,000달러가 된다.

계좌 금액은 5만 달러다. 금 포지션의 총리스크를 이런 총자본의 2.5퍼센트, 즉 1,250달러로 제한하고 싶어 한다. 허용 가능한 총리스크 1,250달러를 계약당 리스크 1,000달러로 나누면, 그 결과는 1.25계약이다. 따라서 퍼센트 리스크 포지션 규모 조절 모델에 따르면, 1계약만 매수 가능하다.

동일한 날에 옥수수의 숏 포지션을 취하라는 신호가 나왔다고 해보자. 금은 여전히 온스당 380달러이므로, 이런 포지션이 포함된 계좌 총액은 여전히 5만 달러다. 그리고 총자본에 근거한 허용 가능한 리스크는 옥수수 포지션에 대해서도 1,250달러다.

옥수수 가격이 4.03달러고, 허용 가능한 최대 리스크는 5센트로 정하여 옥수수가 4.08달러면 시장에서 나오기로 했다고 하자. 5센트의 리스크는 (계약당 5,000부셸을 곱하면) 계약당 250달러의 리스크가 된다. 1,250달러를 250달러로 나누면 5가 된다. 따라서 이런 퍼센트 리스크 포지션 규모 조절 전략에서는 5개 옥수수 계약의 숏 포지션을 취할 수 있다.

CPR 리스크 모델

어떤 독자들은 여기서 헷갈려 하며 이렇게 물을지도 모르겠다. "R이 주당 리스크라면 총리스크는 무엇인가? 당신은 이따금 총리스크를 R이라고 하지 않았던가?" 여기에 대답하자면, 포지션 규모 조절 전략으로 퍼센트 리스크 모델을 이용할 때는 주당 리스크와 총리스크가 같은 비율이라는 것이다. 이에 따라 초기 리스크 전체와 총이익(또는 총손실)을 이용하여 R이 얼마인지 계산할 수 있다. 더 잘 이해할 수 있도록 설명하자면, 단위 리스크를 R이라고 해보자. 총리스크는 C라고 하고, 포지션 규모는 P라고 하자. 이런 변수는 서로 관계를 맺고 있고, 나는 트레이더와 투자자를 위해 이 셋을 CPR이라고 부른다.[7]

어떤 주식을 주당 50달러에 매수한다고 하자. 주식이 주당 2달러 하락하여 48달러가 되었을 때 포지션을 처분하기로 한다. 따라서 R은 2달러다. 여러분은 포지션 규모를 정하기 위해 퍼센트 리스크 모델을 이용하는데, 총리스크를 5만 달러 포트폴리오의 1퍼센트, 즉 500달러로 한정하기로 한다. 그러면 총리스크C는 500달러가 될 것이다. 이때 포지션 규모를 정하려면, 다음과 같은 공식을 이용하면 된다.

$$공식\ 14.1:P(포지션\ 규모) = \frac{C\,(총리스크)}{R\,(주당\ 리스크)}$$

이 공식을 우리의 예에 적용해보자. 우리는 포지션 규모를 모르지만, R은 2달러이고 C는 500달러라는 것을 안다. 그렇다면 다음과 같다.

$$P = \frac{500달러}{2달러} = 250주$$

공식에 따르면 우리는 50달러 주식을 250주 매수해야 한다. 우리의 총투자금은 1만 2,500달러, 즉 총자본의 25퍼센트가 된다. 그러나 우리의 주당 리스크는 2달러에 불과하며, 총리스크는 단 500달러, 즉 총자본의 1퍼센트밖에 되지 않는다.

이제 이 주식의 주가가 주당 60달러가 되었다고 하자. 그러면 주당 10달러의 이익이 난다. 초기 리스크는 겨우 2달러였기 때문에, 총이익은 그 다섯 배인 5R이다. 그러나 총이익 2,500달러(즉, 10달러×250주)를 초기 총리스크 500달러와 비교할 수도 있을 것이다. 이렇게 계산해도 이익은 5R이다. 따라서 R의 배수를 결정하는 데는 총리스크를 이용해도 되고 주당 리스크를 이용해도 된다.

5R 이익은 5퍼센트 이득에 해당한다. 따라서 100차례 거래에서 평균 이익이 80R에 이르는 시스템이라면, 1퍼센트 리스크 모델을 이용할 경우 80퍼센트의 이익(자본이 불어나는 것을 고려하면 그 이상)을 예상할 수 있다.

모델 비교

표 14.4는 55/21일 돌파 시스템에 포지션 규모 조절을 위해 퍼센트 리스크 모델을 적용해본 것이다. 초기 자본은 역시 100만 달러다.

포지션당 약 25퍼센트의 리스크일 때 보상위험비율이 가장 높다. 그러나 이를 위해서는 84퍼센트의 자본 감소를 견뎌야 한다. 게다가 10퍼센트의 리스크부터 마진 콜(현재의 기준이며 따라서 과거 기록의 경우에는 맞지 않다)이 시작되고 있다.

100만 달러 자본을 갖고 이런 시스템으로 거래하면서 1달러 리스크 기준을 지킬 경우 베팅 규모는, 10퍼센트 리스크 기준을 두고 10만 달러 계좌로 거래할 때와 같을 것이다. 따라서 표 14.4는 적어도 10만 달러가 없는 한 이런 시스템으로 거래해서는 안 되고, 그런 다음에도 거래당 0.5퍼센트가 넘는 리스크를 부담해서는 안 된다는 것을 보여준다. 0.5퍼센트의 리스크 수준에서 시스템의 이익은 매우 보잘것없다. 정말로 이런 시스템으로 10가지 상품을 거래할 때, 왜 적어도 100만 달러가 필요한지 이

표 14.4 55/21 돌파 시스템에 퍼센트 리스크 모델을 적용했을 때

리스크(%)	순이익($)	거부된 거래	년당 이익(%)	마진콜	최대 자본 감소(%)	비율
0.10	327	410	0.00	0	0.36	0.00
0.25	80,685	219	0.70	0	2.47	0.28
0.50	400,262	42	3.20	0	6.50	0.49
0.75	672,717	10	1.90	0	10.20	0.48
1.00	1,107,906	4	7.20	0	13.20	0.54
1.75	2,776,044	1	13.10	0	22.00	0.60
2.50	5,621,132	0	19.20	0	29.10	0.66
5.00	31,620,857	0	38.30	0	46.70	0.82
7.50	116,500,000	0	55.70	0	62.20	0.91
10.00	304,300,000	0	70.20	1	72.70	0.97
15.00	894,100,000	0	88.10	2	87.30	1.01
20.00	1,119,000,000	0	92.10	21	84.40	1.09
25.00	1,212,000,000	0	93.50	47	83.38	1.12
30.00	1,188,000,000	0	93.10	58	95.00	0.98
35.00	(2,816,898)	206	0.00	70	104.40	0.00

해할 것이다.

리스크 포지션 규모 조절 전략에서 여러분은 포지션당 얼마의 리스크를 부담할 생각인가? 전체 리스크는 시스템의 특성과 목표에 따라 결정된다. 그러나 일반적인 지침을 얘기하자면, 다른 사람들의 자금으로 거래할 때는 리스크가 1퍼센트 이하여야 하며, 자기 돈일 경우에는 시스템의 특성과 목표에 따라 0.5~2.5퍼센트여야 한다. 엄청난 수익을 목표로 하고 있고 큰 손실도 기꺼이 감수하겠다면 2.5퍼센트 이상이 되어도 괜찮다.

대부분의 주식 시장 트레이더들은 퍼센트 리스크 모델을 전혀 고려하지 않고 균등 단위 모델을 이용한다. 여기서 주식과 관련된 한 가지 예

를 더 보기로 하자.

이제 IBM 주식을 매수한다고 하자. 여러분의 계좌 총액은 5만 달러고, IBM 주가는 주당 약 141달러다. 주당 4달러가 하락하여 주가가 137달러가 되면 포지션을 청산하기로 한다. 포지션 규모 조절 기법에 따르면, 리스크를 2.5퍼센트, 즉 1,250달러로 제한해야 한다. 여기서 우리의 공식 P=C/R을 쓴다. 총리스크 1,250달러를 주당 리스크 4달러로 나누면, 312.5주가 나온다.

141달러에 312주를 사면, 4만 3,392달러의 비용이 든다. 계좌 금액의 80퍼센트가 넘는 금액이다. 다시 한 번 말하지만, 총투자금은 초기 리스크와는 아무 상관이 없다. 추가 증거금 요구 없이 이런 거래는 두 번밖에 할 수 없다. 이로써 2.5퍼센트 리스크가 정말로 무엇을 의미하는지 더 잘 알게 되었을 것이다. 사실 손실제한주문을 1달러 하락 지점인 140달러로 설정할 경우, 이 모델에 따르면 1,250주를 매수할 수 있다. 그러나 이 1,250주의 매수 비용은 17만 6,250달러에 이를 것이다. 계좌 금액을 담보로 최대한 신용을 끌어들이더라도 매수할 수 없는 금액이다. 하지만 그럼에도 여전히 리스크는 2.5퍼센트로 제한된다. 물론 리스크 계산은 오로지 초기 리스크—매수가와 초기 손실제한주문 가격의 차이—에 바탕한다.

퍼센트 리스크 모델은 1R 리스크를 각 거래 대상에 똑같이 적용할 수 있도록 적절한 방법을 제공하는 최초의 모델이다. 여러분이 주식 시장에서 100만 달러 포트폴리오를 거래하고 있으며 최대한 신용 주문을 이용할 생각이라고 하자. 1퍼센트 리스크 모델을 이용하고, 따라서 각 포지션에 대해 1만 달러의 리스크를 감수한다. 표 14.5는 이런 상황을 보여주고 있다.

손실제한주문 간격은 임의적인 것이며, 1R의 리스크를 나타내고 있다. 이런 고가주에 손실제한주문이 너무 타이트하다고 생각할지 모르겠다. 특히 TXN의 경우는 0.20달러니 말이다. 하지만 만약 높은 R의 이익을 내고 싶다면, 그렇게 타이트한 게 아닐 수도 있다. 표 14.5는 주식 총액이 200만 달러의 최대 신용 주문액을 초과하기 때문에 이 5종의 주식을 다 살 수 없다는 것을 보여준다. 하지만 그럼에도 미리 정한 손실제한주문을 엄격히 지키기만 한다면 우리의 리스크는 포지션당 1만 달러에 불과하다. 따라서 체결오차와 거래 비용을 제외하면, 여기서 100만 달러의 포트폴리오에 대한 총리스크는 겨우 5만 달러다. 만약 여러분이 주식 트레이더라면, 표 14.5를 연구하기 바란다. 주식 포트폴리오 거래에 관한 사고를 바꾸어줄 것이다.

표 14.5 주식 포트폴리오에 1퍼센트 리스크 모델을 적용할 때

주식	가격($)	손실제한주문 (1R 리스크, $)	1만 달러 리스크로 매수 가능한 주식 수	주식 가치($)
GOOG	380.00	10.00	1,000	380,000
INTC	21.00	2.00	5,000	105,000
TXN	32.00	0.20	50,000	1,600,000
SUNW	4.50	0.50	20,000	90,000
VLO	63.00	3.20	3,125	196,875
총액				2,271,875

그러나 이렇게 신용 주문으로 몇 종의 주식을 사고 나서 더 이상의 여력이 없을 때 새로운 주식 매수 신호가 나타나면 어떻게 해야 하는가? 여기에는 몇 가지 해결책이 있다. 첫째, 새로운 주식 매수를 제한할 수 있을 테고, 둘째, 실적이 가장 나쁜 포지션을 처분하고 새로운 포지션을 취할 수 있을 것이다. 세 번째로는, 포지션 규모를 줄여 새로운 주식을 매수

할 수 있도록 하는 방법도 있다. 그리고 마지막으로 이 세 가지 아이디어를 복합적으로 이용할 수 있다.

모델 4: 퍼센트 변동폭 모델

변동폭은 임의의 기간 동안 거래 대상이 날마다 움직인 가격 폭의 합이다. 어떤 포지션이든 여러분이 노출될 수 있는 가격 변화—유리한 쪽이든 불리한 쪽이든—를 나타낸다. 취하는 각 포지션의 변동폭을 자본의 일정 비율로 고정시켜 모두 균등하게 하면, 기본적으로 각 포트폴리오 구성요소의 시가 변동을 균등화할 수 있다.

대부분의 경우, 변동폭은 당일 고가와 저가의 차이다. IBM 주가가 141과 143.5 사이에서 움직이면, 변동폭은 2.5포인트다. 그러나 평균 실제 범위를 이용하려면 시가 갭을 고려해야 한다. 따라서 IMB 주가가 오늘 141과 143.5 사이에서 오갔다고 해도, 이제 139달러에서 종가를 기록했다면 이 시가 갭 2포인트를 더해 실제 범위를 계산해야 한다. 이에 따라 오늘의 실제 거래 범위는 139와 143.5 사이, 즉 4.5포인트가 된다. 이것이 기본적으로 이 책 마지막 부분의 용어 설명에서 나오는 웰스 와일더의 평균 실제 범위 계산법이다.

이제 퍼센트 변동폭 계산법이 포지션 규모 조절에서 어떻게 쓰이는지 보도록 하자. 계좌에 5만 달러가 있고, 금을 산다고 하자. 금은 온스당 600달러이고, 지난 20일 동안 평균 일일 거래 범위는 3달러였다. 평균 실제 범위의 20일 단순 이동 평균으로 변동폭을 측정한다면 금을 얼마나 살 수 있는가?

일일 거래 범위는 3달러이고 1포인트는 100달러에 해당하기 때문에 (계약은 100온스 단위이므로), 일일 변동폭은 금 계약 한 건당 300달러에 상당한다. 여러분은 이런 변동폭 리스크를 자본의 2퍼센트까지 허용하고자 한다. 5만 달러의 2퍼센트면, 1,000달러다. 여기서 총 허용 한도액 1,000달러를 계약당 허용 한도액 300달러로 나누면, 3.3이다. 따라서 변동폭 리스크에 근거한 우리의 포지션 규모 조절 모델에 따르면, 모두 3계약을 매수할 수 있다.

표 14.6은 11년간 10가지 상품으로 구성된 포트폴리오를 55일, 21일 돌파 시스템으로 거래한 것을 보여준다. 여기서는 포지션 규모를 시장 변동폭에 근거하여 계산했고, 변동폭은 평균 실제 범위의 20일 이동 평균으로 구했다. 다른 모델과는 시스템과 데이터가 모두 같다. 표 14.2, 14.4, 14.6의 결과가 각각 다른 것은 포지션 규모 조절 알고리즘 때문이다.

표 14.6에서 포지션 규모 조절 전략으로 2퍼센트 변동폭 리스크를 이용했을 때 이익은 년당 67.9퍼센트와 86.1퍼센트 사이에 있었고, 최대 자

표 14.6 55/21 돌파 시스템에 변동폭 리스크에 근거한 포지션 규모 조절 전략을 적용했을 때

변동폭	순이익($)	거부된 거래	년당 이득(%)	마진 콜	최대 자본 감소(%)
0.10	41,1785	34	3.30	0	6.10
0.25	1,659,613	0	9.50	0	17.10
0.50	6,333,704	0	20.30	0	30.60
0.75	16,240,855	0	30.30	0	40.90
1.00	36,266,106	0	40.00	0	49.50
1.75	236,100,000	0	67.90	0	60.70
2.50	796,900,000	0	86.10	1	85.50
5.00	1,034,000,000	0	90.70	75	92.50
7.50	(2,622,159)	402	0.00	1	119.80

본 감소는 년당 69.7퍼센트와 85.5퍼센트 사이에 있었다는 것을 확인하라. 이 표는 여러분이 변동폭 포지션 규모 조절 알고리즘을 이용하면, 각자의 목표에 따라 변동폭 리스크는 포지션당 0.5퍼센트에서 1.0퍼센트 사이에서 결정하기 원할거라고 주장한다. 이 시스템에서 최고의 보상위험비율은 변동폭 리스크가 2.5퍼센트일 때였다. 그러나 86퍼센트의 자본 삭감을 견딜 수 있는 사람은 몇 안 될 것이다.

표 14.4를 표 14.6과 비교하면, 시스템이 기능을 못 하는 리스크 퍼센트 수준에 두드러진 차이가 있음을 알 수 있다. 이런 차이는 숫자의 크기에서 비롯된다. 자본의 비율로 포지션 규모를 정하기 전에 반드시 이런 숫자들을 고려해보아야 한다(즉, 불리한 방향으로 형성되는 21일 극값과 20일 변동폭의 차이). 따라서 21일 극값의 손실제한주문에 근거한 5퍼센트 리스크는 20일 평균 실제 범위에 근거한 자본의 1퍼센트 리스크와 동일할 수도 있다. 리스크 퍼센트를 정할 때 이런 숫자들은 매우 중요하므로 사전에 철저히 검토해보기 바란다.

변동폭 포지션 규모 조절 모델에는 익스포저 조절을 위한 몇 가지 뛰어난 특징이 있다. 비록 이 모델을 이용하는 트레이더는 거의 없으나, 이 모델은 여러분이 이용할 수 있는 보다 정교한 모델 가운데 하나임을 밝혀둔다.

모델 요약

표 14.7은 이 장에 소개된 4개의 모델에 관한 요약이다. 여기에는 그들 각각의 장점과 단점이 제시되어 있다. 가장 많은 단점이 있는 모델이

대부분의 사람이 이용하는 것임에 주목하라. 일정 금액당 한 단위 거래 모델이다. 이 모델의 단점들은 너무도 중요하므로, 여기서 다시 다루어보겠다.

먼저 3만 달러 계좌를 개설했다고 하자. 이 규모의 금액이면 몇 가지 농산물만 거래하지 않는 한 선물을 거래하기에는 부족하다. 그러나 많은 사람이 이 정도 돈으로도 선물을 거래할 것이다. 이런 계좌로, 어쩌면 여러분은 옥수수 계약, S&P 계약, 채권 계약을 거래할 수 있다. 증거금 요구 조건으로 이들 계약을 동시에 거래하는 것은 불가능하겠지만 말이다. 일정 금액당 한 단위 거래 모델은 이런 거래를 모두 허용하고, 바로 이것이 이 모델의 결점이 된다. 퍼센트 리스크 모델이나 퍼센트 변동폭 모델은 S&P 계약이나 채권 계약의 거래를 허용하지 않을 것이다. 왜냐하면 리스크가 너무 크기 때문이다.

둘째, 이 모델은 이런 계약들을 하나씩 거래할 수 있도록 할 것이다. 이것이 터무니없는 것은, 여러분이 그 변동폭과 리스크 때문에 온통 S&P 계약에만 주의를 기울이게 될 게 뻔하기 때문이다. 모든 투자 대상이 동일한 것은 아니다. 계약들을 동일하게 취급하는 포지션 규모 조절 알고리즘은 거부해야 하는데, 이 모델이 바로 그런 모델이다. 왜냐하면 이 모델에 따를 경우 각 계약의 한 단위를 거래할 것이기 때문이다.

셋째, 포지션 규모 조절 모델이 3만 달러당 한 단위를 거래하는 것일 경우, 두 가지 문제가 발생한다. 이런 조건에서는 계좌가 1달러만 감소해도 어떤 포지션도 취할 수 없을 것이다. 하지만 대부분의 사람은 이런 지침을 따르지 않고 '계좌에 얼마가 있든' 한 계약은 거래할 수 있다고 생각한다. 게다가 운이 좋아 계좌 총액이 커진다고 해도, 또 한 건의 계약을 하기 위해서는 자본 규모가 두 배가 되어야 하는 것이다. 이것은 사실

표 14.7 네 가지 포지션 규모 조절 모델 비교

모델	장점	단점
정해진 금액당 일정 단위 거래 모델	1) 위험하기 때문에 거래를 못 하는 법은 없다. 2) 제한된 금액으로 계좌를 개설하더라도 이 모델로 거래할 수 있다. 3) 거래당 리스크가 최소다.	1) 똑같지 않은 투자 대상을 똑같이 다룬다. 2) 작은 단위의 경우 익스포저가 금세 증가할 수 없다. 3) 소규모 계좌에 과도한 익스포저가 발생할 수 있다.
균등 단위 모델	1) 포트폴리오상에서 각 투자 대상에 동등한 비중을 둔다.	1) 소액 투자자가 빨리 규모를 늘릴 수 없다. 2) 각 단위의 익스포저가 반드시 똑같은 것은 아니다. 3) 투자가 종종 동등한 단위로 나누어지지 않는다.
퍼센트 리스크 모델	1) 계좌 금액이 크든 작든 꾸준히 늘어난다. 2) 실제 리스크로 포트폴리오의 구성요소들을 균등화한다.	1) 위험이 너무 큰 일부 거래는 거부된다. 2) 리스크로 삼는 금액이 실제 리스크는 아닌데, 이는 체결오차 때문이다. 갈라커라면 익스포저가 동등하지 않다고 할 것이다.
퍼센트 변동폭 모델	1) 계좌 금액이 크든 작든 꾸준히 늘어난다. 2) 변동폭으로 포트폴리오의 구성요소들을 균등화한다. 3) 큰 포지션을 취하지 않은 채 타이트한 손실제한주문을 이용할 때 거래를 균등화하는 데 쓰일 수 있다.	1) 위험이 너무 큰 일부 거래는 거부된다. 2) 일일 변동폭이 실제 리스크가 아니다.

상 포지션 규모 조절 기법이라고 할 수 없다!

그 뒤의 세 모델은 포트폴리오를 균형 있게 구성하는 데 훨씬 더 낫다. 이 중에서 모델을 구하는 게 어떤가?

포지션 규모 조절 알고리즘은 진입 알고리즘만큼 많이 만들어낼 수 있다. 정말로 수백만 가지 가능성이 있고, 이 장에서는 그 일부만을 살짝 건드려보았을 뿐이다.[8] 그러나 여러분이 포지션 규모 조절의 영향을 이해하기 시작했다면, 나로서는 소기의 목적을 달성한 셈이라고 하겠다.

다른 시스템에서 이용되는 포지션 규모 조절 기법

세계적으로 이름난 트레이더들의 실적은 포지션 규모 조절 덕이라는 게 나의 생각이다. 여기서 이 책에서 줄곧 다루어왔던 여러 시스템들에 사용된 포지션 규모 조절법을 살펴보기로 하자. 대부분의 경우는 별로 어렵지 않은 일인데, 그들은 포지션 규모 조절에 관해 얘기조차 하지 않기 때문이다.

주식 시장 모델

윌리엄 오닐의 캔슬림 기법

윌리엄 오닐은 어떤 하나의 포지션을 얼마만큼 보유해야 하는 문제에 관해 언급하지 않는다. 그는 오로지 얼마나 많은 종의 주식을 보유해야 하는가 하는 문제를 말할 뿐이다. 그는 수백만 달러의 포트폴리오라고 해도 예닐곱 종의 주식으로 이루어져야 한다고 말한다. 그의 주장에 따르면, 2만~10만 달러의 포트폴리오라면 4~5종의 주식으로 제한되어야 한다. 5,000~2만 달러의 포트폴리오는 3종의 주식으로 제한되어야 하고, 그보다 작은 규모의 포트폴리오는 2종의 주식에만 투자해야 한다.

이런 얘기는 약간 변형된 형태의 균등 단위 모델을 떠올리게 한다. 균등 단위 모델에서는 자본을 동등한 단위로 나누는데, 단위 수는 보유 자본의 양에 좌우된다. 매우 작은 액수의 자본이라면 1,500달러 이하의 단위 두 개로 나누어야 할 것이다. 자본이 5,000달러라면, 단위는 셋이 되어야 할 것이다. 이제 각 단위를 적어도 단위당 4,000달러가 되도록(40달러짜리 주식을 100주 살 수 있도록) 키우기 원할 것이다. 5개 단위를 가지고 할 수 있을 때, 그렇게 하라. 여기서 단위의 규모가 2만 5,000~5만 달러까지 늘어날 때까지 단위의 개수를 그대로 유지해야 한다. 단위의 규모가 5만 달러가 되었을 때는 단위를 여섯 혹은 일곱으로 늘려도 된다.

워런 버핏의 투자법

버핏은 소수 최상의 기업들을 소유하고 싶어 한다. 이런 기업들은 그의 예외적인 기준들을 충족시켜야 한다. 그는 가능한 한 소수의 기업을 소유하고자 한다. 그의 생각대로라면, 이런 기업들이 커다란 수익을 가져다주고, 따라서 그는 이런 기업의 지분을 팔 생각이 전혀 없기 때문이다. 그는 수십억 달러를 갖고 있기 때문에 마음만 먹으면 많은 기업을 소유할 수 있다. 그래서 그는 현재 자신의 기준을 충족시키는 더 많은 기업을 포트폴리오에 포함시키고 있다.

이것은 얼마간 독특한 방식의 포지션 규모 조절 전략이다. 그러나 버핏은 미국에서 가장 부유한 전문 투자자이다. 이렇게 성공을 한 사람에게 누가 토를 달겠는가? 여러분도 이런 포지션 규모 조절 전략을 고려해 보아야 할 것이다.

선물 시장 모델

코프먼은 그의 저서 《스마터 트레이딩》에서 사실 포지션 규모 조절에 관해서 얘기하지는 않았다. 학문적 정의에 따라 리스크와 보상 같은 포지션 규모 조절의 결과에 관해 얼마간 다루었을 뿐이다. 그에게 리스크는 자본 변화의 연간 표준편차이며, 보상은 복리로 계산한 연간 수익을 의미했다. 그는 두 시스템이 수익이 같을 경우 합리적인 투자자는 리스크가 낮은 시스템을 택한다고 했다.

코프먼은 또한 또 다른 흥미로운 개념을 제시했다. 바로 50년 법칙이다. 그는 지난 50년 사이에 일어난 가장 큰 홍수를 막기 위해 미시시피강을 따라 제방이 세워졌다고 말한다. 이것은 강물이 넘치더라도 그렇게 빈번하게 넘치지는 않으리라는 것을 뜻한다. 어쩌면 평생 한 번 일어날 일일지도 모른다. 그런데 제대로 된 시스템을 개발한 전문 트레이더는 이와 비슷한 상황을 맞을지 모른다. 그들은 세심하게 신경 써서 시스템을 만들 테지만, 평생에 한 번 격렬한 가격 움직임을 만나 모든 자본을 털릴 수도 있는 것이다.

다양한 포지션 규모 조절 모델을 통해 보여주었듯이, 안전은 보유 자본의 양 그리고 리스크로 삼고자 하는 레버리지의 양과 직접적으로 연결되어 있다. 자본이 커질 때, 투자를 분산하고 레버리지를 줄이면 자본은 보다 안전해진다. 수익을 내기 위해 계속 차입을 하면, 막대한 손실 위험을 안게 된다.

코프먼은 선택된 레버리지 수준에서 테스트할 때 리스크의 표준편차를 조사함으로써 최악의 상황의 리스크를 제어할 수 있다고 말한다. 예컨대 수익률이 40퍼센트고 자본 감소 변동폭에서 1표준편차가 10퍼센트일 경우, 어떤 해이든 상황은 다음과 같다.

- 10퍼센트 자본 감소가 일어날 확률은 16퍼센트다(1 표준편차).[9]
- 20퍼센트 자본 감소가 일어날 확률은 2.5퍼센트다(2 표준편차).
- 30퍼센트 자본 감소가 일어날 확률은 0.5퍼센트다(3 표준편차).

이런 결과는 훌륭하다. 그러나 20퍼센트 이상 손실을 볼 경우 심각한 상황을 맞을 것이라고 생각한다면, 코프먼의 주장에 따라 자금의 일부만을 거래해야 할 것이다.

코프먼은 또한 자산 배분에 관해서도 얘기했다. 그는 자산 배분을 '가장 바람직한 수익위험비율로 투자 프로파일을 만들기 위해 하나 이상의 시장이나 대상에 투자금을 배분하는 행위'라고 정의했다. 자산 배분은 단순히 자본의 절반을 주식 같은 활발한 투자처에, 나머지 절반은 국채 같은 안전한 투자처에 투자하는 방법이 될 수도 있지만, 활발히 거래되는 주식, 상품, 외환 같은 다양한 투자 대상에 역동적으로 투자하는 방법도 있다. 이는 자산 배분이라는 말이, 약간 혼동되기는 했으나 '얼마나'의 문제를 위해 사용된 또 다른 사례라고 하겠다.

비록 직접적으로 언급한 것은 아니지만 설명을 보면 그가 첫 번째 포지션 규모 조절 모델—일정 금액당 한 단위를 거래하는 방법—을 이용했다는 사실은 분명하다. 그가 리스크를 줄이기 위해 쓴 방법은 단순히 한 단위 거래를 위해 필요한 자본의 양을 증가시키는 것이었다.

갈라커의 펀더멘털 거래

갈라커는 사실 그의 저서 《승자독식》에서 한 장을 할애하여 포지션 규모 조절에 관해 광범위하게 논했다. 그는 리스크가 시장에서의 노출과 직접적인 관련이 있다고 말했다. 그는 익스포저를 제어할 수 없기 때문에 여기서 제시된 퍼센트 리스크 모델을 싫어했던 것 같다. 예를 들어, 계좌 규모가 어떻든 3퍼센트 리스크는 손실제한주문을 어디에 설정하느냐에 따라 한 단위도 될 수 있고 30단위도 될 수 있다. 갈라커는 한 단위의 리스크가 30단위의 리스크보다 적지 않다고 말할 수는 없다고 주장했다. 그는 이렇게 말했다. "한 건의 상품 계약을 거래하며 리스크가 500달러인 계좌는, 동일한 상품을 거래하면서 각각에 대해 250달러의 리스크를 부담하는 거래보다 훨씬 덜 위험하다." 갈라커의 말은 사실이다. 그리고 퍼센트 리스크 모델을 이용하는 모든 사람은 이 말을 잘 이해해야 한다. 손실제한주문 가격은 중개인이 여러분의 주문을 시장가 주문으로 전환시키는 가격일 뿐인데, 이 가격은 결코 보장될 수가 없다. 이것은 우리가 타이트한 손실제한주문을 원하는 사람들에게 퍼센트 변동폭 모델을 추천하는 한 가지 이유다.

갈라커는 또한 리스크가 익스포저뿐 아니라 시간에 의해서도 증가한다는 것을 지적했다. 시장에서 오래 거래할수록 엄청난 가격 쇼크에 노출될 기회는 당연히 커지기 마련이다. 세상의 모든 돈으로 한 단위를 거래하는 트레이더는 궁극적으로 모든 돈을 잃을 것이라고 갈라커는 믿는다. 이런 믿음은 전부는 아니라고 해도 대부분의 트레이더에게는 옳은 것이다.

갈라커의 주장에 따르면, 각기 다른 대상을 거래하면 시간의 효과를 증대시키게 된다. 그는 잠재적인 자본 감소의 측면에서 볼 때 1년 동안 N 포지션을 거래하는 것은 N년 동안 한 포지션을 거래하는 것과 같다고 주장했다.

그는 여러분이 허용할 수 있는 최대 예상 자본 감소를 알아둘 것을 권했다. 25퍼센트든 50퍼센트든 말이다. 물론 그럴리야 없겠지만, 그는 이런 최대 예상 자본 감소가 내일 당장 일어난다고 가정해보라고 했다.

그는 이어 시스템의 예측치와 다양한 상품에 대한 일일 범위의 가능한 분포를 이용하여 잠재적인 자본 감소의 분포를 계산했다. 그러고 나서 50퍼센트 자본 감소를 경험하지 않기 위해 다양한 상품에 대한 최소 거래량을 추천했다. 즉, 갈라커는 계좌 자본의 일정액당 한 단위를 거래하는 모델의 변형된 형태를 조언했던 것이다. 그러나 그 금액은 투자 대상의 일일 변동폭에 따라 달라졌다.

거래 단위당 필요한 금액은 또한 한 단위를 거래하느냐 아니면 2 혹은 4단위를 동시에 거래하느냐에 따라 달라진다. 예컨대, 그는 하나의 단위를 거래할 경우 일일 변동폭이 1,000달러에 상당한다고 할 때, 4만 달러당 한 단위를 거래하라고 권했다. 거래 단위가 둘일 경우에는 2만 8,000달러당 한 단위를, 거래 단위가 넷일 경우에는 2만 달러당 한 단위를 거래하도록 추천했다(일일 변동폭은 동일).

옥수수를 예로 들어보자. 옥수수의 현재 가격이 하루 4센트만큼 변동한다고 하자. 이런 일일 변동폭은 200달러에 상당한다(1단위가 5,000부셸이므로). 갈라커의 모델에 따르면, 200달러는 1,000달러의 20퍼센트이기 때문에, 우리는 4만 달러의 20퍼센트, 즉 8,000달러당 한 단위를 거래할 수 있다. 다른 어떤 상품이나 주식과 함께 옥수수를 거래한다면, 우리는 5,600달러당 한 단위를 거래할 수 있다. 동시에 다른 3종의 상품 혹은 주식과 함께 옥수수를 거래한다면, 4,000달러당 한 단위를 거래할 수 있다.

갈라커의 기법은 자본의 일정액당 한 단위를 거래하는 모델의 뛰어난 변형이다. 변동폭에 따라 다양한 거래 대상을 균등화하기 때문이다.

이에 따라 그의 기법에서는 이 모델의 기본적인 한계가 극복되어 있다. 덕분에 얼마간 복잡해지기는 했지만, 그럼에도 그의 기법은 흥미로운 거래 방법이라고 할 것이다.

켄 로버츠의 1-2-3 기법

로버츠의 포지션 규모 조절에 관한 첫 번째 원칙은 상품을 거래하는 데 너무 많은 돈은 필요 없다는 것이다.[10] 그는 '얼마나'에 관한 질문에 대해 단 한 건의 계약만 거래하라고 말한다. 불행히도 그는 계좌 금액이 1,000~1만 달러인 사람들을 대상으로 가르치고 있다. 이에 따라 하나의 계약만을 거래하는 것이 포지션 규모에 관한 첫 번째 원칙이 된 것이다.

로버츠는 1,000달러가 넘는 리스크는 부담해서는 안 된다고 말한다. S&P나, 통화, 심지어 커피 같은 특정한 상품은 거래를 피하라는 얘기다. 이들은 보통 리스크가 1,000달러가 넘기 때문이다. 이 말을 들으면, 로버츠는 매우 보수적인 트레이더인 것 같다. 그는 거래 시스템에 포지션 규모 조절 알고리즘을 포함시키지 않았다. 이것은 매우 위험할 수 있는데, 대다수 포지션 규모 조절 알고리즘이 그러지 말아야 할 상황을 가리킬 때도 여전히 포지션을 보유할 수 있기 때문이다.

거래 시스템 설계에서 가장 중요한 부분은 각 포지션의 규모를 어떻게 정하는가와 관련된 부분이다. '자금 관리'와 '자산 분배'는 지금까지 '얼마나'를 기술할 때 사용되는 말이었으나, 이 두 용어는 오랫동안 잘못 사용되어 왔다. 이런 용어들은 기껏해야 혼동만 줄 뿐이다. 그래서 나는 이 책에서 '포지션 규모 조절'이라는 용어를 사용하기로 했다.

포지션 규모 조절은 신뢰도, 보상위험비율, 기회의 차원에 4번째 차원을 더한다. 포지션 규모 조절 전략을 활용하면, 거래 과정에서 발생할 수 있는 잠재 이익을 극적으로 늘릴 수 있다. 사실 포지션 규모 조절 전략이야말로 다양한 투자 매니저가 거둔 실적의 편차를 설명해준다는 게 내 생각이다. 본질적으로, 예측치와 기회는 이익의 부피를 결정하는 입방체를 형성한다면, 포지션 규모 조절은 이런 입방체가 한 번에 얼마나 많을 수 있는가를 결정한다고 하겠다.

포지션 규모 조절에서는 또한 기본 자산이 얼마나 중요한지도 드러난다. 자본이 많으면, 포지션 규모 조절 전략으로 많은 것을 할 수 있다. 하지만 자본이 적으면, 쉽게 빈털터리가 되고 만다.

자본이 증가하고 있을 때 베팅 사이즈를 늘리는 반 마틴게일 시스템이야말로 시장에서 효과가 있는 첫째가는 모델이다. 아래는 몇 가지 반 마틴게일 포지션 규모 조절 모델이다.

일정 금액당 한 단위 거래 모델: 이 모델을 이용하면, 일정 액수의 돈에 대해 하나의 포지션을 취할 수 있다. 기본적으로 모든 투자 대상을 동일하게 다루고, 늘 하나의 포지션을 취할 수 있게 해준다.

균등 단위 모델: 이 모델에서는 내재 가치에 따라 포트폴리오상의 모든 투자 대상에 균등한 비중을 둔다. 보통 투자자와 주식 트레이더들이 이용한다.

퍼센트 리스크 모델: 이 모델은 장기 추세 추종자들에게 최고의 모델로 권장된다. 모든 거래에 동등한 리스크를 부여하고, 포트폴리오가 꾸준히 커

질 수 있게 해준다.

퍼센트 변동폭 모델: 이 모델은 타이트한 손실제한주문을 이용하는 트레이더들에게 가장 좋다. 리스크와 기회 사이에서 적절한 균형을 찾게 해준다.

1　청산에 관한 장에서 설명했듯이, 이것은 좋은 청산 기법조차 되지 못한다. 포지션이 100퍼센트였을 때 손실을 입고, 포지션이 일부만 남았을 때 최대 이익을 실현했기 때문이다.

2　Gary Brinson, Brian Singer, Gilbert Beebower, "Determinants of Portfolio Performance II: An Update," Financial Analysts Journal 47 (May-June 1991): 40-49.

3　최상의 포지션 규모 조절 기법 가운데 하나는 퍼센트 리스크 알고리즘을 사용하는 것이다. 예컨대 어떤 한 포지션에 대해 리스크를 총자본의 1퍼센트로 제한할 수 있을 것이다. 이렇게 하면 포지션 규모 조절 기법으로 총리스크를 제어할 수 있다. 그러나 포지션 규모 조절에서 리스크와 거의 관련 없는 알고리즘을 사용할 수도 있다.

4　William Ziemba, "A Betting Simulation, the Mathematics of Gambling and Investment," Gambling Times 80 (1987): 46-47.

5　55일, 21일 돌파 시스템을 위해 제시된 데이터는 10년 동안 축적한 데이터이므로 꽤 믿을 만하다. 그러나 이 시스템에서 한 세트의 R의 배수들이 산출되는데, 이 시스템에서 발생되는 거래 샘플들이 이 시스템이 어떻게 작동할지를 제대로 보여준다고 해도, 그것은 단순히 이 데이터를 한 번 돌려 나온 것에 불과하다. 이런 R의 배수가 표현될 수 있는 거래 시퀀스는 많고, 그 결과는 모두 다를 것이다. 누가 알겠는가. 이 시스템으로 아직까지 보지 못한 높은 R의 배수의 손실들이 수없이 많을지. 따라서 우리는 14장의 표에서 제시된 데이터로부터 매우 개략적인 결론만을 끌어낼 수 있을 것이다.

6　완전한 S&P 계약 하나는 포인트당 250달러다. 따라서 S&P500이 1,000포인트라면, 계약은 25만 달러에 상당한다. 이 예는 또한 중개인이 이런 소액으로 이 계약을 살 수 있도록 여러분에게 허용해주었다고 가정하고 있다.

7　트레이더와 투자자를 위한 CPR의 개념을 처음 만들어낸 내 친구 론 이시바시에게 고마움을 표현하고 싶다.

8　목표 달성을 위해 포지션 규모 조절 전략을 이용하는 방법에 관해 더 많은 것을 알고 싶다면, Van Tharp의 The Definitive Guide to Position Sizing and Expectancy (Cary, N.C.: International Institute of Trading Mastery)를 보라.

9 이런 식으로 이해할 수 있다. 변동폭의 68퍼센트는 +1과 -1 사이의 표준편차 안에 들
어간다. 따라서 나머지는 32퍼센트이다. 이것은 10퍼센트 변동폭을 나타내는 1표준
편차 너머에는 16퍼센트(32퍼센트의 절반)가 있다는 뜻이다. 같은 식으로, 수익의 95
퍼센트는 +2와 -2 사이의 표준편차 안에 들어간다. 따라서 5퍼센트의 절반인 2.5퍼센
트는 -2표준편차 바깥에 있는 것이다. 마지막으로, 수익의 99퍼센트는 +3과 -3 사이
의 표준편차 안에 들어간다. 따라서 같은 논리로 결과의 0.5퍼센트만이 -3의 표준편
차보다 더 좋지 않은 값일 것이다. 그러나 코프먼은 수익이 정상적으로 분포되어 있다
고 가정하고 있다. 하지만 시장 가격이 그렇지 못하기 때문에, 수익도 그럴 수 없다.

10 내 생각에, 이런 가정은 많은 사람이 거래할 수 있도록 허용하고 마치 리스크가 거의
없는 것처럼 보이게 만드는 것 같다. 이 책의 독자들은 이 시점에서는 이런 가정에
숨어 있는 리스크를 스스로 판단할 줄 알아야 한다.

15

결론
Conclusion

결국 포커 테이블에서 여러분의 결과는 모든 적들의 실수의 합에다
여러분의 실수의 합을 뺀 값에 접근할 것이다.

− 댄 해링턴, 1995년 포커 월드 시리즈 우승자 −

　　시스템 개발의 심리적 토대를 이해했다면, 이 책을 쓴 중요한 목적 가운데 하나를 달성했다고 할 것이다. 성배는 내 안에 존재하며, 내가 한 일과 나에게 일어난 일에 대해 스스로 책임져야 한다. 자신의 믿음에 근거한 시스템에서 무엇을 원할지 결정해야 하고, 적절한 목표를 갖고 상세한 계획을 짜야 한다.

　　나의 두 번째 목적은 여러분으로 하여금 모든 시스템을 R의 배수의 분포로 규정할 수 있다는 것을 알도록 하는 것이었다. 이런 분포는 또한 예측치(즉, R의 평균값), 그 분포의 성격, 이를 통해 제공되는 기회의 요소에 의해 기술될 수 있다. 다시 한번 강조하면, 시스템은 어떤 특징을 가진

R의 배수의 분포다. 누군가가 거래 시스템을 설명할 때, 청중은 그 시스템의 R의 배수의 분포는 어떨 것인가 상상해보아야 한다. 만약 그렇게 한다면, 정말로 그때서야 거래 시스템을 이해하기 시작했다고 말할 수 있다.

이외에도 플러스 예측치를 얻기 위해 손절매하고 수익을 극대화해야 하는데, 이것은 청산을 통해 이루어진다. 청산은 높은 플러스 예측치의 시스템을 개발하기 위해서는 빼놓을 수 없는 부분이다. 그리고 무엇보다 중요한 것은, 목표 달성에 충분할 만큼 포지션 규모 조절을 잘 이해해야 한다는 점이다.

세 번째 목적은 여러분이 포지션 규모 조절 모델을 통해 목표를 달성해야 한다는 것을 이해할 수 있도록 돕는 것이었다. 시장에서 돈을 버는 것은 포지션 규모를 충분히 낮은 수준으로 유지하여 시스템의 장기 예측치가 실현되도록 할 수 있느냐 여부에 달려 있다. 예컨대 여러분의 시스템이 예측치가 0.8이고 1년에 100번의 거래 기회를 발생시킨다면, 80R의 이익을 낼 수 있어야 할 것이다. 그러나 1년의 어느 때인가에 30R의 평균 자본 감소를 경험하게 될 것이다. 거래당 자본의 0.5퍼센트를 리스크로 삼을 때, 연간으로 따진다면 적어도 40퍼센트의 수익을 얻을 것이고, 아마 15퍼센트가 넘는 자본 감소를 경험하지는 않을 것이다. 대부분 이 점에 매우 만족할 것이다. 이런 시스템으로 거래당 자본의 1퍼센트를 리스크로 삼으면 연간 100퍼센트의 수익을 올릴 수 있으나, 그 과정에서 심각한 자본 감소가 발생할 수 있다. 만약 처음에 30퍼센트의 자본 감소를 당한다면(리스크가 거래당 자본의 1퍼센트일 경우 가능할 수 있다), 여러분은 아마 이 시스템으로 거래하는 것을 포기할 것이다. 그리고 마지막으로, 만약 거래당 자본의 3퍼센트를 리스크로 삼고 이 시스템으로 거래한다면 엄청난 이득을 볼 수 있으나, 한편으로는 초반에 큰 손실을 입고 거래를 포기할 가능성도 크다. 여러분이 포지션 규모 조절의 중요성을 이해한다면, 내가 이 책을 쓴 세 번째 목적도 이뤄졌다고 할 수 있을 것이다.

예전에 한 트레이더가 자문을 구해오기에 나는 그의 포지션 규모 조절 방법에 대해 자세히 알아보았다. 그는 회사에서 하라는 대로 할 뿐이었는데, 그가 무엇을 어떻게 하고 있는지 보고 나서 나는 그의 상사에게 얘기를 나누자고 청했다. 나는 그에게 회사가 계속 그런 식으로 포지션 규모 조절을 하는 한 결국에는 망하게 될 것이라고 말했다. 그 상사는 웃음을 터뜨리고서 이렇게 말했다. "우리가 뭘 하는지 정도는 우리도 잘 알고 있어요." 6개월 뒤 그 회사는 망했다. 만약 그들이 그렇게 잃은 돈의 일부를 나에게 주고 내 조언을 들었더라면 그들은 여전히 거래 사업을 하고 있을 것이다.

이 책을 쓴 네 번째 목적은 독자로 하여금 시스템 개발에서 개인 심리가 얼마나 중요한가를 이해시키는 것이었다. 다음과 같은 이유로 심리가 중요하기 때문이다. 첫째, 여러분이 얻게 될 결과를 만드는 것은 바로 자신이다. 둘째, 누구든 심리적으로 자신과 맞는 시스템만을 거래에 이용할 수 있다. 셋째, 시스템 개발 전에 중요한 심리적 문제를 해결하지 못한다면, 시스템에까지 이런 문제들을 가지고 들어가게 된다. 한 예로, 조건이 딱 맞지 않아 거래하는 데 어려움이 있을 경우, 완벽주의라는 문제가 있는 것이다. 이 문제를 먼저 해결하지 않고 시스템을 개발하려고 하면, 완벽주의를 시스템에 주입하게 되고, 이에 따라 결코 좋은 시스템이 유지되기 어렵다.

시장에서 돈을 벌기 위한 6가지 핵심 요소와 그 상대적 중요성을 잘 이해했다면, 내가 이 책을 쓴 다섯 번째 목적도 달성된 셈이다. 이 6가지 핵심 요소는 시스템 신뢰도, 보상위험비율, 거래 비용, 거래 기회 수준, 자본 규모, 그리고 포지션 규모 조절 알고리즘이다. 이들 각 요소의 상대적 중요성을 알아야 하고, 또 성공적인 거래는 시장에 대한 '옳은 판단'이나 '지배력'의 문제가 아님을 알아야 한다.

마지막으로, 목표 달성을 위한 거래 시스템을 어떻게 개발할지 머릿속에 좋은 계획을 세워놓았다면, 이 책을 쓴 마지막 목적도 충족될 것이다. 거래 시스템의 각 부분과 이런 부분들이 하는 역할에 대해 충분히 이해하고 있어야 한다. 그렇지 못하다면, 다시 4장을 보라. 어떻게 셋업, 타이밍, 보호용 손실제한주문, 수익 실현 청산이 함께 모여 높은 예측치의 시스템을 만들어내는지 제대로 파악하라. 기회가 차지하는 중요한 역할과 기회가 거래 비용과 어떻게 관련되어 있는지 이해해야 한다. 그리고 가장 핵심이 되는, 거래 자본 규모의 중요성을 이해하고, 이것이 어떻게 다양한 반 마틴게일 포지션 규모 조절 알고리즘과 관련되어 있는지 알기 바란다.

실수를 피하라

이런 핵심 개념들을 이해했다면, 멋진 출발을 한 것이다. 그러나 나는 여기서 우선 이 장의 앞부분에 인용한 댄 해링턴의 말이 거래와 투자에도 딱 들어맞는 말임을 얘기하고 싶다. 이렇게 풀어서 다시 말할 수도 있을 것이다. **트레이더나 투자자로서 개인이 맞게 될 최종적인 결과는, 장기적으로 보았을 때 시스템의 예측치에서 자신이 저지른 실수를 뺀 값이 될 것이다.** 이 정의를 명확하게 이해할 수 있도록 설명해 보겠다.

첫째, 규칙을 따르지 않을 때 실수가 생긴다는 것을 알아야 한다. 계획, 시스템, 일련의 행동 규칙을 만들어내기 위해 이 책에서 제시하고 있는 과정을 거치지 않으면, 실수를 남발하게 된다. 지침이 되어줄 계획이나 거래의 지침이 되어줄 시스템 없이 거래하는 것 자체가 하나의 커다란 실수다.

댄 해링턴이 지적한 포커의 한 가지 측면은, 우리가 할 일이란 상대가 실수를 하도록 만드는 것이고 상대가 해야 할 일 역시 우리가 실수를 하도록 만드는 것임을 보여주고 있다. 하지만 거래에서는 남들이 우리에게 실수를 하도록 만들 필요가 없다. 왜냐하면 우리의 본성이 저절로 우리로 하여금 수많은 실수를 저지르게 하기 때문이다. 게다가 큰손들은 스스로 시스템을 만들어놓고 돈을 번다. 우리는 실적에 상관없이 그들과 게임을 해야 하는 것만으로도 비용을 지불해야 하고, 또 시장에서 행동할 때마다 수수료나 체결 비용을 지불해야 하기 때문이다.

둘째, 트레이더와 투자자들이 실수를 저지르는 가장 흔한 원인을 알아야 한다. 여기에는 다음과 같은 것들이 있다.

- 거래의 잠재적인 보상위험비율보다 투자나 거래 대상의 선택에만 매달리기 때문이다. 예컨대 에릭은 큰 이익이 날 것이라고 믿고 구글 주식의 옵션을 매수했다. 그러나 그는 이득만큼 큰 손실을 볼 수 있다는 것을 생각하지 않았다.
- 계획을 미리 잘 세워두지 않고 즉흥적으로 거래에 뛰어들기 때문이다.
- 잠재적인 보상위험비율을 파악하지도 않고 단순히 남의 추천만으로 거래하는 탓이다. 정보지의 조언을 그대로 따르는 것을 거래 방법으로 삼고 있다면, 특히 위험할 수 있다.

- 자신의 판단이 옳았다는 것을 증명하기 위해 너무 일찍 이익을 실현하기 때문이다.
- 자신의 판단이 옳았다는 것을 증명하기 위해 손실을 받아들이려 하지 않기 때문이다.
- 거래에 들어갈 때 청산 지점을 미리 염두에 두지 않기 때문이다. 즉, 포지션을 취할 때 1R 손실을 정해두지 않는다.
- 하나의 포지션에 대해 너무 큰 리스크를 부담하기 때문이다.
- 거래 시 감정이 규칙을 무시하도록 놔두기 때문이다.
- 포트폴리오를 구성하는 포지션이 너무 많기 때문이다. 이렇게 되면 중요한 포지션에 충분히 주의를 기울이지 못하는 일이 벌어질 수 있다.
- 똑같은 실수를 계속 반복하기 때문이다. 결과에 대해 책임을 지지 않으려 하기 때문에 벌어지는 일이다.

또 다른 형태의 실수도 많다. 자신이 저지르는 모든 실수가 약 3R의 비용을 발생시킨다고 상상해보라.[1] 갖고 있는 시스템은 예측치가 0.8R이고, 해마다 100회의 거래 기회를 만들어준다. 그렇다면 평균적으로 한 해 80R의 이익을 얻을 것이다. 그러나 매달 두 차례의 실수를 한다고 하면, 그로 인해 72R이 사라지게 된다. 그리고 이에 따라 꽤 훌륭했던 거래 시스템은 이제 얼마 안 되는 수익이나 겨우 내는 보잘것없는 시스템으로 뒤바뀌고 말 것이다. 시스템이 통상적인 자본 감소를 경험하고 있을 때라도 이런 실수 요인이 더해지면, 결국 이 시스템으로 거래하는 것을 포기하는 상황을 맞을지도 모른다. 실수는 이 정도로 중요하다. 그러나 거래에서 '자기 자신'이라는 요소가 얼마나 중요한지 깨닫는다면, 매년 80R의 이익을 실제로 손에 거머쥘 수 있을 것이다. 이제 이해가 가는가? 자기 자신에 대해 주의와 노력을 기울여 실수를 없애는 것이 중요한 것은 바로 이 때문이다. 내가 언급했던 한 트레이더는 이렇게 말했다. "심리는 우리의 거래에 영향을 미치지 않아요. 우리는 완전히 기계적 거래를 하고 있거든요." 이런 트레이더가 되지 말아야 한다. 그는 이 가장 중요한 요소를 무시했기 때문에 사업을 그만두어야 했다.

이제 해야 할 일:
반 타프 박사와의 인터뷰

거래를 위해 익혀야 할 것들은 여전히 많다. 그래서 나는 이 책의 범위를 벗어남에도 불구하고 이 마지막 장에서 이런 것들에 관해 간략히 알려주기로 마음먹었다. 다루어야 할 내용이 엄청나게 많기 때문에, 여러분이 나에게 질문하고 내가 답변하는 가상의 인터뷰 형식으로 구성해보았다. 또 이런 방식 덕분에 나는 극도로 정신을 집중하여 요점을 말하기가 수월했다.

Q. 자, 이제 이 책에서 다룬 모든 내용을 이해한다면 그다음에는 뭘 해야 할까요? 당신이 여기서 다룬 것들은 대단히 광범위한데 말이죠.

A. 아직 많은 영역이 남아 있습니다. 우리는 거래 시스템과 각 구성요소의 상대적 중요성에 관한 것들을 얘기했죠. 그러나 데이터, 소프트웨어, 테스트 절차, 주문 체결, 포트폴리오 설계, 그리고 다른 사람들의 돈을 관리하는 법에 관해서는 광범위하게 논의하지 못했어요. 이

런 주제들을 건드리기는 했으나 깊지는 않았죠. 또한 포지션 규모 조절에 관해서도 다루었지만, 목표 달성을 위해 포지션 규모 조절 모델을 이용하는 방법은 사실 이 책의 범위를 한참 벗어난 것이에요. 가장 중요한 것으로, 우리는 거래 과정에 관해서는 조금도 얘기하지 않았죠. 규율 그리고 날마나 일어나는 거래나 투자의 디테일과 관련된 모든 심리적 요소도 마찬가지고요.

Q. 좋아요. 그렇다면 이런 문제에 관해 하나씩 알아보기로 하죠. 독자들은 어디서 더 많은 정보를 구할 수 있을까요? 그리고 어떤 정보를 알아야 할까요? 데이터에 관해서 먼저 알아보죠.

A. 데이터는 광범위한 주제고, 책 한 권으로 쓸 만하죠. 첫째, 데이터가 시장을 표현하는 것일 뿐임을 알아야 합니다. 데이터는 실제 시장이 아니라는 말이죠. 둘째, 데이터는 보이는 그대로가 아니에요. 보통 사람들이 시장 데이터를 손에 넣을 무렵, 여기에는 벌써 수없는 오류의 가능성이 내포된 겁니다. 따라서 두 제공업체로부터 동일한 기간 동일한 시장 데이터를 받아다가 컴퓨터로 돌려보면, 다른 결과를 얻을 수 있죠. 그 이유는 데이터에 차이가 나기 때문이고요. 이 점은 과거의 데이터로 테스트할 때와 매일매일의 실제 거래에 영향을 미칠 게 분명하죠.

데이터에 관해서는 기본적으로 두 가지 결론을 낼 수 있습니다. 첫째, 이 바닥에서 그 정도로 정확한 것은 아무것도 없다는 것이고요. 둘째는, 신뢰할 만한 데이터 제공업체를 찾고 그들로부터 계속하여 신뢰할 수 있는 데이터를 제공받아야 한다는 겁니다.

Q. 좋습니다. 그러면 소프트웨어는요? 사람들은 어떤 소프트웨어를 찾아야 할까요?

A. 불행히도 다수의 소프트웨어가 사람들의 심리적 약점을 파고들 수 있게 만들어졌죠. 그 대부분은 결과를 최적화하여 사용자가 아주 좋은 시스템을 갖고 있는 것이라고 생각하게 만듭니다. 사실은 수익조차 내지 못하는데 말이죠. 소프트웨어는 보통 오랜 기간에 걸쳐 한 번에 하나의 시장을 테스트합니다. 하지만 그건 사실 전문가들이 거래하는 방식이 아니죠. 그러나 어쨌든 그렇게 하면 아주 낙관적인 결과를 얻을 수 있어요. 이런 결과는 커브 피팅을 통해 시장에 잘 맞출 수 있기 때문이에요.

적어도 대부분의 소프트웨어가 이렇다는 것을 알아야 합니다. 소프트웨어 제공업체들의 잘못은 아니죠. 그들은 단지 사람들에게 원하는 것을 주는 것일 뿐이니까요.

마지막으로, 거래나 투자에 있어 보다 중요한 요소들에 집중할 수 있게 해주는 소프트웨어가 필요합니다. 포지션 규모 조절 같은 요소를 말하는 거예요. 트레이딩 블록이나 트레이딩 레시피스, 웰스 랩 같은 유용한 소프트웨어가 몇몇 있지만, 이 가운데 계속하여 결정을 내리는 데 도움이 되도록 고안된 소프트웨어는 하나도 없죠. 그런 소프트웨어는 스스로 개발하지 않는 한 존재하지 않아요.

Q. 테스트는요? 사람들이 테스트에 관해 알아야 할 것은 무엇이 있을까요?

A. 테스트는 정확하지 않죠. 우리는 잘 알려진 소프트웨어 프로그램을 이용하여 간단한 프로그램을 돌려봤어요. 2일 돌파에 시장에 들어갔다가 하루 뒤에 나오는 프로그램이었는데, 진짜 간단하죠. 우리는 그

낭 온라인 데이터 수집의 정확성을 알아보려고 했던 것이거든요. 실시간으로 프로그램을 돌리니까 결과가 나왔죠. 그런데 수집한 똑같은 데이터를 과거 모드로 돌려보니 다른 결과가 나오는 거예요. 이런 일은 있을 수 없죠. 하지만 실제로 이런 일이 일어난 거예요. 이건 겁나는 이야기입니다.

거래와 투자의 세계에 완벽주의자의 태도로 접근하면, 되풀이해서 좌절할 수밖에 없어요. 아무것도 정확하지 않으니까요. 정말로 시장이 어떻게 드러날지는 아무도 알 수 없죠. 거래는 규율의 게임이에요. 거래는 시장의 흐름과 계속 접촉해야 하는 것이고, 이런 흐름을 이용할 줄 알아야 합니다. 이런 걸 할 수 있는 사람은 시장에서 많은 돈을 벌기 마련이에요.

보통 사람들이 어떤 시스템으로 충분히 안심하고 거래할 수 있도록 광범위한 테스트를 하고자 하는데, 테스트는 절대 정확한 것이 아니에요. 대부분의 소프트웨어는 오류를 내포하고 있어요. 그래서 나는 소프트웨어로 인한 오류를 적어도 10퍼센트 정도 염두에 두죠. 두 개의 서로 다른 데이터 세트(즉, 서로 다른 제공업체에서 제공한)로 시스템을 테스트해보세요. 결과가 얼마나 다른지 알면 상당히 놀랄 걸요. 게다가 과거의 데이터 세트를 테스트한다고 해도 앞으로 시장이 어떻게 움직일지는 알 수 없는 거고요. 그러나 편안한 마음으로 시스템으로 거래하기 위해 어떤 식으로든 테스트가 필요하고, 이런 오류에 관해 충분히 숙지하고 있다면 반드시 테스트를 해야겠죠.

Q. 매우 비관적인 얘기처럼 들리는군요. 그렇다면 도대체 테스트를 왜 해야 하죠?

A. 그래야 뭐가 되고 뭐가 안 되는지 알 수 있습니다. 그런데 내가 한 모

든 말을 무조건 믿어서는 안 돼요. 무엇이 옳다 틀리다는 스스로 입증해야 합니다. 어떤 것이 옳은 것처럼 보인다면, 그것에 대해 얼마간 확신을 가질 수 있겠죠. 이런 확신이 없다면, 시장에서 거래할 때 손실을 입을 수밖에 없어요. 많은 사람이 마음 편하게 시스템으로 거래하기 위해서는 정확하지 않다고 하더라도 테스트를 한 후 시스템에 대한 확신을 얻는 것이 필요하죠.

Q. 그럼 당신은 우리가 어떤 일을 하기를 바라나요?

A. 첫째, 안심하고 시스템으로 거래하기 위해 필요한 기준을 정하십시오. 그런 기준이 당신과 잘 맞습니까? 목표와 잘 맞나요? 대부분의 사람은 이런 것들을 평가하지도 않고 테스트부터 먼저 하죠. 어쨌든 이런 기준들이 모두 만족스럽다면, 스스로에게 이렇게 질문해보아야 합니다. "이 시스템이 내가 생각한 대로 기능할 것이라는 것을 증명하기 위해 아직도 데이터가 더 필요한 걸까?" 당신을 안심시킬 수 있는 기준은 무엇입니까?

개인적으로 나는 내 믿음, 내 목표, 나라는 사람과 잘 맞는 시스템을 원합니다. 나는 시스템이 어떻게 작동하는지 정말로 잘 이해하기를 원하죠. 내 경우에는 보통 매우 작은 포지션 규모로 거래해보는 걸로 충분해요. 실제 거래를 통해, R의 배수를 수집하고 내가 얻은 R의 배수의 분포가 어떤지 판단해요. 이걸 이해했다고 하면, 나는 괜찮은 포지션 규모 조절 알고리즘을 개발하여 시스템이 내 목표를 달성할 수 있도록 하죠.

누구든 결코 정확할 수 없어요. 어떤 과학도 정확하지 않죠. 사람들은 예전에 물리학이 정확하다고 믿었지만, 지금 우리는 뭔가를 관찰하는 행위 자체가 관찰 대상에 영향을 미친다는 것을 알고 있죠. 무엇이 있든 당신은 그 일부입니다. 어쩔 수 없어요. 그게 현실의 본질이니까. 내가 성배 시스템을 찾기 위해서는 내면을 탐험해야 한다고 말한 것도 그 뜻이에요.

Q. 좋습니다. 그러면 이제 주문 체결에 관해 얘기해보죠.

A. 주문 체결은 의사소통의 관점에서 중요한 문제죠. 주문 체결은 거래할 때 중요하기 때문에, 당신이 무엇을 원하고 무엇을 하고 싶어 하는지 잘 알고 있는 중개인을 두어야 합니다. 의사소통이 잘되면, 원하는 바를 성취하는 데 도움이 될 것입니다.

Q. 설명을 좀 해주시죠.

A. 음, 먼저 시스템을 낱낱이 알고 있어야 합니다. 거래 개념을 반드시 이해해야 해요. 시스템이 어떻게 작동하고, 각기 다른 시장에서 무엇을 기대해야 하는지 등등이요. 그런 다음 당신이 하고자 하는 일을 객장의 중개인에게 제대로 전달하고, 그에게서 무엇을 기대하는지 알려주어야 해요. 예컨대 당신이 추세 추종자이고 돌파 개념을 거래에 이용한다고 합시다. 그러면 진짜 돌파가 일어났을 때 거래에 들어가고 싶어 할 거예요. 그걸 중개인에게 알려주는 겁니다. 어느 정도 분별을 갖고 당신의 주문에 따라 행동할 만한 사람을 찾을 수 있을 거예요. 시장이 정말로 움직이면, 주문이 체결될 겁니다. 그러나 몇몇 트레이더들이 단지 새로운 고가를 시험하는 것이라면, 당신은 주문이 체결되는 걸 바라지 않을 거예요. 왜냐하면 시장 상승이 이어지지 않을 테니까요. 이 점을 중개인에게 알려주면, 그는 당신이 원하는 시장 조건

에 한해 주문 체결이 이루어지도록 해줄 거예요. 그런데 자신이 뭘 원하는지 중개인에게 알려주지 않으면, 이런 서비스를 받을 수 없죠.

중개인은 또한 당신이 주문 체결에 얼마만 한 돈을 지불하고 싶어 하는지 알 필요가 있어요. 내가 지금 말한 건 장기 추세 추종자에게는 좋지만, 데이 트레이더에게는 큰일 날 얘기죠. 데이 트레이더는 최소 비용과 최소 체결오차로 주문이 잘 이행되는 게 중요하니까요. 하지만 최소 비용으로 거래하려면, 일단 중개인에게 말을 해야 합니다. 물론 이때 중개인에게는 정당한 보상이 주어져야 하겠지만요.

Q. 포트폴리오 테스트와 복수의 시스템에 관해 얘기해주세요.

A. 이 주제 역시 제대로 다루려면 책 한 권이 필요할 거예요. 어쨌든 이 책에서 다룬 기회 요소에 관해 먼저 생각해 봅시다. 다양한 시장으로 포트폴리오를 구성하여 거래할 때 더 많은 거래 기회가 생깁니다. 그러면 수익이 엄청나게 큰 거래를 하게 될 확률도 커지죠. 이런 거래를 1년에 수차례 할 수도 있고, 손실분기나 손실월이 생기지 않도록 충분한 기회를 갖는다는 뜻이기도 하고요.

복수의 시스템도 이와 비슷한 이점을 제공하죠. 더 많은 기회 말이에요. 서로 관련이 없는 시스템일 경우 특히 좋죠. 그러면 언제나 수익을 낼 수 있어요. 자본 감소는 아예 발생하지 않거나 발생하더라도 훨씬 규모가 작죠. 자본 감소가 일어나더라도, 큰 수익이 나면 회복도 훨씬 용이할 거고요.

나는 이런 원리를 이해한 사람들은 한 해 50퍼센트 이상의 수익을 쉽게 올릴 것이라고 생각해요. 나는 그보다 더 나은 실적을 올리는 트레이더들을 많이 보아왔죠. 게다가 시스템을 어떻게 R의 배수의 분포로 규정하고 목표 달성을 위해 어떻게 포지션 규모 조절을 하는지 이해한다면 이것이 어떻게 가능한지 이해할 수 있을 거예요. 그러나 중요한 한 가지는 이 모든 것이 가능하기 위해서는 충분한 자금이 있어야 한다는 겁니다. 눈벽이 너무 작으면, 처음 날아온 커다란 검은 눈덩이로도 무너져버릴 수 있는 거거든요. 이런 일은 시스템이 얼마나 뛰어나든 여러분이 얼마나 대비를 잘하든 상관없이 일어날 수 있는 일이죠.

Q. 그러나 많은 전문가는 정기적으로 시장 평균보다 더 나은 결과를 내기는 거의 불가능하다고 주장하는데요.

A. 우선 우리는 그들 대부분이 어떤 사람인지 알아야 합니다. 그들은 내가 설명한 방식으로 리스크를 이해하지 못해요. 어떤 포지션이든 초기 시장제한주문 간격이 바로 리스크 값이 되는 거죠. 그리고 그들은 예측치가 손절매를 하고 수익을 극대화하는 방법에 의해 산출된다는 것을 몰라요. 또, 목표를 달성하는 데 포지션 규모 조절이 얼마나 큰 영향을 미치는지도 모릅니다. 마지막으로, 그들은 이 모든 일을 하는 데 있어서 핵심은 내적인 힘과 규율, 그리고 결과는 스스로 만들어내는 것이라는 깨달음이 없어요. 이런 게 이 책의 중요한 논점들입니다. 이런 것들은 다른 어디서도 배울 수 없어요.

Q. 하지만 대부분의 뮤추얼 펀드는 시장 평균보다 앞서지 못하잖아요.

A. 당신이 지금 한 말에는 두 가지 중요한 점이 있어요. 뮤추얼 펀드는 시장에서 항상 롱 포지션을 보유하도록 되어 있죠. 그들의 목표는 S&P500 같은 벤치마크보다 더 나은 성적을 내는 거예요. 그런데 그

들은 실적이 너무 뒤처지지 않도록 하기 위해 기본적으로 이런 지수의 주식을 보유하고 있어요. 그게 유일한 방법이거든요. 아무튼 이런 뮤추얼 펀드의 85퍼센트는 S&P 주식인 셈이죠. 이렇게 보면, 펀드 매니저들은 이런 지수를 소유하면서 관리 비용을 청구하고 시장에 들어가거나 나가면서 또 거래 비용을 발생시키는 거죠. 그러니 뮤추얼 펀드가 정말로 벤치마크 지수들 앞설 가능성은 없다고 봐야겠죠.

이 책에서 나는 절대적 실적을 지지했는데, 이건 완전히 다른 얘기에요. 1년에 100차례 거래하는 시스템이 있다고 해봅시다. 예측치가 0.7R이라면, 평균적으로 우리는 70R의 수익을 낼 수 있겠죠. 만약 거래당 자본의 1퍼센트를 리스크로 한다면, 자본이 한 해 100퍼센트 가까이 증가할 겁니다. 1년에 100차례 거래하는 시스템에서 0.7R의 예측치는 달성 못 할 게 결코 아니죠.

그러나 규모도 중요한 요소예요. 하루에 20회 거래하는 데이 트레이더는 한 달에 50퍼센트 수익을 낼 수 있습니다. 하지만 대부분은 그러지 못하는데, 그들의 시스템이 기능을 상실하거나 그들이 큰 심리적 실수를 하기 때문이죠. 하지만 그들도 할 수 있어요. 데이 트레이더의 시스템에서 예측치가 0.4R이라고 가정하면, 한 달 200회 거래로, 그 트레이더는 한 달이 끝날 무렵에는 쉽게 80R의 수익을 낼 수 있을 거예요. 만약 그가 포지션당 0.5R의 리스크로 거래했다면, 자본은 50퍼센트 증가하겠죠.

한 달에 20회 거래하는 스윙 트레이더는 한 달에 쉽게 10~15퍼센트의 이익을 낼 수 있습니다. 이런 스윙 트레이더들 예측치가 0.6R인 시스템을 이용한다고 가정해봅시다. 그러면 평균적으로 한 달에 12R의 수익이 날 거예요. 리스크를 자본의 1퍼센트로 한다면, 자본은 쉽게

15퍼센트가 증가할 거구요. 하지만 단기 트레이더들은 한 달에 단 한 번의 실수로 한 달 전체의 수익을 날려버릴 수가 있죠. 1년에 50회 거래하는 장기 트레이더를 한번 보죠. 이 트레이더가 이용하는 시스템은 예측치가 1.3R이라고 합시다. 연말에 이 트레이더는 65R가량의 수익을 올렸을 겁니다. 만약 거래당 1퍼센트를 리스크로 했다면, 연간 75퍼센트의 수익을 기록할 것입니다. 그러나 한두 가지 심리적 실수가 전체 수익을 날려버릴 수 있죠.

나도 학계에 있는 몇몇 사람들이 이런 개념이 실제로 효과가 있는지 테스트하고 싶어 한다는 걸 알고 있어요. 포지션 규모 조절이 정말로 현실 세계에서 제대로 기능할까? 포지션 규모 조절 전략을 구사한 사람들이 실제로 큰 수익을 낼 수 있을까? 음, 나는 이런 질문에 벌써 대답을 했습니다. 예측치를 이해하고 있고, 목표 달성을 위해 포지션 규모 조절을 하는 법을 알고, 스스로를 통제할 수 있는 사람들을 한번 찾아보세요. 예측치나 포지션 규모 조절에 관해 아는 사람도 드물지만, 세 번째 요소까지 갖춘 사람은 아마 세상의 트레이더와 투자자 중 1퍼센트도 안 될 거예요.

Q. 계좌 규모도 중요하지 않나요?

A. 절대적으로 중요하죠. 계좌가 너무 소액이면, 너무 크게 거래하여 계좌가 깡통이 되어버리는 일이 쉽게 일어납니다.

그러나 예컨대 1,000만 달러로 거래한다고 칩시다. 사실 1,000만 달러는 꽤 현실적인 숫자예요. 아무튼 그래서 계좌 규모가 점점 더 커져 5,000만~10억 달러가 되었다고 해보죠. 그러면 주문 체결에 얼마간 문제가 생길 겁니다. 50억 달러를 운용하는 일부 대형 헤지펀드는 연간 20퍼센트 수익을 올린다면 꽤 좋다고 할 수 있죠. 그러나 이런 경우, 큰 규모의 자본을 움직이면 예측치가 제대로 나오지 않게 되어요. 그리고 대부분의 뮤추얼 펀드를 보면, 50억 달러는 매우 작은 자본에 불과하죠. 뮤추얼 펀드는 소리 소문 없이 시장에 들어가거나 나오기 힘들어요. 시장도 따라서 큰 폭으로 움직이게 되죠. 수조 달러를 내가 이 책에서 설명한 개념들을 이용하여 거래한다고 한번 생각해보세요. 아마 그렇게는 못 할 거예요. 이 때문에 그들은 당신에게 돈을 버는 비결이 '매수 보유'라고 설득하는 거지요. 이 때문에 상대 실적을 얘기하고, 또 기를 쓰고 벤치마크 지수보다 앞서려 하는 거고요. 그러지도 못하면서 말이죠.

Q. 좋습니다. 규율과 거래 과정에 관해 얘기해주시겠어요?

A. 내가 이 영역에서 처음 모델을 만든 것은 20년도 더 되었어요. 이 영역을 이해하면, 정말로 성공 기회가 높아질 겁니다. 그러나 이행하지 못하면, 성공 확률은 거의 없다고 봐야죠.
나는 거래를 잘하려면 어떻게 해야 하는지 알기 위해 먼저 많은 트레이더에게 그들은 어떻게 거래하는지 물어보았어요. 나는 그들 사이에 공통된 대답이 '진정한' 거래 비법일 거라고 생각했죠.

Q. 개략적인 설명을 부탁드릴게요. 보다 자제심을 갖고 거래하려면 사람들은 어떤 단계들을 따라야 할까요?

A. 대다수가 거래 기법에 관해 얘기합니다. 하지만 막상 50명의 트레이더와 인터뷰하고 나서 보니 거래 기법이 다 다른 거예요. 그래서 나는 기법은 거래의 성공에 중요한 게 아니라고 결론 내렸죠. 이런 성공한

트레이더들은 모두 저위험 거래 아이디어를 갖고 있었어요. 하지만 저위험 거래 아이디어 종류는 수없이 많았고, 단지 하나의 중요한 요소일 뿐이었어요. 지금 나는 높은 예측치, 많은 기회, 장기적으로 예측치를 실현할 포지션 규모 조절 모델 등으로 거래를 설명하죠. 그러나 이렇게 하기 위해서는 규율이 필요해요. 나는 거래에서 최대 성과를 이끌어내는 법에 관한 완벽한 강좌를 개발했죠. 그 강좌와 이 책은 겹쳐지는 부분이 거의 없어요.

1단계는 거래 계획을 세우고 테스트해보는 거예요. 이 책에 있는 정보들로 그 방법을 대부분 알 수 있을 겁니다. 이 단계의 기본적인 목적은 확신을 얻고 거래 개념을 확실하게 이해하는 것이죠. 거래 계획을 어떻게 세우는지 더 많은 정보를 알고 싶다면, 우리의 웹사이트 www.iitm.com을 방문해보십시오.

2단계는 당신이 얻은 모든 결과에 대해 스스로 책임을 진다는 자세를 기르는 것이죠. 당신의 돈을 누군가가 훔쳐 가거나 중개인이 가로채 가더라도 그런 상황을 만든 것은 어쨌든 자기 자신이라고 생각하는 겁니다. 이런 얘기가 약간 지나치다는 것은 압니다. 그러나 이렇게 하면 어떤 일이 일어나든 자신의 역할을 바로잡을 수 있죠. 거듭되던 실수를 더 이상 하지 않으면, 성공할 기회가 생기는 법이니까요.

내 최고 고객 가운데 한 명을 믿었던 게 내가 저지른 가장 큰 실수였는데, 나중에 그는 사기꾼이었던 게 드러났죠. 아무튼 나는 그 때문에 많은 돈을 잃었고, 얼마간 평판마저 잃었습니다. 하지만 내가 말한 철학을 따르자면, 나는 늘 그렇게 하고 있지만, 당신은 이 상황에서 이렇게 스스로에게 질문해보아야 합니다. 내가 어떻게 했기에 이런 사람이 내 인생에 끼어든 걸까? 나는 어떤 잘못을 한 걸까? 이런 질문으로부터 충분한 답을 얻는다면, 이제 그런 일이 다시는 일어나지 않도록 필요한 조치들을 취할 것입니다. 만약 그러지 않으면, 정말 진저리가 날 정도로 같은 실수를 반복하게 될 거예요.

3단계에서 당신은 자신의 약점을 찾아 개선해야 합니다. 나한테는 몇 명의 코치가 있어 내가 사업가로서 하는 일에 도움을 주고 있지요. 그리고 나는 우리의 슈퍼 트레이더 프로그램에서 수많은 사람에게 코치 역할을 해주고 있어요. 이 프로그램의 핵심은 거래에 효과적인 비즈니스 방식을 개발하고, 약점을 찾아 없애는 것이죠. 자신에게 무슨 일이 일어나는지 일지를 기록해보세요. 어떤 감정들을 계속 만들어낼 텐데, 언제든 외부 환경의 포로가 되지 말고 자기 자신에게 일어나는 일의 원인이 되어야 합니다.

4단계는 최악의 경우를 대비한 비상 계획을 세워놓는 것이죠. 거래할 때 상황을 나쁘게 만들 수 있는 모든 것들을 목록으로 작성하고, 이럴 때 각각 어떻게 대처해야 하는지 정해야 합니다. 이게 성공의 열쇠죠. 돌발 상황에 어떻게 대처할지 알아야 하는 거예요. 좋지 않은 상황을 만들 수 있는 모든 것에 대해 몇 가지 행동 방침을 만들어두세요. 그리고 이런 행동 계획을 몸에 완전히 익을 때까지 계속 연습해야 합니다. 성공에서 없어서는 안 될 단계죠.

5단계는 매일 자기 자신에 대해 분석하는 거예요. 거래와 투자에서 가장 중요한 요소는 바로 '자기 자신'입니다. 자기 자신에 관해 분석하는 데 얼마간 시간을 쓴다는 게 나쁜 일일 리 없잖아요? 나는 지금 어떤가? 내 삶에서는 어떤 일이 일어나고 있는 걸까? 이런 문제들에 대해 더 많이 생각할수록 삶을 더 잘 다스릴 수 있죠. 스스로 이런 질문도 해보세요. "나는 정말 주식 거래의 성공을 위해 충분히 열

심인 걸까?" 열심히 하지 않으면 아무것도 이루어지지 않고, 열심히
만 하면 어떤 것도 이룰 수 있는 법이죠.

6단계는 하루를 시작할 때 거래에서 어떤 일이 잘못될 수 있을지 미
리 생각해두는 것입니다. 이런 일이 일어나면, 어떻게 대처할 건가요?
완전히 숙지할 때까지 각각의 대비 조치들을 마음속으로 되풀이해
연습해보세요. 운동선수들은 누구 할 것 없이 이런 심리적 리허설을
광범위하게 하는데, 당신에게도 이런 일은 매우 중요합니다.

7단계는 하루를 마감하면서 그날 일을 정리해보는 거죠. 간단한 질
문 한 가지를 스스로 해보세요. 나는 규칙을 제대로 따랐나? 대답이
'그렇다'라면, 스스로 등을 두드려주세요. 만약 규칙을 따르다가 돈을
잃었다면, 두 번 등을 두들겨주고요. 대답이 '아니다'라면, 왜 그랬는
지 반드시 알아내야 합니다. 어떻게 되면 앞으로 비슷한 상황이 발생
할까요? 그런 상황이 되었을 때를 가정하여 심리적 리허설로 계속 그
상황을 반복하고 앞으로는 어떻게 적절히 대처할지 명확하게 깨달아
야 합니다.

이런 7개의 단계는 거래에 정말로 지대한 영향을 미치죠.

Q. 성과를 향상시키기 위해 트레이더나 투자자들이 할 수 있는 가장 중요한 일은
무엇입니까?

A. 쉬운 질문이지만, 답은 쉽지 않군요. 자신에게 일어난 모든 일에 스스
로 모든 책임을 지세요. 시장에서나 인생에서나 마찬가지입니다. 이미
이런 말은 많이 했죠. 외부 환경의 포로가 되지 말고 자기 자신에게
일어나는 일의 원인이 되어야 합니다.

나에게서 많은 돈을 빼앗아간 사기꾼 얘기를 이미 했죠. 그런 일이

다시 일어나지 않게 하려면 그 사람을 비난하는 대신 자신이 어떤 행동을 해서 그런 사람이 자신의 인생에 들어오게 되었는지 알아낸 다음, 다시는 그런 행동을 하지 않는 게 중요합니다. 이런 사건으로 돈을 잃는 사람들은 다른 사람들을 비난하고 그들을 법정으로 끌고 가려고 해요. 하지만 그런 일을 하면 아무것도 배우지 못하고 본인은 아무것도 바뀌지 않았기 때문에 그런 일이 다시 생기기 마련이죠. 지역 신문의 보도를 보면, 이 사기꾼에게 당한 몇몇 투자자들이 이 사람 이전에도 최대 세 명의 사기꾼에게 속임을 당했다고 하더군요.

이 사례로도 이해하기 어렵다면, 우리가 세미나에서 하는 구슬 게임에서 예를 하나 더 들어보겠습니다. 세미나 참여자들이 1만 달러의 자본으로 게임을 한다고 합시다. 지정된 한 사람이 구슬을 꺼낼 때 돈을 거는 게임인데, 베팅액은 제한이 없습니다. 구슬은 60퍼센트가 손실을 나타내고, 그중 하나는 5R 손실입니다. 100번 구슬을 뽑고, 따라서 꽤 큰 연속 손실이 일어날 수밖에 없죠. 어떤 때는 연속으로 10~12회 손실이 나기도 할 거예요. 게다가 여기에 5R 손실도 포함될 수 있는 거고요.

게임이 끝났을 때, 참여자들의 절반이 돈을 잃었고, 많은 사람이 정말로 땡전 한 푼 안 남았더군요. 나는 이렇게 물었어요. "구슬을 뽑은, 그래서 연속 손실을 만든 이 사람에게 책임이 있다고 생각하는 분은 얼마나 되나요?" 그러자 많은 사람이 손을 들더군요. 그들이 정말 그렇게 생각했다면, 게임에서 그들은 아무것도 배우지 못했다는 뜻이죠. 왜냐하면 그들이 빈털터리가 된 건 포지션 규모 조절이 엉망이었기 때문이니까요. 그런데 그들은 다른 사람들, 예컨대 구슬을 뽑은 사람을 비난하는 걸 택한 거죠.

총명한 트레이더와 투자자는 금세 교훈을 깨달아요. 그들은 그래서 실수를 바로잡기 위해 자기 자신을 분석하죠. 이렇게 하면 궁극적으로 큰돈을 버는 데 방해가 되는 심리적 문제들을 해결할 수 있어요. 따라서 그들은 실수를 기회로 삼아 계속하여 수익을 내죠.

그래서 나는 맨 먼저 인생에서 일어나는 모든 일에 대한 근원으로 자기 자신을 돌아보라고 사람들에게 충고합니다. 공통된 패턴은 무엇인가? 상황이 여의치 않을 때는 어떻게 문제를 해결할 수 있는가? 이런 식으로 하면, 성공 확률이 극적으로 높아지죠. 이제 당신은 자기 자신의 인생의 주인이 되는 겁니다.

Q. 마지막으로 지혜의 말씀을 한마디 해주시죠.

A. 나는 이 책의 앞부분에서 믿음에 관해 얘기했습니다. 워낙 중요한 얘기라, 그 말을 다시 한번 하고 싶군요. 첫째, 당신이 거래하는 것은 시장이 아니라 당신의 믿음입니다. 따라서 자신의 정확한 믿음을 정하는 것이 중요해요.

둘째, 시장과 관련 없는 어떤 핵심적인 믿음이 시장에서의 성공을 결정합니다. 자기 자신에 대한 믿음을 말하는 거예요. 자신이 무엇을 할 수 있다고 생각합니까? 거래나 성공이 당신에게 중요한가요? 당신은 자기 자신이 어느 정도나 성공할 만한 가치가 있다고 생각합니까? 자기 자신에 대한 믿음이 약하면, 시스템이 훌륭하더라도 시장에서의 성공이 어려울 수 있어요.

여기서 나는 다음 단계로 넘어가는 데 도움이 될 만한 게임을 하나 소개할까 합니다. 우리의 웹사이트 www.iitm.com에서 다운로드받을 수 있는 게임인데, 이 게임에서는 플러스 예측치로 포지션 규모 조절과 이익을 극대화하는 법을 연습할 수 있죠. 이걸로 거래를 위한 연습을 해 보세요. 게임은 처음 세 레벨은 무료로 할 수 있어요. 적은 리스크로 이 세 레벨을 통과하도록 계획을 세우세요. 가능해요. 많은 리스크를 감수하지 않고 전체 게임을 끝낼 수 있는지 알아보시기 바랍니다. 이렇게 게임을 하는 게 이 책에서 내가 얘기한 원리들을 이해하는 데 도움이 될 겁니다. 트레이더로서 당신이 대처해야 할 각기 다른 시나리오들에 대해 알아야 하고, 자기 자신에 대해 알아야 하며, 포지션 규모 조절에 관해 배워야 하기 때문이에요.

스스로 할 수 있다는 것을 증명하시기 바랍니다. 게임은 행동을 반영하죠. 우리의 게임에서 할 수 없다면, 시장에서도 할 수 없어요. 게임을 하면서 시장에서 직면하는 많은 심리적 문제들과 똑같이 직면하게 될 것입니다. 게임은 돈을 안 들이고 배울 수 있는 곳이에요.

마지막 충고로, 이 책을 서너 번 읽을 것을 권합니다. 내 경험에서 보자면, 사람들은 신념 체계에 따라 모든 것을 걸러서 받아들이죠. 이 책을 처음 읽었다면, 많은 내용을 간과했을 겁니다. 다시 읽으면, 새로운 보석들을 몇 개 발견할 수 있을 거예요. 그리고 여러 번 읽으면, 이런 정보들이 당신에게 있어 제2의 천성이 될 것입니다.

1 우리의 사전 조사에 따르면, 사람들이 하는 평균적인 실수는 2~5R의 비용을 발생시킨다. 하지만 이것은 어디까지나 우리의 조사에서 나온 값이다.

R값

주어진 포지션에서 초기 리스크를 표현하는 용어. 초기 손실제한주문의 간격으로 결정된다.

R의 배수

거래 결과를 초기의 리스크로 표현하는 데 이용되는 용어. 모든 이익과 손실은 초기 리스크의 배수로 표현할 수 있다. 예컨대 10R은 초기 리스크에 10을 곱한 수익이다. 따라서 초기 리스크가 10달러면, 100달러 이익은 10R의 이익이다. 이렇게 하면, 모든 시스템을 여기서 생성되는 R의 배수의 분포로 기술할 수 있다. 이런 분포에는 평균값(예측치)이 있고, 표준편차로 그 특징을 파악할 수 있다.

가치 거래

가치가 있기 때문에 포지션을 매수한다는 개념의 거래다. 가치를 측정하는 데는 많은 방법이 있다. 그러나 쉽게 생각해 볼 때, 만약 회사 자산이 주당 20달러의 가치가 있는데 그 회사의 주식을 주당 15달러에 샀다면, 좋은 가치를 얻은 것이다. 가치를 정의하는 법은 트레이더마다 다르다.

갠 이론

시장 움직임을 예측하기 위한 다양한 개념을 포함한다. 이런 개념들은 유명한 주식 시장 예측가 W. G. 갠에 의해 만들어졌다. 그중 하나는 갠 스퀘어다. 일정 기간 동안의 최고가 혹은 최저가에 근거하여 지지선과 저항선을 찾는 수학적 시스템이다. 갠에 따르면, 가격이 이 스퀘어에서 특정한 수준에 도달하면 그 뒤에 일어날 극값을 알 수 있다.

갭

가격 차트에서 거래가 없는 영역. 보통 어떤 날 시장의 종가와 다음 날의 시가 사이에서 생겨난다. 원인은 많다. 시장이 문을 닫은 뒤 실적이 발표되었을 때도 갭이 발생하곤 한다.

갭 클라이맥스

시가에서 갭이 형성되고 난 뒤 시작된 클라이맥스 상승 혹은 하락.

거래

롱 포지션이든 숏 포지션이든 상당한 수익을 내고 거래를 종료하든가 아니면 거래가 뜻대로 되지 않을 때 손절매할 생각으로 시장에 진입하는 것을 말한다.

거래 기회
거래에서 이익을 내기 위한 6가지 핵심 요소 가운데 하나. 시스템을 통해 시장에 얼마나 자주 포지션 진입할 수 있는가를 말한다.

거래 분포
오랜 시간에 걸쳐 이익 거래와 손실 거래가 이루어지는 패턴을 가리키는 말. 연속 이익과 연속 손실이 여기서 드러난다.

거래 비용
거래 시 드는 비용. 중개 수수료, 체결오차, 시장 조성자의 비용으로 이루어진다.

계약
상품이나 선물의 한 단위. 예컨대 옥수수의 한 단위 혹은 계약은 5,000부셸이다. 금 한 단위는 100온스다.

균등 단위 모델
각 포지션을 동등한 금액만큼 매수하는 포지션 규모 조절 모델.

기계적 거래
인간의 의사 결정이 개입되지 않고 컴퓨터에 의해 행동이 취해지는 거래 형태.

다이버전스
두 개 이상의 지표가 불일치 신호를 보여줄 때 이를 이르는 용어.

델타 현상
지미 슬로먼이 만들어내고 웰스 와일더가 퍼뜨린 이론. 우리의 태양계에서 일어난 일로 시장의 움직임을 예측할 수 있다고 주장한다.

도박사의 오류
줄곧 이겼기 때문에 진다거나 줄곧 졌기 때문에 이긴다고 믿는 오류.

돌파
밀집 구간 혹은 횡보장의 밴드에서 일어나는 가격 상승 움직임.

되돌림
그전 추세에서 반대 방향으로 일어나는 가격 움직임. 되돌림은 보통 가격 조정이다.

레버리지
어떤 것을 소유하기 위해 필요한 금액과 그 내재 가치 사이의 관계를 기술하는 데 쓰는 용어. 작은 금액으로 큰 투자 대상을 조종할 때 레버리지가 높다고 한다. 레버리지가 높으면 잠재적인 이익 혹은 손실의 규모가 증가한다.

롱 포지션
미래에 가격이 오를 것이라고 예상하고 거래 대상을 보유하는 것. '숏 포지션'도 보라.

리스크

포지션 진입 시점과 이 포지션을 취하기 위해 받아들일 수 있는 최악의 손실 간의 가격 차. 예컨대 주식을 20달러에 매수하고 주가가 18달러로 떨어지면 주식을 처분한다고 했을 경우, 리스크는 주당 2달러. 이 정의는 리스크를 투자하는 시장의 변동폭으로 정의하는 학계의 시각과 매우 다르다는 점에 유의하라.

마이너스 예측치의 시스템

장기적으로는 결코 돈을 벌 수 없는 시스템. 예컨대 모든 카지노 게임은 예측치가 마이너스다. 신뢰도(즉, 승률)는 높으나 때때로 엄청난 손실을 입게 되는 시스템도 마이너스 예측치 시스템이다.

마틴게일 전략

돈을 잃은 뒤 포지션 규모를 늘려가는 전략. 고전적인 마틴게일 전략은 손실을 볼 때마다 베팅 규모를 두 배로 올리는 것이다.

매매호가 차이

스프레드 시장 조성자들은 그들과 거래하고 싶어 하는 잠재적 투자자들에게 가격을 제안한다. 보통 시장 조성자들은 이때 가격 차이를 통해 수익을 올린다. 여러분이 팔고자 하면, 낮은 가격(즉, 시장 조성자들의 매도호가)을 받아들이게 될 것이다. 반면 여러분이 사고자 한다면, 높은 가격(즉, 시장 조성자들의 매수호가)을 받아들이게 될 것이다.

멘탈 리허설

실행에 들어가기 전에 머릿속에서 미리 사건이나 전략을 연습하는 심리적 과정.

모델링

어떻게 최대 성과를 내는지 판별하여 이를 다른 사람들에게 가르치는 과정.

모멘텀

과거의 어느 일정한 시간부터 지금까지의 가격 변화를 나타내는 지표. 모멘텀은 소수의 중요 지표 가운데 하나다. 시장 지표로서의 모멘텀은 질량×속도를 나타내는 물리학 용어와 완전히 다르다.

무작위

우연에 의해 결정되는 사건. 수학에서는 예측할 수 없는 수를 말한다.

밀집

가격이 제한된 범위를 움직이며 추세를 형성하지 않는 것처럼 보이는 패턴.

밀집 구간

밀집을 이룬 구간.

반(反) 마틴게일 전략

이익이 날 때 포지션 규모를 늘리고 손실이 날 때 포지션 규모를 줄이는 포지션 규모 조절 전략.

방향 이동 지표

웰스 와일더가 만든 지표. 오늘의 가격 범위에서 어제의 가격 범위를 벗어난 부분(더 큰 쪽)을 이용하여 방향성을 알아낸다.

변동 한도

계약 가격이 변할 수 있는 한도로 거래소에서 정한다. 가격이 변동 한도에 도달하면 보통 거래가 중지된다.

변동폭

정해진 기간 동안 시장에서 형성된 가격의 범위를 일컫는 용어. 거래에서 매우 유용한 개념이다.

변동폭 돌파

그전 일별 거래 범위에 근거하여 가격이 시가에서 정해진 얼마만큼 움직였을 때 시장에 들어가는 진입 기법이다. 예컨대 '1.5ATR 변동폭 돌파'(ATR은 평균 실제 범위) 기법이라면, 가격이 시가에서 지난 X일의 평균 실제 범위의 1.5배만큼 상승하거나 하락했을 때 시장에 들어가야 한다.

보상위험비율

계좌의 평균 수익(연간)을 최대 자본 감소폭으로 나눈 값. 보상위험비율이 3이 넘으면 꽤 괜찮은 것이다. 평균 이익 거래의 규모를 평균 손실 거래의 규모로 나눈 값을 말하기도 한다.

분산

전체 리스크를 줄이기 위해 서로 연관이 없는 시장들에 투자하는 행위.

밴드 트레이딩

거래 대상이 일정한 가격 범위 안에서 움직인다고 전제하는 거래 방법. 따라서 가격이 너무 상승하면(즉, 과매수되면) 곧 하락할 것이라고 추측할 수 있다. 반면 가격이 너무 하락하면(즉, 과매도되면) 곧 상승할 것이라고 짐작할 수 있다. 이 개념은 5장에서 다루어진다

블루칩 회사

일류 기업.

사후 정보 오류

알지 못해야 할 미래의 데이터를 고려할 때 발생하는 오류. 예컨대 날마다 종가가 상승할 때 시가로 매수한다고 할 경우, 이 시스템은 훌륭할 수 있을지 모르지만, 어쨌든 사후 정보 오류를 저지르는 것이다.

상대강도

웰스 와일더 2세가 개발한 선물 시장 지표. 과매도와 과매수 조건을 확인하는 데 사용되며, 종가를 기준으로 한다.

상품

선물거래소에서 매매되는 물리적 대상. 곡물, 음식, 금속 등이 그 예다.

선물

특정한 시간과 가격에 특정한 자산을 매수하거나 매도하는 계약. 상품거래소에서 주가 지수 계약과 통화 계약을 거래 대상에 포함시키면서 선물이라는 말은 이런 자산까지 아우르게 되었다.

성배 시스템

시장을 완벽히 좇으며 언제나 옳다고 여겨지는 신비로운 거래 시스템을 일컫는다. 엄청난 수익이 나며, 자본 감소는 일어나지 않는다. 이런 시스템은 물론 존재하지 않는다. 그러나 성배의 진정한 의미는 깨달을 수 있다. 거래의 비법은 바로 여러분의 내면에 있다는 것이다.

셋업

거래 시스템의 일부로서, 시장에 진입하기 전에 반드시 존재해야 하는 조건. 사람들은 거래 시스템을 보통 그들의 셋업으로 기술한다. 예컨대 CANSLIM은 윌리엄 오닐의 셋업 기준들로 이루어져 있다.

손실제한주문

가격이 정해놓은 지점에 이르면 시장가 주문으로 전환하라고 중개인에게 내는 주문. 보통 손실이 너무 커지기 전에 거래를 중단하기 위해 이용된다. 그러나 가격이 정해진 지점에 도달할 경우 시장가 주문으로 바뀌기 때문에 정해진 가격 지점에서 반드시 주문이 체결되리라는 것을 보장할 수는 없다. 더 나쁜 조건에서 주문이 성사될 수 있는 것이다. 대부분의 전자 거래 중개 시스템에서는 여러분이 컴퓨터로 손실제한주문을 낼 수 있다. 그러면 컴퓨터는 가격이 정해진 지점에 도달했을 때 손실제한주문을 시장가 주문으로 내보낸다. 따라서 시장에서는 모든 사람들이 손실제한주문을 보고 또 찾겠지만, 손실제한주문은 시장에 나가지 않는다.

숏 포지션

여러분이 매도했으나 실제로 보유하고 있지는 않은 포지션. 숏 포지션을 취하는 전략은 나중에 더 낮은 가격에 포지션을 되살 수 있기를 바라면서 파는 것이다. 실제로 매수하지도 않고 매도할 때를 가리켜 공매도 거래라고 한다.

스윙 트레이딩

시장의 재빠른 움직임을 포착하기 위한 단기 거래법.

스캘핑

대개 플로어 트레이더들이 매수호가와 매도호가의 차액을 노리고 사고파는 행위를 가리킨다. 매수호가는 그들이 사고자 하는 가격(즉, 여러분이 매도자로서 얻는 가격)이고 매도호가는 그들이 팔고자 하는 가격(즉, 여러분이 매수자로서 얻는 가격)이다.

스토캐스틱

조지 레인에 의해 유행된 과매도 과매수 지표. 종가가 상승 추세에서는 당일 고가 근처에서 형성되고, 하락 추세에서는 당일 저가 근처에서 형성된다는 관찰에 근거하고 있다.

스프레드 거래

연관된 두 시장을 거래하여 이익을 취하는 방식의 거래. 예컨대 일본 엔화와 영국 파운드화를 동시에 거래하여 이득을 취할 수 있다.

승률

거래나 투자에서 이익을 내는 확률. '시스템의 신뢰도'를 보라.

시기적 거래 기법

생산 증기 시기니 수요 증가 시기를 통해 일관되게 예측할 수 있는 가격 변화에 근거하여 거래하는 기법.

시스템

거래를 위한 일련의 규칙. 완벽한 시스템은 보통 (1) 셋업 조건, (2) 진입 신호, (3) 자본을 보호하기 위한 최악의 경우의 손절액, (4) 이익 실현 청산, (5) 포지션 규모 조절 알고리즘으로 구성된다. 그러나 상업적으로 판매되는 많은 시스템은 이 모든 기준을 충족시키지 못한다. 거래 시스템은 또한 거기서 생성되는 R의 배수의 분포로도 기술될 수 있다.

시장 간 분석

한 시장의 가격 움직임을 통해 다른 시장이 어떻게 움직일지 예측하는 것. 예컨대 달러화의 가격은 재무부 채권, 영국 파운드화, 금, 석유 시장에서 무슨 일이 일어나는가에 따라 바뀔 수 있다.

시장 조성자

증권, 통화 또는 선물 계약을 사거나 팔기 위해 이중 가격을 만드는 중개인, 은행, 회사, 혹은 개인 트레이더를 말한다.

시장가 주문

현재의 시장 가격으로 사거나 파는 주문. 시장가 주문은 보통 즉시 이행된다. 그러나 반드시 가능한 최상의 가격에서 주문이 이루지는 것은 아니다.

신경언어프로그래밍

약자로 NLP라고 한다. 시스템 분석가 리처드 밴들러와 언어학자 존 그라인더가 만든 심리적 훈련법. 인간의 능력 향상을 위한 모델링 과학의 토대가 되었다. 그러나 NLP 세미나에서 보통 다루어지는 것은 모델링 과정에서 개발된 테크닉이다. 우리는 반 타프 연구소에서 최고의 거래법, 시스템 개발, 포지션 규모 조절, 재산 축적에 관해 모델링했다. 우리가 워크숍에서 가르치는 것은 이런 것들을 하는 과정이지 모델링 과정 그 자체는 아니다.

신뢰도

무엇이 얼마나 정확한가 혹은 얼마나 자주 이기는가를 말한다. 따라서 60퍼센트 신뢰도는 모든 경우에 있어 60퍼센트 이기는 것을 뜻한다.

알고리즘

계산을 위한 규칙, 즉 수학적 함수를 계산하기 위한 절차.

엘리어트 파동이론
R. N. 엘리어트가 만들어낸 이론. 시장 움직임이 5개의 상승 파동과 3개의 조정 파동으로 이루어져 있다고 주장한다.

예측
미래에 대한 추측. 대부분의 사람은 미래의 결과를 예측하여 돈을 벌고 싶어 한다. 분석가들은 가격을 예측하도록 고용된다. 그러나 위대한 트레이더들은 '손절매를 하고 수익을 극대화하여' 돈을 번다. 이것은 예측과는 전혀 상관없는 일이다.

예측치
많은 거래에서 평균적으로 기대할 수 있는 수익 혹은 손실. 예측치는 리스크로 삼는 달러당 얼마의 금액으로 나타내는 것이 가장 좋다. 거래 시스템에서 발생한 R의 배수의 분포를 평균한 값이다.

오실레이터
가격을 표준화하는 지표. 대부분의 오실레이터는 보통 수치가 0~100이다. 분석가들은 이 대개 지표가 0에 가까울 때 가격은 과매도되었고 100에 가까울 때 과매수되었다고 가정한다. 그러나 추세 시장에서 가격은 장기간 과매도되거나 과매수될 수 있다.

옵션
미래의 어느 특정한 날짜에 기초 자산을 사거나 팔 수 있는 권리. 살 수 있는 권리는 콜 옵션, 팔 수 있는 권리는 풋 옵션이다.

옵션 스프레드
동시에 두 가지 옵션 포지션을 취해 두 포지션의 가격 차이에서 수익을 얻는 거래 전략.

외환 시장
세계의 대형 은행들이 외국 통화를 거래하며 형성한 시장. 오늘날은 훨씬 작은 회사들이 여러분이 외환을 거래할 수 있게 해주지만, 그들은 여러분의 반대편에서 매수호가 차이를 취해 간다.

유동성
주식 또는 선물 계약에서 거래의 용이성 여부. 거래량이 많으면 보통 유동성이 크다.

이동평균
수많은 가격 배(즉, 일정한 기간의 고가, 저가, 시가, 종가를 보여주는)를 하나의 평균적인 가격 바로 나타내는 방법. 새로운 바가 생기면, 이 바를 더한 뒤 가장 멀리 있는 바는 없애고서 평균을 계산한다.

이동평균 컨버전스 다이버전스
MACD라고도 한다. 제럴드 아펠이 만든 기술적 지표로, 이동평균 간의 차이를 나타낸다. 두 개의 선으로 이루어져 있는데, 하나는 MACD선이며 다른 하나는 시그널선이다. 매수 신호는 MACD선이 시그널선 위로 올라갈 때 발생한다. 매도 신호는 MACD선이 시그널선 아래로 떨어질 때 발생한다. MACD는 이동평균에서 생겨나기 때문에, 시장에서 일어나는 넓은 간격의 스윙 움직임을 포착하는 특유한 기능이 있다. 다이버전스, 추세선, 지지선 역시 MACD에 적용하면 추가적인 신호들이 생겨난다.

인사이드 데이
전체 가격 범위가 전날의 가격 범위 안에 있는 날을 말한다.

일정액당 한 단위 거래 모델
무엇이든 계좌의 일정 금액당 한 단위를 매수하는 포지션 규모 조절 모델. 예컨대 2만 5,000달러당 한 단위(즉, 100주나 한 건의 계약)를 매수하는 방법이다.

자금 관리
종종 포지션 규모 조절을 설명할 때 사용되지만 많은 다른 의미가 있기 때문에 많은 사람이 그 의미나 중요성을 제대로 이해하지 못하는 용어. 예컨대 이 말은 (1) 다른 사람의 돈을 관리하거나 (2) 리스크를 제어하거나 (3) 개인 재정을 관리하거나 (4) 최대 이득을 달성할 때에도 쓰인다.

자본 감소
손실 거래나 보유 포지션의 가치 하락으로 일어나는 장부상 손실 때문에 계좌 가치가 하락하는 현상.

자본 곡선
오랜 시간에 걸쳐 자본의 증감을 보여주는 그래프.

자산 할당
많은 전문 트레이더들이 자본을 거래 대상에 분배하는 것을 가리킨다. 로또 편견으로 인해 많은 사람은 이 과정을 자산군(에너지주 혹은 금 같은)의 선택과 관련된 결정으로 생각한다. 하지만 그 힘이 발휘되는 것은 이를 이용하여 각 자산군에 '얼마나 많은' 금액을 투자할지 판단할 때다. 따라서 자산 할당은 실제로 '포지션 규모 조절'의 다른 말이다.

자산소득
자산에서 얻은 수입.

자유도
독립적인 관측의 수에서 추정할 모수의 수를 뺀 값을 가리키는 통계학 용어. 자유도가 높으면, 일반적으로 과거 가격의 움직임을 기술하는 데 도움이 되지만 미래 가격의 움직임을 예측하는 데는 해가 된다.

자유재량적 거래
시스템적 거래 방식 대신 트레이더의 본능에 의존한 거래. 최고의 자유재량적 트레이더는 시스템적 방식을 개발한 다음 청산과 포지션 규모 조절을 자유재량으로 하여 성과를 향상시키는 트레이더들이다.

장기 상승장 혹은 하락장
시장이 장기적으로 가치가 상승하거나 하락하는 추세를 말하는 용어. 장기 추세는 수십 년간 지속될 수도 있지만, 시장이 다음 달이나 아니면 다음 해에 어떻게 변할지는 누구도 알 수 없다.

재정거래

가격 차이 혹은 시스템의 결함을 이용하여 일관된 저위험 수익을 올리는 거래 방법. 이 전략에서는 보통 거래 대상의 매수와 매도가 동시적으로 이루어진다.

재정적 자유

반 타프에 따르면, 자산소득이 비용보다 클 때 형성되는 재정적 상태. 예컨대 월별 비용이 총 4,000달러이고 자산소득이 달마다 4,300달러라면, 여러분은 재정적으로 자유인 것이다.

저위험 거래 아이디어

예측치가 플러스이고 단기에 최악의 상황을 감수할 수 있는 리스크 수준에서 거래하므로 장기 예측치를 실현할 수 있는 거래 아이디어.

저항선

일정 기간 주가가 넘어갈 수 없는 차트상의 어떤 영역을 가리키는 말이다.

적응이동평균

시장 움직임의 효율에 따라 시장 진입을 빠르게 혹은 느리게 신호하도록 한 이동평균.

종합 예측치

예측치에 기회를 곱한 값이다. 예컨대 어떤 거래 시스템이 예측치가 0.6R이고 연당 거래가 100회면, 종합 예측치는 60R이다.

주가매출액비율

주가 대 매출액의 비율. 예컨대 주식이 20달러에 매매되고 총매출액이 주당 1달러면, 주가매출액비율은 20이다.

주가수익률

주가 대 수익의 비율. 예컨대 20달러 주식이 매년 주당 1달러의 수익을 낸다면, 주가수익률은 20이다. 지난 100년간 S&P500의 평균 주가수익률은 17이었다.

지정가 주문

포지션을 매수하고나 매도할 가격을 정해둔 주문. 이 가격 혹은 더 나은 가격이 아니면 주문은 체결되지 않는다.

지지

과거의 기록을 볼 때 주가가 그 아래로 떨어지기 힘든 가격 수준. 매수자들이 시장에 들어오는 차트상의 지점이다.

지표

트레이더와 투자자가 선택을 내리는 데 도움을 주기 위해 의미 있는 방식으로 제시된 데이터의 요약.

진입

언제 어떻게 시장에 들어갈지 알려주는 시스템의 일부.

청산

언제 어떻게 시장에서 나갈지 알려주는 시스템의 일부.

체결오차

시장 진입 시 지불할 것으로 예상되는 금액과 실제 시장 진입으로 지불하게 된 비용간의 차. 예컨대 어떤 주식을 15달러에 사고 싶었으나 15.5달러에 사게 되었다면, 체결오차는 0.5달러다.

최대 역행폭

어떤 특정한 거래의 와중에 가격이 반대로 움직여 일어나는 손실의 최대 폭.

최대 예상 자본 감소

갈라커가 리스크 한도를 설명하기 위해 쓴 말. 트레이더나 투자자가 허용할 수 있는 최대 자본 감소폭을 말한다.

최대 자본 감소폭

주가가 어떤 최고가 지점에서 다른 최고가 지점으로 가기 전에 발생한 최저가 지점까지의 폭.

최상의 사례

가능한 최선의 결과를 보여주는 상황. 많은 책은 시장을 완벽하게 예측하는 것처럼 보이는 설명(혹은 지표)의 사례를 보여줄 것이다. 하지만 대부분의 실례는 그렇게 선택된 사례만큼 잘 들어맞지 않는다.

최적화

과거의 데이터에서 가격 변화를 가장 잘 예측하는 매개변수와 지표들을 찾는 것이다. 고도로 최적화된 시스템은 보통 미래 가격 예측에는 형편없다.

추세 추종

시장이 유리한 방향으로 움직이는 한 시장에 남아 있겠다는 생각으로 시장의 큰 움직임을 잡으려는 체계적인 거래 기법.

추세선

상승하거나 하락하는 시장의 천장(혹은 바닥)을 연결한 직선. 이 직선은 시장 추세를 반영하는 것으로 판단된다. 시장 분석가들은 주가가 추세선을 돌파했을 때 보통 추세가 끝나는 것으로 여긴다. 그러나 이런 상황이 새로운 추세선을 그려야 한다는 것을 뜻할 때도 종종 있다.

추세일

보통 시장이 상승이든 하락이든 시가에서 종가까지 한 방향으로 지속되는 거래일.

추적

포지션 진입을 위해 준비하는 과정을 말한다. 타프 박사가 제시한 거래를 위한 10가지 작업 가운데 하나다.

추적 손실제한주문
시장 추세와 함께 움직이는 손실제한주문. 이익 거래의 청산 방법으로 보통 사용된다. 거래 방향으로 움직이며, 그 반대 방향으로는 결코 움직이지 않는다.

캔들차트
일본에서 개발된 바 차트. 시가와 종가 사이의 범위가 흰 사각형(종가가 높을 때) 혹은 검은 사각형(종가가 낮을 때)으로 표현된다. 이런 차트는 시각적으로 보다 분명하게 가격의 움직임을 볼 수 있다는 장점이 있다.

콜 옵션
만기일까지 특정한 가격으로 기초 자산을 살 수 있는 권리를 주는 옵션. 매수에 대한 권리이며, 의무는 아니다.

클라이맥스 반전
가격의 급등 뒤에 일어나는 가격의 급락. 움직이고 있는 가격은 움직임의 마지막에 가서 갑자기 극적으로 상승한다. 이것을 클라이맥스 상승 움직임이라고 한다. 그 뒤에는 가격의 급락이 따르고, 이를 클라이맥스 반전이라고 한다.

타이밍 기법
상승 움직임이 시작되기 바로 직전에 시장에 들어갔다가 하락 움직임이 시작되기 바로 직전에 시장에서 나오도록 해주는 거래 기법.

터틀 수프
시장이 대개 20일 채널 돌파 후 반전한다고 가정하는 거래 기법.

투기
변동폭이 매우 크고 따라서 매우 위험한 시장에 투자하는 행위.

투자
대부분의 사람이 따르는 매수 보유 전략을 말한다. 빈번하게 시장을 들락날락하거나 롱 포지션과 숏 포지션을 동시에 취하는 사람은 거래를 하는 것이다.

틱
거래 가능한 대상의 최소 가격 변동 단위.

파라볼릭
U자형 함수, 즉 $y = ax^2 + bx + c$ 형태의 함수에 근거한 지표. 시간이 가면서 상승률이 증가하기 때문에 때때로 추적 손실제한주문으로 이용된다. 이익을 되도록 많이 빼앗기지 않기 위해서다. 이외에도 시장이 거의 수직으로 상승할 때 시장에 대해 파라볼릭이라는 말을 쓰기도 한다. 1999년에 많은 하이테크주들이 그러했다. 이런 주들은 때때로 달마다 두 배씩 가격이 상승했다.

판단적 휴리스틱
인간의 정신이 결정을 내리기 위해 사용하는 일종의 단축로, 이런 단축로 덕분에 인간은 매우 빨리 그리고 포괄적으로 결정을 내릴 수 있다. 그러나 의사 결정에 편향이 일어나기 때문에 사람들이 종종 돈을 잃을 수밖에 없다. 편향은 2장에 상세히 다루어져 있다.

퍼센트 리스크 모델
리스크를 자본의 일정 비율에 한정하는 포지션 규모 조절 모델.

퍼센트 변동폭 모델
포지션에서 변동폭의 크기(보통 평균 실제 범위로 결정)를 자본의 일정 비율로 한정하는 포지션 규모 조절 모델.

펀더멘털 분석(기본적 분석)
공급과 수요 측면을 측정하기 위한 시장 분석. 주식 시장에서 펀더멘털 분석은 특정한 주식의 가치, 수익, 경영진, 상대적 데이터를 평가한다.

편차 손실제한주문
신시아 케이스가 만들어낸 손실제한주문 방법. 가격 움직임의 표준편차에 좌우된다.

편향
특정한 방향으로 움직이려는 경향. 이것은 시장 편향일 수도 있으나, 이 책에서 논한 대부분의 편향은 심리적인 편향이다.

평균 실제 범위
지난 X일 동안 실제로 거래가 이루어진 범위의 평균이다. 예컨대 오늘의 실제 범위는 (1) 오늘의 고가-오늘의 저가 혹은 (2) 오늘의 고가-어제의 종가, (3) 오늘의 저가-어제의 종가 가운데에서 가장 큰 값이다.

평균방향이동
시장의 추세를 측정하는 지표. 상승 추세나 하락 추세나 플러스 값으로 표시된다.

포지션 규모 조절
성공적인 거래를 위한 6가지 핵심 요소 가운데 가장 중요한 요소. 이 책의 초판에서 처음 쓰인 이 용어는 목표 달성 여부를 결정케 해주는 시스템의 일부다. 이 요소는 거래 과정에서 얼마나 큰 포지션을 보유해야 할지 결정해준다. 대부분의 경우, 포지션 규모 결정을 위한 알고리즘은 현재의 자본에 근거한다.

풋 옵션
만기일까지 특정한 가격으로 기초 자산을 팔 수 있는 권리를 주는 옵션. 매도에 대한 권리이며, 의무는 아니다.

플러스 예측치의 시스템
리스크 수준이 충분히 낮을 경우 장기적으로 돈을 벌 수 있는 시스템. R의 배수의 분포에서 평균 R값이 양수라는 것을 의미한다.

플로어 트레이더
상품거래소의 객장에서 거래하는 사람. 지역인들은 자신의 계좌로 거래하고, 피트 브로커는 증권 회사나 대기업을 위해 거래하는 경향이 있다.

피보나치 되돌림

되돌림 분석에서 가장 흔히 이용되는 수준. 즉 61.8퍼센트, 38퍼센트, 50퍼센트의 되돌림을 말한다. 가격이 반전을 시작하면, 원래 움직임의 저가에서부터 고가까지의 범위를 이용하여 이 세 가격 수준을 계산한다(그리고 수평선을 그린다). 이런 되돌림 수준은 반대 움직임이 멈출 가능성이 높은 지점으로 해석되곤 한다. 피보나치 비율은 그리스와 이집트의 수학자들에게 알려져 있었다. 피보나치 비율은 황금비로 알려져 있었고, 음악과 건축에 이용되었다.

필터

특정한 기존을 충족시키는 데이터만 선택하는 지표. 필터가 너무 많으면 과다 최적화가 일어난다.

허위 신호

일어나지 않을 일을 예측하게 만드는 신호.

혼돈 이론

물질계가 일반적으로 안정에서 혼돈으로 변해간다는 이론. 이 이론은 최근에 시장의 폭발적 움직임과 무임의성을 설명하는 데 사용되었다.

횡보장

상승도 하락도 하지 않는 시장.

· Alexander, Michael. Stock Cycle: Why Stocks Won't Beat Money Markets over the Next Twenty Years. Lincoln, Neb.: Writer's Club Press, 2000. Interesting analysis of a 200-year history of the stock market that shows the tendency for long secular bull and bear cycles.

· Balsara, Nauzer J. Money Management Strategies for Futures Traders. New York: Wiley, 1992. Good money management book, but it is more about risk control than position sizing.

· Barach, Roland. Mindtraps, 2nd ed. Cary, N.C.: International Institute of Trading Mastery (IITM), 1996. Good book about the psychological biases we face in all aspects of trading and investing. Nearly out of print. Call 1-919-466-0043 for more information.

· Buffett, Warren E. The Essays of Warren Buffett: Lessons for Corporate America, 1st rev. ed. The Cunningham Group, 2001. This is a self-published book by Dr. Lawrence Cunningham who was able to compile some of Buffett's original writings into a book. Great reading.

· Campbell, Joseph (with Bill Moyers). The Power of Myth. New York: Doubleday, 1988. One of my all-time favorite books.

· Chande, Tushar. Beyond Technical Analysis: How to Develop and Implement a Winning Trading System. New York: Wiley, 1997. One of the first books to really go beyond just emphasizing entry.

· Colby, Robert W., and Thomas A. Meyers. Encyclopedia of Technical Market Indicators. Homewood, Ill.: Dow Jones Irwin, 1988. Excellent just for its scope.

· Connors, Laurence A., and Linda Bradford Raschke. Street Smarts: High Probability Short Term Trading Strategies. Sherman Oaks, Calif.: M. Gordon Publishing, 1995. Great book of short-term trading techniques.

· Covel, Michael. Trend-Following: How Great Traders Make Millions in Up and Down Markets, new expanded edition. Upper Saddle River, N.J.: Financial Times Prentice Hall, 2005. Probably the best overall book available on the concept of trend following.

· Easterling, Ed. Unexpected Returns: Understanding Secular Stock Market Cycles. Fort

Bragg, Calif.: Cypress House, 2005. In this self-published book, Ed Easterling presents a masterful job of helping people get a major perspective on why the market may do what it's going to do. If you want to understand the big picture, then this book is a must read.

· Gallacher, William R. Winner Take All: A Top Commodity Trader Tells It Like It Is. Chicago: Probus, 1994. One of the systems mentioned in the text comes from this witty and straightforward book.

· Gardner, David, and Tom Gardner. The Motley Fool Investment Guide: How the Fool Beats Wall Street's Wise Men and How You Can Too. New York: Simon & Schuster, 1996. Simple investment strategies most people can follow.

· Graham, Benjamin. The Intelligent Investor: The Classic Text on Value Investing. New York: Harper, 2005. If you are interested in value investing, then this book is a must read.

· Hagstrom, Robert, Jr. The Warren Buffett Way: Investment Strategies of the World's Greatest Investor, 2nd ed. New York: Wiley, 2004. Probably the best book on Buffett's strategy. However, this is not Buffett writing about his strategy, and the author seems to have all the normal biases that most people have-it makes it seem as if all Buffett does is pick good stocks and hold on to them.

· Kase, Cynthia. Trading with the Odds: Using the Power of Probability to Profit in the Futures Market. Chicago: Irwin, 1996. I believe there is more to this book than even the author knows.

· Kaufman, Perry. Smarter Trading: Improving Performance in Changing Markets. New York: McGraw-Hill, 1995. Great ideas and contains another of the systems discussed throughout this book.

· Kilpatrick, Andrew. Of Permanent Value: The Story of Warren Buffett. Birmingham, Ala.: AKPE, 1996. Fun reading.

· LeBeau, Charles, and David W. Lucas. The Technical Traders' Guide to Computer Analysis of the Futures Market. Homewood, Ill: Irwin, 1992. One of the best books ever written on systems development.

· Lefèvre, Edwin. Reminiscence of a Stock Operator. New York: Wiley Investment Classics, 2006. New edition of an old classic first published in 1923.

· Lowe, Janet. Warren Buffett Speaks: Wit and Wisdom from the World's Greatest Investor. New York: Wiley, 1997. Fun reading with great wisdom.

· Lowenstein, Roger. Buffett: The Making of an American Capitalist. New York: Random

House, 1995. A good book to round out your Buffett education.

· Mitchell, Dick. Commonsense Betting: Betting Strategies for the Race Track. New York: William Morrow, 1995. A must for people who really want to stretch themselves to learn position sizing.

· O'Neil, William. How to Make Money in Stocks: A Winning System in Good Times and Bad, 2nd ed. New York: McGraw-Hill, 1995. A modern classic that includes one of the systems reviewed in this book.

· Roberts, Ken. The World's Most Powerful Money Manual and Course. Grant's Pass, Oreg.: Published by Ken Roberts, 1995. Good course and good ideas. However, be careful if you don't have enough money. Call 503-955-2800 for more information.

· Schwager, Jack. Market Wizards. New York: New York Institute of Finance, 1988. A must read for any trader or investor.

· Schwager, Jack. The New Market Wizards. New York: HarperCollins, 1992. Continues the tradition, and it again is a must read. William Eckhardt's chapter alone is worth the price of the book.

· Schwager, Jack. Schwager on Futures: Fundamental Analysis. New York: Wiley, 1996. Great book for anyone who wants to understand fundamentals in the futures market.

· Schwager, Jack. Schwager on Futures: Technical Analysis. New York: Wiley, 1996. Solid background on many topics related to learning about markets.

· Sloman, James. When You're Troubled: The Healing Heart. Raleigh, N.C.: Mountain Rain, 1993. Call 1-919-466-0043 for more information. Great book about helping yourself through life. The author calls this book his life's purpose, and I tend to agree.

· Sweeney, John. Campaign Trading: Tactics and Strategies to Exploit the Markets. New York: Wiley, 1996. Great book that emphasizes the more important aspects of trading.

· Tharp, Van. The Peak Performance Course for Traders and Investors. Cary, N.C.: International Institute of Trading Mastery (IITM), 1988-1994. Call 1-919-466-0043 for more information. This is my model of the trading process, presented in such a way as to help you install the model in yourself.

· Tharp, Van. How to Develop a Winning Trading System That Fits You, CD Course. Cary, N.C.: International Institute of Trading Mastery (IITM), 1997. Call 1-919-466-0043 for more information. This is our original systems workshop, which is great information for all traders and investors.

· Tharp, Van. The Definitive Guide to Expectancy and Position Sizing. Cary, N.C.: International Institute of Trading Mastery (IITM), 2007. Call 1-919-466-0043 for more information.

· Tharp, Van, D. R. Barton, and Steve Sjuggerud. Safe Strategies for Financial Freedom. New York: McGraw-Hill, 2004. This book presents some new rules for the money gain, discusses the big picture, and then goes on to lay out specific strategies that fit the big picture. All of those strategies work, and this book describes all of the strategies that I use personally.

· Tharp, Van, and Brian June. Financial Freedom through Electronic Day Trading. New York, McGraw-Hill, 2000. While many of the specific strategies in this book are out of date, there are nearly 100 pages on how to develop a business plan for your trading, which is information that is not found in any of my other books.

· Vince, Ralph. Portfolio Management Formulas: Mathematical Trading Methods for the Futures, Options, and Stock Markets. New York: Wiley, 1990. Difficult reading, but most professionals should tackle it.

· Vince, Ralph. The New Money Management: A Framework for Asset Allocation. New York: Wiley, 1995. An improvement from Portfolio Management Formulas and again a book that most professionals in the field of investing and trading should read.

· Whitman, Martin J. Value Investing: A Balanced Approach. New York: Wiley, 2000. Marty Whitman has been making consistent phenomenal returns through value investing for many, many years. In this book he talks about some of his strategies, and I consider it another must read for value investors.

· Wilder, J. Welles, Jr. New Concepts in Technical Trading. Greensboro, N.C.: Trend Research, 1978. One of the classics of trading and a must read.

· Wyckoff, Richard D. How I Trade and Invest in Stocks and Bonds. New York: Cosimo Classics, 2005. Reprint of the original 1922 edition.

돈 되는 투자 시스템 만드는 법

초판 1쇄 발행 2011년 10월 7일
개정판 1쇄 발행 2023년 9월 28일

지은이 반 K. 타프
옮긴이 조윤정

펴낸곳 ㈜이레미디어
전화 031-908-8516(편집부), 031-919-8511(주문 및 관리)
팩스 0303-0515-8907
주소 경기도 파주시 문예로 21, 2층
홈페이지 www.iremedia.co.kr **이메일** mango@mangou.co.kr
등록 제396-2004-35호

편집 주혜란, 이병철 **표지 디자인** 유어텍스트 **본문 디자인** 이선영
마케팅 김하경 **재무총괄** 이종미 **경영지원** 김지선

ISBN 979-11-91328-98-1 (03320)

* 가격은 뒤표지에 있습니다.
* 잘못된 책은 구입하신 서점에서 교환해드립니다.
* 이 책은 투자 참고용이며, 투자 손실에 대해서는 법적 책임을 지지 않습니다.

당신의 소중한 원고를 기다립니다.
mango@mangou.co.kr